舍我其誰：胡適

第三部：為學論政（1927-1932）

江勇振　著

獻給　麗豐

輕瞥花樣的學生，笑憶妳我的青春

目次

照片目次

噫龍膽公！文武雙全

讀《人權論集》：〈我們什麼時候才可有憲法〉、〈新文化運動與國民黨〉、〈名教〉諸篇。自梁任公以後，可以胡先生首屈一指。不特文筆縱橫，一往無敵，而威武不屈，膽略過人。兄擬上胡先生諡號，稱之為「龍膽公」，取趙子龍一身都是膽之義。

——九兄［高子勛］致高夢旦，1930 年 1 月 23 日

前言

　　任何作者在自己的作品出版以後，就對其作品失去了詮釋的掌控權。毫無疑問地，作者對自己的作品一定有其主張與想法。然而，作品一旦發表，就好像是放在美術館裡的展覽品一樣。觀眾要如何品頭論足，已經不再是作者所能置喙的了。諺語說瞎子摸象，意指以偏概全。然而，作品一旦發表以後，就已經超越了瞎子摸象的層次。如果一個讀者覺得大象的鼻子是大象之所以為大象的理由，而執意從象鼻來觀全象，那是讀者的特權。

　　羅蘭・巴特（Roland Barthes）所提出的「作者已死」（The Death of the Author）的概念，把傳統作者獨尊的角色給根本否決掉了：

　　　　當我們相信「作者」的時候，他是被視為是其著作的歷史：作品與作者自動地被視為是站在一條分為「之前」與「之後」的一條線的兩端。作者是**孕育了**這本書的人。這也就是說，他是在書之前存在的人；是為之勞神、為之吃苦、為之而活的人。作者跟他的書的先後關係，就像是父親跟孩子一樣。

　　羅蘭・巴特說，所謂作者所炮製出來的文字，說穿了其實不值一文錢：

　　　　我們現在知道一個文本（text），並不是一串釋放出一種「神祇的」（theological）意義（作者—神的「旨意」）的文字，而是五花八門的著作——其中沒有一樣具有原創性——摻雜、碰撞於其間的一個多維的空間。一個文本，就是從各色各樣的文化中心（innumerable centres of culture）

所擷取過來的引文（quotations）的組合。

換句話說，從羅蘭・巴特的角度來看，所有的作者都是文抄公：「他唯一的能力（power），就是調配不同的著作。用其中的一些說法來反駁其他說法，而從來就不站在任何一方。」那能賦予一個作品以意義的，是讀者：

　　讀者是所有這些構成了一個作品的引文可以鐫刻於其間而不虞有任何遺漏的空間：一個文本的統一性不在於其起點，而是在於其終點。然而，這個終點已經不再是個人：讀者沒有歷史、傳記、與心理。

羅蘭・巴特這篇文章讓人石破天驚的結語就是：「讀者的誕生，就必須以作者之死作為代價。」[1]

我認為羅蘭・巴特「作者已死」的論點過分極端。從他所有的作者都是文抄公的角度來看，作者根本就不是寫作的人，而是語言本身。這個「語言本身」是作者的說法，以及讀者不是「個人」、「沒有歷史、傳記、與心理」的說法，都未免太先驗、玄緲了。同時，這也等於把作者視為像傀儡一樣，完全抹殺了作者——至少是傑出的作者——的原創力。

我比較喜歡的，是傅柯（Michel Foucault）的觀點。他在〈何為作者？〉（What Is An Author?）一文裡說：

　　作者的名字不是其人在民法上的身分，也不是虛構的；它是處於那能讓新論述群（new groups of discourse）及其特殊的存在模式誕生的斷裂處的裂縫中。因此，我們可以說在我們的文化裡，作者的名字是伴隨著某些特定的——而非其他——文本而出現的一個變數：一封私信有署名者，但他不是作者；一個合約有擔保人，但他不是作者；同樣地，一張貼在牆上的無名海報也許有製作者，但他不可能是作者。在這個意義下，作者的功能

1　Roland Barthes, tr., Stephen Heath, "The Death of the Author," *Image, Music, Text* (New York: Hill and Wang, 1977), pp. 142-148.

（the function of an author）在於顯示出一個社會裡某種論述的存在、流通，以及運作。

傅柯把「作者的功能」放在論述的脈絡之下來檢視。這種詮釋既有顛覆、又有解放作者這個概念的優點。一方面，它能解釋為什麼大多數的作者都是屬於羅蘭‧巴特所鄙夷的文抄公的類型，因為他們都只是在當下流行的論述裡吐絲作繭；另一方面，它又能解釋歷史上代代常有開山之作出現的光輝燦爛的現象：

> 然而，很明顯的，即使在論述的領域裡，一個人可以不只是一本書的作者。他可以是一個能讓無數的新書與作者在其理論、傳統、甚至其所創的整個學科裡滋生繁衍的創始者。為了說明方便起見，我們可以說這些作者是站在一種「超論述」（transdiscursive）的位置。
>
> 荷馬、亞理斯多德、基督教的元老，以及最早的數學家、希波克拉底傳統（Hippocratic tradition）〔注：希臘醫學傳統〕的締造者所扮演的就是這種角色。這種類型的作者，我相信跟我們的文明有著同樣悠久的歷史。但是，我認為十九世紀歐洲出現了一種異類的作者。我們不能把他們和文學「大師」、宗教經典的作者、或科學創始者放在一起。我隨手拈來，就稱呼他們是「論述的創始者」（initiators of discursive practices）。

佛洛伊德、馬克思，就是傅柯心目中的十九世紀歐洲的「論述的創始者」的典型：「這些作者最特出的貢獻在於他們所創製出來的，不只是他們自己的著作，而且是讓後繼者能夠據以創製其他文本的可能性與規則。」他們「在他們所創始的論述領域裡，除了他們自己的學說以外，還留下了可以引介入其他成分的空間。」換句話說，佛洛伊德與馬克思的貢獻不只在於他們各自所留下來的鉅著。更重要的，是「他們為論述創建了無窮的可能性。」[2]

2　Michel Foucault, "What Is An Author," *Michel Foucault: Aesthetics, Method, and Epistemology*, ed., James Faubion（New York: The New Press, 1998）, pp. 205-222.

相對於羅蘭‧巴特的「作者已死」論，傅柯的「作者的功能」論提供了一個更具有說服力的角度來看讀者所占有的地位。大多數的作者，亦即，羅蘭‧巴特意義下的「文抄公」的作者，誠然都只不過是在當下流行的論述裡打轉，毫無新意。然而，絕大多數的讀者何嘗不然？絕大多數的讀者所咀嚼、並引以為是的，也不啻「文抄公」作者吐絲而成之繭而已。

絕大多數的作者與讀者都是活在當下流行的論述裡。因此，任何與當下流行的論述牴觸的說法，都不可能會立即被接受。學術的成長固然有其積累的部分。然而，斷裂也是學術成長一個重要的因素。所謂的學術的成長是站在前人的肩膀上的說法就是一個似是而非之論。文化人類學家克理福德‧紀爾茲（Clifford Geertz）說得好：

> 我們對文化──不管是複數還是單數意義下的文化──的認識，是以跳躍式（spurts）的方式進展的。文化分析不是一條逐步積累成長的曲線，而毋寧是類似那種以斷裂、但卻又具有連貫性關係的越來越濃密的點狀來呈現的（a disconnected yet coherent sequence of bolder and bolder sorts）。研究並不是建立在先前研究的基礎上的，亦即，不是在前人所歇息之處接手挺進的；而是基於更好的訊息、更好的觀念，而對同樣的問題作更深入的分析。任何嚴謹的文化分析都是從另闢蹊徑開始，一直到它窮盡了其思想的激力而後矣。它會去運用前人所發現的事實，它會去使用前人所發展出來的觀念，它會去測試前人所建構出來的假設。但其進程不是從已證的命題去發展出新證的命題，而是一種跌跌撞撞式的摸索（an awkward fumbling）。從最基本開始，從已證的主張到超越它。一個研究之所以能被視為是一個突破，是因為它比先前的研究更為精到（incisive）──不管我們如何定義這個字眼。我們與其說它是建立在前人的肩膀上，不如說它是在前人的挑戰之下挑戰前人，與他們競逐。

又：

> 文化研究在本質上是殘缺不全的。更糟的是，我們越往深處走，它越是

不完整。它是一個詭異（strange）的科學。其最能動人心弦（telling）的詮釋，往往就是建立在立足點上最如履薄冰的基礎上（tremulously based）。這種詮釋會——在研究者自己心裡與別人心裡——激起強烈的懷疑，質疑其正確性。但這——再加上用丈二金剛抓不著頭腦（obtuse）的問題去折磨心思細膩的人——就是民族學者所作的事……人類學，至少詮釋人類學，是一種科學，其進步的象徵不在於達到意見一致（consensus）的境界，而毋寧是在於精益求精的辯難（a refinement of debate）。那進步的所在，就展現在我們唇槍舌劍時招招精準的表現（the precision with which we vex each other）。[3]

　　紀爾茲這兩段話雖然說的是詮釋人類學，但完全適用於所有的學術研究。所有具有開創性的學術研究都是在另闢蹊徑。開創性的研究當然會去運用前人所發現的事實、發展出來的觀念、建構出來的假設。然而，這種開創性的研究，與其說是建立在前人的肩膀上，不如說是在前人的挑戰之下挑戰前人，與他們競逐。紀爾茲說得多麼精采：學術進步的指標，不在於意見趨於一致，而毋寧是在於精益求精的辯難；學術進步的所在，就展現在學者唇槍舌劍時招招精準的表現。

　　《舍我其誰》第二部《日正當中》出版以後，最用心分析批判的是張弘在《經濟觀察報》上所發表的〈胡適的「左傾」和「爭文化霸權」〉[4]。由於張弘同意我說胡適在1926年經過蘇聯到歐洲去的時候，根本就沒有患過許多人說他患過的「左傾急驚風」的說法，「左傾」這一點可以表過不談。至於「文化霸權」的概念，則是一個誤解。張弘以為我所使用的「文化霸權」的概念，是義大利馬克思哲學家葛蘭西（Antonio Gramsci, 1891-1937）所發明的 "hegemony" 的概念。其實不是。我所使用的「文化霸權」的概念是取自於研究英國維多利

3　Clifford Geertz, "Thick Description: Toward an Interpretive Theory of Culture," *The Interpretation of Culture*（New York: Basic Books, Inc., 1973），pp. 25, 29.

4　張弘，〈胡適的「左傾」和「爭文化霸權」〉，《經濟觀察報》，2013年12月13日，http://www.eeo.com.cn/2013/1213/253481.shtml，2017年4月8日上網。

亞時代的文化研究學者，特別是特納（Frank Turner）以及戴斯蒙（Adrian Desmond），所說的 "cultural authority" 的概念。

我之所以會借用特納、戴斯蒙等學者所使用的「文化霸權」（cultural authority）的概念，主要是受到胡適的啟發。胡適在1924年1月日給他美國女朋友韋蓮司的信裡說：

> 我的希望是：沒有宗教包袱之累的中國知識分子，能夠比歐美人士更加一致、更加勇敢地，把科學的宇宙觀與人生觀帶到其邏輯的終點。我們在這兒重新過著赫胥黎以及克利福德（W.K. Clifford, 1845-1879）從前所過的日子。「給我證據，我才會相信。」這是我和我的朋友重新揭起的戰鬥口號。[5]

我們可以想像當胡適跟文言文的衛道者對壘，特別是當他在「科學與人生觀論戰」裡跟被他譏詆為「玄學鬼」的張君勱論辯的時候，他心目中的自己，就是那正氣凜然、意氣風發的中國的赫胥黎。在他使用「戰爭」的比喻，在他宣布「把反對派打得潰不成軍」、「大獲全勝」的時候，他自我的形象，不啻於那跟作為傳統英國文化與社會領袖的教會與牧師爭文化領導權的赫胥黎。

由於《日正當中》篇幅很長，我沒有多餘的篇幅先去刻畫出赫胥黎在維多利亞時代後期在英國所進行的文化霸權爭奪戰的脈絡，然後再在這個脈絡之下嵌入胡適認為他在中國是在重演這個赫胥黎之戰的想像。雖然我在注釋裡徵引了特納、戴斯蒙這兩位學者研究維多利亞時代以及赫胥黎的著作，但並沒有用一、兩段的篇幅來說明這個概念的來源。這是我的疏忽。

我沒用葛蘭西的「文化霸權」（hegemony）的概念。這是因為葛蘭西的「文化霸權」是不用爭的，是統治階級已經擁有的了。根據葛蘭西的分析，統治階級之所以能夠宰制其他階級，其所用的不只是政治、經濟的控制。更重要的，是統治階級能把其世界觀、其意識形態灌輸給其所宰制的階級，讓它們視統治階級的世界觀、意識形態一如「常識」（common sense），天經地義一

5　Hu Shih to Clifford Williams, January 4, 1924，《胡適全集》，40.225。

樣。葛蘭西的「文化霸權」最精闢的地方，在於它指出權力已經滲透進觀念與知識的層次。這種權力的可怕，在於它的控制力是得到被治者的「同意」（consent）的。被治者並不覺得他們是被迫接受的。如果胡適具有葛蘭西式的「文化霸權」，他就不用去爭了。因為這種「文化霸權」是已經跟權力結合在一起的。如果有權力，就有「文化霸權」；如果沒有權力，想爭都爭不到。

張耀杰的〈資料翔實，誤讀胡適〉是一篇貌似前進、其實極其反動的怪文[6]。首先，張耀杰張冠李戴，把我的翻譯誤以為是胡適的翻譯，令人噴飯：

> 作為書名的「舍我其誰」四個字，直接來源於胡適1917年3月8日記錄在留學日記中的一句英文：「You shall know the difference now that we are back again!」這句英文脫胎於荷馬史詩《伊利亞特》，其希臘原文的意思是：「讓他們知道我已刻意休戰太久了。」英國19世紀宗教改良運動即「牛津運動」的領袖人物紐曼，是把這句英文當作座右銘式的格言警句加以引用的。當時正在實驗自己所提倡的白話文寫作的胡適，先用白話文在日記中翻譯道：「如今我們已回來，你們請看分曉罷！」然後又用文言文翻譯道：「吾輩已返，爾等且拭目以待！」

這句：「吾輩已返，爾等且拭目以待！」是我的翻譯。張耀杰對這句話的出處的濫解，以及胡適使用這句話的來龍去脈的不解，讀者只要去看我在《日正當中》〈幕間小結〉裡的說明就可以理解了。至於他是如何演繹出我的「舍我其誰」的書名是來自於這句話，那就正應驗了「燕雀安知鴻鵠之志哉」的古諺了。

張耀杰的書評所反映出來的，是其不知學術為何物的事實。他一看到「文化霸權」這四個字，就駭以為是「黨同伐異」。馬上祭出他一長段就是加了一連串的頓號，還是可以讓讀者上氣接不了下氣的不知所云的胡適辯護頌：「是對於胡適終生提倡的自我健全、立異求同的個人主義價值觀，以及只有在現代

6　張耀杰，〈資料翔實，誤讀胡適〉，《新京報網》，2013年10月5日，http://www.bjnews.com.cn/book/2013/10/05/286157.html，2017年4月8日上網。

工商契約及民主憲政社會裡才有可能完整呈現的以人為本、自由自治、契約平等、民主授權、憲政限權、博愛大同的現代文明價值觀念和價值譜系的走偏誤讀。」

張耀杰不懂「文化霸權」──不管是葛蘭西的 "hegemony"，還是研究英國維多利亞時代的文化研究學者所說的 "cultural authority"。他一聽到「文化霸權」，就不但駭以為是「黨同伐異」，而且驚恐那是「洋名詞」、「洋主義」，渾然忘卻了他自己才用一長串詰屈聱牙的洋名詞來禮讚的現代西方文明的「價值觀念和價值譜系」。他不但拒現代學術的概念於千里之外，而且還無限上綱說人家都是在用「似是而非的一些洋名詞、洋主義，回過頭來在包括中國大陸以及香港、台灣的漢語世界裡欺世盜名、淘金逐利。」

這種不知現代學術為何物的心態，就正印證了胡適在〈三論問題與主義〉裡所恥笑的：

> 耳朵裡聽見一個「布爾札維克主義」的名詞，或只是記得一個「過激主義」的名詞。全不懂得這一個抽象名詞所代表的是什麼具體的主張，便大起恐慌，便出告示捉拿「過激黨」，便硬把「過激黨」三個字套在某人某人的頭上。[7]

然而，知之為知之，不知為不知的道理，顯然不在張耀杰的字典裡。我們且看他對康德的絕對的道德律令的詮釋：

> 江勇振寫道：「胡適1915年1月在信上告訴韋蓮司，到美國留學四年以來，他所服膺的是康德的道德律令，那就是說，必須把每一個人都當成目的，而不只是手段。」
>
> 康德這句道德律令的正確解釋是，每一個人既是手段，更是目的；而不是徹底否定把個人利用來充當所謂的「手段」。人與人之間之所以能夠通過平等契約以及由此而來的法律程序和憲政制度立異求同地相互利用，就

---

7 胡適，〈三論問題與主義〉，《胡適全集》，21.199。

在於每個人都擁有自己的一份利用價值。完全不願意被別人以及法人實體所利用的人，注定會是一個反人類的獨夫民賊或精神狂人。

這種妄解康德的絕對的道德律令的奇論，只有在學術面前不知謙卑為何物的人才說得出來的！

我在目前所見到的書評裡，最奇特的就是饒佳榮化名林宗蘇所寫的〈學術打擂，「舍我其誰」？〉[8]。饒佳榮是我簡體字版的《星星・月亮・太陽——胡適的情感世界（增訂版）》、《璞玉成璧》、《日正當中》的編輯。他是一個熱情、主見很強的年輕人。饒佳榮從我開始寫《舍我其誰》就一直非常熱情主動地爭取出版我的書——一直到編輯《日正當中》為止。

饒佳榮在褒我的階段有一個最戲劇性的例子。那就是他2012年初為我的《星星・月亮・太陽——胡適的情感世界（增訂版）》的腰封上所擬的一段話：「知我者，江勇振先生也。——胡適」當時，他人剛離開出版我這本書的新星出版社。我告訴接手的王楷威說：「『知我者，江勇振先生也。——胡適』請務必刪除。那句話誰說都可以，就是不能杜撰說是胡適說的。」由於我堅持不能用這句饒佳榮杜撰出來的胡適從天上說下來的話，饒佳榮於是把它改成：「我相信，胡適先生在天之靈，一定會說：江先生，真知己也。——書評人羅卜特。」

從《璞玉成璧》出版以後，中國讀者最常問我的問題就是：「刪了沒？」饒佳榮一向很驕傲地回答說：《璞玉成璧》一字沒刪。現在，在經過了《日正當中》的編輯過程的經驗以後，我連《璞玉成璧》到底刪了多少也不敢肯定了，因為我不知道饒佳榮在字句上作了多少的刪改。

諷刺的是，大筆刪削我的《日正當中》的人就是饒佳榮，而且完全跟政治敏感度沒有任何的關係。我在2013年3月收到饒佳榮寄給我的編輯稿以後，驚見他大幅刪削了我的文稿。刪削最多的是第七章〈信達兼顧，翻譯大不易〉。原來我用一整章來分析胡適的翻譯，饒佳榮卻覺得太囉嗦。他說舉一兩個例子

8　林宗蘇〔饒佳榮〕，〈學術打擂，「舍我其誰」？〉，《東方早報》，2013年10月13日，http://money.163.com/13/1013/10/9B2DCIUV00253B0H.html?_pc=1，2017年4月8日上網。

就可以了。他在3月10日給我的回信裡說：

> 說實話，第七章我還是沒有完全下狠心，照顧到畢竟是您的著作，最好刪削修訂由您自己來，可是看到您的反饋，我一時都不知道從何說起。
>
> 談胡適的翻譯，大作頗有貢獻，但是否一定要把胡適翻譯的錯誤一個不落地寫出來，並發一通議論，我覺得大可不必如此。其實，舉例只要到位，把胡適最典型的漏譯、錯譯找出來，加以解說就夠了。大作提到胡適早期翻譯的兩本書，前後翻譯採用的方法不一致，舉一篇小說，列兩三個例子，顛倒〔點到〕要害，言簡意賅，為什麼不可以呢？您真的以為讀者都看不出來嗎？

饒佳榮就是不懂。他就是沒有辦法把學術的辯難歸為學術的辯難，而一定要把它化約為個人的意氣之爭。他以為我是在跟胡適比誰英文好；是在像改作業一樣，批改胡適的翻譯，鉅細無遺。我有自知之明，胡適的英文比我好得太多。饒佳榮不懂我所作的工作並不是只在於指出胡適的漏譯、錯譯，而毋寧是要先指出胡適的漏譯、錯譯有其模式。然後，再從那些漏譯、錯譯的模式，來凸顯出三個重點：第一，當時的白話文，句型、語法素樸，詞彙貧瘠，作為學術的語言已經捉襟見肘，遑論翻譯；第二，由於胡適堅持要使用口語化的詞語，他把自己局限在一個非常狹隘的翻譯資源的空間裡；第三，胡適對哲學、文學細緻、蜿蜒的描寫與引申缺乏興趣。

我對饒佳榮說：「編輯改稿是應該的。但是改稿必須經過作者的同意，這是國際的慣例……你幫我改的許多地方我都可以同意。但有些地方，你改錯了；有些地方，你則把我的寓意或者深意給消弭了。重點是，編輯的過程應當是作者與編輯的合作。」

饒佳榮驚人之處，在於他大筆一揮，刪改了上百處，包括刪掉了87處我認為絕不可刪的地方。各人用字遣詞的習慣不同，他刪改了他不喜歡的。只要無關要旨，我就不計較了。可是，他可以看到我眼中那敝帚自珍的一根針，卻看不見他自己眼中不准人家敝帚自珍的那根梁木。我要求他把他刪去的87處補回去。驚人的是，饒佳榮不但拒絕，而且以非常高的姿態教訓我，說我的文

字是：「堆砌例子，語句雜沓。」

在那次經驗以前，我完全不知道中國的編輯在文字上操有那麼大的生殺大權！而且斬釘截鐵，不容置辯。我從前在英國「劍橋大學出版社」出版的那本書的編輯，連改動一個標點符號都要先徵得我的同意。

饒佳榮拒絕補回那87處他大刀揮灑刪削之處。遠在美國的我可以說是欲告無門。在兩個月之間，我拒絕回他的信。所有期待出版新書的喜悅，消失殆盡。當時，我心裡已經作好準備，可以放棄簡體字版的《日正當中》。幸好，我突然想起我有當時「鐵葫蘆」總編輯王來雨先生一年多前給我的邀稿信。於是，我在5月22日寫信請王先生幫忙：

王先生：

　　承蒙您的邀約，以及饒佳榮先生一再地邀約，拙作《舍我其誰》第二部已經由貴社編輯，而且就即將出版了。

　　您在一年多前的信裡提到了要「衝破這張網」。諷刺的是，現在是我必須去衝過貴社的責任編輯饒先生所設下的網，這是我完全意想不到的事。事情是這樣的。饒先生把拙稿刪改了無數處，有些是整段、整段刪除，完全不給我刪除的理由。其中有上百處我完全不能同意。在校對的過程中，我要求他把87處補回去。我完全沒想到饒先生只加回去兩處。我兩次寫信告訴饒先生說我們之間已經沒有交集，請總編輯先生出面。可是，他都置之不理。

　　因為承蒙您的邀約，而且又因為您也是一位作家，一定能瞭解作者的心理，所以我才在繞不過饒先生的情況之下，直接寫信給您。

　　書稿多處被攔腰斬除，那創作、出版的喜悅已經被斬除淨盡。有些地方在刪除之後，根本就是不知所云。饒先生非常高姿態地教訓我說：「堆砌例子，語句雜沓。」即使我真的是在堆砌例子，語句雜沓，這有待專門學者與方家的批評，不是責任編輯的身分所應越俎代庖的。

王先生非常客氣地在5月24日回信：

江老師您好：

很抱歉今天才回覆您。因為我昨天剛從成都返京，找饒佳榮編輯瞭解了一下情況。

佳榮從編輯的角度對書稿有所刪減，請您理解。但書稿的改動肯定是要獲得您的支持和同意。但產生分歧的時候，毫無疑問要尊重作者的意見。佳榮可能在溝通上和您產生了誤會，請您原諒。我已和佳榮溝通好，這本書將遵照您的意見，把那87處補回去。

這就是饒佳榮化名林宗蘇所寫的〈學術打擂，「舍我其誰」？〉的背景。

作為編輯，饒佳榮跟作者之間基本的互信已經失去。《日正當中》的編輯由陳波接手。我跟陳波的合作非常愉快。她處處跟我溝通。舉個例子來說，我徵引了一本一個世紀以前出版的英文書裡的一句話。那句話的完整的翻譯可能有政治上的敏感度。陳波在跟我商量以後，採取了一個我們雙方都能同意的變通方式。

就像我在上文所說的，作者在作品出版以後，就對其作品失去了詮釋的掌控權。讀者、評者要如何去讀這個作品，作者完全沒有置喙的餘地。饒佳榮在褒我的時候，可以先杜撰出：「知我者，江勇振先生也。──胡適」這樣匪夷所思的話。然後，在我反對以後，仍然鍥而不捨地說：「我相信，胡適先生在天之靈，一定會說：江先生，真知己也。──書評人羅卜特。」反之，在他開始貶我的時候，從編輯過程中說我「堆砌例子，語句雜沓。」到化名寫書評時，使用傳統歧視女性的套語作謾罵式的批評說：「冗長得就像臭婆娘的裹腳布，令人難以卒讀。」饒佳榮這種對我從褒到貶的兩極，固然戲劇性。然而，其所反映的，就是好惡、主見的主宰力量。譽之為西施，越看越覺其美；貶之為東施，則越看越嫌其醜。

饒佳榮把學術的辯難視為「打擂台」，因此在書評裡就一定要比比看誰比誰武功高強。渾然不知我在上文所引的克理福德・紀爾茲所說的話：

研究並不是建立在先前研究的基礎上的，亦即，不是在前人所歇息之處接手挺進的；而是基於更好的訊息、更好的觀念，而對同樣的問題作更深

入的分析。任何嚴謹的文化分析都是從另闢蹊徑開始，一直到它窮盡了其思想的激力而後矣……

　　我們與其說它是建立在前人的肩膀上，不如說它在前人的挑戰之下挑戰前人，與他們競逐。

　　饒佳榮寫我的書評裡的錯誤不勝枚舉。我在這裡只要指出從書評裡所反映出來的他對中國近代史無知的一例，以及他對學術研究懵懂的一例。

　　饒佳榮說他在看到我分析當年北大教授薪水的時候，提起當年「遠來和尚會念經」薪資高人一等的現象。比如說，洋教授畢善功（Louis Bevan）的薪資就比胡適高出一大截，跟北大校長蔡元培一樣，都是月薪六百元。他不以為然地說：

　　出於好奇，我就順著本書的注釋查核史料的來源（馬嘶著《百年冷暖：20世紀中國知識分子生活狀況》），結果發現，在月薪兩百八十元的一級教授當中，獨獨畢善功每週授課十八課時，其他教授一般是每週八、九課時。根據多勞多得的職場規則，畢善功每週的工作量是一般教授的兩倍，獲得「雙薪」也屬正常。也就是說，畢善功並沒有享受什麼特殊待遇。

　　饒佳榮不懂中國近代史，特別是不懂中國近代教育史，所以才會說出這樣沒有歷史常識的話。他不知道在二十世紀初年的中國人雖然是身在自己的國家，但他們和「遠來和尚會念經」的洋人並不是同工同酬的。那是體制如此，跟工作量一點關係也沒有。一直要等到民族主義的浪潮洶湧澎湃到莫之能禦以後，中國的大學才開始採行不分華洋、同工同酬的制度。

　　在二十世紀初年中國的教會大學裡，中國教授和西洋教授的待遇不平等是可以想見的。韋斯特（Philip West）在他所著的《燕京大學與中西關係，1916-1952》（*Yenching University and Sino-Western Relations, 1916-1952*）一書裡，就坦率地指出中西教授在薪資上的懸殊，是種族不平等的一環。當時在中國的基督教大學有一個特殊的問題，亦即，基督教差會派遣到中國的傳教士的薪資是差會所支付的。他們的學位與專門學識可能比新進的歸國留學生低，可是他們

的薪資遠超過後者。比如說，1920年，在民族主義的浪潮迫使基督教大學走向中國化以前，燕京大學的外籍傳教士教授月薪最高的是250銀元，月薪最高的中國教授則為150銀元。1927年，在民族主義浪潮已經席捲了中國沿海的時候，中國教授裡薪資最高的劉廷芳月薪為406.25銀元，但還是比月薪最高的外籍傳教士教授少了250銀元。

幸運的是，1930年，年輕的中國教授所組成的特別委員會，要求燕京大學採取依才任用、同工同酬、不分中外，一視同仁的薪資標準的時候，他們得到了非傳教士的外籍教授的支持。這是因為這些非傳教士的外籍教授的薪資也低於傳教士教授的薪資。在中國教授與外國非傳教士教授聯手爭取的努力之下，燕京大學終於在一年以後，採取了不分中外、依才任用的薪資政策[9]。

教會大學如此，用美國所退還的庚款所辦的清華大學亦然。事實上，1918年，清華大學美籍教授月薪最高的是660銀元，比校長600銀元的月薪還高出60銀元。根據蘇雲峰在《從清華學堂到清華大學，1911-1929》一書裡的分析，美籍教授在1918年的平均月薪是中國教授的3.1倍。美籍教授的最低薪，還高於中國教授的最高薪。清華大學雖然在1920年作過一次薪資的改革，調降了美籍教授的薪資，提高歸國留學生的薪資。然而，即使如此，外籍男教授的起薪為250銀元，最高月薪為500銀元；外籍女教授起薪為200銀元，最高月薪為330銀元；歸國留學生的起薪為200銀元，最高月薪為400銀元。如果以所有清華大學教授的薪資平均計算，中國教授的薪資是美籍教授的三分之一[10]。

饒佳榮對學術研究懵懂的一例，在在地表現在他在書評起始的提要裡的一句話：「江勇振在書中透露的姿態是，他不但比大多數胡適研究者更瞭解胡適，甚至比胡適本人還瞭解胡適。」

一位研究胡適的人能夠對胡適研究提出新的觀點，並不表示他就是擺出一副比其他胡適研究者更瞭解胡適的姿態，遑論是擺出一副自認為比胡適本人還

9　Philip West, *Yenching University and Sino-Western Relations, 1916-1952*（Harvard, 1976）, pp. 119-120.

10　蘇雲峰，《從清華學堂到清華大學，1911-1929》（台北：中央研究院近代史研究所，1996），頁169-175。

瞭解胡適的姿態。要作研究就是要提出新觀點，否則豈不就像是我綜合羅蘭‧巴特以及傅柯的說法所歸納出來的，作那在當下流行的論述裡吐絲作繭的文抄公而已！研究胡適與瞭解胡適——特別是胡適的動機及其內心深處的想法——是兩碼子事。我們可以試圖管窺他內心深處的世界。然而，在胡適死後，他內心深處的世界，就已經成為一個永遠封閉的世界了，就是神仙也進不去。

　　從另一個角度來說，一個嚴肅地研究胡適的人，就必須要有一個他能比胡適本人還更瞭解胡適及其時代的抱負與雄心。這不是因為研究胡適的人比胡適聰明、或者更有學問，而毋寧是因為胡適跟所有的人一樣，有他自己的盲點。如果心理分析教了我們什麼，那就是：一個人不但並不完全知道他自己的所作所為，而且有時候還會有意識地、或下意識地矇騙自己。更重要的是，後生的我們，有許多胡適那個年代所沒有的知識與分析的利器，可以幫助我們比胡適還瞭解胡適及其所處的時代。

　　就像紀爾茲所說的，學術研究之所以能進步，就是因為新的研究者能「基於更好的訊息、更好的觀念，而對同樣的問題作更深入的分析。任何嚴謹的文化分析都是從另闢蹊徑開始」的。其實，胡適也說了類似的話。他用的是「戴眼鏡」的比喻。比如說，他在〈為什麼要讀書？〉裡說：

> 　　好比戴了眼鏡，小的可以放大；糊塗的可以看得清楚；遠的可以變為近。讀書也要戴眼鏡。眼鏡越好，讀書的瞭解力也越大。
> 　　試舉《詩經》作一個例子。從前的學者把《詩經》看作「美」、「刺」的聖書，越講越不通。現在的人應該多預備幾副好眼鏡：人類學的眼鏡、考古學的眼鏡、文法學的眼鏡、文學的眼鏡。眼鏡越多越好，越精越好。[11]

　　如果我們今天能夠作到「比胡適本人還瞭解胡適」，那完全不是因為我們比胡適高明，而是我們比胡適多了幾幅他那個時代所沒有的「眼鏡」，例如：種族、性別、身體、後殖民、全球化等等的「眼鏡」。

11　胡適，〈為什麼要讀書？〉，《胡適全集》，20.157。

　　胡適之所以傑出，就在於他能見常人之所不見。他深知「眼鏡」是一個雙面刃。用之得當，能讓研究者彷如長了一雙火眼金睛；用之不當，則可以讓研究者走火入魔。他在〈《國學季刊》發刊宣言〉裡說：

　　宋明的理學家所以富於理解，全因為六朝、唐以後佛家與道士的學說瀰漫空氣中。宋明的理學家全都受了他們的影響，用他們的學說作一種參考比較的資料。宋明的理學家，有了這種比較研究的材料，就像一個近視眼的人戴了近視眼鏡一樣；從前看不見的，現在都看見了；從前不明白的，現在都明白了。同是一篇《大學》，漢魏的人不很注意它。宋明的人忽然十分尊崇它。把它從《禮記》裡抬出來，尊為《四書》之一，推為「初學入德之門」。《中庸》也是如此的。宋明的人戴了佛書的眼鏡，望著《大學》、《中庸》，便覺得「明明德」、「誠」、「正心誠意」、「率性之謂道」等等話頭都有哲學的意義了。清朝的學者深知戴眼鏡的流弊，決意不配眼鏡；卻不知道近視而不戴眼鏡，同瞎子相差有限。說《詩》的回到《詩序》，說《易》的回到「方士《易》」，說《春秋》的回到《公羊》，可謂「陋」之至了。[12]

　　如何在學術研究上「戴眼鏡」是一門學問。如何戴？戴哪一幅？戴到什麼地步？什麼時候該換另一幅？所有這些，都有必須要去斟酌其拿捏的方寸的所在。

　　其實，何止是饒佳榮不瞭解胡適這個「戴眼鏡」的學術研究的方法。韓戌所寫的〈一鍋火急的八寶粥〉的書評[13]，重複了那人云亦云的：「偉大成就需要建立在前人的肩膀上。」渾然不知紀爾茲所說的：「我們與其說它是建立在前人的肩膀上，不如說它在前人的挑戰之下挑戰前人，與他們競逐。」

　　在對「洋名詞」、「洋主義」欲迎還拒──更正確地說，欲拒還迎──這方面，韓戌跟張耀杰是一丘之貉。他說：「然而胡適洗澡的頻率，上公園的門

───────────────

12　胡適，〈《國學季刊》發刊宣言〉，《胡適全集》，2.6。

13　韓戌，〈一鍋火急的八寶粥〉，《北京青年報》，2013年10月25日，2017年4月7日上網。

票價格，酒量大小以及痔瘡的嚴重程度，又有什麼必要？至於什麼胡適的『肛門偏執癖』，更是有譁眾取寵的嫌疑了。」他渾然不知胡適所諄諄教誨的「眼鏡越多越好，越精越好」的道理。

韓戍不只不願意戴我們這個學術日新月異時代所賦予我們的「眼鏡」——理論——他甚至對胡適所處的大時代的環境沒有興趣。他說：「寫作不是煮八寶粥。無關緊要的食材沒必要放進鍋中，其他人事也沒必要抓來做胡適的墊背。比如他寫胡適任教北大，就將北大的前史都交代一遍，洋洋灑灑三十餘頁；寫胡適的心理，則將吳宓年幼時觀察母驟的心得討論一通。」

韓戍這種只要見樹、不願見林的鴕鳥心態，跟饒佳榮是同一個醬缸裡染出來的。饒佳榮說：「第四章〈易卜生主義〉一節充斥著易卜生的劇本；第七章評述胡適的翻譯成績，舉例多得像是在做英譯中的試題；第八章用了十八頁介紹謝福芸的書，只有兩三頁跟胡適相干。」

韓戍跟饒佳榮都不懂胡適。他們都忘卻了胡適對理想的傳記所定下的標準。1921、1922年間，胡適在教課、研究之餘，閱讀李慈銘的《越縵堂日記》。他讚美李慈銘的日記，因為：「五十一本日記，寫出先生性情；還替那個時代，留下片面寫生。」如果我們不去讀易卜生的戲劇，我們就不會知道胡適對易卜生戲劇的興趣僅只局限於個人與社會的對立，以及那個人特立獨行的一面。那是一個極度貧瘠化了的易卜生。如果我不用十八頁的篇幅去勾勒謝福芸的書，我們就不會知道隱藏在她那看似悲憫中國苦力的貧與病，以及她鄙夷為張牙舞爪、色屬內荏的示威學生與工人的背後，是她那白種人優雅、博愛、中國人應該安分接受西方引領的心態。

相對於他對胡適所處的大時代以及其他知識分子的漠不關心，韓戍只斤斤計較中文報章雜誌裡有關胡適的報導，我用了多少的問題：「有些關於胡適本身的資料卻被遺漏。比如十年間的《申報》至少有470篇文章提到胡適，《全國報刊索引》有200多篇期刊文章題目包含胡適。然而，除了常見的《北京大學日刊》，這些資料都未見本書採用。」

韓戍這段話就在在地落入了我在《日正當中》的〈前言〉裡所批判的「資料熱、觀點盲」。如果民國時期的報章裡的報導不能增加我們對胡適的瞭解，不要說《申報》的470篇，或者《全國報刊索引》的200多篇。即使有上千篇

有關胡適的報導，都不是值得徵引的。反之，如果這些報章裡的報導只有一篇是有用的，那一篇之值，何止是其他千百篇加起來的總和。這些報章的報導，我在第三、第四部裡徵引了許多。所以，韓戍不用擔心，不是不徵引，只是時候未到。

更重要的是，韓戍只看得到中文報章裡有胡適的報導，而懵懂於在中國以及英美地區有更好、更有用的英文報導。他不知道由於當時中國新聞界的水準低劣，那些報導十分簡略；不但幾乎沒有報導胡適發言的內容，而且更完全沒有分析；除了提供時間、地點以外，一點用處都沒有。真正有用的報導，即使只有幾篇，都見於英文的報導裡。

此外，我也必須矯正瞿駿似是而非的一段話。他說：「目前的胡適研究當然不乏江勇振先生說的『胡適說過就算主義』。但這樣說未免打擊面過寬，並有矯枉過正之嫌。胡適研究的出發點仍在他本身的材料，關鍵在如何去用和怎樣去讀這些材料。」[14] 瞿駿所謂的「打擊面過寬」、「矯枉過正」也者，其實是無的放矢。「胡適說過就算主義」顧名思義，就是盲目地相信胡適所說的話。要不墮入「胡適說過就算主義」，就是要一字一句檢證胡適說過的話。這句話何嘗否認「胡適研究的出發點仍在他本身的材料」？

為什麼力行「胡適說過就算主義」的人那麼多？為什麼一字一句檢證胡適說過的話的人那麼少呢？套用胡適在〈問題與主義〉裡的話來說：「這都由於一個懶字。懶的定義是避難就易。研究問題是極困難的事，高談主義是極容易的事。」一字一句檢證胡適說過的話，「這都要費工夫，挖心血，收集材料，徵求意見，考察情形。還要冒險吃苦，方才可以得一種解決的意見。又沒有成例可援……全憑研究考察的工夫，這豈不是難事嗎？」相對地，力行「胡適說過就算主義」的人便不同了，「買一、兩本」《胡適文集》，「看一、兩本」研究胡適的小冊子，「再翻一翻」《胡適全集》、《胡適日記全集》，「便可以高談無忌：這豈不是極容易的事嗎？」力行「胡適說過就算主義」，不一字一句檢證胡適說過的話「的人，只是畏難求易，只是懶。」

---

14 瞿駿，〈胡適、「園丁」與《燃犀》〉，《文匯報》，2017年8月5日，http://news.ecnu.edu.cn/7a/34/c1835a96820/page.htm，2017年9月23日上網。

　　胡適在〈介紹我自己的思想〉一文裡有一句名言：「被孔丘、朱熹牽著鼻子走，固然不算高明；被馬克思、列寧、史達林牽著鼻子走，也算不得好漢。」他又緊接著說：「我自己決不想牽著誰的鼻子走。」不墮入「胡適說過就算主義」，就是要以胡適自己所許的諾言來還敬胡適：「我自己決不想牽著誰的鼻子走。」這是以胡適還胡適。

　　最後，我要評論羅志田在 2015 年 4 月 11 日《新京報》〈對話羅志田：文明之夢與知識人的軟實力〉裡的一句話。當然，我們都知道報章的報導不一定可靠。隻字片語之差，可以造成失之毫釐謬以千里的結果。羅志田在這篇對話錄裡，回應了我在《日正當中》裡批評他說胡適對於蘇聯式的社會主義曾經持有長期的好感的說法。羅志田說沒看過我的書，因此不能置評。然而，他還是回答說：

　　　　胡適當年到蘇俄後發表了一些完全可以稱得上「親蘇俄」的看法，我們怎樣解讀關係不大，但他不少朋友當時就很不滿意，私下幾乎對他群起而攻之。任鴻雋甚至明言：「現時俄國式的勞農專制，正與美國式『德謨克拉西』決勝於世界的政治舞台。」而胡適的言說似有偏向，「國內的朋友對於你贊成蘇俄的論調發生疑問，也就在這一點」。至少在任鴻雋等朋友看來，胡適「贊成蘇俄的論調」等於實際站在了與美國體制競爭中的蘇俄一邊。這些朋友都是飽讀詩書之輩，他們的觀感不容忽視。[15]

　　誠然，胡適的朋友確實「都是飽讀詩書之輩，他們的觀感不容忽視。」然而，他們「都是飽讀詩書之輩，他們的觀感不容忽視。」並不妨礙我們「基於更好的訊息、更好的觀念」，「另闢蹊徑」研究胡適 1926 年對蘇俄的看法。羅志田這句話其實墮入了一種徹底的反智的謬誤的陷阱而不自知。如果我們囿於胡適這些飽讀詩書之輩的朋友的觀感，以之為是，則不但所有的歷史研究都是枉然的，而且根本就是庸人自擾了。

---

15 〈對話羅志田：文明之夢與知識人的軟實力〉，《新京報》，2015 年 4 月 11 日，http://culture.ifeng.com/a/20150429/43660382_1.shtml，2017 年 4 月 9 日上網。

事實上，就像「不知廬山真面目，只緣身在此山中」這句話所描述的，胡適「這些飽讀詩書之輩的朋友」，就正只緣他們身在此山中，反而不如不在山中的我們，因為有新的訊息，而更能識其廬山真面目。我在本部〈序幕〉裡所徵引的1927年8月28日〈賀川豐彥・胡適對話錄〉，就一語道破了胡適這個所謂的「『親蘇俄』的看法」的廬山真面目。

□　　□　　□　　□　　□

《舍我其誰：胡適》的第三部是在2017年4月完成的。由於我一直知道這一部的字數會超過一百萬字，所以我就想把這第三部分成上、下兩冊出版。雖然我也一直知道這構想中的上、下兩冊的篇幅差距甚大，不太對稱，但我卻從來就沒想過可以有變通的辦法。9月初排版完成。上、下兩冊的頁數出來了，居然相差到兩百頁之多。我知道這個情形以後，仍然想說服自己不要太在乎上、下兩冊不對稱的問題。幸好我的妻子立刻建議把第三部的上、下篇獨立成書，成為第三、第四部。霎時間，我茅塞頓開。於是，《舍我其誰：胡適》這一系列，就由三部曲變成四部曲了。第三部書名的副標題照舊，只是把涵括的年代縮短成為：《為學論政，1927-1932》。當然，一部書拆成兩部的痕跡是存在的。最明顯的是第三部第二章分析胡適的中日比較現代化的理論，以及第四章分析胡適的中國思想史的鳥瞰。這兩章的分析都跨越了第三部1932年的時限。當然，我可以選擇改寫，把這兩章裡所分析的胡適在1932年以後的觀點移到第四部。然而，這會打斷了這兩章的分析一氣呵成的氣勢。況且，我在第四部裡並沒有適合用來重拾起這兩章所分析的問題的所在。因此，我就決定保留了這兩章的原貌。

《舍我其誰：胡適》是一個龐大的寫作計畫。最後這一里程是最漫長的。即使我在一年裡一個禮拜寫七天，每天平均寫兩千字，一年的時間是無法竟功的。以平均每兩個月寫一章的速率，八章就需要十六個月的時間。我之所以能在2016-2017學年度休假期間順利完成我的計畫，完全是因為我得到了許多幫助的結果。首先，我要感謝我任教的德堡大學（DePauw University）多年來的資助。第三部前三章的寫作，得益於敝校提供三年的「教授研究獎助金」

（Faculty Fellowship）。今年休假的一年，也得到敝校的資助，讓我得以完成第三部的第四章以及現在的第四部的全部。此外，我還要誠心感謝台北的陳宏正先生，在慷慨資助我寫完《璞玉成璧》、《日正當中》的寫作以後，繼續慷慨資助，讓我得以順利地完成了整套《舍我其誰》的研究、寫作計畫。

我身在美國，在使用英文書籍、論文方面，得益於美國圖書館服務的專業與進步。雖然我所服務的學校藏書不豐，但館際交流的服務一流，讓我得以從全國各校的圖書館借調圖書。中文圖書方面，是最大的不便。如果不是今天網路資訊發達，許多資訊在網路上搜索即可獲得，我的整個寫作的計畫一定是不可能如此順利的。然而，有些資料在網路上是找不到的。台北「胡適紀念館」的鄭鳳凰小姐對我這整套《舍我其誰》的助力最大，從調閱資料、釐清不清楚的文件、到使用照片的授權，都以專業、盡責的態度幫忙。事實上，整個「胡適紀念館」的團隊：從歷任館長、鄭鳳凰小姐、陳丞丕先生、莊茹蘭小姐、蘇育琇小姐、王國泰先生，以及李朝順先生的專業、服務精神都是我這幾年研究胡適幫助最大的資源。北京社科院近代史研究所的茹靜女士及其前任張顯菊女士多年來熱心的幫助，更是讓我能夠開始以檔案作為基礎來研究胡適的起始。我任教的德堡大學古典系（Classical Studies）的劉津瑜教授，多年來幫我上資料庫下載我需要、但在此地得不到的資料，特此致謝。北京大學圖書館北京大學文庫的鄒新明先生、我在中研院近史所電腦室所認識的趙席夐小姐，每次在收到我告急求援的電郵，都慷慨熱誠地幫我查找資料、掃描，不勝感激。最要感謝的，是我的妻子麗豐，謹獻上此書。

序幕

　　胡適1950年在美國《外交季刊》（*Foreign Affairs*）上發表了〈在史達林戰略裡的中國〉（China in Stalin's Grand Strategy）。在這篇文章裡，胡適回憶了他1927年4月經過東京的時候，在《東京朝日新聞》的一個展覽之所見：

　　1927年3月24日，北方軍閥軍隊逃離以後，國民黨軍隊進入南京，野蠻地攻擊了南京的外國人，劫掠、破壞外國人的住所以及領事館，殺死了一些外國人，包括美國金陵大學的副校長〔威廉斯（John Williams）〕。外國駐在長江上的軍艦被迫開砲制止進一步的暴力，並引領逃生的外國人避難到軍艦上。

　　〔耶魯大學的〕賴德烈（Latourette）教授說：「這個（南京）事件激怒了外國人，使得在一時間裡，眼看著全面干預（extensive intervention）即將發生。」

　　「南京事件」發生當天，我正在從紐約到芝加哥的旅途上。我可以感覺得到美國對北伐軍一直到當天為止具有的好感的輿論，一夕之間逆轉。

　　然而，一直要到將近一個月以後，在我抵達東京，一個外務省的日本朋友帶我參觀的時候，我才真正瞭解到這個事件距離造成「全面（外力）干預」有多近。當時《東京朝日新聞》正在其新大樓舉辦一個「現代新聞展覽」。我的日本朋友對我說：「胡適博士！我要你參觀一個小房間。」這個小房間的三面牆上貼滿了當時從南京、上海送到《東京朝日新聞》總部的電報原件：劫掠南京日本領事館、褻瀆日本天皇玉照、日本領事館上尉因為不准抵抗的命令而準備切腹，等等的電報。在1927年3月24日當天，

就有超過400件的緊急電報。

　　我的朋友對我說：「你甚至在今天都還可以感受到日本在那浩劫的一天的感受如何。」他接著告訴我列強如何嚴肅地會商是否干涉。根據他所得到的消息，日本是反對干涉的政府之一。

　　胡適這個二十三年以後所作的回憶究竟有多信實是值得懷疑的。晚年的胡適，為了反共，有作偽的傾向。這是我在第四部第三、第四章分析的重點之一。然而，胡適在《東京朝日新聞》的小房間裡所看到的展示，以及他外務省日本朋友對他所說的話究竟有多信實不是重點。重點是胡適用這段回憶所要表達的主旨。胡適這篇論文名為〈在史達林戰略裡的中國〉。顧名思義，就是要強調史達林在中國的陰謀。胡適的重點是在強調所有從「五卅慘案」以後的反英示威與杯葛運動，占領漢口英租界，到北伐軍在南京、上海的暴行，都是排

圖1　胡適1927年從美國返回中國途經日本宴會照片。（中國社會科學院近代史研究所‧中國近代史檔案館館藏，取得授權使用）

外的行動，而且都是由史達林利用「聯俄容共」的陰謀嗾使共產黨挑釁造成的：

　　我們今天回顧過去，南京事件可以說是這一系列蓄意造成的排外舉動。其目的就是要迫使列強用武力干預，以至於造成一個「帝國主義戰爭」的形勢——我們必須記得，那就是史達林以及「共產國際」認為革命成功所必須要有的「客觀條件」。

　　史達林的陰謀沒有得逞，胡適說是由於列強與蔣介石的明智，沒有墮入共產黨所設計的圈套。因此，成功地化解了共產黨的詭計：

　　1925到1926年間「五卅慘案」以後那洶湧澎湃的反英示威與杯葛運動，其目的就是在粉碎英國在華的權力，迫使英國用武力干預。但是，英國選擇不反擊。甚至在漢口的英租界在1927年1月4日被用武力的方式占領以後，英國政府堅持同樣的政策，命令其公使到漢口與當時被共產黨所控制的武漢政權交涉。英國在漢口、九江的租界，就在這次的談判歸還中國。
　　但是，英國這種不抵抗的態度，擊敗了共產黨試圖把英國推到牆角以造成國際戰爭的策略。3月24日的南京事件，非常可能也是一個蓄意的策略，試圖一舉引起列強武力的干預。一如我所指出的，那幾乎成為事實。

　　胡適說列強之所以沒用武力干預，是因為英國沒有落入史達林製造共產革命的條件的圈套。更重要的，是因為蔣介石識破了共產黨的詭計，而適時「清黨」的結果：「蔣介石以及國民黨的溫和派決定與共產黨『分道揚鑣』（split）、並把共產黨及其同情者清出黨外的決定，化解了列強干預、共產革命的危險。」[1]
　　這是胡適1950年在〈在史達林戰略裡的中國〉一文裡，對從「五卅慘案」一直到國民黨「清黨」這一段歷史的回憶。值得令人省思的是，胡適自己在二

[1]　Hu Shih, "China in Stalin's Grand Strategy," *Foreign Affairs*, 29.1（October. 1950）, pp. 18-20.

十三年以前所寫的文字則大異其趣。首先，我要用胡適自己在1927年間所寫的文章，來指出胡適在這個晚年的回憶裡說，美國的輿論對北伐軍本來一直具有好感的說法是不正確的。我在《日正當中》第八章裡提到了《紐約時報》從1927年3月2日到5日，連續四天刊載了費德列克‧穆爾（Frederick Moore）四篇有關中國的特稿。穆爾的特稿形容當時已經進逼上海的北伐軍「完全沒有訓練，其實就是土匪而已。」穆爾說，在租界的歐美人士都嘲笑中國人怕死，嘴巴喊自決、平等、排外，外國軍隊一到，就噤若寒蟬了。他輕蔑地說，歸國留學生號稱中國為中華民國。他說，其實連中國人自己都不知道那是他們的新國號。他說一般中國人也不稱自己為中國人。他是甘肅人、直隸人，或者是湖南人。北京對一般支那人來說是遠在天邊。他說那一生貢獻給中國的傳教士的觀點是不切實際的，他們夢想一兩個運動就可以把中國現代化。他說一個全國加起來只有八千英里長的鐵路、五千輛汽車、大學的水平甚至比不上美國的中學的國家，怎麼可能成為一個民國呢？帝制其實要更適合中國。

　　胡適連看了穆爾這四篇用輕佻的語氣侮蔑中國的話。盛怒之下的他在1927年3月5日，打了一封電報給《紐約時報》的主筆尼克拉司‧羅斯福（Nicholas Roosevelt），向他提出抗議：

> 費德列克‧穆爾的幾篇通訊，讓我憤慨已極。在目前這樣一個危機時刻，這種反動、特別是輕佻的態度，除了造成反感以外，什麼好處都沒有。一個到現在仍然相信帝制適合中國、同時又譏誣一個偉大的國民運動的人，完全沒有資格代表像《紐約時報》這樣的大報。[2]

　　當時在英國、美國自願充當國民黨義務宣傳員的胡適，極力地試圖扭轉英美兩國反對北伐軍的輿論。由於當時國民黨「聯俄容共」的政策，西方國家很自然地是以布爾什維克來描述北伐軍，而且以「赤色將軍」（Red General）來指稱蔣介石。胡適堅決反對這種標籤。他說北伐軍連粉紅色都談不上！他在紐約《太陽報》（The Sun）的專訪裡說：

---

[2]　Hu Shih to Nicholas Roosevelt, March 5, 1927，「胡適外文檔案」，E108-14。

　　作為一個超然的自由主義者，我預測這個運動終會成功，把中國統一在國民黨所組織的政府之下。

　　這不是一個排外、反美的運動。但是，它有一個我認為是很自然而且合理的要求。那就是所有外國人在過去八十年中所享有的特權必須要廢除，所有今後想要在中國居住、貿易的外國人，都必須和中國人一樣服從中國的法律。3

　　就以「南京事件」來說，他在1950年所作的回憶，也迥異於他在事件發生當下的說法。他在1927年4月1日寫信給他美國的好友葛內特（Lewis Gannett）的信裡說：

　　我對南京發生的事情仍然百思不解。威廉斯（Williams）之死絕對不是排外的預謀。你看到了鮑威爾〔注：John Powell，上海《密勒氏評論報》發行人〕發送、發表在芝加哥報紙上的包文（Bowen）博士〔注：Arthur Bowen，金陵大學校長〕的證詞了嗎？早先有關他〔威廉斯〕死亡的報導純粹就是謊言──雖然是具有基督教感化意義的玩意兒。包文博士說他們（包括威廉斯）當時正走著，看見了一個在搶劫的兵。威廉斯用中文教訓他，他轉身對威廉斯開槍。

　　但接著發生的事情，就完全不是我的想像力所能理解的了。報紙上發表的許多報導，那些新聞記者都該被關到精神病院裡去。很顯然地，有些人希望把那兒的問題無限地渲染。4

　　我們可以進一步地回溯到1925年的「五卅慘案」，當時的胡適也仍然是堅決主張中國人抗議、示威合情合理的捍衛者。我在《日正當中》裡徵引了胡適跟羅文幹、丁文江、顏任光等人連署發表的一篇〈中國的論據〉（China's

---

3　"Calls China Foe of Reaction," [The Sun], n.d. [February 2, 1927].

4　Hu Shih to Lewis Gannett, April 1, 1927, Lewis Gannett Papers, 1900-1965 (bulk), MS Am 1888 (586), Houghton Library, Harvard University.

Case）。在這篇可能是由丁文江起草的呼籲裡，他們駁斥英國宣傳說示威者是布爾什維克的指控。他們堅決地否認中國人起來示威是受到布爾什維克的影響。他們說那完全是敵人惡意的宣傳。要中國人不要布爾什維克化，最有效力的預防針就是廢除不平等條約：

> 最後，我們須要說幾句話來讓英國的民眾瞭解布爾什維克在中國的實際情形。用眾人所嫌惡的名詞來標籤來某一種運動，是一個轉移視聽的老伎倆。布爾什維克的宣傳在中國當然有，就像英國也有一樣。然而，中國人布爾什維克的程度，跟英國人沒有什麼不同。我們必須先要把名詞界定好。如果布爾什維克的意思，是指那激昂地反對有八十年歷史的令人憎惡的條約、是那張伯倫先生所指出的普遍的不滿，那我們必須坦白地承認中國人確實是布爾什維克。然而，如果布爾什維克指的是蘇聯所實行的共產主義，則我們必須嚴正地否認這個指控。

換句話說，從1925年到1927年的胡適極力要澄清「聯俄容共」之下的國民黨既不是布爾什維克，也不是排外，而是中國人堂堂正正要求列強取消不平等條約，公平對待中國的正當行為；1950年寫〈在史達林戰略裡的中國〉的胡適則反是。他把「五卅慘案」、收回漢口、九江英租界、到北伐軍在南京、上海的暴行，全部都歸諸共產黨所蓄意挑起的排外行動。其目的是在引起列強武力干預，以便在中國造成引發共產革命的「客觀的條件」。

這真是「此一時也，彼一時也。」1926、1927年的胡適，為了擁護「聯俄容共」之下的國民黨，而刻意掩飾其布爾什維克以及排外的一面。當時的他，信誓旦旦地保證：「這不是一個排外、反美的運動。」他譴責美國報紙對「南京事件」最初的報導是「謊言」、「渲染」，甚至怒指寫出那些報導的「新聞記者都該被關到精神病院裡去。」1950年的胡適，不但用「野蠻」、「劫掠」、「破壞」、「暴力」等等完全負面的形容詞來描繪「南京事件」，而且為了證明史達林在中國製造共產革命條件的陰謀，他刻意凸顯出其布爾什維克以及排外的一面。「此一時」的結論雖然與「彼一時」的結論南轅北轍，但其所犯的選擇性的使用證據的謬誤則同一。

　　胡適在1927年途經日本回中國的時候，很可能確實是在《東京朝日新聞》的小房間裡看到了日本通訊員所送回的電報。重點是胡適在當時對這個事實的詮釋，可能迥異於他二十三年以後對這個事實所作的新詮釋。這在在顯示的，就是一個人的觀點改變了，史實的詮釋也跟著改變了。

　　可惜的是，胡適在1927年5月20日回到中國以後，很快地就對國民黨大失所望。意氣消沉的他，連日記也不記了。更可惜的是，他一向會對美國人透露他不願意告訴中國人的事情。可是這次不同。他意氣消沉到完全不跟他國外的朋友寫信。因此，我們完全不知道他回到中國以後對政局的看法。

　　幸運的是，台灣輔仁大學哲學系的曾慶豹教授，慷慨地提供給我他在日本找到的一篇英文的〈賀川豐彥與胡適：賀川博士、胡適教授對話錄〉（Kagawa and Hu Shih: Interview between Dr. Kagawa and Prof. Hu Shih）。賀川豐彥（かがわ　とよひこ；Kagawa Toyohiko）是日本著名的基督教社會運動家。1927年8月，賀川豐彥到上海去參加「中華全國基督教協進會」（National Christian Council of China）所舉辦的「基督化經濟關係」（Christianizing Economic Relations）的會議。8月28日，他在上海和胡適有一個對談。其記錄如下：

　　賀川：日本勞工運動的第一個階段已經結束了。許多人說我們必須發展出一個哲學。

中國無政府主義的心態

　　胡適：如果你想要對日本有所貢獻，就告訴他們不要接受無政府主義的哲學。

　　賀川：我想重新研究孔子和墨翟。

　　胡適：無政府主義是中國的禍源。去年所發生的就是中國無政府主義的結果。

　　賀川：中國今天有無政府主義者嗎？

　　胡適：每一個中國人都是無政府主義者。去年4月的政變〔注：「清黨」〕。表面上看來，那好像是資產階級抗拒民族主義者。然而，實際上，那是中國無政府主義心態對共產黨帶給我們的組織與紀律的反動。其

發動者是一個誠摯的無政府主義者，他賦予其詮釋與意義。

賀川：我去年失明了〔注：在貧民窟被感染沙眼幾乎失明，後來醫好〕。我現在越來越像一個禪者。

胡適：不好！

賀川：我打坐的時候很快樂。我失明以後，不得不坐下來。我很樂在其中。

胡適：當然。在那麼多年從事運動以後。

賀川：打坐讓我感受到運動的成就，又想再接再厲。但我想多知道一點你對最近的反動有什麼哲學的分析。

胡適：那是一個對組織的反動。南京政府缺乏組織、缺乏領袖。他們花費了許多金錢，可是一事無成，平白地讓整個運動倒退了大概二十年。當然，共產黨也犯了錯誤。然而，他們似乎有著更深層的一面──固有的無政府主義的心態。你必須記得我國第一個哲學家是一個無政府主義者──老子。我們是一個有兩千五百年歷史的帝國，所以有著兩千五百年的無政府主義的歷史。

「天高皇帝遠」這句俗話在在地說明了這種典型的放任的心態。我們有兩千年放任的帝國政策。這種傳統給予我們一種徹底的無政府主義的心態，反抗所有的組織與紀律。作為一個個人，中國人一點問題也沒有；然而，作為一個公司或政府的負責人，他就手足無措了。

以會館制度為基礎來建立新中國

賀川：但是，胡教授！你們有會館（guilds）的制度，家族會館。除非你們以會館為基礎來建設你們的社會──

胡適：同業會館！它們是沒有組織的。它們屬於一種自然生成的關係，缺乏人為、有意去創立的組織。自然生成的關係──不管是血緣或地緣的──不算是組織。有意、人為的組織是一個最重要的因素。

賀川：我國的家庭制度迥異於中國的。

胡適：在日本，婦女被訓練得知其本分。在中國，即使婦女也是無政府主義、個人主義的。

賀川：在中國，你們發展出一種非常有意思的心理會館（psychological guilds），不同於義大利的。

胡適：一旦現代工業制度建立以後，它們都會立即崩潰。

賀川：即使在西方，地緣的因素永遠是存在的，它會跟人為的因素糾結在一起。當你把自然形成的團體改造成為……

革命的共產主義在中國的未來

……但是，革命的共產主義在貴國的未來如何呢？

胡適：革命的共產主義不可怕。可怕的是中國式的共產主義和無政府主義。（共產黨）大部分是非常年輕的人。共產黨裡的人，大部分都是我們在北京的時候你所見到的。在那個時候，他們還沒有分裂。後來，有的被捉，有的被關，他們就逐漸分歧了。有些在北方，有些在南方。（在這種情況之下）溝通困難。有些受到越飛（Joffre）〔注：誤，應為 Joffe，Adolph Joffe，1922 年到北京。次年，在上海與孫中山發表宣言，聯俄容共的開始〕的影響。但是，那一批共產黨泰半沒有到過外國受訓。那少數出國的，是到法國去。他們沒有錢，從來沒有進過實驗室或圖書館，來往的是最下層的工人——激進分子。他們根本不知所云。他們迥異於留俄的。蘇俄的托洛斯基派知曉、而且也在紐約的貧民窟受過訓。他們說：「我們必須跟美國的生產力競爭。」請參見托洛斯基的新書，《俄國往何處去？》（*Whither Russia?*）。我們的年輕人還在那裡高唱杯葛，人家蘇聯早從 1922 年開始，就以最高的薪資聘請美國的工程師來提高他們的生產力。

我國的共產主義者很受到貴國東京與京都學派的社會主義與無政府主義者的作品的影響。他們很多人是你們的朋友，說不定也是敵人！我最近從福田教授那兒得到一個很深刻的印象。我問他說：「聽說你新近到過歐洲。你的思想主張有否改變？」他回答說：「沒有什麼改變。」（我堅持地問）：「有否改變？」（他回答說）：「從前我主張社會政策。我現在以為這種妥協是沒有用的。不是資本主義，就是馬克思社會主義。」

我對他說：「你應該繼續走到美國去。在那個國家裡，每四個人中就有一個人有汽車，每一個人都可以不付一分錢上大學。」他說：「美國我不

敢去！我怕到了美國會把我的學說完全推翻了。」我說：「我很失望。學說應該符合事實。」他說：「不！我今年五十五歲。我要再等五年，等我的思想定了，才到美國去！」他害怕看到會推翻他的學說的事實！

貴國的極左派分成四派：

一、「福本和夫主義」（蘇聯派）；

二、山川均及其國家資本主義的新經濟政策；

三、奧地利馬克思學派；還有一派（？）〔原文如此〕

賀川：我的心態是東方式的。我注重經濟裡的價值——一種價值的哲學。我喜歡共產主義，但不是蘇聯式的。

日本的德國哲學

胡適：日本的馬克思主義者在中國造了足夠的孽了。我國所翻譯的馬克思不是從德文、法文、或俄文來的，而大部分是從日本來的。我不懂日文。但我覺得日本的思想比日本的藝術與科學落後。

賀川：有些原創性。但它（原創性）在日本並不流行。例如，西田幾多郎——我喜歡他的思想……

胡適：日本必須擺脫德國的宰制才可以取得原創性。貴國的思想仍然大體上是德國式的。根據福田的說法，只有兩個國家在徹底地研究馬克思——日本和俄國。

賀川：我們日本翻譯太氾濫了……你怎麼看布哈林（Nikolai Bukharin）及其機械性以及帝國主義的歷史詮釋？

胡適：我對他不熟。

賀川：他認為歷史只是決定論的。我認為馬克思太片面了。我仍然認為有意的作為是重要的，不能被經濟的因素所抹殺。你傾向於馬克思主義嗎？

胡適：並不盡然。我認為我們不可能抱持歷史的因果論。歷史上有太多偶然的因素，例如，中國的纏足。一個必須肩負著重荷上山的中國婦女也纏足。這裡邊有心理的因素，也有傳統以及制度上的因素。就像在工廠裡做牛做馬的女工，願意花十塊錢去買絲襪一樣。纏足說不定是在一種意外

的情況之下產生的：有些女性想要跟一個天生有一對小腳的女性競爭。於是：從意外、模仿、到變成歷史。

M〔注：陳獨秀的代號〕和我本來思想相同，可是他變成共產主義者，而我反共。我傾向於保持多元主義的理論。原因是多元的，歷史是不可能用一個人所中意的理論來解釋的。我們必須揚棄那種想要用一組或一個原因來解釋歷史的企圖。

賀川：山東〔注：應該是南京〕與漢口的政府的未來如何？中國可能會有一個共產的政府嗎？

胡適：絕對不可能。俄國革命說明了共產主義不可能在一個高度工業化的國家發生。俄國是最不工業化的國家。

失業的蔓延以及工業界的動亂也許會給共產黨一點機會。然而，他們不會永遠得勢的。中國人無政府主義的國民性會對它產生反動的。[5]

這篇〈賀川豐彥・胡適對話錄〉裡最值得我們注意的有兩點。第一，我在《日正當中》裡說胡適在1926年經過蘇俄到歐洲去的時候，從來就沒有患過羅志田、邵建等人所說的「左傾急驚風」。如果現在還有人仍然不能擺脫那個錯覺的話，這篇〈賀川豐彥・胡適對話錄〉應該有振聾發聵的作用吧？胡適在這個對話錄裡貶抑在法國勤工儉學之下變成共產黨的中國人：「從來沒有進過實驗室或圖書館，來往的是最下層的工人——激進分子。他們根本不知所云。」與這些井底之蛙相對的，是胡適心目中的托洛斯基派。君不見他說：

蘇俄的托洛斯基派知曉、而且也在紐約的貧民窟受過訓。他們說：「我們必須跟美國的生產力競爭。」請參見托洛斯基的新書，《俄國往何處去？》（Whither Russia?）。我們的年輕人還在那裡高唱杯葛，人家蘇聯早從1922年開始，就以最高的薪資聘請美國的工程師來提高他們的生產力。

5　"Kagawa and Hu Shih: Interview between Dr. Kagawa and Prof. Hu Shih"，藏於「賀川豐彥記念松沢資料館」。感謝台灣輔仁大學哲學系曾慶豹教授提供此文。

「我們必須跟美國的生產力競爭。」這句話就一語道破了我在《日正當中》所強調的：胡適之所以會在1926年經過蘇俄到歐洲去的時候為蘇聯的實驗而動容，完全是因為他認為蘇俄走的正是美國的路。而這所謂的「美國的路」無他，就是「叫電氣給他趕車，乙太給他送信」的機械文明。

這篇〈賀川豐彥・胡適對話錄〉裡最值得我們注意的第二點，是胡適所說的無政府主義。首先，我們記得胡適在〈在史達林戰略裡的中國〉裡所作的回憶。他所強調的是史達林要藉暴力排外的行動而引起列強武力干預、以便使之成為共產革命的條件的陰謀。這時，離胡適從東京回到上海只有三個月的時間。如果他在東京的時候，確實是看到了《東京朝日新聞》成百上千封告急的電報，如果他當時就真正已經領悟到史達林與共產黨蓄意製造共產革命的陰謀，則所有這些記憶猶新的大發現都會應該反映在他與賀川豐彥的對話錄裡。我們有理相信胡適在1950年說的這個1927年《東京朝日新聞》報社的故事，是他杜撰出來的。

然而，在這篇對話錄裡，胡適對賀川豐彥解釋國民黨為什麼會「清黨」的理由居然是無政府主義：「去年4月的『清黨』。表面上看來，那好像是資產階級對民族主義的反抗。然而，實際上，那是中國無政府主義心態對共產黨帶給我們的組織與紀律的反動。其發動者是一個誠摯的無政府主義者，他賦予其詮釋與意義。」

胡適這一段話的內容非常複雜，必須細細剖析。首先，胡適否認「清黨」意味著資產階級的反動。這是一般的詮釋，當時的胡適顯然不接受。其次，胡適不是用共產黨來稱呼「清黨」的對象；他稱呼他們為「民族主義者」。這一點非常重要，因為雖然胡適在二十三年以後，直指這些人為史達林企圖在中國製造共產革命的代理人，但他在1927年卻認為他們是「民族主義者」。第三，胡適認為「清黨」所真正意味著的，是「中國無政府主義心態對共產黨帶給我們的組織與紀律的反動。」第四，國民黨的「清黨」是由一位「誠摯的無政府主義者」發動的，是他賦予其詮釋與意義。只可惜胡適沒說這位「發動者」是誰。

然而，我們知道胡適所說的這位無政府主義的「發動者」就是吳稚暉。胡適在1953年11月24日寫成的〈追念吳稚暉先生〉裡回憶說：

當民國十五、六年〔1926、1927〕國民革命軍北伐最勝利的時期，國際共產黨利用中國共產黨來控制中國的陰謀漸漸顯露了。但國民黨的中央黨部與國民政府都在陰謀者的把持之下，沒有制裁共產黨的能力，也沒有制裁共產黨的決心。在那個很吃緊的關頭，吳稚暉先生以國民黨中央監察委員的資格，挺身出來，向上海召集的中央監察委員會提出「舉發共產黨謀叛」的呈文（民國十六年〔1927〕4月2日）。吳先生的呈文是國民黨「清黨」、「反共」的重要文獻。他的全文保存在華林一編的《中國國民黨史》裡（民十七〔1928〕初版，頁123-131）。又有摘要本保存在張其昀先生編的《黨史概要》裡（第二冊，頁629-634）。我們在二十六年之後，重讀吳先生當日控訴共產黨的呈文，不能不佩服他老先生的遠見。他的呈文有兩大結論：

一、共產黨決定剷除國民黨之步驟，有以黨團監督政治之言，則明明為已受容納於國民黨之共產黨員同預逆謀。此本黨不願亡黨，在內部即應當制止者也。

二、現在中國國民政府已為俄煽動員鮑羅廷個人支配而有餘。則將來中國果為共產黨所盜竊，豈能逃蘇俄直接之支配，乃在變相帝國主義下為變相之屬國。揆之總理遺囑「聯合世界上以平等待我之民族」，大相刺謬。此又應當防止不平等而早揭破一切賣國之陰謀者也。」（華書，頁129-130；張書，頁632-633）

……

所以我們從歷史上回看二十六年前，才可以更深刻的瞭解當時蔣介石先生清黨、反共的重大意義，才可以更深刻的瞭解吳稚暉先生舉發共產黨叛國陰謀的呈文的重大意義。

我那時正從美國回國。火車到芝加哥，才知道3月24日的南京慘案；火車到西雅圖剛要上船，才知道廣州、上海開始清黨。船到了日本，我才知道南京已成立了新的國民政府。我在日本停留了三個多星期，仔細讀了那幾個月的報紙，才充分明白當日吳稚暉、蔡子民、張靜江等一班文人出來主張清黨、反共，確有很重要的歷史意義。為什麼呢？因為當時有許多中外人士還不能瞭解為什麼中國革命運動忽然起了大分裂，忽然起了內部大

殘殺。我在東京的「帝國大旅館」裡遇著剛從上海來的哈佛大學法學院名教授赫貞先生（Manly O. Hudson）。他對我說：「最近中國的政變是一個大反動！」我說：「何以見得？」他說：「我親自聽見宋子文先生歎氣說，國民革命的主旨是以黨治軍，就是以文人制裁武人。現在都完了！文人制裁武人的局面全被推翻了！」赫貞先生轉問我的意見。我說：「我這十個月在歐洲、美洲，不知道國內的詳細情形。但我看最近的政變，似乎不像宋子文先生說的那樣簡單吧？蔣介石將軍清黨、反共的舉動能得著一班元老的支持。你們外國朋友也許不認得吳敬恆、蔡元培是什麼人。但我知道這幾個人，很佩服他們的見識與人格。這個新政府能得到這一班元老的支持，是站得住的。」

我在日本對中國學生談話、對日本報人談話，也曾這樣說：「蔡元培、吳敬恆不是反動派。他們是傾向於無政府主義的自由論者。我向來敬重這幾個人。他們的道義力量支持的政府，是可以得著我們的同情的。」[6]

我們必須記得這篇〈追念吳稚暉先生〉是在胡適寫了〈在史達林戰略裡的中國〉以後所寫的文章。這時的胡適已經是帶著處處諜影、處處是陰謀的鏡片來回顧歷史。然而，在無政府主義這一點上，有一個當時的旁證。我在《日正當中》裡徵引了當時碰巧從日本跟胡適同船回到中國的斯特朗（Anna Louise Strong, 1885-1970）的回憶。她說：

這位美國化了的教授對中國的信心是建立在南京政府的三個元老身上：無政府主義的哲學家〔注：蔡元培、吳稚暉、張靜江〕，他認為他們是讓民眾有信心的「道德重心」。此外，加上蔣介石的軍事的能力、宋子文──他認為他馬上會加入南京政府──的財政能力。這五個人合起來，可以構成一個讓中國人能信服的「重心」（centre of gravity）。[7]

6　胡適，〈追念吳稚暉先生〉，《自由中國》，第10卷第1期，1954年1月1日，頁5-6。

7　Anna Louise Strong, *China's Millions: Revolution in Central China, 1927* (Peking: New World Press, 1965), pp. 13-14.

另外一個當時的旁證是胡適1927年5月17日從東京寫給韋蓮司的信：

　　在日本勾留了二十三天以後，我將在今晚坐船回上海。我在上海的朋友都打電報、寫信，要我現在不要回中國。我是試著盡量留在日本，但這種等待我受不了。我變得焦灼，有時還失眠，所以我決定回上海，親眼觀察。如果事實粉碎了我樂觀的想法，我就會回到京都，待在那兒工作。不過，我不認為我上海的朋友是對的。他們都太過於考慮到我個人的安危，他們只是要我不要去捲入政治的漩渦。他們也許因為對當局一些枝節、當下的舉措不以為然，而不能放眼去看大局。我回國以後，會寫信告訴妳我的所聞所見。

　　四月的政變〔上海剿共的白色恐怖〕是對的方向，國民黨是醒過來了，可是代價可能會太大！這可能會大大地延誤革命的進程：可能意味著運動的中挫。然而，代價再高都是值得的！我的許多老朋友都站在代表了溫和派和自由派南京政府一邊。8

　　細心的讀者讀到這裡，已經可以感受到一片混亂。胡適給韋蓮司的信、斯特朗的回憶、〈賀川豐彥・胡適對話錄〉、〈在史達林戰略裡的中國〉，以及〈追念吳稚暉先生〉所呈現的，是互相矛盾的訊息。首先，讓我們先解決與此處的分析最沒有直接關係的一點，亦即宋子文。在斯特朗的回憶裡，那三個無政府主義的元老，加上蔣介石的軍事能力，再配合宋子文的財政能力。「這五個人合起來，可以構成一個讓中國人能信服的『重心』。」我在第三、第四部的分析裡，會指出胡適對宋子文極為正面的評價，一直要持續到他使美時期跟宋子文在華盛頓共事一段以後。等他見識到宋子文的頤指氣使的為人處事的態度以後，胡適對宋子文的看法從先前極為正面的評價全面逆轉。因此，他在1953年底所寫的〈追念吳稚暉先生〉裡，就竄改歷史，特別先安排由赫貞教授的口裡提出宋子文的看法。然後，再由他自己來駁斥宋子文的看法太過簡單化了。

8　Hu Shih to Clifford Williams, May 17, 1927，《胡適全集》，40.266-267。

　　與此處的分析最直接相關的，當然就是無政府主義的問題了。1927年胡適回到中國以前給韋蓮司的信，在回國的郵輪上對斯特朗所說的話，以及1953年在〈追念吳稚暉先生〉一文裡所作的回憶裡，胡適對無政府主義作的是極其正面的評價。相對地，在回到上海三個月以後的〈賀川豐彥‧胡適對話錄〉裡，胡適對無政府主義則抱持著極其負面的看法。他不但說：「無政府主義是中國的禍源。」他而且一竿子打翻一船說：「每一個中國人都是無政府主義者。」就以「清黨」來說，胡適說：那是「中國無政府主義心態對共產黨帶給我們的組織與紀律的反動。」胡適不但批判無政府主義對組織與紀律的反動在「清黨」中所扮演的角色，他而且對「清黨」以後的南京政府極盡微辭：「那是一個對組織的反動。南京政府缺乏組織、缺乏領袖。他們花費了許多金錢，可是一事無成，平白地讓整個運動倒退了大概二十年。」

　　然而，這並不表示胡適支持共產黨。他對賀川豐彥說：「革命的共產主義不可怕。可怕的是中國式的共產主義和無政府主義。」當時的胡適認為中國共產黨根本就是土包子、井底之蛙，不知天下大事。所以他會說：第一批「共產黨泰半沒有到過外國受訓。那少數出國的，是到法國去。他們沒有錢，從來沒有進過實驗室或圖書館，來往的是最下層的工人──激進分子。他們根本不知所云。」

　　為什麼胡適在1927年回到上海以前會極為正面的看待無政府主義，而且以蔡元培、吳稚暉為代表的無政府主義元老作為他用來支持清黨屠共的國民黨？然而，在他回到上海三個月以後，卻又對賀川豐彥說：「無政府主義是中國的禍源。」甚至說：中國從老子以降的放任主義的傳統「給予我們一種徹底的無政府主義的心態，反抗所有的組織與紀律。作為一個個人，中國人一點問題也沒有；然而，作為一個公司或政府的負責人，他就手足無措了。」

　　原因很簡單。這是因為胡適在回到中國以後，對國民黨大失所望的結果。1927年是胡適對國民黨的評價從大起變為大落的關鍵年。在他極力要為國民黨辯護的時候，無政府主義是等同於自由主義，是自由、溫和的國民黨與激進、排外的共產黨分道揚鑣的象徵。等他回到上海對國民黨徹底失望以後，無政府主義就變成對組織與紀律的反動，中國的禍源。然後，在蔣介石被共產黨打敗逃到台灣以後，由於胡適又回到充當蔣介石啦啦隊的角色，他又重拾起他

在1927年回到中國以前的無政府主義是自由、溫和的論調來為蔣介石作正面的歷史定論。所有這些變化，都是我在第三、第四部所要分析的重點。

胡適1927年8月28日在〈賀川豐彥‧胡適對話錄〉裡抨擊無政府主義，痛斥中國從老子以降的放任主義的傳統「給予我們一種徹底的無政府主義的心態，反抗所有的組織與紀律。」胡適這種對中國傳統的抨擊是其來有自的。鶴見祐輔（つるみ ゆうすけ；Tsurumi Yūsuke）在《壇上‧紙上‧街上的人》第四篇〈支那大陸的人們〉裡有一篇訪問胡適的記錄。這是鶴見祐輔在1922年5月初在北京訪問胡適的記錄。

這篇胡適訪問記裡，最讓鶴見祐輔石破天驚的就是他冠在訪問記錄開頭的胡適的一句話：「所謂的儒教，在中國老早就已經死亡了。」鶴見祐輔說他在那個夏日早到的五月初去鐘鼓寺14號的四合院訪問胡適的時候，簡直不能相信他耳朵聽到的這句話。「儒教已死」並不是胡適當天對他所說的唯一一句語不驚人死不休的話。胡適在這之前已經對他說了中國的家族制度也早就崩壞了讓他驚愕不已的話。胡適說要說明「儒教已死」的結論，就等他在下週日去鶴見祐輔所住的旅館回拜的時候再詳細說明了。

鶴見祐輔說等胡適在下週日去他所住的旅館回拜的時候，胡適才在沙發椅上坐下，他就迫不及待地問：「我無論如何都無法理解那長久以來支配中國人思想的孔教可以如此容易地就死亡了。」胡適回答說：

> 認為儒教根深柢固地支配了中國人的思想的想法是錯誤的。那支配了中國人思想的，除了儒教之外，還必須加上老、莊的學說，以及禪宗之思想。那是中國人思想裡的唯心主義。

胡適君邊說，邊拿起鉛筆，寫下老子、莊子兩個字。並劃了一道直線，在旁邊寫下了禪字。並在這三個字下面劃了一道橫線，寫上自然主義。極其漂亮的筆跡。不消說，那與被稱為唯心主義的老、莊、禪對應的，就是自然主義的儒教。當然，這自然主義跟文學上狹義的自然主義是不同的。

說到儒教，儒教到底是什麼東西呢？說是孔子之教吧。很好！如果那樣說，所謂儒教中，孔子之教為何呢？首先讓我們按照順序來整理他的著述吧。首先，《五經》的第一是《詩經》。這不是孔子之教，而只不過是把

原有的東西蒐集起來而已。《易經》，不過是闡述了定義，附加上了形而上的理論而已。至於《書經》，古文尚書是偽經，今文尚書也大體是偽造的。今文尚書只有二十八篇是他所寫的（我已忘了他對於《書經》的詮釋）。其次是《春秋》。這不過是一本史書，而且處處充斥著矛盾。《禮記》是漢代才出現的。此外，在《四書》裡，《大學》、《中庸》，不過是編輯整理的東西。《論語》不就只是斷簡殘篇式的道德和常識的陳述而已嗎？而且其中的十六篇甚至是偽造的。《孟子》，不用說，和孔子是沒有任何關係的。如此看來，所謂孔子之教感化天下的說法，其內容為何呢？

「可是」，我打斷他的話說：「我理解了閣下對孔子教義的解說。然而，閣下不能否認孔子的人格感化了當時的人，而且也光被後世這個事實吧！」

孔子人格裡的哪一部分感化了後世呢？我本人並不否認基督的人格感化了後世。因為基督被釘在十字架上是一件大事。因此，對後世有一種神秘的感化。孔子一生中，並沒有給予人們什麼深刻的可以神秘的感化人的事蹟。

但是，閣下不能否認孔子感化了三千弟子這個事實吧！

弟子？所謂的弟子是誰呢？哪一個弟子受到什麼樣的感化而流傳於後世呢？顏回？顏回作了什麼呢？我們只能說顏回窮。我們能說他受到什麼感化呢？

胡適君一反他溫文儒雅的風采，斬釘截鐵，不留餘地。接著，他拿起筆來寫下：

一、命運──知足；

二、果報；

三、道家之報應。

這才是支配著中國人的思想。

他這麼說完了以後，又一一加以詳解。[9]

9　鶴見祐輔，《壇上・紙上・街上の人》（東京：大日本雄辯會，1926），頁398-409。

　　胡適在〈賀川豐彥‧胡適對話錄〉以及他與鶴見祐輔的訪談錄裡所說的話，當然都不代表他的定論。比如說，他對賀川豐彥說所有中國人都是無政府主義者，反對組織與紀律。這麼斬釘截鐵的話，他後來就再沒說過了。他對賀川豐彥說這句話的時候，顯然是他最相信這個想法的時候。我在《日正當中》裡提到了他1926年11月9日，他在「皇家國際事務研究所」（Royal Institute of International Affairs）演講〈中國的文藝復興〉（The Renaissance in China）。他在這篇演講裡對中國人無組織的批判，甚至及於中國傳統文學欠缺組織結構的批判：

　　　　中國這個民族一向就沒有組織的能力。就以文學為例，在兩千五百年的歷史裡，居然沒產生出一部有情節（plot）、有組織、有通盤布局（architectonic structure）的著作。甚至連小說與戲曲都欠缺情節與組織。[10]

　　然而，胡適後來再沒有說過這樣斬釘截鐵的話，並不表示這樣的想法已經不存在他的內心裡。就一如我在《日正當中》裡所指出的，一直到他過世以前，他對《紅樓夢》的批評，仍然是結構組織的問題。重點是，胡適學乖了，也更圓融了。他把他對中國人無組織、無紀律的批判提升到抽象的層面。

　　除了莊子，因為他說「吾生也有涯，知也無涯，以有涯隨無涯，殆矣。」的話永遠不能讓胡適忍受以外，他對老子的詮釋會跟著時代的變遷而改變。比如說，他在鶴見祐輔的訪談錄裡用老子的唯心主義來對應孔子的自然主義。但在更多的時候，他是以老子來作為中國自然主義的始祖。在《先秦名學史》裡，他稱呼老子為「無政府主義者」。在《中國哲學史大綱》（上卷）裡，胡適改稱老子為「革命家」、「極端的破壞派」、「極端的放任主義派」。等胡適年紀越大，特別是到了他進入了他的「抗日史觀」以及「反共史觀」的階段，他更多是要強調老子的「無為」與自由主義之間的同質性。

　　總之，胡適一生的思想有其變與不變的成分。我們絕對不能抓住他在某一個階段的思想，就說那意味著胡適的思想。那種作法，無異於諺語裡所說的瞎

子摸象。唯一的不同，是瞎子心目中所以為的象，是他剛好摸到的部位；而以某一個時期的胡適的想法作為典型的胡適的想法的人，則是剛好碰觸到某個階段的胡適。前者是同時異位，後者是異時也可能異位。然而，作為以偏概全，兩者謬在同處。

第一章

從自由人權，到安定為先

　　胡適在1927年5月20日結束他歐美之遊回到上海。這是他一生中在政治上最為膾炙人口的一段，原因就是他膽敢用約法跟國民黨要人權。胡適的好友高夢旦的九兄在讚佩之餘，為胡適取了一個「龍膽公」的謔號。事實上，胡適「龍膽公」單挑國民黨的這個故事已經被演繹成了一個「神話」。究其原因，一方面是因為大家不去深究胡適約法與人權的來龍去脈，以及他所抨擊的對象；另一方面，是因為大家懵懂於這是胡適一生在政治思想、意識形態上大起大落的階段。把這個「神話」拉回人間，此其時也。

　　胡適在1927年確實是帶著滿腔對國民黨的憧憬回到上海的。他回國以前，特別是在英國、美國的時候，根本就是國民黨在海外義務的宣傳員。當他抵達日本，在報上讀到國民黨清黨、屠共的消息以後，他為國民黨辯護，認為國民黨已經清醒、找回自己了。他的朋友、學生都勸他留在日本觀望一陣子。然而，他執意回中國為國民黨效勞。只是，他一回國就立刻掉入了失望的深谷。胡適對國民黨憧憬的幻滅，反映在他足足一年多的沉默。幻滅不只讓他疏於記日記，也讓他對國外的朋友封筆。然而，就在他幻滅與沉默的時候，他與國民黨妥協的種子已經開始埋下了。

　　就在胡適已經開始跟國民黨妥協的時候，卻發生了「中華教育文化基金會」改組的風波。這個1928年國民政府改組中基會的事件，所知的人並不多。歷來的研究，都把這個事件詮釋成為胡適維護中基會獨立的努力。國民政府北伐成功，在改朝換代之際，罷黜曹錕所派任的中國董事，以新朝所任命的

董事取而代之。此舉違反了中基會董事出缺由董事自行遴選的原則。誠然，這個中基會改組的事件是牽涉到了政治干預基金會獨立運作的問題。然而，其所反映的，同時也是北伐成功、定都南京的國民政府試圖展現其主權，貫徹其打倒帝國主義、廢除不平等條約的口號。換句話說，這是一個國民政府與列強角力的外交事件。中基會不但是管理美國所退還的庚款──中國近代帝國主義滄桑史上最為屈辱的一頁──的機構，它而且是北洋政府時期所成立的。國民政府要外抗強權、內除軍閥，還有什麼比改組中基會更能作為展現其主權的試金石？

這個中美外交角力事件，國民政府在一開始就注定是要失敗的。中國駐美的公使不只是不戰而降，而且根本就是倒戈輸誠。在中國，胡適又處處與派赴中國斡旋的孟祿（Paul Monroe）配合，一直到逼使國民政府收回改組中基會的成命為止。國民政府改組中基會失敗，除了是在中美外交角力上吃了一場敗仗以外，它更意味了留美菁英陣營的分裂。留學生回國以後，各自選擇了不同的政治勢力。改朝換代之際，既是政治勢力的重組，也是歸國留學生保護並推展各自利益與理念的時刻。從這個角度來說，中基會的改組在中國近代史上具有兩層深意：一、以胡適為代表的親美菁英擊潰了民族主義派的留美菁英；二、他們成功地聯美反制了國民政府。

胡適聯美反制國民政府改組中基會，是在他發表約法與人權政論的前夕。這是胡適一生當中最看不起蔣介石和國民黨的時刻。胡適跟國民黨爭約法、人權的政論誠然膽大、犀利、而且鏗鏘有力。然而，歷來的研究與分析都只著重於政論的本身，而忽略了其來龍去脈以及胡適抨擊的對象。首先，我們必須把胡適約法與人權的政論放在他當時的政治思想的脈絡下來分析。人權並不是胡適跟國民黨要約法的初衷。在他右傾法西斯主義的巔峰，胡適所憧憬的是有組織、計畫、與幹勁的政治。他回國以後，對國民黨幻滅，但仍然不改他對有組織、計畫、與幹勁的政治的憧憬。換句話說，在胡適1927年回國的當初，他追求約法，是在為中國立下一個建設現代國家的根本大法，與人權是無關的。

約法之所以會從建設現代國家的根本大法轉而成為保障的人權基礎，完全是一個意外。那讓胡適此可忍孰不可忍地起而向國民黨要約法來保障人權的人，是國民黨上海市黨部的宣傳部長暨上海市教育局長陳德徵。胡適約法與人

權的政論一共三篇。他所抨擊的就是這些狐假虎威、把羽毛當令箭的地方黨工。對胡適群起而攻之的，也是以國民黨上海市黨部為代表的地方黨部。這些地方黨部呈請嚴懲胡適的議案誠然一直上達國民黨中央黨部，而且還由國民政府指令教育部向胡適提出警告。然而，胡適在1929年「龍膽」單挑國民黨，其實是一個典型的「閻王好惹、小鬼難纏」的故事。而且，胡適自己也很清楚，他所棒打的不是「閻王」而是「小鬼」。試想：如果胡適所激怒的是「閻王」，則何須等待區、市、省黨部層層「等因奉此」的呈請嚴懲胡適呢？如果「閻王」真的有心要懲治胡適，則所有「撤職」、「緝捕」、「逮捕解京」等等令人怵目驚心的隆隆雷聲，如何會化解成為霑衣若濕的「警告」的小雨點呢！

　　胡適約法與人權的政論看似犀利與尖銳。事實上，他在當時的日記以及其它言論裡，已經處處表明了他與國民黨妥協的意願。我們記得胡適在1920年代初期宣揚「好政府主義」。到了1930年，胡適公開宣布他已經退而求其次，只要「有政府主義」就可以了。「好政府」他已經不奢求了。他只求中國有一個能「保境安民」的政府。邵建一向好說胡適不懂洛克，不懂古典自由主義。其實，胡適這個能「保境安民」、「有政府就可的主義」，就是回到了洛克的「政府越小越好」（limited government; little government）的古典自由主義的精神。這個「有政府就可」主義，胡適在1930年代，又會把它進一步地引申成為「無為的政治」或者「幼稚園的政治」。但這是第四部第一章的主題。

　　當時的胡適仍然不看好蔣介石與國民黨。然而，放眼當時的中國，他找不到可以取代蔣介石或國民黨的權力中心。胡適從1929年到1930年的日記裡黏貼了許多汪精衛、改組派、閻錫山、馮玉祥、擴大會議派等等口誅筆伐蔣介石的電文。在許多場合裡，胡適也似乎擺出他與蔣介石在國民黨內的政敵有共識的所在。所有這些，都容易讓人誤解胡適當時的政治立場。比如說，陳漱渝就認為：「在國民黨的主流派與非主流派之間，胡適是腳踏兩隻船。」同時，他更進一步地認定：「人權與約法問題就成為了胡適和改組派反蔣的共同武器。」事實上，這不但高估了「改組派」在胡適眼中的地位，而且也沒瞭解到胡適已經押寶在國民黨的事實。胡適並沒有跟「改組派」合作，而毋寧是借反蔣的東風向蔣介石要約法。

從對國民黨幻滅到妥協的開始

　　1930年4月下旬，吳稚暉和楊銓在國民黨南京市黨部招待全國教育會議全體會員的集會裡，雙雙批判了當時在《新月》雜誌上發表文章批判國民黨的胡適。這兩篇演講刊登在4月24日國民黨的黨報《民國日報》上。胡適把剪報剪貼在他的日記裡。由於這兩個演講的記錄錯誤百出，楊銓特別致信向胡適解釋。他說他曾經和吳稚暉商議是否要致函更正。但吳稚暉以「更正不勝其煩，且筆記多如此，只可聽之而已」而作罷。楊銓在這封信裡，特別向胡適解釋，說記錄裡所謂「走江湖的博士」云云者，指的不是胡適，而是江亢虎。然而，楊銓也老實不客氣地在信中告訴胡適，說他在演講裡調侃了胡適「不肯作第二人，故好立異」的個性。楊銓在這篇名為〈對教育家思想家的針砭〉的演講記錄裡有一段最關鍵的話，是歷來研究胡適的人都忽略的。他說：

　　　　姑無論他〔胡適〕是不是提倡新文化，所提倡的是不是新文化，那是另一個問題。但是忽然又談起政治來了。在段祺瑞的善後會議裡面，大談而特談政治。他一跑到俄國，又談起共產主義是如何的好。馬寅初先生看見他談起共產來了，急得了不得了，請徐志摩先生做文章來反對。哪知道胡先生頭天談共產，第二天就不談共產了。不多時，胡先生又覺得三民主義很好。於是預備做一部三民主義的哲學，急急乎要出版。那時正是〔民國〕十五年〔注：誤，應為十六年，亦即1927年〕的秋天。我勸胡先生不要出版，免得人家罵他投機。[1]

　　楊銓說胡適在1927年的秋天，「覺得三民主義很好。於是預備做一部三民主義的哲學，急急乎要出版。」這不是信口開河，有旁證可稽。英裔美籍傳教士，又兼《教務雜誌》（*The Chinese Recorder*）主編的樂靈生（Frank Rawlinson），在1927年11月8日致信胡適，請他為教會人士作一系列有關三

---

[1] 楊銓，〈對教育家思想家的針砭〉，載1930年4月24日《民國日報》，《胡適日記全集》，6.153。

民主義的演講。他說：

> 有鑒於《三民主義》英譯本新近出版，有鑒於台端刻正撰寫該書的摘
> 要，敝會的「禮拜日講讀會」（Sunday Morning Discussion Group）委員覺
> 得我們應該善用這個機會，用三到四個禮拜天的時間來討論其主旨。我們
> 目前的想法如下：
> 論題：三民主義在當下的價值：
> 一、與中國文化的關係；
> 二、與中國的國際地位的關係；
> 三、與中國的民族生活的關係；
> 四、與中國的經濟福祉的關係。[2]

　　我們不知道胡適是否接受了這個演講的邀請，也不知道這個系列的演講是
否真正舉行了。然而，「胡適檔案」裡保存了一封樂靈生夫人（Florence）所
寫的信，只寫了「星期一」，沒有年月日。從內容來判斷，是向胡適致謝他演
講〈不朽〉。由於信紙上印的地址是上海，我們可以判斷應該是這個時候的信
件[3]。換句話說，胡適可能接受了樂靈生的邀請，但講的題目不是「三民主
義」，而是他將近十年前所寫的〈不朽〉。無論如何，此處的重點是，樂靈生
這封信佐證了楊銓說胡適在1927年的秋天：「覺得三民主義很好，於是預備做
一部三民主義的哲學，急急乎要出版。」可惜我們不知道胡適所「預備做一部
三民主義的哲學」到底寫了多少。
　　在這裡我要告訴讀者一個沒有人提過的消息。「中國國家圖書館」的館藏
目錄裡列有一本書，其書名和作者，可以讓所有研究胡適的人看到了會心跳加
速：胡適著，《孫文學說精義》，1918年出版。由於圖書館說這本書在「北海
古籍館」文津樓，因此我2011年1月到北京的時候，特別到了古籍館調閱此
書。等書庫出書的時候，我的雙腿已經擺好姿勢。只等著叫到我的號碼，就要

2　Frank Rawlinson to Hu Shih, November 8, 1927，「胡適外文檔案」，E323-8。

3　Florence Rawlinson to Hu Shih, Monday，「胡適外文檔案」，E323-9。

一個箭步搶到台前領書。怎奈等唱號結束、調出來的書都已經發完了以後，就是沒有叫到我的號碼。我正狐疑著，卻又開始唱號。等我聽到我的號碼，走到台前，答案卻是《孫文學說精義》已經「返善」了！我問「返善」是什麼意思呢？姑娘還沒開口，一位坐在一邊低頭辦事，看起來像是資深的圖書館員，頭也沒抬，不疾不徐地隨口應道：「就是不給看的意思。」

　　雖然從來沒有人聽說過胡適寫過一本《孫文學說精義》的書。但是，我們現在知道胡適在1927年秋天的時候確實想寫過一本「三民主義的哲學」。如果「中國國家圖書館」確實藏有一本胡適所寫的《孫文學說精義》，那絕對可以說是全世界的孤本。只是說是1918年出版，在時間上卻又似乎是太早了一點。然而，既然是不給看，在查證無門之下，只能徒呼奈何了。

　　幸運的是，我們今天在胡適1927年的日記裡，還可以看到他當時所留下來的一些筆記。誠然，這些筆記只記了孫中山的「行易知難」以及「國際共同發展中國實業」理念的大要。沒有分析、也沒有評論。然而，摘要之所以能為研究者所用，就在於其反映了摘者的關注與選擇。雖然沒有分析和評論，褒貶已寓意其間。

　　胡適所選擇的摘要是取自於孫中山所著的《建國方略》。第一部分是「行易知難」。他先徵引孫中山在〈序〉裡所說的傳統中國「知之非艱，行之為艱」理論的「思想錯誤」，然後再總括孫中山所列舉的十大證據來證明「知難行易」的道理，最後則引中山所舉的水管匠的工資作為結論：「水管窒礙，雇工匠修理。匠人一到，一舉手就修好了。他的工值 $50.4：$50，知識之值；$0.4，勞力之值。」

　　第二部分的摘要是《建國方略》之二裡的〈物質建設〉。他先摘孫中山在〈緒論〉裡所說的話：

　　〔第一次〕世界大戰最後之一年中，各國戰費每日須美金240,000,000。至少其一半為「戰爭市場」所生。除各交戰國之再造、及恢復其繁華與安適，以日費60,000,000，只占此「戰爭市場」所生餘剩之半額，而所餘者仍有每日60,000,000，尚無所用。每日六千萬，則每年21,900,000,000。

　　他主張以此餘資（at least〔至少〕其大半）為「國際共同發展中國實

業」之用。

A.交通：

　　1，鐵路一十萬英里。2，碎石路一百萬英里。3，修浚現有運河。4，新開運河。5，治河。6，增設電報、電話、無線電等。

B.商港：

　　1，三大港。2，沿海岸之商業港及漁業港。3，建商場船埠於通航河流沿岸。

C.新式市場。

D.水力。

E.冶鐵、製鋼、Cement〔水泥〕大工廠。

F.礦業。

G.農業。

H.蒙古、新疆之灌溉。

I.北部中部造森林。

J.移民東三省、蒙古、新疆、青海、西藏。

　　三步：

　　一、投資之各政府，務須共同行動，統一政策。合組一國際團，用其戰爭時任組織、管理等人才及種種熟練之技師，令其設計有統系，用物有準度，以免浪費，以便作工。

　　二、必須設法得中國人民之信仰，使其熱心匡助此舉。

　　三、然後與中國政府開正式會議，以議此計畫之最後契約。

　　……

　　結論：

　　世界三大問題：一、國際戰爭，二、商業戰爭，三、階級戰爭。皆可以此計畫解決。

　　以「國際互助」解決國際戰爭；

　　以「一概大工業組成一極大公司，歸諸中國人民公有，以國際資本家為共同經濟利益之協助」，解決商業戰爭；

　　以「工業發展所生之利益，除：一、還債款之利息，二、增加工人之工

資，三、改良推廣機器之生產外，留其餘為節省各種物品及公用事業之價
值」，使人民一律享受近代文明之樂，以解決階級戰爭。「物質文明之標
的，非私人之利益，乃公共之利益。」[4]

我們知道胡適對孫中山「知難行易」的理論一直在基本上是贊同的。他早
在1919年7月20日在《每週評論》上所發表的〈評《孫文學說》〉的結論裡說
他贊成這本書的大旨，雖然：「書中有許多我不能贊同的地方，如第三章〈論
中國文字有進化而語言轉見退步〉、第五章論王陽明一段，比較的都是小節，
我可以不細批評了。」胡適當然不會贊成孫中山說「論中國文字有進化而語言
轉見退步」，因為那完全違背了我在《日正當中》裡所分析的胡適認為白話文
是世界上最進步、最民主的語言的論點。

胡適在1919年這篇〈評《孫文學說》〉裡稱讚孫中山。他說：

　　中山先生是一個實行家。凡是真實行家都有遠見的計畫，分開進行的程
　序，然後一步一步的做去。沒有計畫的政客，混了一天算一天，嘴裡說
　「專尚實際，不務空談」，其實算不得實行家，只可說是胡混。中山先生
　一生所受的最大冤枉就是人都說他是理想家，不是實行家。其實沒有理想
　計畫的人決不能做真正的實行家。我所以稱中山先生作實行家，正因為他
　有膽子敢定一種理想的「建國方略」。

胡適在這段話裡的關鍵詞是「計畫」。沒有計畫，所謂實行也者，就完全
沒有附麗之所在。沒有計畫的政客，不管說得再天花亂墜，只是在胡混。所以
胡適在文章的尾聲說：

　　現在最大的危險，在於有理想的實行家太少了。現在的更大危險，在於
　認胡混為實行，認計畫為無用。陸放翁說得好：「一年復一年，一日復一

4　《胡適日記全集》，4.698-702。

日。譬如東周亡，豈復須大疾？」[5]

　　胡適所服膺的計畫政治的理念是濫觴於他留美的後期。我在《璞玉成璧》裡分析胡適在留美時期政治思想形成的時候，指出他當時使用的名詞是「主意」、「方針」、與「政策」。而且他這個計畫政治的靈感來源是杜威，以及我在《日正當中》裡所進一步指出的功利主義的影響。陸游的這一段詩句，則是胡適從留美歸國以後所喜歡一再徵引的。我在《日正當中》裡分析了胡適的「好政府主義」。我在第四部還會進一步地分析他的「好政府主義」如何演化成為「專家政治」。不管是「好政府主義」也好、「專家政治」也好，所有這些都植基於他「主意」、「方針」、「政策」、與「計畫」的理念，都濫觴於他留美後期就已經形成的計畫政治。

　　如果胡適會稱讚孫中山是一個「有膽子敢定一種理想的『建國方略』」的「真正的實行家」，他也同樣地會覺得孫中山「國際共同發展中國實業」的理想，跟他是英雄所見略同而惺惺相惜。早在胡適留美歸國半年以前，也就是1917年1月27日，他在費城黑沃佛學院（Haverford College）校友會年宴上作演說的時候，就已經呼籲由美國總統出面來召開一個國際性的「中國會議」（China Congress），由美國主持公道，用國際協商的辦法和力量來解決當時中國無政府的狀態。胡適認為這種未雨綢繆的方式，可以防止中國鋌而走險，摹仿第一次世界大戰時期土耳其斷然片面宣布收回領事裁判權的方法[6]。

　　胡適既然在留美的時候，就已經對美國心悅誠服，認為美國是公道正義的化身，而且在歸國的前夕就已經認定可以把中國的命運託付給美國所主持的國際機構來仲裁維護，則孫中山的「國際共同發展中國實業」的理想不啻於是胡適這個在留美時期已經形成的信念的邏輯的引申。我在《日正當中》裡分析了胡適在1922年10月1日所發表〈國際的中國〉，是用「拼湊抄襲」（mosaic plagiarism），以及斷章取義的方法，挪用了當時美國炙手可熱的自由派專欄作

5　胡適，〈評《孫文學說》〉，《胡適全集》，21.187-190。

6　江勇振，《舍我其誰：胡適，第一部：璞玉成璧，1891-1917》（台北：聯經出版公司，2011），頁462-464。

家李普曼（Walter Lippmann）在1915年所出版的《外交折衝的俎上肉》（*The Stakes of Diplomacy*）。

李普曼的主旨是：世界上的弱國──當時的墨西哥、中國、波斯、近東諸國──是列強外交折衝的俎上肉。這個主旨被胡適挪用以後，卻把這些弱國轉變成為「國際上的亂源」。李普曼建議用永久性國際託管的方式，來治理這些弱國，使它們免於成為列強外交折衝的俎上肉。這個建議被胡適挪用的魔棒一揮以後，消之於無形。取而代之的是：「現在中國已沒有很大的國際侵略的危險了」，以及「現在無論是哪一國──日本、美國、或英國──都不能不讓中國人民來解決本國的政治問題。」更有甚者，當時英國管控的海關以及租界搖身一變成為中國的「幸事」與「福地」：「政治紛亂的時候，全國陷入無政府的時候，或者政權在武人奸人的手裡的時候，人民只覺得租界與東交民巷是福地，外幣是金不換的貨幣，總稅務司〔管控中國海關的英國總管〕是神人，海關郵政權在外人手裡是中國的幸事！」[7]

孫中山試圖使用「國際共同發展中國實業」的方法，來消弭國際戰爭和商業戰爭的理念，完全是胡適所能認同的。他自己在1917年所提出來的「中國會議」的主張，也就是要用國際合縱連橫的方式來維持中國的主權獨立，以及防止日本獨霸中國的設想。孫中山宣揚：「物質文明之標的，非私人之利益，乃公共之利益」、主張發展實業來消弭階級戰爭，使人民一律享受近代文明之樂。這完全與胡適所服膺的現代西洋文明的福音──亦即，把社會主義的理想融合進自由主義裡的理念──是合轍的。

雖然我們不知道楊銓說胡適「預備做一部三民主義的哲學」，如果成書會是如何。然而，我們從胡適所選擇摘述的孫中山的《建國方略》的理念，放在他從留美時期所形成、歸國以後所發揮的政治思想的背景脈絡下來觀察，就可以知道楊銓說當時的胡適「覺得三民主義很好」，絕對不是信口開河的。這個時期的胡適，是他對國民黨的幻想──那「黨的組織和紀律貫穿一切，黨是政軍的靈魂和大腦」──的巔峰。

7　江勇振，《舍我其誰：胡適，第二部：日正當中，1917-1927》（台北：聯經出版公司，2013），頁807-813。

　　胡適在1926年到1927年間所作的歐美之遊，就像我在《日正當中》，以及《星星·月亮·太陽——胡適的情感世界》裡所描述的，既是他在中國功成名就以後到歐洲的「啼聲初試」，也是他回美國——他的第二故鄉——的「衣錦還鄉」。然而，同樣重要的，這個歐美之行的尾聲，也象徵了胡適對國民黨幻想攀升至其巔峰及其急速幻滅的開始。

　　胡適是在1927年4月12日從西雅圖坐船離開美國的。那天，正是國民黨在上海清黨、屠共的一天。一年以後，胡適還在1928年4月12日的日記裡記：「今日為我去年離美國週年，又是上海『清黨』的週年。」[8]他在友朋好心地勸阻之下，在日本觀望了二十三天。然而，他想親自回國觀察之心——難不成是他1926年在倫敦對葉元龍所透露的躍入政海一試的技癢之心！——使他焦灼、失眠。他於是決定回國。在郵輪起錨以前兩個鐘頭，他寫信給他留美時期和平運動的戰友葛內特（Lewis Gannett）說：「我的一顆心都在南方政府身上，所以我不顧所有的勸告」，就帶著滿腔對國民黨的期望啟程回上海了[9]。胡適在5月20日回到了上海。然後，他又在6月5日搬進了靜安寺極司斐而路（Jessfield Road）49號A（今萬航渡路）。

　　胡適搬進極司斐而路49號A的時候，是先單獨搬進去的。根據丁文江6月9日給胡適的信，江冬秀跟祖望、思杜是在9日上午才搭乘火車離開北京到上海與胡適團圓的[10]。這一住，就住了三年半，一直到1930年11月28日，才又全家搬回到當時已改稱

圖2　胡適1927年3月6日，送給韋蓮司母親（Mrs. H. S. Williams）的照片，1927年1月攝於紐約。（胡適紀念館授權使用）

8　《胡適日記全集》，5.56。

9　Hu Shih to Lewis Gannett, August 22, 1926, Lewis Gannett Papers, 1900-1965（bulk）, MS Am 1888（586）, Houghton Library, Harvard University.

10　丁文江致胡適、徐新六，1927年6月9日，《胡適來往書信選》，1.437。

為北平的北京。11月30日中午，胡適一家人所搭乘的火車抵達北平。下車以後，搬進了胡適先前已經租下的後門內米糧庫四號。

　　胡適初到美國留學的時候，康乃爾大學所在的綺色佳再美，他就是忘不了家鄉。留學歸國在北大任教以後，胡適更產生了北京的愛戀情結。我在《日正當中》裡，提到了陳衡哲形容胡適是他們朋友中最愛北京的人。搬進了極司斐而路49號A的胡適，人雖然在上海，可是心卻是在北京。丁文江1928年1月22日給胡適的信，就道出了胡適這個愛戀北京情結的萬分：

　　　　廿日的信想你不久可以收到。發信以後，看見天津報上講高仁山的事，牽涉到你身上，特剪下來寄給你一看。同時董顯光有信來說，在上海曾勸你不要北來，你不肯聽。現在既有高仁山一段事故，你更不可冒昧……我已經有信給叔永〔任鴻雋〕，說起這個問題，叫他向少川〔顧維鈞〕一提。如果少川可以給你保險〔證〕，你可以北來，不然不如作罷。[11]

　　所謂的「高仁山的事」，指的就是高仁山在那一週以前被槍決的事。高仁山留學美國芝加哥大學，學的是教育，回國以後，在北京大學任教。他在1925年國共合作時期加入了國民黨。1927年9月28日，張作霖政府以「加入政黨」、「散布傳單」、「反對現政府」等罪名逮捕高仁山，次年1月15日，將他綁赴北京天橋槍決。

　　胡適在1928年5月21日的日記裡提到了他跟錢端升、朱經農等人一起商討「廿四日高仁山追悼會的程序」。當時胡適正在南京開國民政府大學院在南京召開的全國教育會議。由於胡適當晚就要回上海去，不能參加這個追悼會，所以他在日記裡接著說：「我不能等到此會，故催他們作點籌備。」[12]高仁山追悼會24日在中央大學體育館舉行，由蔡元培主持。到會各界人士500餘人[13]。

11　丁文江致胡適，1928年1月22日，《胡適來往書信選》，1.459。

12　《胡適日記全集》，5.144。

13　張耀杰，〈北大教授高仁山的革命傳奇〉，《社會科學論壇》，2007年10月，http://www.aisixiang.com/data/21480.html?page=3，2012年12月6日上網。

這時節已經是到了蔣介石的北伐軍從長江下游向北京挺進、濟南「五三慘案」
的前夕。

　　丁文江說：「董顯光有信來說，在上海曾勸你不要北來，你不肯聽。」胡
適一心想搬回北京，最主要可能是因為他的藏書都留在那兒。我在《日正當
中》裡描寫胡適寫文章有他的章法，亦即，「要找不少的書，先擺好再寫。」
人在上海，書在北京。這就讓胡適作起研究、寫起文章來，難免有巧婦難為無
米之炊之嘆。當時避難日本京都的陳源、凌叔華一句話就點出了胡適的「無書
之苦」：

　　西京〔注：京都〕有的是中國書和漢學者，做你的工作，亦當比上海方
　便。國事我覺得很難樂觀。可是有些朋友欣然的說大地回春的時候，他們
　便能回北京了，但願如此吧。要是能回北京，當然誰也方便，你也可以去
　利用你的書了。萬一還是不能去，上海還是烏煙瘴氣，我勸你還不如東渡
　的好。（目下北京你當然去不得。聽說高仁山槍斃了，他的罪狀裡還把你
　的名字拉進去了……）。14

　　怎奈事與願違。胡適在上海一住就是三年半。他甚至在1928年4月30日
起出任中國公學校長。在這三年半期間，胡適萬不得已必須要使用自己的藏書
的時候，用他晚年對胡頌平描述的話來說，完全靠他「相機式的記憶力」遣人
從他留在北平的書房調書：

　　我以前在中國公學當校長的時候，人在上海，書在北平。有一位在鐵路
　局工作的族弟代我管理的。我要什麼書，寫信告訴他這部書放在書房右手
　第三個書架第四格裡，是藍封面的，叫什麼書名。我的族弟就照我信上說
　的話，立刻拿到寄來給我。我看了的書，還是左邊的一頁上，還是右邊的
　一頁上，我可以記得。這個叫做「視覺的心」。15

14　陳源致胡適，1928年1月28日，《胡適來往書信選》，1.462。

15　胡頌平，《胡適之先生晚年談話錄》，頁238-239。

　　然而，胡適對搬回北京、或至少是去探訪或取書，並沒有完全死心。事實上，胡適這樣一個國際級名人，是八方爭取的對象，不但國民黨如此，連那崩潰在即的北洋軍閥亦是如此。有關國民黨方面，詳見下文。1928年2月18日，他在北京的好友湯爾和給他寫了一封信：

　　前晚與潘馨航〔注：潘復，張作霖成立的中華民國安國軍政府的國務總理，又兼任交通總長，是北洋政府最後一任總理〕在人家同吃飯，渠詢及吾兄，並云：望兄北來，保管無事。弟即謂高某〔仁山〕事與之實風馬牛不相及，然聞供詞中既有其名，恐生麻煩。渠謂可以相信適之來此，至多不過改良白話，即有其他關係，亦當設法保存。此事前數日已由少川與弟同為沈硯兄言之。故潘云云，並囑弟於通訊時告知吾兄云云。渠既有好意，不能不代答。如兄必有事北來，可先到津小住，通知弟處為要。16

　　三個星期以後，湯爾和又寫了一封信請胡適吃定心丸：

　　你信到的時候，鈞任〔羅文幹〕、少川都在我家裡吃酒。我看完了，順手遞給他們看。他們都哧哧的笑。彼此裝鬼臉，鬧得大家疑心有什麼秘密。結果竟把你的信傳觀了一下。內中有一位紅人〔注：可惜沒指名〕，竭力主張請你回來。鈞任說：「他回來沒有飯吃。」那位先生說：「這種人應該供奉他。」所以你來看看朋友、拿兩本書，是沒有問題的。不過我是個小心過火的人。你來的時候，仍望你到津先通知我。17

　　然而，不但胡適自己小心謹慎，他的朋友也處處以他的安危為上。「中華教育文化基金會」4月的會議，不但改期到6月，而且決定不在北京。根據丁文江在3月20日給胡適的信：「四月開會，據叔永〔任鴻雋〕最近的信，似乎已經改期了。他說最早要在六月，不在天津就在大連，所以他們還是以為你不

16　湯爾和致胡適，1928年2月18日，《胡適來往書信選》，1.464。
17　湯爾和致胡適，1928年3月9日，《胡適來往書信選》，1.473。

『可以到北京』。」[18]任鴻雋建議胡適「微服」上道：「我們以為你若能韜聲匿跡，slip out of Shanghai〔溜出上海〕。開完會之後，又slip out of Tientsin〔溜出天津〕，絕對不會發生什麼問題。」[19]

　　6月3日，由於北伐軍進逼北京，張作霖在當晚出關。胡適在當天的日記裡只有簡短的一句話：「張作霖今日出關了。」[20]6月4日凌晨5點，張作霖的火車廂在經過皇姑屯的時候被預埋的地雷炸毀而亡。胡適在日記裡完全沒有記載，似乎意味著他對日本把炸死張作霖歸罪給北伐革命分子的說詞採取將信將疑的態度。即使他在6月5日的日記裡，剪貼了路透社6月7日的電訊，把日本的責任分析得呼之欲出，他仍然一字不提，一副「述而不評」的姿態。路透社這篇電訊說炸死張作霖所使用的地雷需要精準的定時設定以及六個小時的安置，只有工兵方能勝任[21]。

　　北京在張作霖出關、北伐軍入駐以後，風平浪靜。任鴻雋在6月27日給胡適的信裡說：「北京政局改革後二十多天了，一切情形都很平靜，這是意外的幸事。」[22]結果，胡適一直要到半年以後才重訪北京。1929年1月15日的日記裡記他「料理行裝。」16日夜裡11點火車開。胡適在當天的日記裡說：「此為歸國後第一次遠行。」19日晚上9點多鐘抵北京。任鴻雋接胡適到他家裡去住的時候，胡適抬頭看見梁啟超所寫的一副對聯。胡適說：「我問任公病如何，叔永說：『你也許見得著他。』」他們當時都不知道其實梁啟超在當天下午兩點一刻就已經過世了。胡適和任鴻雋都是在第二天看到報紙才知道。胡適在北京勾留了三十六天，一直到2月25日才南返。這期間，他在任鴻雋、陳衡哲家住了三個星期，在丁文江家住了兩個星期[23]。

　　胡適之所以滯留上海，跟他對國民黨寄予厚望是完全沒有關係的。1927年是胡適一生當中唯一一次一頭栽入政治的漩渦，到頭來卻驚悚地發現他在海

18　丁文江致胡適，1928年3月20日，《胡適來往書信選》，1.474。

19　任鴻雋致胡適，1928年1月9日，《胡適來往書信選》，1.458。

20　《胡適日記全集》，5.159。

21　《胡適日記全集》，5.169-170。

22　《胡適日記全集》，5.226。

23　《胡適日記全集》，5.517, 526, 527-528, 532。

外所想像的國民黨，完全是他自己一廂情願所編織出來的海市蜃樓。胡適當時從日本飛奔回到上海的時候，對國民黨帶著滿腔報效的熱忱。可是，他注定是要墮入絕望的深谷的。或許是對國民黨期許的幻滅，或許是對自己幼稚、一廂情願的懊惱，胡適在1927年5月下旬回國以後的日記泰半從缺。所以，我們要知道胡適1927年回國前後的言行，就必須參考胡適與美國友人的通信以及當時報刊的報導。

我在《日正當中》裡引述了胡適留美和平主義時期的戰友葛內特勸告胡適不要談政治。原因之一，他說：「我不認為那是你之所長。」[24]我在《日正當中》裡也糾正了歷來許多學者誤以為胡適在1927年間左傾的誤解。事實上，胡適在1927年間不但右傾，而且他所積極扮演的，根本就是國民黨義務黨工的角色。

胡適在英國、美國的時候禮讚國民黨以黨統政、領軍的列寧主義作風。蔣介石4月12日在上海清黨屠共的消息，胡適是他從美國所搭乘的麥金萊總統號（*President McKinley*）郵輪抵達日本以後才知道的。他從日本回國以前寫給韋蓮司和葛內特的信裡，都明白地表示他贊同蔣介石的作法，說國民黨是「醒過來了」、「找到自己了」。根據《真光》的報導，他在日本勾留二十三天的時間裡曾經對外國的新聞記者發表他對中國時局的看法：

> 蔣介石與張作霖妥協之說，決不能成事實。至於國共兩黨之分裂，係共產派圖奪政權所致。此次分裂，實為一健全的徵象。蓋分裂愈早愈妙。若至將來共派勢力擴大，始行破裂，則為禍更大，恐難收拾。目下國民黨正在肅清內部，然後再行進展。伍朝樞、蔡元培諸氏，均已加入國民政府，大足使人欣慰。目下中流社會及商界均贊助國民黨。余信國民黨必能成功也。[25]

24　Lewis Gannett to Hu Shih, July 13, 1927, Lewis Gannett Papers, 1900-1965（bulk）, MS Am 1888（586）, Houghton Library, Harvard University.

25　〈胡適之的中國時局觀〉，《真光》，第26卷第5號，1927，頁88。

　　5月20日上午7點，胡適所搭乘的「麥金萊總統號」郵輪從橫濱抵達上海的大來碼頭。「大來」也者，是美商「大來洋行」（The Robert Dollar Company）的音譯。大來洋行後來為美國花旗輪船公司（The Pacific Mail Steamship Company）買下。胡適抵達上海的時候，接船的好友包括徐志摩與他新婚將近一年的陸小曼，以及張慰慈、徐新六等人。胡適帶著十幾件行李，與接船的一行人浩浩蕩蕩地住進了當時上海有名的滄州別墅。根據《申報》的報導，當天就有商務印書館以及徐新六的浙江興業銀行為胡適洗塵所舉辦的午宴與晚宴。同時，胡適在三天以後，就要到西湖略事休息[26]。

　　由於胡適報效國民黨心切，他並沒有像《申報》報導一樣，「到西湖略事休息」，而是扔下行李直奔南京。我們不知道他在南京見了誰，但是知道他還在南京作了演講。任白濤在5月23夜給他的信上說：

> 　　你在南京的演講，關於「文學革命」的部份，我是完全首肯的。並且希望你今後設法繼續做未完的工作，免得失墜了你的前功！——我覺得現在中國的戰爭，就某點上說，算是白話與文言之戰；換言之，新文化——尤其是新文學——的運動，從筆尖移到槍尖上了（但一半自然要靠筆——政治部）。某年，我從東京返國，路過北京。有個朋友告訴我說：「《新青年》上所登的反動派的文字，都是他們社員自作的；因為找不到反動派的文字。」好了，如今可以不必再費自作反動派文字的特別苦心了！所有的反動派——就文學上的是所謂「海派」——都是明目張膽地樹起彼等的反動的旗幟來了！——我相信「文學革命」不成功，一切革命是不會成功的，它的基礎是不穩固的。[27]

　　任白濤這封信也同時給了我們旁證，讓我們知道胡適當時在歐遊回國的時候，確實沒有「到西湖略事休息」，而是直奔南京：「你當真肯來西湖嗎？不

26　〈胡適昨日抵滬〉，《申報》，第19465期，1927年5月21日，第11版。

27　任白濤致胡適，1927年5月23夜，《胡適來往書信選》，I.434。

過西湖目下的空氣，著實沒有從前清新了。」[28]

　　然而，胡適對國民黨失望，幾乎是在他一回到中國就已經開始了。胡適在1928年1月10日寫信給美國有名的歷史學家畢爾德（Charles Beard）。畢爾德是《人類何所從：近代文明的鳥瞰》（*Whither Mankind: A Panorama of Modern Civilization*）一書的主編。該書在1928年出版。胡適的〈東西文明的比較〉（The Civilizations of the East and the West）就是畢爾德邀稿的成果。胡適這封信是告知畢爾德他已竣稿並付郵了。他在信尾說：「已經有七個月了，但我就是一直提不起勇氣去造訪新國都南京。我是用寫作來使自己不變得太悲觀。」[29]1928年1月推算回去七個月，是1927年6月。胡適是5月20日返國的。換句話說，胡適等於是一回國就對國民黨失望的。

　　胡適對畢爾德說：「已經有七個月了，但我就是一直提不起勇氣去造訪新國都南京。」事實上，他最後是整整一年沒去過南京。他是一直到1928年5月17日，才搭夜車到南京去，原因是：「我想一年不到南京，早已招人疑怪。」[30]這來龍去脈，我在下文會再說明。

　　胡適回國不久以後就對國民黨失望，還有兩個佐證。胡適留美時期所認識的兩個和平運動的戰友，一個是後來變成極端反動右派的索克思（George Sokolsky），另外一個則是上文已經提到的，終生保持中間偏左立場的葛內特。這兩個人對中國革命的立場剛好一左一右。當時也住在上海的索克思在1927年6月2日給葛內特的信裡，就已經透露出胡適的失望了。我們記得胡適是5月20日回到上海的。6月2日，他還差三天才會搬進搬進極司斐而路49號A呢！索克思在這封信裡告訴葛內特：

　　　胡適已經在上海住下，只是我認為他對國事很痛心。雖然他刻意不談政治，雖然我們兩人都同意南京政府缺乏效率和衝力——那是先前使這個〔國民革命〕運動成為帶動中國發展最最重要的因素——但我認為他支持

28　任白濤致胡適，1927年5月23夜，《胡適來往書信選》，I.435。

29　Hu Shih to Charles Beard, January 10, 1928, 《胡適全集》，40.269。

30　《胡適日記全集》，5.135。

（sympathies）的是南京政府。打贏戰爭是一回事，但在一個腐朽的文明的灰燼之上建立一個現代國家是另一回事。[31]

索克思這封信透露出了幾個重點：一、胡適對國民黨失望了；二、胡適對國民黨的失望跟他兩年以後跟國民黨爭人權、爭約法一點關係都沒有，而毋寧是他對國民黨缺乏效率和衝力——亦即，他右傾激進的法西斯主義巔峰對國民黨以黨統政、領軍所作的禮讚；三、儘管如此，胡適所押的寶仍然是國民黨。只是，對國民黨，胡適注定是要從失望進一步到幻滅。索克思在1928年5月23日給葛內特的回信裡說：

> 你2月7日的信問我胡適怎麼了，為什麼不寫信給你？胡適現在過著幽居的日子。在上海教書，鑽研於我知道非常重要、但我就是完全無法欣賞的學術工作。他不給你寫信的原因，就是因為他不寫信到國外去。這已經有一年的時間了。胡適很悲憤、幻滅，而他說不了謊。宣傳是政客的玩意兒，而胡適不是政客。寫信告訴你他的國家的情形，讓他痛心，而要逃避問題又不可能。我建議雖然他不會回信，你還是繼續給他寫信。你的信也許可以使他開心一點。我想他會心領的。[32]

胡適給畢爾德，以及索克思給葛內特的信，在在地說明了胡適1927年回國之後對國民黨的幻想急速幻滅的事實。當然，胡適並沒有像索克思所形容的，只是「過著幽居的日子」。從當時報刊上的報導看來，他儼然像是社交明星一樣，出入政治、文化、社會、商界的交際圈裡。比如說，我們知道他6月7日在上海為「美國大學同學會」（American University Club）作了一個午餐會（tiffin）上的演講。他演講的題目就是他後來用中文發表時候所用的題目：

31　George Sokolsky to Lewis Gannett, June 2, 1927, Gannett, Lewis, 1891-1966. Papers, 1681-1966 (inclusive), 1900-1965（bulk）. MS Am 1888（1120）. Houghton Library, Harvard University.

32　George Sokolsky to Lewis Gannett, May 23, 1928, Gannett, Lewis, 1891-1966. Papers, 1681-1966 (inclusive), 1900-1965（bulk）. MS Am 1888（1120）. Houghton Library, Harvard University.

〈漫遊的感想〉（Impressions of My Recent Trip Abroad）。

　　同樣嚴肅、正式的場合還有好幾場。例如：7月24日「上海全浙公會」的晚宴，胡適演說他漫遊的感想。在演講中，胡適又重複他東方文明不配稱為精神文明，西方文明因為物質進步才是精神文明的論調[33]。又如8月12日，胡適也出席了外交次長郭泰祺歡宴日本公使芳澤謙吉的晚宴[34]。9月初，胡適又參加中國科學社在上海所舉行的第十二次年會[35]。比較輕鬆的場合，像日本詩人佐藤春夫到上海的時候，上海文藝界的人士7月20日在功德林宴客，胡適就像蜻蜓點水一樣地出現，與大家合照。然後，他因為有事，在大家入席以前就先離開了[36]。

　　胡適儘管對國民黨失望，但在國民黨與共產黨之間，他選擇的還是國民黨。6月23日，上海扶輪社在有名的禮查飯店〔Astor House，1959年以後改名為浦江飯店〕舉行的週四例行的午餐交誼會。在會中，胡適作了〈中國復興運動〉的演講。由於參與餐會的百餘人士中，有英美政教、新聞界的人士，這應該是一個英文的演講。從《申報》簡短的報導看來，內容不外乎是重複──我在《日正當中》裡所分析過的──他在英美巡迴演講〈中國文藝復興〉的主旨。根據報導，胡適說：

> 中國之復興運動為各種運動之一部分。復興運動之變遷，約分三種：一、文字之改革；二、知識之改革；三、社會與政治之改革。並謂中國共產黨之發生原因，大半由一般赴法勤工儉學之學生，未諳彼邦情形，匆匆出發，乃致無書可讀、無工可作，遂與含有共黨色彩之工人為伍云。最後謂：中國以上三點，若能逐漸改善，則一切問題據可解決，而成新中國云。[37]

---

33 〈全浙公會昨開常年大會〉，《申報》，第19529期，1927年7月25日，第10版。

34 〈郭外次前晚宴芳澤〉，《申報》，第19548期，1927年8月13日，第13、14版。

35 〈中國科學社年會開幕記事〉，《申報》，第19570期，1927年9月04日，第14版。

36 〈功德林的一個晚上〉，《申報》，第19528期，1927年7月24日，第23版。

37 〈扶輪社開會紀〉，《申報》，第19498期，1927年6月24日，第15版。

　　6月25日的《申報》刊載國民黨上海黨務訓練所聘請名人定期演講，業已發函聘請者為：「李石曾、陳果夫、吳稚暉、褚民誼、周鯁生、王世杰、胡適、楊杏佛、郭泰祺、楊端六、戴季陶、邵元衝諸同志。」[38]「上海婦女慰勞前敵兵士會」在7月12日開會討論遊藝會進行事宜。當天所議決的節目次序如下：

　　　一、主席團就位；
　　　二、向總理遺像及國旗、黨旗行三鞠躬禮；
　　　三、恭讀總理遺囑；
　　　四、唱國民革命歌；
　　　五、主席報告開會宗旨；
　　　六、發起人報告該會籌備之經過；
　　　七、王寵惠同志演說；
　　　八、胡適之同志演說；
　　　九、潘宜之同志演說；
　　　十、來賓演說；
　　　十一、本會代表致答詞；
　　　十二、呼口號；
　　　十三、攝影閉幕。[39]

　　可惜我們不知道胡適在這個慰勞會上所作的演講內容。然而，這個時候的胡適與國民黨的密切關係是不言可喻的。他1927年剛回到上海的時候，接受了國民黨英文宣傳報──《中國快遞》（*China Courier*）──記者韋伯‧波頓（Wilbur Burton）的訪問。可惜這篇訪問稿胡適在過目以後，認為波頓曲解了他的意思而沒有刊登。幸運的是，波頓給胡適的一封信，今天在「胡適檔案」裡還看得到：

38 〈黨務訓練所聘請名人演講〉，《申報》，第19499期，1927年6月25日，第14版。
39 〈婦女慰勞遊藝會討論進行〉，《申報》，第19517期，1927年7月13日，第13版。

親愛的胡適博士：我的訪問稿沒有適切地傳達了你的看法。對此我感到遺憾。坦白說，那篇訪問稿，我是從一個新聞記者——而非宣傳員——的角度來寫的。根據我的記憶，我所徵引的話，是你對我的問題的答案，特別是關於寧漢是否可能妥協，以及你是否對寧漢分裂感到遺憾的問題的答案。

我問你如果剷除了武漢的某些激烈分子以及南京的某些鷹派分子，寧漢是否有妥協的可能？我印象中，你的答案是肯定的。我承認我用那種方式來問你問題是不對的，因為那等於是把我自己的想法和希冀帶進了訪問裡。然而，整個說來，我認為我的訪問稿完全凸顯出你非常同情南京，認為那不是一個一般意義下的「反動」，而是「反動於」武漢激烈分子的政府。[40]

波頓在這封信裡說得很清楚：「我不是一個極端分子，雖然我也不完全同意你的看法……我認為政府再好，也只是一個必要之惡。我不認為共產主義就一定比民主政治不好。」波頓是一個托洛斯基派的美國人，他給胡適的信必須放在這個背景下來閱讀。我徵引波頓這封信，重點是在於提出另外一個佐證，來說明胡適當時親蔣介石的國民黨的立場。

胡適與蔣介石的國民黨密切的程度，甚至到了主動獻策，自告奮勇要為國民黨和英國公使藍普森（Miles Lampson）進言或傳話的程度。「胡適檔案」裡藏有一封三個月後成為國民政府外交部長的伍朝樞用英文手寫給胡適的短信。這封信註明的日期是1927年6月1日。伍朝樞在信裡雖然沒有透露他要胡適傳給藍普森的內容是什麼，但是他與胡適心照不宣地表露出了胡適跟國民黨高層的密切關係：

有關閣下提議與藍普森談話一事，由於我還不能確定在他離開上海以前會不會見到他，我想閣下最好就這麼對他說：

「如果可能的話，在閣下（亦即藍普森）離開上海以前將會得到官方的

40　Wilbur Burton to Hu Shih, May 24, [1927]，「胡適外文檔案」，E141-4。

回覆（informed authoritatively）。」這樣子，沒有任何人的名字須要被講出來。不知閣下同意否？[41]

胡適1927年回國以後大起大落的心情，充分地反映在他當時幾近空白的日記上。他現存的當時的日記只有幾則。但這幾則都透露了一些玄機。比如說，胡適在6月5日搬進極司斐而路49號A的新居。他在搬進新居的次日所寫的日記裡說：

> 慰慈勸我把這十幾天內所有的重要談話記出來。我也有此意。但仔細一想，實在很少重要的談話。見的人雖不少，然其中很少重要的思想值得記載的。若因其不足記載而記之，似亦非忠厚之道。
>
> 我對慰慈說，今日之許多文告、通電、演說，皆可說是「畫符念咒」式的。符咒的原理是深信文字本身有奇異的能力。Ogden〔奧格頓〕所謂 word magic〔文字魔力〕是也。[42]

胡適在這則日記裡所說的「畫符念咒」式的文告、通電、演說，就是他一年以後，在1928年7月2日所寫成的〈名教〉的端倪。胡適顯然已經快被當時所有會議裡的「向總理遺像及國旗、黨旗行三鞠躬禮」、「恭讀總理遺囑」、「呼口號」等等儀式給逼瘋了。所有這些「畫符念咒」式的儀式，胡適親身經歷就不知凡幾。上文所提到的「上海婦女慰勞前敵兵士會」所訂定的行禮如儀的繁瑣以外，在1927年下半年的《申報》上列有這些儀式的報導就有三次[43]。

無怪乎胡適1928年2月1日應無錫旅滬學生會在無錫中學演講〈漫遊回來的感想〉的時候，還用蘇聯標語的就事論事與實事求是，來對比中國「畫符念咒」式的標語與口號：

41　Wu Chao-chu to Hu Shih, June 1, 1927，「胡適外文檔案」，E390-5。

42　《胡適日記全集》，4.636。

43　〈全浙公會今日開年會〉，《申報》，第19528期，1927年7月24日，第14版；〈中國科學社年會開幕記事〉，《申報》，第19570期，1927年9月04日，第14版；〈拒毒會將開盛大遊藝會〉，《申報》，第19666期，1927年12月10日，第15版。

俄國現在是被人認為洪水猛獸的國家。但是他對內卻絕對不是如此，十分認真於建設的工作。我看他們的人民，很能努力於自己的工作。勤勤懇懇，只知道幹、幹、幹！而四壁上的標語，也沒有像中國的一樣，而且十分的統一。一個標語，就是一個標語的效用。譬如說，俄國的村民會議因為大家吃的牛乳多不十分潔淨。於是大家就議決，從2月15日起，務須做到一律都能吃衛生的牛乳，而標語的效用就來了！四處都一律貼起「從2月15日起一律吃衛生的牛乳」。從沒有一個旁的標語混雜其間。喊口號也是如此。大家都喊同一的口號。這就是宣傳的效能。我們知道，宣傳的功用有二：第一件就是使尚未明瞭這個意義的人會明白起來；第二件就是增加實行的力量！所以我們要有了實行的準備，然後標語和口號方有用處。如果毫無把握，乾喊幾句口號和貼幾張標語，又有什麼用呢？就說我們中國，如果貼一張標語說：「普及教育」。這自然使我們極希望的事情。然而現在講起來如果仍舊是毫無把握。那麼就說貼一千張標語，也沒有什麼效驗。所以做事要講究實事求是。虛無渺茫的事情，於事實是毫無裨益的。[44]

半年不到，胡適已經忍不住而公開呼籲，說治國是專家的事，不能像扮家家酒一樣，「畫符念咒」為之。11月1日，上海特別市市長張定璠設宴招待各界。第二天的《申報》報導說胡適以及老革命黨員褚輔成（慧僧）等人被邀並作了演說，只是沒有報導他們演說的內容[45]。幸運的是，《布爾什維克》作了一篇反諷國民黨的短文，透露了胡適與褚輔成演說的主旨：

胡適之鼓吹「市政超然於政治潮流之外」，褚輔成主張「市政脫離政治而獨立」，並且主張市自治及市長民選。好大膽的胡適之、褚輔成！不怕黨國先生治你們以「反對以黨治國」之罪嗎？[46]

44　仉千，〈胡適之先生漫遊回來的感想〉，《生活》，第3卷第14期，1928，頁153-156。

45　〈張市長昨晚招宴各界〉，《申報》，第19628期，1927年11月2日，第13、14版。

46　〈寸鐵：好大膽的胡適之褚輔成〉，《布爾什維克》，第1卷第7期，1927，頁199。

　　胡適1926、1927年間在英美禮讚國民黨從蘇聯所學到的「以黨治國、治軍」的理念。然而，他才一回國，就徹底地領教到「以黨治國」的滋味是如何了。1927年6月11日，胡適才回到中國三個星期。當天，他沒記日記，但有五則剪報。一則是王國維投湖自盡以前所寫的絕命書；另外有兩則胡漢民給其同志所寫的兩封公開信。在第一封信裡，胡漢民說：「我去年由莫斯科回廣東，我的口號是八個字，現在還是這八個字。八個字是：『黨外無黨，黨內無派』。」在第二封信裡，胡漢民又說：「國民黨的民族主義，絕非狹隘的國家主義所能藉口；民權主義，絕非資本制度下虛偽的民治主義所能藉口；民生主義，也絕非資本國家的社會政策和國家保育主義所能藉口……總括說一句，我們要認清的，就是三民主義之外無主義。唯有三民主義可以糾正其他一切不完備、不正當、不徹底的主義。」[47]

　　胡適在日記裡剪貼了胡漢民這兩封信以後仍然繼續與胡漢民通信，胡漢民也回信希望胡適能幫國民黨在宣傳方面作一些「治本的文字」[48]。然而，胡適對胡漢民「黨外無黨，黨內無派」、「三民主義之外無主義。唯有三民主義可以糾正其他一切不完備、不正當、不徹底的主義」等等的說法當然是不能釋懷的。他在1927年10月24日致蔡元培請辭大學院委員。他請辭的理由之一，是他反對大學院計畫設立的勞動大學。他說以「黨內無派，黨外無黨」的黨政府的經費來設立一個製造無政府主義的大學，「天下事的矛盾與滑稽，還有更甚於此的嗎？」其次，「如所謂『黨化教育』，我自問決不能附和。」[49]

　　胡適所「決不能附和」的，是胡漢民所代表的國民黨越來越明顯的反自由、排他的「黨化教育」的傾向。1928年5月中旬胡適到南京去開全國教育會議。19日會後，蔡元培拉胡適到一旁細談，問他是否願意到廣州出任中山大學的副校長。胡適在日記裡說：「我謝絕不能去，說了兩個理由：第一，是我現在決計開始做《哲學史》，不能做這樣的事；第二，是〔戴〕季陶〔注：時

47 《胡適日記全集》，4.649, 650。

48 胡漢民致胡適，1927年6月29日，《胡適來往書信選》，1.440。

49 胡適致蔡元培，1927年10月24日，《胡適來往書信選》，1.449。

任中山大學校長〕的思想近來頗有反動的傾向，恐怕不能長久合作。」[50]

　　胡適說自己悲觀，索克思說胡適對國事痛心。丁文江在1927年下半年給胡適的兩封信也透露了胡適的心境。丁文江8月16日的信說：「南方情形沈昆山來時曾詳細說過。然而我仍舊不悲觀，並且勸你大可不必『憂國憂民』，徒然害自己身體。大亂方始，豈是一時可了。但只要我們努力，不要墮落，總不要緊。」[51]丁文江在該年秋冬之際的另一封信說：「董顯光回來，說你十分的悲觀。我以為照目前光景看，國民黨雖能令我們失望，但是我們萬萬不可悲觀，尤其不可墮落。我現在正希望努力工作。一面將未了的書做完了，一面做點新研究，讀點有用的書。你不是說要把《哲學史》做完的嗎？」[52]

　　值得令人玩味的是，胡適對國民黨失望，並不表示他與蔣介石保持距離。我們知道他去參加了蔣介石和宋美齡在1927年12月1日在上海豪華的「大華飯店」（Majestic Hotel）的婚禮。證據是他在1928年5月18日的日記：「我同吳稚暉先生自從去年蔣介石婚禮那天一見之後，直到近日始得再見。」[53]

　　事實上，對國民黨失望了的胡適不但去參加了蔣介石與宋美齡的婚禮，他與國民黨的元老仍然保持了良好的關係。除了前文所提到的胡漢民以外，蔡元培、吳稚暉就是最好的例子。這種作法，就是典型的圓通人士處亂世之道，亦即，對小鬼可以怒目以對，對閻王還是必須禮尚往來。我在前文提到了胡適向蔡元培請辭大學院的委員之職。蔡元培的回信除了挽留以外，還對胡適說：「黨部及國民政府所辦事，我等自己不滿意而抱歉者甚多。藥石之言，甚願聞之。」[54]

　　這種圓通之士亂世的保身之道，胡適的好友高夢旦也對胡適諄諄進言。他在1927年下半年給胡適的一封信裡，除了希望他要慎言保身以外，也勸胡適要能懂得本末的道理，不要因為嘍囉把羽毛當令箭，就怪罪舵主和掌門：

50　《胡適日記全集》，5.139。

51　丁文江致胡適，1927年8月16日，《胡適來往書信選》，1.442。

52　丁文江致胡適（殘信），約寫於1927年秋冬，《胡適來往書信選》，1.456。

53　《胡適日記全集》，5.136。

54　蔡元培致胡適，1927年10月27日，《胡適來往書信選》，1.450。

弟對於新政府並不抱悲觀，且以為比較的有希望。即其不容異己，亦未
〔必出〕於當局之本心，可以原諒。惟是我輩遇事好批評，且不擇巨細。
吾兄負盛名，尤使人注意。即如早間所云「借死人為發財工具」，意指市
儈，而聽者或以為有他用意。近來有人於報紙稍發反抗言論，即招疑忌，
是其證也。吾兄對於當局或有意見，可以盡言，且甚有效力。但平時言論
能稍謹慎，對於不相干之人尤宜注意，想兄必謂然也。[55]

　　胡適開始批判國民黨，這並不表示他已經揚棄了他右傾巔峰時期的法西斯
主義。事實上，他仍然醉心於他理想中的政黨──不管是左還是右──所流露
出來的組織、計畫、與幹勁。他1928年3月30日的日記說：

　　越飛〔注：Adolph Joffe，1923年與孫中山簽訂聯俄容共宣言，1927年
11月12日飲彈自殺〕死了，徐諾維夫（Zinoviev）與加米內夫
（Kamenev）投降了政府黨，托洛斯基被流徙到突厥斯坦了。所謂「共產
黨中反對政府派」可算是完全失敗了。然我們從東方人的眼光裡看去，
似乎司太林〔史達林〕（Stalin）的一派終不能安然無事罷？──這個看
法，確是我的情感作用；以政策上看，司太林一派似乎很有計畫，又有手
腕，也許他們站得住是因為適應俄國此時的需要。[56]

　　然而，即使胡適如此嚮往組織、計畫、與幹勁，他還是寧右毋左。親美、
愛美的他，多麼希望美國能出一個鮑羅廷，把他派到中國來把中國徹底地美國
化。他在3月24日的日記裡說：「青年會Mr. Mills〔Wilson Plumer Mills，米爾
斯〕來談。此君去年三月在南京，親遭南京慘劇，受了不少苦痛。但他仍舊很
熱心地研究國民黨的主義與政策，近作一部書，述孫中山的歷史與思想。聽他
的話，他的書定不壞。他說，此時中國需要一個英美式的鮑羅廷。我說，可惜

55　高夢旦致胡適，1927年？月21日，《胡適來往書信選》，1.453。
56　《胡適日記全集》，5.16。

英美國家就產生不出一個鮑羅廷！」[57]

　　4月4日的日記裡，由於高夢旦脫離了商務印書館，引發了他中國人成不了氣候，組織不了有組織、講服從、有紀律的政黨組織的感慨：

　　夢旦說，他今天脫離了商務印書館了，辭職書是今天送去的。商務近年內部的意見甚深，菊生先生首先脫離，夢旦先生忍耐至今，也竟脫離了。他說：「我們只配擺小攤頭，不配開大公司。」此語真說盡一切中國大組織的歷史。他表示，我們這個民族是個純粹個人主義的民族。只能人自為戰，人自為謀，而不能組織大規模的事業。考試是人自為戰的制度，故行之千餘年而不廢；政黨是大規模的組織，需要服從與紀律，故舊式的政黨（如復社）與新式的政黨（如國民黨）都不能維持下去。豈但不能組織大公司而已？簡直不能組織小團體。前幾天汪孟鄒來談亞東的事，便是一例。新月書店與霓裳公司便是二例。這樣小團體已不能團結，何況偌大的商務印書館？我們只配作「小國寡民」的政治，而運會所趨卻使我們成了世界上最大的帝國！我們只配開豆腐店，而時勢的需要卻使我們不能不組織大公司！──這便是今日中國種種使人失望的事實的一個解釋。[58]

　　三個星期以後，國民黨桂系李宗仁的智囊王季文帶了他所著的《中國國民黨革命理論之研究》請胡適批評[59]。胡適在4月25日的日記裡說：

　　下午看王季文的《中國國民黨革命理論之研究》。其議論很正大，如第三篇〈反共後中國國民黨出路之商榷〉結論云：統一黨內革命理論，嚴密黨的組織，領導國內的有產階級，中等階級，統率無產階級，附屬階級，完成政治革命；聯合世界上承認私有財產制度的資本主義國家，廢除不平等條約；領導急切需要民族主義革命的國家，成一聯合戰線；以和平改良

57　《胡適日記全集》，5.5。
58　《胡適日記全集》，5.26。
59　《胡適日記全集》，5.67-68。

方法，解決社會問題，防止不合人道之共產黨，使全世界各階級人類得以
共存，以共進於大同：是中國國民黨唯一的出路，亦即是中國國民黨員今
日唯一的責任。[60]

　　王季文在羅家倫的眼中，「是一個舊國會議員，很無聊的政客」[61]。然而，
胡適卻覺得他的革命理論「議論很正大」。原因無它，因為他除了主張胡適所
求之不得的「嚴密黨的組織」的理想以外，還提倡「以和平改良方法，解決社
會問題，防止不合人道之共產黨，使全世界各階級人類得以共存，以共進於大
同。」這完全符合胡適的社會政治哲學，亦即，以社會主義來彌補古典自由主
義之不足的哲學。換句話說，就是以國家的力量制定社會政策，未雨綢繆地消
弭了階級衝突，以達成各階級並存共榮的理想。
　　胡適1928年春天的這幾則日記，就瞭解胡適政治思想而言，其重要意義
非同凡響。其顯示的意義是，一直到1928年春天為止，胡適仍然不能忘情於
他右傾激進巔峰的法西斯主義的理想：「統一黨內革命理論，嚴密黨的組
織」、「政黨是大規模的組織，需要服從與紀律」、「計畫，手腕」，以及「主
義與政策」。值得指出來強調的是，胡適這「組織」、「服從」、「紀律」、「主
義」、與「計畫」的理想是超越意識形態的藩籬的。那「組織」、「服從」、
「紀律」、「主義」、與「計畫」究竟代表了左或是右的意識形態，對胡適而言
是枝節，他所要的是其精神與實際。所以，青年會的米爾斯告訴他說：「此時
中國需要一個英美式的鮑羅廷。」胡適就答以：「可惜英美國家就產生不出一
個鮑羅廷！」對胡適而言，「鮑羅廷」是「組織」、「服從」、「紀律」、「主
義」、與「計畫」的譬喻、象徵，它不是蘇聯所代表的共產主義所專屬的。
　　然而，就在胡適對國民黨幻滅的同時，他也從來沒有放棄他對國民黨的支
持。他願意與國民黨妥協的種子已經開始發芽生根了。他在1928年5月17日
的日記裡說：

60 《胡適日記全集》，5.72。
61 羅家倫，〈口述筆記：一、馬偉筆記：5，討桂〉，羅久芳、羅久蓉編，《羅家倫先生文存補
　遺》（台北：中央研究院近代史研究所，2009），頁37。

　　昨夜錢端升信來，說：「你幾時來？太堅辭了也好像生氣似的；演講不要再卻了罷？」今天經農也有信來，說：「希望你即日來京。」我想一年不到南京，早已招人疑怪，今天去還可以看見一次全國教育會議的大會，遂決計今晚啟程。[62]

　　胡適所搭乘的火車在18日早上七點抵南京。當天，他就去開了教育會議。19日，國民政府備簡餐招待與會代表。餐後，胡適被請發言。胡適在當天的日記裡說：

　　我只好開口了，大意是說譚〔組庵〕先生希望我們來做建設事業。這個擔子我們不敢放棄。我們這回有四百件案子，其中大半都可以說是為國家謀建設的方案。但這些方案的實行須要有三個條件，所以我們對政府有三個要求：第一，給我們錢。第二，給我們和平。第三，給我們一點點自由。後來各報都刪去「一點點」三個字，便失了我的原意了。[63]

　　胡適在這則日記裡強調他只要求「給我們一點點自由」，而報紙的報導「都刪去『一點點』三個字，便失了我的原意了。」這句話是關鍵。曾幾何時，那人人皆曰敢與國民黨爭自由的胡適，居然只要求「給我們**一點點**自由」，而且抱怨報章錯誤報導他要爭自由，其實他所要的只是「**一點點**」自由而已！

　　事實上，胡適已經開始妥協。他已經從「好政府主義」退卻到他從洛克那兒學來的「**有政府就可**主義」（見第四節的分析）。我們記得他在1921年6月18日的日記裡說：「現在的少年人把無政府主義看作一種時髦東西，這是大錯的。我們現在決不可亂談無政府，我們應該談有政府主義，應該談好政府主義！」[64]胡適現在把標準降低，只期盼中國能有一個政府就可以了。他在1930

62　《胡適日記全集》，5.135。

63　《胡適日記全集》，5.138。

64　《胡適日記全集》，3.122-123。

年9月3日的日記裡說：「民國十一年〔1922〕，我們發表一個政治主張，要一個『好政府』。現在——民國十九年〔1930〕——如果我再發表一個政治主張，我願意再讓一步，把『好』字去了，只要一個『政府』。政府的最低任務是『警察權』——保境安民——凡不能做到這一點的，夠不上政府。」[65]

從「有政府就可主義」的角度出發，奠都南京的國民政府，對胡適而言，不啻於是「有政府」的開始。所以，他會在1928年7月1日的日記裡寫下這一段話：「今天財政會議在南京開幕。此事有點開國氣象，故詳記之。」[66]他所謂的「詳記之」的意思，就是在日記裡貼了一張沒註明報名與日期的剪報：〈財部最近一年之收支實數〉。

1928年12月2日，胡適到南京去開中華教育文化基金會的董事會。4日回到上海的胡適在當天的日記裡說：

　　在南京觀察政局，似一時沒有大變動。其理由有三：一、現政府雖不高明，但此外沒有一個有力的反對派，故可幸存。若有一年苟安，中下的人才也許可以做出點事業。二、馮玉祥似是以保守為目的，不像有什麼舉動。三、蔣介石雖不能安靜，然此時大家似不敢為戎首。近來外交稍有進步，故更不敢發難而冒破壞統一之名。此次政府之新組織，在文字上看來，本是重皮疊板，屋上架屋。但兩個月的試驗，事實上已變成行政院為政府之局面。所謂「國民政府」，不過是虛名而已，其實仍以行政院為主體。此現象是一種自然的演化，為政治學上的必然現象。將來立法、監察、考試三權似皆會起一種自然變化，漸趨於獨立的地位。不如此，不成其為民治的政府也。[67]

胡適既然已經認定國民政府「有點開國氣象」，眼前雖然是行政權獨大，但「將來立法、監察、考試三權似皆會起一種自然變化，漸趨於獨立的地

---

65 《胡適日記全集》，6.255。
66 《胡適日記全集》，5.219。
67 《胡適日記全集》，5.458。

位。」換句話說，「民治的政府」是可期的。他1928年12月14日為天津《大
公報》所撰寫的短文〈新年的好夢〉裡，又再度呼籲國民黨給予老百姓「一點
點」自由：

> 　　我們夢想今年大家有一點點自由。孫中山先生說政府是諸葛亮，國民是
> 阿斗。政府諸公誠然都是諸葛亮，但在這以黨治國的時期，我們百姓卻不
> 配自命阿斗。可是我們鄉下人有句古話道：「三個臭皮匠，賽過諸葛亮。」
> 諸位諸葛亮先生們運籌決勝，也許有偶然的錯誤，也許有智者千慮之一
> 失。倘然我們一班臭皮匠有一點點言論出版的自由，偶然插一兩句嘴，偶
> 爾指點出一兩處錯誤，偶爾訴一兩樁痛苦，大概也無損於諸葛亮的尊嚴
> 吧？[68]

聯美反制國民政府：中基會改組

　　就在胡適已經開始與國民黨妥協的時候，發生了一件戲劇性的中美外交爭
執的事件。這就是1928年7月「中華教育文化基金會」（The China Foundation
for the Promotion of Education and Culture）（以下簡稱中基會）的改組。這個中
基會改組事件，一般讀者知道的並不多。由於胡適是這個事件裡的主角，歷來
討論到這個事件的人，例如楊翠華、智效民，都是把它作為胡適維護中基會獨
立，使其免於受到政治干預的一場奮戰[69]。問題是，這個詮釋固然捕捉到了這
個事件的一斑，但並不是其全豹。中基會改組的事件，毫無疑問地牽涉到了政
治干預基金會獨立運作的問題。然而，其癥結在於北伐成功、定都南京的國民
政府，是否能展現其主權，貫徹其打倒帝國主義、廢除不平等條約的口號。換
句話說，這是一個典型的新成立、新獨立的國家與列強角力的外交事件。一方

68　《胡適日記全集》，5.473。

69　楊翠華，《中基會對科學的贊助》（台北：中央研究院近代史研究所，1991），頁18-31；智效
　　民：〈胡適與「中基會」改組風波〉，http://www.aisixiang.com/data/detail.php?id=31659，2012
　　年12月27日上網。

面，那新成立、新獨立的國家，試圖以推翻現狀作為展現其主權的試金石。在另一方面，列強則以條約為神聖、為承諾而拒絕接受改變。這種角力，孰勝孰敗，無關於條約的神聖與承諾，而端賴角力雙方的力量、決心，以及國際情勢。

胡適在這個中基會改組事件上所擺出來的姿態，一方面，是為中基會爭取獨立；另一方面，用他給蔡元培信上的說法，是要為中國「挽回國際信用於萬一」[70]。我在《璞玉成璧》裡描寫胡適留美時期在政治上走向保守的時候，舉出了兩個具有里程碑意義的例證。他在1914年9月13日第30則〈波士頓遊記〉裡說：「是日〔11日〕突厥〔土耳其〕政府宣言：凡自第十世紀以來至今日，突厥與外國所訂條約，讓與列強在突厥境內的有領事裁判權（extraterritorial rights），自十月一日為始，皆作為無效。嗟夫！吾讀之，吾不禁面紅耳熱，為吾國愧也！嗟夫！孰謂突厥無人！」[71]然而，1917年1月27日，他在費城黑沃佛學院校友會晚餐上的演說裡，土耳其兩年半以前曾經令他「面紅耳赤」、「為吾國愧」的「霹靂手段」，卻已經變成了他呼籲由美國總統出面來召開一個國際性的「中國會議」，由列強用未雨綢繆的方式，來防範中國「鋌而走險」，摹仿第一次世界大戰時期土耳其斷然片面宣布收回領事裁判權的方法。

胡適從激進到保守，其表現在中基會改組上的所作所為，就是與美國聯手，徹底擊潰國民政府以改組中基會作為收回教育文化主權的第一聲的努力。

其實，在這點上，胡適並不是一個特例。1928年中基會改組的事件之所以特別重要、特別令人省思，就是因為它反映了許多留美歸國菁英親美的傾向。他們親美可以親到輕易地就可以向美國輸誠的地步。在這一場與美國外交的角力賽裡，中國可以說是不戰而潰。外有中國駐美使節倒戈，內有胡適步步與代表美國國務院去中國「收拾爛攤子」的孟祿配合，一直到把國民政府逼到牆角、狼狼地收回改組中基會的成命為止。

「中華教育文化基金會」是1924年9月在以賄選的方式當選總統的曹錕任內成立的。其職權在於管理支配美國國會在該年5月通過第二次退還中國的庚

---

70 《胡適日記全集》，5.312。

71 《胡適日記全集》，1.501。

子賠款的餘款，總數本利合計共12,545,437美元。顧名思義，這就是把這第二
次退還中國的庚款用在教育文化事業方面。根據中美雙方協議下的條款，中基
會一共有十五位董事，其中，美方五位，中方十位。中方的董事為：顏惠慶、
張伯苓、郭秉文、蔣夢麟、范源濂、黃炎培、顧維鈞、周詒春、施肇基，以及
丁文江。這第一批中國董事由中國總統任命，以後董事遇有出缺，則由董事會
補選[72]。

　　美國第二次所退還中國的庚款餘款應該退給誰？如何使用？從一開始就是
眾聲喧譁、莫衷一是的。舉凡從美國決定把庚子賠款的餘款退還給當時列強所
承認的北洋政府（孫中山的廣州無緣置喙）、指定用在教育文化事業、到成立
中基會、其宗旨、董事人選，所有這些都中下了日後國民黨改組中基會的種
子。

　　國民黨在1927年4月18日定都南京。7月，廢教育部，改設大學院為管理
全國學術及教育機構。10月1日，蔡元培就任大學院院長。1928年7月28日，
胡適在日記裡剪貼了一份南京電訊的剪報，報導前一天國民政府通過中基會改
組的新聞。其第一段開頭曰：

　　　蔡元培於廿七日在國府席上，提出的改組中華教育文化基金董事會案，
　　計通過任命胡適、貝克、貝諾德、孟祿、趙元任、司徒來登〔司徒雷
　　登〕、施肇基、翁文灝、蔡元培、汪兆銘、伍朝樞、蔣夢麟、李石曾、孫
　　科、顧臨等董事。計改去顧維鈞、顏惠慶、張伯苓、郭秉文、黃炎培、周
　　詒春等六人，餘均照舊。又通過中華教育文化基金董事會章程修正點如
　　下：原章第三條「董事由大總統任命」，以後缺出「由董事會自選繼任董
　　事」，改為「本會以國府所任命中華教育文化基金會十五人組織之，處理
　　會中一切事務。董事任期三年，期滿由大學院根據全國學術界公意，提出
　　人選，呈請國府另行任命。」[73]

72　楊翠華，《中基會對科學的贊助》，頁5-12。

73　《胡適日記全集》，5.294。

　　事實上，不用等到國民政府開刀，美國方面早在一年前，當北伐軍抵達長江的時候，就已經開始未雨綢繆，向國民黨表達妥協的意願了。關於這一點，胡適1928年8月11日給蔡元培的信有一段畫龍點睛的描述：

　　去年夏間，孟祿博士南來，與國民政府教育行政委員會接洽文化基金董事會的事。其中細情我雖不知道，但有一晚的宴會（在〔上海〕大華飯店〔注：即蔣介石和宋美齡結婚的場所〕），我也在座，親見教育行政委員會的委員（宴會的主人）提出一張候選董事四人的名單，交與孟祿。孟祿說，何妨多提出幾人，以便選舉時有點選擇。於是幾位教育行政委員又退入旁室商議，加上四人，也交與孟祿（先生與我的姓名即在第一名單之內）。故去年年會黃炎培君辭職，即舉先生繼任；丁文江君辭職，即舉我繼任，皆是此次接洽的結果。當日大華之宴會席上，主席韋愨先生再三聲明，國民政府贊成基金會的組織法，並聲明只反對顧維鈞、黃炎培、丁文江、郭秉文四人，餘人皆不在反對之列。[74]

　　胡適這封信重要的關鍵有兩點。第一、那中基會章程起草者、又最勤於在太平洋兩岸奔波的美國董事孟祿〔注：哥倫比亞大學教育學院教授〕，特別在1927年中基會召開第三次年會前，就先到上海徵詢國民黨所中意的董事人選。國民政府教育行政委員會開出了一張包括蔡元培、胡適在內的四人名單。孟祿還是不放心，怕萬一這名單裡的四人都落選，會造成沒有選出國民黨認可的人士出任董事的尷尬情況。他於是建議「何妨多提出幾人，以便選舉時有點選擇。」第二、中基會的董事深明改朝換代之際的自處之道。胡適說：「故去年年會黃炎培君辭職，即舉先生繼任；丁文江君辭職，即舉我繼任，皆是此次接洽的結果。」這指的就是中基會的董事1927年6月在天津裕中飯店召開第三次年會，按照國民黨的旨意選舉蔡元培與胡適為新任董事。

　　胡適在這封信裡義憤填膺地對蔡元培陳述他反對改組中基會的一大理由：

---

74 《胡適日記全集》，5.310-311。

文化基金董事會章程的基本原則為脫離政治的牽動，故董事缺額由董事會自選繼任者。前年我們在上海所擬英國庚款董事會的組織，即據此原則為標準。今忽廢去此案，改為董事三年期滿由大學院呈請政府任命，便是根本推翻此原則了。建此議之意豈不以為當日政府不良，故須防政治的牽動；今為國民政府，不應防禦其干涉了。此言豈不冠冕堂皇？然事實上政治是否安全，是否盡如人意，誰也不敢擔保。先生在大學院，能有幾年，大學院自身能存在幾時，都不可知。則後來者之濫行干涉，或受政局牽動，似亦不可不防。故此原則之取消，在今日似尚太早。此一點不可不奉告也。[75]

在罷黜舊董事方面，蔡元培雖然表示在政治上有不可妥協的考量，但他對於董事改選的條文從一開始就表示是可以商量的。他在8月13日的回函裡說：「中華教育文化基金委員會，尚未有正式文件達各委員，甚歉。董事改選一條，如原文較新改者為善，未嘗不可由會中提請修改。周〔貽春〕、張〔伯苓〕諸君之不能仍舊，別有原因；請先生不必因此而讓賢，因讓出之後，亦未必即以周、張諸君補入也。」[76]

中基會改組的命令，一定贏得了不少民族主義者喝采、大快人心。他們一定覺得這是收回教育文化主權的革命外交的第一步。北伐所揭櫫的口號，外抗強權、內除軍閥，跟當時甚囂塵上的收回利權的革命外交的口號是一體的兩面。就在蔡元培覆信胡適的同一天，傅斯年也寫了一封信給胡適。他說：

文化基金〔會〕事，先生可以寫信，斷乎不可辭。因為一辭便把此事放在一個不方便的所在，而自己的立足點，反可為極無聊的人借用的。為公為私，我都應盡此一言。凡事第一宜就其大綱論去；大綱既定，大體決矣。一、當年不舉汪〔精衛〕、蔡〔元培〕，而推顏〔惠慶〕、顧〔維鈞〕等，本是一件恥辱的事，孟祿、郭秉文輩之下作手段也。二、既有顧、顏

---

75 《胡適日記全集》，5.310。

76 《胡適日記全集》，5.318。

等類，則「本不置高原」，時時得而翻之。三、如去年革命軍不打到長江，斷無舉先生及蔡先生之事。四、此時顏、顧諸人不辭，所謂自己不知趣，咎由自取。五、改朝換代的時候，有些事實只可以改朝換代觀之；不然，廢約之論，亦非「君子相」也。六、改章程事並未改許多，只改了「大總統任命」為「國民政府任命」，並改開會地為「國民政府所在」，此當是應然者。如原章無大總統任命一語，先生自動之論，誠可說也。今之事實，實當時種之矣。

此次人選，我對之頗有不滿意處。例如施肇基之留，張伯苓之去，均不足以服人；而孫科、伍朝樞之在內，亦使人失望。但有趙〔元任〕、翁〔文灝〕兩位讀書人，已經勝于郭、孟〔祿〕手中之舉百倍。至於蔡先生與先生之在內，我輩總以為是革命軍的功績，而非郭輩之始願。杏佛〔注：楊銓〕不敢並孟祿輩而亦去之，此亦不滿人意者。然此事大體措施，不乏根據。人選別擇，差有理由。我等不求全責備，亦只好聽之而已。

南京政府之可憤恨，人同此心，然總愈于一摘再摘之北京政府。且此時我們也不能為此政府想到一到〔個〕「一般好」的alternative〔選項〕，則總宜維其大體，諒其小節。如先生此時堅辭，未足表其真相，反為失意者助材料，亦先生所不願出也。故如先生更有餘論以告蔡先生，自然可以盡量發揮。我且可以代罵。惟萬不可以固辭。此節雖小，所繫者大，幸詳擇焉。[77]

胡適自從中基會改組令見報以後，開始在日記裡所附的來往信件，包括上引胡適致蔡元培以及傅斯年致胡適的信件。這就是楊翠華、智效民分析中基會改組事件的資料基礎。問題是，這只是胡適個人對這整個事件的詮釋。他不但有他個人的成見和偏見，而且像所有歷史上的當事人——就像生活在當下的你和我——一樣，只能以管窺天。今天我們幸而有歷史資料可據，能有後見之明，豈可畫地自限，跟著胡云亦云！1928年中基會的改組，誠然有其改朝換代之所必然，亦即，由北洋政府「大總統任命」，改為由「國民政府任命」。

---

77 《胡適日記全集》，5.308-309。

一如傅斯年所說的，「此當是應然者。」

　　然而，中基會的改組之所以別有意味，是因為它戲中有戲。原來中基會的改組還牽涉到了楊銓對郭秉文君子報仇十年不晚的故事。郭秉文1914年獲得哥倫比亞大學的博士。從1918年到1925年，他是南京東南大學〔注：國民政府時期的中央大學、現南京大學的前身〕的校長。從1924年到1928年中基會改組，他也是中基會的董事。

　　楊銓的一生極為戲劇性。他從大學教授開始，後轉為國民黨作宣傳工作，再成為國民政府學術機構的領袖，然後變成為異議分子，最後，在1933年被暗殺身死。楊銓因為在辛亥革命以後，曾經作過孫中山的秘書。他因此跟任鴻雋一樣，以稽勳留學為名，得到了政府的獎學金到美國去留學。他先獲得了康乃爾大學的化學學位，1918年又獲得了哈佛大學的工商管理碩士學位。他在康乃爾大學的時候，跟胡適、任鴻雋成立了中國科學社。胡適和任鴻雋終究都在中基會扮演了關鍵性的角色。

　　楊銓回國以後先在工業界工作，1919年到東南大學任教。很不幸地，他與郭秉文所結下的恩怨埋下了他們之間長期的明爭暗鬥。不管其原因何在，楊銓把郭秉文視為軍閥——特別是直系的江蘇督軍齊燮元——的走狗。打郭秉文於是就成為他打軍閥走狗的一場長期的聖戰。他認為他是郭秉文與齊燮元陰謀下的犧牲者。根據楊銓自己的自述，五年之間，他在東南大學被迫三易其職，先被從商科主任調到文理科經濟學教授，然後又被調為工科教授。1924年，東南大學以廢工科為名，停發楊銓聘書[78]。東南大學的風潮有很長的歷史。楊銓拿不到聘書的事情顯然在1923年就已經發生過了。胡適在該年6月3日的日記就提到楊銓沒拿到聘書。他在那則日記裡批評郭秉文矢口否認他解雇楊銓。他說：「郭秉文——國立東南大學校長、基督教中領袖人物——一口賴到底……這種行為，真是無恥！」[79]

　　無論如何，楊銓在離開東南大學以後，就去了廣州重作馮婦，再度擔任孫中山的秘書。孫中山過世以後，楊銓搬到了上海，負責國民黨的宣傳工作，同

78　楊銓，〈與東大同學論軍閥與教育書〉，《楊杏佛文存》（上海：上海書店，1991），頁317。
79　《胡適日記全集》，4.65。

時也繼續他打倒郭秉文的聖戰。很快地，1924年底的第二次直奉戰爭造成了一個新的局面。直系的戰敗，不但使齊燮元喪失了他江蘇督軍的位子，郭秉文也在1925年初被北京的教育部免去了他東南大學校長的職位[80]。

　　不管郭秉文究竟是不是在直系軍閥的卵翼之下，這是當時所盛傳的一個說法，也許就正說明了楊銓宣傳的成功。同樣重要的是，郭秉文的被免是國民黨的勝利。而這個勝利背後的主導就是楊銓。只是，郭秉文被免，造成了東南大學僵持了半年以上的學潮。擁郭派在學生與教職員裡占了絕大多數。他們拒絕承認新任校長胡敦復。然而，在形勢比人強的情況之下，郭秉文最後還是辭職了[81]。

　　然而，楊銓的聖戰還沒結束。郭秉文雖然鎩羽，但他還沒被完全擊敗。郭秉文雖然失去了東南大學校長之職，他卻變成了中基會在美國紐約所設立的「華美協進社」（China Institute in America）的社長，負責照料留美學生以及促進中美文化交流的事業。要打倒郭秉文，就必須直接挑戰美國政府所承認的中基會。

　　三年以後，機會終於來了。1928年6月，北伐軍進入北京。統一在望以後，國民政府開始全力展開收回治外法權、關稅自主，以及教育權自主的運動——這其實是中國從北洋政府時期就已經開始推動的一個運動，只是現在冠上了革命外交的名號而已[82]。作為一個北洋政府所設立、中美共管美國退還庚款的機構，中基會在這個國恥史上具有象徵的意義，自然也就成為了一個箭靶。事實上，國民政府大學院在1928年所改組的不只是中基會。那用美國第一次退還的

80　東南大學複雜的易長問題，可參見林輝鋒，〈五四運動後至北伐戰爭前夕的教育界風潮——以馬敘倫的經歷為視角的考察五四運動〉，《中山大學學報》（社會科學版），2010年第1期，第50卷，總233期，頁60-76。

81　有關東南大學這個易長學潮的經過，請參見張朋園等訪問，《郭廷以先生訪問紀錄》（台北：中央研究院近代史研究所，1987），頁139-145。

82　這個收回治外法權、關稅自主，以及教育權自主的運動仍有待系統的研究。有關這方面個別的運動，請參見 Wesley R. Fishel, *The End of Extraterritoriality in China*（Berkeley, Cali.: University of California Press, 1952）以及 Jessie Lutz, *Chinese Politics and Christian Missions: the Anti-Christian Movements of 1920-28*（Notre Dame, Indiana: Cross Cultural Publications, 1988）。

庚款所設立的清華學堂，也在同年受命改組其董事會，並改名為國立清華大學。中基會改組的幕後策畫與推動者，自然就是楊銓。作為管理全國學術及教育機構的大學院的副院長，楊銓終於握有了權柄來對付他不共戴天的敵人郭秉文。

　　問題是，美國雖然願意妥協，但它有一個條件，亦即，董事出缺由董事會自行遴選（self-perpetuating）的原則。值得注意的是，雖然這是中基會從美國所學來的董事會的組織法，但這並不意味著說，所有美國的董事會的組織都是採取自行遴選的方法的。然而，這就是美國從一開始就試探要堅持的原則。事實上，第一個把這個原則說出來的是中基會的美國董事貝諾德（Richard Bennett）。貝諾德是美國花旗銀行（The National City Bank of New York）駐北京的代表，擔任中基會美方的會計。根據周貽春──他在被國民政府改組命令撤換以前是中基會的秘書以及中方的會計── 1928年8月24日致任鴻雋的信裡的陳述，貝諾德說：

　　　　前年美政府退還賠款，係根據法律案而定。現在國府將本會章程變更，係已與原法案不符，內中恐有問題。且現在美使不在京，其意見如何，無從得知。個人雖極願幫忙，但暫時不得不稍存觀望。茲為貴國計、為本會計，最好不變更章程，而由舊董事開會自行辭職，自行選舉，較為妥恰。

　　周貽春於是接著對任鴻雋建議說：「政府方面已發之命令自然不能收回。但情勢如此，似亦不必積極執行，讓舊董事會開會，准五人辭職，另選新董事五人，再由新董事開會修改章程（大旨與舊章相彷彿），呈請政府備案。如此辦法，政府意旨可以達到，外交方面亦可不致引起問題。」[83]

　　歷來的研究，都根據楊翠華的說法，說：周貽春「這個辦法成為此後胡適等董事交涉改組事件之努力方向。」[84]事實上，堅持由董事會自行遴選這個原則，是美國的上上策。在一開始的時候，美國政府並沒有排除可能必須以中策、甚至是下策來與中國妥協的可能。

---

[83]《胡適日記全集》，5.326-328。

[84] 楊翠華，《中基會對科學的贊助》，頁24。

　　值得令人回味的是，國民政府彷彿就是要試探美國的反應一樣，並沒有把中基會改組的命令通知美國政府，而是讓媒體來發酵。同樣值得令人回味的是，美國政府也沒提出抗議。當然，美國方面並不是默然坐視的。國民政府在7月27日通過改組中基會的動議。次日，這個改組的命令見報。三天以後，美國駐華公使馬慕瑞（J. V. A. MacMurray）跟國民政府外交部副部長唐悅良會面。當天，他們會面的主題本來是清華大學。馬慕瑞乘機詢問唐悅良有關中基會改組的新聞。唐悅良說他還不知情，但希望知道馬慕瑞的看法。馬慕瑞說中基會所管理的庚款是美國按月給中國的禮物（monthly gift）。現在，這個理應不受政府干預的董事會已經被改組了，變成非法的了，他可能就無法批准這個按月給中國的「禮物」。他建議唐悅良立刻向外交部長王正廷報告補救，以免招來美國停付庚款的尷尬情事。唐悅良表示要國民政府收回成命恐怕難如登天[85]。

　　馬慕瑞在8月5日給美國國務卿報告，建議如果中國政府決定貫徹其改組的命令，美國政府就應該停付庚款。與此同時，他建議國務院應該探尋轉圜的餘地。他建議透過中國駐華盛頓的公使以及哥倫比亞大學的孟祿尋求另外的解決之道[86]。

　　等馬慕瑞向美國國務院報告中基會的改組以後，折衝之所在就轉移到華盛頓了。馬慕瑞認定中基會的改組，是國民政府的排外分子所策動的。知情如胡適者，則怪罪於楊銓的莽撞。然而，所有這些現在都只是枝節。從美國國務院的角度來看，中國政府既然改組了中基會，則那管理依據美國總統1925年7月16日行政命令所退還的美國庚款的機構已經被中國政府取消了。美國國務院雖然從不曾向中國政府正式提出抗議，而且也接受其駐華公使馬慕瑞的建議用非正式的方式尋求解決之道，但它從1928年8月份開始停付美國的庚款[87]。

　　停付庚款，就是美國政府的撒手鐧。原來那所謂的美國第二次無條件退還的庚款不但不是無條件的，而且是設有層層控制的關卡的。美國的中美外交史

85　"Memorandum of Conversation with Mr. Y. L. Tong, Vice Minister for Foreign Affairs of the Nationalist Government," July 31, 1928, National Archives, 893.42/255.

86　MacMurray to Secretary of State (Frank Kellogg), August 5, 1928, National Archives, 493.11/1349.

87　Terrence Brockhausen, "The Boxer Indemnity: Five Decades of Sino-American Dissension," Ph.D. Dissertation, Texas Christian University, 1981, p. 253.

家韓德（Michael Hunt）早在1972年的一篇論文裡，就徹底地粉碎了美國1909年第一次退還庚款是無條件退還的神話[88]。如果美國在第一次退還超額溢收的庚款的時候，就已經技巧地把中國政府推到自己主動承諾把庚款作為留美專款之用的地步，則美國在1925年第二次退還庚款，中國政府又主動承諾作為教育文化的專款，不啻於是這個無條件退還的神話的梅開二度。

美國第二次退還庚款，中國人自己對其用途應如何的爭議其實是極大的[89]。這個問題還有待系統的整理與分析。重點是，中國政府能察言觀色、善體美國政府的意旨，成立了中美董事共管的中基會來管理退還的庚款。只是，這第二次本利合計共12,545,437美元的金額是分期付款的，亦即，是從1917年10月份應付的賠款起到1940年12月為止[90]。從1917年算起的原因，是因為中國加入第一次世界大戰以後，與各協約國議定緩付五年。因此，這賠款終止的期限也就順延到1945年[91]。這按月分期給付的方式，就是美國政府所得以控制的層層關卡之一。首先，其手續是由中國海關按月把應付給美國的庚款開具兩張支票給美國駐華公使，然後再由他背書轉支：一張付給第一次退還的庚款的受款機關，即外交部、然後再由後者撥給清華大學；另外一張付給第二次退還的庚款的受款機關，即中基會。中基會的款項是由中美兩個董事兼會計簽收存入銀行的。

1928年中基會改組的命令公布的時候，中基會的美國董事兼會計就是上文所提到的貝諾德。貝諾德在聽說了中基會改組命令的時候，一方面他向周宜春建議中國政府最好「由舊董事開會自行辭職，自行選舉。」另一方面，他則向美國駐華公使館徵詢他是否應該把8月份的支票簽名存入銀行[92]。同時，由於貝諾德也向花旗銀行紐約總行請示，花旗銀行於是也向美國國務院詢問：如果

88 Michael Hunt, "The American Remission of the Boxer Indemnity: A Reappraisal," *The Journal of Asian Studies*, 31.3（May, 1972）, pp. 539-559.

89 楊翠華，《中基會對科學的贊助》，頁6-10。

90 王樹槐，《庚子賠款》（台北：中央研究院近代史研究所，1974），頁305。

91 王樹槐，《庚子賠款》，頁239-243。

92 The Charge in China（Perkins）to the Secretary of State, September 7, 1928, National Archives, 493.11/1357.

美國政府默認中基會的改組，如果貝諾德接受中基會新董事會的指示存入支票，花旗銀行的所作所為是否有「保障」（protected）？花旗銀行總行認為貝諾德如果簽收了支票，理應得到美國政府的保障，其邏輯是：

> 如果美國政府承認新董事會有權支配該款，則〔中基會的〕改組，依美國的法律而言就是合法的了。然而，我們希望南京政府會同意根據章程來作調整。[93]

由於貝諾德不知道美國政府對中基會改組的命令是否視為合法；他不知道如果他把支票簽收了、而美國政府後來卻拒絕承認中基會的新董事會，則花旗銀行是否必須承當損失。由於他有這些疑慮，他於是沒有簽收8月份美國公使背書給中基會的支票。接著，美國公使也從9月份起停付中基會支票。值得指出的是，被停付的只有中基會。清華大學的支票美國公使繼續背書轉讓。1928年8、9月份清華的款項，還因為清華需款孔急，美國政府還特地通融，把支票直接由美國公使背書轉支給清華大學的校長羅家倫[94]。

貝諾德拒絕簽收8月份的支票、美國公使又開始從9月份停付中基會，中基會資助的機構馬上就受到影響。比如說，翁文灝在1928年10月29日給胡適的信裡，就提到了地質調查所的窘狀：

> 教育文化基金董事會事，美公使已有三個月未實行退款（向例每月由公使簽支票送中國會計董事）。刻在周寄梅〔周貽春〕處閱孟祿函。原函周君將打一份寄上。大意言美國政府尚在考慮辦法，最好中國方面自動解決。如中國政府願意維持舊章，彼願到華一行。在美伍〔朝樞〕、施〔肇基〕諸君亦極挽其一行……
>
> 經費方面，幹事部因奉蔡院長二次電命繼續進行，故補助各費多仍照

93　A. W. Ereur（?）〔原文如此〕of the National City Bank of New York to Nelson T. Johnson, September 24, 1928, National Archives, 493.11/1365.

94　MacMurray to the Secretary of State, October 3, 1928, National Archives, 493.11/1368.

發。但美國停止退款，新款不來，則如此繼續下去，至明年當有動用存款
之必要。是否可行，似亦不無疑問。總之，目前局面只算暫時，必須從速
解決，否則自然的停止。[95]

事實上，這個中基會改組所造成的外交角力事件，美國政府是可以自找台
階下的。君不見連花旗銀行總行都在向美國國務院詢問的時候說：「如果美國
政府承認新董事會有權支配該款，則〔中基會的〕改組，依美國的法律而言就
是合法的了。」貝諾德和美國駐華公使之所以停付中基會款項，是因為他們都
在等國務院的裁決，而國務院則在等財政部的定奪。這是因為財政部是美國總
統在1925年7月16日的第二次退還庚款行政命令的授權機構。國務院咨請財
政部定奪的公函是9月底發出的[96]。然而，財政部一直要到12月5日才回覆。值
得注意的是，財政部的意見是：美國可以堅持中國政府收回成命，但也可以修
訂美國總統1925年7月16日的行政命令以因應現狀：

財政部認為只有在下述兩種情況之下才應該繼續付款：一、根據既定章
程；二、修訂1925年7月16日的行政命令以因應現狀。至於何者為優，
本部沒有意見。[97]

前者，就是我所說的美國政府的上上策；後者，就是下下策，就是由美國
政府自行修訂法令以配合——亦即承認——中基會改組的事實。如果國民政府
有決心、其駐美使節有脊梁的話，中國是可以對美國「將軍」，迫使其採行下
下策跟中國政府妥協的。只可惜中國駐美的使節以及外交部在一開始就已經倒
戈了。由於勝券在握，美國國務卿在12月11日，也就是說，在收到財政部的

95　翁文灝致胡適，〔1928年〕10月29日，《胡適來往書信選》，1.451。請注意：《胡適來往書信
選》把此信繫為1927年，誤。

96　The Secretary of State to the Secretary of the Treasury, September 29, 1928, National Archives,
493.11/1367a.

97　The Secretary of Treasury to the Secretary of State, December 5, 1928, National Archives,
493.11/1407.

裁奪六天以後，給駐華公使馬慕瑞的訓令裡，只把財政部對美國政府究竟是應該採上上策還是取下下策不置可否的裁奪，提供給他作為機密（confidential）的參考資料，而指令馬慕瑞要求中國政府收回成命美國方才會繼續退款——亦即，美國的上上策[98]。

　　其實，美國在一開始的時候，是上上策與下下策兩頭並進的。美國駐華公使馬慕瑞除了停付中基會以外，同時建議國務院敦請哥倫比亞大學的孟祿出面斡旋[99]。孟祿在8月27日跟國務院的官員會面商談。接著，孟祿就打了幾份電報、寫了幾封長信給蔡元培與中國外交部長王正廷。這些電報和信件，除了收錄在美國的《外交文書》裡以外，也泰半都由胡適黏貼在他9月7日，以及11月19日的日記裡。其內容主要有三：一、中基會的章程明定了其獨立的原則，董事出缺由董事會自行遴選；二、中基會董事會很快地就會全都是國民政府所能認可的成員，但必須依據章程遴選；三、中基會董事會由政府的命令改組，就違反了美國總統1925年7月16日的行政命令，其作為庚款退還的受款機構的合法性就成為問題[100]。

　　美國國務院萬萬所意想不到的，是中國駐美的使節居然不戰就倒戈了。別有意味的是，楊銓的死敵郭秉文一開始就替孟祿作通風報信，以及跟中國駐美使節談判穿針引線的工作。我們記得郭秉文在失去了東南大學校長職位以後，就到了紐約擔任中基會所成立的「華美協進社」的社長。9月10日，孟祿跟剛從中國回到紐約的郭秉文見了面。從郭秉文那兒，孟祿獲得了中基會改組最新的消息[101]。郭秉文顯然答應孟祿幫忙作協調的工作。九天以後，他就有好消息給孟祿：

　　　我剛才才跟李幹〔注：國民黨派駐紐約的特別代表〕討論了中基會的問題。他完全理解問題的癥結，而且深信中基會必須保持獨立、不受政治的

98　The Secretary of State to MacMurray, December 11, 1928, National Archives, 493.11/1407.

99　MacMurray to Secretary of State（Frank Kellogg）, August 5, 1928, National Archives, 493.11/1349.

100《胡適日記全集》，5.351, 376-394。

101 Paul Monroe to C. C. Wu, enclosure of Paul Monroe to Willis Peck, September 10, 1928, National Archives, 493.11/1370.

干預。他說他或者伍朝樞都會很樂意打電報向國民政府解釋。在他們打電報以前，他希望你能夠請詹森（Johnson）先生〔注：Nelson Trusler Johnson，國務院遠東司主任〕向他或伍朝樞先生說明他對這個問題的看法，以便他們的電報可以說得更有力。李先生和我想在採取行動以前，先到華盛頓和伍博士和施肇基博士會商。[102]

這封信裡最值得注意的地方，不只是那被中基會改組命令所除名的郭秉文，居然扮演了幫助美國政府逼迫國民政府收回成命的穿針引線的人。更值得注意的是，當時中國駐美的兩個使節也都是中基會改組命令所任命的董事：一個是新人，另一個是舊人。施肇基從中基會成立開始就是董事，國民政府改組中基會的時候留任。伍朝樞則是改組命令所新派任的董事。更值得令人回味的是，施肇基是北洋政府派任的駐美公使，國民政府留任。伍朝樞則是國民政府派赴美國討論修改不平等條約的專使。這是典型的新成立國家所面臨的難局，亦即，雖然改朝換代了，但新政權是建立在舊政權的官僚體系之上。換句話說，新政權連上層官僚都不可能全部更換了，更何況是整個龐大的官僚體系呢！施肇基的留任與伍朝樞的特派，不但反映了新舊交替之交疊床架屋的尷尬情況，而且中基會的改組跟他們個人的利害關係，也引生出了他們是否牽涉到公私利益牴觸（conflict of interest）的問題。

果然，伍朝樞與施肇基對中基會改組的命令反應就不同。根據孟祿9月28日向國務院所作的報告，伍朝樞與施肇基兩人給他的答覆判如晝夜。伍朝樞的態度比較強硬。他在9月26日寫給孟祿的復函說：

我把台端22日的信報告給敝國政府。敝國政府認為美國退還庚款是無條件的。我國有權改組曹錕所設立的中基會的董事會。但是，敝國政府接受我的建議，願意暫緩執行該項命令。如果台端有意提出抗議書，請及早赴華一趟。如果台端最近有華府之行，請務必告知，以便進一步面商此事。

102　Kuo Ping-wen to Paul Monroe, enclosure of Paul Monroe to Willis Peck, September 19, 1928, National Archives, 493.11/1371.

　　孟祿向國務院報告說，伍朝樞這封信讓他覺得他如果老遠跑到中國去幹旋，只是白花時間和金錢而已。然而，就在伍朝樞寫信的前一天，施肇基給孟祿一個讓他振奮的消息。施肇基在25日的信裡說：

> 隨信附上昨晚到的電報，台端若有回音，請告知，當電告王正廷博士。〔電文如下：〕9月21日電報收悉。政府改組中基會係大學院所為，事前未與外交部協商。有鑒於事態的發展，我迄未正式通知美國政府，冀以待議案視之。請台端敦請孟祿召集舊董事會，根據政府意旨改選董事。敝人將呈請政府維持原章程。──王〔正廷〕，9月24日。[103]

　　郭秉文擔任通風報信、穿針引線的角色，伍朝樞的信、王正廷的電報，以及施肇基把外交部給他的電報轉寄給孟祿，這不管就國民政府的歷史或中國外交史而言，都是一個令人匪夷所思的事件。首先，一個國家的兩個公使──即使一個是公使，另一個還只是專使、半年以後才會成為公使──同在華盛頓，居然在處理一個外交爭執事件的時候，獨立行事，完全不互相協調。其次，王正廷給施肇基的電報屬於外交部給予其駐外公使的訓令，不可為外人道也。連孟祿在給美國國務院的報告裡都說他認為這封電報，王正廷一定也以機密文件的性質傳給伍朝樞，只是伍朝樞沒轉給他而已[104]。而施肇基居然原封不動地把這個機密性的電報轉給孟祿。作為資深的駐外使節，施肇基不會不知道外交部的訓令有對內與對外之分，不是所有的訓令都可以對與國全盤推出的。

　　換句話說，國民政府駐美的外交使節，不只是不戰而降，他們根本就是倒戈輸誠了。國民黨誠然是完成了改朝換代的大業，但其所接收的前朝的外交官卻反過來將了它一軍。國民黨所派駐華盛頓的專使伍朝樞，至少在開始的時候還能以賄選當上總統的曹錕為理由，作為其所任命的中基會董事為非法的理由，來為國民政府改組中基會作辯護。國民黨從北洋政府所接收下來的施肇基根本就不需要公然抗令。他只要把王正廷所寄給他的機密文件經由孟祿轉給美

103　Paul Monroe to Willis Peck, September 28, 1928, National Archives, 493.11/1377.

104　Paul Monroe to Willis Peck, September 28, 1928, National Archives, 493.11/1377.

國國務院，美國就知道中國自己內部根本就是分裂的。中國既然都已經亮了底牌、自暴其內訌的事實，美國自然就能夠因為知己知彼，而百戰百勝。

　　第三，一個國家的外交部長，在不到一個月的時間裡，對同一個事件居然可以對美國提出截然不同的看法。王正廷在這個9月24日的電報裡，說中基會的改組是：「大學院所為，事前未與外交部協商。」然而，在8月30日，由蔡元培與王正廷共同具名回覆孟祿8月27日給他們的電文裡明明說：

　　　　政府改組中基會之必要，是因為中國的舊董事是曹錕所派任的，美國董事不變。深信此舉不會影響中美的睦誼。[105]

　　美國國務院的官員和孟祿都不是孩子，所有文件俱在。伍朝樞9月26日致孟祿的信，還重複了蔡元培、王正廷8月30日致孟祿的電報，重申因為曹錕任命、所以中基會董事非法的邏輯。然而，才不到一個月，王正廷就已經撇得一乾二淨了。王正廷說中基會改組是大學院所為、未與外交部協商，這自然是事實。然則，其所反映的國民政府根本就是各部門各自為政，完全沒有章法。無怪乎，三年後到中國訪問的洛克斐勒基金會的副會長甘恩（Selskar Gunn）形容國民政府充斥著的是外行當家（amateurishness），就像美國高中生在辦社團一樣，完全不像是一個在治理四億人口的政府[106]。

　　胡適在日記裡黏貼了楊銓與王正廷在中基會改組前夕，在報紙上品評郭秉文的公開信的剪報；前者攻訐其為人，後者則為其辯護。楊銓說：

　　　　顧維鈞、郭秉文輩可以主持國民革命之文化，則曹錕、齊燮元輩亦何嘗不可領導國民革命之武力？……聞此三角聯盟〔外交系、研究系、江蘇學閥〕之人物，不僅欲主持國民革命之文化，且謀進而主持國民革命之外交。

105　Paul Monroe's Telegram to Willis Peck, National Archives, 493.11/1356；《胡適日記全集》，5.376。

106　Selskar Gunn, "Report on Visit to China, June 9th to July 30th, 1932," pp. 5-6, RAS, 1.1-601-12-129, deposited at the Rockefeller Archives Center, North Tarrytown, New York.

王正廷的辯護則說：

　意以〔北伐後期〕平津未下，強敵猶思結外援以為負隅之固。對於北平使團，不可不有釜底抽薪之計。因以郭〔秉文〕君未露頭角，請其為個人代表，向各使館有所宣導。而郭君亦遂奮不顧身，冒險前行，期於國軍前進，有所襄贊……郭君兩年以來，在美解釋國情，宣傳黨義，於友邦增信賴，於敵人破聯絡，不可謂其於吾黨無功績。此等舉動，在美同人，類能知之。[107]

　　楊銓與王正廷這一來一往的公開信，不但反映了他們兩人對郭秉文天差地別的評價，而且還反映了他們對收回教育文化主權的決心。王正廷一向喜歡侈言「革命外交」。然而，楊銓的「革命外交」比他還要更上一層樓。無論如何，王正廷說中基會的改組是：「大學院所為，事前未與外交部協商。」這很可能不是諉罪之詞。同時，這也可以作為佐證，說明了中基會的改組的戲中戲，就是楊銓打倒郭秉文「聖戰」的高潮。只是，楊銓這「最後一槍」（coup de grâce），「將軍」不成，反倒全盤皆輸。不但中國駐美的使節已經倒戈、向美輸誠，在上海的胡適也反對中基會的改組。他信誓旦旦，要為中國「挽回國際信用於萬一。」不但如此，他還曾經想辭去中基會董事的職位。他在8月31日的日記裡說：「中華文化基金會事，我本想辭了不幹，但叔永〔任鴻雋〕力勸我勉強不要辭，將來或可盡點維持之力。我不忍太堅持，只好暫擱起來再說。」[108]

　　楊銓的敗退，真是「兵敗如山倒」。蔡元培在8月17日留下辭呈，辭去了大學院院長等職位，攜眷離開南京。勢孤力單的楊銓在走投無路之下，在9月12日以已經辭職的蔡元培具名、以楊銓自己「代拆代行」的名義出具公文，敦請胡適和蔣夢麟出來收拾殘局：

107　《胡適日記全集》，5.203, 262-263。
108　《胡適日記全集》，5.325。

現准孟祿來電，請從緩改組中華教育文化基金董事會各等由。茲將原電抄送。請執事暨蔣夢麟董事將此次改組理由及補救辦法（新董事開會後呈請恢復舊章），向孟氏詳細解釋，以免誤會。除分函蔣董事外，相應抄同電二通函達……此致胡適之先生。[109]

胡適9月13日的日記只黏貼了他在當天收到的楊銓這份公文，沒有任何評語。然而，楊銓已經孤掌難鳴。國民政府先是在10月3日任命蔣夢麟為大學院院長。然後，又在10月23日明令取消大學院，改設教育部。翌日，任命蔣夢麟為教育部長。事實上，在蔡元培提出辭呈的時候，楊銓也提出了辭呈。我們可以推測一直到國民政府正式批准蔡元培辭職、任命蔣夢麟為大學院院長為止，楊銓是以「代拆代行」的名義維持大學院的事務。等蔣夢麟上台，或者至少等到教育部成立以後，楊銓就專職成為中央研究院的秘書長，後改為總幹事。

然而，即使楊銓已經下台，戰爭還沒結束。不到楊銓所代表的「革命外交」的理念被徹底擊敗，敵人不會罷手。美國政府已經從8月份就開始停付庚款。中國的外交部長也已經手舉白旗。中國駐美的使節更老早就已經向美國倒戈輸誠了。他們所巴望的，是孟祿即早到中國去收拾那爛攤子。孟祿的條件是中國政府必須願意收回改組中基會的成命，因為他「無意老遠跑一趟到中國去無事忙（a wild goose chase）。」[110]

在等待孟祿到來之前，唯一棘手的問題，是如何讓南京政府下台，亦即，在沒有被迫收回成命的痕跡之下恢復中基會的舊章程？新任教育部長蔣夢麟根據任鴻雋、孟祿信中的意見，擬出了一個補救的辦法。他在11月26日致胡適的信裡解釋如下：

一、由教育部函舊董事，請其開會，將歷年經辦事件作一系統的報告；
二、於開會時舊董事五人提出辭職，由會通過准辭，並即推舉新董事五人。新董事被推舉後，即出席開正式會議；

109　《胡適日記全集》，5.352。

110　Paul Monroe to Willys Peck, September 28, 1928, National Archives, 493.11/1377.

三、關於修改會章等問題，於新董事加入後，由會議解決之。[111]

　　蔣夢麟所擬的這個方案設想不可不謂周到。他試圖不牽涉到中央政府，由教育部指令中基會召集舊董事開會選舉新董事。這一方面可以遷就美國政府堅持董事會自主、董事出缺由董事遴選的原則。另一方面，又可以顧及到國民政府必欲去那五個舊董事而快之的意旨。

　　有趣的是，蔣夢麟的這個方案，胡適反對。蔣夢麟為了籌備孟祿到來以後即將召開的中基會董事會，特別召集了部分董事及朋友到南京開會。12月2日，胡適坐夜車到南京。次日，他在日記裡特別提到了他對國民政府所新任命的董事孫科所說的話：

> 　我同哲生〔孫科〕談，中華文化基金董事會事，最好由新董事作一函致舊董事會，情願放棄董事資格，請他們自由選舉相當之人為董事。如此，則舊會開會可不至於有被政府指令選舉五人之嫌，而新董事五人必可保完全選出。哲生贊成此意，夢麟與叔永也贊成此意。[112]

　　值得令人回味的是，到了蔣夢麟擬出這個消弭因為中基會改組所造成的外交危機的時刻，所有國民政府所倡言的革命外交的理想已經全然捐棄。胡適誠然從來沒有說過「革命外交」這個名詞。然而，我在《日正當中》所分析的1926年到1927年的他，是一個堅持「國民革命」、廢除不平等條約的胡適。然而，現在的胡適已經改變立場。中基會的改組，他認為不但完全是一個對美國背信的行為，而且是一個侮辱了中基會董事人格的舉措。

　　換句話說，胡適認為中基會任由政府宰割，還要忍氣吞聲地替政府作面子。真是此可忍，孰不可忍！他就是硬要新董事向國民政府辭職，再讓國民政府函請舊董事開會改選。他回到了上海以後，在12月7日給孫科一封信詳細說明：

111　蔣夢麟致胡適，1928年11月26日，「中華教育文化基金董事會董事會檔案」，藏於台北中基會辦事處。

112　《胡適日記全集》，5.458。

此次召集舊董事開會，原有一種救濟方法。舊董事的一部分辭職，是容易辦到的。但五人辭職後，若令舊會選出政府任命之五人為新董事，則未免太難堪。故鄙意為顧全雙方之計，只有兩條路，一是由新董事向政府辭職，請政府尊重原有「缺額由會選補」的辦法，讓舊董事會自由選補。一是由新董事函告舊〔董〕事會，請他們自由選補。上次談的則是第一條辦法。

辭職之辦法可使政府有一個轉圜的機會，是其最大用處。假使先生同我聯名呈請政府收回改組的成命，並准予辭去董事之職，則政府可借此機會，重下一令，命舊董事會集會修改會章以符合現行制。如此則一切糾紛都可免除了。

第二辦法則可使舊董事會面子上覺得好看一點。但仔細看來，究竟有點掩耳盜鈴的意味，不如第一法的冠冕堂皇。[113]

為了尊重孫科，胡適請他斟酌，然後在他這兩個方案裡選其一。他還替孫科代擬了兩個稿子：第一個稿子依他第一個方案，由新董事向政府辭職，請政府收回改組成命，召集舊董事開會；第二個稿子則是依他第二個方案，以新董事的名義函請舊董事自行開會補選。

毫不令人驚訝地，胡適的第一個方案沒有一個人敢碰。孫科、蔡元培、蔣夢麟都覺得不妥當。更值得注意的是，孫科和蔡元培是中基會改組命令之下所任命的新董事。孫科用的理由是因為新董事只有他一個人在南京，無從商量起。「若果止由先生和我兩個人就貿然向政府提出辭職，恐怕轉生出其他的異議。」[114]蔣夢麟的說法是：「原則上雖較直捷，而實行時頗多滯礙。」[115]其實，那一切盡不在言中的真正的理由，是因為胡適的第一個方案就是要強迫國民政府收回改組的成命。

結果，胡適所認為「冠冕堂皇」的第一個方案，亦即，由新董事辭職，再

113　胡適致孫科，1928年12月7日，《胡適日記全集》，5.466。

114　孫科致胡適，1928年12月12日，《胡適日記全集》，5.474。

115　蔣夢麟致胡適，1928年12月12日，《胡適日記全集》，5.475。

由國民政府函請舊董事開會的方案，根本就不是孟祿所要的，因為那等於是美國承認了國民政府改組中基會的命令。在孟祿或美國政府的眼裡，那些新董事根本是不存在的。12月19日，孟祿抵達上海。胡適在當天的日記裡忿忿然地責罵楊銓。他說：孟祿「這回來中國，全是為了基金會的事。此事本沒有問題，楊杏佛一個人的搗亂累得大家這樣勞師動眾！真所謂『天下本無事，庸人自擾之』。」[116]

有趣的是，胡適當天與孟祿的會議沒有結果。孟祿要看蔣夢麟給中基會董事召集開會的公文，以便判斷那個公文「能否由法律的效力」。但是，胡適說：「原函被叔永帶回北方了，故我不能答他。」[117]第二天，蔣夢麟從南京到了上海。然而，他們與孟祿的會議仍然還是沒有結果，因為連蔣夢麟自己也記不得原函的文字了。幸好等胡適回到家以後：

> 忽得北京基金會寄來夢麟原函全文，遂譯成英文。晚上，我邀孟祿、夢麟同餐。孟祿看了此信，還怕後有點法律上的困難，因為教育部長的一紙公函是不能取消七月底國民政府「取消」原有基金董事會的命令的。[118]

這封公函，很可能就是我在上文所提到的蔣夢麟11月26日致胡適的信裡所提出的方案，亦即，召集中基會舊董事開會，將歷年經辦事件作一系統的報告。那個方案，是蔣夢麟在11月30日發給中基會舊董事的，是胡適所反對的。只是，蔣夢麟的這個指令，就像孟祿所指出的：「教育部長的一紙公函是不能取消7月底國民政府『取消』原有基金董事會的命令的。」

12月22日，蔡元培與孫科也從南京到了上海。胡適在日記裡說，他們與孟祿早餐的時候，孟祿「預備了一篇說帖，討論基金會事。其中第七、八項為此案關鍵。蔡、孫也明白了。」胡適接著說：

---

116 《胡適日記全集》，5.483。
117 《胡適日記全集》，5.483。
118 《胡適日記全集》，5.484。

最可笑的是蔡先生的態度。我告訴他，此事我當初慮的是美國方面不認改組命令。孟祿卻說，困難正在美國政府不能不認國民政府的命令為有效。因為命令有效，故美國財政部不能繼續付款，因為受款的機關已經取消了。蔡先生對我說：「美國財政部此舉未免太早了。**外交部並不曾正式通知美國政府，他們正可以當作不知道**〔原文所加的強調〕。」堂堂政府的命令，卻要人家當作不知道！119

胡適在這則日記裡所提到的孟祿的說帖，胡適黏貼在他12月21日的日記，只是不知是胡適自己還是《胡適日記全集》的編者把分段號碼刪去了。台北中基會辦事處所藏的「中華教育文化基金董事會檔案」卷宗裡的說帖則仍保留有分段號碼。這個說帖一共有十四點。胡適說：「其中第七、八項為此案關鍵。」就是胡適在日記裡所摘述的要點。我現在把這兩項翻譯如下：

七、美國政府承認中國的新政府，因此承認這個〔改組的〕命令是具有法律效力的。然而，此舉就產生了其是否違反了兩國之間的協議的問題。

八、問題是：每個月所付的庚款是由美國財政部授權。其授權的基礎是該款的給付是符合上述美國總統〔1925年7月16日〕的行政命令，以及該行政命令裡所提及的中國總統〔注：即曹錕〕的行政命令所成立的章程。這章程一旦取消，該款應如何合法地給付就成為問題。於是，一直到這個問題合法解決以前，庚款的給付就自動停止了。120

既然「教育部長的一紙公函是不能取消7月底國民政府『取消』原有基金董事會的命令的。」孟祿於是在12月23日告訴胡適說：「非再有一道政府命令，不能使舊董事會有法律根據。」胡適於是打電報給蔣夢麟。蔣夢麟回電說次日晚上7點到。這時唯一的問題是時間。中基會的董事會已經決定在1929年

119　《胡適日記全集》，5.489。

120　《胡適日記全集》，5.487；Paul Monroe, "Memorandum In Re The China Foundation From The American Point of View," n.d., p. 2,「中華教育文化基金董事會檔案」，藏於台北中基會辦事處。

1月4日在杭州召開。這新的一道政府的命令必須在開會之前頒布。胡適在這一天的日記裡說：

> 年內只有後天（25〔日〕）一次行政會議，和28日一次國務會議了。如必須有政府命令，只有明天一天可以預備。夢麟明晚來，在上海只有三四點鐘，如何商議得了。我晚上回家，替夢麟起了一個呈稿，並起了一個指令稿，預備交夢麟後天提出行政會議。[121]

12月24日，胡適先與孟祿商量他代蔣夢麟所擬的呈文及國民政府的指令的英文譯文，孟祿表示滿意。當晚，蔣夢麟到上海。他先跟胡適會面，看了胡適的呈稿及令稿，也覺得滿意。過後他們又一同去看孟祿。等一切都商量妥當，蔣夢麟就搭夜車回南京。

胡適說：「年內只有後天（25）一次行政會議，和28日一次國務會議了。」聽起來真是千鈞一髮。其實不然。這行政會議與國務會議聽起來像是最高的行政中樞。其實，根據錢端升對國民政府組織的研究，它們的工作根本就只是蓋章通過而已，特別是行政會議，議案只要是印在議程裡，就視同通過[122]。然而，蔣夢麟不敢掉以輕心。他把胡適所代擬的呈文交給他教育部的幕僚仔細地琢磨推敲。其最後的呈文高明的所在，就在國民政府明明是被迫收回成命，卻在文字裡完全不落其痕跡。用蔣夢麟自己對胡適所作的解釋，他們更動了幾個關鍵的字眼。胡適所代擬的呈文裡說：「職部〔教育部〕現擬令原有之中華教育文化基金會即行召集開會，依原有章程辦妥，並將原有章程中與現行制度牴觸之處依法修正，呈報備案。」[123]蔣夢麟與幕僚把胡適所擬的這句話改成：「職部現擬令原有之中華教育文化基金董事會即行召集開會，將應行改組事宜妥善辦理。」這個改稿高明的所在，一如蔣夢麟向胡適解釋的：

121 《胡適日記全集》，5.490。

122 Ch'ien Tuan-sheng, *The Government & Politics of China, 1912-1949*（Stanford, 1950）, pp. 160-172.

123 《胡適日記全集》，5.496。

妥善兩字，含有盤旋餘地，故將原稿之「依原有章程」句刪去，免□
〔得〕顯與前令衝突。既召舊會，當然適用舊章。又修正章程亦可於開會
時辦理，毋須於呈文中聲明，故亦節去。124

蔣夢麟把胡適所擬的呈文，高明地改成了召集中基會董事進行改組事宜，
既然不提原有章程，也就不落被迫收回成命的痕跡。不但如此，他也把胡適所
擬的國民政府的指令修改得更為靈活，給予教育部便宜行事之權。他對胡適解
釋說：

其命令已由弟擬就，於「應照准」後，加「並著該部參酌情形，善為處
置，以利文化事業之進行，此令。」蔡先生、王儒堂〔王正廷〕兄，均同
意。當由蔡先生帶走，交文官處也。如此，教育部有參酌處置之權，以後
如再有 technical difficulty〔枝節上的問題〕時，教育部有 power of
discretion〔便宜行事之權〕，先處置而後備案可矣。125

毫無意外的，教育部的呈文在25日由行政會議通過。28日，再由國務會
議通過，並發布蔣夢麟所擬就的指令。胡適在當晚的日記裡總結說：

晚上得夢麟來電，知前案已通過國民政府。此事總算有個辦法了。其實
此次所提之案即是我以前為孫哲生〔孫科〕擬的辦法。而我的原辦法比今
回所通過的辦法，冠冕堂皇的多了。他們一定不採用我的辦法，卻一定要
等到一個外國人來對他們說，「不這樣辦是拿不到錢的」，他們然後照
辦！說起來真可羞！126

胡適這則日記，話說得古怪。一面說「此次所提之案即是我以前為孫哲生
擬的辦法」；一面又說：「而我的原辦法比今回所通過的辦法，冠冕堂皇的多

---

124 《胡適日記全集》，5.495。
125 《胡適日記全集》，5.496。
126 《胡適日記全集》，5.498。

了。」如果此次提案就是他擬的辦法，為什麼又說他的原辦法要比今回所通過的辦法冠冕堂皇的多了？胡適說得古怪，因為他所說的並不符合事實。事實上，「今回所通過的辦法」，亦即，由舊董事開會推選國民政府所已經任命的新董事，是蔣夢麟的方案。胡適為孫科所擬的兩個方案：第一個方案是由新董事向政府辭職，請政府尊重原有「缺額由會選補」的辦法，讓舊董事會自由選補。第二個方案是由新董事函告舊董事會，請他們自由選補。第二個方案，胡適認為是一個掩耳盜鈴的辦法。第一個方案則「冠冕堂皇」。重點是，新董事根本就不需要向政府辭職，因為行政會議與國務會議所通過的方案是直接召集舊董事開會改組中基會。當然，胡適可以說行政會議與國務會議所通過的是他的方案，因為那呈文與指令是他擬的。只是，他所擬的呈文與指令，其根據是蔣夢麟在11月26日擬好的方案，而蔣夢麟的方案根據的就是孟祿。

如果中基會改組這一齣戲的引子是楊銓對郭秉文所進行的長期「聖戰」，其結局的高潮則是胡適令人嘆為觀止的精采演出。胡適與蔣夢麟誠然是成功地作到了孟祿的要求，讓國民政府頒布指令恢復了中基會舊董事會。然而，無可否認的事實是，這恢復的舊董事會的任務是根據國民政府的旨意改組董事會。就像胡適在日記裡所說的：「政府任命五人，今五人『全賜及第』，未免令人太難堪。」即使胡適有任何成就感，等他在1929年1月3日住進杭州「新新飯店」的時候，那成就感都已消失殆盡。眼看著當天陸續抵達的董事，想到大家來開會的目的，是「由舊董事五人辭職，另舉出政府所任命的五個人。」[127]他不禁感傷起來：

> 此次大家都是很難為情的。楊杏佛放了一把火，毫不費力；我們卻須用全部救火隊之力去救火！……寄梅〔周貽春，秘書兼會計，被國民政府改組令除名〕……還出力去奔走，居然弄到顧少川〔顧維鈞〕、張伯苓的辭職書。郭秉文的辭職書由孟祿帶來。周〔貽春〕、顏〔惠慶〕二位的辭書自己帶來開會。

127　以下有關中基會杭州會議的描述，見胡適1929年1月3、4日的日記，《胡適日記全集》，5.503-508。

　　由於胡適是新任的秘書，他與周貽春、任鴻雋一起安排第二天的議程。他們所訂出的辭職次序與改選人名次序為：

> 郭秉文辭，趙元任繼。
> 顧維鈞辭，孫科繼。
> 張伯苓辭，李石曾繼。
> 顏惠慶辭，伍朝樞繼。
> 周貽春辭，汪精衛繼。

　　為了確定國民政府所指定的新董事必定當選，周貽春還「把改選次第名單送給孟祿諸人，請他們依次投票，以免票數零落，不足法定票數。」胡適雖然佩服周貽春的精神，

> 但我晚上十一時到孟祿房中去，寄梅〔周貽春〕尚在室中。孟祿對他說安慰的話，我聽了真刺心。他們這樣忍辱遠來，為的是要顧全大局，給這個政府留一點面子，替一個無識的妄人圓謊……我恨極了，實在沒有面孔留在基金會，遂決計辭職，提出任叔永為繼任人。我把辭職書寫好，方才上床，已兩點了。

　　才睡了三個鐘頭，胡適醒來，想來想去，居然讓他想出了一個奇計：

> 睡到五點，我醒來，仍想著會事，不能復睡。忽然想起寄梅交給我的董事任期單子上的辭職五董事的任期是：
> 郭秉文　1929 年 6 月滿任。
> 張伯苓　1930 年 6 月滿任。
> 顏惠慶　1930 年 6 月滿任。
> 顧維鈞　1931 年 6 月滿任。
> 周貽春　1931 年 6 月滿任。
> 胡　適　1932 年 6 月滿任。

胡適說他忽然想著一個絕妙的解決方法：

郭秉文辭，汪精衛繼，1929 年任滿。
顏惠慶辭，伍朝樞繼，1930 年任滿。
張伯苓辭，李石曾繼，1930 年任滿。
顧維鈞辭，孫科繼，1931 年任滿。
周貽春辭，任鴻雋繼，1931 年任滿。
胡　適辭，趙元任繼，1932 年任滿。

胡適說這個辦法的優點如下：

一、〔汪〕精衛任期只有六個月。六個月之後，如他不在國內，可以改
　　選別人。
二、我是舊董事，又是政府任命的新董事。我自向本會辭職，由會中舉
　　人繼任，可以證明會章缺額由本會選補一條已完全恢復有效了。
三、叔永不是政府任命的，今由本會選出，亦可證明本會已完全恢復獨
　　立。
四、政府要我們舉五人，我們偏要舉六人。
五、我的辭職也許可以安慰周、顏兩君一點，免得他們太難堪。
　　我想著了這個法子，高興極了，跳起來開開電燈，取紙筆到床上，伏枕
寫出名單，在仔細計算，果然不錯。我心裡舒服了，便安心睡去，到七點
才醒。

　　早餐的時候，胡適對陸續去吃早餐的董事說明了他的妙計。雖然大家都瞭
解他的用意，但沒有人願意他辭職。他告訴大家說：「這又何妨？今年6月便
有缺額〔亦即，汪精衛的缺額〕，你們要我回來。可以再舉我。」
　　等議程到董事辭職與改選的時候，胡適說：

全照我擬的名單通過。顏、周辭職時，蔡先生發言慰留，說他們從前的

勞績，請他們不要辭！我坐在旁邊聽了真如坐針氈！他不知道這一次的
事，他個人損失多少！他自己的損失固不算什麼，中國卻因為他的墮落受
不少的損失。

　　胡適說蔡元培「墮落」，其實是過甚其辭。他所謂的「中國卻因為他的墮
落受不少的損失。」這也完全是他的一面之詞。我在這一節的分析裡，已經指
出中基會的改組是一個外交角力的事件。中基會改組的失敗，其所反映的，是
國民政府的革命外交的失敗。而這個革命外交的失敗，完全是不戰而敗。先是
國民政府駐美使節的倒戈，然後是胡適與蔣夢麟步步配合孟祿，一直到把國民
政府逼到收回改組的成命為止。
　　胡適看得見蔡元培眼中那根「墮落」的針，但他看不見他自己眼中的那根
「墮落」的梁木。他在知道了中基會改組的命令以後，在8月11日的信裡，向
蔡元培曉諭了中基會必須「獨立」、「脫離政治的牽動」的道理。然而，曾幾
何時，他自己卻完全不在乎美國對中基會董事人選的「牽動」。汪精衛就是一

圖3　胡適，1929年8月，攝於上海
「巧善富照相館」（Joseffo Photo
Studio），當時上海著名的猶太人開
的照相館。（胡適紀念館授權使用）

個最好的例子。他說：「精衛頗有人反對，
美國董事怕他搗亂。」因此，在他的妙計的
安排之下，他就讓汪精衛只有六個月的任
期。極其諷刺的是，胡適一方面是「恨極
了」國民政府干預了中基會的獨立，而他們
還得費盡心機地讓其所任命的五個新董事
「全賜及第」；但在另一方面，他卻能因為
美國董事有著怕汪精衛「搗亂」的疑慮，而
給汪精衛最短的任期，完全忘卻了他信誓旦
旦必須「脫離政治的牽動」的原則。這也就
是說，胡適看得見蔡元培眼中那根執行國民
政府所要的五個新董事「全賜及第」的「墮
落」的針，但卻看不見他自己眼中的那根他
因為美國董事怕汪精衛「搗亂」而給汪精衛
最短的任期的「墮落」的梁木。

中基會杭州會議三個星期以後，胡適在《北京導報》（*The Peking Leader*）上發表了一篇文章。該報的編者為那篇文章擬了一個標題：〈胡適認為中基會不受政治的牽動〉（Hu Shih Sees China Foundation Free of Political Interference）。胡適在這篇文章裡回溯了中基會改組的經過與危機的解決。他宣布中基會又再度地能不受「政治的牽動」，那獨立的原則已經又「以心平氣和的方式恢復了」（re-established with courtesy and good will）[128]。三個月以後，4月1日，美國國務卿史汀生（Henry Stimson）電令美國駐華公使馬慕瑞恢復退還庚款給中基會[129]。

胡適自己在1月10日的日記裡黏貼了一份筆名英俊的作者在《金剛鑽》上所發表的〈胡適之掃興而回〉的文章。英俊在這篇文章裡描寫胡適乘興去開中基會的董事會議，卻因為舊董事集體辭職之故，被迫懊喪地連帶辭職。他嘲諷說：「今後胡博士生活上恐將大受影響矣。」自詡他剛打完一場精彩的勝仗的胡適，立時寫了一篇〈英俊先生不要替我擔憂〉的回應。他說英俊的文章，「我讀了忍不住要大笑。」他解釋中基會董事是無俸給、不支公費的職位，但也以高調的口氣、而且不盡然誠實的說辭宣稱：「我是舊董事，卻也是十七年〔1928〕任命的新董事。新董事是我去年向大學院辭過幾次而沒有辭掉的。今年辭的是舊董事。這回到會便是為辭職去的。所以辭掉之後，只有高興，絕不『懊喪』。」[130]

美國國務院的官員完全有理由慶賀他們能不動干戈就讓中國政府俯首稱臣。他們成功地使用非官方的方式迫使中國政府收回重組中基會的成命，從而恢復了中基會董事遇缺由董事會自行遴選的原則。孟祿又再度地證明了他是一個談判的高手。胡適也大可以躊躇滿志地「哈哈大笑」，因為他成功地顛覆了國民政府改組的命令。然而，真正把國民政府擊垮的，既不是孟祿的高段，也不是胡適與孟祿的裡應外合。那真正讓中國政府不得不屈膝的，是握在美國政

---

128 Hu Shih, "Hu Shih Sees China Foundation Free of Political Interference," *The Peking Leader*, January 24, 1929,《胡適日記全集》，5.508-515。

129 Stimson to MacMurray, April 1, 1929, National Archives, 493.11/1438:Telegram.

130 《胡適日記全集》，5.515-516。

府手上停付庚款的撒手鐧。當然，我們也可以說美國政府雖然打了一場勝仗，但其實是輸了整個戰爭。不管胡適的妙計如何的高妙，1929年1月4日中基會開會的結果是：國民政府所任命的五名新董事是「全賜及第」。換句話說，中國政府雖然輸了面子，但贏了裡子。

胡適說中基會恢復獨立了，這當然是相當阿Q的說法。胡適說他自己辭職，由董事選人繼任，「可以證明會章缺額由本會選補一條已完全恢復有效了。」又說：「叔永不是政府任命的，今由本會選出，亦可證明本會已完全恢復獨立。」再說：「政府要我們舉五人，我們偏要舉六人。」所有這些，都是阿Q式的精神勝利的自我安慰，改變不了他們不得不讓國民政府所任命的五名新董事都「全賜及第」的事實。然而，這不是胡適第一次阿Q。我在《日正當中》裡已經分析過胡適阿Q的前科記錄。

然而，胡適有關中基會恢復獨立、不受政治牽動的說辭，並不全然阿Q。它是有幾分事實在內的。中基會在經過了1928年改組的風波以後確實享有了相當大的獨立性。其原因除了因為美國政府握有停付庚款的撒手鐧以外，還因為中基會的董事會是一個中美兩國菁英組成的寡頭俱樂部。其組織、運作、與決策，不但不為人所知，也不是外界的人所能置喙的。其董事會十五人，中國董事居十，美國董事居五。他們不但近親繁殖，而且成員沒有什麼變化。五位美國董事，除了杜威以外，從1924年被任命以後，一直到1940年為止，仍然還是董事。中國董事方面也無甚變化，他們泰半都是留美的。董事開會、通信，用的是英文，其詳情如何，外界不得而知。中文發表的董事會報告，粗枝大葉，完全是官樣文章。

中基會這種用中文印行的董事會報告一無用處，連胡適自己都嗤之以鼻。特別是像中基會1929年1月在杭州所開的這個內幕重重、機關算盡的會議。胡適在1930年1月28日收到杭州會議的報告。30日，他在日記裡就洋溢著欲知真相如何、請看本人日記的沾沾自喜之情：

> 前天中華文化基金董事會的第四次報告寄到我處。其中有記去年一月西湖的常會的事，附黏在此，作一種官樣記載的史事的絕好的例子。百年之後的讀者固然不能瞭解此會的意義，即今日局外之人試讀此幾頁記事，若

不讀我前年十二月和去年一月的日記，哪能瞭解其中的意義？於此可見官書之不可信。[131]

中基會的董事會既然是由中美的菁英所組成的，他們的所作所為又不為外界所知。這自然使其免於接受社會團體的檢視與壓力。然而，它還是必須承受來自兩個方面的壓力。其一就是政府。這是當時的胡適以及後來的楊翠華等分析中基會改組事件的學者所指出的。其二就是其他中國的菁英。這個1928年中基會改組的事件之所以特別具有意義，就是因為它凸顯出留美菁英本身的分化。

中基會改組事件的引火者楊銓自己，原本就是這個留美菁英團體的一分子。楊銓不但與他的死敵郭秉文都是留美的，他跟胡適在留美以前，就已經在上海是同學了。他跟胡適不但在康乃爾大學同學，他跟胡適、任鴻雋、趙元任——三位都是中基會董事——還都是中國科學社的創始人。歸根究柢，中基會改組這個事件所凸顯出來的不只是楊銓對郭秉文之間的個人恩怨，而是留美學生的分裂。留美學生或許在利益上有共同的所在，但絕對不是一個同質的團體。留學生在省籍、性向、所學專業、意識形態上本來就各自不同。回國以後，他們在就業、政治取向，以及政黨派系的投靠上也有各自的選擇。他們回國以後，各自選擇了不同的政治勢力。

郭秉文選擇了北洋政府，楊銓則選擇了國民黨。當時，沒有多少人可以預見國民黨的遠景，更不用說會因為北伐成功而統一中國。誠然，泰半的留美學生在政治或意識形態上並沒有特別的立場。他們所求的，是一份好的工作。在這方面，楊銓在留美學生裡是一個特例。他把政治信念放在他個人的利益與事業之前，最後導致他在1933年被國民黨的爪牙給暗殺。在1928年中基會改組的時候，楊銓所代表的是國民革命之火。只是，他根本完全沒有成功的可能。在胡適、孟祿、與國民政府其他官僚所組成的「救火隊」的通力合作之下，楊銓那革命的星星之火一下子就被撲滅了。

胡適用來描寫中基會改組事件的結局的譬喻確實是很生動的。他說：「楊杏佛放了一把火，毫不費力；我們卻須用全部救火隊之力去救火！」然而，即

---

131 《胡適日記全集》，6.48。

使他義憤填膺、自鳴清高地（self-righteously）以為他是這個公正無私、公忠
體國的救火隊的隊長，真正的事實是：他其實只是在孟祿的股掌之上。這個救
火隊幕後的主導就是孟祿，而這就是美國國務院派他到中國來完成的任務。

　　中基會的改組是中美兩國之間在外交上的一個角力事件，也是留美菁英分
裂成為親美與民族主義菁英兩派之間的一個角力事件。民族主義菁英的失敗，
就是國民政府的失敗。事實上，從一開始，民族主義的菁英就注定是沒有勝算
的，因為親美的菁英不但與孟祿聯合，而且有美國政府為其後盾。中國駐美的
公使已經倒戈，在中國的胡適更在孟祿到達以前，就已經直搗國民政府的核
心。以胡適的威望，再加上教育部長蔣夢麟的配合，在孟祿抵達以前，親美的
菁英已經把對手給繳械了。教育部已經指令召集中基會的舊董事開會並改選董
事。然而，孟祿非直搗黃龍不可。他堅持這個命令必須由國民政府頒布才行。
國民政府在1928年12月28日通過並頒布這個命令的那一天，就正是民族主義
菁英全面敗北的喪鐘敲響之日。

　　中基會改組這個危機，歷時只有半年的時間。當時所知的人本來就不多，
後來所知的人更少。然而，這是中國近代外交、政治、社會、與思想史上一個
極具意味的事件。美國慷慨無私、無條件退還中國庚款是一個神話[132]。作為一
個外交爭端，中基會改組這個事件之所以別有意味，就因為它提供了一個獨一
無二的具體案例來檢證並戳破這個神話。

　　如果美國退還庚款確實是無條件的，則美國就根本沒有必要過問中基會改
組的命令，中美兩國也就沒有必要在這庚款的管理機構的董事人選上作爭執、
協調、甚至以停付作為撒手鐧的角力。作為一個國民政府試圖取得中國近代史
上最大的一筆賠款退還後的控制權，這個事件代表了中國從1910年代開始就
風起雲湧的收回利權運動的巔峰。同時，作為一個新成立的政權試圖收回那一
向由中美兩國菁英所控制的基金會的人事任命權，這個事件提供了一個獨特的
案例，來分析以胡適為代表的親美的菁英是如何面對、應付激昂的民族主義，
以及如何聯美反制了國民政府。

132　Terrence Brockhausen, "The Boxer Indemnity: Five Decades of Sino-American Dissension," pp.
　　249-254.

閻王好惹，小鬼難纏：人權與約法

　　胡適在1920年代末期在上海這個階段，是他一生中最為膾炙人口的一段。特別讓許多人欽佩的，是他在1929年所發表的一連串爭取人權的文章。那些文章可能是他一生中所發表的最為尖銳、最為大膽的政論。胡適作為自由主義者的地位可以說是在那個時候奠定的。胡適敢於向國民黨挑戰、爭取人權與約法。這在當時就已經讓許多人驚愕得咋舌不已。他自己的日記裡就留下了一些當時人的反應。比如說，他1929年11月19日的日記說：

　　　昨夜寫成〈新文化運動與國民黨〉一文，早晨二時始完。今早九時，〔梁〕實秋來同去暨南大學，十時講演昨夜寫的文字，十一時畢。出門時，暨南文學院長陳斠玄（鐘凡）對我吐舌，說：「了不得！比上兩回的文章更屬害了！我勸先生不要發表，且等等看！」[133]

　　他的好友高夢旦稱之為九兄——其實是堂兄——的高子勛在讚佩之餘，還在1930年1月農曆新年之前，半開玩笑地封給他「龍膽公」的諡號。我說半開玩笑，因為「諡號」是人死後才封的。意思是，胡適雖有龍膽，但恐英年殉道：

　　　讀《人權論集》：〈我們什麼時候才可有憲法〉、〈新文化運動與國民黨〉、〈名教〉諸篇。自梁任公以後，可以胡先生首屈一指。不特文筆縱橫，一往無敵，而威武不屈，膽略過人。兄擬上胡先生諡號，稱之為「龍膽公」，取趙子龍一身都是膽之義。胡先生貫通子史，而又旁及百家，如《封神傳》、《西遊記》無不爛熟。張桂芳之呼名下馬，黃飛虎撞下五色神牛；銀角大王，無論孫行者、行者孫，但一應其呼，即吸入其葫蘆之內。[134]

---

133 《胡適日記全集》，5.896。

134 九兄〔高夢旦兄〕致高夢旦，醉司命夕〔注：農曆12月24日，亦即，1930年1月23日〕，《胡適日記全集》，6.46-47。

胡適時代的人為之咋舌，現代的人讀了仍然為之咋舌，這就看出了中國政治的進步是以牛步的速率進行的。近人在咋舌之餘的品評可以余英時為代表：

在政治上，上海這三年半更是他生命史上應該特筆大書的關鍵時刻。國民黨執政以後，實行了所謂「訓政」，事實上只學到了蘇聯「一黨專政」的一點外形。但黨部中人挾「革命」之名而到處橫行，則日有所聞……他忍不住了，從1929年5月始，寫了一系列批評國民黨的文字……這幾篇文章引起了國民黨的強烈反響，許多省、市的黨部都向中央上呈文，要求嚴懲「反革命的」胡適……國民黨領袖們也紛紛出面指責他，包括和他很有交情的吳稚暉……和胡漢民……甚至遲至1931年3月蔣介石還面告清華大學學生代表：「胡適係反黨，不能派〔當校長〕。」……我們可以說，胡適的自由主義立場是在1929年與執政國民黨的激烈爭執中才獲得明確而具體的展現。1934年《獨立評論》上關於「民主與獨裁」的爭論和1949年以後台北《自由中國》上關於「自由與容忍」的討論，他所堅持的都是這一基本立場。135

余英時這個評價可以說是歷來研究者的共識。只是，它是錯的。這個共識的錯誤，在於它懵懂於胡適一生思想的變化。不只這個共識是錯誤的，而且余英時這一段話錯誤連篇。首先，胡適在「上海這三年半」固然是「他生命史上應該特筆大書的關鍵時刻，」但他這生命史上的關鍵時刻是一個大起大落的階段。在這短短三年半的時光裡，胡適就一變再變。我在《日正當中》裡，分析了胡適在1926年到1927年歐遊期間右傾激進的法西斯主義傾向，以及他當時對國民黨以黨統政、領軍的擁護與禮讚。儘管他在1927年4月從美國啟程返國的時候，已經不無疑慮與徬徨；儘管他還聽從友朋的建議在日本觀望了23天的時間。然而，由於「我的一顆心都在南方政府身上，所以我不顧所有的勸告」，就帶著滿腔對國民黨的期望啟程回國了。胡適一回國就直奔南京，還在南京作了演講。然而，胡適注定是要失望的。我在本章第一節徵引的三封信，

135　余英時，〈從《日記》看胡適的一生〉，《胡適日記全集》，頁22-23。

一封是他自己給畢爾德的，另外兩封是索克思給葛內特的。那三封信都說明了他一回國就對國民黨幻滅的事實。

其次，余英時說國民黨「實行了所謂『訓政』，事實上只學到了蘇聯『一黨專政』的一點外形。」他意指這是胡適批判國民黨的所在。事實剛好相反，胡適恨不得國民黨真正的學到了蘇聯「一黨專政」的精神。胡適1926年11月9日在英國「皇家國際事務研究所」（Royal Institute of International Affairs）演講〈中國的文藝復興〉（The Renaissance in China）。他在該演講裡，歌頌蘇聯與「第三國際」對中國的貢獻。他說在蘇聯與「第三國際」的教導之下，國民黨已經成為一個具有軍隊式紀律的黨，成為軍隊「的領袖、老師、靈魂、和大腦」[136]就像我在本章第一節所分析的，從胡適在1926年的歐遊開始一直到1928年春天為止，胡適所嚮往的是「鮑羅廷」所代表的「組織」、「服從」、「紀律」、「主義」、與「計畫」。誠然，胡適寧可要一個「英美式」的「鮑羅廷」。然而，就像他在1928年3月30日的日記裡所記的，儘管胡適以他所謂的「東方人」的感情看去，他對史達林整肅異己的作法不以為然。但是，他又說：「以政策上看，司太林一派似乎很有計畫，又有手腕，也許他們站得住是因為適應俄國此時的需要。」

余英時以及歷來分析胡適1929年跟國民黨爭人權、爭約法的學者的錯誤，就在他們只看到胡適爭人權、爭約法的文字的表象，而不知道他不但支持國民黨，而且在基本上已經與國民黨妥協了。余英時說得對：「但黨部中人挾『革命』之名而到處橫行，則日有所聞。」他說國民黨的地方黨部要求嚴懲胡適，國民黨的領袖，包括吳稚暉、胡漢民、蔣介石都「指責」過胡適。所有這些雖然都正確，但都只是表象。胡適所批評的是國民黨地方黨部，他從來就沒有挑戰其中央。他所批評的是爪牙而不是掌舵。他批評這些爪牙不但是把羽毛當令箭，而且是狐假虎威、弄權胡為。國民黨的地方黨部會要求嚴懲胡適是理所當然的，因為他們完全知道胡適的炮火是針對著他們的。

國民黨的領袖會指責胡適也是可想而知的，因為胡適的批評危及了國民黨的威信。表面上看起來是炮聲隆隆，驚濤駭浪。然而，胡適在1929年向國民

136 江勇振，《舍我其誰：胡適，第二部：日正當中，1917-1927》，頁886-887。

黨爭取人權與約法的奮鬥，是一齣典型的「閻王好惹，小鬼難纏」的故事。胡適誠然勇敢，誠然是個鬥士。這一點沒有人能否認。然而，我們如果不能去認識到「閻王好惹，小鬼難纏」的道理，我們就不但會把胡適單挑國民黨的「勇敢」神話化，而且也會完全低估了國民黨整肅、迫害異己的能力與決心。

第三、余英時說：「胡適的自由主義立場是在1929年與執政國民黨的激烈爭執中才獲得明確而具體的展現。」這句話有對的地方，也有不精確以及不正確的地方。先說不正確的地方。余英時說：「1934年《獨立評論》上關於『民主與獨裁』的爭論和1949年以後台北《自由中國》上關於『自由與容忍』的討論，他所堅持的都是這一基本立場。」胡適在「民主與獨裁」的論戰裡所表達的政治思想，是他從「好人政府」過渡到「專家政治」理念的呈現，請看我在第四部第一章的分析。至於胡適1949年以後的「自由與容忍」論，則不但代表了胡適晚年「龍困淺灘」的困境，而且也反映了他揚棄了他從留學中期開始到1941年之間對自由主義的看法，詳情請看第四部第四章的分析。

余英時說得對的地方，在於他說這是胡適一生中第一次具體地表達他的自由主義的立場。他說得不精確的地方，一部分已經在上一段指出了，亦即，胡適所與之「爭執」的，並不是國民黨的權力核心，而是其地方黨部、其爪牙。而且，所謂「激烈爭執」也者，其實不但小看了胡適，而且過分抬舉了「小鬼」。「閻王」的太師、家臣都是平起平坐的朋友，胡適何須在乎「小鬼」的狂吠。更重要的是，所謂「胡適的自由主義的立場」是被激出來的。在胡適被「小鬼」的狐假虎威、弄權胡為逼上梁山以前，胡適所要爭的是約法，而不是人權。

人權與約法誠然是一體的兩面，約法是人權的保障。而約法誠然是胡適在1927年回國的時候就已經倡議制定的了。然而，歷來學者都忽略了一個極其重要的事實。用約法來保障人權，並不是胡適的初衷。他當時所關切的不是人權，而是為中國立下一個現代國家的根本計畫。換句話說，他所念茲在茲的仍然還是他從留學時代開始就提倡的「計畫」，以及他在1926年歐遊時期所醉心的「組織」、「計畫」、「主義」、與「紀律」。根據他1928年4月28日的日記：

下午王季文同吳忠信（字禮卿）、溫挺修（字堯笙、廣西人，李宗仁的

總參議）來談。溫君竟是代表李宗仁來勸駕了！我告訴他們，留一兩個人獨立於政治黨派之外，也是給國家培養一點元氣。若國民黨真有徵求學者幫助之意，最好還是我去年七月間為蔡先生說的「約法會議」的辦法，根據中山的《革命方略》所謂訓政時代的約法，請三、四十個人（學者之外，加黨、政、軍事有經驗聲望的人）起草，**為國家大政立一根本計畫，以代替近年來七拼八湊的方法與組織**〔注：請注意我在此處所加的黑體字〕。137

胡適要求制定約法的主張顯然是廣為他的朋友所知的。1928年8月3日王世杰致胡適的信裡說：「憶兄舊曾主張頒行一種約法。現在已將此議提付五次會議，提案全文附奉查閱。」王世杰當時是國民政府法制局局長。他在這封信所附的提案，是呈給國民黨中央執行委員會第五次會議。根據胡適在8月5日日記裡所黏貼的剪報，這個〈國民政府法制局建議組織中華民國暫行約法起草委員會〉：「擬請組織中華民國暫行約法起草委員會，並限期完成草案，以備提付第三屆代表大會批准。」其大要如下：

> 所謂「約法」者，依總理之解釋，即「規定人民之權利義務，與革命政府之統治權」之大法……一、頒行約法，近已成為黨內外輿論……基於以上諸種考慮，茲謹向鈞會提出次列三項建議：一、由鈞會指定中央委員數人、專家數人，組織「中華民國暫行約法起草委員會」……二、中華民國暫行約法案，應規定……1）人民之權利義務；2）中央政府之組織；3）中央與地方之關係（地方職權及地方制度之大要）；4）黨與政府之關係。三、中華民國暫行約法案，應由中央執行委員會議決，第三屆全國代表大會批准，國民政府公布。138

最有意味的是，胡適在8月7日的日記裡還黏貼了8月12日陳德徵在《民

---

137 《胡適日記全集》，5.80-81。

138 《胡適日記全集》，5.297-301。

國日報》上所發表的社論〈頒布約法案成立〉：

　　據京電，昨日下午二時第二屆中央執行委員會第五次全體會議第三次會
議議決：「依照總理主張，訓政時期，頒布約法。」……所以五中全會通
過此案，實在值得全民眾稱頌的一件事。現在我再將朱霽青同志主張頒布
約法的理由……介紹如下，以作本文之結束：……四、一國不能無根本大
法，……本黨雖懸「實行五權憲法」之目的以為之鵠，然一則為期尚遠，
二則尚未成文，決不能應付目前革命之時機與環境。查本黨總章規定全國
代表大會每年一次，自第二次代表大會以後，迄今行將三年尚未舉行……
故為確立國際信用，安定國內人心起見，對於約法之制定，實為近日時勢
迫切之要求。139

　　這陳德徵不是別人，他就是在五個多月以後激怒胡適寫出那一系列爭取人
權與約法政論的人。同時，對胡適而言，陳德徵一點都不陌生，他們還屢次同
台演說。就以《申報》的報導為例。8月12日，外交次長郭泰祺歡宴日本駐華
公使芳澤謙吉，胡適與會。當晚最後一位致詞的要人，就是上海市黨部的陳德
徵140。9月3日，中國科學社第十二次年會舉行開幕典禮，演講的來賓裡，就包
括陳德徵與胡適141。11月1日，上海特別市市長張定璠宴請各界人士。當晚，
胡適、陳德徵又同台作了演說142。

　　重點是，胡適剛回國的時候提倡制定「約法」，其目的是要「為國家大政
立一根本計畫以代替近年來七拼八湊的方法與組織。」到了1929年初，胡適轉
而要求制定「約法」以作為人權的保障。而促使胡適把制定「約法」的用意，
從「為國家大政立一根本計畫」轉變到人權的保障的，就是陳德徵。

　　更有意味的是，如果陳德徵激怒了胡適，促使他去寫出那一系列人權與約

---

139 《胡適日記全集》，5.304-307。
140 〈郭外次前晚宴芳澤〉，《申報》，第19548期，1927年8月13日，第13、14版。
141 〈中國科學社年會開幕記事〉，《申報》，第19570期，1927年9月4日，第14版。
142 〈張市長昨晚招宴各界〉，《申報》，第19628期，1927年11月2日，第13、14版。

法的文章，胡適的文章也反過來激怒了陳德徵，促使他動員國民黨的黨部機器
來對胡適進行文攻與武打。於是，就像我在前一節談到1928年中基會的改組
戲中有戲，有一齣楊銓對郭秉文十年報仇不晚的故事一樣，胡適的人權與約法
論戰也是戲中有戲，有一齣他和陳德徵之間意見不合、拔刀相向的故事。

　　陳德徵激怒胡適的是他在1929年3月在第三次全國代表大會擬提的提案。
這個提案的剪報，胡適黏貼在他3月26日的日記裡：〈陳德徵之提案：嚴厲處
置反革命份子〉：

> 　　上海特別市代表陳德徵向三全會提嚴厲處置反革命分子案。
> 　　理由：反革命分子包含共產黨、國家主義者、第三黨、及一切違反三民
> 主義之分子……
> 　　辦法：凡經省及特別市黨部書面證明為反革命分子者，法院或其他法定
> 之受理機關應以反革命罪處分之。如不服，得上訴。惟上級法院或其他上
> 級法定之受理機關如得中央黨部之書面聲明，即當駁斥之。

　　胡適在報紙上讀了這個提案，憤怒已極。他在當天就寫信給他在國民政府
司法院擔任院長的朋友王寵惠：

> 　　先生是研究法律的專門學者，對於此種提議，不知作何感想？在世界法
> 制史上，不知哪一世紀、哪一個文明民族曾經有這樣一種辦法，筆之於
> 書，立為制度的嗎？……中國國民黨有這樣黨員，創此新制，大足誇耀全
> 世界了。[143]

　　為了達到最大的效果，胡適把他寫給王寵惠的這封信交給「國聞通信社」
發表。哪知道這封公開信卻被新聞檢查給扣了下來。「國聞通信社」在3月29
日致信胡適：「適之先生：昨稿已為轉送各報，未見刊出。聞已被檢查者扣

---

143 《胡適日記全集》，5.550-552。

去，茲將原稿奉還。」[144]

陳德徵這個〈嚴厲處置反革命份子〉的提案最後顯然沒提出。根據王寵惠5月21日的回信：「奉書多日，一碌碌少暇，致稽裁答，甚歉甚歉。法院處理反革命案件，自未可稍涉輕縱，然必准諸法理，方足以昭公允而杜糾紛。承示一節，在三全大會中該案並未提出，實已無形打銷矣。」[145]

最讓胡適此可忍孰不可忍的，是新聞檢查者不但可以為所欲為地封鎖言論，而且還可以在封鎖之餘寫文章謾罵攻擊。他在4月1日的日記說：「我的文章沒處發表，而陳德徵的反響卻登出來了。」當天的日記黏貼了陳德徵《國民日報：星期評論》數則。其中，〈匕首91：胡說〉云：

不懂得黨，不要瞎充內行，講黨紀；不懂得主義，不要自以為是，對於主義，瞎費平章；**不懂得法律，更不要冒充學者，來稱道法治。**在以中國國民黨治中國的今日，老實說，一切國家底最高根本法，都是根據於總理主要的遺教。**違反總理遺教，便是違法法律。違反法律，便要處以國法。這是一定的道理，不容胡說博士來胡說的**〔黑體字是胡適畫線強調之處〕。[146]

胡適除了寫信質問王寵惠以外，也開始打聽陳德徵的背景。大夏大學副校長歐元懷回信告訴他說：「陳德徵繼任教育局長，據局中人言，確已內定。以弟所知，陳夢想榮膺斯職，已非一日……聞德徵為〔杭州〕之江大學附中畢業，似與教部所定局長資格未合。」胡適得到這個消息以後，馬上寫信給他的朋友教育部長蔣夢麟，質問他為什麼像陳德徵這一流的人居然可以擔任上海教育局長。蔣夢麟在4月13日致胡適的回信裡說：「上海市教育局長，按法律須由教育部圈定。此次市長逕自令委，以後仍須補行圈定手續。照例須保舉三人，教育部圈定任何一人為局長。但是現在亂七八糟的時候，怪怪奇奇的辦法

144 《胡適日記全集》，5.553。
145 王寵惠致胡適，1929年5月21日，《胡適來往書信選》，1.513。
146 《胡適日記全集》，5.554-555。

會出來的。」[147]

　　歐元懷聽說陳德徵只有之江大學附中畢業的學歷。又有一說，說他是之江大學理學預科畢業。無論如何，他激怒胡適的時候，是上海市教育局局長、國民黨黨報《民國日報》的總編輯、國民黨上海市黨部的常委兼宣傳部長。換句話說，他掌握著上海的文教宣傳大權。

　　陳德徵〈嚴厲處置反革命份子〉的提案已經激怒胡適了。新聞檢查、言論封鎖，更是讓他憤怒莫名。彷彿火上加油一般，胡適又接連兩天在報紙上讀到了讓他憤怒的報導。他在4月21日的日記裡黏貼了一張4月20日〈國民政府命令：保障人權命令〉的剪報：「世界各國人權，均受法律之保障。當此訓政開始，法治基礎亟宜確立。凡在中華民國法權管轄之內，無論個人或團體均不得侵害他人身體自由及財產。違者即依法嚴行懲辦不貸。」胡適在日記裡批評說：

> 這道命令奇怪之至！一、「身體自由」怎講？是「身體」與「自由」呢？還是「身體之自由」呢？二、此令但禁止「個人或團體」非法侵害人權，並不曾說政府或黨部也應尊重人權。[148]

　　接著，他又在4月22日的日記黏貼了當天《民國日報》的剪報：〈江蘇省黨部制定摧毀封建勢力方案〉：「治標方法：一、打倒新舊軍閥；二、掃滅投機政客；三、鏟除貪污土劣；四、澄清學閥文妖；五、消滅黨內小組；六、嚴禁反動刊物。治本方法：一、以黨專政；二、訓練黨員；三、提高文化；四、釐定區劃；五、變更產制……」[149]

　　兩個星期以後，胡適用約法來爭人權的第一槍就響了。他在5月6日的日記說：「草成〈人權與約法〉一文，送給《新月》發表。」[150]

　　〈人權與約法〉是典型的一篇骨鯁在喉、不吐不快的文章。那貫穿全篇

---

147 《胡適日記全集》，5.567-569。
148 《胡適日記全集》，5.573-574。
149 《胡適日記全集》，5.574-579。
150 《胡適日記全集》，5.581。

的，是臚列出約法為什麼重要的論證，以及一個個人權受到蹂躪的血淋淋的例
證。胡適非常技巧地以他在日記裡所黏貼的4月20日的〈保障人權命令〉作為
開端。他嘲諷地說[151]：

在這個人權被剝奪幾乎沒有絲毫剩餘的時候，忽然有明令保障人權的盛
舉，我們老百姓自然是喜出望外。但我們歡喜一陣之後，揩揩眼鏡，仔細
重讀這道命令，便不能不感覺大失所望。失望之點是：

第一，這道命令認「人權」為「身體、自由、財產」三項，但這三項都
沒有明確規定。就如「自由」究竟是那幾種自由？又如「財產」究竟受怎
樣的保障？這都是很重要的缺點。

第二，命令所禁止的只是「個人或團體」，而並不曾提及政府機關。個
人或團體固然不得以非法行為侵害他人身體自由及財產，但今日我們最感
覺痛苦的是種種政府機關或假借政府與黨部的機關侵害人民的身體自由及
財產。如今日言論出版自由之受干涉，如各地私人財產之被沒收，如近日
各地電氣工業之被沒收，都是以政府機關的名義執行的。4月20日的命令
對於這一方面完全沒有給人民什麼保障。這豈不是「只許州官放火，不許
百姓點燈」嗎？

第三，命令中說，「違者即依法嚴行懲辦不貸」。所謂「依法」是依什
麼法？我們就不知道今日有何種法律可以保障人民的人權。中華民國刑法
固然有「妨害自由罪」等章，但種種妨害若以政府黨部名義行之，人民便
完全沒有保障了。

緊接著，胡適就把矛頭轉向他在4月22日日記所黏貼的〈江蘇省黨部制定
摧毀封建勢力方案〉：

無論什麼人，只須貼上「反動分子」、「土豪劣紳」、「反革命」、「共黨
嫌疑」等等招牌，便都沒有人權的保障。身體可以受侮辱，自由可以完全

151　以下分析的引文，是根據胡適，〈人權與約法〉，《胡適全集》，21.386-392。

被剝奪，財產可以任意宰割，都不是「非法行為」了。無論什麼書報，只須貼上「反動刊物」的字樣，都在禁止之列，都不算侵害自由了。無論什麼學校，外國人辦的只須貼上「文化侵略」字樣，中國人辦的只須貼上「學閥」、「反動勢力」等等字樣，也就都可以封禁沒收，都不算非法侵害了。

上面兩個例子其實只是引子，讓他舉出發生在他自己身上的例子，來說明沒有約法，就會帶來「只許州官放火，不許百姓點燈」的後果。他的例子就是陳德徵〈嚴厲處置反革命份子〉的提案。他反問說：如果法院對於所謂反革命的案子，「不須審問，只憑黨部一紙證明，便須定罪處刑。這豈不是根本否認法治了嗎？」他說：「我那天看了這個提案，有點忍不住，便寫了封信給司法院長王寵惠博士」，問他「在世界法治史上，不知在哪一世紀哪一個文明民族曾經有一種辦法，筆之於書，立為制度的嗎？」然而，這封同時也送給「國聞通信社」發表的公開信，居然給新聞檢查給扣去了。胡適憤怒地質問說：「我不知道我這封信有什麼軍事上的重要而竟被檢查新聞的人扣去。這封信是我親自署名的。我不知道一個公民為什麼不可以負責發表對於國家問題的討論。但我們對於這種無理的干涉，有什麼保障呢？」

胡適接著舉了一個人身受到拘押的例子。他說：「安徽大學的一個學長，因為語言上挺撞了蔣主席，遂被拘禁了多少天。他的家人朋友只能到處奔走求情，決不能到任何法院去控告蔣主席。只能求情而不能控訴，這是人治，不是法治。」

更血淋淋的，是唐山「兩益成商號」經理楊潤普被當地駐軍指為收買槍枝，拘去拷打監禁的例子。胡適根據《大公報》的報導，說楊潤普被用木槓、竹板、木棍等等刑具拷打到周身是傷，非調養三個月不能復元的地步。

胡適舉這些鉗制言論、剝奪自由、沒收財產、甚至血淋淋的侵犯人身安全的例證，就在證明沒有約法，人權絕對不能獲得保障：

　　法治只是要政府官吏的一切行為都不得逾越法律規定的權限。法治只認得法律，不認得人……

　　但是現在中國的政治行為根本上從沒有法律規定的權限，人民的權利自由也從沒有法律規定的保障。在這種狀態之下，說什麼保障人權！說什麼確立法治基礎！

　　在今日如果真要保障人權，如果真要確立法治基礎，第一件應該制定一個中華民國的憲法。至少，至少，也應該制定所謂訓政時期的約法。

　　問題是，向訓政統治的國民黨要求約法，豈不是與虎謀皮嗎？胡適認為不然。他說孫中山在1906年所作的《革命方略》裡，把革命建國事業分成軍法之治、約法之治、與憲法之治三個時期。在約法之治的過渡時期裡，孫中山說要：「立頒約法，以規定人民之權利義務，與革命政府之統治權。」胡適承認孫中山在1924年所起草《建國大綱》裡，不曾提起訓政時期的「約法」，也不曾提起訓政時期的年限。然而，他不能想像孫中山會相信統治中國這樣大的國家可以不用一個根本大法。所以，他最後的結論是：

　　　我們今日需要一個約法，需要中山先生說的「規定人民之權利義務與革命政府之統治權」的一個約法。我們要一個約法來規定政府的權限：過此權限，便是「非法行為」。我們要一個約法來規定人民的「身體、自由、及財產」的保障：有侵犯這法定的人權的，無論是一百五十二旅的連長或國民政府的主席，人民都可以控告，都得受法律的制裁。

　　　我們的口號是：快快制定約法以確定法治基礎！快快制定約法以保障人權！

　　〈人權與約法〉是5月6日寫成的。胡適打鐵趁熱，五天以後，就把一篇批評孫中山的「知難行易」的舊文改訂送交發表。他在5月11日的日記裡說：「今天下午寫完〈知難，行亦不易〉一篇。此係舊作，評孫中山『知難行易』之說（送《吳淞月刊》）。」[152]

　　〈知難，行亦不易──孫中山先生的「行易知難說」述評〉，在記錄胡適

---

152 《胡適日記全集》，5.606。

對國民黨評價改變的歷程上，是一篇具有里程碑意義的文章。胡適過去對國民黨的褒、與現在對國民黨的貶，都可以在這篇文章裡找到其斷層之所在。我在本章起始提到了楊銓所說的話。他說胡適在1927年的秋天，「覺得三民主義很好。於是預備做一部三民主義的哲學，急急乎要出版。」作為一篇舊作，〈知難，行亦不易〉保留了許多胡適先前稱讚「知難行易」的痕跡。比如說，「行易知難的十證」，在本章起始所分析的胡適1927年的讀書筆記裡就已經有了。再推前到胡適1919年7月20日所發表的〈評《孫文學說》〉，胡適在當時就已經稱讚：「中山先生是一個實行家。凡是真實行家都有遠見的計畫……中山先生一生所受的最大冤枉就是人都說他是理想家，不是實行家。其實沒有理想計畫的人決不能做真正的實行家。」

所有這些胡適對孫中山作為一個「有理想計畫的實行家」的正面的評價，胡適現在仍然保留著[153]：

> 中山先生以三十年的學問，三十年的觀察，作成種種建設的計畫，提出來想實行，萬不料他的同志黨人，就首先反對。客氣的人說他是「理想家」，不客氣的人嘲笑他是「孫大炮」！中山先生忠厚對人，很忠厚地指出他們所以反對他，「非盡觀乎功成利達而移心，實多以思想錯誤而懈志。」此思想的錯誤，中山認為只是「知易行難」的一個見解。這個錯誤的見解，在幾千年中，深入人心，成了一種迷信，他的勢力比滿清還可怕，比袁世凱還可怕。滿清亡了、袁世凱倒了，而此「知易行難」的謬說至今存在，使中山的大計畫「半籌莫展，一敗塗地」。所以中山先生要首先打倒這個「心理之大敵」。

對於從留學時期就嚮往著「計畫政治」的胡適而言，孫中山的「知難行易」的哲學是他所能首肯的。他也完全能理解孫中山會從「知難行易」，進一步地發展出「服從領袖，奉行不悖」的政治哲學。胡適說孫中山認為人可以分

---

153 以下分析的引文，是根據胡適，〈知難，行亦不易——孫中山先生的「行易知難說」述評〉，《胡適全集》，21.391-407。

為三類：一、先知先覺者，為創造發明；二、後知後覺者，為仿效進行；三、
不知不覺者，為竭力樂成。第一是發明家，第二是鼓吹家，第三是實行家。人
類既然可以分成這三類，則孫中山晚年的政治哲學就呼之欲出了：

> 力行之道不是輕理想而重實行，卻正是十分看重理想知識。「行易知
> 難」的真意義只是要我們知道行是人人能做的，而知卻是極少數先知先覺
> 者的責任。大多數的人應該崇拜知識學問，服從領袖，奉行計畫。那中級
> 的後知後覺者也只應該服從先知先覺者的理想計畫，替他鼓吹宣傳，使多
> 數人明白他的理想，使那種種理想容易實行。

胡適得出的結論是：「所以『行易知難』的學說的真意義只是要使人信仰
先覺，服從領袖，奉行不悖。」歷來分析胡適這個階段的政治思想的人都因為
先入為主的因素，因此都能明察他「自由主義」的秋毫，而不見他右傾法西斯
主義的興薪。胡適說：「信仰領袖，服從命令，一致進取，不怕艱難，這便是
革命成功的條件。」國民黨北伐成功的原因無它，就端賴這個革命成功的條
件：

> 孫中山死後三、四年中，國民黨繼續奉他做領袖，把他的遺教奉作一黨
> 的共同信條，極力宣傳。「共信」既立，旗幟便鮮明了，壁壘也便整齊
> 了。故三、四年中，國民革命軍的先聲奪人，所向都占勝利。北伐的成
> 功，可說是建立「共信」的功效。其間稍有分裂，也只為這個共信發生了
> 動搖的危險。但反共、分共所以能成功，也都還靠著這一點點「共信」做
> 個號召的旗幟。
> 故這三年的革命歷史可說是〔為〕中山先生的學說添了一重證據，證明
> 了服從領袖奉行計畫的重要，證明了建立共同信仰的重要，證明了只要能
> 奉行一個共同的信仰，革命的一切困難都可以征服。

如果讀者覺得胡適在此處所歌頌的「服從領袖、奉行計畫、建立共信」似
乎相當耳熟，那是正確的。我在上文提到他1926年11月9日在英國「皇家國

際事務研究所」演講〈中國的文藝復興〉。他在這個演講裡，歌頌國民黨如何在蘇聯與「第三國際」的教導之下，把黨鑄造成為軍隊「的領袖、老師、靈魂、和大腦」。胡適在〈知難，行亦不易〉這篇文章所歌頌的「服從領袖、奉行計畫、建立共信」云云，其實就是他在英國「皇家國際事務研究所」那篇演講的主旨的中文版。

　　然而，由於胡適對國民黨失望了，他現在對「知難行易」以及國民黨的評價，就跟他先前的評價產生了斷層。他先指出了「知難行易」學說的兩個錯誤。一個錯誤是「知固是難，行也不易」。這個道理不需要詮釋。第二個錯誤，則是胡適發揮了杜威批判二分法的真諦，只是他沒有指出而已：

　　　行易知難說的根本錯誤在於把「知」、「行」分的太分明。中山的本意只要教人尊重先知先覺，教人服從領袖者，但他的說話很多語病，不知不覺地把「知」、「行」分作兩件事，分作兩種人做的兩類的事。這是很不幸的。因為絕大部分的知識是不能同「行」分離的，尤其是社會科學的知識。這絕大部分的知識都是從實際經驗（行）上得來：知一點，行一點；行一點，更知一點——越行越知，越知越行，方才有這點子知識。

「知難行易」不但在學說上有錯誤，它而且在實行上帶來了惡劣的影響：

　　第一，許多青年同志便只認得行易，而不覺得知難。於是有打倒知識階級的喊聲，有輕視學問的風氣。這是很自然的：既然行易，何必問知難呢？

　　第二，一班當權執政的人也就借「行易知難」的招牌，以為知識之事已有先總理擔任做了。政治社會的精義已包羅在《三民主義》、《建國方略》等書之中。中國人民只有服從，更無疑義，更無批判辯論的餘地了。於是他們捐著「訓政」的招牌，背著「共信」的名義，鉗制一切言論出版的自由，不容有絲毫異己的議論。知難既有先總理任之，行易又有黨國大同志任之，輿論自然可以取消了。

「知難既有先總理任之，行易又有黨國大同志任之，輿論自然可以取消了。」這就正是「知難行易！知難行易！多少罪惡假汝之名而行之！」陳德徵的罪惡就是假知難行易之名而行的。

胡適從前稱讚孫中山是一個真正的實行家，因為他是一個有理想計畫的人。胡適認為國民黨北伐、甚至清共的成功也是因為它是一個能「服從領袖、奉行計畫、建立共信」的政黨。然而，這個取得了政權以後的政黨墮落了。它現在只知道用「服從領袖」來狐假虎威、借「行易」來作招牌，渾然不知「知難」與「計畫」為何物：

> 治國是一件最複雜最繁難又最重要的技術。知與行都很重要。紙上的空談算不得知，魯莽糊塗也算不得行……民生國計是最複雜的問題，利弊不是一人一時看得出來。故政治是無止境的學問。處處是行，刻刻是知；越行方才越知，越知方才可以行的越好……現在的人都把這些事看的太容易了，故紈袴子弟可以辦交通，頑固書生可以辦考試，當火頭出身的可以辦一省的財政，舊式的官僚可以管一國的衛生。
>
> 今日最大的危險是當國的人不明白他們幹的事是一件絕大繁難的事。以一班沒有現代學術訓練的人，統治一個沒有現代物質基礎的大國家，天下的事有比這個更繁難的嗎？要把這件大事辦的好，沒有別的法子，只有充分請教專家，充分運用科學。然而「行易」之說可以作一班不學無術的軍人政客的護身符！此說不修正，專家政治決不會實現。

「紈袴子弟可以辦交通，頑固書生可以辦考試，當火頭出身的可以辦一省的財政，舊式的官僚可以管一國的衛生。」這一段話讀過《日正當中》的讀者會覺得似曾相識。這就是胡適1926年10月9日晚上對「大不列顛中國學生總聯盟」（Central Union of Chinese Students in Great Britain）年宴的演講裡所說的一段話的中文版。只是，胡適當時對留英中國學生講的是辛亥革命失敗的原因。他當時說：

> 那只配當操兵官（drill master）的庸才，飛上了枝頭當起督軍起來；那

只受過文書和科級管理訓練（clerical and departmental work）的人，受命出掌國政。辛亥革命之所以不成功，民國之所以流於空名，這還有什麼奇怪的地方嗎？

1926年的時候，胡適說辛亥革命失敗了。但是，國民黨是他希望的所在。曾幾何時，他當時所歌頌的國民黨也已經淪落到捐著「訓政」的招牌，濫行鉗制言論、禁錮異己的實際。胡適對留英學生說辛亥革命失敗，因為它根本就不是一個真正的革命，而只是改朝換代而已。朝代雖然換了，人們的觀念和想法沒有任何根本的改變。國民黨的問題亦然。國民黨雖然取得了政權，然而它的觀念和想法仍然沒有根本的改變，仍然還沒領悟到治國需要計畫，計畫需要專門知識的道理。用胡適在1928年12月14日所寫的〈說難〉──〈知難，行亦不易〉的前身──結論裡的話來說：

> 我們今日的第一要務，在於承認我們當前的問題是很困難的專門技術問題，不是幾個老官僚解決得了的，也不是幾個不學少年應付得了的；不是口號標語能解決的，也不是熟讀《三民主義》就能解決的。
>
> 只要大家能明白當前問題的困難，便可以承認有些問題是要充分利用全國的專門人才的，有些問題竟是要充分延納世界的專家的。[154]

值得注意的是，終其一生，胡適再也不會提起蘇聯和「第三國際」提攜國民黨，以及它們對中國革命的貢獻。他1926年對蘇聯和「第三國際」的禮讚，反正是在英國說給英國人聽的，而且是用英文說的，反正沒有幾個人會去看。在中文世界裡，這很容易就可以讓歷史淹沒的。

胡適1929年膾炙人口的人權與約法的政論系列有三篇，他7月20日寫成的〈我們什麼時候才可有憲法？──對於《建國大綱》的疑問〉等於是他的完結篇。顧名思義，胡適在這個完結篇裡爭取的是憲法。這並不是因為胡適吃了豹子膽，躐等地跳過了約法，跟國民黨要起憲法來了。原來胡適在《新月》發

---

154 胡適，〈說難〉，《胡適全集》，21.374-376。

表了〈人權與約法〉以後，在《新月》有一期人權與約法的討論。在這個討論裡，胡適從一位讀者的來信，發現他在〈人權與約法〉裡根本就誤解了孫中山晚年的政治主張：「汪〔羽軍〕先生指出的錯誤，我很感謝。他指出一個重要之點，就是「《建國大綱》所規定之憲政時期，尚無憲法。」最好的證據是《建國大綱》第廿二條：「憲法草案當本於《建國大綱》及訓政憲政兩時期之成績。」草案須根據於憲政時期的成績，可見憲政時期尚無憲法[155]。

　　〈我們什麼時候才可有憲法？——對於《建國大綱》的疑問〉，由胡適更正自己的錯誤開始，進而挑戰了孫中山晚年的政治主張[156]：

　　　　我在《人權與約法》（《新月》2卷2號）裡，曾說：

　　　　中山先生的《建國大綱》雖沒有明說「約法」，但我們研究他民國十三年〔1924〕以前的言論，知道他決不會相信統治這樣一個大國可以不用一個根本大法的。

　　　　這句話，我說錯了。民國十三年的孫中山先生已不是十三年以前的中山了。他的《建國大綱》簡直是完全取消他以前所主張的「約法之治」了。

　　　　從丙午年（1906）的《革命方略》到民國十二年（1923）的《中國革命史》，中山先生始終主張一個「約法時期」為過渡時期，要一個約法來「規定人民權利義務，與革命政府之統治權」。

　　　　但民國十三年以後的中山先生完全取消這個主張了……所以他在《建國大綱》裡，便不提起「約法」了。

　　　　《建國大綱》裡，不但訓政時期沒有約法，直到憲政開始時期也還沒有憲法，如第廿二條云：

　　　　憲法草案當本於《建國大綱》及訓政、憲政兩時期之成績，由立法院議訂，隨時宣傳於民眾，以備到時採擇施行。

　　　　憲法草案既要根據於訓政憲政兩時期的成績，可見「憲政時期」還沒有

155　《胡適日記全集》，5.719。

156　以下分析的引文，是根據胡適，〈我們什麼時候才可有憲法？——對於《建國大綱》的疑問〉，《胡適全集》，21.428-435。

憲法。但細看《大綱》的全文，廿二條所謂「憲政時期」乃是「憲政開始時期」的省文。故下文廿三條說：

全國有過半數省分達至憲政開始時期——即全省之地方自治完全成立時期——則開國民大會決定憲法而頒布之。

這樣看來，我們須要等到全國有過半數省分的地方自治完全成立之後，才可以有憲法。

孫中山為什麼要這樣延遲憲政時期呢？因為他懷疑一般民眾參政的能力。胡適徵引了幾段孫中山在《建國方略》裡的話。其中一段說：

是故民國之主人者（國民），實等於初生之嬰兒耳。革命黨者，即產此嬰兒之母也。既產之矣，則當保養之，教育之，方盡革命之責也。此革命方略之所以有訓政時期者，為保養教育此主人成年而後還之政也（第六章）。

這是一段典型列寧式的革命先鋒（revolutionary vanguard）論的表述。胡適說國民黨受到蘇聯與「第三國際」的指導，絕不是無的放矢。只是，胡適認為孫中山這種「革命黨者，即產此嬰兒之母也」的說法與他「知難行易」的主張是互相矛盾的，他詫異地說：「中山先生不曾說嗎？其始則不知而行之。其繼則行之而後知之。其終則因已知而更進於行（《建國方略》第五章）。他又說過：夫維新變法，國之大事也。多有不能前知者，必待行之成之而後乃能知之也（同上）。」胡適接著引申：

參政的能力也是這樣的。民治制度的本身便是一種教育。人民初參政的時期，錯誤總不能免的。但我們不可因人民程度不夠便不許他們參政。人民參政並不須多大的專門知識，他們需要的是參政的經驗。民治主義的根本觀念是承認普通民眾的常識是根本可信任的。「三個臭皮匠，賽過一個諸葛亮。」這便是民權主義的根據。治國是大事業，專門的問題需要專門的學識。但人民的參政不是專門的問題，並不需要專門的知識。所患的只

是怕民眾不肯出來參政，故民治國家的大問題總是怎樣引導民眾出來參政。只要他們肯出來參政，一回生，二回便熟了；一回上當，二回便學乖了。故民治制度本身便是最好的政治訓練。這便是「行之則愈知之」；這便是「越行越知，越知越行」。

胡適在此處說：「一回生，二回便熟了；一回上當，二回便學乖了」、「三個臭皮匠，賽過一個諸葛亮」。這就是他1930年代在「民主與獨裁」論戰裡的「民主政治是幼稚園政治」名論的先聲。

在1929年的時候，人民究竟有沒有參政的能力？民主政治究竟是什麼樣的政治？這些對胡適而言都不是急務。在人民的身體、財產、與自由都不能得到基本的保障的時候，他所要爭取的是一套能夠界定人民與政府的權限的法律。這套法律可以稱之為約法，也可以稱之為憲法。更重要的是，制定約法或憲法，與訓政是可以並行不悖的。兩者是可以相輔相成的：

> 我們姑且讓一步，姑且承認共和是要訓練的。但我們要問：憲法與訓練有什麼不能相容之點？為什麼訓政時期不可以有憲法？為什麼憲法之下不能訓政？

胡適說憲法一點都不玄妙，而只不過是一個國家的根本大法：

> 柏來士（Bryce）在他的不朽名著《美洲民主國》裡說：「一個國家的憲法只是那些規定此國家的政體並規定其政府對人民及人民對政府的各種權利義務的規律或法令。」（頁350）
>
> 麥金托虛爵士（Sir James McIntosh）也說：「凡規定一國高級官吏的最重要職權及人民的最根本的權利的基本法律——成文的或不成文的——是一國的憲法。」（見於他的 Law of Nature and of Nations〔自然法與國家法〕頁65）
>
> 中山先生也曾主張頒布約法「以規定人民之權利義務，與革命政府之統治權」。這便是一種憲法了。

　　約法或憲法既然是國家的基本大法，它既然規定了人民與政府各自的權限，也就成為訓練一個國家的人民──以及政府──走向民主共和最好的教育：

　　　憲法的大功用不但在於規定人民的權利，更重要的是規定政府各機關的權限。立一個根本大法，使政府的各機關不得逾越他們的法定權限，使他們不得侵犯人民的權利──這才是民主政治的訓練。程度幼稚的民族，人民固然需要訓練，政府也需要訓練。人民需要「入塾讀書」，然而蔣介石先生、馮玉祥先生，以至於許多長衫同志和小同志，生平不曾夢見共和政體是什麼樣子的，也不可不早日「入塾讀書」罷？

　　　人民需要的訓練是憲法之下的公民生活。政府與黨部諸公需要的訓練是憲法之下的法治生活。「先知先覺」的政府諸公必須自己先用憲法來訓練自己，裁制自己，然後可以希望訓練國民走上共和的大路。不然，則口口聲聲說「訓政」，而自己所行所為皆不足為訓。小民難愚，豈易欺哉？

　　最後，胡適呼籲說：「我們不信無憲法可以訓政；無憲法的訓政只是專制。我們深信只有實行憲政的政府才配訓政。」

　　胡適這一系列人權與約法的政論之所以能膾炙人口，而且久為人所傳誦，不只是因為他能言人之所不敢言，而且言之有物、鏗鏘有聲。更重要的是，胡適這一系列的政論惹來了國民黨地方黨部疾言厲色的聲討與撻伐，呈請中央黨部嚴懲胡適。在國民黨取得政權以後，像胡適這樣敢隻手單挑國民黨的，可以說是前無古人，後無來者。無怪乎高夢旦的九兄會贈送給胡適「龍膽公」的謚號。

　　胡適的膽識贏得了友朋一致的喝采。蔡元培在6月10日寫給胡適的信裡，就稱讚他的〈人權與約法〉一文是「振聵發聾，不勝佩服，」[157]張謇的兒子張孝若在7月31日的信裡說：「先生在《新月》所發表的那篇文字，說的義正詞嚴，毫無假借，真佩服先生有識見有膽量！這種浩然之氣，替老百姓喊幾句，打一個抱不平，不問有效無效，國民人格上的安慰，關係也極大。試問現在國

157 蔡元培致胡適，1929年6月10日，《胡適來往書信選》，1.517。

中，還有幾位人格資望夠得上說兩句教訓政府的話？」[158]張孝若甚至在9月10日作了一首詩歌頌胡適：

> 許久不相見，異常想念你。
> 我昨讀你文，浩然氣滿紙。
> 義正詞自嚴，鞭辟真入裡。
> 中山即再生，定說你有理。
> 他們哪懂得？反放無的矢。
> 一黨說你非，萬人說你是。
> 忠言不入耳，勸你就此止。[159]

張孝若寫這首詩，一方面是歌頌胡適，但也一方面好心勸告他：「忠言不入耳，勸你就此止。」這種一方面敬佩，一方面又為胡適擔心的心情，道盡了當時所有胡適好友的反應。比如說，胡適在6月2日的日記裡，就附了張元濟該月2日、3日信。他勸胡適小心。說：「你那一支毛錐子比不上陸放翁的長矛。」「你是要防著。不要沒有打死瘋狗反被他咬了一口，豈不是將來反少了一個打狗的人？」[160]

胡適的朋友會替他擔心，絕對不是反應過度。5月31日，張君勱在上海馬路上走著，就給綁架去了。胡適在次日的日記裡記：「今天始知張君勱昨夜在馬路上被人綁去……與崑山、新六談此事。新六說租界當局頗有計畫，不久或有較好的對付方法。」立時間，風聲鶴唳。胡適在同一天的日記裡，黏貼了一位小心到連本名都不願意署的朋友告誡的信：「頃知君勱被綁，駭甚。此事恐有政治背景，不然君勱無此資格也。公出入千萬留意。已入於恐怖時期矣，遑論自由！　兩宥，6月1日。」[161]

---

158 張孝若致胡適，1929年7月31日，《胡適來往書信選》，1.525。
159 《胡適日記全集》，5.811。
160 《胡適日記全集》，5.627-628。
161 《胡適日記全集》，5.627。

　　果然，胡適的朋友所擔心的事發生了。8月9日，陳德徵所主編的《民國日報》就刊出了署名灼華的作者撰寫的長文：〈胡適所著《人權與約法》之荒謬〉。胡適在當天的日記裡，除了黏貼了這篇文章的剪報以外，還特別註明這篇文章也同時發表在南京的《中央日報》[162]。這是國民黨地方黨部口誅筆伐胡適的第一聲。

　　緊接著，上海國民黨市黨部在文攻以外，再祭上武打。胡適在8月13日的日記裡黏貼了上海市黨部呈請嚴懲胡適的提案：〈本市三區第三次全區代表大會決議案：咨請國府將胡適撤職案〉。根據胡適所節錄的剪報，這個代表大會通過了兩個與胡適有關的臨時動議：

> 十二、呈請市執委會轉呈中央，嚴厲制止學閥之活動案；十三、呈請市執委會轉呈中央，咨請國民政府，治飭教育部，將中國公學校長胡適撤職懲處案。決議。通過。[163]

　　十一天以後，國民黨上海特別市執行委員會在其第四十七次常會裡，通過了第三區黨部呈請撤懲胡適的提案，轉呈中央[164]。8月29日，上海特別市執行委員會又在其第四十八次常會裡，通過宣傳部所提的臨時動議：

> 中國公學校長胡適，公然侮辱本黨總理，並詆毀本黨主義，背叛政府，煽惑民眾，應請中央轉令國府，嚴予懲辦。決議，呈請中央。[165]

　　國民黨上海市黨部呈請中央嚴懲胡適的提案，毫無疑問地是陳德徵的傑作。他當時是上海市教育局局長、國民黨黨報《民國日報》的總編輯、國民黨上海市黨部的常委兼宣傳部長。同時，在胡適黏貼在日記裡的上海特別市執行

---

162 《胡適日記全集》，5.724-739。
163 《胡適日記全集》，5.739-740。
164 《胡適日記全集》，5.740-741。
165 《胡適日記全集》，5.765-766。

委員會兩次的會議記錄裡，陳德徵都在列席名單裡。

　　由於年代已久，歷史記錄的湮滅，我們今天讀胡適人權與約法的政論，很容易只看見他的宏論而為之擊節稱嘆，而渾然不知其中還有一齣他與陳德徵的一場鏖戰的戲中戲。這一點，胡適自己很清楚。當時上海《字林西報》（North China Daily News）的記者也很清楚。我推測《字林西報》的記者所以能知曉這個內幕，就是胡適告訴他的。

　　《字林西報》這篇報導是在8月30日發表的，名為：〈胡適博士遭受攻擊：批評政府，國民黨上海市部震怒〉（An Attack on Dr. Hu Shih: Shanghai District Kuomintang Incensed by Criticism of Government）。這篇新聞報導分析極為精闢，只有真正懂得內幕的人才寫得出來。它開門見山，說這是在一個星期之內第二次對胡適的攻擊[166]。接著，它就徵引了國民黨上海特別市執行委員會第四十七、四十八次常會所通過的嚴懲胡適的提案。第四十七次常會通過的提案，是要將中國公學校長胡適撤職懲處。它說這根本就不通，因為中國公學沒在教育部立案，所以根本不受教育部的管轄。第四十八次常會通過的提案所加的罪名更加嚴重，說胡適「公然侮辱本黨總理，並詆毀本黨主義，背叛政府，煽惑民眾。」胡適為什麼被按上了這些罪名呢？問題就出在他在《新月》上所發表的三篇政論。接著，記者就簡潔地摘述了〈人權與約法〉、〈知難，行亦不易〉，以及〈我們什麼時候才可有憲法？〉的主旨。然後再加上他的按語：

　　　　胡先生這些文章風靡了中國人，馬上使得《新月》洛陽紙貴。我們聽說在這些文章發表以後，投考他的大學的學生激增到大學無法收容的地步。

　　值得指出的是，這個消息顯然也是胡適提供的。胡適在8月27日，也就是國民黨上海特別市執行委員會第四十七次常會通過要將他從中國公學撤職懲處的提案兩天後，在日記裡記說：

---

166 以下對這篇報導的分析，除非另有徵引，是根據 "An Attack on Dr. Hu Shih," *North China Daily News*, August 30, 1929,《胡適日記全集》，5.771。請注意：胡適在日記裡所黏貼的剪報沒註明報名，然而，我所徵引的報導的最後一句話提供了內證，說明了其來源是《字林西報》。

　　今早到中公監考。投考入學考試者有四百七十六人，為中公有史以來所未有。青年人居然不怕「反革命」發熱招牌！這是絕可安慰我們的一件事。167

　　更有意味的是，《字林西報》這篇報導還透露了一個一般人所不可能知道的內幕。其最後一節的標題是：「有個人恩怨」（A Personal Element）。

　　據說這些對胡適的指控背後有個人的恩怨。他最近才非常嚴屬地批評某些省市教育局長的派任完全是政治酬庸。這些人有些據說連大學的學位都沒有，因此根本就沒有資格出掌管理高等教育的工作。據瞭解，因為胡適的批評而老羞成怒的人，不但包括那些坐上這些位子的人，而且也包括酬庸他們的人。

　　最後，彷彿是對他的讀者眨眼示意他消息的來源一樣，記者在這篇報導最後加了一個尾巴：「胡博士在接見《字林西報》記者的時候，對那些衝著他來的提案不予置評。」

　　事實上，早在胡適的〈人權與約法〉發表以後，《字林西報》就已經以〈中國亟須法律〉（The Need of Law in China）為名在6月21日作了一篇報導。這篇報導除了摘述了胡適舉例說明約法與法治的必要以外，並且非常清楚地把胡適給王寵惠的公開信如何被新聞檢查給扣去了來龍去脈都交代清楚了168。

　　在上海的《字林西報》的記者不但知道內幕，而且也瞭解中國政治裡的太極拳哲學。然而，國際的新聞界就不然了。《紐約時報》在8月31日，也就是在通曉內情的《字林西報》報導〈胡適博士遭受攻擊：批評政府，國民黨上海市部震怒〉的次日，也發表了一篇新聞分析：〈鉗制中國的實事求是者〉（Muzzling China's Truth-Teller）。這篇分析說：

167《胡適日記全集》，5.741。

168 "The Need of Law in China," *North China Daily News*, June 21, 1929，《胡適日記全集》，5.642-646。

作為一個在思想地位上鶴立難群地傲視所有政界眾生相的人物，胡適博士是近代中國最具理性、最具有建設性的領袖之一。這就是為什麼國民黨要聲討他、要嚴懲他，是不能等閒置之的一件事。作為一個傑出的哲學家，勇敢誠實，他一向不問政治；作為中國的「文藝復興」之父，他潛心致力於把中國的思想和教育現代化的事業。他之所以會被口誅筆伐，並不是因為他有什麼政治的野心，而是因為他實話實說，敢言人所不敢言，指出在國民黨的治下，並不是天下太平。特別是，他批評了一些孫中山的經濟理論。他所犯的罪，與其說是他作了批評，不如說是他說了實話。

《紐約時報》這篇新聞分析最明顯的錯誤，是它不知道胡適批評國民黨的重點不在孫中山的經濟理論，而是在於沒有約法或憲法的訓政就只是專制的事實。這篇分析的結論說：

中國想要鉗制外國通信員已經是很糟的一件事。但是，當它試圖懲罰自己人──一個對近代中國的貢獻，在這些想要迫害他的人都已經被歷史遺忘以後，仍然會永誌於人心的人物──的時候，可慮的是：他們不容異己（intolerance）的行徑已經一無止境。如果他們的迫害者只是一個政客，我們可以說這是小事一樁；如果他是一個攪局者，我們可以把它歸咎為當前亂象的結果。然而，作為中國文學改革的領袖、中國最傑出的思想家，當他告誡同胞要實事求是的時候，是要去傾聽，而不是去鎮壓。[169]

一個多星期以後，《時代週刊》（*Time*）雜誌也在9月9日發表專文，題名更加令人膽戰心驚：〈叛國者胡適〉（Traitor Hu）。這篇專文，胡適把它黏貼在10月13日的日記裡。這篇新聞分析描寫胡適在上海一向謹言慎行，日不離吳淞、夜不出租界。然而，他那三篇政論終於還是惹了禍：

由於他擔心被他惹毛了的國民黨政府的痞棍揪打，我們養尊處優的胡大

---

169 "Muzzling China's Truth-Teller," *The New York Times*, August 31, 1929, p. 14.

師（patrician Scholar Hu）長久以來刻意地保養著他那像羊脂一樣細膩的皮膚〔注：原文是 "parchment-like skin"，用詞不當，通常指年老乾癟的皮膚〕。好幾個月來，他夜晚就留在警衛森嚴的租界裡挑燈夜讀，只有在白天他才會冒險出門到吳淞郊區他當校長的中國公學。然而，最近胡博士豁出去了。他在中國思想界首屈一指的雜誌《新月》上發表了三篇文章狠狠地抨擊了國民黨政府。上星期，國民黨的軍閥領袖向這位全國第一詩人學者鐵拳報復。

這所謂的鐵拳報復，指的自然就是國民黨上海市黨部呈請中央嚴懲胡適的提案。值得注意的是，這篇新聞分析指出國民黨所在乎的，不是胡適對活著的政要的批評，而是他對已死了的孫中山的批評：

　　胡博士對活著的政要的批評不是問題。比如說，他在《新月》所發表的文章裡，指出蔣介石在征服了中國以後，並沒有履行他給予中國人民約法的諾言。這個重要的批評，他們放過。上海市黨部所不放過的，是博學的胡適批評已逝的孫中山——那現在躺在紫金山價值五十萬元的大理石棺裡的國民黨的神聖不可侵犯的總理（參見6月3日出版的《時代週刊》思想裡的缺失和幼稚（puerilities）的所在）。[170]

《紐約時報》與《時代週刊》在美國居輿論之首的地位，其讀者不但遍布全美，而且是美國其他地區報刊——甚至包括華文報刊——所轉載、轉述的對象。比如說，胡適留學的康乃爾大學的所在地、他美國女友韋蓮司所住的綺色佳的《綺色佳新聞報》（Ithaca Journal），就在9月3日引述《紐約時報》的專文發表了一篇新聞：〈胡適博士失寵於中國黨〉（Dr. Hu Shih In disfavor of Sino Party）。這篇文章根據《紐約時報》的分析，說：

　　國民黨的譴責以及嚴懲的威脅，是它給胡適博士（康乃爾大學1914級畢

170 "Traitor Hu," Time, V. 11, September 9, 1929，《胡適日記全集》，5.860-862。

業）的報答。這是因為他膽敢說中國在政治上、經濟上並不是一切太平。171

　　《紐約時報》、《時代週刊》，以及《綺色佳新聞報》的報導自然會讓胡適在綺色佳的朋友感到憂心，特別是韋蓮司。那時，胡適正好有一個送照片的特使到了綺色佳，就告訴韋蓮司不用擔心。這位特使就是胡適績溪的同鄉胡洪釗。胡洪釗在9月18日致胡適的信裡說：

> 　　我於本月7號到西雅圖，9號由西雅圖乘車東來，13日平安抵校，請勿掛念。在船上遇見高君珊先生，並且同車至支家哥〔芝加哥〕。一路多蒙照拂和指導，感激之至。
>
> 　　我們過維多利亞島的時候，看見該埠的中國報上，載有國民政府與兄為難的消息，當時高先生即將該項消息剪下寄上，想已收到。及我到校之後，又有許多中國同學問及你與政府到底是怎麼一回事？我只回不十分明白；我實在是不明白，因我離上海時，未聞此種消息。
>
> 　　昨天去見威廉〔韋蓮司〕女士，把帶的相片送去。她也問起你那樁事。她問你有何危險沒有。我說不致有何危險，因為你朋友很多，不會被迫到如何地步。172

　　胡洪釗告訴韋蓮司說，胡適不致有何危險，因為他朋友很多。這句話就一語道破了胡適為什麼在「山雨欲來風滿樓」的時候，仍然能夠處之泰然的玄機。胡適何止是朋友多，而是他在高處的朋友多。國民黨四大元老裡的蔡元培和吳稚暉是他的朋友；國舅宋子文和他留美的時候就相識了；教育部長蔣夢麟不但是他的朋友，而且在半年前還是在中基會改組的事件裡跟他一起徹底擊垮國民政府裡的民族主義派的戰友；司法院院長王寵惠也是他多年的朋友。

　　其實何止胡洪釗知道胡適朋友很多，不至於有危險。我在前面提到張孝

171　"Dr. Hu Shih In disfavor of Sino Party," *Ithaca Journal*, September 3, 1929，「胡適紀念館」，
　　　HS-NK05-330-027。

172　〔胡〕洪釗致胡適，1929年9月18日，《胡適來往書信選》，1.546-547。

若。他私下寫詩歌頌胡適的勇敢，但也好心勸胡適就此打住。然而，他也同時一語道破了胡適所單挑的是國民黨的「小鬼」：「我肚皮裡，也有許多和你一類感想的文字好寫。然而一想，我比不得你。你是金剛，不怕小鬼。我是爛泥菩薩，禁不起他們敲。還是擺在肚裡罷。」[173]

誠然，吳稚暉1928年6月15日在南京的大學委員會上曾經破口罵他：「你本來就是反革命！」然而，那是自家人關起門來開會一時的氣話。如果胡適真的是反革命，而且吳稚暉真的要辦他的話，就不會在會上說出來，更不會說了而無疾而終的。君不見胡適還可以在次日半開玩笑地寫信請吳稚暉解釋他到底是犯了《反革命治罪條例》裡的第幾條，方才可以「使我好早點準備，免得懵懵懂懂地把吃飯傢伙送掉了無法找回來。」[174]

誠然，余英時也徵引了《大公報》1931年3月17日的南京專電，說蔣介石當天在接見清華大學學生代表有關清華校長的人選的時候，還對他們說：「胡適係反黨，不能派。」[175]然而，這就正好是我最好的反證。如果蔣介石真的認為胡適是反動、真的想辦他，他就不至於會在胡適用人權與約法來挑戰國民黨兩年以後，還讓他安穩地高坐他北大文學院長的職位。原因無它，除了胡適在高處的朋友很多以外，《紐約時報》在1930年4月13日的一篇新聞分析裡也一語道破了另外一個理由：「國民黨上海市黨部力主逮捕以懲罰他對政府的批評。然而，政府認識到此舉會重挫南京政府在外國眼裡的評價。」[176]

試想：從表面上看來，胡適當時面臨著多麼險惡的威脅。那疾言厲色要求嚴懲胡適的，何止是國民黨上海市黨部！光是根據胡適在日記裡所黏貼的，就還有9月9日北平市百餘國民黨員呈請從嚴懲處胡適、天津市國民黨委提請中央懲辦胡適的提案。9月14日，北平市六區黨部呈請市黨部、市黨部再呈請中央嚴懲胡適。9月15日，胡適又黏貼了三個國民黨地方黨部的決議：江蘇省國民黨部呈請中央緝辦無聊文人胡適；天津市黨部十二次常會決議呈請懲辦胡

173　張孝若致胡適，1929年9月10日，《胡適來往書信選》，1.546。

174　《胡適日記全集》，5.184-187。

175　《胡適日記全集》，5.531。

176　"Chinese Philosopher Plans Lectures Here," *The New York Times*, April 13, 1930, p. 54.

適；青島市國民黨指委會迅將胡適逮捕解京[177]。

　　所有這些彷彿一呼百應的嚴懲、緝捕、「逮捕解京」的聲討，不管是在當時還是現在看去，都是會讓人怵目驚心，毛骨悚然的。然而，這真的是典型的雷聲大雨點小。根據胡適在9月22日的日記裡所黏貼的前一天的南京電訊：

> 　　中央〔執行委員會〕訓練部據各級黨部電呈：胡適誤解黨義，不審社會實情，放言空論。21日特函國府，飭令教部加以警告，並通飭全國各大學校長，切實督率教職員，詳細研究黨義，以免再有與此類似之謬誤見解發生。[178]

　　9月26日的日記有國民政府令飭教部警告胡適的一份剪報。這份剪報的內容，可以用胡適10月7日的日記裡所黏貼的教育部10月4日警告胡適的訓令來總括。這封教育部的公文，淋漓盡致地反映了中國等因奉此的公文文化。第一層的「等因」是來自於國民黨上海第三區黨部[179]：

> 　　案據職會屬第三區黨部呈稱：「查屬區第三次全區代表大會決議案呈稱市執行委員會轉呈中央，咨請國民政府令飭教育部將中國公學校長胡適撤職懲處案。附具理由：「胡適借五四運動倡導新學之名，博得一般青年隨聲附和。迄今十餘年來，非惟思想沒有進境，抑且以頭腦之頑舊，迷惑青年。新近充任中國公學校長，對於學生社會政治運動多所阻撓，實屬行為反動，應將該胡適撤職懲處，以利青運。」等情前來。

　　第二層的「等因」是來自於國民黨上海特別市執行委員會：

> 　　查胡適近年以來刊發言論，每多悖謬，如刊載《新月》雜誌之〈人權與

177　《胡適日記全集》，5.788-789, 816-819, 828。

178　《胡適日記全集》，5.836。

179　以下分析國民政府警告胡適的訓令以及胡適的回覆是根據《胡適日記全集》，5.854-855。

約法〉、〈知難行亦不易〉、〈我們什麼時候才可有憲法〉等等。大都陳腐
荒怪，而往往語侵個人，任情指摘，足以引起人民對於政府惡感或輕視之
影響。夫以胡適如是之悖謬，乃任之為國立學校之校長。其訓育所被，尤
多限於腐舊荒怪之途。為政府計，為學校計，胡適殊不能使之再長中國公
學。而為糾繩學者發言計，又不能不予以相當之懲處。該會所請，不為無
見。茲經職會第四十七次常會議決，准予轉呈在案，理合備文呈稱鈞會，
祈鑒核施行。」等因。

第三層的「等因」是來自於國民黨中央執行委員會：

　　查胡適年來言論確有不合，如最近《新月》雜誌發表之〈人權與約
法〉、〈我們什麼時候才可有憲法〉及〈知難行亦不易〉等篇，不諳國內
社會實際情況，誤解本黨黨義及總理學說，並溢出討論範圍，放言空論。
按本黨黨義博大精深，自不厭黨內外人士反覆研究探討，以期有所引申發
明。惟胡適身居大學校長，不但誤解黨義，且逾越學術研究範圍，任意攻
擊。其影響所及，既失大學校長尊嚴，並易使社會缺乏定見之人民，對黨
政生不良印象，自不能不加以糾正，以昭警戒。為此擬請貴府轉飭教育部
對於中國公學校長胡適言論不合之處，加以警告。並通飭全國各大學校長
切實督率教職員詳細精研本黨黨義，以免再有與此類似之謬誤見解發生。
事關黨義，至希查核辦理為荷。

第四層的「等因」是來自於國民政府：

　　等由。准此，自應照辦，除函復外，合行令仰該院轉飭教育部分別遵照
辦理。

第五層的「等因」是來自於行政院：

　　等因，奉此，合行令仰該部即便分別遵照辦理，此令。

第六層的「等因」就是來自於發訓令給胡適，說：「該校長言論不合，奉令警告」的教育部：

> 等因，合行令仰該校長知照，此令。
> 中華民國十八年〔1929〕10月4日　　　　　　　　部長。

原來要嚴懲、緝捕、迅將逮捕解京的隆隆雷聲，在第三區黨部的呈文是：「應將該胡適撤職懲處，以利青運。」到了上海特別市執行委員會，仍然言之鑿鑿地：「為政府計，為學校計，胡適殊不能使之再長中國公學。而為糾繩學者發言計，又不能不予以相當之懲處。」然而，到了國民黨中央執行委員會，卻已經變成了霑衣若濕的小雨點：「其影響所及，既失大學校長尊嚴，並易使社會缺乏定見之人民，對黨政生不良印象，自不能不加以糾正，以昭警戒。」於是國民政府也就「等因奉此」地把這些小雨點傳給行政院：「自應照辦，除函復外，合行令仰該院轉飭教育部分別遵照辦理。」行政院與教育部也就順理成章地把這小雨點的「警戒」，「等因奉此」地「知照」撤給了胡適。

那痛恨極了中國傳統公文文化的胡適，哪裡會看不出這雷聲大雨點小的「等因奉此」的太極拳政治哲學！他在接到這份教育部的公文以後，就在10月7日回覆曾經跟他同謀擊垮國民政府的戰友蔣夢麟的信裡，乘勝追擊地教訓起這個身在其位不得不「等因奉此」地跟著打太極拳的教育部長：

> 十月四日的「該校長言論不合，奉令警告」的部令，已讀過了。這件事完全是我胡適個人的事。我做了三篇文章，用的是我自己的姓名，與中國公學何干？你為什麼「令中國公學」？該令殊屬不合，故將原件退還。
>
> 又該令文中引了六件公文，其中我的罪名殊不一致，我看了完全不懂得此令用意何在。究竟我是為了言論「悖謬」應受警告呢？還是僅僅為了言論「不合」呢？還是為了「頭腦之頑舊」、「思想沒有進境」呢？還是為了「放言空論」呢？還是為了「語侵個人」呢？（既為「空論」，則不得為「語侵個人」；既為「語侵個人」，則不得為「空論」。）若云「誤解黨義」，則應指出誤解那一點；若云「語侵個人」，則應指出我的文字得罪

了什麼人。貴部下次來文，千萬明白指示。若下次來文仍是這樣含糊籠統，則不得謂為「警告」，更不得謂為「糾正」，我只好依舊退還貴部。又該令文所引文件中有別字二處，又誤稱我為「國立學校之校長」一處，皆應校改。

俗話說「小鬼難纏」，信然！在雷聲大雨點小之後，陳德徵居然還會再接再厲。胡適在1930年1月21日的日記黏貼了前一天《時事新報》的剪報。國民黨上海特別市黨部的宣傳部又再度提案嚴辦胡適：

　　主席陳德徵（鮑容代）……新月書店出版之《新月》月刊登載胡適詆毀本黨言論，曾經本會議決並請中央懲處在案；茲又故態復萌，實屬不法已極，應如何分別嚴辦案？議決：一、查封新月書店；二、呈請市執委會轉呈中央將中國公學校長胡適迅予撤職；三、呈請市執委會轉呈中央將胡適褫奪公權，並嚴行通緝使在黨政府下不得活動……[180]

國民黨上海市黨部宣傳部的提案顯然像上次一樣，又是由第六區黨部呈請上海市黨部的執行委員會。第六區的呈文裡最精采的一段文字如下：

　　……此種人妖，竟見容於青天白日以黨治國之宇下，而冒執教育界之牛耳，實予以黨義迪啟民智完成革命之危機。該分部建議非黨員不得充任校長之供獻，確有事實上之見地。為特據情轉呈，仰祈鈞會轉呈中央，從嚴懲處胡適，並禁其刊物流通，為消極之制裁；規定非黨員不得充任校長，以謀黨義普及，為積極之感化。[181]

上海市黨部執行委員會在2月1日舉行常會，陳德徵是執行委員之一。會議決議之一是：

---

180 《胡適日記全集》，6.3。
181 《胡適日記全集》，6.15。

六區黨部呈：為據三分部呈，為中國公學校長胡適言論荒謬，請予嚴重
處分，並規定非黨員不得充任學校校長等情，仰祈核轉案。議決，附具意
見轉呈中央〔胡適注：原呈見1月26日日記，文字絕妙〕。[182]

　　陳德徵追纏胡適這個的故事之所以值得細數，是因為他再接再厲。我們也
許很難找到另外一個更能說明「小鬼難纏」的道理的故事。陳德徵在第二次提
議國民黨中央嚴懲胡適失敗以後，他仍然不死心。1930年2月15日，胡適在
日記裡黏貼了一份上海市黨部宣傳部的密令：

　　逕啟者：本部頃奉中央宣傳部密令，內開：「為密令飭遵事：查最近在
上海出版之《新月》第2卷第6、7期，載有胡適作之〈新文化運動與國民
黨〉及羅隆基作之〈告壓迫言論自由者〉二文。詆諆本黨，肆行反動，應
由該部密查當地各書店有無該書出售。若有發現，即行設法沒收焚毀。除
分行外，合亟密令，仰該部遵照嚴，密執行具復為要。」等因，奉此，查
該刊累載反動文字，早經本部查禁有案。茲奉前因，相應備函轉達，即希
貴局勿為代售，致干禁令，為要。此致　　新月書店。[183]

　　這次，胡適對這些「小鬼」是忍無可忍了。他說：「此令是犯法的，我不
能不取法律手續對付他們。」在次日的日記裡，胡適說：「與律師徐士浩君談
中央宣傳部的密令，他說沒有受理的法庭。晚上，與鄭天錫、劉崇佑兩先生談
此事。劉君說可以起訴，我決意起訴。」[184]可惜，這是胡適最後一次在日記裡
提到試圖循法律的途徑來對付這些「小鬼」。等胡適在日記裡再一次提到對付
「小鬼」的方法的時候，他已經又回到了用「大鬼」來壓「小鬼」的傳統方法
了。1931年7月30日的日記：

182 《胡適日記全集》，6.61-62。
183 《胡適日記全集》，6.107-108。
184 《胡適日記全集》，6.112。

今早得電話，始知公安局內一區警察今早八點去搜查新月書店，拘去店員二人，並搜去《新月》雜誌第2卷第8期（即努生〔羅隆基〕評約法的一期）幾百冊。我托湯爾和去問局長鮑毓麟，我自己也寫信給他。到下午二時，拘去二人皆釋回，店仍照常營業。此事發動在幾日前，25日我已托爾和面囑鮑君，次日我還見過他，他說決不會有事。此次之事當是黨部令市政府做的。[185]

為什麼「閻王好惹，小鬼難纏」呢？因為「小鬼」往往並不知道「閻王」的意旨。他們是狐假虎威、羽毛當令箭的嘍囉。比如說，陳德徵1929年3月底的〈嚴厲處置反革命份子〉的提案、〈匕首91：胡說〉的星期評論，激來了胡適5月初寫的〈人權與約法〉。陳德徵是黨棍，他可以在一年前在《民國日報》上發表社論，侃侃而言：「故為確立國際信用，安定國內人心起見，對於約法之制定，實為近日時勢迫切之要求。」他也可以在一年以後，知道孫中山在《建國大綱》裡已經放棄了約法的主張，在〈匕首〉裡教訓胡適說：「一切國家底最高根本法，都是根據於總理主要的遺教。」然而，他並不知道「閻王」及其幕僚自有其籠絡知識分子與擋將其政敵的算計。約法之名雖不可提，約法之實是可以商量的。胡適6月19日的日記就說明了一切：

前日國民黨「二中全會」決議案中有：

〔剪報：〕〈治權行使之規律案〉：國民政府五院及所屬機關，現已漸次成立。國家大政，各有專司。亟應認明權限，各盡厥職，以立法制基礎……二、人民之生命財產與身體之自由，皆受法律之保障，非經合法程序，不得剝奪。其未經合法程序而剝奪之者，司法院及其所屬有提出質詢之責。其非法剝奪者以越權論，司法院及其所屬不提出質詢者以廢職論……

此中第二項與我的〈人權約法〉一文有關。王亮疇〔王寵惠〕臨走之前一天對我說：「只要避免『約法』二字，其餘都可以辦到。」大約即是指

這種辦法。186

　　「小鬼」有所不知。何止「閻王」的幕僚會對胡適通風報信、甚至推心置腹？連「閻王」的國舅都需要禮賢下士地請胡適代國民政府出謀獻策呢！胡適1929年7月2日的日記記：

　　宋子文前不多時曾對我說，要我代他們想想國家的重要問題。現在的局面又稍有轉機，又是大可有為的時期了。若不謀一點根本的改革，必定不久又要打起來。我們希望他們能「逆取而順守之」。故他約了我今天去談天，我便對他說了一些改革的意見。187

　　胡適除了有國舅對他禮賢下士以外，1931年的《上海新聞》，刊載了筆名為「春秋」的作者寫的一篇〈宋美齡為胡適抱腰〉的短文，用嘲諷的語氣描寫宋美齡如何幫胡適在蔣介石面前幫他緩頰的報導：

　　胡適之不愧是名士。自從在《新月》上發表幾篇驚人的政治言論以來，鬧得滿城風雨。目前雖已遁跡故都，然人人爭道。胡氏亦足以自豪矣。當胡氏發表言論之初，因其措辭用意，超越常軌，中央曾下命令通緝。我們不禁要為胡氏捏了一把冷汗。後來不知怎麼，胡老先生卻又安然的到了北平。其中，據說主席太太宋美齡卻幫了他不少忙。每當蔣主席盛怒之時，主席夫人便讚許胡氏之天才。每為緩頰。因之蔣主席亦不過於追究了。至於宋怎麼這樣賞識胡適之，其中自有道理。蓋宋、胡在美時曾度同學，友誼頗深。為胡適緩頰，固情理之常事也。胡先生雖然在南方不能立足，而在北平卻可大做其壽〔注：四十大壽〕。同時還有主席夫人為之「抱腰」。胡氏誠榮天下之大幸矣。寄語胡博士，別再灰心了。188

---

186 《胡適日記全集》，5.642-641。
187 《胡適日記全集》，5.653。
188 春秋，〈宋美齡為胡適抱腰〉，《上海新聞》，第1期，1931，頁15。

胡適、宋美齡同是1917年結束在美國的學業。宋美齡從麻省的衛斯理女子學院（Wellesley College）畢業；胡適則完成他在紐約哥倫比亞大學的博士課程。然而，他們從來就沒有同學過。我們同時也不知道是否見過面。無論如何，這篇嘲諷意味十足的報導，姑且作為茶餘飯後笑談之資。

胡適單挑國民黨這一段往事，誠然是中國近代爭自由的歷史上的一樁美譚。在中國近代史上，只有胡適敢這麼作，而且作得這麼漂亮；也只有胡適在國民黨高層「有很多朋友」以及國際的聲名來作他的奧援。然而，歷來分析胡適這一樁美譚的人，又失之於把它神話化，不知這其實是典型一齣「閻王好惹，小鬼難纏」的真實好戲。

圖4　胡適四十歲生日當天與江冬秀、胡思杜合影。（中國社會科學院近代史研究所・中國近代史檔案館館藏，取得授權使用）

「閻王好惹，小鬼難纏」的道理，可以在胡適《新月》的戰友羅隆基身上得到驗證。胡適在1930年11月4日的日記裡記：

今天在蔡先生家午飯。席未散，忽家中人來說有學生為緊急事要見我。我回家，始知羅隆基今天在中公上課，下午一時忽被公安局警察捕去了。我即托蔡先生去尋市長張岳軍（群），一面托〔沈〕昆三去尋公安局長袁良。我打電話給宋子文，要他即為設法。並打電話安慰羅夫人……財政部來電話，說子文請次長張詠霓先生去保釋，即令秘書郭德華兄持保函去保。蔡先生也來了，說他親自去看張群，願為保釋。時郭德華也持張詠霓函來，會於張宅。時隆基尚未送，但張群允即釋放。六點多鐘，羅夫人來電話，說，「胡先生，羅先生回來了」。隆基在電話上說，他的被捕是市

黨部八區黨部告的，警備司令部令公安局拘捕。罪名是「言論反動，侮辱
總理。」這真是絕荒謬的舉動。國民黨之自殺政策真奇怪！189

　　羅隆基「是市黨部八區黨部告的，警備司令部令公安局拘捕」的，罪名是
「言論反動，侮辱總理。」這跟一年前胡適的遭遇──只差胡適背景硬，沒被
逮捕──如出一轍。同樣如出一轍的是，羅隆基被保釋出來以後，跟胡適一
樣，繼續發表他爭自由的文字。

　　更同樣如出一轍的，是教育部又演出了一齣把羅隆基撤職的戲碼。這就真
的是「大鬼」放人，「小鬼」譁然。事情是這樣的。羅隆基繼續在《新月》上
發表爭自由的文字。這種大膽的行為，「大鬼」自然也不能容忍。1931年1月
11日，胡適在日記裡提到了光華大學當天接到教育部把羅隆基解職的電令。
胡適在次日跟金井羊商量轉圜之道。他建議金井羊回南京的時候去見蔣介石的
秘書陳布雷。胡適說：「我的提議是：布雷瞭解後，然後叫光華去一呈文，說
明執行部令的困難，由部中批准撤回，羅君自行辭職。」190

　　胡適在1931年1月15日的日記裡，記了金井羊見了蔣介石的秘書陳布雷
以後的來信。陳布雷說：「隆基兄前次既經保釋，又復發表同樣文字，因此大
動黨內公憤，甚至遷怒而及蔡先生。」191羅隆基所任職的光華大學在1月11日
接到了教育部把羅隆基撤職的電令192。胡適請金井羊跟陳布雷關說失敗，於是
自己出馬寫信請收回成命。陳布雷回信以「此事部中既決定，當不能變更」為
理由拒絕。然而，他答應「便中自當將大函轉呈介公〔蔣介石〕。」193胡適在接
連幾天跟光華大學的校長張壽鏞商議以後，居然說動了後者。張壽鏞寫了一個
密呈，請求免予撤職處分，親自帶到南京去見蔣介石。胡適在1月22日的日記
裡，描述了張壽鏞見了「閻王」以後，一切「大事化小，小事化無」的經過：

---

189 《胡適日記全集》，6.360-361。

190 《胡適日記全集》，6.423。

191 《胡適日記全集》，6.438。

192 《胡適日記全集》，6.422。

193 《胡適日記全集》，6.447。

　　張壽鏞先生來談。他見了蔣介石，把呈文交上去了。蔣問：「這人到底怎麼樣？」他說：「一個書生，想作文章出點風頭，而無心其他。」蔣問：「可以引為同調嗎？」他說「可以，可以！」

胡適在日記裡大不以為然地說：

　　我忍不住要笑了，只好對他說：「詠霓先生，話不是這樣說的。這不是同調的問題，是政府能否容忍『異己』的問題。」但他不懂我這話。[194]

　　胡適說得很有道理：「這不是同調的問題，是政府能否容忍『異己』的問題。」胡適所爭的是原則的問題。用他給陳布雷的信裡的話來說，是學術、言論自由的原則的問題。然而，蔣介石那句：「可以引為同調嗎？」則一句話道盡了專制或獨裁體制下的遊戲規則。羅隆基事件的來龍去脈，跟胡適在人權與約法時期高潮迭起、低潮以終（anticlimactic）的故事，就正坐實了「閻王好惹，小鬼難纏」的道理。

　　這些「小鬼」真的是有所不知。「閻王」自己都不急，卻急死了這些「太監」。胡適之所以能幫羅隆基解套，完全靠他與「大鬼」之間的協調與妥協。張壽鏞呈蔣介石的密呈是胡適的轉圜之計。他在1月19日的日記裡作了解釋。張壽鏞的密呈：

　　我改了兩處，得了他同意，然後打電話請羅隆基來談，他也贊成了。我們約定，如此呈經蔣批准後，即發表。發表後，羅即辭職。[195]

　　這辭職的辦法，是胡適在蔣介石獨裁體制之下所摸索出來的一個絕妙的轉圜之道。陳德徵死纏賴鬥，但他就是動不了胡適的汗毛。只是，胡適給纏煩了，乾脆一走了之。他在1930年2月5日的日記裡，黏貼了一件國民黨中央執

---

194 《胡適日記全集》，6.465-466。

195 《胡適日記全集》，6.450。

行委員會的公文。這件公文比上一次的更淋漓盡致地反映了中國太極拳政治學。上一次還有小雨點，這一次則連水氣也沒有了。這真應了俗話所說的「大事可以化小，小事可以化無」：

中央執行委員會秘書處公函：頃奉常務委員交下，本黨江蘇省黨務整理委員會本月二十四日呈（會1281）為：「呈請澈查吳淞中國公學辦理情形」一案。奉批：「交教育部派員澈查具報。」除函覆外，特抄同原呈函請查照辦理見復！此致　　教育部 196

胡適在這份公文後面加了他的按語：「今天教育部司長朱經農帶來這件公文，是蔣夢麟部長給他看的。我告訴他，不用什麼干涉，我是1月12日辭職的了。」原來胡適在1月下旬接到了美國芝加哥大學與耶魯大學同時邀請他去美國講學的邀請函。他在幾經考慮以後，決定接受耶魯大學的邀請。他在2月5日的日記黏貼國民黨中央執行委員會那件公文之後，也附了他婉辭芝加哥大學邀請的電報。

胡適對外的說法，是說他因為要準備到耶魯大學去講學而辭職的。然而，我們幾乎可以確定這是他一個天衣無縫的藉口來為自己找下台階。胡適在日記裡說他是1月12日辭職的。在他2月8日的日記裡，他又黏貼了一份刊載了他一封公開信的剪報。在那封公開信裡，他說他「現因不久即須往美國耶魯大學講學，故更不能分出時間來作管理上得事務……屢次向校董提議辭職，屢次無效，至今年1月12日始得校董事會允許。」197

我說那是一個天衣無縫的藉口，因為當時的人如何有可能去查對胡適的日記而挑出他的漏洞呢？根據胡適的日記，他是在1月28日接到講學的邀請函的：「近日得兩個美國大學的延聘，一是芝加哥大學……今年6月15日起。一是耶魯大學……明年（1931）二月到校。」198 這則日記裡所說的日期是正確

196《胡適日記全集》，6.66。

197《胡適日記全集》，6.69。

198《胡適日記全集》，6.19。

的。芝加哥大學的邀請函是1月26日的電報；耶魯大學的邀請函則是1929年12月28日發出的。耶魯大學的邀請函是12月28日發出的，胡適在1月28日接到。換句話說，胡適收到他芝加哥和耶魯大學講學的邀請函，都遠在他「屢次向校董辭職」之後。更有甚者，胡適接受的是耶魯大學的邀請。而耶魯的講學是在一年以後的事，更顯出胡適在公開信裡所說的「現因不久即須往美國耶魯大學講學」、不克分身云云是風馬牛不相及的事。可見，他之辭中國公學校長之職跟他要到美國講學是不相干的。

　　用辭職的方式來解套，顯然是胡適中意的方法，因為那可以在維持雙方的顏面的情況之下，達到政府的要求。我在本章第二節分析了1928年國民政府命令中基會改組的事件。由於這個改組的命令與中基會的組織法牴觸，美國政府停止給付退還的庚款給中基會。我們記得胡適當時所建議的解套的兩個方法都是辭職的方式：一是由新董事向政府辭職，請政府尊重原有「缺額由會選補」的辦法，讓舊董事會自由選補。一是由新董事函告舊〔董〕事會，請他們自由選補。胡適解釋說：「辭職之辦法可使政府有一個轉圜的機會。」不管這兩個方法哪一個可以多給政府一點面子，哪一個可以多給舊董事多一點面子，重點是胡適那句話：「辭職之辦法可使政府有一個轉圜的機會。」

　　1927年回國以後的胡適對國民黨的幻想幻滅。雖然一年以後，他對國民黨已經產生了妥協之心，這往後的一兩年間，是他一生中最看不起蔣介石及其國民黨的時刻。我在本章上一節所分析的中基會改組的事件就是一個最好的例子。一個具有自尊心的中國人，會甘心聯美抵制國民黨，一直到它被徹底擊垮為止。這只有在根本看不起它的情況下才可能發生的。由於這也是本章下一節的主題，我在此處就舉三個例子。胡適在1928年9月4日的日記裡黏貼了一份剪報，標題是〈蔣中正氏最近對黨國感想〉。這篇訪問相當長。我只徵引胡適作眉批的一段：

　　　近來「政論」之一：
　　　〔剪報：〈蔣中正氏最近對黨國感想〉：〕……近來最可悲之現象，為一般皆不知尊重黨……當政治責任者，不知不覺之間，不免流露對黨厭惡之洗禮，且又以黨比擬於「從前嫌惡國會之心理，係國會議員自身所造

成。」〔胡適眉批：「嫌惡國會之心理，係國會議員自身所造成」，「厭惡黨」的心理，是誰造成的呢？〕[199]

1929年4月26日日記：

　　馬君武先生談政治，以為此時應有一個大運動起來，明白否認一黨專政。取消現有的黨的組織，以憲法為號召，恢復民國初年的局面。這話很有理，將來必有出此一途者。君武又說，當日有國會時，我們只見其惡，現在回想起來，無論國會怎樣腐敗，總比沒有國會好。究竟解決於國會會場，總比解決於戰場好的多多。我為他進一解：當日袁世凱能出錢買議員，便是怕議會的一票；曹錕肯出錢買一票，也只是看重那一票。他們至少還承認那一票所代表的權力。這便是民治的起點。現在的政治才是無法無天的政治了。[200]

　　胡適一生罵國民黨罵得最為痛快淋漓、最不假辭色的，是他1929年11月29日所寫的〈新文化運動與國民黨〉。也許是因為他被國民黨動輒用「反動」扣人帽子而起了反動，使他也以其人之道來還治其人。「反動」這個字眼在他這篇文章裡出現了23次，而且「國民黨是反動的」這句話，就好像是〈新文化運動與國民黨〉這首歌裡的主旋律一樣，出現了4次。
　　我們記得胡適在歐遊期間是歌頌國民黨的。他在〈新文化運動與國民黨〉這篇文章裡仍然讚揚當時的國民黨。他說：

　　十年以來，國民黨所以勝利，全靠國民黨能有幾分新覺悟，能明白思想變化的重要。故民國七、八年〔1918、1919〕之間，孫中山先生還反對白話文，而八年「五四運動」以後，中山先生便命他的同志創辦《星期評論》和《建設》雜誌，參加新文化運動。這便是國民黨的「思想之變

---

199 《胡適日記全集》，5.335。
200 《胡適日記全集》，5.580。

化」。十三年〔1924〕的改組，便是充分吸收新文化運動的青年，這又是國民黨的「思想之變化」。八年的變化使國民黨得著全國新勢力的同情。十三年的變化使國民黨得著革命的生力軍。這是歷史的事實。

然而，取得政權以後的國民黨墮落了。一方面，是保守思想的復辟：

　　民國八年五月以後，國民黨的刊物幾乎都改用白話了，《星期評論》和《覺悟》成了南方的新文學重要中心。然而十年之後，革命的國民黨成了專政的國民黨了，新文學和新思想的假面具都可以用不著了，於是保存國粹的喊聲漸漸起來，於是古文駢文的死灰又復燃了。

另一方面，是專政思想的興起。在這點上，胡適一反他歐遊時對蘇聯與「第三國際」的歌頌，而把國民黨專政思想的興起怪罪在共產黨身上：

　　但共產黨和國民黨協作的結果，造成了一個絕對專制的局面，思想言論完全失了自由。上帝可以否認，而孫中山不許批評。禮拜可以不做，而總理遺囑不可不讀，紀念週不可不做。

在復古、專制思想交互影響之下，胡適說國民黨等於是走入了一個死胡同：

　　中山先生在此時〔1920年〕雖然只把新文化運動看作政治革命的一種有力的工具，但他已很明白地承認「吾黨欲收革命之成功，必有賴於思想之變化」。今日的國民黨到處念誦「革命尚未成功」，卻全不想促進「思想之變化」！所以他們天天摧殘思想自由，壓迫言論自由，妄想做到思想的統一。殊不知統一的思想只是思想的僵化，不是謀思想的變化。用一個人的言論思想來統一思想，只可以供給一些不思想的人的黨義考試夾帶品，只可以供給一些黨八股的教材，決不能變化思想，決不能靠此「收革命之成功」。
　　如果國民黨不知改弦更張，其死期可待：

現在國民黨所以大失人心，一半固然是因為政治上的設施不能滿人民的
期望，一半卻是因為思想的僵化不能吸引前進的思想界的同情。前進的思
想界的同情完全失掉之日，便是國民黨油乾燈草盡之時。[201]

胡適不但看不起國民黨，他也看不起那些為國民黨向外國人作宣傳工作的
歸國留學生。他1929年5月1日致《中國評論報》（*The China Critic*）主編劉
大鈞一封英文信：「台端可否把我從《中國評論報》頁首所列的編輯名單裡除
名？我忝為編輯卻從未撰稿，汗顏已久。」[202]

劉大鈞在5月10日回函，請胡適不要退出，並請賜稿[203]。原來胡適所謂
「忝為編輯卻從未撰稿」其實只是不傷和氣的客氣話。劉大鈞既然沒看懂，胡
適就在次日的回函裡攤開了：

　　……我覺得這個報已不是一個《評論報》，已成了一個官辦的《辯護
報》了。官辦的辯護報並不是不可辦，但用不著我們來捧場。即以最近一
期（Vol. II, 19）〔2卷19號〕為例，社評中論《字林西報》的事，有云：
"As a matter of general principle, the government has always recognized the
freedom of speech."〔我國政府的原則一向是尊重言論自由的。〕季陶兄，
我讀了這樣的話以後，還有臉做《評論報》的名譽編輯嗎？君子絕交不出
惡聲，故前函只是很客氣的辭職。今得來書，不許我辭，故不得不說幾句
老實話，千萬原諒。

胡適既然連「君子絕交不出惡聲」這樣的話都已經說出來了，劉大鈞當日
的回函也就老實不客氣地回敬了胡適：

　　尊意既是如此，自當遵囑……至於吾兄所說捧場一層，在同人也有一種

201　胡適，〈新文化運動與國民黨〉，《胡適全集》，21.436-450。

202　《胡適日記全集》，5.603。

203　《胡適日記全集》，5.603-604。

理由。因為報是英文的，主要目的是對外，創辦的「動機」是抵抗日本不利於我的濟案宣傳。現在政策也是為中國辯護。因為現在政府的對外政策，是爭回已失的國權，與我們的政策相同，所以當然幫他說話……假使我們辦的是中文報，說話就少所顧忌了。初辦的時候我本想定名為 *China Advocate*〔《中國辯護報》〕，同人大多數主張用 *China Critic*，以致現在讀者發生誤會。但是我所要辯護的，是中國，不是政府。我也明知中國有許多地方應該評論的。但是外人罵中國也罵夠了，用不著我們再用外國文字去罵了。我以為我們辦中文報，與其捧場不如罵；外國報，與其罵不如捧場。所謂鬩牆禦侮也。204

　　然而，就在胡適最看不起蔣介石和國民黨的時候，他妥協的痕跡已經是斑斑俱在了。我們試比較他1929年間的幾篇文章。胡適在該年3月25日的日記裡，記他為他跟幾位朋友所組成的「平社」所計畫出版的《平論週刊》的發刊詞。由於《平論週刊》不曾出版，這篇發刊詞一直沒發表。所幸的是，這篇發刊詞很可能就是今天還留在「胡適檔案」裡的〈我們要我們的自由〉。胡適在當天的日記裡說這篇發刊詞只有「一千六七百字」，可能是用稿紙的字數來計算的，只比〈我們要我們的自由〉的實際字數多了三百字。

　　胡適寫〈我們要我們的自由〉的時候，已經到了他寫〈人權與約法〉的前夕。因此，〈我們要我們的自由〉反映了〈人權與約法〉裡最重要的主旨：自由。他說：

　　近兩年來，國人都感覺輿論的不自由。在「訓政」的旗幟之下，在「維持共信」的口號之下，一切言論自由和出版自由都得受種種的鉗制。異己便是反動，批評便是反革命。報紙的新聞和出版自由至今還受檢查。稍不如意，輕的便是停止郵寄，重的便遭封閉。所以今天全國之大，無一家報刊雜誌敢於有翔實的記載或善意的批評。

---

204 《胡適日記全集》，5.604-606。

　　胡適在這篇發刊詞裡對自由的要求是絕對的、不可妥協的：「我們是愛自由的人，我們要我們的思想自由、言論自由、出版自由。」

　　然而，就像我在《日正當中》裡所指出的，胡適的敗筆，胡適對自由主義與個人主義精髓的曲解，就在於他常把個人的自由詮釋成為國家民族的手段。因此，他才會有1925年8月在〈愛國運動與求學〉裡的謬論：「易卜生說的『真正的個人主義』正是到國家主義的唯一大路。」四年以後，歐遊回來以後，胡適用個人的自由來論證國家社會的權宜之計的壞習慣仍然不變。為什麼要爭思想、言論、出版的自由呢？他說：

　　　　我們不用說，這幾種自由是一國學術思想進步的必要條件，也是一國社會政治改善的必要條件。我們現在要說，我們深深感覺國家前途的危險，所以不忍放棄我們的思想言論的自由。

個人的思想言論自由為什麼會跟國家的前途有關係呢？

　　　　我們的政府至今還在一班沒有現代學識、沒有現代訓練的軍人政客的手裡。這是不可諱的事實。這個政府，在名義上，應該受一個政黨的監督指導。但黨的各級機關大都在一班沒有現代學識、沒有現代訓練的少年黨人手裡。他們能貼標語、能喊口號，而不足以監督指導一個現代的國家。這也是不可諱的事實。所以在事實上，黨不但不能行使監督指導之權，還往往受政府的支配。最近開會的「第三次全國代表大會」，便有百分之七、八十的代表是政府指派或圈定的。所以在事實上，這個政府是絕對的，是沒有監督指導的機關的。

　　　　以一班沒有現代知識訓練的人，統治一個幾乎完全沒有現代設備的國家，而絲毫沒有監督指導的機關──這是中國當前最大的危機。

所以，胡適要爭思想、言論、出版的自由，其目的有二：

　　　　第一，是要想盡我們的微薄能力，以中國國民的資格，對於國家社會的

問題作善意的批評和積極的討論，盡一點指導監督的天職；第二，是要借此提倡一點風氣，引起國內的學者注意國家社會的問題，大家起來做政府和政黨的指導監督。[205]

然而，才四個月不到，胡適已經倒退了好幾步了。證據就是〈我們對於政治的主張〉。這篇文章一開始的姿態就擺得非常的低，胡適已經「龍膽公」不再：

> 我們都沒有黨籍，也都沒有政治派別。**我們的唯一目的是對國家盡一點忠心**。所以我們的政治主張不用任何黨義作出發點。我們的出發點是中國的實在需要，我們的根據是中國的實在情形。
> **我們不想組織政黨，不想取什麼政黨而代之，故對現在已得中國政治權的國民黨，我們只有善意的期望與善意的批評**。我們期望它努力做的好。因為我們期望它做的好，故願意時時批評它的主張、組織、和實際的行為。批評的目的是希望它自身改善。

我們看看我在此處用黑體字所標示出來的話，再看看他在〈我們要我們的自由〉裡所說的：「我們是愛自由的人，我們要我們的思想自由、言論自由、出版自由。」真是不可同日而語！〈我們對於政治的主張〉裡唯一從頭到尾沒有出現的觀念無它，就是「自由」！

更為驚人的，是胡適現在賦予國民黨的角色：

> 我們對於今日「黨」和「政」的關係，認為太不分明，實際上行不通。我們以為今日應該明白規定黨的權限是「政權」，政府的權限是「治權」（這是借用孫中山分別對「政權」與「治權」的主張）。治權是執行政務之權，政權是監督行政之權。
> 換句話說，我們主張，黨的地位應該同民治國家的議會相仿，只有在一

205　胡適，〈我們要我們的自由〉，《胡適全集》，21.380-382。

定的法律範圍之內，依法定的手續，可以監督行政。過此範圍的干涉便為
非法。中央黨部便等於中央議會，省黨部便等於省議會，地方區黨部便等
於區議會──都應該有明白規定的權限和手續。

不到四個月以前才被他抨擊為：「一班沒有現代學識、沒有現代訓練的少
年黨人……他們能貼標語、能喊口號，而不足以監督指導一個現代的國家」的
國民黨，現在卻可以變成一個國家的「議會」──「中央黨部便等於中央議
會，省黨部便等於省議會，地方區黨部便等於區議會」！

「黨的地位應該同民治國家的議會相仿」！這何止是匪夷所思而已！這根
本就是自宮、自閹民意！胡適在美國留學時候所學、所觀察的民主制度的基本
原則，全都被他給拋到九霄雲外去了！國民黨如何可以跟「民治國家的議會」
相仿呢！民治國家的議會是民選的，代表選民、對選民負責。選民不喜歡他
們，可以罷免他們，也可以在下次選舉的時候不把票投給他們。國民黨是用槍
桿子取得政權的，它既不是民選的，也不代表選民。它不但不需要對人民負
責，它而且可以魚肉人民！套用胡適自己在〈人權與約法〉裡所說的：「無論
什麼人，只須貼上『反動分子』、『土豪劣紳』、『反革命』、『共黨嫌疑』等等
招牌，便都沒有人權的保障。身體可以受侮辱，自由可以完全被剝奪，財產可
以任意宰割，都不是『非法行為』了。無論什麼書報，只須貼上『反動刊物』
的字樣，都在禁止之列，都不算侵害自由了。」

胡適在自宮、自閹了民意，把國民黨擁立為代表民意的「議會」以後，他
把孫中山根據美國的三權分立的原則建立起來的五權進一步地發展成為一個六
權分立的政府──國民黨加上五院：

> 我們以為現行的政府組織，名為五權並立，其實只是行政一權。立法、
> 司法、考試、監察，若不能獨立，便不能行使他們的職權。所以我們主
> 張：行政院的地位應提高，作為政府。
>
> 立法院應獨立，成為全國的法制編纂院。向來民治國家的議會所有的監
> 督政府的種種權力，既有黨部代行了，故立法院只執掌純粹立法的任務。
>
> 司法院應獨立，成為最高的法院。

監察院應絕對獨立，監察院及其附屬機關的人員不得兼任行政職務，也不得兼任黨部職務。監察院應該監察政府，也應該監察黨部。

考試院應該絕對獨立，考試院及其附屬機關的人員不得兼任行政或黨部的職務。

我們深信，若監察與考試兩種制度能嚴格地施行，政治的清明還可以有望。但這兩種制度的施行，須要有下列兩個條件：

一、監察機關絕對獨立，不受黨及行政機關的牽掣。

二、考試制度之下，只論人才，不限黨籍。專制帝政之下，假使皇帝姓朱，卻不限定天下士子先改姓朱，然後來投。今制定考試新制，若限定黨員方可投考，便是根本打銷考試用人的原意了。[206]

〈我們對於政治的主張〉，《胡適遺稿及祕藏書信》以及《胡適全集》的編輯判斷是1929年底寫的。我認為我們可以更精確地判斷它所寫的時間。以內容來判斷，其大綱已經寫在胡適1929年7月2日的日記裡了。我在上文提到了胡適的這則日記：「宋子文前不多時曾對我說，要我代他們想想國家的重要問題。現在的局面又稍有轉機，又是大可有為的時期了。若不謀一點根本的改革，必定不久又要打起來。我們希望他們能『逆取而順守之』。故他約了我今天去談天，我便對他說了一些改革的意見。」接著，他就說：「大旨如下：」

一、召集約法會議，制定約法。（1928年8月10日五中全會第三次大會議決：訓政時期，依照總理遺教，頒布約法。）

二、約法修正之前，可修正國民政府組織法……
　　原則：1，以行政院為政府；2，司法院獨立，改為大理院；3，立法院獨立；4，考試院獨立；5，監察院獨立。

三、組織法修正後，即改組政府及四院。
　　原則：1，淘汰最不適宜的人選；2，充分實行專家政治：交通、考試、衛生、農礦……均宜用專家；3，充分容納異己人才：如監察院

206　胡適，〈我們對於政治的主張〉，《胡適全集》，21.383-385。

　　　　宜用無黨或左派人才；4，實行文官保障。

四、黨的問題，宜有冷靜的考慮。

　　原則：黨部今日只能暫行「議會」的職權。在中央則為中央的一個議會，自地方則為地方議會。但須明定黨部與行政機關的職權及相互關係。

　　黨部應該可以監督行政，可以對行政機關提建議，但行政院可以有veto（否裁）權。否裁有不當時，應如何救濟，也應有規定。

　　否裁之後，原議可送回覆議。覆議須有更大多數之通過，始得成立。此美國通行之原則。否裁權之外，應有解散權否？此問題也值得討論。

五、裁兵問題，是專門問題，不是軍人自身所能了，當延請國外專家與國內及商界代表共同研究一個方案。

六、提倡工商業最急之務：1，改善勞工待遇，宜用「勞工立法」，不當鼓勵罷工怠工；2，勞資仲裁宜有公正之仲裁機關，不當令黨部干預。

七、用人宜實行考試，但考試不可限於黨員，也不可用黨義為考試科目。

　　我們的態度是「修正」的態度：我們不問誰在台上，只希望做點補偏救弊的工作。補得一分是一分，救得一弊是一利。[207]

　　我們把胡適所寫的〈我們對於政治的主張〉跟他7月2日跟宋子文說的「大旨」來相比較，就可以知道前者的主張已經在後者裡出現了。然而，有一點必須強調。胡適在7月2日的日記裡也附加了他給宋子文那個「大旨」的英文版本：〈1929年7月2日給宋子文先生的要點〉（Note Given to Mr. T. V. Soong on July 2, 1929）。這個英文版本跟中文的「大旨」有一個重要的出入。在中文版的「大旨」裡，胡適說：「黨部今日只能暫行『議會』的職權。」在英文版裡，胡適是說：「中央黨部應與立法院一起扮演議會的功能」（The Central Party organ may form one kind of parliament functioning together with Legislative Council）[208]。

---

207 《胡適日記全集》，5.653-655。

208 〔胡適〕，"Note Given to Mr. T. V. Soong on July 2, 1929"，「胡適紀念館」，HS-DY01-1929-0702。

　　儘管中英文版本之間存在著這麼一個重要的區別，胡適7月2日給宋子文的「大旨」跟〈我們對於政治的主張〉一致，主張把國民黨當成一個代表民意的議會機構。另外一個重要的主張，是胡適從留美時期就已經服膺的「社會立法」的觀念：「提倡工商業最急之務：1，改善勞工待遇，宜用「勞工立法」，不當鼓勵罷工怠工；2，勞資仲裁宜有公正之仲裁機關，不當令黨部干預。」這個「社會立法」的理念我在《日正當中》裡已經作過詳細的分析。值得強調的是，從胡適留學時期開始，「社會立法」是一個「未雨綢繆」的理念。然而，現在已經保守了的胡適是越發的保守。他不要國民黨從事任何社會或勞工運動。所以：「不當鼓勵罷工怠工」；「勞資仲裁宜有公正之仲裁機關，不當令黨部干預。」

　　然而，如果我們進一步比較〈我們對於政治的主張〉與胡適7月2日給宋子文的「大旨」，我們可以說〈我們對於政治的主張〉寫成的日子，一定要比胡適7月2日給宋子文的「大旨」稍晚一些，因為它比寫「大旨」時候的胡適又更要保守、退縮了許多。在「大旨」裡，胡適開宗明義，要求「召集約法會議，制定約法。」這個要求在〈我們對於政治的主張〉裡已經是銷聲匿跡。取代的，是低聲下氣的輸誠：「對現在已得中國政治權的國民黨，我們只有善意的期望與善意的批評。」

　　胡適人權與約法的政論誠然大膽，誠然無愧於「龍膽公」的封號。然而，一如本節的分析所顯示的，這其實是一個「神話」。這「龍膽公」所打的不是「閻王」，而是「小鬼」。不但如此，用約法來保障人權，並不是胡適的初衷。他提倡約法的初衷，是在為中國立下一個現代國家的根本計畫。他會把約法與人權連結在一起完全是一個意外，是被陳德徵這些「小鬼」無法無天地把羽毛當令箭的行為所激出來的。更重要的是，在人權與約法那看似為了爭自由「雖千萬人，吾往矣」的浩然之氣的文字的背後，其實隱藏了胡適已經大肆保守、退縮的事實。

　　胡適人權與約法的故事既然許多都屬於「神話」的範疇，其節外生枝的一齣戲外戲亦屬「神話」，也就真是梅開二度了。胡適在1930年11月25日的日記裡黏貼了《民國日報》11月22日的一份剪報。這份剪報報導了胡漢民〈談所謂「言論自由」——在立法院紀念周講演〉。這個講演跟胡適有關的地方如下：

最近見到中國有一位切求自由的所謂哲學博士，在《泰晤士報》上發表一篇長長的論文，認為廢除不平等條約不是中國急切的要求。於是《泰晤士報》的編者便在題下注著說：「下面是中國一位著名學者的論文。他的主張自然可以代表中國知識階級的意見。可見中國政府要求廢除不平等條約，我們盡有辭可以答覆之」當我們正在苦心孤詣向帝國主義者交涉廢約的時候，而我們中國的所謂著名學者，卻會來此一著，加多一切帝國主義的藉口，以稽遲我們自由平等的求取！在他個人，無論是想借此取得帝國主義的贊助和榮寵，或發揮他「遇見溥儀稱皇上」的自由，然而影響所及，究竟又如何呢？此其居心之險惡，行為之卑劣，真可以「不與共中國」了。

胡適在日記裡錄存了他當天質問胡漢民的信：

這一段文字很像是暗指著我說的。我知道先生自己不會看《泰晤士報》，必定有人對先生這樣說。我盼望先生請這個人指出我在那一天的倫敦《泰晤士報》上發表過何種長長的文章或短短的文章，其中有這樣一句「居心險惡，行為卑劣」的話。倘蒙這個人把原來的報紙剪下寄給我看看，我格外感謝。209

歷來「愛護」、「崇拜」胡適的人，都異口同聲說胡漢民造謠。傅國湧說這是「政客的謊言」210。邵建鄙夷為「聽說」、「流言政治學」。他而且引申說：「就這一段文字而言，即使胡適有這樣的文章這樣的話，亦屬言論自由。」邵建引了胡適質問胡漢民的信，擊節稱賞地說：「胡適除了要證據，既不從辯，亦不事駁，心氣平和，波瀾不驚。地地道道的胡適方式。」211

胡適真的覺得他被冤枉了，一定要追問到水落石出。兩個星期沒收到回

209　胡適致胡漢民，1930年11月25日，《胡適全集》，24.64。

210　傅國湧，〈從胡適與胡政之的通信說起〉，http://fuguoyong.i.sohu.com/blog/view/65183954.htm，2012年11月10日上網。

211　邵建，《胡適與魯迅：20世紀兩個知識分子》（北京：光明日報出版社，2008），頁191。

信，胡適等不及了，又在12月10日致信胡漢民：

> 11月25日曾寄一書，請先生指出我在何月何日的《倫敦泰晤士報》上
> 發表一篇文字，其中有「廢除不平等條約不是中國急切的要求」的一句
> 話。迄今已半月餘了，未蒙先生賜答。特此再上一書，請先生務必撥出幾
> 分鐘的工夫，令秘書處給我一個答覆。如蒙剪寄原報，更感謝。先生既認
> 這句話犯了「可以不與共中國」的大罪，便不應該不答覆我的請問。[212]

其實，胡漢民的幕僚在前一天已經回了信，只是胡適還沒收到。胡漢民幕
僚在回信裡作了解釋：

> 11月25日手書已呈胡先生閱過。胡先生事務過冗，未暇奉答。惟以愚
> 等所知，則胡先生熟諳英文之友人曾言，我國要求撤廢領事裁判權之照會
> 到達英國後不久，倫敦《泰晤士報》即發布社說，稱述中國某哲學博士之
> 言論，備言中國司法與政治種種不善，……以反證中國政府要求撤銷領事
> 裁判權之無當云。胡先生以某哲學博士所言竟為帝國主義者維護其在華特
> 權之藉口，此與國家民族之利益衝突實甚，或亦較近極端言言論自由者之
> 過。故於談所謂言論自由之一稿中縱論及之，而始終不欲舉著論者之姓
> 名，殆亦朱子「必求其人以實之，則鑿矣」之意歟？[213]

邵建看到這封胡漢民幕僚的回信，更為不齒。他說：

> 好一個詭辯！本來，這個講演是專對胡適的，現在好像是泛論某種現象
> 了，故「縱論及之」。嘴巴是圓的，舌頭是軟的，用魯迅引《鬼谷子》的
> 話，真是「雖覆能復，不失其度」。至於所引朱子，雖不清楚原來的上下
> 文，顯然，胡漢民的引用是在「穿鑿」的意義上，但為什麼不是「確鑿」

212　胡適致胡漢民，1930年12月10日，《胡適來往書信選》，2.34-35。
213　胡漢民隨處秘書處致胡適，1930年12月9日，《胡適來往書信選》，2.34。

呢？根據講演的語境，由於你是公開指控，就得「確鑿」不可，不僅「必求其人以實之」，還得「必求其事以實之」。人、事俱實，方能說話。否則，不是捏造事端，就是散布流言。

胡適覺得含冤莫白。於是寫信求助胡政之〔胡霖〕：

> 我有件小事，要請教於你。在你的〈新都印象記（二）〉中有見胡展堂的談話。其中他說：「近有人對取消不平等條約，在外報上表示懷疑，此直越乎言論自由之範圍，殊為不當。本人近有一文，論〈所謂言論自由〉，即為此而發。」
>
> 他對你談這話時，可曾說起我的姓名？他在那篇〈所謂言論自由〉裡，很明白地影射著我，說我在《倫敦泰晤士報》發表文章。我寫了信去請他指出哪一天的《泰晤士報》有我的文章，他至今不曾回信。我讀了你的〈印象記〉，很想知道胡展堂曾否對你指出那「在外報上表示懷疑」的人的姓名。請你看一個被誣蔑的同宗小弟弟的面上，把當日的真相告訴我。[214]

胡政之在 12 月 25 日的回信裡說：

> 展堂確對弟提及大名，謂多數人努力之國是，不應由一個哲學博士隨便發發議論來打消（大意如此，原話記不清了）。當時雖謂先生在外報發表文章，卻未說出何報。弟以廢話甚多，亦未及詳問，只知彼〈所謂言論自由〉一文，係對大作而發耳。敬以奉復。[215]

事實上，胡漢民的幕僚並沒有說謊。他們說的是事實。胡適所望穿秋水想要知道的哪一天的《泰晤士報》（*The Times*）的文章，是 1929 年 7 月 11 日刊出

214　胡適致胡漢民，1930 年 12 月 21 日，《胡適來往書信選》，2.35。
215　胡政之致胡適，1930 年 12 月 25 日，《胡適來往書信選》，2.36。

的，篇名為：〈無法度的中國：法庭是國民黨開的〉（Lawless China: Party Control of the Courts）。這篇文章先簡短地追溯了國民黨從「赤色」——也就是聯俄容共——到黨員假「訓政」之名而濫權的歷史。接著，它就強調中國傳統欠缺自由與人權的觀念：

> 　　很少中國人具有西方人所有的自由與人權的觀念。幾千年的專制統治，再加上父權的文化，使中國人一方面甘心被統治，但又同時特別不能忍受不公。國家予取予求，人們可以接受，但不公則為不可忍。再糟的政府他們都能忍受，只要他們個人的利益不被踐踏。這就是目前問題的所在。南京的國民黨獨裁，中國人知道，他們甚至欽佩。但是，當國民黨各地黨部那些乳臭未乾的少年拿羽毛當令箭來魚肉鄉曲（the poor）、榨取仕宦（respectable）的時候，就引起了公憤。

　　為了平息公憤，這篇報導的記者說南京政府發布了一個溫吞的〈保障人權命令〉。然而，他說這個〈保障人權命令〉被識者批評為不明確、不充分。最重要的是，這個命令完全沒有觸及到國民黨或政府機關。而那侵犯了人民的身體、自由、財產的，就正是政府與國民黨。他說，就像一家知名的報紙所指出的，任何人，只要被貼上「反動分子」、「土豪劣紳」、「反革命」、「共產黨」的標籤，就可以被逮捕，身體就可以被侮辱，財產就可以被剝奪。任何書報，只要被貼上「反動」的字樣，都可以被禁止。任何學校，也可以因為同樣的理由而被關閉。

　　如果讀者覺得這些話似曾相識，完全正確，那就是胡適在〈人權與約法〉的批判。記者就在這個節骨眼上提起胡適的名字，稱呼他為：「少年中國所公認的最為睿智、真正愛國的表率。」接著，他就引述胡適所批判的陳德徵的提案：〈嚴厲處置反革命份子〉。他說胡適指出這個提案如果通過，就意味著根本否認了法治。他說胡適列舉了幾個危害人身以及侵犯自由的案例。他說胡適強調沒有約法，人權就不能獲得保障。他說雖然孫中山在晚年的時候不曾提起他早年所提倡的「約法」，但是，胡適呼籲說中國需要一個約法來保障人民的身體、自由、與財產。他徵引胡適的話說：「有侵犯這法定的人權的，無論是

國民政府的主席或連長，人民都可以控告，都得受法律的制裁。」

　　這篇報導的結論，就是讓胡漢民氣得說「真可以『不與共中國』了」，也是胡適覺得他一定要洗清他被「誣蔑」的所在：

> 　　上述的分析令人省思。一方面，它讓我們知道法律在中國是什麼一回事。另一方面，它也讓我們意識到如果領事裁判權廢止的話，外國人在中國就岌岌可危了。目前的情況是：作為中國政府的主腦，國民黨是攬大權於一身。就像胡適博士所正確地指出的，在中國政府建立法律的基礎以前，不管是外國人還是中國人，都不會享有身體或財產的保障。從外國人的角度看去，只有這個法律基礎，才能確保法治獨立，不受到政治或其他亂七八糟的因素所干擾。[216]

　　當時的胡適覺得含冤莫辯，努力地要還自己的清白。胡適的這些舉措，並不表示他在說謊。胡適不是萬能，胡適也不可能盡讀世界上所有的書刊雜誌。《泰晤士報》上這篇報導，他很可能從來就沒看過，而且也從來就夢想不到《泰晤士報》會引他的文章去澆帝國主義的塊壘。

　　愛胡適、崇拜胡適的人，常愛讚美胡適沒有證據就展緩判斷、不下定論的態度。然而，他們自己在沒有反證以前，就義憤填膺、斬釘截鐵地為胡適辯護。這種心態無它，就是我在《日正當中》的〈前言〉所說的：「胡適說過就算主義。」

　　胡適覺得委屈、覺得自己被冤枉。當然，胡適可能完全不是故作委屈，因為他可能終其一生都不知道他並沒有被冤枉。如果胡適地下有知，這個教訓就是俗話所說的：「話不要說得太滿。」胡適在〈新文化運動與國民黨〉裡說：

> 　　前年〔1926年〕我在康橋大學的世界學生會茶會上談話，指出東方文明的弱點；散會之後，幾個印度學生陪我走回寓，他們都說我的主張不錯，但他們卻不便如此公開主張。我說，「為什麼不說老實話呢？」他們

---

216 "Lawless China: Party Control of the Courts," *The Times*, July 11, 1929, p. 19.

說：「如果今天我們印度學生這樣批評東方文明，明天英國報紙上便要說我們承認英國統治了。」

這個故事我在《日正當中》裡說過了，發生在1926年10月9日晚上。當晚，胡適在中國留學生所組的「大不列顛中國學生總聯盟」（Central Union of Chinese Students in Great Britain）的年宴上演講。胡適在演講裡禮讚近代西方文明、抨擊東方文明的落後。他在當天的日記裡說，會後，有印度學生會的會長對他說：「自然，你可以如此說，但我們印度學生若如此讚嘆西洋文明，明天英國報紙便要利用此話，作為我們承認英國統治的證據了。」

胡適在日記裡訕笑他們：「我聽此話甚有感動，原來他們說的話不是良心話！」他恐怕作夢也沒想到：才三年不到，他自己「今天」說的話，「明天英國報紙便要利用此話，作為我們承認」領事裁判權有理的證據了。胡適三年前訕笑印度學生會的會長說的話不是良心話。他當時完全沒有設身處地為印度學生設想他們說「良心話」可能產生的後果。結果，才三年不到，胡適就自食其果。「話不要說得太滿！」信然！

借反蔣的東風向蔣介石要約法

歷來研究胡適的學者所常犯的錯誤，不是輕信胡適──「胡適說過就算主義」──就是沒讀懂胡適。在胡適的一生當中，只要他願意清楚地交代他思想變化的軌跡的時候，他一向是會留下記錄的。能不能精確地掌握，就端賴研究者自己的細心與努力。胡適在1926年到1927年間走向右傾激進的法西斯蒂的巔峰然後再急速撤退，其軌跡是斑斑俱在的──當然，其軌跡多半是留在他英文的文字裡。我在本章前三節的分析，從胡適對國民黨幻想的幻滅，到他人權與約法的政論看似為爭自由人權義無反顧，而其實已然退縮保守的軌跡，凡此種種，胡適自己都在他的文章、日記裡留下了痕跡。

在寫出人權與約法的政論以後，胡適退縮、保守有多少？我在本章第一節裡已經徵引了他在1930年9月3日的日記裡的夫子自道：

近來與人談政治，常說，民國十一年〔1922〕，我們發表一個政治主張，要一個「好政府」。現在──民國十九年〔1930〕──如果我再發表一個政治主張，我願意再讓一步，把「好」去了，只要一個政府。政府的最低任務是「警察權」──保境安民──凡不能做到這一點的，夠不上政府。[217]

我在《璞玉成璧》裡指出邵建的錯誤。他說胡適沒讀過洛克的《政府二論》（*Two Treatises of Government*），所以不懂古典自由主義。我指出胡適在美國留學的時候不但讀過洛克，而且還寫了洛克的《政府二論》的讀書報告。胡適在1930年9月3日這則日記裡說：「政府的最低任務是『警察權』」，他沒說這個觀點的出處為何。所幸的是，他在1933年所寫的〈從農村救濟談到無為的政治〉註明了出處：

　　我們可以用十九世紀後期哲人斯賓塞（Spencer）的話：要把政府的權力縮小到警察權。這就是無為政治的摩登說法。警察權只是維持人民的治安，別的積極事業都可以不管；人民只要有了治安，自然會去發展種種積極的事業。斯賓塞在十九世紀的英國提倡此種消極的政治主張，自然是背時。但這種思想在今日一切落後的中國，我們認為是十分值得我們的政治家注意考慮的。[218]

胡適在《留學日記》裡說：「我最恨『耳食』之談」，但他也承認「我自己實亦不能全無『以耳為目』的事。」[219]這句斯賓塞的引語就是一個明證。這句話不是斯賓塞說的，而是胡適在留美時期讀過的《旁觀報》（*Spectator*）的書評裡總結斯賓塞的極端個人主義的用語[220]。這篇書評評的是斯賓塞1884年出

217　《胡適日記全集》，6.255。

218　胡適，〈從農村救濟談到無為的政治〉，《胡適全集》，21.626。

219　《胡適日記全集》，6.255。

220　"The Man versus the State," *The Spectator*, No. 2961, March 28, 1885, p. 421.

版的《人與國家》（*The Man versus the State*）。胡適讀到這篇書評，可能是
1911年春天課堂上所指定要念的《旁觀報論文集》（*Spectator*）[221]。

斯賓塞「要把政府的權力縮小到警察權」的理論，就像胡適自己所說的：
「自然是背時。」它完全違背了胡適的政治哲學。這種十八世紀極端的個人主
義的自由主義的弊病，就像胡適在〈我們對於西洋近代文明的態度〉裡所說
的：「十九世紀以來，個人主義的趨勢的流弊漸漸暴白於世了。」不但如此，
胡適說「教我怎樣思想」的杜威，甚至批判斯賓塞的哲學不但是演繹的，而且
是欠缺歷史眼光的。杜威在〈斯賓塞的哲學著作〉（The Philosophical Work of
Herbert Spencer）裡說：

> 在第一流的思想家裡，像斯賓塞那麼欠缺歷史意識和興趣的人大概不會
> 有第二人；驚人的是，他還是演化理論系統的作者！像他那樣對整個思想
> 史幾乎完全無知，卻又膽敢去創建出一個哲學系統的人，幾百年才有一
> 個。[222]

胡適是否讀過杜威在1904年所發表的這篇文章，不是重點。重點是這又
是胡適一生慣於糅雜挪用的一個例子。胡適從留美時期就已經服膺的政治哲學
是以人工來彌補天地不仁，亦即，用「社會化」──社會立法──的方法來推
廣十八世紀極端放任的個人主義以及資本主義的理念，來彌補社會上的不平
等，以至於為社會上的最大多數謀最大的幸福。然則，他為什麼會去徵引「背
時」的斯賓塞「要把政府的權力縮小到警察權」的理論呢？這就是胡適在
1930年代揭櫫「無為政治」、「民主政治是幼稚園政治」的理論基礎。欲知詳
情，請見第四部第一章的分析。

胡適轉引斯賓塞「政府的最低任務是『警察權』──保境安民」的觀點。

---

[221] 《胡適日記全集》，1.141。

[222] John Dewey, "The Philosophical Work of Herbert Spencer," *The Collected Works of John Dewey, 1882-1953*. Electronic edition, MW3.197.

其實，這個觀點的遠祖就是洛克，就是洛克在《政府二論》裡最基本的觀點。換句話說，胡適這個「**有政府就可**主義」的基礎，就是洛克的政府起源論。洛克在《政府二論》下冊的〈導論〉裡說：

> 政權也者，就是制定死刑暨所有其他量刑較輕的刑法的權力，其目的就在規約並保障私有財產，以及動用團體（community）的力量來執行這些法律、並保護全體國民（commonwealth）使其不受外敵的侵害。所有這些都完全是為了公眾的福祉（public good）。[223]

值得令人玩味的是，洛克的政府起源論是胡適說「教我怎樣懷疑」的赫胥黎所不取的。赫胥黎鄙夷洛克或者霍布斯（Thomas Hobbes）的政府起源論為「先驗」式的，是瞎猜、完全沒有歷史根據的[224]。胡適為什麼會用他留學時期所讀的洛克的政府論來闡述他的「有政府就可主義」呢？這是跟胡適認為當時的中國仍然處於中世紀的看法是息息相關的。從胡適的角度看來，中國在走向現代政治制度的路程上還是一個幼稚園的學生。因此，它只適合幼稚園的政治。洛克的理論是英國民主政治制度濫觴之初所形成的一種政府論，亦即，政府干預得越少越好的理論。對胡適而言，這就恰正是最適合於幼稚園的中國的理論。有關這一點的分析，且待第四部第一章。

胡適既然認定中國在走向現代政治制度的路程上，還處於在摸索的幼稚園期，他於是從他八年前的「好政府主義」降低標準，只要求「有政府就可主義」。而要有政府，其先決條件就是和平。胡適這個對和平的希冀──要政府能行使「保境安民」的最低任務的「警察權」──就變成了他1930年以後對國民黨的期望。

歷來對胡適這個階段的研究，都忽略了胡適在人權與對國民黨的要求的退

223　John Locke, *The Philosophical Works and Selected Correspondence of John Locke: Two Treatises of Government*, Book II, Chapter 9, "Of the Ends of Political Society and Government, §3," p. 268 (Intelex Past Masters).

224　Thomas Huxley, "Government: Anarchy or Regimentation," *Collected Essays of Thomas Huxley, I: Methods and Results*, pp. 383-429.

卻。這也就是說，從「好政府主義」到「有政府就可主義」的讓步。陳漱渝的論文就是一個最好的例子。陳漱渝說：

> 蔣介石把孫中山的「訓政」變成一黨專政，又把一黨專政變成了個人獨裁，不僅引起了胡適這一類自由主義知識分子的不滿，而且激化了他跟國民黨內的其他派系（如以汪精衛為首的改組派）以及地方實力派（如晉系系閻錫山、西北軍馮玉祥、桂系李宗仁）的矛盾。尤其是作為國民黨元老的汪精衛，更希望利用他在黨內的影響來遏制擁兵自重的蔣介石。因此，人權與約法問題就成為了胡適和改組派反蔣的共同武器。[225]

「改組派」誠然是利用人權與約法來作為反蔣的武器。然而，陳漱渝說胡適在人權問題上和「改組派」合作，又說：「在國民黨的主流派與非主流派之間，胡適是腳踏兩隻船。」這不但高估了「改組派」在胡適眼中的地位，而且也無視於胡適已經押寶在國民黨的事實。胡適並沒有跟「改組派」合作，而毋寧是借反蔣的東風向蔣介石要約法。

我在本章第一節裡已經提到了胡適對國民黨押寶與妥協的開始。我徵引了胡適1928年7月1日的日記：「今天財政會議在南京開幕。此事有點開國氣象，故詳記之。」他又在該年12月2日的日記裡說，他在南京觀察政局，南京政府雖然是行政權獨大，但「將來立法、監察、考試三權似皆會起一種自然變化，漸趨於獨立的地位。」因此，他得出了「民治的政府」是可期的結論。

南京雖然有「開國的氣象」，但是「民治」的自然演進除了需要有建設的計畫以外，還需要和平。南京政府的一些舉措，例如胡適在日記裡所提到的財政會議，以及外籍顧問的聘請，都是胡適所認可的。胡適在日記裡所提到的外籍顧問，就有英國的懷特爵士（Sir Frederick Whyte）、美國的財政改革顧問甘末爾（Edwin Walter Kemmerer），以及後來正式成為「國際聯盟」派去中國的波蘭籍公共衛生顧問拉西曼（Ludwik J. Rajchman）。然而，計畫與建設的先決

225　陳漱渝，〈胡適與蔣介石謀面之前的一場迂迴戰——上世紀20年代末30年代初中國的人權運動〉，《魯迅研究月刊》，2009年第6期，頁31。

條件是和平。胡適在1929年12月20日的日記裡說得很清楚：

國際聯盟公共衛生部長Dr. Ludwik Rajchman〔拉西曼博士〕約我去談話。他說，此次衛生部請聯盟幫忙，這是中國第一次同聯盟發生正式關係，我們的責任不輕。但我到中國已六個禮拜了，研究的結果，約有幾個結論：一、此時中國的衛生事業實無可下手……二、公共衛生事業必有所附麗，……我看在中國之公共衛生運動當附屬於教育運動。三、此時計畫第一步，為請劉瑞恆加入聯盟衛生委員會，請顏福慶及方次珊加入其他附設之委員會，或可使衛生部所計畫之各種事業稍多永久性而不至於輕易受政潮牽動。[226]

胡適在三天以前，12月17日的日記裡說得更為透徹：

去看Dr. Edwin Walter Kemmerer〔甘末爾，1929年南京政府所聘請的美國財政改革顧問〕。他們做財政設計的計畫，已完功了。他今晚上船，故去辭行。我勸他們把報告書作一個提要，先行發表，使國人可以明白他們的主張；萬一政局有變，此報告書也不致埋沒在公文堆裡，將來的政府也可以施行。鄭萊〔注：夏威夷華僑，哈佛大學企管碩士，胡適留美時期的好友。不會說北京話，時任職財政部〕與Mr. Edward F. Feely〔斐立，甘末爾顧問團的總秘書〕都贊成此意。他們的報告書有三十五冊，約二千頁！[227]

說到甘末爾的這份報告書，有一點必須強調。可以略見雖然遠來和尚會念經，可是他們也有其令人啼笑皆非的盲點。比如說，甘末爾建議國民政府發行新的幣制，應以「孫」作為「元」的單位。「孫」者，孫中山也。這「孫」元的靈感來源，即袁世凱的「袁大頭」的銀「元」。甘末爾所建議鑄造的「孫大

---

226 《胡適日記全集》，5.932。
227 《胡適日記全集》，5.921。

頭」的一元銀幣，與1929年一元的銀幣等值，等於當時的美金四角。這「孫大頭」之下，有五角、貳角的硬幣——可惜我們不知他們是否建議稱呼為「孫小頭」[228]。為什麼這個新的幣值單位要叫做「孫」而不是「元」呢？甘末爾說他聽說1914年所鑄造的「元」——「袁大頭」——是為了紀念袁世凱。他顯然不知道「袁」與「元」同音而不同義。他說現在既然是國民黨當政，為了紀念孫中山，中國錢幣的基本單位自然就應該叫做「孫」了[229]。

　　無論如何，讓胡適扼腕的是，蔣介石一面談建設、聘請外國顧問，卻又一面倒行逆施，行其軍事獨裁之實。有關這點，胡適在1930年2月12日的日記說得再清楚也不過了：

> 下午 Sir Frederick Whyte〔懷特爵士〕約我會談。談了一點半鐘。大概3月1日的三中全會上，蔣介石提出一個政治改革案。據Whyte〔懷特〕說，此案有兩要旨，一是政府內部組織的改革，一是要政府和輿論接近。我對他說，蔣介石一面要改革政治，一面又極力擴充他的軍備，怕人不信他的誠心罷？況且今日的急務在於怎樣使政府像個政府。你儘管說要與輿論接近，然而今日什麼陳德徵、朱應鵬皆可壓迫輿論。而一個教育部長不能干預教育廳長的人選，而蔣介石可以下手諭取消教育、衛生兩部取締中醫的命令。怎樣才能免除這種無政府狀態呢？[230]

　　我們細看胡適1929年到1930年的日記，就可以知道他當時的日記環繞著兩個主題：一個是他人權與約法的政論、其所造成的反響，以及國民黨「小鬼」的纏鬥；另一個就是蔣介石與其他軍閥合縱連橫的混戰。有關蔣介石與軍閥之間的合縱連橫與混戰，胡適多半是在日記裡黏貼剪報，幾乎完全沒有加上自己的按語。1929年3月蔣介石與桂系之戰爆發。李敖與汪榮祖在其所合著的

228　Arthur Young, *China's Nation-Building Effort, 1927-1937*（Palo Alto, Calif.: Hoover Institution Press, 1971）, p. 179.

229　Chu Ching-lai, "A Critical Study of the Kemmerer Report," *Pacific Affairs*, 4.3（March, 1931）, p. 221.

230　《胡適日記全集》，6.100。

《蔣介石評傳》裡說：

> 蔣軍竟能不血刃而取武漢，並非蔣介石「天縱英明」，而是事前已經收
> 買分化，利用桂系將領俞作柏、李明瑞等不滿情緒，以收買。並派特務鄭
> 介民至武漢大肆活動，內部已經分化。
> 蔣介石於1929年3月26日下令討伐國民黨第四集團軍之後，閻錫山於
> 29日通電討桂以表態，張學良復於4月2日通電警告桂系以表態，馮玉祥
> 則「不便偏袒」，首鼠兩端，觀望不前，與蔣亦有諒解……231

根據易勞逸（Lloyd Eastman）在《劍橋中國史》（*The Cambridge History
of China*）裡的說法，蔣介石付給馮玉祥保持中立的收買費是兩百萬元232。
有關蔣介石用高官厚祿分化桂系的李明瑞，以及用重金收買馮玉祥，胡適
在1929年5月22日的日記裡也有記載：

> 今夜見著蔣百里先生，他是此次戰爭的大功臣。北方之勾結李品仙，南
> 方之勾結李明瑞，都是他的大功。
> 他得意得很，說：「這回有兩大股文章做的真好：上股是做一個『誘』
> 字，下一股更難做，做的是一個『通』字。老馮〔馮玉祥〕是向來不肯為
> 天下先的，這回竟逼出了他的通電，這一股文章真不好做！現在總算做成
> 了。」
> 同聽此話的有張東蓀。說話時我們在他的汽車上。
> 到了他家裡。徐新六也在那邊。但主人樓下有客，一個日本客。
> 我們坐了許久，日本客去了。主人上來，手裡拿著三張軍事形勢圖，兩

231　李敖、汪榮祖，《蔣介石評傳》，〈第四章：內鬥內行，第三節：比舊軍閥更黷武；第四
　　節：中原大戰誰之過〉，http://www.yooread.com/10/367/10490.html，http://www.yooread.
　　com/10/367/10491.html，2017年4月14日上網。

232　Lloyd Eastman, "Nationalist China during the Nanking Decade 1927-1937," John King Fairbank
　　and Albert Feuerwerker, eds., *The Cambridge History of China, Vol. 13: Republican China 1912-
　　1949, Part 2* (Cambridge, Cambridge University Press, 1986), p. 126.

張日本電報……

主人把圖與電報丟在桌上，說：「日本人送來今天的情報。」

主人只有十幾分鐘便要上火車進京了。他非常樂觀。新六談起上海銀行界傳來發行三千萬元新公債的消息。主人說：「三千萬？太少了，太少了！三萬萬還可以說說。」

要把「誘」的一大股文章做的滿意，三萬萬元自然不可少的。只怕還不夠罷？[233]

胡適對蔣介石的不屑，在1930年8月間可以說是到了頂點。他1930年8月23日的日記說：

John Keswick〔注：約翰・柯西克，怡和洋行第三代〕邀吃午飯，在座的有英使館的 Mr. Ingram〔英格姆〕及財政部的鄭萊。席上亂談，我和鄭萊幾至衝突起來。他大罵反蔣的勢力，以為南京皆是不得已而戰。我是不贊成戰事的，也不贊成閻、馮，但我主張此次戰事是蔣介石造成的。若去年南京不打桂系，哪有這回戰事？十七年〔1928〕「統一」以後，已無人敢為戎首，而蔣介石逼成十八年〔1929〕春的戰事，遂重開內戰之局，遂並那表面的統一都破壞了。要知政府之為物，本是一種紙老虎。禁不起戳穿，全靠政治家之能運用耳。紙老虎不戳穿，故雍正帝一紙詔書可使年羹堯來京受戮。紙老虎一戳穿了，故蔡鍔、陳宦一舉兵而袁世凱震恐而死。十七年至十八年的統一局面是個紙老虎，留得住才可弄假成真，留不住則兵戈四起了。我主張南京政府應趁此戰勝之時，提議停戰主和。若再戰下去，即使再勝，亦不能解決中國的問題。[234]

胡適跟鄭萊「幾至衝突起來」的時候，是蔣介石拿下濟南一個星期以後的事。那是蔣介石在中原大戰走向勝利的開始。8月15日，閻錫山的部隊退出濟

---

233 《胡適日記全集》，5.625-626。
234 《胡適日記全集》，6.234-235。

南。次日，蔣介石的部隊入駐。當時，胡適對蔣介石的評價不但與鄭萊不同，他跟《字林西報》主筆的看法也不同。在他跟鄭萊爭辯的五天以後，8月28日，他在日記裡記：

> 新來的《字林西報》主筆Edwin Haward〔哈沃〕先生是個好人，但文章不太高明，思想也不清楚，對中國情形又太隔膜。他昨天打電話來，說今天他有一篇社論，要送樣子來給我看，並盼望中國無黨派成見的人像我這樣的，盡量發表意見。今早我在床上讀了他今天的社論，實在莫名其妙。今早他的信來了，果然是指這篇文字。235

《字林西報》這篇胡適斥之為「莫名其妙」社論名為〈唯一解決之道〉（The Only Way）。哈沃一開始提到蔣介石在8月22日所發表的〈對逆軍將士宣言〉。他說：

> 蔣介石將軍所發表的這個〈對逆軍將士宣言〉，剔除掉其詞藻，就絕對不只是一篇劍拔弩張挑戰（bombastic defiance）北方派系的文件。其所表達的意思反映了一般的信念，亦即，政府軍在目前絕不會太深入黃河以北。

「政府軍在目前絕不會太深入黃河以北」這句話，胡適畫了線，顯然認為是「莫名其妙」。哈沃說：「南京政策的基調在於以黃河為界，鞏固目前已得的戰果。」這句話胡適又畫了線。哈沃說南京會按兵不動的根據是什麼呢？他說北方的改組派（支持馮玉祥）和西山會議派（支持閻錫山）之所以能合作，完全是因為它們之間存在著一種權力的均衡。如果蔣介石在拿下濟南以後，乘勝追擊，那就會把閻錫山削弱太過。如果馮玉祥又在隴海線上有所斬獲，則問題就會更為嚴重。這權力失衡的結果，可能導致西山會議派退出這個政治聯盟。哈沃說：「北方在政治上的分裂不見得一定對南京有利。」這句話，胡適

---

235 《胡適日記全集》，6.240。

在旁打了一個大問號。哈沃說：

> 當下是政治解決最好的時機〔注：胡適畫了線〕。如果北方的聯盟能夠保住，而且妥協的試探能加強，南京政府或許能取得一個讓雙方都能體面地罷手的解決之道〔注：這句話胡適又畫了線〕……要和平，最好的方法就在於南京把所有的精力都放在尋求妥協的途徑。[236]

可能由於胡適真覺得這篇社論太離譜、太「莫名其妙」了，他當天就寫了信：「我仔細看了，寫了一篇短信給他，先請新六兄看了，然後送去。」[237]胡適這篇對《字林西報》社論的評論一直到8月30日才刊出。胡適在日記裡說：「此函今天才登出，似報館也有點遲疑。」胡適在這篇〈致《字林西報》主編函〉裡說：

> 首先，我要指出貴報對南京最近的聲明寄予太多厚望。沒有一個中國讀者會認為那是「南京求和之意」，而且南京可能根本就無意要讓人家如此理解。南京的聲明完全是不折不扣的「花言巧語」（florid rhetoric designed to conceal thought）。〔注：這是引哈沃的話。他說蔣介石不是「花言巧語」，胡適借用來還治其人。〕
> 其次，我看不出為什麼「北方在政治上分裂不見得一定對南京有利。」國民黨左派與西山會議派在北方的合作，在政治上對國民黨威信的打擊，並不下於北方軍事的聯盟。因為這個政治上的結合，已經讓北方能提出一個相當溫和、中庸，讓許多人都能接受的政治綱領。這不是國民黨左派單獨所能作得到的。根據〔日本〕「聯合通訊社」8月26日的報導，國民黨擴大會議已經在當天決定任命一個約法起草委員會，在一個月內完成任務。同時，他們也信誓旦旦地要棄絕那荒謬的一人獨裁。所有這些，其精

236 "The Only Way," *North China Daily News*, August 27, 1930,「胡適日記檔案」，HS-DY01-1930-0828。
237 《胡適日記全集》，6.240。

心算計的，就在讓南京一人獨裁的政府難堪，並博取全國的同情。因此，南京就非把這個政治的結合以及軍事的聯盟粉碎不可。

然而，我完全同意貴報所說的「唯一解決之道」是和平——現在就要的和平！不惜任何代價的和平！不管和平的代價如何，一定是比戰爭小。這個絕對的真理，我希望蔣介石和宋子文先生能夠瞭解。

然而，他們要的不是和平。君不見：「倘此次申儆仍屬無效，惟有恪遵前令繼續討伐。」編輯閣下！台端真的相信這是「南京求和之意」？還是再戰之意？

如果南京真的希望和平，現在就正是其時——在津浦路戰場得勝、拿下濟南、擊潰廣東、廣西、湖南敵軍的當下。南京再也找不到比這一刻更好、更光輝燦爛的霸業巔峰（crowning of its success）來提出光榮的和平的要求。還有什麼其他事情能讓南京更受人歡迎、能使蔣介石將軍更加偉大？

如果國民會議是和平的先決條件，如果比較公允的改組國民黨能帶來和平，如果一個比較民主、負責的政府是安定的條件，就讓南京提出方案。如果要裁軍才能確保和平，就讓南京自己先行裁軍。如果某人〔注：即蔣介石〕必須下野，方才能夠使馮玉祥、閻錫山重拾其出國遠遊的承諾，則為國家福祉之計，該某人就應該好好地息其仔肩。

如果北方拒絕所有上述這些南京所應該提出的和平方案？南京方面就可以問心無愧地昭告天下，說其所追求的是「中國的統一和平」。而上海顧盼自喜的（complacent）銀行家，也就可以問心無愧地捐輸其萬萬銀兩讓南京政府去追求「最後的勝利」。[238]

---

[238] "Dr. Hu Shih's Comment on Nanking," *North China Daily News*，《胡適日記全集》，6.247-250。胡適這封信有部分他自己作了翻譯，參見他1930年9月30日日記，《胡適日記全集》，6.285-286。胡適在文中所徵引的蔣介石的話，承蒙美國 St. Michael's College的王克文教授幫我查對。他認為最接近的，是蔣介石在〈對逆軍將士宣言〉裡的詞句。胡適顯然不是直譯蔣介石的話。引文出於《蔣中正總統檔案：事略稿本》（台北國史館，2003），頁466。感謝王克文教授掃描提供。

　　中原大戰的結果，不消說，胡適的判斷要比哈沃的正確得多。這個歷時四個月戰役的中原大戰，造成二十五萬傷亡。決戰的雙方都很清楚東北的張學良的態度是取決勝負的關鍵。北方的聯盟試圖以權位籠絡張學良，然其不為所動。9月9日，閻錫山在北京就任「國民政府」主席的時候，北方其實已經大勢已去。9月18日，張學良發表「巧電」，公開支持蔣介石：「解決國是，自有正當之途徑。應如何補救目前，計畫永久，所以定大局而繫人心者。凡我袍澤，均宜靜候中央措置。」[239] 次日，張學良先遣部隊入關。張學良擁護蔣介石，易勞逸說蔣介石所付的代價是一千萬元，以及黃河以北的統治權[240]。

　　胡適在致《字林西報》的這封信裡說：「現在就要的和平！不惜任何代價的和平！」這除了是因為他深信只有和平才能有建設以外，也因為他認定蔣介石是一個專制的獨夫。胡適既然認為南京已經有了「開國的氣象」，他相信南京不一定非要有蔣介石不可。即使退一步說，蔣介石是不可取代的，他相信還是可以用法治的方法來制衡他的。在這個意義下，陳漱渝說胡適在人權問題上和國民黨的「改組派」合作不是沒有道理的。換句話說，胡適和改組派有一定共同認識的所在。比如說，胡適在寫〈人權與約法〉之前，寫了一篇我在上節徵引、當時並沒發表的〈我們要我們的自由〉。在這篇文章裡，胡適有一句話批評蔣介石獨裁作風。他說：「最近開會的『第三次全國代表大會』，便有百分之七、八十的代表是政府指派或圈定的。所以在事實上，這個政府是絕對的，是沒有監督指導的機關的。」[241]

　　胡適這個對國民黨的批評即是當時的共識，也是國民黨內反蔣派系耿耿於懷的芒刺。比如說，胡適在1930年7月21日的日記裡黏貼了國民黨反蔣各派在北平所組成的「擴大會議」的宣言。這篇刊載於該年7月22日《國民日報》的〈中國國民黨中央黨部擴大會議宣言〉，開宗明義就說：

239　山西文史資料編輯部編，《中原大戰內幕》，〈張學良擁蔣巧電〉（山西，1994），頁562-563。

240　Lloyd Eastman, "Nationalist China during the Nanking Decade 1927-1937," p. 127.

241　胡適，〈我們要我們的自由〉，《胡適全集》，21.382。

　　本黨組織為民主集權制，某則變為個人獨裁，偽三全代表大會指派圈定之代表，數在百分之八十以上；本黨政治，在扶植民主政治，某則託名訓政，以行專制，人民公私權利，剝奪無余，甚至生命財產自由，亦無保障，以致黨既不黨，國亦不國。242

　　胡適當然要對蔣介石所控制的國民黨失望。我在上節提到了上海市國民黨部的「小鬼」到了1930年初仍然死糾纏著他，非要中央黨部嚴懲他不可。讓他更為齒冷的，是該年1月下旬，立法院的法制委員會提呈了一個〈人權法原則草案〉。國民黨中央執行委員會在1月27日的常務會議議決緩議。理由如下：

　　關於人權法原則案，認為在訓政開始時期，總理之遺教已經第三次全國代表大會決議為中華民國根本大法，不必更有等於憲法關係人權之規定。至其間內容則有已制定法規公布施行者，有尚待次第進行者。此案應從緩議。243

胡適在1月29日的日記裡說：

　　Sokolsky〔索克思〕在《星期字林〔西〕報》上作了一文論國民政府的「人權法」，我近日始見其文。我看了此文，對他說：「今早報上說中央政治會議把人權法否決了，你的文章不無微功！」此文中說，一個政府與其把胡適監禁起來，不如聽聽他的勸告。怪不得南京政府此時不願意通過這人權法案了。244

　　索克思這篇文章名為〈人權法案〉（The Bill of Rights），發表在他的〈人物與政治〉（Personalities and Politics）專欄裡。他在提出了法制委員會所提呈

---

242 《胡適日記全集》，6.197-198。

243 《胡適日記全集》，6.45。

244 《胡適日記全集》，6.37, 43。

的〈人權法原則草案〉以後，略述了國民黨訓政的理論以及人權的觀念在英國產生的背景。接著，他就說：「在中國爭取人權，是胡適博士開始的。與政權搏鬥，他所憑藉的就是他的文學天才以及高超的人格。」接著他就列出了胡適所主編的《人權論集》的章目。然後，他說國民黨已經進步很多了：

> 今天的南京比一年前要聰明（greater wisdom）多了。一個政府要是能聽胡適的勸告，就比把他關起來要理性多了（sounder）。國民黨如果要更聰明的話，就是要懂得開闊胸襟，讓熱愛自由的入黨來促進中國的自由人權。[245]

對國民黨，胡適當時沒有索克思那麼樂觀。在他對《字林西報》主筆的社論嗤之以鼻、寫信反駁他「莫名其妙」的時候，胡適在日記裡黏貼了改組派以及擴大會議派在約法以及召開國民會議方面的宣言。比如說，1930年8月28日，就在他叱責《字林西報》的主筆「莫名其妙」的當天，他在日記裡黏貼了一則剪報：〈擴會通過起草約法案〉：

「聯合」北平二十六日電：擴大會議本日通過如左議案：
一、訓政時期約法，依照《建國大綱》制定如下：
甲、規定人民公私權限；
乙、規定中央政府權限；
丙、規定各省政府權限；
丁、規定地方各縣自治權限。
二、〔原文如此〕
一、選任中央黨部委員若干，起草約法。
二、中央黨部雇傭法律專家若干人，起草約法。
三、約法起草，由約法起草委員會行之。
四、中央黨部制定約法起草委員會條章。

245　George Sokolsky, "Personalities and Politics: The Bill of Rights,"《胡適日記全集》, 6.38-43。

五、自約法起草委員會成立之日起，一月以內結束起草。

六、將約法案提出中央黨部議決。

七、國民會議開會時，中央黨部提出約法草案請求追認。

八、中央黨部於必要時期，發布約法，即時施行，但須要請求國民會議之追認。

九、施行約法後，中央黨部得召集約法修正委員會議決修正。246

這個擴大會議所提出的起草約法案，就是他在致《字林西報》主編那封信裡所提到的。胡適提到這個起草約法案，並不表示他相信擴大會議是因為相信約法而要制定約法。胡適在致《字林西報》那封信裡說得再清楚也不過了。他說擴大會議的所作所為：「其精心算計的，就在讓南京一人獨裁的政府難堪，並博取全國的同情。」胡適並不像陳漱渝所說的，是在人權問題上和「改組派」合作，也不是「在國民黨的主流派與非主流派之間，胡適是腳踏兩隻船。」

事實上，對蔣介石，胡適所不能釋然的是他的獨裁。相對的，改組派根本就不在他的眼裡。他在1930年9月2日的日記就是一個明證：

日本的「聯合通信社」九月一日電：

三十一日太原會議，內定政府各部部長之人選如左：

外交部長　　顧維鈞（奉天派）

海軍　　　　沈鴻烈　　又〔注：同上〕

教育　　　　湯爾和　　又

財長　　　　梁汝舟（山西派）

交通　　　　賈景德　　又

陸軍　　　　鹿鐘麟（馮派）

內政　　　　薛篤弼（馮派）

工商　　　　胡宗鐸（桂派）

此消息未必全可信，但最可注意的是改組派辦的《國民日報》今早譯載此電，只有這幾句話：三十一日太原會議，內定沈鴻烈、湯爾和、賈景德、鹿鐘麟、薛篤弼、胡宗鐸等為政府各部部長。

他們為什麼如此呢？豈不是也感覺難為情嗎？努力革命，殺人無數，而結果只得著這樣一個「革命政府」！故這班稍有血性的少年人也有點羞恥，而又不敢說什麼，只好「曲筆」了！[247]

另外一個明證，是他在9月6日的日記裡的一段話：

看見郭泰祺給《紐約時報》訪員 Abend〔亞朋德〕的一封長信，說北方形勢，十分可憐！他們又要奉派加入，又怕奉派加入以後顧維鈞、羅文幹諸人得意。他們說，如果奉派不加入北方，則北方必敗，而退守西北。此為失敗，實則「安知非福」（"a blessing in disguise"）？因為閻手下無能人，必不能不靠左派的人，如此則左派雖敗而實勝利也。

此種論調多麼可憐！[248]

這個時候，離張學良表態支持蔣介石已經不到兩個星期的時間了，北方聯盟的敗相已露。事實上，胡適的眼光從來就是放在南京政府之上。他寫了一封信告訴宋子文他致《字林西報》主編的信。宋子文9月4日用英文寫的回信說：

謝謝你〔9月〕1日的來信，告訴我你在《字林西報》上發表的公開信。我不認為〔注：原文 "would" 的後面漏了動詞，此處「不認為」是我根據上下文的意思補足的〕事情是像你所說的那麼簡單，彷彿台端一下諭令（injunctions），我們就可以馬上辦到。我能占用你一點時間──時間、地點由你決定──來繼續我們1929年7月2日的談話嗎〔注：參見上節所分析的胡適〈1929年7月2日給宋子文先生的要點〉〕？

---

247 《胡適日記全集》，6.252-253。
248 《胡適日記全集》，6.271。

胡適在宋子文信提到「彷彿你一下諭令，我們就可以馬上辦到」旁邊畫了雙線並加眉批：「此言實不切題。"No sooner said than done"，原意為『說時遲，做時快』，『話猶未了，事已做成』〔注：胡適的翻譯不能達意〕。此宋子文答書。」[249]

宋子文用英文寫信，胡適也用英文回信：「我認為你誤用了『話猶未了，事已做成』這個片語。如果我一下諭令，你們就可以馬上辦到，那我夫復何求？」[250]

胡適和宋子文9月6日就見了面。胡適在當天的日記裡說：

> 宋子文約我吃飯談話。他說，他是主張和平的，但時機未到。他的意思似乎是要等到隴海線上打了大勝仗再講和。他問我：「假如你在我的地位，應該怎麼辦？」我說：「我若做了你，一定勸老蔣講和。他若不聽，只好請他自己幹下去，我不陪了。」他回答我說：「時機未到。」我對他說：「我對你有點失望。你是籌款能手，卻全不懂得政治。你應該自己有點主張。為什麼只能跟著別人跑？你的地位可以領導，你卻只能服從。」他不能答這些話。[251]

胡適對宋子文說的這些話，在在地說明了這是他一生對蔣介石評價最低的階段。他等於是在告訴宋子文，南京政府並不是非要蔣介石不可。不但如此，他也等於是在告訴宋子文，說彼可取而代之。

胡適在這個時候顯然已經放出了他要搬回北平的空氣。他繫於9月12日的一則等於是雙週大事記的日記裡說：

> 十三日《新聞報》登出我要移家北去的消息，十四日《字林西報》譯登此消息，宋子文見了，來信勸我不要北去。十七日得北平陳公博、郭泰祺

249 《胡適日記全集》，6.265。
250 《胡適日記全集》，6.266。
251 《胡適日記全集》，6.271。

來電，要我做約法起草委員。但十八日張學良通電出兵，北京的政局已大
變了，此電不用我答覆了。[252]

北方聯盟電邀胡適做約法起草委員。可惜因為張學良通電出兵支持蔣介
石，胡適只輕描淡寫地說：「北京的政局已大變了，此電不用我答覆了。」毫
無疑問地，南京政府是胡適眼中的中央。他所汲汲於因勢利導的，是一個能願
意承認中國分裂的現狀、不專制、不黷武的中央。換句話說，胡適還是服膺他
從1920年代初期所倡導的聯邦制度：

　　廿五日李仲揆〔注：地質學家李四光〕來談國事。我說，只要有點政治
家眼光，國事並不難辦。今日所要者，第一，在這中央權力未造成的時
候，要明瞭分權的必要，在分治之上或可逐漸築成一個統一國家。第二，
要明瞭文治勢力是制裁武力的唯一武器，須充分培養文治勢力。第三，要
明瞭一個「國家政策」比一切「民族主義」都更重要。當盡力造成一些全
國的（整個國家的）機關與制度。[253]

9月29日，胡適坐船北上，由大沽口換乘小船到塘沽，再轉乘火車赴北平
開北京協和醫院的董事會議。10月4日晚，胡適抵到北平。5日、7日，胡適
兩次去米糧庫四號看了房子，非常滿意，說：「頗願居此。」[254] 10日，北大送
聘書給胡適，聘任他為北大文學院長。

胡適才到北平四天，宋子文就催促胡適南歸。胡適10月8日的日記說：
「宋子文來一電促我南回。」[255] 胡適在次日回電宋子文，但沒說內容如何。11
日，胡適坐火車到天津和北方聯盟之下屬汪精衛改組派的郭泰祺以及屬奉天派
的羅文幹會面。他在當天的日記裡記：

252 《胡適日記全集》，6.282。
253 《胡適日記全集》，6.282-283。
254 《胡適日記全集》，6.297。
255 《胡適日記全集》，6.305。

郭復初〔郭泰祺〕、羅鈞任〔羅文幹〕兩兄在車站接我，同到中原酒樓吃飯。鈞任談湯爾和被張學良派來北平見精衛。初甚得意，每日自譯長電幾百字，用密碼打出。但張學良在葫蘆島，他的秘書王樹翰卻把他的密碼丟了。故每日得電皆不知所云，電告他再譯。爾和大怒，發電云：「語長不能再譯，語密未便交郵。徒勞無益，甚負漢卿〔張學良〕兄委託！」這個故事真可為妄想利用武人者作一棒喝。

……

下午與鈞任談約法問題，我們的主張大致相投，其大意如下：

一、約法為憲法之預備，決不是訓政的約法，只是一種有限制的憲政時代的根本大法。

二、約法第一部分應規定人權，根本原則為「有法律，有制裁；無法律，無制裁。」（鈞任的大意）

三、第二部分為中央與地方的關係，應規定聯邦式的統一國家。（我們同意）

四、第三部分為政府組織。我主張有一個議會，原則有四：1，一院；2，人數少；3，各省以人口比例選舉（最少者每省一人，多者不過五人）；4，限制的選舉權。

鈞任主張「元首制」：議會舉元首（一人或數人均可）；元首任內閣；內閣對元首負責，不對議會負責。我初意主張內閣制，後來我也贊成此意，以圖政府安定。

鈞任與我均是北方擴大會議要聘任的約法起草委員。他主張由我與他擬一約法草案，公布於報章，而不參加南北約法起草之事。

在上一節的分析裡，我提到了就在胡適最看不起蔣介石和國民黨的時候，他妥協的痕跡已經是斑斑俱在了。他在1929年6、7月間所寫的〈我們對於政治的主張〉以及〈1929年7月2日給宋子文先生的要點〉，可以退步到主張把那完全不代表民意的國民黨當成中國的「議會」──「中央黨部便等於中央議會，省黨部便等於省議會，地方區黨部便等於區議會。」現在，胡適又更「下」一層樓，違反議會政治的原則，讓「內閣對元首負責，不對議會負責。」

而他的原因居然是因為「以圖政府安定」！

胡適在當天下午小睡過後，晚上又回到中原酒樓吃飯：

> 復初拿了〔汪〕精衛一稿來和我與鈞任商議。原來有三條辦法，皆對東北提出者：一、若東北以「黨的立場」討蔣，則他們（改組派）以黨的地位參加，黨務政治軍事由東北主持；二、若東北以非黨的立場討蔣，則他們以個人地位贊助；三、若不討蔣而主張和平會議，而他們能以對等地位參加，則他們也贊助。
>
> 我勸他們，精衛此時應站的高一點，不可令人輕視；若如第一條所議，則他很失身分。「黨務軍事政治由東北主持」，是去一蔣又來一蔣〔張〕，有何補於國家？不如說約法憲法與國民會議等，既已由南京承認，是他們的主張已勝利。此時惟望黨人監視代表大會，使他成功；國人監視國民議會，使他成功。如此下台，豈不冠冕多了？
>
> 晚上復初邀去看精衛夫人陳璧君，我也主張前說。她說，無論如何，精衛必不能放棄「黨的立場」。我說：「老實說，國民黨到今日，還有救嗎？是否能靠北平會館住著等候差使，月領四、五塊的生活費的二千多人，來中興國民黨嗎？精衛還是願得這二千多人的同情呢？還是願站在『國的立場』來博多數人的同情呢？」鈞任也說，「你們爭粵二中與滬二中，爭三全會與四全會，與我們何干？我們都是『蛋戶』而已。」話雖激烈質直，未必有人肯聽。[256]

羅文幹是廣東人，「蛋戶」是當地人所熟知的「賤民」階級。他以「蛋戶」自況，這當然只是中國文人、官場文化裡客氣自貶之辭。然而，它一語道破了他和胡適的基本態度。改組派、西山會議派與蔣介石之間即使再爭得你死我活，胡適和羅文幹根本就完全不在乎。西山會議派在國民黨二大的時候，因為反對國共合作被開除而沒參加二大；改組派則在國民黨三大的時候，因為百分之八十的代表都是蔣介石圈選的而被排除在外。兩派一方面以蔣介石為共同

256《胡適日記全集》，6.315-317。

的敵人。可是另一方面，又為了究竟二大還是三大為非法而爭執不下。對關心中國政治如何走上軌道的胡適而言，這真的是「你們爭粵二中與滬二中，爭三全會與四全會，與我們何干？」

更重要的是，胡適要汪精衛站在較高位置。他說，如果「黨務軍事政治由東北主持」，那不等於是去一蔣又來一張，「有何補於國家？」換句話說，胡適完全不是陳漱渝所說的：「在國民黨的主流派與非主流派之間，胡適是腳踏兩隻船。」胡適兩邊都看不起，他只是在借反蔣的東風跟蔣介石要約法。我們甚至可以說，胡適對這些軍閥、政客的期望，是希望他們能捐棄自己的私心，而以國家的利益為先，老老實實地從法治的基礎上去重新建設中國。

10月12日，在胡適跟郭泰祺、汪精衛的夫人見過面的第二天，胡適在日記裡說：「今天報登汪、閻、馮一電，主張已與我們昨夜所談相近了。」他在日記裡黏貼了該通電的剪報。其重要部分如下：

> ……自去春以來，內戰復起。國家陷於分崩離析，人民罹於塗炭。究其原因，實由蔣介石以個人私意，搖動黨國根本所激成。挽救之道，惟在放棄獨裁，培植民治。國民會議為總理遺囑所定，於最短期間促其實現者，不可不開；約法為訓政時期保障人民權利，劃定中央與地方政治制度之根本大法，不可不制定頒布；全國代表大會為黨治時代一切權力之源泉，不可不依法產生。欲求以整個的黨，造成統的一國，非此莫由。

胡適在當天的日記裡，也黏貼了汪精衛10月9日在石家莊對報界的談話，其重點如下：「無論軍事變化若何，吾人黨務政治之主張，必得絕對勝利。即個人獨裁必須打破，民主政治必須實現，國民會議必須開，約法必須制定頒布是也。」[257]

事實上，汪精衛、閻錫山、馮玉祥發表通電的時候，已經到了他們投降的前夕。10月3日，蔣介石的軍隊已經攻占開封。6日，蔣軍攻下鄭州。蔣介石在10月3日就已經發表兩個電報，一個是特赦政治犯，唯一不特赦的是陳炯

---

257 《胡適日記全集》，6.317-319。

明、閻錫山，以及共產黨；另一個電報則要提前召集第四次全國代表大會，確定召集國民會議，制定訓政時期的約法[258]。胡適借反蔣的東風來向蔣介石要約法的想望等於已經成功。

就在胡適在日記裡黏貼汪、閻、馮通電，以及汪精衛的談話的當天，也就是10月12日，他在日記裡也記說：

> 董顯光明早南下，我寫了一信交他帶與宋子，內說三事：
> 一、解放言論：取消報紙檢查，凡負責之記事與言論皆不得禁止；
> 二、檢查審計機關皆宜容納反對黨。
> 三、對東北西北，宜有根本方針，宜認清「統一」之性質。統一應是協商的，而非征服的；應是側重地方分治的，而非驟然中央集權的。總之，應明白認定「聯邦式的統一國家」的原則。其涵義為：1，凡政權統一之區域，皆認為自治區域；2，中央列舉其權限，此外皆由自治區自主；3，凡屬於中央權限內之事項，皆歸還中央；4，各自治區域合組聯邦統一國家。[259]

胡適借反蔣的東風來向蔣介石要約法的想望雖然得到實現。然而，他對中原大戰的認識其實相當有限。1930年9月9日，就在蔣介石已經即將買通張學良出兵入關徹底瓦解北方聯盟的前夕，他在當天的日記裡說：

> 與《紐約時報》訪員 Abend〔亞朋德〕同飯……我們談中國和平的前途。我說，和平之議，只可有五點來源：一是老百姓，二是列強，三是奉天，四是南京政府，五是南京的將領。前二者是不會出來要求的。奉天有此能力，而未必能用。最光榮的方式，莫如南京自動求和。若必等到將來南京將領通電停戰主和，那才更糟呢！Abend 說，那第五個可能，他沒有

---

258 《胡適日記全集》，6.298-302。
259 《胡適日記全集》，6.3129-320。

想到。其實1927年，蔣介石又何嘗想到自己的將領請他下野呢？[260]

18日，張學良通電支持蔣介石。胡適在日記裡說：

> 張學良此舉，意思不甚明瞭。然閻錫山立即通電辭職，並撤退京津軍隊。其與奉天有妥協，自不待言。此是我前次所說的五個和平來源之第三與第五兩項已實現了。主和之議出於奉天，那裡還有個「中央」存在？將來奉天聯合各地之灰色將領，有所主張，南京還是答應，還是拒絕呢？但放出一群無知的武人重來糟蹋國家而已。[261]

張學良出兵入關，是蔣介石用了一千萬元以及黃河以北的統治權收買的結果。當時的胡適當然不會知道，但卻侈言張學良一出兵，「然閻錫山立即通電辭職，並撤退京津軍隊。其與奉天有妥協，自不待言。」換句話說，胡適居然以為張學良出兵，是因為奉天與閻錫山已經達成協議，將來說不定可以進一步地與其他軍閥一起出面請蔣介石下野——他對《紐約時報》的亞朋德所說的中國和平的第五個來源！

我在《日正當中》的第八章裡，徵引了胡適留美時期跟他在和平不爭運動上並肩作戰的戰友葛內特。葛內特在1927年7月13日給胡適的信上勸胡適不要談政治，因為：「我不認為那是你之所長。」[262]葛內特說得不錯，政治確實不是胡適之所長。他的聯邦建國論，從1920年代初期談到1930年。陳獨秀笑他天真，不知軍閥是要以省自治之名而行割據之實。從國民黨定都南京到中原大戰，他仍然念念不忘他的聯邦論。一直到1930年10月7日，在中原大戰進入尾聲的時候，他還在日記裡說：「〔葉〕叔衡贊成我的聯邦主張。」[263]然而，形勢比人強。在槍桿子出政權的事實之下，胡適終於不再侈言聯邦論。

260　《胡適日記全集》，6.276-277。

261　《胡適日記全集》，6.282。

262　Lewis Gannett to Hu Shih, July 13, 1927, Lewis Gannett Papers, 1900-1965（bulk），MS Am 1888（586），Houghton Library, Harvard University.

263　《胡適日記全集》，6.284-297。

共產國際的史沫特萊（Agnes Smedley）在1930年一篇文章裡對胡適的描述，可以說是一語中的。她說：

> 從中國革命的過去及其必然會到來的革命的未來作為標準來評斷，胡博士是一個保守分子；然而，從他跟國民黨與南京政府的關係來評斷，則他是一個自由分子。他是一個風流儒雅的文化貴族。他具有的氣質，讓一個美國百萬富翁標致的夫人讚嘆說，他是世界上唯一一個她願意跟他一起私奔並承擔其後果的男人。[264]

史沫特萊所說的這個「美國百萬富翁標致的夫人」，就是我在《星星．月亮．太陽——胡適的情感世界》裡所提到的盧比麗夫人（Mrs. George Rublee [Juliet Rublee]）。盧比麗夫人是「美國節育聯盟」（American Birth Control League）的領導人物、慈善家、舞者、舞台劇編導；先生是紐約有名的律師、政界要人[265]。

史沫特萊一語道破了一個重點。1927年以後的胡適究竟是保守還是自由，端賴下評斷的人的立足點。從史沫特萊的觀點來看他，他自然是一個保守分子。可是，連史沫特萊也承認，如果我們從他跟國民黨的關係來看，他是一個自由分子。換句話說，我們必須從當時中國意識形態的光譜上來定位胡適。抽象地說他保守或者自由，沒有具體的意義。

然而，史沫特萊在此處所作的分殊是靜態的，它未能捕捉到胡適在這個革命動盪時期在意識形態上的擺盪。胡適在1926、1927年遊歷歐美期間右傾激進，把以黨領軍、統政的國民黨視為中國的救星。回國以後，由於他對國民黨失望，他轉而呼籲用約法來維護人權並制衡國民黨的一黨專政。在他最看不起國民黨和蔣介石的時候，他批判它墮落、開封建的倒車；他痛恨蔣介石的黷武、專制；痛貶宋子文不能想通彼可取而代之的道理。然而，胡適已經與國

264　Agnes Smedley, "Chinese Poets and Professors," *New York Herald Tribune Books*, Sunday, May 18, 1930, XI.9.

265　《星星．月亮．太陽——胡適的情感世界》（增訂版）（北京：新星出版社，2012），頁165。

民黨妥協。他不但妥協了，而且繼續向意識形態光譜的右方前進，以至於尊蔣介石為天才、為有肚量的結論。用他1935年7月26日寫給羅隆基的信裡的話來說：「依我的觀察，蔣先生是一個天才，氣度也很廣闊。」[266]

266　胡適致羅隆基，1935年7月26日，《胡適日記全集》，7.267-268。

第二章

中日現代化，還是中國行

　　胡適是個異數。他一生對日本的看法曲折轉變的歷程就是一個最好的明證。在近代中國知識分子普遍對日本無知、不知、不屑知的心態之下，青年胡適能夠很快地就超越天朝心態，以及留學生所普遍皆有的西方中心觀是難能可貴的。最可令人讚佩的是，胡適還自己留下了他最開始的時候對日本完全懵懂的記錄。所有讀過他的〈四十自述〉的人，都可以記得他生動地描寫他未滿十三歲剛去上海求學的時候，日本究竟為何物？究竟是在天南還是在地北，他一點概念也沒有。他在1910年出國留學路經日本的時候，仍然還以井蛙識見、天朝的心態，鄙夷日本人為「島夷」。一直要到留美數年，略知世界大勢以後，他才對日本產生敬畏之情。在他1913年初寫〈非留學篇〉的時候，他對日本刮目相看。說日本內政健全，國威張於世界，文學能融合新舊成新文學，美術、雕刻、繪畫都能自樹一幟，乃至於影響西洋美術，科學醫藥之進步為世界所稱述。

　　在留美中期進入了絕對不抵抗主義的階段以後，他立志要到日本去作宣揚「人道主義」、「國際道德」的「傳教士」。他對日本產生興趣，是在他服膺絕對和平、徹底不抵抗主義的時期。當時，他用貶抑的名詞稱呼日本為「完全歐化之國」。在日本對中國提出「二十一條要求」所造成的激昂的反日情緒之下，他不但極力抨擊中國留學生對日本的無知與偏見，而且也身體力行，開始學習日文，甚至立志要到日本去當中日睦鄰的「傳教士」以及「朝聖者」。用他自己在《留學日記》裡的話來說：「吾其為東瀛三島之missionary〔傳教士〕

乎？抑為其 pilgrim〔朝聖者〕乎？抑合二者於一身歟？吾終往矣！」[1]然後，在他進入國際仲裁主義的階段，他終於領悟到日本的軍國主義將成為中國的大患。

換句話說，才二十四歲不到，胡適對日本的看法就已經歷經了三次驚人的變化轉折。初到上海既然對日本懵懂，也就自然沒有主張，可以置之不論。他第一次對日本有所看法，是他赴美留學路過日本時視日本為島夷的天朝心態。第二次的轉變是他留美中期視日本為「完全歐化之國」，立志要到日本去當人道主義的「傳教士」的時候。第三次的轉變，是在他進入國際仲裁主義，領悟到日本的軍國主義對中國的威脅的時候。

1927年，胡適對日本的看法又進入了的一個新的里程碑。這是胡適一生當中對日本看法改變的第四次。這時，他從歐洲、美國回國，路過日本。他這次所看到的東京，完全不是他在1910年所看到的東京，而是1923年關東大地震以後重建的帝國首都。從1927年到1933年，他認為日本是亞洲西化成功的首例，是中國所應該虛心仿效的楷模。

胡適在1927年開始讚嘆日本現代化的成功，同樣是一反當時日益高漲的反日風氣的。從那以後的幾年之間，在胡適眼中，日本是西洋近代文明的模範生，是胡適要中國虛心學習的一個榜樣，是他用來鞭笞中國現代化不力的一根鞭子。然而，胡適之所以是個異數，就在於他所刮目相看的，並不是日本的富國強兵，而是日本用了西方的物質文明在日本建設出西方才有的精神文明。胡適在〈漫遊的感想〉裡，以人力車在日本幾乎絕跡作為例證。他說東方與西方的分野，就是「人力車文明與汽車文明」。人力車把人當牛馬，是徹底的物質文明；汽車役使機器來為人拉車，才是真正的精神文明。當時的胡適驚豔於美國的汽車文明，把它作為他所頂禮膜拜的近代西洋文明的象徵。不管他所用的比喻是否適當，他所要表達的結論是很清楚的：日本現代化成功，中國現代化失敗。

接著是一個戲劇性的逆轉，是胡適對日本的看法第五次的轉變。從1933年左右開始，胡適對中日現代化正反的評價完全對調過來。中國的現代化看似

---

1 《胡適日記全集》，2.25。

遲滯、迂迴，卻是徹底、民主的；反之，日本現代化看似成功，卻完全只是表象。那看似現代化的富國強兵的表象之下，是那反動的封建核心。換句話說，由於中國的現代化是自發的、來自民間的，它的進程雖然緩慢，但卻是徹底的、而且是漸入佳境的；相對的，日本的現代化則被反動的軍閥劫持，其結果是製造出了一個封建的反動與軍國主義一個夢魘式的結合。

胡適一生對日本的觀點作過幾次關鍵性的轉變。其中，最鉅大而且戲劇性的轉變，莫過於1933年這一次。這個胡適一生當中對日本的看法最戲劇性的轉變，肇始於他1933年在芝加哥大學所作的一系列演講，亦即，《中國的文藝復興》（*The Chinese Renaissance*）。在這個系列的演講裡，他對比中日兩國的現代化，說日本的現代化看似成功，其實是失敗的、表象的；反之，中國的現代化看似迂迴、遲滯，其實是最徹底的。

這個胡適1933年開始對日本的新看法，也是他在第二次世界大戰期間在美國出任中國駐美大使時在公開演講中一再演繹的觀點。日本戰敗以後，中國隨即陷入國共的內戰。很快地，共產黨在1949年把國民黨逐出中國，建立了中華人民共和國。中國共產黨的勝利，對胡適來說是一個莫大的打擊。共產黨的勝利，不只意味著他的政治信念失敗，而且更意味著他從1933年《中國的文藝復興》以後所侃侃而言的中國已經徹底現代化——西化——的說法的破產。然而，這時的胡適已經把學術政治化。他偏執於他《中國的文藝復興》裡的觀點。雖然中國「文藝的復興」在共產黨的統治之下，已經岌岌可危到不絕如縷的地步，但他相信這個運動的結晶——人文、理性主義——是不會被摧毀的，而且終究仍然會是未來的中國希望之所寄。

從1949年到他1962年初過世為止，胡適所孜孜於經營的，是呼籲美國領導起世界性的反共「聖戰」。在胡適過世以前，日本戰後的經濟奇蹟已經開始了。然而，由於胡適有他至死不渝的崇美的盲點，這是他是視而不見的。對他而言，中國和日本，半斤八兩。要真正走向現代，只有以美國馬首是瞻。

最可堪玩味的是，無論是在留美時期或者是1927年間，胡適都在日記、書信、論文裡寫出他對日本的看法。相對的，他在1933年間戲劇性一百八十度的轉變，則是一點痕跡都沒留下，是完全的空白。由於胡適完全沒有留下任何讓人能夠追尋他思想變化的資料，他從1933年開始對日本現代化負面的評

價，卻就似乎出現得很突兀。同時，胡適1933年以後分析日本現代化的文章
都是用英文發表的。胡適不留痕跡，又是用英文發表，這兩個原因這或許可以
解釋為什麼歷來研究的人都忽略了胡適這個重要的轉變。

　　可惜，胡適對他一生當中所有其他階段如何看待日本都留下了他的心路歷
程，唯獨對這麼重大的觀點的轉變卻從來沒有作過交代。而這也正是歷來胡適
研究者所疏忽的所在。舉個例子來說，周質平所寫的〈胡適筆下的日本〉雖然
綜論了胡適一生的日本觀，但就是不能跳出他一貫欠缺歷史眼光的局限。他筆
下的胡適總是平面、在原地踏步的。他形容胡適一生對日本的觀點是游離在
「鄙夷、敬畏和惋惜」、「指摘與辯護」、「褒貶」、「愛恨雜糅」之間。由於他
不能追尋胡適一生思想的蛻變，他完全不能捕捉住胡適從1927年到1933年之
間，對日本現代化作出了正負兩極的評價對調的思想軌跡。他誤以為胡適批判
日本是在1938年到1942年間，亦即他擔任駐美代大使期間。因此，他作出了
過於簡單化的結論，說那不是學術的觀點，而是摻雜了戰時宣傳的因素在內[2]。

　　胡適在第二次世界大戰期間對日本的看法當然有宣傳的因素在內，但那只
是其中的一個因素。胡適一生對日本的看法是多變的。他在第二次世界大戰期
間對日本的看法，必須放在他一生對日本的看法數度轉變的脈絡下去探討。更
重要的是，由於胡適在中文的資料裡，不曾交代他為什麼在1933年徹底地改
變他對日本的看法，我們就必須從他日記的字裡行間、他與西方友人的通信，
以及他1933年以後所發表的英文演講與論文裡，去重新建構胡適思想變化的
軌跡及其立論的基礎。我認為胡適對日本負面的評價是在九一八事變以後漸次
形成的。至於他對日本現代化負面評價的立論基礎，我認為是得自於胡適愛說
「教我如何思想」的杜威──雖然他完全沒有註明。

　　本章分析胡適中日比較現代化的理論，由於有一氣呵成、首尾連貫的必
要，在時間上就不得不跨越了本部1927年到1932年的時限；不但上溯到胡適
留美以前在上海的歲月，而且下迄胡適的晚年。這是為了分析的方便，也為了
讀者閱讀的方便。

2　周質平，〈胡適筆下的日本〉，《胡適叢論》（台北：三民書局，1992），頁63-85。

從「島夷」到「完全歐化之國」

胡適一生第一次讀有關日本的文章的故事，胡適在〈四十自述〉裡有一段相當戲劇性的描述。時間是在1904年，原因是為了要寫一篇作文。在〈四十自述〉裡，胡適說那是他在梅溪學堂第五班——差不多是程度最低一班——上了四十二天以後的事情。事實不然，我在《璞玉成璧》裡考證出當天是5月11日，是他才進梅溪學堂十二天以後的事。當時他還不到十二歲半。胡適在當天跳了三班，跳到了第二班，原因是他的國文老師發現他逾於其他學生的古文程度。問題是，他才在新課堂坐了下來，抬頭卻發現了黑板上寫著的兩個作文題目：「論題：原日本之所由強；經義題：古之為關也將以御暴，今之為關也將以為暴。」這下難題來了。「經義題」是科舉考試做八股文的題目，胡適從沒有做過。「論題」則更糟糕，因為胡適〈四十自述〉裡說「日本」是什麼，連在天南地北他都不清楚，更何況什麼叫「原日本之所由強」呢？

就在胡適不知所措的時候，學堂的茶房突然來到班上，呈給先生一張字條。先生看了字條以後，告訴胡適說他家中有急事，派人來領他回去。先生說他可以把卷子帶回家去做，下星期四再交卷。到了門房那兒，胡適才知道原來是他三哥病危了。由於他二哥那時人正在漢口，店裡的管事趕緊派人去學校領胡適回去。等胡適趕回到他們家在上海開的「公義油棧」時，他三哥還能說話，但不到幾個鐘頭，就斷氣了。三天以後，胡適的二哥從漢口的店趕回到上海，把喪事辦了。等他三哥的喪事辦完了之後，胡適把升班的事告訴了他二哥，並且問他「原日本之所由強」這個題目應該參考什麼書。他二哥挑出了《明治維新三十年史》以及1902年（也就是第一年）的《新民叢報》一類的書，裝了一大籃，叫他帶回學校去翻看。胡適說他費了幾天的工夫，勉強湊了一篇論說文交出去[3]。

這是胡適在〈四十自述〉裡唯一一次提到他閱讀有關日本的文章的地方。當時的胡適雖然絕不是懵懂於世界大勢，但井蛙之限是任何人都難以克服的。

3　江勇振，《舍我其誰：胡適，第一部，璞玉成璧，1891-1917》，頁172-173；胡適，〈四十自述〉，《胡適全集》，18.53-54。

除了他剛進梅溪學堂時候為了作文而讀了梁啟超有關日本的文章以外，他在澄衷學堂讀書的時候，又讀過了兩本英文的世界歷史的教科書，略知世界歷史、天下大事。然而，那兩本世界歷史教科書完全不可能增進胡適對日本的瞭解。當時胡適所喜歡的維廉·司衛頓（William Swinton, 1833-1892）的《世界史綱：古代、中古、近代，特重文明史和人類的進步》（*Outlines of the World's History, Ancient, Mediæval, and Modern, with Special Relation to the History of Civilization and the Progress of Mankind*）是一本西方中心主義的書。中國、日本既屬於化外，該書當然是一字不提的。胡適在〈四十自述〉裡所提到的彼得·帕里（Peter Parley）的《世界通史》，雖然書中插圖裡的「孔夫子戴著紅纓大帽，拖著一條辮子」，但至少還占有十頁的篇幅。相對的，有關日本的描述則只有兩段，還不到一頁的篇幅，而且說日本是一個幅員遼闊的帝國！但由於鎖國的關係，其歷史與現況不得而知[4]。

胡適在上海求學的時候，可能也曾經在租界目睹耳聞日本崛起的氣燄。然而，所有這些都不足以增進胡適對日本的瞭解。因此，胡適在1910年出國留學的時候，道經日本，浮光掠影日本幾個都市的街景，頓生不過爾爾之心。傳統天朝心態下的「島夷」觀，加上他當時強烈的愛國情懷，就自然地流露在他抵美以後寫給中國的好友的信裡：

> 過日本時，如長崎、神戶、橫濱皆登岸一遊。但規模之狹，地方之齷齪，乃至不如上海、天津遠甚。居民多赤身裸體如野蠻人，所居屬矮可打頂、廣僅容膝，無几、無榻，作書寫字，即伏地為之，此種島夷，居然能駸駸稱雄於世界，此豈〔非〕吾人之大恥哉！今日、韓已合併矣。韓之不祀，伊誰之咎！吾國人猶熟視若無睹然？獨不念我之將為韓續耶！嗚呼！傷已！[5]

4　Peter Parley [Samuel Goodrich], *Peter Parley's Universal History on the Basis of Geography* (Philadelphia: E. H. Butler & Company, 1870), pp. 70-71.

5　胡適致胡紹庭、章希呂、胡暮僑、程士範，無日期，美國綺色佳郵戳日期是1910年9月25日，《胡適全集》，23.23。

　　然而，胡適之所以不同於常人、不同於他同時代大部分的知識分子，就在於他能超越他所屬的文化、思想、社會氛圍的局限力。當然，胡適之所以能夠作出這樣的超越，主要還是要拜他有幸留美之賜。然而，並不是所有的留美學生都具有胡適這種異稟。二十世紀初年留美的中國學生成千上萬。根據「華美協進會」（China Institute in America）在1954年所作的一個粗略的調查，從1854年容閎從耶魯大學畢業到1953年，一百年之間，有20,636名中國學生在美國大學註冊入學，其中12,362名學生獲得學士學位，亦即，百分之六十取得學位[6]。放眼胡適同時代這一兩萬留美學生裡，有幾人能夠像胡適一樣，能夠衝破自己文化的藩籬，回過來審視自己的文化？我在《璞玉成璧》裡形容胡適因為留美而脫胎換骨，從思想、為人、處世、眼界、到他的心態。

　　胡適什麼時候從視日本為島夷的天朝的迷夢裡醒過來，我們可惜不知道。然而，他在1913年初寫〈非留學篇〉的時候，就已經不再對日本等閒視之了：

　　　吾國留學政策之失敗也，無可諱矣。不觀於日本乎？日本之遣留學，與我國先後同時，而日本之留學生已歸而致其國於強盛之域。以內政論，則有健全之稱。以外交軍事論，則國威張於世界。以教育論，則車夫下女都能識字閱報。以文學論，則已能融合新舊，成一種新文學。小說戲曲，都有健者。以美術論，則雕刻繪畫都能自樹一幟。今西洋美術，乃駸駸受其影響。以科學論，則本國學者著作等身者殊不乏人。其醫藥之進步，尤為世界所稱述云。日本留學成效之卓著者。蓋如此。[7]

　　只是，胡適對日本刮目相看的代價，卻是對日本的一廂情願。他在1914年8月16日的日記裡說：

　　　日本似欲戰。昨日相大隈有宣言矣。日如合英攻德，德人必失青島。青

6　*A Survey of Chinese Students in American Universities and Colleges in the Past Hundred Years*（New York: China Institute in America, 1954）.

7　胡適，〈非留學篇〉，《胡適全集》，20.11。

島又歸誰氏耶？以吾所料，日人或以歸中國而索償金焉。此說人皆以為夢
想。[8]

　　次日，胡適在報紙上讀到日本致德國的最後通牒。這最後通牒有兩個要
求：一、立時從日本和中國海域撤離德國的軍艦及所有兵艦。凡無法撤離的，
均須就地解除武裝；二、在9月15日以前，將膠州租借地無條件、無償地交付
日本帝國當局，以便在未來還給中國[9]。胡適讀到這則新聞，極其欣慰，認為果
然不出他所料：

　　昨記吾所料日人將以青島歸中國。今晨讀報，知日政府昨夜以「哀的米
　敦書」〔即，最後通牒〕致德政府，要求二事。其第二事即令德政府以膠
　州租借地全境交與日政府，以為他日交還中國之計。吾所料中矣。但不知
　日政府之能踐言否，又不知其所欲交換之條件如何耳。

　　胡適為什麼會對日本歸還膠州租借地給中國那麼有信心呢？因為他認為今
後世界是黃白種族之間的競爭。日本想要與白種人爭勝，就必須先消除黃、白
種人疑忌之心。更重要的是，日本必須要有中國作為其屏障。因此，就必須向
中國示好：

　　吾之為「日本還我青島」之想也，初非無據而言。他日世界之競爭，當
　在黃白兩種。黃種今日惟日本能自立耳。然日人孤立，安能持久？中國
　者，日之屏蔽也。藩籬之撤，日之所患。今日之政治家如大隈已有親華之
　趨向（參看大隈〈第三次東方平和論〉，見《東方雜誌》）。然日人侵略之
　野心，早為世界所側視，中美之人尤疑之。日人果欲消除中國疑忌之心及
　世界嫉妒之心，決非空言所能為力。何則？歷史之往事（如中日〔甲午〕

8　《胡適日記全集》，1.445。

9　"WWI Document Archive>Official Papers>Japanese Ultimatum to Germany," http://wwi.lib.byu.
　edu/index.php/Japanese_Ultimatum_to_Germany，2013年4月30日上網。

之役）早深入人心矣。青島之地，本非日有，日人得之，適足以招英人之忌。而又不甘以之讓英、法。何則？英、法之厚，日之薄也。若為吾華取還青島，則有數利焉：一、可以交驩中國；二、可以自告於世界，示其無略地之野心；三、可以釋英人之忌。吾所見如此。此吾政治上之樂觀也。吾何恤人之笑吾癡妄也？[10]

胡適在當天的日記裡錄下了1911年修訂的「英日同盟條約」的條文。該同盟條約聲明了英日兩國同盟的目的如下：一、鞏固並維護東亞和印度地區的和平；二、以確保清帝國的獨立與完整，以及各國在清帝國工商業機會均等的原則，來維持各國在清帝國共同的權益；三、維護締約國在東亞與印度地區的疆域權、保衛締約國在該地區的特殊權益[11]。

當時年還沒滿二十三、少不更事的胡適，滿心都是道德、理想，完全不知曉國際詭譎外交用語裡的玄機。他完全不懂得「維護締約國在東亞與印度地區的疆域權、保衛締約國在該地區的特殊權益」這句話的意涵。對日本而言，其所指的「特殊權益」就是滿洲、東內蒙古，以及後來日本從德國手中奪走的山東。

英日同盟條約誠然信誓旦旦地聲明要「確保中華帝國的獨立與完整。」然而，這純然只是外交辭令裡的障眼法。胡適完全不瞭解國際強權外交，說與作完全是兩回事。1902年原始的英日同盟條約開宗明義地在〈序文〉裡聲明：

　　大不列顛與日本政府，夙夜匪懈地要維護遠東的現況與和平，特別是要維護清帝國與韓國的獨立與領土完整，而且也要確保各國在該兩國工商業機會的均等。

然而，〈序文〉才聲明他們一心一意「特別是為維護清帝國與韓國的獨立與領土完整」，同盟條約的第一條就接著說：

---

10 《胡適日記全集》，1.447-448。

11 《胡適日記全集》，1.448-449。

締約國雙方承認清帝國與韓國的獨立，聲明對該兩國全然沒有侵略的意圖。然而，鑒於雙方的特殊權益——大不列顛主要在清國，日本則除了其在清國所擁有的權益以外，還有其在韓國特殊的政治、工商業權益——締約國認定如果他國侵略的行為，或清帝國與韓國內部的騷亂可能危及其權益的時候，締約國得以採取必要的行動以保護其〔在該兩國裡的〕人民的生命與財產。12

1905年8月，就在日本已經在日俄戰爭取得勝利以後，日本與英國修訂了英日同盟條約。其序文同於上引胡適在《留學日記》裡所徵引的1911年條約的序文，亦即，確保清帝國的獨立與完整。然而，1902年原始的英日同盟條約的序文裡所說的「韓國的獨立與領土完整」的條文已經從1905年的條文裡銷聲匿跡了。這原因無它，因為日本已經在1905年把韓國併吞為保護國了。1905年英日同盟條約令人怵目驚心的第三條是：

日本在韓國擁有至高無上的（paramount）政治、軍事、經濟的權益。大不列顛帝國認可日本在不違反各國工商業機會均等的原則之下，有權在韓國行使任何必要的指導、控制、與保護的措施，以確保、促進其權益。13

年少易欺，信然！胡適在《留學日記》裡所謂的「中國者，日之屏蔽也」的說法，是根據下引大隈重信所說的話。大隈重信是日本向中國提出「二十一條」時的首相。胡適不但在《留學日記》裡一廂情願地輕信大隈重信的話，他而且筆之於書，發表在1914年10月份的《留美學生月報》（The Chinese Students' Monthly）上。這篇文章名為〈日本與膠州〉（Japan and Kiao-Chau）。由於該文不長，茲全部翻譯如下：

12　1902年英日同盟條約，http://www.jacar.go.jp/nichiro/uk-japan.htm，2013年5月1日上網。

13　"The Renewal of the Anglo-Japanese Alliance, 1905（Main Points），" http://www.firstworldwar.com/source/anglojapanesealliance1902.htm，2014年2月25日上網。

對樂觀者而言，日本宣布「將終究把膠州歸還中國」，這可以說是為東亞外交史劃上一個新的紀元。這可能是中日親善的開始。

在日本較具有遠見的政治家，諸如大隈重信，有越來越多的跡象顯示出他們希望重獲美國的信任以及中國的好感。然而，這不是用甜言或文字就可以奏效的，特別是對中國而言。一方面是宿恨難消；另一方面則是傲慢、侵略性。這使得黃種裡的這兩大強枝之間存在著難以逾越的鴻溝。除非用行動證明，中國人是很難消弭他們對其島鄰的宿怨的。難不成日本是想用歸還膠州的方式來重獲中國的友誼，以及消除美國對其的戒心？

當然，日本此舉絕對不會是出自於純粹利他的動機。在第一次世界大戰爆發前幾個月，大隈子爵在三月號的《新日本》（*New Japan*）裡發表了〈三論東方平和〉（The Third Time on the Peace of the Orient）（因為他先前對這個問題發表了兩篇文章）。他在該文裡提出了一個重要的看法：「中國是日本的屏障。失去了這個外部的屏障，日本就有暴露之險。」〔注：這篇文章，胡適在《留學日記》裡記，是他在《東方雜誌》裡讀到的。〕大隈子爵這句話，是中國諺語「唇亡齒寒」的新詮釋。

在該篇文章裡，大隈子爵說：「我們深信某些非白種族必須與白種共立於這個世界。我們日本人必須要對中國這個同文同種的近鄰友好、並予以幫助，以便於在東方建立一個新的偉大的文明——一個不遜於西方的文明。那就是日本的目標。為了達成那個目標，中國必須是我們的朋友。這兩個國家之間的地緣關係，再怎麼強調都是不為過的。」

大隈子爵這些話是在他出任日本首相以前所說的。現在他已經坐上了可以讓他實現聯合這兩個唯一非白種大國的夢想的大位了。我們有很好的理由冀望我們的樂觀不至於落空。[14]

胡適完全不懂日本。他完全不知道大隈重信所謂中日「同文同種」、「提攜」中國的用意。俗話說得好：「口蜜腹劍」，而胡適則完全中套。日本對中國提出「二十一條」，主其事者就是大隈重信首相。日本對中國提出「二十一

---

14 Suh Hu, "Japan and Kiao-Chau," *The Chinese Students' Monthly*, X.1 (October, 1914), p. 27.

條」以後，當時在日本訪問的哈佛大學校長查爾斯・艾略特（Charles Eliot），就特別好意提醒大隈重信，說日本的「二十一條」在美國的輿論已經造成了負面的影響。大隈重信回答說日本的政策是在於防止中國的分崩離析，而東亞的和平繫於中國的安靖（security）。大隈重信是日本大東亞主義的始祖之一。他所楬櫫的「大隈主義」就是日本的「門羅主義」。換句話說，這就是挪用美國的門羅主義的觀念，來作為日本作為亞洲的霸主的立論基礎。大隈重信說他的中國政策就是在扶植、開化中國，以免其成為西方帝國主義在亞洲的據點[15]。

　　值得令人注意的是，胡適是特別懵懂於外交辭令裡所暗藏的口蜜腹劍的圈套。最有意味的，是兩個對比的例子。他在1915年10月中下旬的一則《留學日記》裡說：「日人野口米次郎著 *The Spirit of Japanese Poetry*—Yone Nogouchi〔注：《日本詩的精神》。Nogouchi誤，應為Noguchi〕，吾友韋女士讀而喜之，以假余。此君工英文，其書文筆雅潔暢適，極可誦。然似太誇，讀之令人不快。」[16]

　　可惜胡適沒告訴我們為什麼野口米次郎這本書「太誇，讀之令人不快。」然而，如果我們拾起《日本詩的精神》，就不難推測野口米次郎會讓以詩人自詡的胡適「不快」的原因何在了。茲譯出幾段可能的「罪魁」：

　　　　我國立國之初就是一個詩國；我們的祖先就是詩人。他們自由如風（頁12）；我說過，我認為真正的日本詩就像是一盆千年的盆栽。我們之所吟，就像是在一個日本茶屋——就四席半大的榻榻米——裡，點上那稀有的香，讓它裊裊升上蒼天。我們的詩就應該像是一顆貓眼石一樣，其豔麗的色彩是內斂的（頁12）；我一再強調能筆之於書的詩，即使是上乘的，其實也只是次等的，因為真正的上品詩是不流於文字，是默吟的（頁16）；我自詡日本對西洋詩的改革或演進能略盡綿薄——不管在精神上或是體例上。日本詩，至少日本古詩，跟西洋詩之分判，就像是無聲與有

15　Joyce Lebra, *Ôkuma Shigenobu: Statesman of Meiji Japan*（Canberra: Australian University Press, 1973）, pp. 120-122.

16　《胡適日記全集》，2.240-241。

聲、日夜之別一樣（頁17-18）。

老子說：「為無為，事無事，味無味。」我加一句：「言無言」（Express non-expression）（頁33-34）；悅耳的三十一音的和歌的誕生，據神話的傳說，是在開天闢地的同時（頁35）；為什麼西洋人〔翻譯俳句〕要如此的辭費，而日本人卻能優游於簡潔呢？日本人用毛筆、沾天竺香墨、在宣紙畫出來的畫，其無形之形就像是那夏日的雲煙，常是那得以上升到日本藝術的最高殿堂的鎖鑰，這不就在在地說明了為什麼西洋人試圖用鋼筆來摹擬，結果是畫虎反類犬嗎（頁49-50）？

回歸到幾千年前，回歸到我們日本人清純的心靈，而不是那被霸道的（despotic）——雖然不無其文雅之面——中國文學和佛教所摧殘了（wounded and tormented）的日本心靈，我們就可以發現日本人的心靈就像是向日葵一樣。就像我再別處所說的，作為日光與生命的追求者，日本人的心靈就是生命之力本身的化身（頁74）。

然而，另外一本胡適在半年前所讀的書，他卻讚譽有加。他1915年5月20日的日記說：「近讀大隈重信所纂《日本開國五十年史》（*Fifty Years of New Japan*—New York: Dutton, 1909），深有所感。吾國志士不可不讀此書。」[17]

大隈重信所具名編纂的這本《日本開國五十年史》，分上下兩冊，五十四位作者，用總計洋洋1,246頁的篇幅展示了日本明治維新以後五十年現代化的成就。第一冊綜述了政治、外交、憲法、政黨、陸軍、海軍、法制、民法、警察、地方行政、財政、交通、株式會社、銀行，以及工農漁礦的發展；第二冊則描述語言、宗教、哲學、文化、教育（包括女子教育）、西洋哲學、科學、醫學在日本的發展、紅十字會、藝術、社會變遷、日西交流、北海道的開發，以及台灣的殖民行政規畫[18]。

值得令人回味的是，大隈重信的口氣跟野口米次郎同樣是「太誇」。然

---

17 《胡適日記全集》，2.117。

18 Shigenobu Ôkuma, comp., Marcus Huish, tr. and ed., *Fifty Years of New Japan* (*Kaikoku Gojûnen Shi*), 2 vols. (New York: E. P. Dutton & Company, 1909).

而，卻似乎沒有引起胡適「不快」的感覺。茲舉幾個例子如下：

日本是全世界唯一僅存的萬世一系的「神國」（冊一，頁2-3）；連三尺之童皆知天照大神及其三神器，亦即，鏡、劍、與玉（冊一，頁6）；日本人愛乾淨、純淨無瑕的特性來自於他們對神明的敬畏，就是日本人所謂的「六根清淨」是也（冊一，頁8-9）。

一言以蔽之，日本可以說是一個天真無邪、在精神上清純無疵的國家。這個民族的心靈跟現代西洋文明是如此的和諧，它導引西洋文明進入日本，就彷彿是把一滴豔麗的色素，滴進了一個水晶瓶裡，讓其豔麗的色彩瞬然間染亮瓶中清純無比的水。在這整個過程裡，既沒有派系的偏執，也沒有師心自用。西方文明的精華，不管是精神的還是物質的，都自自然然地被吸收進來了（冊一，頁10）。

日本是一個不嫉不妒的民族，它吸收中國、印度、西洋的文明，能超越其文化裡的派系之爭，去蕪存菁，青出於藍（冊一，頁17-18）；十六世紀末期豐臣秀吉之所以征韓，是要用征韓的行動來「作為保存其麾下武士的精力的安全瓣，以免其在統一了日本帝國以後無所事事。同時，如果上天有意，他還可能征服明朝治下的中國，從而獲得土地來優渥地賞賜給他的臣屬。」（冊一，頁38）人們常誤以中國的觀點來看日本。其實，中國人談忠孝仁義，長篇累牘的空論所在多有，卻沒出過幾個輝煌的實例（冊一，頁40）。

日本雖然地處東方，但她所認同的是世界的進步，她的利益是與世界大同與共……作為西洋文明國家的代表，日本有責任擔負起保護東亞領土完整的責任。〔不管是參與「八國聯軍」或者是發動「日俄戰爭」〕……日本出兵不只是為了自保，而且是為全世界文明的國家確保經濟利益的均等（冊一，頁52）。

門戶開放與機會均等是我國國策的基礎。我們會竭力透過這些原則把西方文明的好處帶給我們的鄰國──中國和韓國。我們願意與盎格魯·撒克遜的友邦合作，進行那開化、開發這兩個委靡不振的東方國家的大業。也許有一天，它們也能夠像我們現在一樣，來撰寫它們的開國五十年史（冊

一，頁53）。

在歷史上長期受到和平之賜的日本人，總以為其他國家都跟他們一樣愛好和平，總以為沒有任何國家會危害東亞的安定和日本的存在。他們之所以會興師討伐中國，完全只是因為他們認為中國在韓國的霸權一日不去，就會對日本帝國的安全，以及對東方的和平造成永久的威脅（冊一，頁54）。

我們可以很公平地說，我們這個國家不但輸入了所有西洋文明的精華，而且能善用、甚至能青出於藍……我國已經贏得了足以代表西洋文明的地位，接下去的任務就是去把西洋的文明介紹給東方。這真的可以說是上天賦予日本的任務。日本人應該體認到他們肩負著融和東西方文明舍我其誰的任務，所以他們就必須帶領這整個世界更上一層樓……我不認為世界上還有哪一個國家能比日本更有資格來肩負這個偉大的使命，因為我們既代表了東方的文明，又已經融入了西洋的文明（冊二，頁574-575）。

同樣是宣揚日本文明獨一無二的清純、高妙、與無私，野口米次郎所著的《日本詩的精神》，會讓胡適打從內心裡覺得「似太誇，讀之令人不快。」然而，大隈重信所具名編纂的《日本開國五十年史》卻會讓胡適讚嘆不已：「深有所感。吾國志士不可不讀此書。」這就應驗了孟子所說的：「明察秋毫，不見輿薪。」

胡適當年出國留學經過日本時，看到韓國被日本併吞。他當年那狂熱的愛國之心曾經讓他痛呼：「韓之不祀，伊誰之咎！吾國人猶熟視若無睹然？獨不念我之將為韓續耶！嗚呼！傷已！」五年不到，胡適已經可以坐視大隈重信「開化、開發」「〔中、韓〕兩個委靡不振的東方國家的大業。」由於胡適一廂情願，他對中日「二十一條」談判的結果完全認識錯誤。他1915年5月10日的日記說：

中日交涉得暫時了結。日人似稍憬然覺悟侵略政策之非計矣，故有最後之讓步。今記其最後之結果如下：〔胡適摘引了英文報導〕此次交涉，余未嘗不痛心切齒，然余之樂觀主義終未盡銷。蓋有二故焉：

　　一、吾國此次對日交涉，可謂知己知彼。既知持重，又能有所不撓，能柔也能剛，此乃歷來外交史所未見。吾國外交其將有開明之望乎？

　　二、此次日人以青島歸我，又收回第五項之要求。吾雖不知其驟變初心之原因果何在，然日人果欲以兵力得志於中國，中國今日必不能抵抗。日之不出於此也，豈亦有所悔悟乎？吾則以為此日人稍悟日暮途遠倒行逆施之非遠謀之徵也。[19]

　　這則日記最驚人之處還不在於其顯示了胡適不懂日本，而是他對中國的情況也如霧中看花，完全看不清中國對於日本而言，根本就如甕中之鱉。中國對日交涉完全不是胡適所說的，是「可謂知己知彼。既知持重，又能有所不撓，能柔也能剛，此乃歷來外交史所未見。」事實上，中國完全不是「知己知彼」、「有所不撓」、「能柔也能剛」。大隈內閣在日本元老的壓力之下，已經在5月4日決定撤回「二十一條」裡最令列強非議的第五號。這點中國當然完全不知情。三天以後，5月7日，中國還通知日本駐華公使日置益，接受「二十一條」的一至四號，第五號則請再商議。日置益大喜，急忙電告日本政府不須撤回第五號。只是，日本內閣決議已定，不好出爾反爾，中國算是撿了便宜[20]。這個僥倖的結果，完全不是胡適一廂情願所想像的，以為是中國「知己知彼」、「能柔也能剛」的「歷來外交史所未見」的一場從敗部復活的勝仗。

　　胡適不但不瞭解中國是日本在「二十一條」之下的甕中之鱉，他而且還誤以為日本在提出「二十一條」以後心生懺悔。他1915年6月3日的日記說：

　　報載昨日日本議會中在野黨提出不信任政府之議案，謂政府之對華外交政策為完全失敗，既損害對華友誼，又引起列強嫉視。實大損帝國之威信，且種下將來惡因。此為晚近新聞中之最足鼓舞吾之樂觀者。勿謂秦無人也！勿謂秦無人也！（附記）此議案未能通過。贊成者百三十三人，反對者二百三十二人。余明知其未能通過也。然主此說者已過全議會三分之

19　《胡適日記全集》，2.103-108。

20　Ian Nish, *Japanese Foreign Policy, 1869-1942*（London: Routledge & Kegan Paul, 1977）, p. 101.

一，不為少矣（三日下午又記）。[21]

　　胡適在這則日記裡所指的報導可能是《紐約時報》6月4日的報導[22]。值得注意的是，《紐約時報》的這篇報導完全沒有胡適所謂的「損害對華友誼」云云。日本在野黨對大隈內閣所提出的不信任案，胡適的譯文大致正確，亦即：「謂政府之對華外交政策為完全失敗，既損害對華友誼，又引起列強嫉視。實大損帝國之威信。」他唯一自己擅自加進去的，就是「損害對華友誼」那句話。

　　胡適因為日本在野黨對內閣提出不信任案，就欣慰地讚嘆：「勿謂秦無人也！」這又是胡適因為不懂日本而一廂情願的一個明證。當時日本的在野黨是「政友會」。「政友會」原來是伊藤博文在1900年為了控制國會而組成的一個擁護政府黨。用伊藤博文的話來說，「政友會」就是政府在國會裡的「投票部隊」。只是「政友會」卻漸次發展成為國會裡一個最大的獨立政黨，不聽政府的指揮。於是日本元老桂太郎師法伊藤博文，在1913年再度成立一個擁護政府的政黨，亦即「立憲同志會」。「政友會」的死敵大隈重信就是在元老的支持之下，在1914年出面組閣，聯合「立憲同志會」及其他政黨與「政友會」抗爭。

　　「政友會」在1915年6月對大隈內閣提出不信任案，完全不是胡適所說的「勿謂秦無人也！」事實上，大隈內閣對中國提出「二十一條」，是挾日本民族主義上下一心、眾志成城的政策。就在這樣民族主義的狂潮之下，「二十一條」讓大隈重信在1916年3月的國會選舉中領導「立憲同志會」擊敗了「政友會」。胡適有所不知，在野的「政友會」的不信任案是奈何不了大隈內閣的。可是，三個月以後，日本的元老一出手，大隈內閣就垮台了。日本的元老之所以對大隈內閣不滿，癥結在於他們不滿意外相加藤高明。他們認為他專擅，不但不懂得向元老請益，甚至當元老們提供意見的時候，他居然敢置之不理。元老們對大隈內閣不滿，完全不在於它對中國提出「二十一條」，而是在於其處

21 《胡適日記全集》，2.125。

22 "Unrest in Tokio Acute," *The New York Times*, June 4, 1915, p. 4.

置不當，導致了日本與英美關係的緊張[23]。

胡適對日本的一廂情願、對中國的霧裡看花，其所反映的，是他當時所信奉的絕對不抵抗主義的盲點。他在1914年11月13日的日記裡，提到了他跟韋蓮司在綺色佳街頭散步時有關「二十一條」的對話。韋蓮司說：

> 日本之犯中國之中立也，中國政府不之抗拒。自外人觀之，似失國體。然果令中國政府以兵力拒之，如比利時所為，其得失損益雖不可逆料，然較之不抗拒之所損失，當更大千百倍，則可斷言也。[24]

在胡適進入他絕對不抵抗主義的巔峰期之際，他深信武力對人類而言，是以暴易暴、惡性循環。而且，對作為弱國的中國而言，要跟日俄英法那些強國作軍備的競賽，更無異於癡人說夢。胡適的釜底抽薪之計，是「七年之病，求三年之艾。」用他在1914年12月12日的日記裡的話來說，內要「興吾教育、開吾地藏、進吾文明、治吾內政。」對外則雙管齊下，一方面要「力持人道主義，以個人名義兼以國家名義，力斥西方強權主義之非人道、非耶教之道」；另一方面，「極力提出和平之說，與美國合力鼓吹國際道德。」[25]

這是胡適一生的盲點之一，亦即，他對美國一廂情願、一往情深。這是從他留美的時候就已經開始了，而且是愈老彌堅。然而，胡適在信奉絕對不抵抗主義時期還有一個更大的盲點，那就是他懵懂於人類、政治、國際外交的實際。褒之而言，那是胡適的理想主義；貶而言之，則是阿Q式的天真。他在1915年1月27日的日記裡說：「中國之大患在於日本。日本數勝而驕，又貪中國之土地利權。」胡適也完全理解日本為什麼會在當時對中國提出「二十一條」的要求：「日本知我內情最熟，知我無力與抗。日本欲乘此歐洲大戰之時收漁人之利。日本欲行門羅主義於亞東。」胡適的結論是：「日本志在中國，中國存亡繫於其手。」

23 Ian Nish, *Japanese Foreign Policy, 1869-1942*, pp. 96-104.
24 《胡適日記全集》，1.547。
25 《胡適日記全集》，1.566-568。

在當時的胡適眼中，「日本者，完全歐化之國也。」對這時候的胡適而言，「歐化」是一個貶抑的字眼。為什麼日本是一個「完全歐化之國」呢？因為它信奉強權主義：「日本以強權建國，又以強權霸者也。」然而，胡適一點都不氣餒，也不寒顫。就正因為日本是一個信奉強權主義的「完全歐化之國」，日本就成為胡適「擒賊先擒王」的策略下，宣導、傳播他人道主義、和平主義的試金石：

> 吾之所謂人道主義之說，進行之次宜以日本為起點，所謂擒賊先擒王者也。且吾以輿論家自任者也，在今日為記者，不可不深知日本之文明風俗國力人心。據上兩理由，吾不可不知日本之語言文字，不可不至彼居留二三年，以能以日本文著書言說為期。吾國學子往往藐視日本，不屑深求其國之文明，尤不屑講求溝通兩國誠意之道，皆大誤也。
>
> 吾其為東瀛三島之 "Missionary"〔傳教士〕乎？抑為其 "pilgrim"〔朝聖者〕乎？抑合二者於一身歟？吾終往矣！[26]

不管是理想主義使然，還是阿Q式的天真，胡適真的開始學習起日文來。他在1915年5月2日的日記裡說：

> 吾前此曾發願研究日本之文明，偶以此意告叔永，囑叔永為購文法書應用。叔永轉托鄧胥功，告以余所以欲習日文之意。鄧君寄書二冊，而媵以書，略云：「日本文化一無足道。以綜而言，則天皇至尊；以分而言，則男盜女娼。」又注云：「此二語自謂得日人真相，蓋閱歷之言。」嗟乎！此言而果代表留日學界也，則中日之交惡，與夫吾國外交之昏暗也，不亦宜乎？[27]

今天北京的「胡適外文檔案」裡，還藏有胡適當年手寫日文片假名五十音

---

26 《胡適日記全集》，2.24-25。

27 《胡適日記全集》，2.96。

的筆記，以及他用片假名拼寫地名的筆記，例如；トキオ〔即：東京〕、パナ
マ〔即：巴拿馬〕、アラバマ〔即：阿拉巴馬州〕。胡適的特別，在於他具有
一般人所沒有的好奇與求知之心。為了要「擒賊先擒王」，到「完全歐化之
國」的強權主義的日本去傳播人道主義、和平主義的福音，他開始自學日文。
不只如此，他在美國接觸了一些傑出、但不會說北京話的華僑，例如我在《璞
玉成璧》裡所提過的只會說廣東話的鄭萊。這使得胡適也對廣東話好奇。我們
今天在「胡適外文檔案」裡，不但可以看到他學習寫日文片假名五十音的筆
記，而且還可以但到他手寫的廣東話的發音的筆記，例如：「鴨腿」（"ap
tuai"）、「燒賣」（「休」賣）、「水餃子」（水 "gao jee"）等等[28]。我們今天推崇
「全球化」（globalization）與「在地化」（localization）應該並行不悖。胡適早
在二十世紀初期就已經奉行了。

　　事實上，胡適所展現出來的阿Q精神，是一種扮相（performance），是他
演練、扮演他和平主義、絕對不抵抗主義的一種一而再、再而三的舉動。實際
上，他在《留學日記》裡也留下了線索，讓我們知道他並沒有那麼天真。只
是，這些線索多半是英文的，多半的人不會去注意。比如說，胡適非常留心日
本進攻膠州，究竟是否超過了「英日同盟」條約的規定。換句話說，日本是否
利用「英日同盟」為藉口，而藉機侵略中國？他在1915年1月29日的日記
裡，提到了倫敦《每日電報》（London Daily Telegraph）的記者哈丁（Gardner
Harding）在《人人雜誌》（Everybody）上所發表的〈青島〉一文。他說：

　　　其論英國之地位，尤足發人深省。中引8月22日《公論西報》
　　〔National Review，上海的英文刊物〕之言曰：「現在的情況是：日本（圍
　　攻青島）已經逼使英國非表態不可。這是英國——如果不是歐洲——在遠
　　東失去影響力的肇始。」

又引《字林西報》〔North China Daily News〕：

28　"Miscellanies（9）Addresses and Checkbooks. 9 Pamphlets"，「胡適外文檔案」，E492-001。

我們很難相信日本在最後階段的舉動是得到英國充分的認可的……那幾乎是不可能的。

《公論西報》屢言「日英協約」〔即：英日同盟〕之非計，曰：

英國在這件可恥的事件裡所遭受的打擊，在遠東地區百年來沒有一次比這次嚴重。29

胡適所措意的，不在於英國，更不在於英國在遠東的利益與地位。胡適愛美國，但從來就不喜歡英國；在青島問題、「二十一條」上，他根本認為英國是「偽善」。他在1915年3月28日的日記裡記：「英國下議院有人質問政府，對於日本向中國要求各事持何態度，國務次官（Undersecretary of State）Neil Primrose〔普林羅斯〕答曰：『日本在中國擴大其利益，苟無害於英國之利益，英政府不持任何異議。』」30胡適所措意的，是日本是否混水摸魚，藉「英日同盟」之名而行侵略中國之實。對於這一點，在廣泛涉獵了報章雜誌以後，胡適的答案是肯定的。他在1915年2月4日的日記裡，節錄了日本外相加藤高明在國會所作的演說：

〔原引文是英文〕由於同盟國〔即英國〕在東亞的商業遭受到威脅的時候要求義助，日本基於〔英日〕同盟是其外交政策的指導原則，當然必須義不容辭地接受其要求而盡其責任。此外，我國政府認為德國在東亞的一隅擁有供其可資予取予求的基地，這不但對我國維護東亞永久和平是一大障礙，而且與我帝國眼前的權益衝突。在獲得天皇的許可以後，就把該項決議轉知英國政府。雙方政府在開誠布公交換意見以後，共同決定採取了同盟條約設想之下的行動，來確保雙方共同的權益。31

胡適所要求證的是，攻打青島是日本主動的，而不是英國的意思。他

---

29 《胡適日記全集》，2.26。

30 《胡適日記全集》，2.81。

31 《胡適日記全集》，2.29-30。

1915年6月15日的日記說：

> 《紐約晚郵報》（6月14日）載一東京訪員來函，追述其去年8月28日
> 通信（登9月17日報）中所報日本與德國開戰之近因。其言曰：
> 〔原引文是英文〕本記者在8月28日……的報導中說：當英國政府在8
> 月4日（？）〔注：原文如此〕照會日本，問日本如何可以保障英國在東
> 亞的航運的時候，那原原本懸在半空中的，就多多少少解除了。日本在召開
> 御前會議以後答覆英國：只要德國在青島一天，日本就無法保證英國航運
> 的安全。日本願意提供保障，條件是日本得以剪除德國在中國該處的基
> 地。日本這個要求，得到英國政府的默許，條件是該處日後必須歸還中
> 國，而且不能危及中國的領土主權的完整。

向來就不喜歡英國的胡適，對英國一點都不會天真或一廂情願。對所謂
「英人要求以青島歸我云云，」胡適認為「或不盡確」。然而，胡適要說的重點
是：從德國手中奪走青島，是日本主導的。所以，他在這則日記裡的按語是：
「吾前讀日外相加藤之宣言（9月5日），即知攻膠州之舉發自日本。其辭顯
然，不可掩也。」[32]

胡適既然已經對日本的野心產生了疑懼，作為一個不忘「為祖國辯護」的
留學生，他自然開始注意偏袒日本、危及中國主權的言論。他在1915年2月
12日的日記裡記：

> 2月6日份之"*The New Republic*"〔新共和〕有投函人自稱「支那一
> 友」，其書論遠東時局，以為日本之在中國占優勝，未始非中國之福。又
> 言：「中國共和已完全失敗，中國人不適於自治。日本之干涉，可使中國
> 有良政府，中國之福，列強之福……」讀之大不滿意，作一書駁之。[33]

---

32 《胡適日記全集》，2.133。

33 《胡適日記全集》，2.43。

　　二十世紀初年的許多中國人，被稱為「支那人」不但不以為意，而且以自稱為「支那」、「支那人」為榮。他們不知道當時日本的用語，「支那」、「支那人」是蔑視的名詞。然而，這是時代使然。當時的胡適也是如此，所以他才會把作者的署名 "A Friend of China" 翻成「支那一友」，而不是「中國一友」。胡適在《留學日記》裡錄下了兩封他的投書。他為什麼會寫兩封投書呢？請看他投書的內容。第一封投書是致《新共和》主編：

　　我滿懷興致地讀了貴刊 2 月 6 日刊載的「支那一友」的來信……「支那一友」忽略了一個重要的事實：今天是人人都具有強烈的民族意識的時代。他忘了即使菲律賓都無法安於美國昭然若揭的「仁治」（apparently "beneficial" rule）之下。在二十世紀的今天，沒有一個國家可以冀望它能和平地統治或干預另外一個國家的內政，不管那種統治或干預有多「仁政」的色彩。中國人的民族意識推翻了滿清，也將會促使他們永遠無法接受外人的統治或「引領」。

胡適以美國獨立建國也經過艱辛的過程作為例子，說：

　　中國的革命是 1911 年發生的。民國成立只不過才三年。我們怎能說——「你們這些沒有信心的人啊！」〔注：引《新約聖經》〈馬太福音〉第 8 章第 26 節〕——「中國試著要建立一個進步的國家，但就是不成器」、「中國沒有自治的能力」？我衷心信奉威爾遜總統的說法：每一個民族都有自決的權利；每一個國家都有不受干預自求發展的權利。墨西哥有革命的權利；中國也有自尋出路的權利。34

胡適的另一封投書，是寫給他當時最喜歡的《外觀報》（ The Outlook ）。

　　請允許我說幾句話批評貴刊 1915 年 2 月 24 日題名〈日本與中國〉的社

---

34 《胡適日記全集》，2.57-58。

論。由於該社論基本上是根據《新共和》所刊登的一封署名「支那一友」
的來信，我特別附上一封我指出其立論乖謬的投書〔注：即上引胡適致
《新共和》主編的信〕。鄙見以為：《新共和》該封投書的作者絕不可能像
《外觀報》所以為的，是一個真正的「支那的朋友」，也不可能是「一個
東方事務的專家」。

作為一個來自中國，同時深諳中國人的理想與憧憬的人，我要用最沉重
的話語來強調：任何要由日本來控制或「引領」中國的企圖，都無異於是
在中國埋下無窮歲月的動亂與流血的種子。現在的中國確實無法抵擋任何
無理的「強權」的要求。然而，任何人想要倡導由日本來作為中國的管理
國或保護國，以便於「維持東方的秩序」的人，都會在他們有生之年，看
到年輕、英勇的中國人鮮血遍灑──雖然那不會有及時的效果──天朝共
和國（Celestial Republic）的大地！我們難道沒看到中國各地已經風起雲
湧的反日情緒？

我誠心地相信遠東問題的根本解決之道，繫於中日兩國的相互瞭解以及
合作。然而，這種相互的瞭解以及合作，是絕對不可能用任何武力征服的
方法，由一方來強諸另一方的。

至於中國是否由自治的能力，請看我所附致《新共和》的投書。如果貴
刊願意轉載，無任歡迎。35

胡適致《新共和》主編的投書，《新共和》在1915年2月27日刊出了36。
不但如此，紐約州的《雪城郵標報》（*Syracuse Post-Standard*）還根據胡適的
投書寫了一篇題名為〈胡適慷慨陳詞〉（Suh Hu Speaks Up）的社論：

或許是根據卡萊爾（Thomas Carlyle）那句老而順口的理論（good old
theory）：每一個人都需要一個主人，有些西方的理論家認為遠東問題的
解決之道，在於放手讓日本可靠、有效率地去管理中國的事務。看來這也

---

35 《胡適日記全集》，2.58-59。

36 "Correspondence: From a Chinese Student," *The New Republic*, February 27, 1915, p. 103.

是日本自己的想法。只是，這還沒得到華盛頓熱中的認可。〔日本〕不下苦諫的工夫（serious remonstrance），還是不可能成為事實的。

綺色佳的胡適──一定是「康乃爾大學世界學生會」的活躍分子──也不以為然。他說：「在二十世紀的今天，沒有一個國家可以冀望它能和平地統治或干預另外一個國家的內政，不管那種統治或干預有多『仁政』的色彩。」這句話說得太滿了（a sweeping assertion），在許多事例上就不見得是如此。然而，中國已經產生了一個積極與進步的意識。胡適說得對，美國並不是一朝一夕建成的；他認為中國目前的進境並不遜於已故〔史家〕菲思克（John Fiske）所描寫的美國建國期間的艱困階段。

胡適的結論說：「墨西哥有革命的權利；中國也有自尋出路的權利。」前者有討論的餘地，後者則完全沒有。日本試圖控制中國只會帶來無休無止的麻煩；我們希望日本能有政治家能看出這點。[37]

胡適說：「墨西哥有革命的權利。」這句話刺到了美國的敏感之處。美國可以抽象地支持遙遠的中國「有自尋出路的權利」；但要給予位在美國勢力範圍內的墨西哥「革命的權利」，就沒有討論的餘地了。1910年墨西哥革命以後產生了持續達十年之久的內戰與割據的局面，美國在1914年出兵干預。這引生出胡適對美國輿論界「只論國界，不論是非」的批判。有關這點，請參見我在《璞玉成璧》裡的分析。

就像我在《璞玉成璧》裡所分析的，當時的胡適所關切的，不是美國該不該出兵干預墨西哥革命；胡適從來就認為美國所代表的是公道與正義。胡適當時正處於他從狹隘的民族主義過渡到世界主義、「必也一致乎」的階段。所以，他所堅持的是：人際關係與國際關係應該有一致的標準；如果人與人之間應該講求倫理道德，國與國之間亦當如是，絕不能容許強權就是力量的行徑。因此，儘管《雪城郵標報》的主編明白地表示他不認同胡適說「墨西哥有革命的權利」的說法，只要他願意承認中國「有自尋出路的權利」，胡適就滿意了。於是，胡適就在3月4日的日記裡，錄下了他向《雪城郵標報》主編致謝

---

37 《胡適日記全集》，2.60-61。

的信，謝謝他同情中國的立場[38]。

　　如果《雪城郵標報》的主編對中國疑懼日本的立場表示同情，《外觀報》的主編就不同了。胡適的投書，《外觀報》沒採用。但主編在1915年3月10日再以〈日本與中國〉為題名的社論裡，表達了該刊的立場。他說《外觀報》收到了許多從中國以及在美國的中國人的來信。然而，他說在事實真相出現以前，所有的說法都只是謠言與推測。他說，來自於謠言、臆測、與渲染的溫床的北京的報導，不可相信。在事實真相出現以前，什麼都不能相信。到他發稿為止，唯一具有政府權威性的聲明是來自於日本首相大隈重信。大隈重信的聲明是該期《外觀報》前一篇社論〈一個國際睦誼之旅〉（A Mission of International Understanding）的內容。其所評論的，是「全美基督教聯合會」（The Federal Council of the Churches of Christ in America）兩位代表在日本的巡迴演說。該篇社論報導這兩位代表晉見大隈重信的時候，大隈首相信誓旦旦地聲明日本維護中國領土主權完整的決心：

　　　　首相告訴他們說，雖然別有用心的人試圖製造事端，破壞日美關係，但這些嘗試都失敗了。這些挑撥者現在就想利用中國來離間兩國的關係。他聲明日本絕對沒有覬覦中國主權以及〔美國〕門戶開放政策的意圖。日本希望中國保有獨立的尊嚴，不落為任何國家的禁臠。他強調英國和日本深切瞭解眾所周知的美國政策，要保持機會均等，以及維護中國領土主權的完整。[39]

《外觀報》的主編的結論是：

　　　　擺在眼前的只有兩個事實：
　　　　一、英國與日本的條約〔即：英日同盟〕保證「中國的獨立與領土的完整，以及各國在中國從事工商業的機會均等。」日本政府如果違反了這些

38　《胡適日記全集》，2.63-64。

39　"A Mission of International Understanding," *The Outlook*, March 10, 1915, pp. 552-553.

條款，就等於是犯了最不智之舉。

二、格雷（Edward Grey）爵士〔注：英國外相〕日前在下議院回答有關「二十一條」的問題的時候，說英國政府還沒有訊息來回答那個問題。如果對英國政府是如此，對美國的報紙而言更是如此。格雷爵士說有些報導太渲染了。所謂的日本要求中國在僱用外國顧問的時候必須以日本人為限，以及所謂的除了日本人以外，所有外國人都不能取得鐵路、礦權，以及港灣的特權的說法都是不正確的。〔格雷爵士〕說的這些話是最明確也最權威的。這些話和大隈子爵的聲明是最明確也最權威的。[40]

為胡適的《留學日記》作抄寫、整理、擬題工作的章希呂，描寫胡適的投書是「為祖國辯護」、「投書的影響」。胡適自己在3月4日的日記裡記載當時報章分析轉載他的投書的時候也說：「吾甚欲人之載之。非以沽名，欲人之知吾所持主義也。」[41] 不瞭解當時美國政策以及輿論氛圍的讀者，可能誤以為美國因此就比較傾向於中國。事實剛好相反，當時美國的政策與輿論是親日的，絕對不是一個年輕留學生的投書，或者分崩離析、孱弱的中國政府所能扭轉的。

胡適會天真的以為國際問題可以用理性的討論，以及要求強國用「己所不欲勿施於人」的方法來解決。這是他絕對不抵抗主義時期的盲點。然而，有理想主義的人通常所最不能忍受的是假仁假義，特別是口蜜腹劍。胡適在《留學日記》裡所提到的日本人都是在美國從事宣傳工作的。第一個是家永豐吉（Ienaga Toyokichi）〔注：家永豐吉自己在美國使用的姓氏在前的拼音是：Toyokichi Iyenaga〕。胡適第一次在《留學日記》裡提到家永豐吉是在1915年1月24日：

二十四日以車歸。車中讀紐約時報，見有日本人 T. Iyenaga〔家永豐吉〕博士所作文論 "Japan's Position in the World War"〔注：完整的篇名是："Japan's Position As a Participant in the World War"（日本作為世界大戰之

40　"Japan and China," *The Outlook*, March 10, 1915, p. 553.

41　《胡適日記全集》，2.64。

參戰者的立場）〕，道遠東外交史甚詳。其論中國中立問題尤明目張膽，肆無忌憚。其言雖狂妄，然皆屬實情。在今日強權世界，此等妄言，都成確論。世衰之為日久矣，我所謂拔本探原之計，豈得已哉！豈得已哉！（附記）歸綺色佳後三日，君復〔注：王夏，時就讀於哥倫比亞大學〕寄示此論，欲余一一斥駁。余復書曰：「此日人不打自招之供狀，不須駁也。」[42]

　　家永豐吉，日本福岡縣人，1862年出生。他1887年從美國俄亥俄州的歐柏林（Oberlin）大學畢業，1890年得到美國約翰·霍普金斯大學（The Johns Hopkins University）的博士學位。他得到博士學位以後，回日本工作。從1895年到1898年，他在日本外務省工作。1901年在台灣總督府工作。他在早稻田大學擔任了短期的教授以後，就又回到美國。先後在威斯康辛大學（1902-1904）和芝加哥大學（1901-1920）授課。1912年以後，他又出任日本外務省設於紐約的宣傳機構「東西通信社」（East and West News Bureau）。

　　太田雅夫在他為家永豐吉所撰寫的略傳裡，說家永豐吉是一個被人忘卻的世界主義者。這根本就是把世界主義這個理想主義的觀念浮濫地擴充到失去意義的地步。家永豐吉不是一個世界主義者，他是為日本外務省在美國從事宣傳工作的人。其實，太田雅夫所寫的略傳就顯示出：家永豐吉在1909年得到四千日幣的經費，相當於美金兩千元，到美國從事宣傳工作，促進日美關係，並開導美國人瞭解日本與滿洲的實際情形。這四千日幣的經費，三千來自於外務省，一千來自於日本在滿洲的殖民機構──滿鐵株式會社。這四千日幣不是小數目，是1889年日本國會議員一年薪資的兩倍。家永豐吉在美國的宣傳經費，滿鐵株式會社只提供了一年的經費，外務省則繼續。1914年以後，外務省把經費提高為原來的總額四千元。家永豐吉因意外死於1936年12月29日。他當天在紐約州奧奈達市（Oneida）附近一個結了冰的湖上釣魚，失足溺斃。他的兒子肯尼斯（Kenneth）死得更慘，而且死期跟他相差只有一個星期。

---

42 《胡適日記全集》，2.19-20。

1942年12月23日，他被一個仇日的美國人殺死[43]。

家永豐吉不是世界主義者，他是日本帝國主義在美國的代言人。理由很簡單。在日本向德國宣戰以前，他的「東西通信社」發布了日本首相大隈重信的聲明，信誓旦旦地聲明：「日本沒有任何領土的野心，一心以遠東和平的維護者自任。」[44]然而，在日本占領膠州以後，他就在上引胡適《留學日記》裡所記的演講裡，為日本占領膠州留下了伏筆。他在《紐約時報》所引述的這篇演講，是他1915年1月23日在紐約「共和黨俱樂部」（Republican Club）以及「日本協會」（Japanese Society）所合辦的演講會裡所作的演講。根據《紐約時報》的報導，家永豐吉在演講裡說：「如果協約國戰勝，日本就有權作要求，以報酬它用鮮血和金錢攻下膠州，以及挑戰德國這樣的強國所冒的險。即使日本決定要留住膠州，那也絕不違反了中國領土的完整。這是因為膠州並不是中國的；其主權，至少在99年之內〔注：指德國在膠州99年的租借權〕，屬於德國。」[45]

家永豐吉這種前後矛盾、拿到手就是誰的言論，胡適當然是憤慨莫名的。然而，為什麼在哥倫比亞大學的王夏希望他投書駁斥的時候，他卻能冷靜地說：「此日人不打自招之供狀，不須駁也」呢？胡適深知日本是趁著第一次世界大戰，渾水摸魚。用日本的亞洲門羅主義為藉口，收侵略中國的漁人之利。我在上文分析，胡適說這句話的時候，就是他服膺絕對不抵抗主義的巔峰。不管胡適是理想主義，還是阿Q式的天真。他要用「擒賊先擒王」的策略，以和平主義的「傳教士」、「朝聖者」的身分，到那個信奉強權主義的「完全歐化之國」的日本，用人道主義、和平主義去開化日本。

與當時大多數的中國人或者日本人相比較，胡適特殊的地方，在於他的世界主義能夠讓超越狹隘的國家疆域。周明之引用艾立克生（Erik Erikson）分析印度的甘地的說法，說胡適之所以會接受世界主義和不抵抗主義，是因為這

43　太田雅夫，《家永豐吉と明治憲政史論》，〈忘れられた国際人家永豐吉〉（東京：新泉社，1996），頁116-122。

44　"Japan Not Seeking More Territory," *The New York Times*, August 16, 1914, p. 8.

45　"Japan's Position As a Participant in the World War," *The New York Times*, January 24, 1915, p. SM2.

兩種主義可以「在象徵的意義上，迫使強敵──日本和西方列強──承認『弱者之力』。」[46]我認為這個說法是不正確的。胡適的世界主義不是一種心理上的自衛機制。他是一個真正能夠把國家的利益臣服於一個更高的國際標準或義舉之下的世界主義者。「萬國之上還有人類」（Above All Nations Is Humanity）這句格言，對當時的他而言，等於是具有康德所說的絕對律令（categorical imperative）一樣。我們把當時在美國的幾個所謂的日本的世界主義者來跟他相對比，胡適的世界主義就特別的耀眼了。

家永豐吉，胡適可能一直要到1916年6月下旬，到俄亥俄州的克利夫蘭市開第二次國際關係討論會的時候才見過面。雖然他在《留學日記》裡記他在會上所見到的人裡沒有家永豐吉，但他所列出的討論主題裡有：「十、『日本之亞洲政策──T. Iyenaga〔家永豐吉〕；十一、『門戶開放政策』──胡適與鄭萊[47]。當然，胡適有可能因為拒絕去聽家永豐吉的演說，而沒有見到面。除了家永豐吉以外，當時還有一個後來也被捧為世界主義者的日本人，他的名字是笠井重治，與胡適相識。

笠井重治（Juiji George Kasai, 1886-1985），1903年十七歲渡美，1913年得美國芝加哥大學學士學位，1916年得哈佛大學碩士學位。跟胡適一樣，笠井重治也是一個演說大家。他1907年在西雅圖的「百老匯高中」（Broadway High School）以及1913年在芝加哥大學，都得到演講比賽的冠軍[48]。笠井重治在1918年回到日本以後活躍於政界。他擔任過東京市議員、日本國會眾議院議員，以及「日米文化振興會」名譽會長。笠井重治長壽，享年將近九十九歲。

保坂忠信說笠井重治既是一個愛國者也是一個世界主義者。事實上，笠井重治跟家永豐吉一樣，是日本外務省在美國的宣傳員。從1915年7月到他1918年回日本的時候為止，他是日本外務省在舊金山所設的宣傳機構「太平

46　Chou Min-chih, *Hu Shih and Intellectual Choice in Modern China*（Ann Arbor: The University of Michigan Press, 1984）, p. 96.

47　《胡適日記全集》，2.363。

48　Chūshin Hosaka, *A Critical Biography: Jiuji Kasai, the Patriot and the Internationalist*，《英學史研究》，第19號，抽印本（Tokyo, 1986），pp. 73-74。

洋出版社」（*Pacific Press*）的副主任[49]。保坂忠信說得不對。我可以承認笠井重
治是一個愛國者，但我更有充分的理由斷言他是日本帝國主義的代言人。他絕
對不是胡適的意義下的世界主義者。我們只要看他在美國報章上所發表的言論
就可以知其大略了。我們從現存「胡適檔案」的資料，可以知道胡適跟笠井重
治至少在1915年初的時候通過一次信。胡適1915年初再訪哈佛大學的時候，
很可能還跟當時在哈佛就讀的笠井重治見了面。笠井重治寫給胡適的信，雖然
已經不存，但因為胡適寄給韋蓮司看了，韋蓮司抄寫出信中最重要的部分，我
們有幸得知其觀點：

> 他們〔即：中國留美學生〕之所以會反日是很自然的，因為他們所讀的
> 美國媒體就是要用討好中國人的方式來攆走日本。美國在外交方面施展了
> 一些巧計，例如，退還庚子賠款以及美孚公司的計畫〔即：指的可能是
> 1914年2月美孚公司與中國政府簽訂在中國探測油田的合約〕。它一直想
> 要在滿洲取得利權，一直想要用把南滿鐵路中立化的方法來攆走日本。殊
> 不知南滿鐵路是日本在日俄戰爭中戰勝俄國所得到的唯一的戰利品。無論
> 如何，這個國家〔即：美國〕用手段來離間日本與中國，其目的就是要雄
> 霸中國市場。美國對中國的態度自然不是公正無私的（impartial）。因
> 此，如果中國留美學生大多數都美國化了而且仇日，那就會在我們兩國之
> 間的傳統友誼造成莫大的災難。[50]

可惜的是，胡適寫給笠井重治的回信已經不存了。幸運地是，胡適在
1915年2月24日給韋蓮司的信尾摘述了大要：

> 又：方便的時候，請把我哈佛大學那個日本朋友〔即：笠井重治〕的信
> 寄還給我。在我的回信裡，我同意他的批評，亦即，中國學生不是誤解日

---

49 《笠井重治追悼錄》，〈笠井重治年譜〉（東京，1987），頁12; Chūshin Hosaka, *A Critical Biography: Jiuji Kasai: the Patriot and the Internationalist*, p. 79。

50 Juiji Kasai to Suh Hu, February 9, 1915，韋蓮司抄件，「胡適紀念館」，HS-CW01-002-005。

本，就是對日本無知。但我駁斥他美國對日本和中國態度的分析。我認為
他不會喜歡我的說法的。[51]

笠井重治和胡適後來在中國還見過面。胡適1931年7月15日的日記說：
「晚上日本人笠井重治（J. Kasai）邀吃飯。有市長周大文等。笠井有演說，還
要我們答辭。這是日本人最不通人情世故之處〔注：指的可能是當時中日因為
萬寶山事件而關係緊張〕。」[52]今天「胡適紀念館」的檔案裡還有笠井重治在
1959年與1960年寫給胡適的兩封信。1960年7月20日的信說他很高興在日本
羽田機場巧遇胡適。當時胡適是經過日本返台，笠井重治則是到機場送他的姪
兒。笠井重治在信上還提起前次見到胡適是三十年前的事了。他寫信的目的是
要跟胡適討論共同反共的問題[53]。
　　笠井重治是日本帝國主義的宣傳員。他在1914年8月22日致《紐約時報》
主編的一封信裡堅決地否認了日本對中國有任何領土的野心。這封信的標題
是：〈日本的立場：信守諾言，過去如此，現在依然如此〉（The Case for
Japan: Always Kept Her Agreements, and Is Keeping Them Now）他說：「日本多
年來一直捍衛著中國領土主權的完整、獨立，以及東亞的和平。德國占領膠
州，就像是一把插在中國靈魂上的刀子一樣，威脅著遠東的和平。日本所肩負
起的角色，是遠東的守衛者以及中國門戶開放的監護者。」笠井重治說日本跟
中國的關係，就好像美國跟墨西哥一樣[54]。
　　兩年以後，笠井重治在分析中日在滿洲的衝突的時候，又再度提倡日本的
亞洲的門羅主義。當時日本已經占領膠州而且也已經對中國提出「二十一
條」，但他仍然堅持說：「日本信守中國領土主權以及列強在華機會均等的原
則。」他向《紐約時報》的讀者保證：「日本對中國的要求〔注：指保證在滿
洲與蒙古的日本人的安全〕，既沒有侵犯、也沒有危及美國在東亞的利權。那

51　Hu Shih to Clifford Williams, February 24, 1915，《胡適全集》，40.59。

52　《胡適日記全集》，6.580；請注意，《胡適日記全集》編者把胡適自己註記的笠井重治的英文
　　拼音辨識錯了。

53　Juiji Kasai to Hu Shih, July 20, 1960，「胡適紀念館」，HS-NK05-155-005。

54　Juichi G. Kasai, "The Case for Japan: to the Editor of *The New York Times*," August 26, 1914, p. 8.

就好像美國對墨西哥提出要求並不威脅到日本的利益一樣。」[55]一直到1932年，笠井重治還在強調日本在東亞的所要的是和平。該年11月，他到美國洛杉磯提出日本主辦1940年的奧運的申請。由於日本在1937年侵略中國，國際奧運會取消了日本的主辦權。當時，笠井重治是日本東京的市議員，也是他在1924年設立的，專門出版英文書刊的「國際出版印刷株式會社」的社長。笠井重治訪問洛杉磯的時候，「滿洲國」已經成立。笠井重治為日本在滿洲的行為辯護。他說「滿洲國」日漸興盛，「東亞永久的和平可期。」[56]

當時日本在美國從事宣傳的人員相當眾多。胡適在《留學日記》還提到了富山接三，他是日本首相大隈重信所創立的「日本平和會」的秘書。胡適在1915年暑假轉學到哥倫比亞大學以前，在康乃爾大學參加了第一次國際關係討論會。我在《璞玉成璧》裡分析了那是胡適思想的轉捩點，是他從絕對不抵抗主義過渡到國際仲裁主義的開始。他在7月1日追記的日記裡記錄了他和富山接三在開會期間的對話：

> 吾與日人富山君談竟日，論中日關係……此君與吾言頗直質。其論此次要求〔注：即「二十一條」〕之原因如下：一、日本期望中國之強；二、日本期望中國之能協助之；三、中國數十年來久令日本失望；四、致令日本在遠東成孤立之勢；五、故有今日之要求；六、日本對支政策之目的在於自保。
>
> 其論中日將來之關係：一、中國須信任日本；二、日本須協助中國；三、中日間之惡感情宜漸次消除。
>
> 吾謂之曰：「此次之交涉，適得與此三者絕對的反對之結果。」富山君曰：「正以中國不信任日本，故有此次強項的要求。若中日交歡，則決無此事矣。」吾謂之曰：「此真所謂南轅北轍之政策，吾之責備日本正為此耳。」吾問富山君曰：「足下以為將來中日交歡致之何由？」君謂宜有四

55　Juichi G. Kasai, "The Cheng-Chiatun Affair: to the Editor of *The New York Times*," September 21, 1916, p. 10.

56　"Denies Army Rules New Tokyo Regime," *The New York Times*, November 2, 1932, p. 2.

法：一、教育。中人宜研究日本文明政策之趨向。中人不可不知日本文
字；二、交際；三、實業上之聯合；四、開誠之討論。吾謂之曰：「四者
之外，尚有第五法，尤不可不知。其道為何？曰：『日本須改其侵略政策
是已。』」

　　吾讀前在藹爾梅臘城演說詞，令富山君評論之。君謂吾：「遠東永久平
和，非待中日同躋平等之地位決不可得」結語為不當，謂日本不能坐待歐
美之侵略也。吾謂此夢囈之言也。日人以國防阽危為詞，不知今日日本決
無受他國攻擊之理。英為日同盟，美無西侵之志。德勢已孤，獨有俄耳。
俄今日無東顧之餘力。此次戰爭結後，俄力竭必矣，安敢東顧與十年前強
敵爭乎？故吾斷言：「日人以自保為詞，乃遁詞耳。」富山雖不默認，無
以應也。適有客來，談論遂中止。[57]

　　胡適對富山接三所說的話，在在地說明了他已經開始擺脫了他絕對不抵抗
主義時期的天真與一廂情願，以為國際的爭端可以用「以柔克剛」、「以理服
人」的方式來調解。胡適在絕對不抵抗主義時期喜歡說「七年之病，求三年之
艾。」他天真地說他要用「人道主義」的理念，來闡明「強權主義之非人道、
非耶教之道」的道理，要「極力提出和平之說，與美國合力鼓吹國際道德。」
他天真地以為他可以到東瀛三島去做宣揚「人道主義」、「國際道德」的「傳
教士」兼「朝聖者」。現在，他大夢初醒了。他說：中日要有和諧的關係，日
本就必須要先改其侵略的政策；東亞要和平，就必須建立在中日同躋平等之地
位的基礎之上。

日本是亞洲現代化的典範

　　諷刺的是，留美的胡適，對與美國相距有一萬八千公里的日本有著非常鮮
明的看法和立場；在1917年回到了中國的胡適，對跟中國最近的距離不到九
百公里之隔的日本，卻反而沒有發表什麼特別的議論。這並不表示說，當時中

---

57 《胡適日記全集》，2.136-137。

日之間的關係是風平浪靜的。在胡適留美的時候，固然發生了像「二十一條」那種令留學生想要拋頭顱、灑熱血的大事。然而，在他回國以後，更發生了震動全中國的「五四運動」。當然，這有可能是因為他身處於「五四運動」的暴風圈裡，光是面對每天突發的事件，已經是應接不暇了，遑論其他。同時，在五四運動發生以前、結束以後，他在教學、研究之餘，又投身於那立意要徹底改變中國人的思想的新文化運動。如果胡適在輕重緩急之間的權衡之下因而忽略了日本，那是完全可以理解的。

從他在1917年回到中國以後的七、八年間，胡適在日記裡偶爾會提到一些去拜訪他的日本學者、作家、新聞記者，但都沒有對中日關係或者對日本作過評論。在這一段時間裡，胡適在日記裡直接評論日本或者提到日本人對中國的看法，只有三次。第一次是在1921年6月下旬。6月24日上午，胡適去拜訪杜威以後，「便道到扶桑館訪日本小說家芥川龍之介（Akutagawa Ryûnosuke）。他已出門了。芥川是一個新派小說家。他的短篇小說，周作人先生兄弟曾經譯過幾篇。前幾天，周豫才〔注：魯迅〕先生譯的〈羅生門〉，也是他的。」[58] 次日，芥川龍之介回訪：「他自言今年三十一歲〔注：比胡適小三個半月〕，為日本今日最少年的文人之一。他的相貌頗似中國人。今天穿著中國衣服，更像中國人了。這個人似沒有日本的壞習氣，談吐（用英文）也很有理解。」[59]

「日本的壞習氣」究竟是什麼，可惜胡適沒說明。27日，芥川龍之介請胡適晚餐。提倡新文化、新文學、新戲劇的胡適，在席間跟芥川龍之介談起了中國戲劇的改革：

> 八時，到扶桑館〔注：位於東單牌樓〕，芥川先生請我吃飯。同坐的有惺農〔即：陳啟修、陳豹隱〕和三四個日本新聞界中人。這是我第一次用日本式吃日本飯，做了那些脫鞋盤膝席地而坐的儀式，倒也別致。
>
> 芥川說中國舊戲園有改良的必要：一、背景宜用素色，不可用紅綠色緞；二、地毯也宜用素色；三、樂工應坐幕中；四、台上助手應穿素色一

---

58 《胡適日記全集》，3.136。

59 《胡適日記全集》，3.138。

律的衣服，不可亂跑。我說，中國舊戲歌唱部分往往太長，故有喝茶的必
要，又桌椅等有搬動的必要。若採用落幕法，或可把助手跑來跑去拿茶移
座的事免去。他又說，舊戲不必背景，我也以為然。

芥川要用口語譯我的詩。他說中國詩尚未受法國新詩的影響。此言甚
是。芥川又說，他覺得中國著作家享受的自由，比日本人得的自由大得
多，他很羨慕。其實中國官吏並不是願意給我們自由。只是他們一來不懂
得我們說的是什麼，二來沒有膽子與能力可干涉我們。芥川說，他曾編一
篇小說，寫古代一個好色的天皇把女子馱在背上。這書竟不能出版。[60]

胡適在這段期間的日記裡提到日本的第二則日記，是在1921年11月6日：
「報載日本首相原敬昨日在車站被一個十九歲的少年用短刀刺死了！此事在日
本思想界的影響一定很大。我想作一首詩記此事，僅成第一章，題為〈短刀
歌〉」：

> 他不用手槍，他不用炸彈；
> 他只用一把小刀；
> ——他是一個好漢！
> 此事是日本憲政崩潰的開始。原敬、梽口都是平民組閣，都死於暗殺！
> 我當時不知道日本情形，故有此謬妄的意見！
>
> 適之，卅六〔1947〕、十二、廿四夜[61]

胡適1947年對自己在二十六年前所寫的這則日記作了一個懺悔，按下了
「謬妄」的按語。這是完全應該的。原敬（Hara Kei）是日本二十世紀初期操
作政黨政治的達人與奠基者[62]。刺死他的，是一個極右的青年。完全不懂日本

---

60 《胡適日記全集》，3.139。

61 《胡適日記全集》，3.388。

62 請參閱Tetsuo Najita, *Hara Kei in the Politics of Compromise, 1905-1915*（Cambridge, Mass.: Harvard University Press, 1967）。

的胡適，在原敬被刺身死時，居然大動詩興，讚美刺客是「一個好漢」，說：「此事在日本思想界的影響一定很大。」完全不知道那件暗殺事件，跟思想界云云根本是風馬牛不相及的一件事！

當時的胡適第三次詳細地提到日本訪客是在 1922 年 10 月初。10 月 4 日的日記說：

> 二時，福田德三博士演說〈馬克思主義的根主〔本〕思想，特別注意它和波爾雪維克〔布爾什維克〕的關係〉。我主席。他說了二個半鐘頭，惺農翻譯。他的態度是很驕傲的，但他說的話還可算是公平的批評。[63]

胡適說福田德三（Fukuda Tokuzô）分析布爾什維克的話「還可算是公平的批評」，可惜他也是沒進一步說明。幸好《北京大學日刊》連載了這個演講的記錄。雖然記錄會有錯誤，但大旨應該不會太過離譜。福田德三說大家對布爾什維克有許多誤解。他說其實馬克思主義、布爾什維克主義並不可怕。可怕的是資本主義，特別是對外的資本主義，因為它具有侵略性，亦即，經濟的帝國主義。福田德三說對內的資本主義，跟社會主義一樣，是好的，都是發展國家社會經濟的好方法。他說人類社會的進步是漸進的，是一個階段跟著一個階段的。然而，經濟的演進雖然不能越級，卻能縮短。他說：

> 李寧〔列寧〕說：用電化的方法，確信可把歐洲各國數百年所經歷的階段，在俄國幾十年即可通過。我亦以為這個方法並不是空想。只要做得好，是做得到的。所可怕的是在俄國正在努力從事於電化時，而歐美各國對俄來施行對外的資本主義。全俄電化的舉動怕要受他們的影響。這真是最可怕的一件事了。

福田德三說馬克思說：「真的社會革命，一定不可不世界革命。」他說在這一點上，布爾什維克跟馬克思是一致的。而大家對布爾什維克的恐懼也就在

於此：「所以我們一說到俄羅斯，或說到布爾什維克，就以為是宣傳。所謂宣傳，就是想要來世界革命。因此我們想到布爾什維克時，也就想到對於世界革命的宣傳了。」

最後，福田德三說他本來是反對世界革命的：

> 我自己對世界革命是向來竭力反對的一個人。但在現社會之中，一方面有對外資本主義的侵略，一方面有被侵略者的對壘。雖然不願意，也是不能夠的了。想免除世界革命，在現世中是不可能的，縱然我們竭力的來防止。[64]

福田德三說經濟發展的階段雖然無法越級跳躍，但可以縮短，並且以蘇聯所實行的計畫經濟作為例子。福田德三作這個演講，是在1926年胡適經過蘇聯到歐洲去以前。胡適對蘇聯實行計畫經濟的觀點，不一定是師承福田德三，他們可以是在這一點上英雄所見略同。就像胡適在該則日記裡所說的，雖然福田德三態度驕傲，但「他說的話還可算是公平的批評。」

胡適在10月6日的日記接著說：

> 十二時，在東興樓請福田博士吃飯。席後他說了兩點：一、他看中國的前途沒有危險。雖然遲緩，實在不妨事。資本主義的文化是快過去的了。世界的新文化——非資本主義的新文化——須靠俄國、德國、中國三國做主體；二、他自己曾受洗禮，但他是反對基督教的人。不是反對原來的信仰，是反對「制度化」的基督教。他說Protestantism〔基督新教〕是資本主義的宗教。它推翻了中古基督教反對資本主義（如借錢取息）的教訓，給資本主義爭得地位，並且給了資本主義一種道德的骨幹，使資本主義能

---

64 以上有關福田德三演講的記錄，請參見章廷謙、李榮第記，〈馬克思主義的根本思想，特別注重其與布爾什維克之關係〉，《北京大學日刊》，第1090號，1922年10月25日，第三版；第1091號，1922年10月26日，第三版；第1096號，1922年11月1日，第二、三版；第1097號，1922年11月2日，第一版。

成立。[65]

　　在反對制度化的基督教，卻又有宗教情懷這一點上，胡適與福田德三是惺惺相惜的。我在《日正當中》裡說到了1920年代初期是胡適一生當中對中國信心最強的時候。當時的他，認為白話文是世界上最進步、最民主的語言。更重要的是，不像歐洲，中國沒有宗教的束縛。傳統中國的理性主義，現在受到了西方現代科學的洗禮，如虎添翼。可以後來居上地與美國聯袂，成為世界新文化復興的基地。福田德三所謂的：「世界的新文化——非資本主義的新文化——須靠俄國、德國、中國三國做主體。」雖然所選的國家不合胡適的胃口，但說中國會將成為「世界新文化」的主體，卻是與當時的胡適英雄所見略同的。

　　這位福田德三，胡適後來在1927年歐遊回來以後所寫的〈漫遊的感想〉裡又提到了一次。胡適在〈漫遊的感想〉裡極盡嘲笑福田德三的能事。他嘲笑福田德三自從到歐洲去訪問以後，對他的經濟學說有點動搖，就不敢到美國去訪問了：

　　　　他說：「從前我主張社會政策。這次從歐洲回來之後，我不主張這種妥協的緩和的社會政策了。我現在以為這其間只有兩條路：不是純粹的馬克思派社會主義，就是純粹的資本主義。沒有第三條路。」

　　　　我說：「可惜先生到了歐洲，不曾走的遠點，索性到美國去看看。也許可以看見第三條路，也未可知。」

　　　　福田博士搖頭說：「美國我不敢去。我怕到了美國，會把我的學說完全推翻了。」

　　　　我說：「先生這話使我頗失望。學者似乎應該尊重事實。若事實可以推翻學說，那麼，我們似乎應該拋棄那學說，另尋更滿意的假設。」[66]

---

65 《胡適日記全集》，3.842。

66 胡適，〈漫遊的感想〉，《胡適全集》，3.42。

　　胡適這段話除了極盡嘲弄之能事以外，語焉不詳，容易誤導讀者。福田德三（1874-1930）並不是從來沒去過西方。他是德國慕尼黑大學的博士，師承的是盧約・布林他諾（Lujo Brentano, 1844-1931）的歷史學派的經濟思想[67]。布林他諾反對階級革命，致力於社會改革。作為他的學生的福田德三在回到日本以後，也致力於社會的改革。重點是，雖然福田德三跟胡適一樣強調社會立法的重要，但他不像胡適只是一個書房裡的改革家。他輔佐日本政府處理工資、就業、與勞工組織的問題，而且是日本1930年第一個失業調查的設計者。更重要的是，福田德三不需要再到歐洲或美國去找尋「第三條路」。他在1922年在北大演講馬克思主義跟布爾什維克之間的關係的時候，就已經指出他「自己對世界革命是向來竭力反對的一個人。」然而，他也說：「想免除世界革命，在現世中是不可能的，縱然我們竭力的來防止。」

　　胡適教訓福田德三，說：「學者似乎應該尊重事實。若事實可以推翻學說，那麼，我們似乎應該拋棄那學說，另尋更滿意的假設。」事實上，胡適錯了。福田德三不是不尊重事實，而是認識到世界不像胡適所想像的那麼天真、那麼的黑白分明。胡適所謂的「第三條路」，就是用社會立法的方式去替低層民眾謀福利，以達到那功利主義的「最大多數的最大幸福」的理想。福田德三跟他的老師布林他諾，都各自在自己的國家身體力行胡適心目中的「第三條路」。

　　福田德三早在1899年就把他德國老師布林他諾的社會立法的理念翻譯成日文，以《勞動經濟論》為書名出版了。福田德三師承他的老師，認為提高工資、縮短工時、改善工作環境、制定勞工保險法案──這些都是胡適在〈我們對於西洋近代文明的態度〉裡所稱頌的「人化」、「社會化」的新道德的要素──是提高勞工效率的法門。甚至在禮讚英國「工黨」（Labour Party）主政這件事上，福田德三跟胡適都是英雄所見略同的。胡適在〈我們對於西洋近代文

67　以下四段的分析，請參見 Erik Grimmer-Solem, "German Social Science, Meiji Conservatism, and the Peculiarities of Japanese History," *Journal of World History*,16.2（2005）, pp. 187-222; Tamotsu Nishizawa, "Lujo Brentano, Alfred Marshall, and Tokuzo Fukuda," Yuichi Shionoya, ed., *The German Historical School: The Historical and Ethical Approach to Economics*（London and New York: Routledge, 2001）, pp. 155-172; Laura Hein, "In Search of Peace and Democracy: Japanese Economic Debate in Political Context," *The Journal of Asian Studies*, 53.3（August, 1994）, pp. 752-778。

明的態度〉裡，稱頌「工黨領袖可以執掌世界強國的政權。」胡適寫這篇文章的時候，「工黨」已經主政兩年。1929年，「工黨」二度主政。福田德三稱道「工黨」改革工業體制的理念，認為它對英國資本主義制度將會有深遠的影響。

　　然而，無論是布林他諾或是福田德三，都比胡適想得更深一層。他們在致力於社會立法之餘，也深自體認到階級的利益不是可以用國家的政策去調和的。胡適以為階級矛盾，是可以用當政者「為民服務」的社會立法的方式來消弭。胡適嘲笑福田德三「不敢」、「不尊重事實」。事實上剛好相反，福田德三因為想得比胡適多、研究的「事實」也比胡適多，所以他懂得戒懼的道理。福田德三認為社會主義與社會立法所共同要處理的問題，就是資本家與雇傭者之間的階級鬥爭。在這兩者之間，福田德三之所以會選擇社會立法，是因為他認為社會主義，特別是馬克思主義，過於樂觀地以為資本主義終將自我毀滅。他之所以要走社會立法的路，就因為他認為與其把未來寄託在資本主義的自我毀滅，不如用社會政策來改革資本主義。

　　換句話說，福田德三絕對不像是胡適所描繪的，是一隻不敢面對「事實」的「鴕鳥」。他是深刻地領悟到階級利益衝突絕對不是容易去調和的。其實，何止是福田德三跟布林他諾如此，連胡適自己的老師杜威也是如此。杜威不但深知社會是不同階級角力的場所，而且深知既得利益階級是不會自動放棄自己的利益的。這點，胡適一輩子都不會明白。他在晚年會懺悔他服膺了幾十年的「第三條路」是一條──他錯以為的──「到奴役之路」，但這是後話。

　　胡適開始對日本刮目相看是在1927年，也就是他從歐洲漫遊回來，經過日本回到上海的時候。5月17日，就在胡適從日本搭船回上海的當天，他在給韋蓮司的信裡寫下了他對日本的驚歎：

　　日本真是讓我**刮目相看**（impressed me tremendously）。這十年來的進步有多大啊！在東京以及其他現代的都市裡，人力車已經幾近絕跡了。這並不是什麼佛教、儒教、或基督教的貢獻，而完全是物質進步自然的結果！這是多麼可貴的教訓啊！[68]

68　Hu Shih to Clifford Williams, May 17, 1927，《胡適全集》，40.267。

　　5月20日胡適回到上海。6月7日，他為上海「美國大學同學會」
（American University Club）作了一個午餐會（tiffin）上的演講，聽眾有三百
多人。演講的題目就是他後來用中文發表時候所用的題目：〈漫遊的感想〉
（Impressions of My Recent Trip Abroad）。這篇英文演講的報導，胡適把它剪貼
在他6月8日的日記裡。談到日本的時候，胡適就把他在5月17日寫給韋蓮司
信裡的話幾乎原封不動地搬進了演講裡：

　　　　日本的人力車已經要漸次絕跡了。在大城市裡雖然還有人力車在跑，但
　　那費用貴極了，坐出租車還反而便宜多了。人力車在日本會終於絕跡的理
　　由跟宗教無關，也不是因為「防止虐待動物協會」的努力，而完全是因為
　　物質的進步。69

　　胡適對日本刮目相看，主要是其「物質的進步」。到1927年為止，胡適已
經去過日本三次了。其中，只有第三次，亦即，1927年經由日本返國的時候
在日本停留最久，一共23天，其他都只是過境，蜻蜓點水。我們記得他1910
年途經日本到美國去留學的時候，雖然沒去東京，但遊覽了長崎、神戶、橫
濱。當時的他，視日本人為島夷，認為日本不如上海、天津遠甚：

　　　　過日本時，如長崎、神戶、橫濱皆登岸一遊。但規模之狹，地方之齷
　　齪，乃至不如上海、天津遠甚。居民多赤身裸體如野蠻人，所居屬矮可打
　　頂、廣僅容膝，無几、無榻，作書寫字，即伏地為之，此種島夷，居然能
　　駸駸稱雄於世界，此豈〔非〕吾人之大恥哉！70

　　1917年胡適留美歸國的時候，他所搭乘的郵輪反其七年前赴美之道而

69　"Hu Shih Relates His Impressions of Trip Abroad Before Large Audience,"《胡適日記全集》，
　　4.642-644；又，「胡適紀念館」，HS-DY01-1927-0608。
70　胡適致胡紹庭、章希呂、胡暮僑、程士範，無日期，美國綺色佳郵戳日期是1910年9月25
　　日，《胡適全集》，23.23。

行，在7月5日下午4點到了橫濱。由於郵輪在橫濱只停留半天的時間，原先胡適並不打算去東京。後來因為在日本的朋友堅邀，情不可卻，於是搭了火車去東京晚餐。然後在晚餐後再搭火車回橫濱趕上半夜啟航的郵輪。7日，郵輪到了神戶。胡適和同船回國的張慰慈上岸一遊。8日，郵輪從神戶抵達長崎。胡適在長崎沒上岸，但在日記裡描寫了郵輪進入長崎時所見的「千島」美景：

> 舟行內海中，兩旁皆小島嶼，風景極佳。美洲聖洛能司河（St. Lawrence River）〔注：今譯為聖勞倫斯河，美國加拿大之間的界河〕中有所謂「千島」者〔注：Thousand Islands，有1864個島，位於聖勞倫斯河與安大略湖的交匯處〕。舟行無數小島之間，以風景著稱於世。吾未嘗見之，今此一日海程所經，亦可稱亞洲之「千島」耳。[71]

胡適在1917年經由日本返回中國的時候，除了讚美長崎內海的「千島」之美以外，對日本沒有其他褒貶之詞。當然，這時的胡適，眼光已經迥異於七年前初出國的他。當他以美國作為標準來衡量的時候，日本自然是落後的，中國當然就更不用說了。就像他在〈歸國雜感〉裡所說的：「七年沒見過的中國，還是七年前的老相識！」[72]

1927年的日本為什麼能夠讓胡適對它刮目相看呢？那主要是因為日本在1923年關東大地震之後重建東京的結果。關東大地震是日本歷史上最大的震災。震幅7.9級，死亡的人數超過14萬人，全倒半倒的建築物將近70萬，東京60%以上的建築物被夷平或燒毀。負責從事東京重建工作的是新任內務省大臣後籐新平（Gotô Shimpei）。後籐新平擔任過台灣總督府民政長官、南滿鐵道會社總裁、東京市長。在一開始的時候，後籐新平雄心勃勃，立意要在廢墟上重建一個能夠展現日本帝國雄風的首都。他還特別從美國請來哥倫比亞大學的歷史教授畢爾德（Charles Beard），作為他首都重建的顧問。作為「帝都復興院」的總裁，後籐新平向國會提出了70億日圓的經費。他的構想是由日本收

---

71 《胡適日記全集》，2.537-538。

72 胡適，〈歸國雜感〉，《胡適全集》，1.591。

購所有災區的土地，用科學方法重新規畫。為了迎接汽車時代的到來，要鋪設
五百公里能夠供汽車高速馳騁的道路。只是，日本國會最後所通過的經費只有
4.68億日圓。雖然在1924年到1930年之間，國會又追加了2.7億日圓的經費，
這只有後籐新平原先構想的十分之一。

　　儘管後籐新平所得到的經費遠低於他的想望，他所主持的「帝都復興計
畫」完全以造路為先。我們從金額的分配，就可以看出這個重建工作的重點在
東京的現代化，民生的救濟則是末端。在7.44億日圓的總撥款裡，4.88億日
圓，也就是說，66%，是用在道路、運河、橋梁，以及建地重劃的工作。相對
的，只有4.5百萬日圓，也就是說，只有0.6%的總撥款是用在民生救濟之上。
這個東京重建的工作，修築了52條新的道路，建造了424座橋梁。

　　當然，胡適在1927年經由日本返抵上海的時候，東京的重建才剛開始。
他在1933年6月赴美重訪東京的時候，東京帝都的重建已然完成。他在6月22
日的日記裡說：

　　Uramatsu（浦松）Takaki（高木八尺）同來接我。橫濱領館文訪蘇君也
　　來船上。與高木、浦松二君坐汽車到東京。六年前的荒涼景象，今日都換
　　了新式街建築，都可令人驚嘆。[73]

　　後籐新平的盲點就在於他只見帝國，不見民生。他的「帝都復興計畫」在
當時就已經受到識者的批判。他們呼籲說：東京的重建，應該著眼於整體的政
治、經濟、文化中心的重建。從批判者的角度看來，重建東京的主旨應該在於
民生的復甦；道路以及建築物是用來維護、確保人民的生命、事業、與工作的
手段，而不是目的，不應該本末倒置[74]。

---

73 《胡適日記全集》，6.682。

74 J. Charles Schencking, *The Great Kantō Earthquake and the Chimera of National Reconstruction
in Japan*（New York: Columbia University Press, 2013）; Jeffrey Hanes, "Urban Planning as
an Urban Problem: The Reconstruction of Tokyo after the Great Kanto Earthquake,"《政策科
學》（立命館大学政策科学会紀要），7.3（March, 2000）, pp. 123-137; Fukuo Akimoto, "Irony

後籐新平的盲點，也正是胡適的盲點。從都市現代化的程度來衡量一個國家的文明高低，這就是胡適的標準，也是胡適的盲點。他在1926年從東北啟程經由西伯利亞到歐洲去的時候，就是用這樣的標準來品評中、俄治下的哈爾濱的高下。他在1927年回國以後所寫的〈漫遊的感想〉裡回顧說：

> 哈爾濱本是俄國在遠東侵略的一個重要中心。當初俄國人經營哈爾濱的時候，早就預備要把此地闢作一個二百萬居民的大城。所以一切文明設備，應有盡有；幾十年來，哈爾濱就成了北中國的上海。這是哈爾濱的租界，本地人叫做「道裡」。現在租界收回，改為特別區。
>
> 租界的影響，在幾十年中，使附近的一個村莊逐漸發展，也變成了一個繁盛的大城。這是「道外」。
>
> 「道裡」現在收歸中國管理了，但俄國人的勢力還是很大的，向來租界時代的許多舊習慣至今還保存著。其中的一種遺風，就是不准用人力車（東洋車）。「道外」的街道上都是人力車。一到了「道裡」，只見電車與汽車，不見一部人力車。道外的東洋車可以拉到道裡，但不准再拉客，只可拉空車回去。
>
> 我到了哈爾濱，看了道裡與道外的區別，忍不住嘆口氣，自己想道：這不是東方文明與西方文明的交界點嗎？東西洋文明的界線，只是人力車文明與摩托車文明的界線──這是我的一大發現。
>
> 人力車又叫做東洋車，這真是確切不移。請看世界之上，人力車所至之地，北起哈爾濱，西至四川，南至南洋，東至日本，這不是東方文明的區域嗎？[75]

胡適在開始寫〈漫遊的感想〉的時候，把日本人發明的人力車拿來作為東

---

of Plan-Making: reconstruction plans from the Great Kanto Earthquake to the Great East Japan Earthquake," 15th International Planning History Society Conference, http://www.fau.usp.br/iphs/abstractsAndPapersFiles/Sessions/13/AKIMOTO.pdf，2014年4月15日上網。

75 胡適，〈漫遊的感想〉，《胡適全集》，3.34-35。

「關懷作了此畫的一個哲學家太太向另一
個哲學家致意──蔻蕾拉・派克，1931年
4月，於伊利諾州，芝加哥，道爾切斯特
街5617號（C. C. Park, 5617 Dorchester
Ave., Chicago, Ill., April 1931）」

圖5（正面）　芝加哥大學社會學名教授派克
（Robert Park）夫人Clara Park在上海為胡適
所作素描，1929年8月30日。（中國社會科
學院近代史研究所・中國近代史檔案館館藏，
取得授權使用）

圖5（反面）　派克夫人Clara Park在上海為
胡適所作素描背面題詞。（中國社會科學院近
代史研究所・中國近代史檔案館館藏，取得授
權使用）

洋文明的象徵，說它「南至南洋，東至日本」。〈漫遊的感想〉，他本來預計要
寫四十五條，結果只寫了六條，所以沒機會替日本人「平反」。然而，他在上
文所徵引的英文版的〈漫遊的感想〉的演講裡，已經稱讚日本，說：「日本的
人力車已經要漸次絕跡了。在大城市裡雖然還有人力車在跑，但那費用貴極
了，坐出租車還反而便宜多了。」

　　我在《日正當中》裡已經分析了胡適1927年從美國回來以後醉心於宣揚
汽車文明的福音。他在英文演說版的〈漫遊的感想〉裡說，北方的行人不懂得
對汽車讓路。要讓他們懂得過現代文明人生活的訣竅，就是「把那些人丟到上
海的南京路，讓他們穿過馬路，從先施公司走到永安公司，他們就會立地成佛
地被現代化了。」他甚至天真地預言：「一個國家只要有四分之一或五分之一

的人口有車，那個國家的人就會像如魚得水一樣地生活在現代社會裡了。」[76]

這篇英文的〈漫遊的感想〉，報紙上的記載夾敘夾議，報導胡適實際說的話有限。幸運的是，上海的《生活》週刊也作了報導。胡適那段讓用汽車來棒喝北方的行人立地成佛過現代生活的話，《生活》報導得更為生色：

> 如在我們的北京，駕一輛汽車在街上走。不管你把汽車上的喇叭捏得怎樣響，路上的行人還是在你的汽車的前面慢慢兒從容不迫地走他們的路。不要說人，就是那裡的狗也不因此跑開。但是試在上海跑過先施公司和永安公司的一條馬路。你便不能這樣隨隨便便，你的眼耳手腳都要用著。

> 這樣看來，我們要改變生活，唯一的途徑是要改變生活的方法。近代的生活須要物質的生活。生活上所以能有這樣變化，是由於利用科學和工業技術的功效。我們真要變到物質的文明，就是汽車前面的狗的態度，也在必須改變之列！[77]

行人跟狗都需要乖乖地對按喇叭的汽車讓路！這是胡適個性裡，有語不驚人死不休的特點。但這也是胡適環境會改變個人的理論。只是，胡適不只相信環境可以改變個人。作為一個杜威實驗主義的弟子，他也同時相信個人可以改變環境。有意味的是，在個人可以改變環境這一點上，這時的胡適的表達方式，同樣是語不驚人死不休：

> 吳稚暉先生在今年五月底曾對我說：「適之先生，你千萬再不要提倡那害人誤國的國故整理了。現在最要緊的是要提倡一種純粹的拜金主義。」

「拜金主義」有它在中文裡約定俗成的意思。然而，胡適就是不甩它。他說「拜金主義」是吳稚暉在〈一個新信仰的宇宙觀與人生觀〉裡所發揮的教

---

76 "Hu Shi Relates His Impressions of Trip Abroad Before Large Audience,"《胡適日記全集》，4.642-644；又，「胡適紀念館」，HS-DY01-1927-0608。

77 慚虛，〈胡適之先生最近回國後的言論〉，《生活》，第2卷第34期，1927，頁247。

義，其信條有三：

> 第一、要自己能掙吃飯；
>
> 第二、不可搶別人的吃飯；
>
> 第三、要能想出法子來，開出生路來，叫別人有掙飯吃的機會。

其實，吳稚暉並沒有用「拜金主義」這個字眼來形容他的教條。吳稚暉的理論，用他自己的話來說是：「要想出許多飯來吃，不仰仗物質文明的科學，更有什麼方法呢？」[78]這種理論，不外乎是：物質文明是精神文明的基礎。這是胡適在1920年代以後，喜歡從中國的傳統裡徵引兩句話來一言以蔽之的理論：其一、管子的一句話：「衣食足然後知榮辱，倉廩實而知禮節」；其二、是《書經》裡的：「正德、利用、厚生、惟和」。他不喜歡其中的「正德、惟和」，就把它們剔除。剩下「利用、厚生」。

吳稚暉說的，明明是用物質文明來「利用、厚生」，胡適偏偏就是要用「拜金主義」來語不驚人死不休：

> 《硃砂痣》裡有一句說白：「原來銀子是一件好寶貝。」這就是拜金主義的淺說。銀子為什麼是一件好寶貝呢？因為沒有銀子便是貧窮。貧窮便是一切罪惡來源。《硃砂痣》裡那男子因為貧窮，便肯賣妻子。賣妻子便是一樁罪惡。你仔細想想，哪一件罪惡不是由於貧窮的？小偷、大盜、扒手兒、綁票、賣娼、貪贓、賣國，哪一件不是由於貧窮？所以古人說：「衣食足然後知榮辱，倉廩實而知禮節。」這便是拜金主義的人生觀。
>
> 一班瞎眼睛、迷了心頭的人，不知道人情是什麼，偏要大罵西洋人，尤其是美國人。罵他們「崇拜大拉」（worship the dollar）〔注：「大拉」為「美元」的音譯〕。你要知道，美國人因為崇拜「大拉」，所以已經做到了真正「夜不閉戶，路不拾遺」的理想境界了（幾個大城市裡自然還有罪

---

[78] 吳稚暉，〈一個新信仰的宇宙觀與人生觀〉，《科學與人生觀之論戰》（上海：亞東圖書館，1923），頁551。

惡，但鄉間真能夜不閉戶，路不拾遺，是西洋的普遍現狀）。我們不配罵人崇拜「大拉」。請回頭看看我們自己崇拜的是什麼？

　　一個老太婆，背著一隻竹籮，拿著一根鐵桿。天天到弄堂裡去扒垃圾堆，去尋那垃圾堆裡一個半個沒有燒完的煤球、一寸兩寸稀爛奇髒的破布——這些人崇拜的是什麼？要知道：這種人連半個沒燒完的煤球也不肯放過，還能有什麼「道德」、「犧牲」、「廉潔」、「路不拾遺」？所以，現今的藥物是要充分提倡拜金主義，提倡人人要能掙吃飯。[79]

「汽車文明」、「拜金主義」云云，固然是語不驚人死不休，但這是當時對美國的物質文明匍匐頂禮的胡適的宗教。從這個物質文明的宗教出發，胡適佩服日本明治維新以降由上而下戮力發展物質文明的作法。他1927年4月下旬抵達日本以後，曾經對新聞記者發表他對中國時局的看法。可惜我到目前為止，只看到一份中文報導，還沒看到日文或英文的報導。胡適在這個記者招待會上所發表的談話裡，有兩點圍繞著這個由上而下的觀點的優點。首先，是有關為什麼日本能夠快速地富國強兵，中國卻不能：

　　日本之脫離外力羈絆之速，因其工作係由上面發動，以一種集中的權力握指揮之權。吾中國之革命則自下而上，最後之中央機關尚待形成。取徑既異，進展自緩。[80]

　　我在《璞玉成璧》裡已經分析了胡適在留美的後期已經開始走向保守，《日正當中》也勾勒出了他走向保守的初階，本部更要進一步地釐清他臻於保守的軌跡。這個日本由上而下、以集中的權力推展現代化的論點，就是胡適走向保守的理論基礎之一。而這也就正是胡適在這個在日本舉行的記者招待會裡支持國民黨清共的理論基礎：

79　胡適，〈拜金主義〉，《教育與職業》，第89號，1927，頁390-391。
80　〈胡適之的中國時局觀〉，《真光》，第26卷第5號，1927，頁88。

　　國共兩黨之分裂，係共產派圖奪政權所致。此次分裂，實為一健全的徵象。蓋分裂愈早愈妙。若至將來共派勢力擴大始行破裂，則為禍更大，恐難收拾。目下國民黨正在肅清內部，然後再行進展。伍朝樞、蔡元培諸氏，均已加入國民政府，大足使人欣慰。目下中流社會及商界均贊助國民黨。余信國民黨必能成功也。

　　胡適這段話，看似言之成理、言之鑿鑿，其實是典型的先射箭再畫靶的辯護術，用來合理化他支持國民黨的理由。所謂國民黨得到「中流社會及商界」的贊助，就是他的重心說。換句話說，就是國民黨可以用「中流社會及商界」的贊助，來凝聚出一個新的政治、軍事、文化重心。後來終老在中國的斯特朗（Anna Louise Strong, 1885-1970）有一段描述，最生動地說明了胡適的立場。原來，胡適在1927年回國的時候正好跟斯特朗搭乘同一艘郵輪。這段話雖然我已經徵引過，但為了敘述方便，茲再摘錄部分：

　　對中國的信心是建立在南京政府的三個元老身上：無政府主義的哲學家〔注：指蔡元培、吳稚暉、張靜江〕，他認為他們是讓民眾有信心的「道德重心」。此外，加上蔣介石的軍事的能力、宋子文──他認為他馬上會加入南京政府──的財政能力。這五個人合起來，可以構成一個讓中國人能信服的「重心」（centre of gravity）。

　　斯特朗說，胡適憂心忡忡，害怕國民黨這塊鐵不能立地成佛地變成鋼。他說，除非這個「重心」可以在南京形成，中國將會至少亂個十年[81]。

　　值得注意的是，這個「重心說」，胡適雖然後來沒有完全放棄，但他會在五、六年以後徹底地否定他先前對日本明治維新以降，由上而下的現代化的讚美。有關這點，請參見下一節的分析。其實，讓他能夠作這個一百八十度的轉變的種子，在這個時候已經種下了。在1927年在日本的這個記者招待會裡，

<hr>

81　Anna Louise Strong, *China's Millions: Revolution in Central China, 1927* (Peking: New World Press, 1965), pp. 13-14.

胡適說中國現代化的歷程雖然比日本遲緩，但中國人不需要灰心。他認為這只是一個暫時的現象。中國人必須望眼未來：

> 中國人富於個人主義。此乃數千年帝制之結果。但個人主義擴而充之，即為國民主義〔注：民族主義〕，今已在蛻化演進之中矣。至於日本能於極短時間推翻外國治外法權，解除外人控制，而中國則塞緩不進。此亦不足為華人之病。余信華人終能發展一種較永久、較鞏固之國家基礎。吾人之目光注意於未來，亦為未來而工作也。[82]

言歸正傳。胡適在1927年從日本回國以後，對日本一再讚譽有加。1928年2月1日，他在無錫中學演講〈漫遊回來的感想〉的時候，又再度讚揚了日本：

> 走到日本，日本真給我一個最好的印象！一般的人民多是辛辛苦苦、勤勤勞勞、各自努力自己的工作！……其他日本在物質上的設施，大都是模仿歐美。現在物質的基礎也很穩固了！我們知道：模仿是不要緊的。只怕不肯模仿。什麼人好，我們就應當學什麼人。如果歐美好，我們就學歐美；如果日本好，我們就學日本。這並不是慚愧的事情。只怕不學人家，不怕學不會。中國人自作聰明，傲岸自大，所以一事不成。日本人肯虛心領教，所以就蒸蒸日上……諸君總還記得烏龜和兔子競走的故事……這段故事，可以象徵我們中國人和日本人的。在這裡，我們中國應當注意二點：一、應當自己認錯，不要夜郎自大，自作驕傲；二、切實的做去。[83]

這時的胡適相信日本之所以能在物質文明方面進步神速，不但在於日本人的勤奮、努力，而且更在於日本人能夠死心塌地地承認自己不如西方，因此能虛心的學習模仿。胡適1928年2月25日在蘇州中學演講〈我們的生路〉：

---

82 〈胡適之的中國時局觀〉，《真光》，第26卷第5號，1927，頁88。

83 仞千，〈胡適之先生漫遊回來的感想〉，《生活》，第3卷第14期，1928，頁155。

我們若用反省的功夫，想一想，便覺得非但是鐵路、槍炮、物質上的不如人家，連我們誇以為榮的道德、文學、哲學都不如人家！……我們的生路，就是要大膽地去模仿人家！記著：世界上唯有偉大的民族才能夠模仿人家；只是長進的民族才敢學人家。[84]

在另外一篇演講記錄裡，胡適用印度的例子來對比日本。他說：「不要以為模仿是件可恥的事情。要知道天下只有向上的民族才會模仿。不會模仿人家的是趨於淘汰、退化的民族。日本是前者，而印度是後者的很好的例子。」[85]胡適一向看不起印度。他在1937年1月18日的日記說明了一切。當天，他在北大跟哲學系的湯用彤有一段對話。湯用彤說：

頗有一個私見，就是不願意說什麼好東西都是從外國來的。我也笑對他說：我也有一個私見，就是說什麼壞東西都是從印度來的！我們都大笑。其實，這都不是歷史家正當態度。史家紀實而已。如果有些好東西是從海外來的，又何妨去老實承認呢？[86]

這時的胡適佩服日本。於是，他又重拾起他留美時期曾經一度發奮要學日文的決心。他在1929年4月9日的日記裡說：「這幾天開始讀日本文，用葛祖蘭兄的《日語漢譯讀本》，頗感覺興趣。」[87]今天北京大學圖書館的胡適藏書裡，還藏有一本葛祖蘭送給胡適的讀本，是1928年3月的第六版版本。其中，有胡適用紅筆所作的註記。只是，對忙碌又興趣廣泛的胡適而言，要對這個學習日文的想法持之以恆顯然是不容易的。

學日文雖然沒有堅持下去，但胡適對日本的欽佩可是持續了好幾年。他在1929年12月15日的一則日記裡說：

---

84 石英，〈我們的生路——紀胡適之先生在蘇州中學的講詞〉，《興華》，第25卷第9期，1928，頁11-12。

85 孝，〈胡適之博士：我們的生路〉，《老少年》，第5卷第2期，1928，頁4。

86 《胡適日記全集》，7.373。

87 《胡適日記全集》，5.566。

同 Professor C. G. Seligman〔賽利格曼〕，F.R.S.〔「皇家學會」院士〕午餐……他是英國有名的人類學者。他的夫人也很有瞭解能力。他問我中國人和日本的區別。我說，日本民族有三長：愛美、好潔、輕死，皆中國人所不及。他的夫人說：「還有一個區別。我們同日本人談，日本人總要誇張日本的好處，惟恐人說日本的壞處。中國學者便不然。」我們都笑了。其實日本有好處可誇，何必不誇？我們若有好處可誇，又何必自貶？日本人以稱道自己好處為愛國，我們以指摘自己不好為愛國，正各行其是也。

Seligman 說，日本人工於模仿，中國人能創造，也是一大差別。我說不然。我們亦工模仿。日本人亦非不能創造。如《源氏物語》出於《遊仙窟》。然《遊仙窟》是極平凡的短篇故事，《源氏物語》則是第一流鉅製。此書成於西曆一千年頃，其時全世界尚未有長篇小說。若說此是模仿，不如說是創作也。

反過來說，中國樂器大部分是外來之品。今日通行的樂隊中，幾乎沒有一件樂器是中國原有的。這不是工於模仿嗎？在思想史上說，日本人固很少創造，中國二千年來又何曾有什麼創造的思想？[88]

胡適不只在日記、書信裡表達他對日本的欽佩。他在中英文的文章裡，也表揚日本能夠死心塌地跟西方學習的態度。他在1928年6月24夜寫成的〈請大家來照照鏡子〉裡說：

不要盡說是帝國主義者害了我們。那是我們自己欺騙自己的話！我們要睜開眼睛看看日本近六十年的歷史，試想想何以帝國主義的侵略壓不住日本的發憤自強？何以不平等條約捆不住日本的自由發展？[89]

如果中日比較現代化是一個龜兔的賽跑，當時的胡適認為日本是兔，中國則是那隻遠遠落在後頭的烏龜。他在1926年踏上歐遊旅途時所寫的 "The

88《胡適日記全集》，5.912-913。

89 胡適，〈請大家來照照鏡子〉，《胡適全集》，3.32。

Civilizations of the East and the West"（東西方文明的比較）就是一個明證：

　　中國與日本的分別，就能最具有啟發性地點出我的論點了……儘管中國
在漢學研究上的成就，以及其哲學從〔印度佛教〕的宗教桎梏裡漸次解放
出來，它今天仍然是如此的落後……十七世紀的思想家嗟嘆說，五百年的
理學不能讓黎民免於飢荒與盜賊之害、甚至亡於異族之恥。他們因此毅然
決然地拋棄心學而向心實學。他們完全意想不到三百年科學考據的成果，
只不過是造成了另外一種字紙空談（scholasticism），完全無濟於民生！

　　反觀日本！由於它義無反顧地接受了西方文明的機械文明，它在極短的
時間內就取得了近代文明……半個世紀不到，日本不但成為世界一強，而
且已經把許多佛教以及中國哲學所無法解決的問題都解決了。封建制度毀
滅了，議會憲政體制建立，中古的宗教急速式微。人力車是日本發明的；
但今天在橫濱、東京等工業都市裡，人力車夫已經消失殆盡。人力車夫的
絕跡，並不是日本或外來宗教所宣傳的人道主義所造成的，更不是「保護
動物協會」的仕女之所賜，而完全是因為「市內一元」的福特出租車的貢
獻。隨著機械工業文明所帶來的富裕與繁榮，日本的傳統藝術家創造出了
與其物質進步並駕齊驅的新藝術與文學。今天的日本有九十個科學技術的
研究機構，其工程學會有三萬名工程師的會員。這就是一個具有精神文明
的偉大的近代文明在東方形成的故事。90

　　這是胡適欽佩日本的高峰。他不但認為日本人有創造力，他更認為日本是
中國的楷模。他在1929年出版的英文《中國基督教年鑑》（*China Christian
Yearbook*）發表了一篇〈文化的衝突〉：

　　日本的例子，給中國文明的未來提供了一些希望。日本毫無保留地接受
了近代西方文明，也因此而成功地再造了它自己的文明。由於它能死心塌
地地學習和模仿，它已經一躍成為世界一大強國，擁有了一個現代的政府

90　Hu Shih, "The Civilizations of the East and the West,"《胡適全集》，36.334-337。

以及現代的文明。現代日本的文明常被譏詆為西方的翻版。然而，這種批評根本就沒搔到癢處。如果我們用比較同情的眼光去分析這個新的文明，我們會發現它含有許多固有的成分。由於機械與工業文明提升了物質的基礎，日本民族所固有的藝術天分，在短短的幾十年之間，就發展出與其物質水準相符的新的藝術與文學。其山水、景觀之美依然是日本所固有的。但保存得更好，而且拜現代交通之賜，而讓大家得以方便遊覽。日本人愛美、愛潔淨的習性依舊，但他們現在還享有其他更好、更美的事物。[91]

這時候的胡適對日本傾倒萬分。他在1930年8月1日的日記又說：

　　辦《日本研究》的陳樂素、陳彬來談。他們問我對於日本民族的意見。我說：這民族有許多別人及不到的美德，故能一躍而到現在的地位：一、好潔淨；二、愛美；三、輕死，要死的美；四、肯學人的長處。此四項美德，世界民族沒有能比上日本人的。他們又問我對於中日關係的意見。我說：歐洲的和平關鍵在德法攜手；東亞的和平關鍵在中日攜手，此為將來中國外交不可忽視的主旨。[92]

　　1931年，第四屆「太平洋學會」（Institute of Pacific Relations）的會議由中國主辦，在上海、杭州召開。胡適在會上發表了 "Conflict of Cultures"（文化的衝突），又再度表揚日本模仿西方讓日本得以脫胎換骨地成為一個現代國家的故事。他希望中國能夠師法日本，用西方現代文明來醫好傳統文明對之束手無策的窮、愚、病、貪的沉痾：

91　Hu Shih, "Conflict of Cultures," *The China Christian Year Book*, 1929, p. 120。請注意：《胡適全集》第36冊的編輯把胡適本文的標題列為 "The Cultural Conflict in China"〔中國的文化衝突〕，並且說是選自 Bruno Lasker and William Holland, eds, *Problems of the Pacific, 1931*，然後又說本文與胡適在 *The China Christian Year Book*, 1929所發表的文章相同。所有這些都是錯的。〈中國的文化衝突〉這篇現存於「胡適檔案」裡的文章可能是胡適的底稿。本文正式發表正確的標題與出處均如本注所引。

92　《胡適日記全集》，6.217-218。

　　我自己的態度是：我們必須毫無保留地去接受這個近代西方文明，因為
我們需要它來解決我們最急迫的問題：窮、愚、病、貪。這些是我們真正
的敵人，不是我們傳統的文明所能降伏的。我們採玉的時候，並不會因為
其來自於義大利或希臘而棄之不用；同樣的，社會思想家也不會因為一個
文化的成分是來自於一個侵略我們的列強就棄之不用。我們需要來自於各
地的玉石來補天。

　　日本在開國的時候，就是全心全意地接受西方的文明。這點日本完全不
需要遺憾，因為全心全意的近代化讓它在短期內就解決了其國防與經濟上
最為急迫的問題。在我們有了健康、富裕，以及閒暇的時候，我們大可以
回過頭來去討論如何保存固有的文明。[93]

日本：現代其表、封建其實

　　胡適對日本的看法在1933年丕變。從1927年開始，他稱讚日本西化成
功，是中國應該虛心仿效的楷模。然而，才六年不到，他的看法卻產生了一百
八十度的轉變。那在現代化上從事龜兔賽跑的中國誠然是一隻烏龜，日本是一
隻狡兔。然而，在他1933年的新看法裡，烏龜卻是後來居上的。只是，胡適
這個1933年的新看法並不是一個典型的《伊索寓言》的故事。換句話說，中
國如果後來居上，那並不是因為日本傲慢地在路邊睡起覺來，讓中國給超越
了。在胡適1933年的新看法裡，中國的勝利不是因為是日本睡起懶覺，而是
因為日本根本是走錯了路。或者，更精確地說，是走火入魔。日本的現代化看
似成功，其實是失敗的，因為它徒有現代的表象，骨子裡根本就是封建的；反
之，中國的現代化看似遲滯，其實卻是最徹底的。

　　胡適會改變他對日本的看法，這一點都不奇特。奇特的是，他先前對日本
有任何看法，包括戲劇性的轉變，他都會在日記、文章裡留下記錄。唯獨
1933年這次的丕變，他幾乎一點痕跡也沒留下。因此，要去瞭解他為什麼一

93　Hu Shih, "Conflict of Cultures," in Bruno Lasker and William Holland, eds, *Problems of the Pacific,*
　　1931（Chicago, Ill.: The University of Chicago Press, 1932, p. 477；《胡適全集》，36.490。

百八十度地改變了他從1927年才開始有的新看法，並不是一件容易的事情。
所幸的是，我們可以在日記以及政論裡找到一些蛛絲馬跡。然後，再把胡適對
日本的分析，拿來對比杜威在從1919年訪問日本和中國以後幾年之間所寫的
有關日本的文章，我們就可以發現胡適一輩子喜歡說「杜威教我如何思想」，
這句話確實是事出有因的，因為胡適1933年對日本的新看法的立論基礎原來
是杜威的。最有意味的是，胡適1941年在美國芝加哥大學的一篇演講被登上
《紐約時報》，杜威看到以後，還特別寫了一封信給胡適，說他對日本的分析
很有意味，暗諷胡適把杜威的觀點據為己用。

　　由於胡適在1933年以前完全沒有在日記或文章中表露出他對日本有了新
的看法，因此他在1933年所揭露的新看法看似出現得非常得突兀。他這個
1933年的新看法正式登場，是他當年在芝加哥大學所作的一篇演講。這篇演
講是胡適應芝加哥大學「哈斯可講座」（Haskell Lectures）邀請在芝加哥大學
所作的一系列六次的演講。「哈斯可講座」是凱洛林・哈斯可（Caroline E.
Haskell）為了紀念她的先生費德列克（Frederick）在1894年在芝加哥大學設
立的。其名稱是「哈斯可比較宗教講座」（Haskell Lectureship of Comparative
Religion）。哈斯可夫人是一個大慈善家，除了「哈斯可講座」以外，芝加哥
有名的「東方博物館」（Oriental Museum）的建築也是她捐贈的。除了芝加
哥大學以外，俄亥俄州的歐柏林學院（Oberlin College）也得到她的捐贈而
設立了「哈斯可講座」，主題在東方文學與《聖經》以及基督教義之間的關
係。

　　胡適1933年演講的名稱原定為〈近代中國的文化趨向〉（Cultural Trends
in Modern China）。1933年的「哈斯可講座」有兩位講者。胡適是其中一位，
另一位是印度的納塔拉建（K. Natarajan）。後者的講題是〈近代印度的社會運
動〉（Social Movements in Modern India），講期排在胡適之後，也是六講[94]。胡
適1933年這篇演講在次年由芝加哥大學出版社出版的時候，改以《中國的文
藝復興》（*The Chinese Renaissance*）作為書名。序言不算，正文就110頁。

　　胡適為什麼在這篇演講出版的時候改書名，原因不難推測。我們從他在日

94　"1933 Haskell Lecture Flyer,"「胡適外文檔案」，E486—Miscellanies（3）。

記裡所留下來的蛛絲馬跡，可以推斷他演講的內容不但與他原先所擬定的題目不符，而且還是在臨上陣前時因為讀書、會客若有所悟，才靈機一動，改弦易調，把中日比較現代化作為他「哈斯可講座」的引論。

胡適1933年出國的目的有二：一是到芝加哥大學作「哈斯可講座」，附加參與「哈斯可基金會研討會」所主辦的「世界宗教的現代趨勢」（Modern Trends in World-Religions）的研討會。胡適講了三講：〈儒家與現代科學思想〉（Confucianism and Modern Scientific Thinking），〈儒家與社會經濟問題〉（Confucianism and Social Economic Problems），以及〈儒家的使命〉（The Task of Confucianism）；二是到加拿大的班府（Banff）開「太平洋學會」（Institute of Pacific Relations）第五屆年會。他在6月17日的日記裡說：「陳立廷交來美金一千五百元。」[95] 這就是他去開「太平洋學會」年會的車馬費。有意味的是，他「哈斯可講座」的題目是什麼，卻有不同的說法。根據《北平晨報》1933年6月12日的報導：

> 北大文學院院長胡適，昨日上午八時三十分離平赴津，再搭十六日之日本皇后號赴美，出席第五次太平洋學術討論會，並在美國大學講演……
>
> 　胡適離平前向記者談話：本人此次出國，第一任務係出席太平洋學術討論會。該會係太平洋各國聯合起來作學術上之討論，並無議決案。惟本屆開會有蘇俄參加，乃愈覺有趣味。第二任務在芝加哥大學講學，題目為〈最近三百年孔子主義的變遷〉云云。[96]

胡適不可能會說他在芝加哥大學演講的題目是〈最近三百年孔子主義的變遷〉。這一定是記者的誤記，也許是把〈近代中國的文化趨向〉和他的儒家的系列演講混在一起了。然而，其所顯示的是，在胡適出國以前，他完全沒想過要把日本納入他的演講裡。事實上，胡適自己的日記，就清楚地流露出甚至在

95　《胡適日記全集》，6.676。

96　王學珍、郭建榮主編，《北京大學史料》，第二卷，1912-1937（北京：北京大學出版社，2000），頁2309。

郵輪都已經駛向日本的途中，中日比較現代化這個題旨完全還不在他的構想之中。

6月18日，胡適到好友銀行家徐新六家裡，一進門就聽到了楊銓被暗殺的消息。他在日記裡為楊銓下了一個蓋棺論定。楊銓因為天花而麻臉，胡適說：「我常說杏佛〔注：楊銓〕吃虧在他的麻子上，養成了一種『麻子心理』，多疑而好炫，睚眦必報，以摧毀別人為快意，以出風頭為作事，必至於無一個朋友而終不自覺悟。我早料他必至於遭禍，但不料他死的如此之早而慘。」想到他自己前幾天才跟楊銓同車，第二次楊銓讓他搭的便車就是當天被槍擊的車，胡適感歎：「人世變幻險惡如此！」接著，胡適就在徐新六家打了八圈麻將。五點半到碼頭上船辦好手續以後，「仍回到新六家，玩到半夜」，結果誤了最後一班渡船。只好同徐新六夫婦等一行送行的朋友雇了一艘汽船回到郵輪[97]。姜異新在〈芝加哥的中國風〉一文裡說，楊銓被刺以後，「驚悚之中的胡適仍難抑沉鬱的悲傷。他是帶著血的刺激踏上遠途的。」[98]這太抬舉了聽到了楊銓的死訊的當天先打了八圈麻將、然後「玩到半夜」以致於誤了最後一班上郵輪的渡船的胡適了，而且也太不理解胡適對楊銓的成見，以及他們之間在政治、意識形態上的差距了。

胡適所搭乘的「日本皇后號」郵輪（*Empress of Japan*）在19日清晨五點啟航。他在當天的日記裡說：「早八點半起來，船已開了三點半鐘了。」[99]接下去幾天的日記非常重要。一方面，這幾則日記顯示出胡適如果不是藝高膽大，就是胸有成竹。這麼重要的講座，他可以等到上了郵輪，距離開講只有三個星期，才開始寫講稿。另一方面，這幾則日記也留下了胡適「哈斯可講座」內容丕變的痕跡。20日，在郵輪上的第二天，胡適在日記上說：

想我的Chicago Lectures〔芝加哥演講〕，擬大綱如下〔大綱為英文〕：

---

97 《胡適日記全集》，6.678。

98 姜異新，〈芝加哥的中國風〉，《書屋》，2011年第6期，http://www.housebook.com.cn/201106/06.htm，2014年8月1日上網。

99 《胡適日記全集》，6.680。

〈近代中國的文化趨向〉

I）與西方接觸以前的文化背景：

　　1）〔傳統〕宗教〔注：此處的「宗教」是複數〕之垂死

　　2）理學的理性主義

　　3）對理性主義哲學的反叛

II）〔西方〕沖擊之下所產生的變化：

　　1）遲緩的接受

　　2）熱切的迎接

　　3）日益孳生的質疑（growing doubt）及其帶來的思想界的混亂
　　（anarchy）[100]

　　這則日記裡所擬的大綱，標題就是〈近代中國的文化趨向〉，大綱裡也完全沒有日本的痕跡。然而，六天以後，26日，胡適的構想一變：

　　　讀 Tawney's *Land & Labour in China*〔陶尼所著的《中國的土地與勞力》〕。此書寫得真好，但其結論亦有頗可疑的。重定 Chicago〔芝加哥〕講演的 outline〔大綱〕。[101]

　　胡適在這則日記裡，沒告訴我們他為什麼「重定芝加哥講演的大綱」。但是，他在次日的日記裡就稍露「天機」了。27日的日記有兩則，因為郵輪過了國際換日線，胡適多賺了一天：

　　　寫《四十自述》小序。寫《短篇小說第二集》小序……與 Howard & Owen Lattimore〔霍華德與拉鐵摩爾，後者在次年成為美國「太平洋學會」的編輯〕閒談。夜讀 C. F. Remer's *Foreign Investments in China*〔瑞默所著的《中國的外資》〕。明天決定動手寫我的演講了！

---

100 《胡適日記全集》，6.680-681。

101 《胡適日記全集》，6.709。

今天為「中天日」〔注：這是胡適給 "meridian day" 的中譯〕。凡船東行，至此多一日；西行則減一日。寫我的演講。第一講為 Types of Cultural Control〔文化控制的諸形態〕，說明何以中國與日本兩國接受西洋文化之遲速大不相同。[102]

「文化控制的諸形態」這個標題，胡適後來在成書的時候改為「文化反應的諸形態」（Types of Cultural Response）。然而，「說明何以中國與日本兩國接受西洋文化之遲速大不相同。」這就是胡適在「哈斯可講座」的引論！為什麼日本，或者更確切地說，中日比較現代化的論題在胡適上郵輪的時候沒有，可是卻在一個星期以後成為胡適演講的引論呢？我認為這個改變有一個促因，加上一個靈感。

這個促因就是胡適對日本逐漸產生的惡感，以及從這個惡感裡所悟出來的日本觀。有關胡適對日本逐漸產生的惡感，包括他在出任中國駐美大使時候對日本的抨擊，詳細的分析請看第四部第二章。我在此處只觸及與他1933年對日本看法丕變直接相關的部分。6月18日，胡適在上船前一天的日記裡說：

約了 S. [Shigeharu] Matsumoto〔松本重治〕君來吃早飯。談中日問題。此君是太平洋學會之少年分子。思想稍明白，故我願意與他談。

他說，今年大會最好能少談過去，多考慮將來。他說，如日美戰爭之可能性，是最值得討論的。他以前不信日美戰之可能，現在真不能不信了。

我對他說，將來怎樣全靠現在怎樣應付補救。而現在怎樣又都是歷史的產兒。我們怎樣不談過去呢？如日美戰的有無，不在將來，而全看現在之能不能挽救已往的錯誤。

他又說，日本支會的地位甚困難，中國支會的朋友應該彼此互相體諒。

我對他說，中國支會的地位豈不困難？兩個會應該彼此互相體諒。[103]

---

102 《胡適日記全集》，6.709-710。
103 《胡適日記全集》，6.677。

松本重治在18日胡適上船辦手續的時候，堅持要和胡適續談中日問題。他憂慮說：「華北對日感情較好，而中部與南方人仍不能明瞭中日兩國間共同利益的重要，感情仍極惡。」胡適回答他說：

> 國際關係逃不出四個基本條件：一、利害；二、感情；三、歷史；、四、政策（有意的安排）。前三者皆是無意識的因子，其勢力最大。只有大政治家的作為，能使前三者改變仇讎為朋友。空談何益！政治家不能造新因，終亦不能期望收新果。104

松本重治要中國人多體諒日本「太平洋學會」，為其設身處地著想，又要處處為政府的政策辯護的態度，就是胡適最不能忍受的地方。不只松本重治如此，整個日本「太平洋學會」的成員都是如此。6月22日，郵輪到了橫濱。胡適說，日本「太平洋學會」的「Uramatsu [Samitarō]（浦松〔佐美太郎〕）Takaki [Yasaka]（高木八尺）同來接我。」接著，胡適就「與高木、浦松二君坐汽車〔注：日文「汽車」是火車〕到東京。」到了東京以後，胡適在日本「太平洋學會」──日本稱之為「太平洋問題調查會」──理事長新渡戶稻造（Nitobe Inazō）的安排之下，和十一位日本「太平洋問題調查會」的成員晚餐，並在餐後舉行了即將在加拿大班府所召開的第五屆「太平洋學會」年會的中日雙方的磋商。胡適在當天的日記裡摘要了他談話的主旨105：

> 我的主旨是：以前到〔太平洋學會開〕會的日本代表總是規避滿洲問題，甚至於正式請求將此問題避開；而中國代表則處處拉入此問題。所以可說是一種「捉迷藏」的把戲。我說，中日問題是太平洋問題的中心問題，無法可以規避。不如老實承認此問題。大家開誠討論，也許可以想出一個解決方法。
>
> 我提議兩種方式：一、由中日兩團各推若干人，開特別會議，研究解決

---

104 《胡適日記全集》，6.679。

105 以下有關6月22日餐會的談話記錄，見《胡適日記全集》，6.682-697。

方案；二、由太平洋理事會推出一個「中日問題特別委員會」，於各國代
表團推出若干公正學者組織之，開特別會議。此項委員會或於大會其中報
告，或可長期存在。大會完後，仍可繼續研究，俟有結論時報告於理事會。

在幾番往返討論後，除了第三屆京都會議時所採行的中日小組會商的方式
以外，高木八尺又提議除了中日代表之外，再加入三四個中立國代表。胡適於
是說：

> 總結起來，有四種會商方式：
> 一、中日兩團各推若干代表會商，不加外人；
> 二、太平洋理事會推出特委會，其中可有中日代表；
> 三、中日兩團中人非正式的作小組會議，如京都大會時辦法；
> 四、中日兩團各推代表若干人，並推他國學者三四人加入。

胡適在日記裡說，當天與會的日本「太平洋問題調查會」的資深成員都主
張第一、第三個方案，亦即，中日單獨會商。這是日本一向的主張，也是他們
在1921、1922年在「華盛頓會議」談判山東問題時所堅持的辦法。這是因為
日本知道中日單獨談判，作為強國的日本一定占上風。他們都反對胡適所建議
的第二個方案，亦即，由太平洋理事會組成一個特委會來調查，因為他們都害
怕它會變成第二個「國際聯盟」派來調查「九一八事變」的李頓（Lytton）調
查團。日方的底線其實非常清楚。胡適說：

> 佐藤〔安之助，Satō Yasunosuke〕力言「滿洲國」的status〔地位〕決
> 不可有變更，其餘都可以談。我告訴他，如此，則無話可商談。

一如我在第四部第一章會分析的，胡適從1935年開始，特別是在「七七
事變」以後的一個月間會改變立場，接受「滿洲國」，但在1933年的時候他還
不能接受。日本「太平洋問題調查會」資深成員的立場如此，胡適非常失望。
他說他們的褊狹，就一如新渡戶稻造在1931年「太平洋學會」第四屆上海會

議閉幕致辭時的褊狹一樣。新渡戶稻造當時說（原引文是英文）：

> 我們在參加會議的時候，是以國家代表的立場發言。等我們離會以後，我們就應該以「太平洋學會」的立場發言。

胡適力闢這種立場的錯誤：

> 我說，此正是一種「鄉曲小見」〔地方主義〕（provincialism），是大會所以失敗的基本原因。我們必須反其道而行之。必須在大會中先自己認清是太平洋學會的會員，而不僅僅是各國代表團員。

胡適不齒日本知識人——包括所謂具有國際視野的日本「太平洋問題調查會」的會員——這種自甘作為日本政府宣傳員的態度。他7月間在美國給他的好友索克思的一封信，就一古腦子宣洩了他這種不齒之心。在這封信裡，他告訴索克思他人已經在美國，會在芝加哥大學演講，也會去加拿大的班府開「太平洋學會」的會議。由於索克思在前一封信裡極力稱讚松岡洋右（Yōsuke Matsuoka）——曾任「滿鐵株式會社」副總裁、1940年出任日本外務大臣——在美國宣傳演講的成功，胡適不屑地回應說：

> 如果能避免的話，我將不會給任何有關當前政治問題的演講。我之所以會作出這樣的決定，是因為我在讀了新渡戶稻造、鶴見祐輔（Tsurumi Yûsuke）〔注：與胡適會餐的十一位日本「太平洋問題調查會」資深成員之一〕、和松岡洋右的宣傳演講以後，我深不齒於那種行當。[106]

胡適不齒日本知識界欠缺獨立批判的精神。如果此時沒有高瞻遠矚的政治家出來扭轉乾坤，知識界豈能怠忽其作為社會良心的職守！胡適在日記裡記下他當晚對日本「太平洋問題調查會」成員所作的諄諄善誘：

106　Hu Shih to George Sokolsky, July 9, 1933, George Sokolsky Papers, Box 64, Folder 10.

　　例如佐藤所說，「滿洲國」的地位不容變動。此不過是日本國民（？）的一個立場，可稱為A。中國國民的立場則是要完全收回失地，趕出日本人，此可稱為B。B說固不能做到，A說則完全忽略了四萬萬人的 Irredentist〔收復失土〕的心理，亦不是解決之道。我們所期望於討論的，是要看看是否能在A、B之外，想出一個C案來，或者C與D、E案來。此所謂C等案，必不是A，亦不是B，但必是跳出A、B之外有進一步的解決。

　　佐藤說，此等方案，日本現在決無有政治家敢做。我說，我們不希望內田外相即能接受。但也許將來有比內田或齋藤更偉大的政治家出來，可以接受我們的方案。政府的壽命是短促的，我們學會的生命一定比任何政府長的多！

　　日本社會、日本知識界盲目地隨著政府起舞，跟日本西化的表象形成一個諷刺的對比。他6月25日的日記，記錄了兩則日本在軍事、商業上進逼英美的報導：

　　與 Mr. Roy W. Howard〔霍華德先生〕閒談。他是 United Press Association〔國際合眾社〕的 Chairman〔主席〕，Scripps〔史克利普斯〕報紙〔注：報系〕的經理，*New York World-Telegraph*〔注：應為 *Telegram*，《紐約世界—電報》〕的編輯，在美國要算一個最有勢力的人。

　　他在日本與滿洲遊歷一遍，又在中國北平、南京、南昌、上海走了一趟。他說：他的機關〔注：報系〕向來是反對擴張美國海軍的。現在他回去之後，卻不能不主張充分建築海軍了。日本的朝野現在似乎只認得武力，其餘的話都聽不懂！

　　他的觀察和我很接近。但我說：應在擴張美國軍備之外，主張美國加入國聯。他說，此一事大概無效。Roosevelt〔羅斯福總統〕一定只主張站在國聯之外作國聯的有力聲援。[107]

---

[107] 《胡適日記全集》，6.699。

　　另外一則是胡適對兩份剪報的評論：

　　此間所載兩文，皆論英日兩國間的商業決鬥。其一為英國 "Federation of
British Industries"〔英國企業聯合會〕所派特別調查會的報告；其一為英
國駐日大使館專門參贊 G. B. Sansom〔參森，亦為日本文化史權威〕與 D.
W. Kermode〔柯莫德〕所作報告。前者歸咎於日幣的低落與政府的
subsidies〔補貼〕；後者則以為政府補助甚微。其主要成功原因是由於日
本商業組織與經營的效率。後者甚公道，頗能責己而不責人。[108]

　　日本在軍事和商業上可以進逼英美。從這點看來，日本西化的成功是有目
共睹的。然而，在這西化的表象之下，卻是日本「只認得武力，其餘的話都聽
不懂」的內涵。從一切以美國馬首是瞻的胡適的角度看來，民主是西化與日俱
進的。日本在軍事、商業上可以西化成功到威脅英美的地步，可是卻又似乎只
學到了西化的皮毛，或者更確切地說，是走火入魔的西化。這個矛盾如何解釋
呢？
　　解釋這個矛盾的靈感的線索埋在上文所提到的兩則日記。26 日的日記：
「讀 Tawney's *Land & Labour in China*〔陶尼所著的《中國的土地與勞力》〕。此
書寫得真好，但其結論亦有頗可疑的。重定 Chicago〔芝加哥〕講演的 outline
〔大綱〕。」[109] 27 日：「寫我的演講。第一講為 Types of Cultural Control〔文化控
制的諸形態〕，說明何以中國與日本兩國接受西洋文化之遲速大不相同。」[110]
　　陶尼所著的《中國的土地與勞力》，現藏於「北大文庫」的胡適藏書裡有
一本，扉頁上註記是 1932 年 12 月 22 日購買的，胡適赴美的時候顯然隨身帶
著。這是胡適一生旅行時的習慣，我在《日正當中》裡已經舉例說明過。1933
年赴美的時候，除了陶尼的書以外，據日記所載，他還帶著宋恕的《六齋卑
議》。陶尼這本書對胡適詮釋中日比較現代化的貢獻，其實既不在陶尼所提供

---

108 《胡適日記全集》，6.700。
109 《胡適日記全集》，6.709。
110 《胡適日記全集》，6.709-710。

的資料，也不是他的觀點。事實上，陶尼的觀點剛好跟胡適在「哈斯可講座」裡所呈現的觀點相反。

　　陶尼這本書所呈現的中國，是一個現代化才開始叩門踏進沿海幾個城市的國家。換句話說，中國的現代化根本就還沒起步。中國現代化無法起飛，因為中國沒有全國性的交通網。中國的疆域比歐洲——俄國除外——還大，可是只有9,500英里的鐵路和35,000英里可以行駛汽車的道路。這些鐵路與公路是地區性的，而不是全國性的。由於交通落後，從南京到成都，要比從南京到倫敦所用的時間還要長[111]。我們記得胡適在1928年所發表的〈請大家來照照鏡子〉一文裡說過：「前年北京開全國商會聯合會，一位甘肅代表來赴會，路上走了一百零四天才到北京。」比較東西的差異，他說：「人家早已在海上飛了，我們還在地上爬！人家從巴黎飛到北京，只須六十三點鐘；我們從甘肅到北京，要走一百零四天（二千五百點鐘）！」[112]陶尼這句話的出處，可能就是胡適。

　　由於交通落後，中國現代化成畸形的發展，集中在沿海的幾個主要的城市。陶尼提醒讀者說，上海不代表中國，就好像我們不能從織布上的刺繡來判定織布的材料，或者從大門的樣子來管窺房子宏偉與否的道理一樣[113]。如果西方經濟像浪濤一樣奔向沿海城市，到了內陸，就只不過像是漣漪一樣[114]。當時中國有120個左右的綿紡織廠。其中，58廠在上海，25廠在無錫，7廠在天津，6廠在漢口。紡錘和織布機的總數，大約百分之四十為外資所擁有。其餘為中國人所擁有，大多數是集中在沿海的城市。如果鐵與鋼是近代工業文明的指標，中國當時的鐵與鋼的人均使用量只有英國的百分之一、美國的一百八十分之一。而中國的鐵與鋼的總生產量，有四分之一以上是來自於兩個礦區[115]。

　　陶尼所徵引的統計數字已經在在地說明了當時中國現代化低落的程度。但是，他的結論更加負面。他說，中國實際工業化的程度比這些統計數字所顯現的還要低。原因是因為這些是攏總的數字，是把現代的、傳統的都統計在一起

111　R. H. Tawney, *Land and Labour in China* (London: George Allen & Unwin Ltd., 1932), p. 16.

112　胡適，〈請大家來照照鏡子〉，《胡適全集》，3.27, 28。

113　R. H. Tawney, *Land and Labour in China*, p. 14.

114　R. H. Tawney, *Land and Labour in China*, p. 15.

115　R. H. Tawney, *Land and Labour in China*, p. 17.

的。現代產業集中在特定的地區，局限在某些產業，而且極大部分是外資經營的[116]。

如果陶尼對中國現代化程度的估量如此低下，可以說到了現代化都還沒開始的地步，那麼他的書如何成為胡適的靈感來比較中日的現代化呢？這就是胡適挪用有術，能從別人字裡行間，可能根本就不是其論旨的字句挪為己用的高明所在。原來陶尼在舉出那些統計數字的時候，也同時提醒讀者不能太過執著於統計數字，而必須去考慮到統計數字所無法捕捉到的微妙的影響：

> 當然，這些數字不能充分地體現現代經濟生產方式的來臨對中國人生活的影響有多深。事實上，現代經濟生產方式所製造出來的貨品，已經進入了現代技術以及經濟組織尚未影響到的地區，而且已經與傳統製造的貨品競銷。正因為這些現代貨品集中在某些集散地，大型產業所擁有的舉足輕重的力量就遠大於數目。因此，這些統計數字無法正確地反映出西方的商業、資本、教育、科學對廣大中國社會默默滲透（silent permeation）的程度。工業化是大勢所趨。不管是福是禍，它只要直接地影響到一個人的生活方式，就會間接地改變十個人的生活習慣。長遠來說，它對心靈的影響，要遠比它在工廠和礦區這種看得見的現代化表徵還更為重要。而這不是數字所可以衡量的。[117]

對於作為經濟史家的陶尼而言，統計數字是分析研究上不可或缺的衡量工具。然而，對於胡適而言，他更喜歡的，是陶尼說統計數字有其局限，無法衡量現代化那種在心理上一人得道、十人升天「默默滲透」的影響力。

演講的新構想既定，就像胡適在上文所引的多賺到的6月27日的日記裡所說的，他馬上著手開筆：「寫我的演講。第一講為 Types of Cultural Control〔文化控制的諸形態〕，說明何以中國與日本兩國接受西洋文化之遲速大不相同。」[118]

116　R. H. Tawney, *Land and Labour in China*, p. 17.

117　R. H. Tawney, *Land and Labour in China*, pp. 16-17.

118　《胡適日記全集》，6.709-710。

次日亦然：「寫講演，頗感甚緩慢。我寫文字本不快，寫英文尤不快。」[119]說他自己寫文字不快，這是胡適寫得不順利的時候的牢騷話，不足為憑。29日郵輪抵檀香山。雖然只有半天的時間，胡適行程匆匆。他先到到檀香山的「太平洋學會」辦公室辦事，然後趕赴午餐會，並作一個簡短的演說。接著，「二點三刻，赴此間大學〔夏威夷大學〕公開演講，題為 "Chinese Renaissance"〔中國的文藝復興〕。講不到三點四十分，即匆匆停止，趕上船去……四點船行。寫講演。」[120]接下去的幾天主要在寫演講：「這幾天都無事可記，每日在打字機上寫講演，疲倦時則讀 Mrs. Pearl Buck〔賽珍珠〕的小說 *Good Earth*〔《大地》〕。」[121]

7月4日上午八點，「日本皇后號」抵達加拿大的維多利亞港。過關辦完加拿大的入境手續以後，胡適改搭「加拿大太平洋鐵路公司」的「瑪格麗特公主號」（*Princess Marguerite*）到溫哥華[122]。5日中午，胡適在溫哥華的「華僑酒樓」作了二十分鐘的中文演講，由「加拿大太平洋鐵路公司」的職員司徒旄翻成開平話。當天下午兩點四十五分，胡適就搭火車東行[123]。6日，火車穿行加拿大的洛磯山脈。7日下午一點十分抵達北達科他州的「門關」（Portal, North Dakota），通過美國移民檢查以後進入美國[124]。此後胡適的日記中斷。一直到10月12日，才又開始記日記。當時胡適已經啟程回國。當天，船已經到了檀香山。幸好我們有胡適寫給韋蓮司的信件，讓我們知道他到了美國以後的一些行程。

胡適從溫哥華上火車以後，就一路東行，在7月8日抵達芝加哥。當天星期六。他的「哈斯可講座」是12日星期三開講，只剩下三天的時間。胡適於是閉關寫他的演講稿。15日，由於已經收到韋蓮司的兩封信了，胡適趕緊在講完第二講以後，抽空寫了一封回信：「我一直沒回信，因為我忙著寫講稿。昨晚

---

119 《胡適日記全集》，6.710。

120 《胡適日記全集》，6.711。

121 《胡適日記全集》，6.711。

122 美國勞工局檔案，"List or Manifest of Alien Passengers for the United States," July 4, 1933。

123 《胡適日記全集》，6.713。

124 《胡適日記全集》，6.714；美國勞工局檔案，"List or Manifest of Alien Passengers for the United States," July 4, 1933，表格上移民局官員7月7日的註記。

作了第二講。」對這麼重要的講座，如此狼狽地臨時抱佛腳，胡適振振有詞：

　　前些日子，我根本不可能專心從事外文寫作。一來，日本的軍機時而盤旋〔北平〕城上──有時候是成打列隊飛來──二來，一直到我啟程以前，我還在編我的〔《獨立評論》〕周刊。所以，我現在真的是「現寫現賣」（from hand to mouth）。有時候，我還必須犧牲睡眠的時間。我現在還有四講須要寫。[125]

　　其實，胡適何止是必須犧牲他的睡眠時間。用他8月1日在離開芝加哥以後給韋蓮司信上的話來說：「在芝加哥這些日子，簡直是在酷刑我自己。我幾乎是每天工作到天亮。有幾天天氣還熱到不行。」[126]

　　胡適的「哈斯可講座」的日期是1933年7月12、14、17、19、21、24日，每次都是晚上八點十五分開講。胡適在6月20日日記裡為〈近代中國的文化趨向〉所擬的大綱，以及他改以《中國的文藝復興》為題出版的書的章節，都各有六節。這也就是說，胡適準備這個講座，一次講一節。如果我們把《中國的文藝復興》的章節及其內容與胡適日記裡所記的〈近代中國的文化趨向〉的大綱相比對，我們可以看出胡適如何把他原來的內容打散重組，以及如何以新瓶舊酒的方式讓它脫胎換骨的：

《中國的文藝復興》
　I）文化反應的諸形態
　II）抗拒、熱切的接受、輓近新起的質疑：中國人對西方文明看法的轉變
　III）中國的文藝復興
　IV）傳統與現代的思想
　V）中國人生活裡的宗教
　VI）社會的解體與調適

125　Hu Shih to Clifford Williams, July 15, 1933，《胡適全集》，40.282。
126　Hu Shih to Clifford Williams, August 1, 1933，《胡適全集》，40.284。

〈近代中國的文化趨向〉

　I）與西方接觸以前的文化背景：

　　1）〔傳統〕宗教之垂死

　　2）理學的理性主義

　　3）對理性主義哲學的反叛

　II）〔西方〕沖擊之下所產生的變化：

　　1）遲緩的接受

　　2）熱切的迎接

　　3）日益孳生的質疑及其帶來的思想界的混亂

　　首先，先談他如何把章節打散重組。他把〈近代中國的文化趨向〉大綱裡的後三節，全部歸併成為《中國的文藝復興》裡的第二節：「抗拒、熱切的接受、輓近新起的質疑：中國人對西方文明看法的轉變。」其次，〈近代中國的文化趨向〉大綱裡的第二、三節併入《中國的文藝復興》裡的第三節：「中國的文藝復興」，新瓶舊酒法。這是胡適越練越純熟，到駐美大使時期練到爐火純青的地步的方法。「中國的文藝復興」，就是一個最典型的例子。我在《日正當中》第六章裡，已經分析了胡適一生演練「中國的文藝復興」這個觀念，從1918年開始到1960年。雖然「文藝復興」在中國歷史上到底發生過幾次，他一輩子有一次、四次、五次、到「一次多面」的不同說法。然而，重點是，到了1933年的「哈斯可講座」時，他已經是第五次演練這個「中國的文藝復興」的觀念了。俗話說，駕輕就熟。怪不得胡適能從容不迫地等他上了郵輪才開始準備他的演講。我在前邊說胡適如果不是藝高膽大，就是胸有成竹。結果，原來是新瓶舊酒的伎倆。

　　其實，何止「中國的文藝復興」那一節是新瓶舊酒。第四節：「傳統與現代的思想」的立論基礎主要是根據他在1928年11月10日《新月》1卷9號上所發表的〈治學的方法與材料〉。只是，胡適在〈治學的方法與材料〉裡還算客氣，口氣還有所保留。他說中西學術的高下，在十七世紀就已經注定，就已經「定局了」：

在中國方面，除了宋應星的《天工開物》一部奇書之外，都只是一些紙上的學問；從八股到古音的考證固然是一大進步，然而終久還是紙上的功夫。西洋學術在這幾十年中便已走上了自然科學的大路了。顧炎武、閻若璩規定了中國三百年的學術的局面；葛利略、解白、波爾、牛敦規定了西洋三百年的學術的局面。[127]

然而，在《中國的文藝復興》裡，胡適就否認了他在〈治學的方法與材料〉裡的這個說法。他說：「人們常說今天西洋與東方文明之間所存在的鉅大差異是新近的現象，是十七世紀才開始的。」有些人甚至說，西方在經歷新科學與「工業革命」的洗禮以前，在許多方面是比中國落後的。胡適說不但陶尼在《中國的土地與勞力》裡如是說，他自己也曾經這樣說過。但現在他不是這樣的看法：

　　雖然這些近代史實的正確性不須質疑，我還是忍不住要問一個更根本的問題：東西方的思想傳統是否存在著一些根本的差異，方才可以解釋為什麼它們後來各自在文化上的發展會有那麼大的不同？我把中國印度當成一組，把西方國家當成另一組，比較它們從古希臘時期到十七世紀的思想發展。我確信這兩組國家之間的差異，從它們開始會思想就不同了，而且在以後的每一個發展階段亦是如此。它們之間的差異是如此的鉅大，如此的根本。我們幾乎完全有理由說，所有近代西方文明迴異於東方文明的地方，在其邃古開始作思想探索上的不同就已經奠定或注定了。[128]

周質平等人總愛說胡適用中文寫文章的時候批判中國的文化，用英文寫文章的時候則「覺得要給中國文化相當的地位和面子。」[129]這是典型對胡適的誤

127　胡適，〈治學的方法與材料〉，《胡適全集》，3.137。

128　Hu Shih, "The Chinese Renaissance,"《胡適全集》，37.102。

129　周質平，〈國界與是非〉，《胡適研究叢刊》（北京大學出版社），第一輯（1995），頁55；〈胡適英文筆下的中國文化〉，《中華讀書報》，2012年7月4日，第17版。

解。此處這個例子就是一個最好的反證。更多的例子，本章還有。更多的，請參閱第四章的分析。

第五節：「中國人生活裡的宗教」也是新瓶舊酒，是根據〈中國歷史上的宗教與哲學〉（Religion and Philosophy in Chinese History）。這篇文章是他1931年為在上海召開的第四屆太平洋學會所寫的會議文章，後來收在陳衡哲所編的《中國文化論集》（Symposium on Chinese Culture）裡[130]。那篇論文的主旨在於闡揚中國傳統的自然主義與理性主義，如何在歷史上，先與傳統民間的迷信，再與漢朝的儒教，後來又和印度傳來的佛教等等迷信搏鬥的歷史。胡適在《中國的文藝復興》的「中國人生活裡的宗教」裡，就以其為基礎，去其雜蕪取其精要，把這段歷史歌頌成為中國人如何從古典儒道的自然主義、理性主義精神出發，雖然歷經漢朝的儒教以及後來的佛教的迷惑，經由禪宗的反動、理學的復興；雖然到二十世紀初年仍然有孔教運動的反動，最終以吳稚暉在「科學與人生觀論戰」中的純物質的、純機械的人生觀為代表，科學、理性戰勝一切宗教迷信的光榮歷史。

《中國的文藝復興》裡唯一新寫的，只有第一節：〈文化反應的諸形態〉與第六節：〈社會的解體與調適〉。〈社會的解體與調適〉的主旨，在於從社會、經濟、教育、政治的層面來證明中國社會的變化。我們記得陶尼在《中國的土地與勞力》裡說，中國的工業化雖然極其膚淺，但工業化是大勢所趨。「它只要直接地影響到一個人的生活方式，就會間接地改變十個人的生活習慣。」彷彿是要呼應並強調陶尼，胡適也說：

　　誠然，並不是所有這些物質上的變化都會觸及到中國幅員遼闊的內陸；那些變化只發生在都市裡。然而，以下三大事件幫忙把這些變化廣泛地傳播到四處：急遽向都市的移民；新式學堂的建立；以及〔從辛亥到當前的〕政治的革命。[131]

130　Hu Shih, "Religion and Philosophy in Chinese History,"《胡適全集》，36.558-606。

131　Hu Shih, "The Chinese Renaissance,"《胡適全集》，37.143。

陶尼一人得道、十人升天的說法，其實只是一個注腳，其目的不過是在提醒讀者：統計數字雖然顯示了中國微乎其微的工業化程度，但我們不能過於執著於統計數字，而忽略了統計數字所無法捕捉到的間接「默默滲透」的影響力。然而，胡適卻把陶尼的注腳羽毛當令箭，就把它權充為中國現代化比日本既深且遠的證據。除了羽毛當令箭以外，這種挪用還犯了一個邏輯的謬誤。陶尼的大前提是中國的工業化，胡適把它偷天換日的換成了現代化，然後再進一步地把現代化的定義縮小到思想文化的層面。

事實上，這是胡適一輩子慣用的手法。我在《日正當中》裡分析了胡適如何把達爾文、赫胥黎的「不可知主義」（agnosticism）挪用成為他自己的「存疑主義」。我說，把「不可知主義」翻譯成「存疑主義」，表面上看起來，這只不過是在譯名上的琢磨與抉擇。實際上，這是一個有心的微妙的潛移（shift）。他先「潛移」了達爾文、赫胥黎的前提，從而「默化」了他們的結論。他從達爾文、赫胥黎的靈魂不朽論的「不可知論」的前提，把它「潛移」變成：「嚴格的不信任一切沒有充分證據的東西。」然後，再把它「默化」成：「達爾文的武器只是他三十年中搜集來的證據，三十年搜集的科學證據，打倒了二千年尊崇的宗教傳說！這一場大戰的結果──證據戰勝了傳說──遂使科學方法的精神大白於世界。」

胡適在此處的手法如出一轍。陶尼明明分析的是中國的工業化，或者更精確地說，中國微乎其微的工業化。胡適先把工業化「潛移」成為現代化。然後，又把現代化「默化」成為專注於思想文化的層面。

胡適會把現代化局限在思想文化的層面，其實一點都不奇怪。文化思想本來就是他的興趣、他的術業。作為一個菁英主義者，他會以社會上的菁英思想言論作為社會動向的指標也是不足為奇的。更何況他自己還以「中國的文藝復興」的領袖自居。胡適既不是一個經濟學家，也沒作過中國工業化的統計。反觀陶尼，他雖然研究的不是中國，但他是一個有名的西洋中古史經濟史專家。他1930年12月接受美國「太平洋學會」的聘請到中國去研究的時候，在研究上得到了天津「南開大學經濟研究所」的全力支持。何廉、方顯廷不但讓陶尼在南開有一個舒適雅靜的房子寫作，並且把所有他們研究中國工業的統計數據

都提供給陶尼使用[132]。陶尼說當時的中國只有微乎其微的中國工業化，這基本上就是何廉所主持的「南開經濟研究所」的結論。何廉形容中國是「一個經濟上還在中世紀的國家」（a land of economic medievalism），「幾乎還沒有被工業化的革命性變化所觸碰到。」[133]

值得指出的是，陶尼不贊成用「中世紀」來比擬中國當時的經濟。他認為那是一個陳腔濫調的套語，而且也是一個不當的類比。他說，這等於是用歐洲歷史發展的尺度來衡量中國，把中國當成是處在一個比歐洲幼稚的階段，殊不知中國文明發展的軌跡可能是自成一類的。其次，這完全忽視了兩者之間的迥異之處。歐洲中世紀人口稀少、未墾區多，海運交通便利；中國則人口龐大、除了滿洲與西北以外，未墾區少、大部分疆土出海不便。然而，即使如此，陶尼也承認即使不用「中世紀」來形容中國，中國還真是非常的落後。他說中國有將近百分之九十的地區，其技術以及經濟結構會讓人回想起十五世紀歐洲落後的地區[134]。

如果1930年代初期的中國，從歐洲中世紀歷史專家陶尼的角度看來，有將近百分之九十的地區會讓他回想起十五世紀歐洲落後的地區，而當時的日本在軍事與商業上已經強大到能進逼美國和英國的地步，則胡適為什麼一定要孜孜於證明中國實際上已經相當現代化了？不但已經相當現代化了，而且比日本更現代化！我們記得胡適6月26日在郵輪上的日記記他讀陶尼的書的心得：「此書寫得真好，但其結論亦有頗可疑的。」陶尼這個中國有將近百分之九十的地區會讓他回想起十五世紀歐洲落後的地區的結論，就是胡適覺得「頗可疑的」。胡適當然必須反陶尼之道而行之，不要他的「中國有將近百分之九十的地區會讓他回想起十五世紀歐洲落後的地區」的結論，而取其「一人得道、十人升天」的現代化「默默滲透」的注腳。換句話說，胡適必須要證明中國已經相當現代化了，否則他所謂的「中國的文藝復興」，豈不等於只是在百分之十

132　請參考拙著，*Social Engineering and the Social Sciences in China, 1919-1949*（Cambridge: Cambridge University Press, 2001）, pp. 103-104。

133　Franklin Ho, *Industrialization in China: a Study of Conditions in Tientsin*（Tientsin, 1929）, p. 3.

134　R. H. Tawney, *Land and Labour in China*, p. 18.

的中國裡的運動？在那將近百分之九十「幾乎還沒有被工業化的革命性變化所
觸碰到」的中國裡，那豈不等於石沉大海嗎？

　　我在《璞玉成璧》和《日正當中》裡已經多次說過胡適有語不驚人死不休
的個性。中國比日本還要更現代化，這又是胡適語不驚人死不休的另外一個例
子。他在《中國的文藝復興》出版時所寫的〈序〉裡，開宗明義地說明了他這
個演講系列的主旨：

　　　　如果我有什麼主旨要表達，那就是希望我的讀者瞭解：儘管中國沒有一
　　個有力的領袖團體，沒有一個統治階級在從事中央集權的控制，儘管在推
　　陳出新的過程中發生了許多令人扼腕切齒的種種分崩離析的情事，轟轟烈
　　烈的文化變遷已經在中國展開了相當長的時間了。悲觀人士所惋嘆的中國
　　文明的崩裂，其實只是一個古文明要再生所必須經過的摧枯拉朽的過程。
　　中國的文藝復興看似迂緩，卻已經在不知不覺當中成為事實。這個再生的
　　果實在表面上看起來非常西方。然而，撥開其表層，你就會發現其內涵基
　　本上是那污泥被沖蝕掉了以後反而更加清晰的河床──那被新世界的科學
　　民主文明所吻醒了的人文、理性的中國〔注：這是胡適從留美時期就最喜
　　歡的，用「王子」來形容現代西方，用「睡美人」來形容中國；「王子」
　　吻醒「睡美人」的比喻〕。135

　　為了要證明中國的文藝復興已經成功，為了要證明中國固有的人文理性思
想在沉睡了千年以後，像睡美人一樣，被近代西方科學民主的王子吻醒，胡適
認為他必須先打破一般人以為中國現代化失敗的偏見。然而，值得玩味的是，
胡適不但要證明中國的現代化不是失敗的，他甚至語不驚人死不休地宣稱那看
似失敗的中國的現代化是成功的，而那看似成功的日本的現代化才是失敗的。
在「文化反應的諸形態」一節裡，胡適說西力東漸，其實就是一個優勢的文明
席捲全球，達到亞洲以後所造成的文化衝突與調適的問題：

135　Hu Shih, "The Chinese Renaissance,"《胡適全集》，37.17-18。

從歷史的角度看來，這個現代諸文明之間的衝突，只不過是發源於西歐的新文明，以勢如破竹之勢，從東西兩路並進，最後在東亞會師的征服全球大業裡最新的一役。這個大業徐徐、勢不可當之勢，這個新文明每到一處，所向披靡：往西，它征服了兩個新大陸；往東，它粉碎了亞、非兩洲所有的古老文明，也宰制了整個大洋洲。這個颶風的支流從西歐向東北邁進，掃蕩了整個斯拉夫民族，接著繼續向東橫貫西伯利亞大草原抵達太平洋岸。

胡適說，這個西洋文明征服全球大業的完結篇正在中國和日本上演：

東亞是這個雄心勃勃的文明三路會師之點。到目前為止，還沒有遭遇到任何有力的抵抗。東亞就是這個征服世界大業的壓軸戲。因為在這裡，西方文明和東方兩個主要文明對峙：大陸的中國以及海島的日本帝國。當這兩個國家完全西化的時候，就是這個新文明完成其征服全世界的大業的凱旋之刻。[136]

胡適承認日本西化的速度遠勝於中國。然而，他認為這是不能只從表面來理解的。首先，日本小、中國大不是理由。其次，有人喜歡說中國在歷史上沒有能跟它可以倫比的文明，因此太過驕矜不能低頭向西方學習；反之，日本因為在歷史上模仿過中國，因此不會以師法西方為忤。胡適說這種說法似是而非，因為中國在歷史上受到佛教的印度宰制了一千年之久的時間[137]。中國會抗拒外來的文化，並不足為奇。胡適說：

我們真正須要去解釋的，不是對外來文明的抗拒——那是普世、自然的反應。如果它不存在，我們就沒有必要去研究探討文化衝突的問題——而是下述這個更根本的問題：為什麼中國不能？而日本卻能夠克服了這種自

136 Hu Shih, "The Chinese Renaissance,"《胡適全集》，37.21-22。
137 Hu Shih, "The Chinese Renaissance,"《胡適全集》，37.23-25。

然地對外來文化的抗拒，而得以雷厲風行地作了調適？

胡適說日本西化成功的因素有三：

　　第一、一個強有力的統治階級，所有改革與現代化的領袖人物都來自那個階級；第二、這個統治階級是一個特權階級，一個訓練有素的武士階級。這使日本得以遊刃有餘地吸收西方文明裡最難被其他東方國家學習，可是也是這些國家最須要賴以抵禦這個新文明的侵略力量的層面──亦即，西方科學、技術、工業文明背後的軍事、海軍力量的層面。第三、日本一千多年特殊的政治歷史，為它的新的政治架構遺留下了一個既適用、又穩定的基礎，來作為所有一切改革運動的重心，而且也使日本得以在那各種變亂都可能孳生的環境之下做到穩定、持續的進步。[138]

　　日本西化成功的這三個因素，胡適說中國都不具備。他說：「日本具有這些條件，而中國沒有。兩相比較，為什麼日本成功而中國失敗的真正原因就呼之欲出了。」[139]他用三組史實來分析這三個因素。第一組史實──日本有一個強有力的統治階級，而中國沒有：

　　在任何衝突與操控的情況之下，我們要問的第一個問題自然是：是誰在操控呢？負責操控的領袖來自何方？日本由「大名」〔注：封建領主〕及其武士所構成的強有力的統治階級，在過去的好幾世紀裡控制著中央與地方政府，就對這個主要的問題提供了一個現成的答案。[140]

　　胡適說：「這個封建時期武士所組成的領袖團體既強又有效率。這是因為他們屬於治理階級，受人民的尊敬，有天皇的支持，所以幾乎擁有無限的權力

138　Hu Shih, "The Chinese Renaissance,"《胡適全集》，37.26。
139　Hu Shih, "The Chinese Renaissance,"《胡適全集》，37.27。
140　Hu Shih, "The Chinese Renaissance,"《胡適全集》，37.27。

去有效地執行他們的政策。」[141]而這一點，就正是胡適所強調的中日近代史關鍵的分野：

　　這種有力的領袖團體在中國完全不存在。政治與軍事的封建制度在兩千多年前就已經崩壞了。由於社會向下齊頭平等（social leveling）的趨勢已經有很悠久的歷史，中國的社會結構可以說已經幾乎完全民主化了。沒有世襲的貴族可以在幾個世代以後不被夷為平民的……中國是由科舉所選取出來的文官所治理的國家。科舉由大家公平競爭，即使是赤貧的農工之子都有可能步步高陞成為相國……他們是傑出的領袖，出將入相，在國家危亡的時候扮演了重要的角色。然而，在專制帝制之下，這些政治家必須仰賴皇帝的好感與信任，方才能夠握有權力與機會來施展他們的抱負。不管他們做得再好，只要觸怒了繼任的皇帝的龍顏，所有都可以一筆勾銷。他們很清楚即使作得再好，他們的事業永遠不會是永業。這是因為君意無常，而且皇帝在位的時間不長。十一世紀的王安石能夠得到皇帝完全的信任達十六年。然而，該皇帝一死，他的變法不到一年全被推翻。近代的改革家康有為贏得光緒皇帝的信任，在戊戌年間推動了一系列政治與教育的改革。那些改革如果能夠持續推行，說不定能加速了中國的西化。然而，即便皇帝都沒有改革的自由！他的變法只推行了一百天，就被太后的反動給推翻了。[142]

胡適慨歎說：

　　這個對比有多大！相對於中國完全沒有一個有力的領袖階層的慘狀，是日本統治階級易如反掌地取消幕府、還政天皇、維新立國。由於中國缺乏一個有力的統治階級，中國的領袖無處可尋。[143]

141　Hu Shih, "The Chinese Renaissance,"《胡適全集》，37.28。

142　Hu Shih, "The Chinese Renaissance,"《胡適全集》，37.28-30。

143　Hu Shih, "The Chinese Renaissance,"《胡適全集》，37.31。

在分析了中國缺少一個有力的統治階級這一組「史實」以後，胡適接著分析第二組「史實」，亦即，中國歷史上欠缺尚武的精神：

> 現在讓我們看看中日文化調適比較史的第二組史實——亦即，日本有一個訓練有素、為民所敬畏的軍事階層，中國沒有，這對中日西化過程不同的影響。這特別是指西方文明裡的尚武精神，這是東方民族最想學，可是又最難學的地方。[144]

在中國方面：

> 中國的政治、宗教，以及社會的因素結合在一起把所有尚武精神的表現都壓抑掉了。兩千年的統一帝國，沒有強敵環伺。除了改朝換代時的動亂以外，治世期頗長——所有這些因素消弭了尚武精神的培養。作為顯學的儒道兩家的道德倫理學說也崇尚和平與秩序，反對戰爭。那宰制了中國兩千年之久的佛教，更加深了已經太愛好和平的中國人的和平傾向。[145]

反觀日本：

> 在這個方面，在西方文化所接觸到的國家裡，日本是最如魚得水的。日本的武士階層，有300個「大名」以及260,000個武士家庭。他們好幾世紀以來就是統治階級，高於社會上的任何階級，最受尊重。武士的訓練極為全面。從幼年開始，不但接受武術訓練，而且還包括一套非常嚴格的思想、德育，以及宗教的訓練系統。這個階級的威權極高，所有其他階級很自然地就模仿武士階級的思想與行為模式。就像孔子睿智之語所說的，這就是「君子之德，風；小人之德，草。草上之風必偃」的道理。這種封建時代的尚武風氣與精神，使得日本的武士在配備新式武器以及接受新式的

---

144 Hu Shih, "The Chinese Renaissance,"《胡適全集》，37.36。
145 Hu Shih, "The Chinese Renaissance,"《胡適全集》，37.38。

軍事訓練以後，就能輕而易舉地在旦夕之間脫胎換骨成為現代的軍人。[146]

　　日本不但擁有一個強有力的統治階級，這個統治階級還是一個尚武、得以輕易地脫胎換骨成為現代軍人的武士階級。除了這個兩個因素以外，胡適認為日本還得利於第三個因素，亦即，政治重心的存在：

　　最後，我們要討論這個中日比較的第三組史實──日本輕而易舉地建立了一個穩固的政府，以作為其現代化的控制重心。相對的，中國在這方面則慘不忍睹。

　　就像我已經指出的，日本在政治上的成功，泰半要歸功於它有一個強有力的統治階級。然而，日本政治改革所以能夠那麼快就成功，還有它歷史上兩個特殊的因素。大概有將近一千兩百年之久，日本天皇的治權，先是被攝政的藤原氏族剝奪了五百年，然後又被幕府將軍剝奪了七百年……

　　同時，來自中國的一個新的因素，又給予了這個在政治上缺席的天皇制度道德上的支持。朱熹（卒於1200年）的道德哲學傳進日本，很快地就在政治上發生作用。這個哲學所特別強調的忠君以及「天子」君臨天下方為正統的概念，使日本的學者以及武士領悟到天皇的潦倒落魄。他們於是把所有精神上的權威與聖德都歸屬於天皇。由於天皇無權，所有歷史上的苛政既不是他們所能為的，也就與他們不相干。德川幕府尊崇朱學的結果，等於是自掘墳墓。

　　因此，當政治改組的時機到來的時候，大家的眼光就集中在那久被打入冷宮但逐漸成為全國人頂禮膜拜的真正中心的天皇。傳統日本幸運的地方，就是那在一千兩百年間「無咎可訾」（done no wrong）的天皇，最順當地轉型成為以歐洲模式為師的君主立憲制度。[147]

　　胡適在此處所徵引的日本「史實」，其「300個『大名』」所據的，可能是

146　Hu Shih, "The Chinese Renaissance,"《胡適全集》，37.40-41。

147　Hu Shih, "The Chinese Renaissance,"《胡適全集》，37.42-43。

明治初年所謂的「300諸侯」的泛說。260,000武士家庭的數字，用的可能是小宮山綏介（1830-1896）根據《柳烟雜記》的統計所推算出來的數字[148]。至於那所謂的「全國人頂禮膜拜的真正中心、在一千兩百年間『無咎可訾』的天皇」的說法，其來源可能是福澤諭吉在1882年所寫的〈帝室論〉：

> 我國帝室是萬世無瑕之全璧，是民心所向之一大中心。在此玉璧的明光照耀之下、並以之作為輻輳的我日本人民，對內必須維持社會秩序，對外擴張國權。絕不可去亂碰此寶玉、動搖此中心。[149]

問題是，胡適不會日文，也沒有好好讀過英文所寫的日本史。他所徵引的「史實」一定是有人告訴他的。只是，由於他沒留下任何讓人可稽的線索，我們完全不知道他所據為何。

無論如何，胡適說：日本天皇在歷史上因為無權，所以無過。這個政治資本，讓天皇得以搖身一變而成為日本君主立憲的政治重心。相對的，胡適說：「中國的政治發展就沒有這樣的好運。統治的朝代是一個異族……滿清在各地的駐防……腐敗退化到了無法操弄刀槍的地步。皇族跟清廷一樣的無知和腐敗。」[150]

清朝政府無知、腐敗，無法提供一個穩固、強有力的政治重心。而中國的社會又欠缺一個領導階級。其結果就是亂而無序：

> 從1850年太平天國之亂起到1912年民國成立，整整六十年的時間，都浪費在試圖讓那風燭殘年的清朝起死回生、修補滿漢之間無可調和的歧視，以及改革那無知反動的清廷的努力上……民國才成立，就一直被那軍

---

148 〈江戶の人口〉，https://ja.wikipedia.org/wiki/%E6%B1%9F%E6%88%B8%E3%81%AE%E4%BA%BA%E5%8F%A3#.E6.AD.A6.E5.A3.AB.E5.8F.8A.E3.81.B3.E4.BD.BF.E7.94.A8.E4.BA.BA.E3.81.AE.E4.BA.BA.E5.8F.A3，2017年11月20日上網。

149 福澤諭吉，〈帝室論〉，頁40，http://iiif.lib.keio.ac.jp/FKZ/F7-A35/pdf/F7-A35.pdf，2017年11月20日上網。

150 Hu Shih, "The Chinese Renaissance,"《胡適全集》，37.44。

閥所支持的反動勢力所威脅，然後又遭遇到中央政府因為地方的離心勢力而無法重建權威的困難。所以，又浪費了二十年的時間在長年的政治紛爭裡。這些紛爭，從泛泛的觀察家看來是極端混亂無章，但就一個偉大的運動的階段性看來，卻完全是可理解的——亦即，新中國在強大的反動勢力與政治社會解體大勢的威脅之下，努力試圖建立一個統一的現代國家。[151]

由於其雜亂無章的現代化，中國付出的代價是很大的：

　　日本在七十年前就成功地建立了它的新的政治架構，而中國花了八十年的時間，徒勞無功地從事政治改革。到了今天仍然無法建立一個強固的政府。這個對比既重要而且驚人。這不只意味著說，中國浪費了將近一個世紀的精力與智力去從事失敗的政治改革。那些精力與智力應該用在更重要更有成效的方面。這同時也意味著說，在這種情況之下，中國在文化的調適方面，不可能會有像日本那種持續又井然有序的進步。中國的文化調適注定是會迂緩、間歇、斷續，以及浪費的。這是因為井然有序以及持續的改革必須要以一個穩定的政治秩序作為核心——亦即，把所有個別的努力都引向、凝聚、永恆成為一個永續的整體（a continuous whole）的重心。進步意味著持續的積累，現在的努力加上對過往的成就的改善。沒有政治的穩定來確保持續的積累，進步就不可能。這是因為不能持續，就無法籌畫未來。任何個別的建樹都可能因為政局的動盪而前功盡棄。[152]

　　日本的現代化不但井然有序，又有速效，而中國的現代化則迂緩與斷裂。兩相對比，似乎高下立判。換句話說，日本現代化成功，中國現代化失敗。然而，胡適說這是只見其表，而不見其實。表面上看起來，日本的現代化是成功的，中國的現代化是失敗的。然而，從實質的現代化來看則反是。在日本現代化的表象之下、是其僵固頑強的封建傳統；而在中國看似迂緩、遲滯的現代化

151　Hu Shih, "The Chinese Renaissance,"《胡適全集》，37.47。

152　Hu Shih, "The Chinese Renaissance,"《胡適全集》，37.47-48。

的表象之下，卻是從根向上的逐步邁向現代化的蛻變：

　　我作這些對比的主要目的，在於強調一個許多研究文化的衝突與控制的
學者所不夠注意的事實。我想指出的是：當文化的衝突出現在歷史背景迥
異的中國與日本的時候，必然也會出現迥異的文化調適的形態；這些形態
隨著國家的不同而異。就像每個人對文化接觸的反應，也會因為資質與環
境的不同而異一樣……重點是：每個形態必須根據其特殊的歷史文化背景
來理解，而不能用一個單一的標準來衡量。

　　日本這七十年來的現代化只不過代表了一種特殊的形態，我們姑且稱之
為「中央集權式的控制」（centralized control）。舉國改革的大業可以作到
如此地井然有序、有效率的進步。這只有在上述那種特殊的情況之下才可
能發生。其好處顯而易見，但也並非沒有一些非常嚴重的不利之處。日本
的領袖在那麼早的時候從事這麼急速的改革。他們即使再高瞻遠矚，也無
法看到或理解西方文明裡某些膚淺的層面。許多其他層面都被他們忽視掉
了。同時，由於他們亟亟於要保存國粹、並鞏固國家與天皇對老百姓的控
制，他們刻意保護日本傳統裡的許多成分，不讓它們被西方的新文明所滲
透。最明顯的例子，就是國家所支持並保護的神道。軍事階層在政府裡所
具有的特殊的超乎憲法的權力是另外一個折衷（compromise）的例子。婦
女在日本的地位也可以算是一個例子。簡言之，日本急速的文化改革由於
速度太快，太早開始，以至於沒有足夠的時間讓新觀念和勢力滲透進本土
的機構而促成一個比較徹底的文化調適。其結果是把一個外來的文化移植
到傳統日本的樹幹上。於是，中世紀的傳統文化被刻意地（artificially）
用黷武的現代性（militant modernity）的外殼保護起來。那被保存起來的
許多東西確實美而且具有永恆的價值。然而，也有不少是極其原始的，充
滿了火山爆炸威力的危險性。

　　在另一方面，我們發現中國屬於一種不同形態的文化反應，姑且稱之為
「播散式的滲透」（diffused penetration）或者「播散式的融合」（diffused
assimilation）的形態。由於不存在著一個強有力的統治階級，就不可能有
中央集權式的文化操控。然而，在這幾十年的文化接觸裡，西方文明的影

響，無可否認地，已經徐徐地滲透到幾乎所有中國人的生活與制度的每一個層面。在某些反面，這是一種有意識地文化改革。日本的文化操控是掌握在統治階級的手裡，而中國的文化變遷則來自於民間。有時，甚至不知道是來自何處……這些變遷必然緩慢。可是，有時可以是非常急速的。比如說，一年不到，〔女性〕短髮的髮型（bobbed hair）就已經風行到所有的都市。只不過幾年的時間，標點符號就普遍地為人運用在寫作和印刷上。在三到四年之間，甚至白話文就已經取代了文言文，成為年輕學生寫作散文和詩歌的工具。

這種播散式的文化滲透的過程有許多不利之處：遲緩、散漫、時而盲目不加選擇、時而浪費──因為要改變就必然須要有摧枯拉朽的破壞。其最明顯的弊病是，由於沒有中央集權的操控，大規模的事業，例如，軍事、政治改革、工業化等等，不易於成功。然而，它也有一些不可否認的好處。它們是自動自發的。這也就是說，新的觀念或作法，必須先能讓一般人相信其確實比較好用、便利，方才能為大眾所接受。它們是自然演進、日漸月染的；汰舊換新常常在渾然不覺當中就已經完成了。[153]

這種「播散式的文化滲透」是中國現代化的優勢，遠非日本那種「中央集權式的控制」的現代化所能相比：

在這種方式之下，我們所有的觀念、信念、與制度都毫無保留地跟西方文明慢火燉熬地接觸，被它浸染、影響，時而徐緩地修正，時而急速並根本地推翻。如果舊的被保留、或者被揚棄，這保留和揚棄都是自動自發，而且大概也是實際並合理的。我們既不隱藏，也不專斷地不讓某些東西跟西方接觸或作改變。簡言之，這是一種「長期的曝曬」（long exposure）以及慢火燉熬的滲透的形態。在這種方式之下，中國也成功地作到了文化的轉型。這種方式固然慢得要命、一點一滴，而且常缺乏配套與協調。然而，它最終可以解決我們生活與文化當中一些迫切根本的問題，而且建立

153　Hu Shih, "The Chinese Renaissance,"《胡適全集》，37.49-52。

一種與〔西方〕新世界的精神合轍的新文化。[154]

我在《日正當中》裡說：1920年代是胡適對中國現代文化最具有信心的時候。他與他科學派的同志在「科學與人生觀論戰」的勝利，讓他覺得他那個時代的中國知識分子，要遠比歐美人還能夠體會到西方近代科學文明的價值。他1926年的歐遊，是他到西方去當宣揚西方近代文明福音的傳教士的時候。他立志要點醒、甚至棒喝西方人不要因為歐戰而對西方文明失去信心，而被所謂的東方的精神文明迷惑。這篇「哈斯可講座」的《中國的文藝復興》，是胡適這個現代中國人比西方人還要能身體力行西方近代科學文明的信心的尾聲。他以吳稚暉為例說：

> 吳稚暉先生現年68歲。我們在他身上看到了致知（intellectualistic）與理性的人生觀——那不僅是西方科學影響的結果，而且是其與中國自然主義以及理性傳統美妙的結晶。這種〔傳統與西方的〕結晶使我們能夠完全得以如魚得水般地徜徉在現代世界裡；這也是為什麼比起被宗教傳統逼得透不過氣來的西方的哲學家而言，我們這些人反而更加能夠心領神會西方文明裡的思想與道德的意義的理由。[155]

胡適在演講中的這段話已經是他的老生常談。他在1924年1月4日寫給韋蓮司的信就已經說過：「沒有宗教包袱之累的中國知識分子，能夠比歐美人士更加一致、更加勇敢地，把科學的宇宙觀與人生觀帶到其邏輯的終點。」[156]

胡適豪氣干雲地在《中國的文藝復興》裡，自詡他比西方人更瞭解西方文明的真諦。對他而言，這個真諦有兩個層面：反宗教的科學精神是其一。另外一個層面則是科技與民主主義結合所孕育出來的融合了社會主義精神的新自由主義：

154　Hu Shih, "The Chinese Renaissance,"《胡適全集》，37.52-53。

155　Hu Shih, "The Chinese Renaissance,"《胡適全集》，37.139-140。

156　Hu Shih to Clifford Williams, January 4, 1924，《胡適全集》，40.225。

　　在批判與譴責〔西方文明〕聲浪的背後，我們可以開始察覺到〔中國人〕對這個新文明的根本價值，有了一個更加深刻的心領神會的共識。蘇聯的領袖不就是科技進步最積極的捍衛者（champions）嗎？他們不也是正在運用最好的科學與技術，在從事一個偉大的國家工業化的建設嗎——雖然其工業化所裨益的是另外一個、更加具有包容性的階級？我們難道不能接受、甚至為之辯護說：這些社會主義以及共產主義運動並不是有別於西方文明、與其相衝突，而毋寧是其成分，是其民主理想實現的邏輯的結果，是用以彌補其早期個人主義民主理念之不足。[157]

　　這段話也已經是胡適的老生常談。他在此處對蘇聯從事工業化的偉大實驗的禮讚，是我一再強調他從來沒有患過「左傾急驚風」的另外一個例證。至於社會主義或共產主義是民主理想實現的邏輯結果的說法，他在1926年所寫的〈我們對於西洋近代文明的態度〉裡，就已經說過了類似的話了。他說近代西洋文明自有他的新宗教：「這新宗教的第二特色是他的人化。智識的發達不但抬高了人的能力，並且擴大了他的眼界，使他胸襟擴大、想像力高遠、同情心濃摯。同時，物質享受的增加，使人有餘力可以顧到別人的需要與痛苦。擴大了的同情心加上擴大了的能力，遂產生了一個空前的社會化的新道德。」[158]

　　1933年「哈斯可講座」的《中國的文藝復興》，注定是胡適一輩子在西洋人面前自詡自己比西洋人更瞭解西方近代文明的真諦的絕響。他終究會後悔他曾經對社會主義、共產主義、蘇聯的禮讚，但這是後話。

　　如果胡適在1933年以後有自知之明，不再以西方近代文明的傳教士自居，他在《中國的文藝復興》裡楬櫫的中國現代化比日本現代化徹底的理論，則是他一直到第二次世界大戰結束為止所秉持的觀點。

157　Hu Shih, "The Chinese Renaissance," 《胡適全集》，37.74-75。

158　胡適，〈我們對於西洋近代文明的態度〉，《胡適全集》，3.7。

「杜威教我怎樣思想」——日本篇

我在《日正當中》裡說：胡適一生當中太多主要的論點都是杜威的。如果要各個都加以註釋的話，不但麻煩，而且說穿了，都是稗販來的，未免難堪。於是，「杜威先生教我怎樣思想」這句話就等於是胡適為自己的思想來源作了一個天馬行空式的總註（a global footnote）。胡適在1933年「哈斯可講座」的《中國的文藝復興》裡的日本觀，其靈感來源，說穿了，就是杜威的。

杜威夫婦在1919年2月9日抵達日本。從2月25日到3月21日，杜威在日本東京帝國大學作了八個演講。這個系列的演講，就是杜威在1920年出版的《哲學的改造》（*Reconstruction in Philosophy*）。杜威夫婦到日本以前，就已經作了到中國遊覽的計畫。然而，等杜威在東京大學的演講系列即將結束的時候，這個遊覽的計畫卻產生了一個戲劇性的改變。當時路經日本到歐洲去的陶孟和與郭秉文去拜見了杜威，邀請他到中國講學一年。杜威夫婦並沒有馬上作決定。當他們夫婦從日本啟程的時候，他們的計畫還只是在中國旅遊並演講六個星期。杜威夫婦在4月30日中午抵達上海。當時的他們，完全沒有想像到他們所目擊的洶湧奔騰的「五四運動」，會終究吸引他們留在中國兩年，一直要到1921年8月2日才離開中國，從青島搭乘郵輪經由日本的神戶、橫濱，然後橫渡太平洋回美國。

杜威在中國的兩年之間撰寫了十幾篇文章，發表在《新共和》（*The New Republic*）雜誌、《日晷》（*The Dial*），以及《亞洲》（*Asia*）雜誌上。這些雜誌北京大學圖書館都訂購了。其中，《新共和》是胡適在留美時期就固定閱讀，回國以後也自己長期訂閱的雜誌。由於杜威夫婦在日本只待了兩個半月，在中國卻住了兩年三個月，這十幾篇文章絕大多數是分析中國的問題。然而，由於中日的比鄰，又加上當時日本對中國侵略日亟，中日關係緊張，杜威的分析常常是中日交互對比的。

由於當時杜威人就在中國，寫的文章所分析的又是中國和日本，其中，有些論點還根本就是胡適的。因此，即使胡適沒有在自己所訂閱的雜誌上讀到這些文章，杜威也很可能會跟他分享。所以，杜威的這十幾篇文章，胡適沒有讀過的可能性非常小。當然，就像我在《璞玉成璧》裡所強調的，人可以言者諄

諄，聽者藐藐。在一個人還沒有開竅以前，他是大可以聽而不聞、視而不見的。胡適顯然在杜威住在中國的兩年間沒讀懂杜威的日本觀。他在1927年路經日本返國的時候，對日本的現代化大為驚豔。顯然當時的他仍然還沒領會到杜威的日本觀。杜威的這十幾篇文章在1929年由其弟子約瑟夫·瑞特納（Joseph Ratner）收集，以《臧否人事：社會政治哲學時論》（*Characters and Events: Popular Essays in Social and Political Philosophy*）出版。胡適開竅，可能在其時或其後重讀杜威舊文，茅塞頓開也！

杜威到了中國以後的第一篇文章〈東海的兩岸〉（On the Two Sides of the Eastern Sea），發表在1919年7月16日號的《新共和》雜誌上。這篇文章形容比鄰東海兩岸的中國和日本之間的異同，猶如晝夜分判一般：

從日本到中國只消三天輕鬆的航程。然而，世界上可能再也找不到任何在這麼短的航程裡，會把我們帶到兩個在政治心態和信念（political temper and belief）上截然不同的世界。其變化要大於從舊金山直接到達上海所帶給人的感覺。中日之間的異同不在習俗和生活模式，這是毋庸贅言的；而毋寧是在於觀念、信念，以及下述這件事實的看法，亦即，日本的國際地位，特別是其對中國的態度。[159]

杜威說：「日本和中國在地理上如此相比鄰，然而，有關它們的一切卻如晝夜一般完全顛倒，這可以說是畢生難得一見的經驗了。」[160]「五四運動」的爆發，肇因於中國在巴黎和會上的慘敗。日本以五強——美、英、法、日、義——之一的身分參加和會，不但承接了德國在南太平洋的島嶼，而且成功地取得德國在山東膠州的權益。杜威說巴黎和會以後的中國，已經猶如日本的囊中之物。然而，日本在西方世界的宣傳，成功地把自己刻畫成一個人口過剩、不

---

159 John Dewey, "On the Two Sides of the Eastern Sea," originally published in *The New Republic*, July 16, 1919, Joseph Ratner ed., *Characters and Events: Popular Essays in Social and Political Philosophy*（New York: Henry Holt and Company, 1929）, Vol. 1, p. 170; MW.11.174.

160 John Dewey, "On the Two Sides of the Eastern Sea," p. 174; MW.11.178.

得已必須向亞洲大陸發展、成功現代化、卻因種族歧視而未能得到平等的對待的國家。西方國家覺得日本敏感、自尊心過強，而中國人瞭解日本可以隨時併吞中國。日本人寡言、內斂；中國人沒有秘密，家醜盡可外揚。

　　杜威說中日之間的異同，可以從歷史，特別是其現代化進程的不同當中，去尋找答案。他發表在1919年11月號的《亞洲》雜誌上的〈中國人心態的蛻變〉（Transforming the Mind of China）一文裡說：

> 　　中國在兩千年前就已經脫離了封建制度，但一直沒有成為一個我們所理解的意義下的民族國家。日本成為一個民族國家，則是與其向西方開放同時進行的。因此，其內部的情況以及來自於其他國家的外力壓迫，促使它能夠從外部來看，是以一個極權國家（absolute state）的形態（外加點憲政的點綴）來發展的，類似於近代歐洲從封建演化成民族國家的形態。建造一個強有力的中央集權的國家，挾有其統一的行政與虎視眈眈（militaristic）的軍隊，日本能一蹴而幾，中國則屢試而不中。
>
> 　　更根本的是民族心態（national psychology）的不同。一千多年以前，日本經由韓國學習中國的文明，但保留了日本的本質。在過去的六十年間，日本接受了西方的文明。然而，**學者，特別是典型的日本學者，說日本人在心靈上並沒有西化。雖然日本全盤地借用了西方的科學、技術、行政、軍事、與外交的方法，其借用的目的在於刻意地鞏固其傳統政策抗拒的能力。日本甘拜下風地承認西法的優越，但這些優越的方法是用來維護其在本質上優於西方的東方理想。**[161]

　　「中國在兩千年前就已經脫離了封建制度。」這個觀點毫無疑問地，是胡適一向秉持的觀點，是杜威從胡適那兒聽來的。然而，我用黑體字所勾勒出來的杜威的話，就直指了胡適在《中國的文藝復興》裡下述這兩句話的靈感來

---

[161] John Dewey, "Transforming the Mind of China," originally published in *Asia*, November, 1919, in Joseph Ratner ed., *Characters and Events: Popular Essays in Social and Political Philosophy*, Vol. 1, pp. 286-287; MW11.206.

源：「他們刻意保護日本傳統裡的許多成分，不讓它們被西方的新文明所滲透。」以及「中世紀式的傳統文化被刻意地用黷武的現代性的外殼保護起來。」

胡適1933年的新日本觀的來源是杜威的，何止是「中世紀式的傳統文化被刻意地用黷武的現代性的外殼保護起來。」的這個說法。連他所謂的日本看似現代化，其實傳統；中國看似落後，其實比日本現代化的說法，甚至連他所謂的日本的現代化是「中央集權式的控制」的形態，以及中國的現代化則屬於「播散式的滲透」或者「播散式的融合」的形態的說法，也都是來自於杜威的。試看以下兩段用黑體字勾勒出來的杜威的話。杜威在〈中國人心態的蛻變〉一文裡說：如果日本的現代化是以「傳統的目標和倫理道德為體，外國的技術與特殊知識為用」，中國則不然：

> 它的問題是蛻變，是從內部汰舊換新。受過教育的中國人都說：如果想要看古代中國的遺跡，就要到日本去。日本人也如是說，只是其意味是與中國人大相逕庭的。**到過日本的人，都會感受到日本——而不是中國——的政府機關與學校到處充斥著腐朽——特別反動和專制的——的儒家的格言。今天的中國雖然落後、紊亂、積弱，但比日本更滲透著西方現代的思潮。**[162]

又：

> 中國在採借西方民政、公共衛生、賦稅、教育、工業製造等等的技術方面，誠然是慢條斯理，但這跟它想要透過跟西方文明的接觸以達成徹底地轉換其制度的想法是合轍的。在這點上，它所想作的是挪用而非借用。它的目的在於深入西方進步的背後所含蘊的原則、觀念、與智慧，以便於用它自己煥然一新的心靈去走自己的救贖之道。這是一個艱巨的任務。時間是其成功的要素。正因為其任務在於內部的轉換，而不是外表的調適，這

---

162 John Dewey, "Transforming the Mind of China," p. 287; MW11.207.

是需要很長的一段時間的。[163]

杜威分析日本當代政體現代與封建並存的特質,其用字遣詞,也都是胡適靈感的來源。例如,杜威的〈日本的自由主義〉(Liberalism in Japan)是一篇長文,1919年年底,分三次在《日晷》裡刊出。杜威──特別是黑體字的部分──說:

> 日本在當代的領袖的領導之下,在從事一個不可能的實驗。它體認到日本依賴西方的物質、技術、與科學的發展,因此歡迎跟這些方面相關的西方觀念和方法。然而,它同時也試圖保存其固有的倫理政治傳統;它認為自己在這方面優於西方。這是一個〔像德國一樣〕,自以為是天降大任於其身的國家。**它在全盤地借用〔西方〕世界的科學工業技術的同時,以驚人的堅忍的毅力保留了其武士階級所具有的封建、甚至野蠻的倫理與政治精神。**[164]

日本明治領袖對「和魂洋才」〔即:日文「日體西用」的意思〕經營的用心,杜威也有一段分析:

> 日本在恢復皇權的一統以及對外開放的時候,須要某種內在、精神的內聚力。在這點上,日本比德國更上一層樓。它可以復興其歷史上的神權傳統,為中央集權所用……日本有一個傳言,其可信度雖不高,但有其象徵的意義。據說伊藤博文及其憲法制定團從俾斯麥的德國啟程回國路過倫敦的時候,伊藤去拜訪了斯賓塞(Herbert Spencer)。斯賓塞給日本的建議(這點可信)對伊藤影響極大。他建議日本用軍事的力量跟外國保持距離。

---

163 John Dewey, "Transforming the Mind of China," pp. 289-290; MW11.209.

164 John Dewey, "Liberalism in Japan I," originally published in *The Dial*, October 4, 1919, Joseph Ratner ed., *Characters and Events: Popular Essays in Social and Political Philosophy*, Vol. 1, p. 154: MW11.160-161.

　　這個傳言接著說，伊藤告訴斯賓塞說，他回國的行囊裡，滿載有憲法、教育體制、經濟發展等等計畫，唯獨就是沒有宗教的計畫。他希望斯賓塞能為日本提供這方面的計畫。據說，斯賓塞回答說：日本自古以來就崇拜祖先，而且天皇一直就是宗教而非政治的領袖，日本建立國教不須外求。

　　日本特意設計用神道來作為軍事獨裁的政治支架，這個傳言的真實性當然可以被質疑。然而，沒有人會懷疑日本的元老在1880年代維新建國的時候，是刻意地用圍繞著天皇的所有神話來妝點其天皇體制。[165]

　　杜威在1921年離開中國，路經日本回美國的時候，已經是睽違日本兩年了。他在該年11月11日號的《新共和》雜誌上，發表了〈日本的輿論〉（Public Opinion in Japan）。對比在軍閥混戰之下無政府狀態的中國，與中央集權之下政府控制一切的日本，杜威勾勒出一幅——胡適一定會擊節讚嘆——中國遠比日本自由、活潑的對比圖：

　　在思想上，中國有一個優勢，亦即，一個積弱、腐敗的政府。所有壞事，不管是發自國內還是國外，全都會被抖出來。受教育階級對政府以及社會採取的是批判的態度。中國文化現況有一個最有意味的事實：不只是反動階級，連保守階級都沒有一個思想上的代言人。每一個思想家、每一個作家、每一個鏗鏘有力的影響都是開明派的（liberal）。由於政府的每一個部門，除了外交部以外，都是反動派與軍閥所控制的，這個事實就更有其意味了。像這樣子在政治上有控制力，在思想道德上卻委靡無力、幾乎跟不存在一樣的情況，我不知道世界上是否還找得到第二個例子。即使是傳統中國的儒家思想，第一流的楷模一個也沒有。儒家的影響當然還是很強。然而，這只是習慣使然，而不是由於思想上的影響力。

　　「文學革命」——一個用白話文來取代文言文的運動——的領袖〔注：

165　John Dewey, "Liberalism in Japan III," originally published in *The Dial*, November 1, 1919, Joseph Ratner ed., *Characters and Events: Popular Essays in Social and Political Philosophy*, Vol. 1, p. 165; MW11.170.

胡適〕告訴我說，他們原先預期至少在十年之內，他們會是眾矢之的。沒
想到這個運動卻像野火一樣風起雲湧，所有年輕一代的知識階級都投入了
他們的陣營……在這個世界上，我們大概再也找不到第二個國家，會像中
國的學生一樣，有志一同、飢渴地追求現代的新思潮──特別是社會政治
思潮。同樣的，我們在這個世界上，大概再也找不到第二個國家，會像中
國一樣，支持現有秩序、現狀的聲音會那麼沒有分量──等於連出聲也沒
有。

　　對比中國的情況，我們就可以很清楚地看出開明、自由的輿論在日本的
阻力有多大。在日本，政府強有力、中央集權、組織嚴密。輿論是調教出
來的（drilled）、溫馴的（disciplined）。因此，批判思想是怯弱、步步為
營的（on the defensive）。這使得識時務者為現狀與國策辯護。愛國不但
是一個宗教，而且宗教根本就是愛國與民族主義的。愛國與制度化的宗
教，兩者對批判的思維與自由討論，都是極端嫉視的。兩者合一，如虎添
翼，已經到了使人完全無法想像其壓制與鉗制的地步。[166]

　　有意味的是，杜威遠比胡適瞭解日本。杜威很清楚明治維新的成功，是一
個傳統再造的故事。其關鍵在於創造性地「古為今用」，亦即，成功地「再造
傳統」（reinvention of the tradition）。杜威在上文所提到的斯賓塞與伊藤博文對
話的傳言，說日本以神道為國教、以天皇作為其政體的權威基礎，就是一個典
型的例子。明治維新既然是傳統的再造，顧名思義，其所意味的，是明治維新
締造了一個迥異於傳統的日本。杜威說得好：

　　日本的統一是最近不久以前才完成的歷史事實。外國人已經太習慣聽說
　　遠東人的生活是和諧、和睦的，因此他們很容易就忽略了氏族觀念
　　（family principle）在社會上有分裂的作用的。分立（isolations）、敵對

---

166 John Dewey, "Japan Revisited: Two Years Later," originally published as "Public Opinion in
Japan" in *The New Republic*, November 11, 1921, in Joseph Ratner ed., *Characters and Events:
Popular Essays in Social and Political Philosophy*, Vol. 1, pp. 178-179; MW13.256-257.

（animosities）的現象，在不久前還存在的封建社會裡，是非常嚴重的。日本之所以能夠合在一起，完全是賴於德川幕府的武力，及其離間其他氏族所用的分而治之的技巧。[167]

反觀一輩子以歷史家、思想史家自詡的胡適。他對日本歷史的瞭解是非歷史的（ahistorical），用胡適自己的話來說，就是缺乏歷史的眼光。胡適會對日本有非歷史的理解，其最主要的原因當然是因為他對日本沒有研究。由於他不懂日本，他對日本武士階級，是把他們籠統地稱為：「日本的武士階層，有300個『大名』以及260,000個武士家庭。」日本在德川家康統一日本以前，經歷的一個世紀的「下剋上」的「戰國時代」。其間，傳統的權威、價值完全被推倒。家臣弒殺領主，旁系篡奪直系。德川家康統一日本，是建立在織田信長、豐臣秀吉先前所完成的統一大業的基礎之上。德川家康要在1600年的「關原之戰」打敗了西部的大名的聯盟以後，方才取得了霸主的地位。1603年德川家康獲得「征夷大將軍」的名位以後，其所組織的幕府完全是以「分而治之」的政治技巧統治全國。德川時期的「大名」分為三個範疇：「親藩大名」屬於德川家族；「譜代大名」是在「關原之戰」以前就已經臣服德川的家臣，最受信賴，是德川幕府的耳目；「外樣大名」則是在「關原之戰」以後被迫臣服的，完全不受信賴。

胡適一向對階級分析就欠缺興趣。這跟他反馬克思主義自然有關係。然而更深層的原因，就是他有社會有機論的盲點。我在《日正當中》裡分析胡適的社會有機論。我指出胡適的社會有機論，把社會的各個分子看成跟人身的各個器官一樣，是必須靠「整體」的配合才能運行的。他是傾向於視社會為整體的。可是，這個社會有機體的盲點，有其極其保守的一面，亦即，社會上的不公，可以解釋成為社會分工的自然結果。同時，因為胡適有這個社會有機體的盲點，他傾向於忽視社會是一個不同利益團體與階級的角力場的事實。他無法

---

167 John Dewey, "Liberalism in Japan III," originally published in *The Dial*, November 1, 1919, Joseph Ratner ed., *Characters and Events: Popular Essays in Social and Political Philosophy*, Vol. 1, pp. 164-165; MW11.169.

真正體認到社會上有不同的利益團體和階級存在。不但如此，他也不能真正體認到這不同的利益團體與階級之間的關係不是對等的。因此，他才會以「日本的武士階層，有300個『大名』以及260,000個武士家庭」這句話，籠統地概括了日本的武士階級，彷彿那是一個在利益上不相衝突的共同體。

杜威不但瞭解明治維新是一個創造性地運用傳統來締造現代國家的工程，而且他認識到當時日本的體制，是一個軍閥、財閥的共生體：

> 日本有其「六大」財閥，在銀行、航運、礦業、製造、大陸殖民等等無所不包。在這「六大」裡，三菱以及三井是最富有、最強大的。其他財閥則依附其下。這些財閥以聯姻以及各種轉彎抹角的方法與政府結合在一起。事實上，財閥，加上陸、海軍閥，就等於日本的政府。[168]

又：

> 日本的政商之間沒有一個明確的界限。日本比德國更懂得如何以政府資助的方式與資本企業結合。財閥經營礦業、航運、銀行、製造與大陸殖民事業；政府——或者在政府裡擁有影響力的財閥——又跟財閥聯盟。因此，到目前為止，日本的工業化並沒有在輿論上造成影響。日本社會仍然還沒有形成〔西方社會上那種〕商業與財政的意識。[169]

財閥與軍閥結合的日本政府，這也是胡適所不措意的所在。這就在在地反映了我在《日正當中》裡所分析的，胡適社會政治哲學裡一個很重要的盲點，亦即，他完全看不出、也不在乎權與錢之間沆瀣一氣的關係。就以資本家與勞

---

168 John Dewey, "Liberalism in Japan I," originally published in *The Dial*, October 4, 1919, Joseph Ratner ed., *Characters and Events: Popular Essays in Social and Political Philosophy*, Vol. 1, pp. 156-157; MW.11.162-163.

169 John Dewey, "Japan Revisited: Two Years Later," originally published as "Public Opinion in Japan" in *The New Republic*, November 11, 1921, in Joseph Ratner ed., *Characters and Events: Popular Essays in Social and Political Philosophy*, Vol. 1, pp. 178-179; MW13.260.

動者之間的關係為例，胡適認為它們是「應該互助而且可以互助」的。對於對反對階級鬥爭的胡適而言，勞工並不特別神聖，資本家也沒有被「屈服」的必要。事實上，從胡適「最大多數的最大幸福」的政治社會哲學的角度看來，西方——特別是英美——勞工的「幸福」，根本就是資本家的「愛心」所賜給他們的。如果不幸資本家沒有先見之明，不懂得與勞動者互助，其結果就是蘇維埃式的勞農無產階級專制。胡適理想中的方法，就是他所謂的社會立法。由政府制定法律來保護、改善勞工的權益。以至於把中產階級所已經享受了的「自由」、「幸福」等等福利逐漸「擴充」給整個社會的其他分子。由於胡適在政治社會哲學上患了色盲，他看不出為什麼權與錢結合是一個問題。在他的眼中，政府是中立的，不是由特定階級所操控的，所以它可以超然地「為」勞動者謀福利。

無論如何，如果胡適在1933年「哈斯可講座」的《中國的文藝復興》裡的日本觀，其靈感來源確實是杜威的，胡適從來沒有承認過。就像我在下一節裡會分析的，胡適會一再繼續——特別是在他出任駐美大使期間——在演講以及文章裡，演練他的中日比較現代化的理論。他藝高膽大，挾同一篇稿子走遍天下，甚至一字不改。反正他位尊名高、一言九鼎。在《胡適全集》把胡適主要的英文論文搜集在一處以前，在大家能上網路搜索的史前史的時代，有誰能知道他其實是一稿多投、一講多演的大師呢！

只是，藝高膽大的人也有出紕漏的時候。更尷尬的是，抓到他的紕漏的，就是杜威。1941年9月24日，胡適應邀在芝加哥大學創校五十週年的慶典上作了一篇演講。胡適演講的題目是：〈東西觀念的交流：一個文化傳播的個案研究〉（The Exchange of Ideas between the Occident and the Orient: A Case Study in Cultural Diffusion）。關於這篇演講的內容，我在下一節會進一步分析。此處的重點在於杜威在報紙上看到了記載以後給胡適的一封信。

胡適這篇演講，1941年9月25日的《紐約時報》作了詳細的報導。其中，有一段，是典型的杜威在1919年到1921年間的日本觀：

> 這個不變的日本（unchanging Japan），是刻意地用鞏固其中古式的文明的核心，使其不為西化所危及的結果……日本的領袖認為……他們可以打

造一個西式的戰爭機器，以它作為一個銅牆鐵壁，來保護他們認為永遠不應該改變的所有德川時期的傳統價值。[170]

杜威在10月19日寫了一封信給胡適，謝謝胡適寄給他的生日禮物，他的生日是10月20日：

> 慷慨、體貼如你，總是用那麼可愛的方式來記得我的生日。我一直關注著報章上記載的你的行止，以及你在社會上所造成的影響的鱗爪。你在芝加哥的演講，《紐約時報》作了相當詳細地報導，我特別對之佩服。我想（也希望）你會把它發表吧！[171]

短短幾個字，杜威含蓄地告訴了胡適，那些他所佩服的觀點究竟是誰說的，你知，我知。這封信是手寫的，有晚年杜威潦草的筆觸。因為沒有底稿，南伊利諾大學的「杜威研究中心」沒有。原稿在北京的「胡適檔案」裡。胡適顯然沒回信。如果他回了，今已不存。

中日比較現代化

　　1933年「哈斯可講座」的《中國的文藝復興》，是胡適第一次正式以日本現代其表、封建其實為主旨，闡揚中國比日本現代化更為徹底的理論。這是他一直到第二次世界大戰結束為止所秉持的觀點。在1933年以後，胡適會參考吸收別人的觀點，繼續演練他這個中日比較現代化的理論。雖然其理論在當時即不為學者所重，後來亦不為研究日本的學者所睬，但總是自成一家之言。

　　別有意味的是，胡適的這個中國比日本現代化更加徹底的論點，泰半是在英文的論述裡表述的。甚至在他從中文轉譯成英文的論文裡，這個論點常常只在英文裡出現，而不見於中文的原文。其中，最典型的例子是 "An Optimist in

---

170　"Says Japan Bars a Peace Culture," *The New York Times*, September 25, 1941, p. 26.

171　John Dewey to Hu Shih, October 19, 1941，「胡適外文檔案」，E177-1。

the Sea of Pessimism"，亦即，英文版的〈悲觀聲浪裡的樂觀〉。

中文版的〈悲觀聲浪裡的樂觀〉發表在1934年10月14日的天津《大公報》以及10月21日的《獨立評論》。以時間來算，這已經是他在芝加哥大學作了《中國的文藝復興》演講以後15個月的事情了。然而，中文版的〈悲觀聲浪裡的樂觀〉，卻少了英文版的〈悲觀聲浪裡的樂觀〉裡的兩大段。他在中文版的〈悲觀聲浪裡的樂觀〉裡說：

> 悲觀的人的病根在於缺乏歷史的眼光。因為缺乏歷史的眼光，所以第一不明白我們的問題是多麼艱難；第二不瞭解我們應付艱難的憑藉是多麼薄弱；第三不懂得我們開始工作的時間是多麼遲晚；第四不想想二十三年（即辛亥革命）以來是多麼短的一個時期；第五不認得我們在這樣短的時期裡居然也做到了一點很可觀的成績。

他說有了歷史的眼光以後，就可以明瞭中國在那二十年來有多大的進步了：

> 這樣的歷史比較，是打破悲觀鼓舞信心最有效的方法。即如那二十年中好像最不爭氣的交通事業，如果用歷史眼光去評量，這裡那裡也未嘗沒有一點進步。我們從徽州山裡出來的人，從徽州到杭州從前要走六、七天，現在只消六點鐘了，這就是二十四倍的進步。前十年，一個甘肅朋友來到北京，走了一百零四天；上星期有人從甘肅來，只消走十四天了；今年年底，隴海路通到了西安，時間更可以縮短了。

然後，他就接著強調說：「但這二十三年中最偉大而又最容易被人忽略的進步，要算各方面的社會改革。」舉凡：女子的解放，亦即小腳的解放；男女同校；女子在經濟、法律地位上的提高，以及女子離婚、或再嫁後在社會上地位的改善，等等。

英文版的〈悲觀聲浪裡的樂觀〉在「今年年底，隴海路通到了西安，時間更可以縮短了。」以及「但這二十三年中最偉大而又最容易被人忽略的進步，

要算各方面的社會改革。」之間，新增了三段。這篇英文版的〈悲觀聲浪裡的樂觀〉，是在國民黨左派的英文機關報 *People's Tribune*（《國民新報》）1935年1月號，8卷1期上發表的。新增的三段是：

　　動輒好批評中國的人，時常把中國拿來和日本相比，說：為什麼日本能在幾十年之間完成復興再造國家的大業，而中國卻不能呢？答案是：日本的統治階級──武士──原先反對現代化。後來卻改變主意，成為領導日本走向改革的領袖。中國的統治階級是一個異族、一個貴族，徹底無知、無能，無法領導中國走向改革與進步。中國必須把它的元氣消耗在摧毀這個領導階級。中國欠缺領袖，讓中國受害極大。中國沒有一個能夠讓大家心嚮往之的統治、領導階級；沒有資本階級；沒有真正的智識階級；甚至沒有一個能夠讓人從其間徵召領袖的中產階級。

　　就舉幾個中國在開始進步以前所必須要先掃除的壞的成分：宦官、腐敗的文言貴族、帝制、酷刑、小腳、八股的科舉制度。革除上述這些以及其他成分是非常重要的，因為它們象徵了老百姓在觀念與心態上作了根本的改變。就以革除小腳為例，現代化成就了兩千五百年儒家的人文主義、兩千年佛教的悲憫之心所完全作不到的事。這半個世紀以來的中國文明，只不過是這個曾經燦爛過的文明腐敗的殘餘──顢頇、貧瘠。這個文明在停滯以後，只會斲喪其元氣。在頹廢腐敗傳統的桎梏之下，它變得殘酷、昏睡、僵化。因此，徹底摧毀這些壞成分就變成必須。這就好比手術一樣。我們一定要先把已死、病變的組織切除，方才可能從事建設的工作。

　　因此，辛亥革命不只是推翻了一個腐敗的朝廷，它而且為新的國家締造了基礎。滿清政府腐敗、無力改革。隨著它被推翻，那個頑強的反動重心也就被掃地出門了。革掉了滿清政府，所有好的開始就隨之而來了。因此，近代中國是從1911年才開始的。如果我們要評價中國究竟有沒有進步？進步有多大？我們必須拿1911年來跟現在相比。要改革一個四億人口的國家，二十三年的時光畢竟只是一瞬間而已。在這個短短的時間裡，進步當然不可能讓人刮目相看。能夠有些進步，已經就夠令人珍惜的了。將來的歷史家一定會說：中國整個歷史上最大進步的時期，就在這二十幾

年之間。[172]

　　胡適在英文版的〈悲觀聲浪裡的樂觀〉新加的這三段話，有兩個值得指出的重點。第一是關於辛亥革命。我在《日正當中》裡指出：隨著胡適愈發保守、愈向國民黨靠攏，他對辛亥革命的評價愈加正面。我在《日正當中》的「幕間小結」裡，提到胡適1926年10月9日晚上對「大不列顛中國學生總聯盟」（Central Union of Chinese Students in Great Britain）年宴的演講。他在那篇英文演說裡完全否定了辛亥革命的歷史價值：

　　毫無疑問地，辛亥革命在所有建設性的層面都是失敗的。我們推翻了滿清，可是我們未能建立一個真正的民國；我們清除掉了那陳腐的寄生的權貴，可是我們未能培養出現代的領袖來取代他們；我們打倒了舊的政治秩序，可是我們未能建立一個新的政治秩序；而且我們也未能控制住辛亥革命所釋放出來的惡勢力（evil forces）。總之，辛亥革命已經過了十五年了，我們未能把中國建立成一個符合它的潛力的現代國家。

辛亥革命失敗為什麼是失敗的呢？

　　因為它根本就不是一個真正的革命。一個朝代滅亡了，表面上政體改變了，僅此而已。人們的觀念和想法沒有任何根本的改變，而那才是必須革命的所在……沒有這種根本的改革，辛亥革命就將永遠是失敗的。而且，永遠就不會有真正的新中國出現。[173]

　　我在第四部的篇章裡還會分析到胡適在出任駐美大使以後對辛亥革命的正面評價。與此處的分析相關的第二點，是胡適為中國現代化為什麼遲緩的辯護。在英文版的〈悲觀聲浪裡的樂觀〉，胡適為中國辯護的重點，在於說明中

172　Hu Shih, "An Optimist in the Sea of Pessimism,"《胡適全集》，37.246-248。

173　江勇振，《舍我其誰：胡適，第二部：日正當中，1917-1927》，頁943-945。

國所背負的僵化、腐敗的傳統太過沉重了。因此，在辛亥革命以摧枯拉朽的方式從事破壞的工作以前，建設是不可能的。

　　胡適更重要的觀點，是在指出這個建設工作最艱巨的所在。根據胡適的說法，在日本，這個政治重心是其封建時代就已經存在、而今又現代化了的武士階級。相對比之下，中國不但在歷史上就已經欠缺一個重心，現在又必須在推翻了滿清僵化了的反動的重心以後，從無到有建立一個政治的重心。這又是胡適走向保守的一個重要的里程碑，但這是後話。

　　問題是：為什麼胡適總是在中文裡，強調日本有政治的重心是日本現代化成功的關鍵，可是在英文的論文裡，卻強調這個重心造成了日本的現代化是現代其表、封建其實呢？英文版的〈悲觀聲浪裡的樂觀〉，是胡適在《中國的文藝復興》的演講一年多以後寫的。胡適在《中國的文藝復興》說日本現代其表、封建其實；在英文版的〈悲觀聲浪裡的樂觀〉裡卻說日本有武士階級作為政治重心，是其現代化成功的關鍵。胡適真正的立場究竟為何呢？

　　事實上，不管胡適在1933年的《中國的文藝復興》演講裡的論點為何，他在之前、之後所寫的幾篇中文政論裡，都一致地稱讚日本所具有的政治重心是日本現代化成功的關鍵因素。舉個例來說，〈慘痛的回憶與反省〉，是胡適在1931年的「九一八事變」一週年前夕所寫的，儘管「九一八」對胡適來說，是一個恥辱與慘痛的經驗。然而，他仍然沉痛地直指日本之長，以對比中國之短：

　　試看日本的維新所以能在六十年中收絕大的功效，其中關鍵就在日本的社會組織始終沒有失掉他的重心：這個重心先在幕府，其後幕府崩潰，重心散在各強藩，幾乎成一個潰散的局面；然而幕府歸政於天皇之後（1867）〔注：誤，是1868〕，天皇成為全國的重心，一切政治的革新都有所寄託，有所依附。故幕府廢後，即改藩侯為藩知事。又廢藩置縣，藩侯皆入居京師，由中央委任知事統治其地（1871），在四、五年之中做到了鏟除封建割據的大功。二十年後，憲政成立，國會的政治起來替代藩閥朝臣的政治（1890）。憲政初期的糾紛也全靠有個天皇作重心，都不曾引起軌道外的衝突，從來不曾因政爭而引起內戰。自此以後，四十年中，日本

不但解決了他的民族自救問題，還一躍而為世界三、五個大強國之一。其中雖有幾個很偉大的政治家的功績不可磨滅，而其中最大原因是因為社會始終不曾失其重心，所以一切改革工作都不至於浪費。[174]

反觀中國：

　　我們中國這六、七十年的歷史所以一事無成，一切工作都成虛擲，都不能有永久性者。依我看來，都只因為我們把六、七十年的光陰拋擲在尋求建立一個社會重心而終不可得。帝制時代的重心應該在帝室，而那時的滿清皇族已到了一個很墮落的末路。經過太平天國的大亂，一切弱點都暴露出來，早已失去政治重心的資格了。所謂「中興」將相，如曾國藩、李鴻章諸人，在十九世紀的後期，儼然成為一個新的重心。可惜他們不敢進一步推倒滿清，建立一個漢族新國家；他們所依附的政治重心一天一天的崩潰，他們所建立的一點事業也就跟著那崩潰的重心一齊消滅了。戊戌的維新領袖也曾轟動一時，幾乎有造成新重心的形勢，但不久也就消散了。辛亥以後，民黨的領袖幾乎成為社會新重心了，但舊勢力不久捲土重來。而革命日子太淺，革命的領袖還不能得著全國的信仰，所以這個新重心不久也崩潰了。

　　在革命領袖之中，孫中山先生最後死。奮鬥的日子最久，資望也最深，所以民十三〔1924〕年以後，他改造的中國國民黨成為一個簇新的社會重心。民十五、六〔1926、27〕年之間，全國多數人心的傾向中國國民黨，真是六、七十年來所沒有的新氣象。不幸這個新重心因為缺乏活的領袖，缺乏遠大的政治眼光與計畫。能唱高調而不能做實事，能破壞而不能建設，能鉗制人民而不能收拾人心。這四五年來，又漸漸失去做社會重心的資格了。六、七十年的歷史演變，僅僅得這一個可以勉強作社會重心的大結合，而終於不能保持其已得的重心資格，這是我們從歷史上觀察的人所

174　胡適，〈慘痛的回憶與反省〉，《胡適全集》，4.493-494。

最惋惜的。175

他在1932年12月6日〈我們所應走的路〉裡仍然說：

大凡一個國家的興亡強弱，都不是偶然的。就是日本蕞爾三島，一躍而
為世界強國，再一躍而為世界五強之一，更進而為世界三大海軍國之一。
所以能夠如此，也有他的道理。我們不可認為偶然的。我們要抵抗日本，
也應該研究日本，知己知彼，百戰百勝。176

即使日本對中國侵略日亟，他對日本幾個美德的欽佩不變。他在1935年7
月24日給陳英斌仍然說：

最要緊的是不要存輕視日本文化之心理。日本人是我們最應該研究的。
他們有許多特別長處，為世界各民族所沒有的：第一是愛潔淨，遍於上下
各階級；第二是愛美，遍於上下各階級；第三是輕死，肯為一個女人死，
也肯為一個主義死；第四是肯低頭學人的好處，肯拚命模仿人家。177

同樣地，胡適對日本人肯低下頭、死心塌地向西方學習，然後從學習、模
仿中創造的態度欽佩如昔。他在1934年5月28日為《獨立評論》所寫的〈信
心與反省〉裡，仍然極力地批判那所謂的日本只知模仿的成見：

日本民族的長處全在他們肯一心一意的學別人的好處。他們學了中國的
無數好處，但始終不曾學我們的小腳，八股文，鴉片煙。這不夠「為中國
取鏡」嗎？他們學別國的文化，無論在那一方面，凡是學到家的，都能有
創造的貢獻。這是必然的道理。淺見的人都說日本的山水人物畫是模仿中

---

175 胡適，〈慘痛的回憶與反省〉，《胡適全集》，4.494-495。
176 胡適，〈我們所應走的路〉，《胡適全集》，21.554。
177 胡適致陳英斌，1935年7月24日，《胡適全集》，24.20。

國的；其實日本畫自有他的特點，在人物方面的成績遠勝過中國畫，在山水方面也沒有走上四王的笨路。在文學方面，他們也有很大的創造。近年已有人賞識日本的小詩了。我且舉一個大家不甚留意的例子。文學史家往往說日本的《源氏物語》等作品是模仿中國唐人的小說《遊仙窟》等書的。現今《遊仙窟》已從日本翻印回中國來了，《源氏物語》也有了英國人衛來先生（Arthur Waley）的五巨冊的譯本。我們若比較這兩部書，就不能不驚嘆日本人創造力的偉大。如果《源氏》真是從模仿《遊仙窟》出來的，那真是徒弟勝過師傅千萬倍了！壽生先生原文裡批評日本的工商業，也是中了成見的毒。日本今日工商業的長腳發展，雖然也受了生活程度比人低和貨幣低落的恩惠，但他的根基實在是全靠科學與工商業的進步。今日大阪與蘭肯歇的競爭，骨子裡還是新式工業與舊式工業的競爭。日本今日自造的紡織器是世界各國公認為最新最良的。今日英國紡織業也不能不購買日本的新機器了。這是從模仿到創造的最好的例子。[178]

他用恨鐵不成鋼的口氣，苦口婆心地鼓勵中國人以日本為榜樣，虛心地向西方學習：

　　歷史的反省，自然使我們明瞭今日的失敗都因為過去的不努力。同時也可以使我們格外明瞭「種瓜得瓜，種豆得豆」的因果鐵律。鏟除過去的罪孽，只是割斷已往種下的果。我們要收新果，必須努力造新因。祖宗生在過去的時代，他們沒有我們今日的新工具，也居然能給我們留下了不少的遺產。我們今日有了祖宗不曾夢見的種種新工具，當然應該有比祖宗高明千百倍的成績，才對得起這個新鮮的世界。日本一個小島國，那麼貧瘠的土地，那麼少的人民，只因為伊藤博文、大久保利通、西鄉隆盛等幾十個人的努力，只因為他們肯拚命的學人家，肯拚命的用這個世界的新工具，居然在半個世紀之內一躍而為世界三五大強國之一。這不夠鼓舞我們的信

178　胡適，〈信心與反省〉，《胡適全集》，4.501。

心嗎？[179]

　　對中日現代化孰優孰劣這個問題，為什麼胡適在中英文作品裡會有這麼截然相反的陳述呢？歷來比較胡適中、英文著作的人，都喜歡說胡適因為「為宗國諱」，所以在西方人面前總是「隱惡揚善」、稱道中國。所以在中國人面前談西方，在西方人面前談中國；在中國人面前，由於「愛之深、責之切」，所以總愛說中國的不是。其實，這都是過於簡單化的詮釋。我在本傳的第一、二部裡就已經一再指出，我們研究胡適的觀點，不管是用中文還是用英文寫的，都必須就事論事、就文論文。

　　胡適是一個講究演講術、寫作術的人，他知道演講、作文要成功，其先決條件就是要知道他的聽眾、或讀者是誰。在《中國的文藝復興》以及我們以下還要分析的英文演講和作品裡，胡適要激起美國人對日本軍國主義的畏懼心、反感、與抗拒；與此同時，他要導引美國人對中國的西化產生同理心、認同、與同情。因此，他特意要強調日本是現代其表、封建其實；相對地，中國的現代化看似迂迴遲緩，其實是深耕、深化。

　　胡適的中文政論是寫給中國人看的。1930年代以後日漸保守、日漸與蔣介石妥協甚至與之同道相謀的胡適，則以日本有政治重心，所以不但有舉國向心、凝聚的中心，而且其所從事的改革與建設能夠持續、積累，作為中國的他山之石。因此，他一反他在英文演講、作品裡，批判日本這個政治重心封建、專制、黷武的主旨，而在中文的政論裡，鼓吹中國要向日本學習，亡羊補牢地去創造一個政治重心。這個政治重心就是他望之深、期之切的蔣介石──欲知詳情，請看第四部第一章。

　　然而，儘管如此，胡適這種雙面的作法是違背了他作為一個學者的基本原則。他這種作法即使不算是曲筆，也是選擇性的使用證據。換句話說，在中文政論裡，他把日本穩固的政治重心作為他山之石，來期許蔣介石，並從而為他辯護。然而，同樣這個重心，在他1933年在芝加哥大學的演講以及他後來出任駐美大使期間無數次的英文演講裡，卻變成了日本封建、專制、黷武的淵

藪。胡適一生有許多不老實的所在，這是其中一個例證。

胡適用英文比較中日現代化的文章，在1937年就一口氣發表了三篇。第一篇叫〈中國能生存嗎？〉（Can China Survive?），根據胡適在「胡適檔案」裡所存的一篇底稿上所寫的註記，是1936年10月寫的，發表在1937年1月號的《論壇》（*The Forum*）；第二篇叫〈中國生存的機率〉（China's Chances of Survival），發表在1937年3月號的《國民新報》（*People's Tribune*）；第三篇叫〈我國的人民和日本人〉（My People and the Japanese），發表在352卷4448號的《當代》（*The Living Age*）。

乍看之下，一年三篇英文論文，是了不得的多產。捧讀之餘，原來三篇幾乎完全雷同。這也就是說，是一稿三投。〈中國能生存嗎？〉和〈中國生存的機率〉一字不改，只有文中幾段徵引的文字所用的格式稍有所別而已。兩篇都是從哈利・亞朋德（Hallett Abend）和安東尼・畢令漢（Anthony Billingham）所合寫的《中國能生存嗎？》（*Can China Survive?*）那本書談起。亞朋德和畢令漢對中國的前途悲觀。胡適則借題發揮，作出完全相反的結論。〈我國的人民和日本人〉則是把前兩篇討論亞朋德和畢令漢的引言刪除，其餘完全相同。

胡適雖然借亞朋德和畢令漢的書名，作出與其相反的結論。但反駁其論點並不是他的主旨。他更有興趣的，是指出他不同意林語堂的《吾國吾民》（*My Country and My People*）的一些論點。中國人有一個通病，就是見不得別人——而不是自己——被洋人青睞。怎麼某某人會被洋人捧為中國的代言人呢！胡適對林語堂如此，我在別處指出費孝通對林語堂亦是如此[180]。

胡適這一稿三投之文的主旨是什麼呢？他說林語堂在《吾國吾民》裡引了他說：「中國不亡是無天理」的話，但沒有提說這句話的脈絡，容易引起誤解。他說他那句常被誤引、誤解的話是十六年前，亦即1920年夏天，在中央公園後面一棵有六百年歷史的柏樹的樹蔭下對《晨報》的編輯孫伏園所說的：

> 那是一句對我國國民最誠摯的忠告，特別是對下述這些人說的：對歷史

180　Yung-chen Chiang, *Social Engineering and the Social Sciences in China, 1919-1949*（New York: Cambridge University Press, 2001）, p. 240.

懵懂而以為我們有「光輝燦爛」的歷史的人;對那些秋毫明察舊中國的
「青瓷、絹軸」,卻不見其污穢、赤貧、無知、殘酷之與薪的人。我們的
傳統不盡然是榮耀與豔麗。即使我們有光輝燦爛的傳統,那全然無助於我
們今日的生存。181

就像胡適在〈信心與反省〉裡所說的:

　　我說出那句話的目的,不是要人消極,是要人反省;不是要人灰心,是
要人起信心;發下大弘誓來懺悔,來替祖宗懺悔,替我們自己懺悔;要發
願造新因來替代舊日種下的惡因。182

回到英文的〈中國能生存嗎?〉。胡適在提到大家常常誤引、誤解他那句
「中國不亡是無天理」的話以後,強調中國已經在那二十幾年當中,把許多禁
錮人體(小腳)、人心(八股)的惡習革除了。他說:

　　最令人讚嘆的一點是:這些在中國所產生的根本的改變,都是由下而
上,而不是由上而下而生的。這一點,是亞朋德、畢令漢、和林語堂諸位
先生都沒看出的。這些人驚豔於日本現代化的成功,而無視於中國這些年
來在這方面的成就。他們不瞭解兩者之間根本的異同點,亦即,所有日本
的改革都是由那強有力的統治階層所帶動的,而中國的所有改革家都在政
治上沒有權力,有時還必須和當權者奮鬥方才得以造成改變。我在別處
〔胡適自注:參見《中國的文藝復興》〕已經指出:日本的現代化屬於
「中央集權式的控制」,中國的則屬於「播散式的滲透」。
　　日本那種「中央集權式的控制」的特色是:
　　當西方文明席捲至其岸邊的時候,日本正處於其軍事封建的巔峰〔注:
胡適不懂日本,此又一例也〕。當時統治日本的是一個由「大名」和武士

181　Hu Shih, "Can China Survive?"《胡適全集》,37.293。
182　胡適,〈信心與反省〉,《胡適全集》,4.503。

構成的軍事階層，大約有 260,000 個家庭。他們是日本在政治上最有勢力的階級。當那個階級終於體會到改變的必要的時候，它擁有執行改革的權力。而那個階級又正好在軍事的技藝和訓練上是一流的。當日本武士穿上現代軍裝、配備現代武器以後，他就搖身一變成為現代的軍人了〔注：胡適的天真，此又一例也。同時他也忘了明治維新以後，武士階級取消，取代的是徵兵制〕。這就是為什麼在所有與西方文明接觸的國家裡，日本是唯一易如反掌地掌握現代軍事技術、並充分利用它的國家。當這個軍事階層成功地解決了國防安全的問題以後，西方文明的效力，全國有目共睹，要進行其他現代化的工程，也就一路無阻了。

中國「播散式的滲透」式的現代化則大異其趣：

中國的情況完全不同。中國沒有一個統治階級。而那無知的〔滿清〕皇室既聽不見、也看不出新時代的要求。由於兩千年來，軍人與兵法為全國所鄙視，早期的軍事現代化就注定一定會失敗的。所有走向現代化的改變——從政治革命到文藝復興、從小腳到短髮的髮型——都是來自於民間的。每一件改革，都是從幾個人開始，透過緩慢的播散、自動的接受。等到接受的程度勢不可擋以後，而終至於成功。

胡適說，日本「中央集權式的控制」式的現代化並不值得推崇：

我們不要太輕易地被日本現代化耀眼的成就震懾住了。那種在中央集權控制下的改革具有快速、井然有序、可以從事大型企業的優點。但它也有極大的缺點。其主導權集中在一小撮強有力的階級。他們意識到其強有力的統治力量而不願意釋放其權力。國家的成敗繫於其身。其他的國人沒有與其抗衡的習慣。這個統治階級的階級利益與偏見，常使他們刻意地把某些日本傳統隔離起來，不讓它受到現代思想的影響以及和平的改變。今天，全世界都看到了那些頑強不變的中古日本思想暴衝，破壞東方的和平，不知道要帶給那個海島帝國什麼樣的命運。

中國的現代化走的是完全不一樣的道路：

在另一方面，現代中國所代表的「播散式的滲透的改變」必然迂緩、間歇、甚至浪費，因為在改變以前必定先要有摧枯拉朽的過程。而且，由於欠缺中央集權的領導與控制，幾乎是無法有力地去從事全國性的軍事與工業化的大型工程。然而，它也有其優點。由於這些改變是自動自發的，它們也就更加深入與永恆。人們一定是先要在看出新的確實比舊的好的情況之下，才願意去接受改變。因此，當改變最後被接受的時候，其合理性大家已經有目共睹，走回頭路已經成為不可能。同時，由於沒有一個強有力的階級在作中央集權的控制，中國的所有一切都可以與新思想、新制度產生接觸，受到其影響。沒有任何一件事物受到隔離，沒有任何一件事物是神聖不可批判的。在這種情況之下，中國的文化變遷要遠比日本徹底。

在胡適這種分析之下，中日現代化的比較，孰優孰劣，是高下立判的：

毫無疑問地，中國在社會、政治、思想上的變遷是遠比日本徹底和深遠的。今天日本的政治思想，在主流方面仍然是中古式的。最近幾件「危險思想」的審判，從中國知識界的角度來看根本是可笑的。不管辛亥革命在建設性的層面有多不成功，它造成了一個有助於在社會、政治、文化方面自由、獨立的思想氛圍。所有這些，在天皇、軍國主義制度下的日本是不可能的。在宗教的思想與實踐方面，日本仍然是中古式的。而它居然天真地想把它從前從中國學過去的中古宗教回過頭來傳給中國人，不想中國的打倒偶像主義（iconoclasm）以及理性主義已經老早就把那個中古宗教棄之如敝屣了。在社會方面，中國遠遠地超過日本，因為中國有民主的社會結構，沒有統治的軍事階層，婦女的地位也較高、較為解放。[183]

就在胡適中日比較現代化的理論成形的時候，雷德勒夫婦（Emil and Emy

---

[183]　以上這六段引文，見於 Hu Shih, "Can China Survive?"《胡適全集》，37.297-301。

Lederer）所寫的一本書卻從根本挑戰了胡適的理論。雷德勒夫婦這本書的名字叫：《蛻變中的日本》（*Japan in Transition*），是1938年耶魯大學出版社出版的。雷德勒夫婦在日本住過兩年，在東京大學任教。原文是用德文寫的，1929年出版。

雷德勒夫婦愛日本；他們欣賞、熱愛日本的文化和藝術。他們說：

> 大和魂裡有許多特質是無法抽離的。其文化的成分經過了無窮盡的精煉的過程。這個過程不是去演申，不是去創新，而是越發純美（purification）、越發樸實（simplification）。[184]

> 就以工藝為例。我們不需要是鑑賞家或專家，就可以發現即使是在家用的日常用品裡，也可以看到典型的日本的創造力。所有產品，包括那些最素樸的陶藝，都展現出卓越的精緻與內斂（discipline）；不論鉅細，都展現出他們對微之其微之細（delicate shades of meaning）的體會，以及對無形之形（evanescence in form）的捕捉。[185]

德川時期的鎖國政策，使日本的文化變得更加精純：

> 沒有任何新的事物進入日本，即使從中國都沒有，以至於整個自古以來的傳統經過了一個根本的蛻變。但那不是一個停滯的時代：它依循著自己的路線去發展；越發展現其極致；所有的社會階級都越發展現出其創造力；在融合、承襲其舊有傳統的同時，又創造出新的流行藝術形式，他們創造出了一個燦爛的文化整體。與之相比，連希臘的藝術都相形見絀地顯得無常（protean）與紊亂（confused）。[186]

184　Emil Lederer and Emy Lederer-Seidler, *Japan in Transition*（New Haven: Yale University Press, 1938), pp. 16-17.

185　Emil Lederer and Emy Lederer-Seidler, *Japan in Transition*, p. 62.

186　Emil Lederer and Emy Lederer-Seidler, *Japan in Transition*, p. 64.

「明治維新」的意義，胡適說只不過是日本人用西洋船堅炮利的技術作為軀殼，來護衛它中古式的、反動的封建的傳統。雷德勒夫婦則讚美「明治維新」是日本純美精神的再生：

> 懷舊式的自由的理想（nostalgic dreams of libertarian idealism）是寄託在萬世一系的天皇那更古、更高的權威之上——這是很典型的日本的發展方式。人民與天皇重新結合成一體〔注：指「明治維新」〕的結果，不只是把日本從一個過氣的政權〔注：指德川幕府〕的枷鎖中釋放出來，而且是意味著真正大和魂的再生。[187]

雷德勒夫婦認為日本優於中國。他們以年久失修、崩塌的「明陵」、「清陵」為例，說：「中國是一個廢墟的國家，一個由廢墟的城市所組成的國家。」相對的，日本沒有廢墟。天皇以及德川家族的陵墓，例如德川家康陵墓所在的「日光」，都虔敬、完好地保存著[188]。即使日本曾經向中國學習過，日本不但還是日本自己，而且是青出於藍：

> 日本迥異於中國，雖然在一些基本的特徵、甚至在某些表象方面，它們有相近之處。日本從中國擷取了一些基本的文化，包括儒家倫理、佛教、與漢字。其社會生活是建立在祖先崇拜和家庭族群之上——這是日本所固有的，或至少是與其固有的精神相符的。在日常生活的基本習俗上，例如居屋、服飾等等，日本也學習了中國，特別是從在地理上與日本具有許多相似之處的中國南方。
>
> 然而，所有這些從中國挪用過來的東西，都在日本脫胎換骨（sea change）了，雖然中國人不願意承認這點。他們總愛去指出一些相似之處，而忽略了那些日本人在新的社會、文化環境之下所作的創造性的精煉。許多中國人甚至說在日本，他們覺得身處於博物館一樣，因為日本徹

---

187 Emil Lederer and Emy Lederer-Seidler, *Japan in Transition*, p. 67.

188 Emil Lederer and Emy Lederer-Seidler, *Japan in Transition*, pp. 19-20.

底地保存了古代中國的制度。這種說法讓西洋人覺得匪夷所思，因為他們認為中國是一個比日本更古老的國家。其實，日本迥異於中國。其原因可能是由於日本人的天性，也可能是因為日本的自然環境所造成的——其土壤的特質、其自然地形的阻絕所造成的不相往來的地理區域，以及其孤絕的地理位置刺激了其獨立與自衛的精神。[189]

雷德勒夫婦所憂心的是，這個純美的日本文化將會被西方所帶來的工業化毀滅：

　　如果本書的分析正確，日本正面臨著一個幾乎無可克服的困境。如何在那必定會到來的社會、政治秩序之下保存其固有的文化，將會窮竭這個民族在擷取和吸收〔外來文化〕方面的才能。在目前的〔西、日文化〕交流之下，它很艱苦地作到了只接受〔西方〕技術上的指導，但又不讓它毀損大和魂的基礎。所有日本的友人都屏息以待，看它是否能像絕地重生一樣地完成這個史無前例可循的大業。[190]

日本如何在繼續西化、繼續工業化的前景之下，保存其大和魂？「所有日本的友人都屏息以待，看它是否能像絕地重生一樣地完成這個史無前例可循的大業。」事實上，雷德勒夫婦是相當悲觀的：

　　這個以天皇、家、特有的日本世界所代表的社會體制，也許無法抵擋市場經濟的個體化（atomized），以及便宜的工廠成品的競爭所造成的困難。如果這些特質被毀壞了，日本在物質上不會被毀滅，可是它將會建立在一個與其固有文化迥異的生活方式之上。那個日本，將不會是我們所知道的日本——曾經滄海難為水——就像今天的希臘已經不復為兩千五百年

189　Emil Lederer and Emy Lederer-Seidler, *Japan in Transition*, p. 138.

190　Emil Lederer and Emy Lederer-Seidler, *Japan in Transition*, p. xi.

前的希臘一樣。191

又：

日本的統治階級意識到這個外來的威脅。但對這個威脅，他們無計可施。他們所有的對策只有兩個：一個是其無根的〔普羅階級〕大眾不能理解的意識形態；另一個，則是他們用來對付列強的軍事武力。問題是，這些列強是一天比一天強大。也許日本的唯一出路，是把它自己蛻變成一個新的日本，一個國名雖存、而傳統之實已亡的日本。192

雷德勒夫婦這本書，對胡適的中日比較現代化的理論的挑戰是不言可喻的。胡適認為日本的「明治維新」是現代其表、封建其實。雷德勒夫婦對胡適的這個觀點不會有太大的異議。然而，他們對這個「現代其表、封建其實」的詮釋就完全相反了。對胡適而言，這意味著日本的現代化是一個假象，它遮掩的是一個野蠻、反動的中古式的封建傳統。對雷德勒夫婦而言，日本一直到德川時期為止所精煉出來的純美的傳統文化是舉世無雙的。他們憂心日本持續的現代化將意味著這個純美的文化的消逝。

胡適之所以會去讀雷德勒夫婦的書，很可能是因為他被邀寫這本書的書評。他在1938年5月18日的日記裡說：

冀朝鼎來談。他要我為 *Amerasia*〔《美亞雜誌》〕寫書評，評 E. R. Hughes〔休斯〕的 *Invasion of China by the West*〔《西方進侵中國》〕 and Emil Lederer & Emy Lederer-Seidler's *Japan in Transition*〔雷德勒夫婦的《蛻變中的日本》〕。他去後，我讀此書。Lederer〔雷德勒夫婦〕的書寫的很好，我一直讀到四點鐘，天快亮了，才睡。193

191　Emil Lederer and Emy Lederer-Seidler, *Japan in Transition*, p. 198.

192　Emil Lederer and Emy Lederer-Seidler, *Japan in Transition*, p. 260.

193　《胡適日記全集》，7.545。

6月19日的日記：

> 決心為 *Amerasia*〔《美亞雜誌》〕寫一文，評 E. R. Hughes〔休斯〕的
> *Invasion of China by the West*〔《西方入侵中國》〕and Emil Lederer's *Japan
> in Transition*〔雷德勒夫婦的《蛻變中的日本》〕。上午十點寫起，到晚上
> 十二點才寫完。終日未出門，到十二點二十分才出去吃晚飯。
>
> 寫此文共費我四整天——三天讀兩本書，一天寫文章。我所以不輕易寫
> 文字，正為其太費時間也。[194]

　　當時的胡適，被蔣介石派到美國去作宣傳，住在紐約。冀朝鼎是中國共產
黨的地下黨員，1936年拿到哥倫比亞大學的博士學位。他在紐約非常活躍。
後來成為孔祥熙左右的紅人。*Amerasia*（《美亞雜誌》）是美國左派的雜誌，
冀朝鼎是該雜誌的編輯委員之一。胡適所寫的這篇書評刊登在1938年7月號的
《美亞雜誌》（*Amerasia*）上，篇名為：〈中國與日本的西化〉（The
Westernization of China and Japan）。

　　〈中國與日本的西化〉是胡適假借寫書評來澆自己的塊壘的一個典型的例
子。由於胡適的目的是在申論自己的中日比較現代化的理論，他與其說是在寫
書評，不如說是在把作者書中的論點選擇引用來作為自己理論的注腳。正因為
他是在為自己的理論找注腳，他不惜斷章取義、肆意挪用，特別是雷德勒夫婦
書中的觀點。

　　就像胡適在日記裡所說的，〈中國與日本的西化〉所評的是休斯的《西方
入侵中國》，以及雷德勒夫婦的《蛻變中的日本》。休斯是長年住在中國的傳教
士，會說中文。他的《西方入侵中國》描述的，是中國如何在西方長期的影響
之下所產生的轉變，亦即，從十七世紀的耶穌會士，一直到國民黨統一中國以
後，中國在政治思想、教育、科學、醫學、和文學方面所發生的變化。雖然胡
適指出了休斯書中一些無關宏旨的小錯誤。然而，他更要表揚休斯，說他寫出

---

194 《胡適日記全集》，7.560。

了一部中國漸次西化的信史（truthful history）[195]。所謂「中國漸次西化」也者，就是胡適拿來證明他中國的現代化屬於「播散式的滲透、融合」模式的注腳：

> 一如我在別處所指出的，中國的現代化是「長期的曝曬」在西方的思想與制度的影響之下的結果。由於中國〔歷史上〕徹底民主化的社會結構，由於當時統治的朝廷的失敗與無能，所有中國的西化過程，都是〔新〕觀念漸次傳播與滲透的結果。通常都是由幾個人開始倡導，慢慢的贏得一些人的接受。等到有足夠多數的人信服了這些觀念的優點以及效力以後，方才取得重要的改變。從鞋子到文藝復興、從唇膏到推翻帝制，所有這些都是自動自發的，都可以說是「深思熟慮」（reasoned）的結果。在中國，沒有任何一件事物會因為其神聖的地位，而被保護起來使其不受到曝曬與接觸；沒有任何人、任何階級強有力到把某些制度保護起來，使其不受到入侵文化侵蝕、解體的影響。由於這些變化整體來說是自動自發的，我們不會悔恨，不會退縮。[196]

胡適借休斯來澆自己的塊壘，但至少沒有曲解他的意思。然而，他借雷德勒夫婦來澆自己的塊壘的作法，則是肆無忌憚地斷章取義。雷德勒夫婦憂心日本純美的傳統文化能否得以保存。明治維新雖然暫時成功地用從西方學來的軍事力量作為防護牆，把日本的傳統文化圈護起來。然而，軍事的現代化，終將帶動整個日本的工業化。整個日本工業化、西化的結果，將徹底地把日本傳統的政治、社會、文化體制從根解體。這個體制的解體，就意味著純美的日本傳統文化的消失。

我們看胡適如何斷章取義。他在書評裡徵引了雷德勒夫婦四長段的文字──請注意我用黑體字標示的部分：

> 日本在興起的時候，幾乎沒有褪下它中古的甲冑。**它在衝刺進現代的時**

---

195 Hu Shih, "The Westernization of China and Japan,"《胡適全集》，37.455-457。

196 Hu Shih, "The Westernization of China and Japan,"《胡適全集》，37.458-459。

候，其關鍵的決定是要學會西方的軍事技術。日本接受了西方整套的軍備制度、學會、甚至深得其中之三昧……在開始的時候，這種作法的意義並沒有人真正瞭解。對當時所有的日本人而言，接受外國的軍備是不言而喻的。盧福卡迪歐・何恩（Lufcadio Hearn）〔注：1850-1904，熱愛日本，取有日本名字：小泉八雲〕雖然是一個西方人，他的態度在當時是典型的。由於他已經變成了一個日本人，他憂心忡忡地關切要如何去保存日本民族的精髓（genius）。因此，他的想法是要日本建立起一個西式的軍事武力，以之作為一個防護牆，把整個日本傳統圈護起來。

在這個開始的階段，沒有人能預見到踏出了第一步，就跟著會有第二步。軍事力量所代表的，是一個時代的尖端科技。要在日本建立一個軍隊、保其有力、並使其符合日本特殊的需要，就必須要有因應的教育與訓練。強制的軍事訓練以及軍官的體制，就意味著說，人口裡最有生力的一部分，就必須一再地從他們所處的日本的環境裡被徵調出來。所有這些都必須輸入：早期是步槍，接著是戰艦、重力火炮、然後是飛機。

一個通盤的體制必須建立起來，設立各式的學校，提供所有自然科學技術方面的教育，讓工廠能夠製造武器。簡言之，由於一個現代的軍事國家的先決條件是一個工業化的國家，日本就必須往那個方向發展。然而，由於各種生產在經濟上是互聯的，工業化就意味著其他與軍事並沒有直接關係的工業也跟著發展起來了。**因此，如果那具有詩人氣質的盧福卡迪歐・何恩今天還活著，他一定會終於領悟到他不可能建議日本要武裝起來，卻又要日本不要工業化。**

就因為軍事發展會溢出到其他的工業方面，工業化所帶來的科技體制自然對整個社會的體制都會產生深遠的影響。這就是西化所帶來的核心問題之所在。**許多人都錯了，機器本身不是問題。問題在於整個工業體制——特別是那軍國主義的工業體制（militaristic industrial system）——對社會所造成的衝擊，才是那真正地威脅了日本文化的原因。**[197]

197 Hu Shih, "The Westernization of China and Japan,"《胡適全集》，37.459-461；引文見 The Emil Lederer and Emy Lederer-Seidler, *Japan in Transition*, pp. 179-181。

我在以上這四段引文裡用黑體字標示出來的字句是胡適刪掉的。我們細看胡適所刪掉的字句，就可以發現胡適斷章取義挪用的目的。雷德勒夫婦這四段文字的主旨，是在強調軍事的現代化與整個社會的工業化是緊密連結在一起的。日本不可能只要軍事的現代化，而不要其他方面也跟著工業化。換句話說，日本的明治維新試圖用軍事的現代化來維護其純美的傳統日本文化。然而，如果軍事的現代化會帶動整個社會的工業化的話，則那傳統日本文化所附麗的社會組織，很自然地就會因為工業化而被摧毀。這就是雷德勒夫婦所憂心的悲劇：純美的傳統日本文化，一旦失去了其所附麗的社會組織，也就會跟著消逝。這也就是為什麼他們會憂心忡忡地說：「日本正面臨着一個幾乎無可克服的困境。如何在那必定會到來的社會、政治秩序之下保存其固有的文化……但又不讓它毀損大和魂的基礎。」

胡適既然斷章取義，他自然就可以以他所曲解的雷德勒夫婦的話作為注腳，拿來澆他日本的現代化是「中央集權式的控制」的模式的塊壘。請特別注意我用黑體字標示出來的句子：

> 在這幾段精采的文字裡，作者道出了日本西化的信史及其意義。其開端是軍國主義。甲午戰爭、日俄戰爭的勝利證明了其效力。隨著其軍國主義體制無饜的需求，這個軍國主義日益壯大，附麗在雷德勒教授適切地形容的「軍國主義的工業體制」之上。這整個運動是由一個武士統治階級統一、領導、和控制的。這個由德川時期的中古封建思想所徹底訓練、塑造出來的武士階級（作者有專章精采分析），建立了現代戰爭的機器（頁150）。換句話說，**這個推動西化的階級從來就不知道它到底在作什麼，也從來就不瞭解西方文明裡那些破壞性、自由、甚至革命性的思潮。**
>
> 這個階級的領袖，一如盧福卡迪歐・何恩所想的，以為他們可以用現代化的戰爭機器作為保護殼，把所有德川時期的傳統價值保護起來，不使其受到改變。當現代化失去控制，產生自由化、革命化的傾向的時候，就立時被阻止和壓制。「日本人生活裡所能接受的西方的成分，就只是那些能促進國家權力的發展的部分」（頁183）。**作者用具體的事例，證明了日本的核心體制，例如，國家（頁150）、宗教、和社會制度（頁184-189），**

極少受到西方的影響。[198]

胡適所謂的：「換句話說，這個推動西化的階級從來就不知道它到底在作什麼，也從來就不瞭解西方文明裡那些破壞性、自由、甚至革命性的思潮。」這完全是胡適自己斷章取義以後的引申，因為他要把日本的傳統與現代化對立。前者是中古式的、野蠻的；後者是自由的、理性的。這完全違背了雷德勒夫婦的論旨。如果明治維新的領袖立意要用現代化的戰爭機器作為保護殼，把傳統日本的文化保護起來，那就正是因為他們知道他們在作什麼，因為他們瞭解西方文明裡那些破壞性、自由、甚至革命性的思潮會危及到日本的文化——雷德勒夫婦眼中的純美的傳統日本文化。

同樣地，「作者用具體的事例，證明了日本的核心體制，例如，國家、宗教、和社會制度，極少受到西方的影響。」這也是胡適斷章取義。雷德勒夫婦誠然是舉例說明了日本的國家、宗教、和社會制度，極少受到西方的影響。然而，他們在說明這個事實以前，也舉例說明了日本人在明治初期也曾經經過一段盲目模仿的西方熱。更重要的是，雷德勒夫婦強調，近代東西文化的交流不能抽離西方帝國主義侵略東方的歷史脈絡。他們說：日本之所以西化，並不是因為它愛上了西洋文化，而是船堅炮利的結果。日本為了保持其獨立，以西洋之道還治其人，並加諸他人。他們說羅素（Bertrand Russell）的話不是完全沒有道理：「西方文化優於中國的地方不在於但丁、莎士比亞、歌德勝過孔子和老子，也不在於西方的詩歌與占卜藝術超過中國；而是在於西方人宰殺中國人比中國人宰殺西方人要輕易得多。」[199]

最重要的是，雷德勒夫婦對文化交流的看法。不像胡適認為全世界都終將走向以近代西方文明為基調的世界文化，他們認為那是一個烏托邦的夢想。他們說：

　　這將近七十年的經驗顯示了，如果西化的意思是要在日本的土壤上創造

198　Hu Shih, "The Westernization of China and Japan,"《胡適全集》，37.461-462。

199　The Emil Lederer and Emy Lederer-Seidler, *Japan in Transition*, p. 177.

出一層西方，那是癡人說夢。日本永遠不可能成為一個迷你、褪了色的、沖蝕了的歐洲、或者美國式的衝撞的活力的翻版。真正的問題是：如何把西方這根纖維織進本土的模式與制度裡去？如何去調和新與舊？[200]

雷德勒夫婦相信東西方人即使長期浸潤在對方的文化裡，仍然不失其作為東方人或西方人的本質。其實，胡適自己在1935年3月30日所寫的〈試評所謂《中國本位的文化建設》〉也說：

> 文化各方面的激烈變動，終有一個大限度，就是終不能根本掃滅那固有文化的根本保守性。這就是古今來無數老成持重的人們所恐怕要隕滅的「本國本位」。這個本國本位就是在某種固有環境與歷史之下所造成的生活習慣；簡單說來，就是那無數無數的人民。那才是文化的「本位」。那個本位是沒有毀滅的危險的。物質生活無論如何驟變，思想學術無論如何改觀，政治制度無論如何翻造，日本人還只是日本人，中國人還只是中國人。試看今日的中國女子，腳是放了，髮是剪了，體格充分發育了，曲線美顯露了，但她無論如何摩登化，總還是一個中國女人，和世界任何國的女人都絕不相同。一個徹底摩登化的都市女人尚且如此，何況那無數無數僅僅感受文化變動的些微震盪的整個民族呢？[201]

雷德勒夫婦的論點以及胡適的這段話當然都有墮入「本質主義」（essentialism）謬誤的危險。重點是，如果胡適認為「物質生活無論如何驟變，思想學術無論如何改觀，政治制度無論如何翻造，日本人還只是日本人，中國人還只是中國人」，則即使中國的西化是漸次傳播與滲透的，即使「從鞋子到文藝復興、從唇膏到推翻帝制」，都是中國人自動自發接受的，其結果豈不是「中國人還只是中國人」？這和日本中央集權控制式的西化所造成的「日本人還只是日本人」有什麼特質（qualitative）上的不同？如果那放了足、剪了

200　The Emil Lederer and Emy Lederer-Seidler, *Japan in Transition*, p. 173.

201　胡適，〈試評所謂《中國本位的文化建設》〉，《胡適全集》，4.581-582。

髮、塗上唇膏、露出曲線美的中國女性，「總還是一個中國女人，和世界任何國的女人都絕不相同。」如果「一個徹底摩登化的都市女人尚且如此，何況那無數無數僅僅感受文化變動的些微震盪的整個民族呢？」——且不談胡適在此處不攻自破地暴露出中國西化的膚淺與不全面，且不談胡適在此處所顯示出來的菁英主義——則中國的現代化，豈不像雷德勒夫婦所說的，也和日本一樣，是「如何把西方這根纖維織進本土的模式與制度裡去？如何去調和新與舊」？

胡適很清楚雷德勒夫婦的論點，包括他們對日本傳統的熱愛，挑戰了他自己的日本觀。因此，他擒賊擒王，必須直搗雷德勒夫婦對日本傳統的讚美。雷德勒夫婦在舉例說明日本在明治初期盲目模仿的西方熱退燒以後，不再盲從，不但能有所取捨，而且回歸傳統。因此，西方對日本的宗教、文學、藝術、社會制度的影響仍然極為有限的事實以後，總結說：

> 很明顯的，日本古代文明的韌性及其可觀的生命力（relative vitality），以及其文化模式臻於的完美程度，對那種膚淺吸收外來文化的行為，具有強勁的抗拒的力量。[202]

雷德勒夫婦的詮釋合情合理，它說明了一個在受到西方文明沖擊之下的社會所產生的鐘擺效應——從盲目的西化的一端、擺向反動的另一端、再到中和。然而，胡適很不以為然。他反問：

> 作者對這個光怪陸離的現象是否提供了一個令人滿意的解釋？這種對改變的抗拒真的是由於「古代文明的生命力」及其「臻於的完美程度」？「生命力」與「臻於的完美程度」難道不是兩個互相矛盾的詞語？這種對改變的抗拒，難道不正意味著其**欠缺**生命力，無力讓自己去調適新的環境，因而極端畏懼新的接觸與影響，因而表現在其運用各種極端、非自然的鞏固以及反動的保護方式，去抵擋其認為危險的外來因素？[203]

202　The Emil Lederer and Emy Lederer-Seidler, *Japan in Transition*, p. 190.

203　Hu Shih, "The Westernization of China and Japan,"《胡適全集》, 37.463。

雷德勒夫婦在熱愛日本的同時，貶抑中國。即使日本曾經向中國學習過，日本不但青出於藍，日本而且迥異於中國。胡適不能接受這個觀點。他提出了「禮失而求諸野」的理論，強調日本是中國的文化殖民地：

> 在文化層面上，殖民地比母國更要保守，這是一個四海皆準的定律。這是因為母國的文化隨著自然的演化與創新而改變，可是其文化卻被有心、刻意地保存和維護在殖民地裡。所有刻意、人為的維護，都會阻撓自然改變的過程，因而產生退化。舉例來說，佛教在印度死亡了許多世紀以後，才開始在中國沒落，而今只流傳在錫蘭、緬甸、泰國、和日本這些佛教殖民地裡〔注：這是胡適睜著眼睛說謊話、不老實的地方，他說得彷彿佛教在中國已經絕跡了一樣〕。
>
> 德川日本基本上是中國的文化殖民地。因此，如果那個時期的許多文化成分，看起來好像對改變具有「免疫力」是很自然的一件事，因為那只意味著說，那兩百六十年間的鎖國所採行的人為的文化鞏固政策極其有效。舉個例來說，中國人很久以前就已經不席地而坐了，連歷史家都無法追溯桌椅是什麼時候開始使用的。而今天的日本人仍然席地而坐。這並不表示日本人席地而坐的習慣，具有任何特別的「生命力」或者「臻於完美的程度」。[204]

「德川日本基本上是中國的文化殖民地。」作為近代中國第一公共知識分子、思想界領袖的胡適，對日本的理解如此！夫復何言！更有甚者，以中國人早就不席地而坐、而日本人仍然席地而坐，來證明中國人有創新的能力、反證日本文化欠缺「生命力」，更是歷史與邏輯的雙重謬誤。除非胡適能證明日本人席地而坐的習慣是從中國傳過去的，則他「禮失而求諸野」的推論根本不能成立。胡適所犯的邏輯的謬誤，是以一個日常生活習慣，以偏概全地去類推作出整個文化欠缺演化創新的能力的推論。胡適自己可能也很清楚他在英文裡作這種無知、幼稚的推論是自曝其短的。他後來還會一再嗤之以鼻地舉日本人席

---

204 Hu Shih, "The Westernization of China and Japan,"《胡適全集》，37.463-464。

地而坐的習慣作為例證，但這個「禮失而求諸野」的謬論，他就只這麼大放厥詞一次。之後，他就識趣地把它束之高閣了。

　　胡適下一次演練他的中日比較現代化的理論是在1939年12月29日。當天中午，他在「美國歷史學會」（American Historical Association）該年在華盛頓舉行的年會上演講〈中國與日本的現代化：一個文化衝突的比較研究〉（The Modernization of China and Japan: A Comparative Study in Cultural Conflict）。胡適在這篇演講裡把中日現代化孰優孰劣形容成一個謎題（puzzle）。他說：

> 　　幾十年來，一直到近年為止，大家常問的問題是：為什麼日本現代化那麼成功，而中國卻那麼失敗呢？這是問題的第一個層面，有不少人提出了解釋。
>
> 　　然而，近年來，這個問題完全變了。在經過了幾乎一個世紀的遲疑與抗拒以後，中國已經變成了一個現代的國家。誠然，它在物質的層面還沒有充分地西化，但在人生觀方面已經完全西化了，而且已經完全如魚得水地生活在現代世界裡。反之，日本在似乎經過七十年快速的現代化以後，卻突然被發現這個民族在其根深柢固的方面其實根本就完全沒有改變。

　　胡適的證據是什麼呢？原來，除了雷德勒夫婦以外，現在，又加進去了另外一個喜愛日本的英國經濟學教授：

> 　　艾倫（G. C. Allen）教授是一個對日本最具同情瞭解的評論者。他說：「如果日本在許多方面已經有了深遠的變化，其傳統的延續也同樣地驚人……這些新穎的東西跟遠古積習所形成的牢固的核心（solid core of ancient habit）之間所產生的對比，一如往昔一樣地鮮明。」雷德勒教授跟其夫人在其所合著的《蛻變中的日本》——另外一本對日本最具同情瞭解的評論——則分析了日本一個最光怪陸離的現象，亦即，「其對深層的演化力量的辯證作用（dialectic play）具有免疫力」、其文化「欠缺辯證的原則（dialectic）與動力」，以及其遠古的文明「對那種膚淺吸收外來文化的行為，具有強勁的抗拒的力量。」

簡言之，現在的新問題剛好是那舊問題的反面，亦即，為什麼中國終於能夠推翻其舊文明而造成中國的文藝復興？而為什麼日本在經過了七十年令人刮目相看的成功的現代化以後，卻仍然不能打破其「遠古積習所形成的牢固的核心」呢？這是問題的第二個層面。[205]

胡適斷章取義雷德勒夫婦的觀點，我已經分析過了。他這個斷章取義的壞毛病就是改不了。他引用艾倫教授的觀點亦是如是。艾倫教授是英國利物浦大學的經濟學教授。他在1920年代初期，曾經在日本名古屋教過三年的書，也出版過一本關於日本的書。他在1936年又應哈佛大學之邀到日本調查日本的工業。胡適所引的書，是他1938年出版的，名為《日本：饕餮之客》（*Japan: the Hungry Guest*）。作為一個熱愛日本傳統文化的人，他所說的「遠古積習所形成的牢固的核心」，其實是在一個褒揚的脈絡裡的所用的一個詞。艾倫教授的原文及其脈絡如下：

二十世紀初年到日本的訪客，都深受日本人日常生活裡的許多對比（contrasts）和不調和（incongruities）所吸引（或感到有趣）。甚至那些最瞭解日本的人，也愛談論其現代與傳統並存的奇觀。大家總以為隨著西方影響的日增，那舊的終將會逝去；未來的日本將會有效率、整齊、舒適，但那傳統如畫般的魅力將會不再。然而，**如果日本在許多方面已經有了深遠的變化，其傳統的延續也同樣地驚人**。其大都市的街道都已經鋪好了；計程車就快要把人力車淘汰了；雄偉的建築裡滿是銀行、辦公室、和百貨公司；外國的食品、服飾、和遊樂方式日漸流行。然而，**這些新穎的東西跟遠古積習所形成的牢固的核心之間所產生的對比，一如往昔一樣地鮮明**。[206]

205　Hu Shih, "The Modernization of China and Japan: A Comparative Study in Cultural Conflict," 《胡適全集》，38.55-56。

206　G. C. Allen, *Japan: the Hungry Guest*（New York: E. P. Dutton & Co., Inc., 1938），p. 39.

　　把胡適的引文用黑體字標示出來，還原到艾倫教授原文的脈絡裡，其斷章取義的手法就昭然若揭了。喜愛日本的人，他們所愛的，就是日本傳統與現代相映成趣的特質。艾倫教授所要強調的是：喜愛日本的西洋人不必替日本人擔憂。日本這個傳統與現代相映成趣的特質是不會消失的。日本雖然日益現代化，但其傳統的延續力同樣驚人。日本的現代化並無損於其「遠古積習所形成的牢固的核心」。胡適把這兩句褒詞從艾倫教授正面的語氣裡抽離出來，把它們斷章取義地挪用成為貶詞了。

　　胡適斷章取義挪用艾倫教授與雷德勒夫婦的觀點，彷彿他們都同意他認為日本是一個現代化之下的怪胎。胡適在斷章取義地把艾倫教授與雷德勒夫婦引為同道以後，就接著繼續演練他從《中國的文藝復興》開始所喜歡對比的日本的「中央集權式控制」的現代化模式，以及中國「播散式的滲透」的現代化模式。然後，再作出結論，說中國「播散式的滲透」的現代化模式要優於日本「中央集權式控制」的現代化模式。

　　值得指出的是，胡適在〈中國與日本的現代化：一個文化衝突的比較研究〉裡增加了一個新的成分。胡適在1939年12月底作這個演講的時候，他已經出任中國駐美大使滿一年了。作為大使，胡適的重要任務之一，在於為中國作正面的宣傳。不但要作正面的宣傳，這個宣傳還必須以日本作為負面來作為鮮明的對比。由於當時的胡適最重要的任務在於爭取美國的援助以抵抗日本的侵略，胡適特別把「自由」這個因素凸顯出來。換句話說，中日現代化之別，一個是自由、自動自發的；另一個則反之：

　　　我想舉一個非常重要和根本的事實來說明中國文化變遷的特質。我要指出的是中國領袖自由無畏的批判精神。他們用這種精神去研究並檢視他們自己的社會、政治、歷史，以及宗教制度。所有這些四十年來對中國影響最大的領袖——梁啟超、蔡元培、吳敬恆、陳獨秀——都是對我們的歷史傳統最具批判性的理解、最具道德的勇氣去冷眼地批判其罪惡、薄弱的層面、最提倡全面改革的人。這一點都不意外。不管是孔子、老子、佛祖、還是朱熹；不管是帝制、家庭、還是宗教，沒有一個人、沒有一個制度是過於神聖，而不能被質疑或批判的。一個連最神聖、最固有的制度，都能

夠鼓勵大家直率地去質疑、自由地去批判的國家，其臻於現代化的程度，是其鄰國所不能夢想的。這個鄰國的思想領袖在三十年前因為提倡某種憲政的理論，或指出某個神社的神器可能不是真蹟而獲罪〔注：後者指的是東京帝大的井上哲次郎〕。

總之，中國的現代化證明了這一點：沒有由上而下的中央控制，具有基本重要性的文化變遷，就可以在自由接觸、漸次播散的過程中進行。日本的情況則反之。帝制及其附庸一旦瓦解，所有用人為的方式去保護、鞏固舊文化的一切也就跟著掃地出門，文化的蛻變，也就能隨著自由的接觸與自動自發的接受而自然演進。207

由於中國「播散式的滲透」的現代化模式，是自由、自動自發的。因此，中國的現代化是徹底的，值得美國的同情與支持。相對的，日本「中央集權式控制」的現代化模式，是以專制獨裁的方式來阻遏來自西方的現代觀念。其結果是其野蠻的封建傳統文風不動，從胡適的角度看來，等於跟沒有現代化一樣：

如果我的分析有什麼寓意可以提供給諸位，那就是：自由的接觸與抉擇，是文化傳播與變遷最根本的條件。當兩個文明接觸的時候，自然的傾向（或者定律）是：雙方互取自己所欠缺、或更有用、或更美麗的成分。這種自然的文化傳播的傾向，只有在人們能夠自由地與新思想、新作法接觸的情況下方才可能發生。

當這種自由被剝奪，當整個文化、或文化中某些特別被珍視的部分，被用人為的方式去刻意地、有力地隔離、鞏固起來的時候，就會產生像今天的日本那種光怪陸離的現象：「遠古積習所形成的牢固的核心」、「欠缺辯證的原則與動力」。208

---

207 Hu Shih, "The Modernization of China and Japan: A Comparative Study in Cultural Conflict,"《胡適全集》，38.64。

208 Hu Shih, "The Modernization of China and Japan: A Comparative Study in Cultural Conflict,"《胡適全集》，38.65。

　　胡適最後一次學術性地演練他的中日比較現代化的理論是在芝加哥大學，時間是1941年9月24日。當天，胡適應邀在芝加哥大學創校五十週年的慶典上作了一篇演講。胡適演講的題目是：〈東西觀念的交流：一個文化傳播的個案研究〉（The Exchange of Ideas between the Occident and the Orient: A Case Study in Cultural Diffusion）。這就是我在上節所提到的他被杜威在信中暗諷他抄襲他的觀點的那篇文章。

　　〈東西觀念的交流：一個文化傳播的個案研究〉，從立論、從內容而言，是一篇大雜燴。由於這是他第二次在芝加哥大學演講他的中日比較現代化的理論——第一次是1933年的《中國的文藝復興》——他必須有些新意，否則就是炒冷飯了。他這篇演講分成三個部分：一、文化播散的相對（relativity）定律或等級（graded）定律；二、自由是文化傳播的決定因素定律；三、採借國老百姓是文化本位（ultimate core）的定律。

　　胡適這三大定律，是由三大雜燴拼湊而成的。第一個定律，亦即，胡適所謂的文化播散的相對定律或等級定律，其雜燴的來源，是他1936年在哈佛大學創校三百週年會議上的演講〈中國的印度化：一個文化採借的個案研究〉（The Indianization of China: A Case Study in Cultural Borrowing）的導論裡所提出的論點，亦即，文化的採借不只是單純的互通有無，而有相對與等級的因素所造成的採借與否的問題。唯一不同的地方，是胡適現在用看起來像是定律的語言來陳述：

1，A有C；B沒有C，但想要它；因此，B接受了C。

2，A有D；B沒有D，但不覺得它有須要；因此，B不接受D。

3，A有D，B有D1；但D比D1的優越性顯而易見；因此，B以D來取代D1。

4，A有E1，B有E2；但E1不見得優於E2；因此，等到能證明E1確實比較優越，B還不會接受E1。

5，A有F1，B有F2；但B覺得F2不比F1差，甚至更好；因此，B不理F1，甚至抗拒它。

6，A有G，B有H；但H與G相牴觸；因此，B排斥G。

　　胡適說文化交流最大的阻礙是對傳統信念與宗教信仰的依戀，因為孰優孰劣常常很難證明：

　　　在所有這些文化生活裡，由於人們對傳統的信仰與作法在情感上的依戀性很強，而且由於很難證明新的文化在這方面確實比較優越，因此，通常就會很強烈地排斥與抗拒外來的文化。〔明末清初的〕耶穌會教士被接受了將近兩百年的時間。其間，強烈的反對時有所聞。最後，還是被拒斥了。[209]

　　胡適對文化交流的看法，用今天的術語來說，是「新自由主義」（neoliberal）——亦即，新自由主義——所謂的「自由市場」的資本主義經濟論：

　　　東西方——不管是觀念、物質，或者是體現在制度上的觀念——的交流史，充分地證明了文化播散的相對定律和等級定律。每一個文化上的採借都意味著一種選擇，亦即，認識到新的文化事物能夠滿足須要，或者比固有文化更能滿足須要。一個文化裡的種種成分播散的成功或失敗的等級，完全取決於其能滿足須要的感覺，及其滿足須要的能力。簡言之，文化播散是受制於供求定律，而且是代表著一種自然抉擇，由適者得到最大的播散結果——適者也，最能讓接受者滿足其須要之謂也。[210]

　　在闡明了文化播散的相對定律或等級定律以後，胡適緊接著把矛頭對準日本，強調這個定律只有在自由的條件之下才適用的。他說：

　　　當一個民族與外來文化作接觸與抉擇的自由被剝奪的時候，當一個政

209　Hu Shih, "The Exchange of Ideas between the Occident and the Orient: A Case Study in Cultural Diffusion,"《胡適全集》，38.299。

210　Hu Shih, "The Exchange of Ideas between the Occident and the Orient: A Case Study in Cultural Diffusion,"《胡適全集》，38.301。

府、階級、或宗教團體有權替人民決定是否採借外來文明的時候，自然的
文化播散就變成不可能，或者至少是非常的困難。專制的禁制，或者人為
地把整個文化或其某些部分保護起來不讓它受到「危險」的外來文化影響
的作法，都會導致文化的變遷被阻遏或禁絕的結果。[211]

　　矛頭既然已經對準了，胡適就接著在該演講的第二部分，提出了他的三大
定律裡的第二定律：自由是文化傳播的決定因素定律。其雜燴的來源即〈中國
與日本的現代化：一個文化衝突的比較研究〉。於是，胡適在這第二部分裡，
又再次地演練他所謂中日現代化是一個謎題；中國現代化的模式是「播散式的
滲透」的，而日本現代化的模式是「中央集權式控制」的；「播散式的滲透」
的現代化模式，使整個中國的舊文化，能在自由地與西洋文化接觸以及自動自
發的採借西洋文化的方式之下，經過自然文化變遷的過程。反之，日本「中央
集權式控制」的現代化的模式的結果，是用獨裁的方式，把傳統野蠻的價值隔
離起來，使它無法受惠於文化的接觸而有所更新，等等，等等。連他在這第二
部分的結論，都只是新瓶舊酒而已：

　　這段東西文化交流史上的兩大謎題的寓意如下：刻意的專制式的文化保
　護主義，可以有效地阻遏或禁絕文化播散的自然抉擇過程。文化接觸與抉
　擇的自由──「門戶開放」與「自由貿易」──是漸次瓦解舊文明的自然
　惰性，接受與吸納新文明的必要條件。[212]

　　胡適這篇演講的第三個部分，及其所闡釋的第三定律──採借國老百姓是
文化本位的定律──的大雜燴的來源，是他在1935年3月30日所寫的〈試評
所謂《中國本位的文化建設》〉。胡適在〈試評所謂《中國本位的文化建設》〉

211　Hu Shih, "The Exchange of Ideas between the Occident and the Orient: A Case Study in Cultural Diffusion,"《胡適全集》，38.302。

212　Hu Shih, "The Exchange of Ideas between the Occident and the Orient: A Case Study in Cultural Diffusion,"《胡適全集》，38.310-311。

裡，對文化交流、文化傳播提出了四個看法：

第一，文化本身是保守的。凡一種文化既成為一個民族的文化，自然有他的絕大保守性。對內能抵抗新奇風氣的起來，對外能抵抗新奇方式的侵入。這是一切文化所公有的惰性，是不用人力去培養保護的。

第二，凡兩種不同文化接觸時，比較觀摩的力量可以摧陷某種文化的某方面的保守性與抵抗力的一部分。其被摧陷的多少，其抵抗力的強弱，都和那一個方面的自身適用價值成比例：最不適用的，抵抗力最弱，被淘汰也最快，被摧陷的成分也最多。

第三，在這個優勝劣敗的文化變動的歷程之中，沒有一種完全可靠的標準可以用來指導整個文化的各方面的選擇去取。

第四，文化各方面的激烈變動，終有一個大限度，就是終不能根本掃滅那固有文化的根本保守性。這就是古今來無數老成持重的人們所恐怕要隕滅的「本國本位」。這個本國本位就是在某種固有環境與歷史之下所造成的生活習慣；簡單說來，就是那無數無數的人民。那才是文化的「本位」。那個本位是沒有毀滅的危險的。[213]

胡適在〈東西觀念的交流：一個文化傳播的個案研究〉第三個部分的內容，就是根據他在〈試評所謂《中國本位的文化建設》〉裡的這四個看法來引申的：

這個定律可以簡單地說明如下。所有文化播散的真正關鍵所在，就在於採借國的老百姓身上。他們在歷史上與現在的成就、信仰、與習俗是固有文化的背景。這是外來的新文化所必須面對的。而這些老百姓對新文化在情感、智性、與行為上的反應，決定了播散的成功與失敗。採借國的老百姓是所有文化變遷終極的本位（ultimate core）。

這個本位是不會被文化的採借所摧毀的。它自由地採借、選擇，以及接

---

213 胡適，〈試評所謂《中國本位的文化建設》〉，《胡適全集》，4.580-582。

受所有外來文化的影響、基調、模式、和系統；但其選擇總是局限於其所須要的以及其所能利用的。其本質是自滿的、保守的，固守其傳統，對改革和變遷採取疑忌的態度。這種自然的保守性有其保護作用，可以使其毀滅不了，即使其所面對的是一個絕對優勢的文化，即使這個社會都被集體同化了（mass conversion）。

當這個本位看似已經被強勢的外來文明所沖垮、淹沒的時候，這個永遠毀滅不了的固有的民族與文化磐石，就會再次浮現，重新恢復其特有的本性。這個本性已經把自己嵌入了採借、吸收進來的文化裡，把自己融合成為其新文化的成分。其受到了新吸收進來的文化的浸染、形塑、改變，就好像新吸收進來的文化也受到其浸染、形塑、改變一樣。然而，沒有任何文化的採借，會把這個固有的民族文化的本位完完全全地、徹底地湮沒——除非那個民族被戰爭或殘酷的自然力量所消滅。[214]

胡適為什麼會在芝加哥大學的〈東西觀念的交流：一個文化傳播的個案研究〉這篇演講加入這一段「文化本位」的論點呢？他那時所設想的聽眾，自然不是他寫〈試評所謂《中國本位的文化建設》〉的對象。在國際舞台上，胡適所必須面對的，除了欣賞日本傳統文化的人以外，還有那些憂心西方強勢的文化會所向披靡地摧毀世界其他地區的文化。胡適的看法跟這些人恰恰相反。他恨不得西方文化能所向披靡，把所有今天所謂的第三世界國家的宗教、迷信、落後全部一掃而空。他所擔心的，是西方人對自己的文化失去信心，自甘墮落，未能肩負起他們用西方文化去同化全世界的使命。

我在《日正當中》裡，分析了胡適是一個自詡自己比西方人更要西方人的人。我分析了他在1926年啟程歐遊的時候，是要到西方去向西方人傳現代西洋文明的福音的心態。換句話說，胡適不但希望中國西化，他希望整個世界都西化。胡適禮讚、心悅誠服近代西洋文明，因為在他眼中，近代西洋文明是一個新宗教、新道德，是一個：「自己要爭自由……並且還進一步要要求絕大多

214　Hu Shih, "The Exchange of Ideas between the Occident and the Orient: A Case Study in Cultural Diffusion," 《胡適全集》，38.311-313。

數人的自由。自己要享受幸福……〔並且還進一步要求爭取〕『最大多數的最大幸福』的理想國。」[215]

胡適在1939年12月底〈中國與日本的現代化：一個文化衝突的比較研究〉那篇演講裡形容中國說：「中國已經變成了一個現代的國家。誠然，它在物質的層面還沒有充分地西化，但在人生觀方面已經完全西化了，而且已經完全如魚得水地生活在現代世界裡。」這固然有他作為大使，為了宣傳，言過其實在所不惜的成分在內。然而，就像我在《日正當中》裡所分析的，胡適曾經對中國具有無比的信心，特別是在1920年代初期。他在1922年7月3日的日記裡，甚至夸言如果西方文明在歐洲隕落，中國可以成為西洋文化在美國以外的避難所：

> 〔蔣〕夢麟談歐洲情形，極為悲觀。這一次大戰，真是歐洲文明的自殺。法國已不可救了。拉丁民族的國家──義大利、西班牙、葡萄牙──將來在世界上只有下山的前途，沒有上山的希望。德國精神還好。將來歐洲必有俄德英聯成一片的時候。歐洲將永永為日爾曼斯拉夫民族的世界。但世界的文化已在亞美兩洲尋得了新逃難地。正如中國北方陷入野蠻人手裡時，尚有南方為逃難地。將來歐洲再墮落時，文化還有美、亞、澳三洲可以逃避，我們也不必十分悲觀。[216]

中日戰爭爆發以後，中國沒有美國的介入絕對打敗不了日本的事實，大大地削減了胡適對中國的信心。然而，盎格魯・撒克遜民族──特別是美國──所代表的西洋文化是世界的楷模，這始終是胡適的信念。對於那些欣賞日本傳統文化、那些憂心西方文化會摧毀傳統文化的人，胡適雖然嗤之以鼻，但知道他不能公然形諸文字，說那些傳統文化不值得欣賞或保留。他高明的地方，在於轉移焦點。他避開傳統文化值不值得欣賞或保留那種敏感的問題，而暗諷他們是杞人憂天，因為傳統文化是永遠毀滅不了的。而傳統文化毀滅不了，是因為「採借國的老百姓是所有文化變遷終極的本位」的定律。

---

215 胡適，〈我們對於西洋近代文明的態度〉，《胡適全集》，3.10。

216 《胡適日記全集》，3.653。

　　所謂「採借國的老百姓是所有文化變遷終極的本位」的定律，用胡適在〈試評所謂《中國本位的文化建設》〉裡更赤裸裸的話來說，就是「那無數無數的人民。那才是文化的『本位』。」「那無數無數的人民」也者，說穿了，就是「那無數無數的」「阿斗」之謂也。曾幾何時，「那無數無數」胡適眼中不思不想、「不向上、不努力、不長進」[217]、只有進幼稚園資格的「阿斗」[218]，居然搖身一變，成為新文化採借與否的仲裁者：

　　　　我相當斷然地相信，採借國的種族和歷史，是不可能被它原本沒有、想要、而且成功地吸收進去的新文化成分所摧毀的。它採借什麼、採借後的用法，以及採借後的變化，所有這些，都取決於其種族、文化本位的總和——那採借了新文化的人民。

　　　　採借國的人民是萬物的準繩，也是萬物最佳的仲裁。如果他們牛飲了（drinks too much）或濫飲了（too indiscriminately）新文化，他們最終還是會自動自發地起來反抗，把它給吐了出來。[219]

　　胡適所謂的「採借國的老百姓是所有文化變遷終極的本位」的定律，不但過於樂觀，而且完全是西方本位的。胡適所處的時代背景，再加上他對美國始終如一的眷戀與鍾情，都在在地使他完全無法理解或想像在強勢的文化侵襲之下，傳統文化與語言有絕滅的危險。我們甚至可以說，他對弱勢文化與語言的絕滅是無動於衷的，因為在他的眼中，那是文化爭勝優勝劣敗的鐵律之下的自然結果。

　　只是，胡適有所不知。他用大雜燴的方式拼湊成這篇演講，其結果是自暴了讓人能夠「以子之矛、攻子之盾」的矛盾。胡適的矛是：日本「中央集權式控制」的現代化的模式，用獨裁的方式，把傳統野蠻的價值隔離保護起來。其

217　胡適，〈歐遊道中寄書〉，《胡適全集》，3.56。

218　胡適，〈二三九號編輯後記〉，《胡適全集》，22.570。

219　Hu Shih, "The Exchange of Ideas between the Occident and the Orient: A Case Study in Cultural Diffusion,"《胡適全集》，38.319-320。

結果是剝奪了日本人自由地接觸、吸收西洋文化的自由與機會，因此阻礙了日本的現代化。然而，胡適卻又同時祭出了一個能擋下這個矛的盾：「採借國的老百姓是所有文化變遷終極的本位」的定律。

如果文化的變遷終究是取決於那個民族的文化「本位」──老百姓，或「阿斗」──則「中央集權式的控制」又能奈何它何如！如果像胡適所說的，即使在一個文化看似就要被強勢的外來文明所沖垮、淹沒的時候，「這個永遠毀滅不了的固有的民族與文化磐石」，「就會再次浮現，重新恢復其特有的本性」，則即使再強勢的「中央集權式的控制」，也不可能改變它的本性。那麼，日本之所以沒有真正現代化，與其說是由於其「中央集權式控制」的現代化的模式，毋寧說是由於日本老百姓固有的文化本位。事實上，這就是胡適不自覺所得出的結論：

> 日本之所以會在近年間，老實不客氣地揮別它一度假惺惺妝點門面的自由主義，而與歐洲的極權國家關係愈加密切，這一點都不意外。要真正解釋這個現象，就必須要從其民族性與歷史去尋找。就像喬治・參森爵士（Sir George Sansom）所指出的：「從 1615 年左右開始，日本就在一個封建的寡頭政權〔注：德川幕府〕統治之下。其統治的方法，在許多方面開了現代極權國家的先河。集權統治的特徵當時已昭然若揭：自封為霸（self-constituted）的寡頭統治；壓制某些階級；限制個人自由；禁奢令；壟斷；思想審查；秘密警察；個人是為國家而存在的教條。當這個政權在 1868 年被推翻的時候，取代它的並不是一個民選的政府，而是一個強有力的官僚系統……延續了那些極權統治的特徵。

他接著說：

> 參森徵引了日本前任駐義大利大使白鳥〔敏夫〕在 1938 年說的話：
> 日本正快速地回歸到極權主義（totalitarianism）──那是日本民族三千年歷史上的基本原則……一想到這個引導了我國民族數千年的想法，居然和歐洲現代國家的制度如此合轍，就讓我們心血沸騰。

　　也許當大使、作宣傳久了，連胡適也被自己的宣傳所麻痺了。他自己毫不自覺他已經從「中央集權式控制」的現代化的模式的論點撤退，而走向了民族的文化「本位」的本質主義論。胡適這篇〈東西觀念的交流：一個文化傳播的個案研究〉的演講，在開始的時候，是要凸顯出中國現代化的模式不但與日本現代化的模式不同，而且中國的模式比日本的優越，因為那是走向西化最徹底的途徑。沒想到他大雜燴拼湊成的結果，卻以歌頌本質主義作為結論。他以「胡子之矛」開始論述的時候，說日本「中央集權式控制」的現代化模式，是從日本明治維新開始的。然而，他總結的時候，用的卻是「胡子之盾」。他引白鳥敏夫的話，把日本的極權主義歸諸其三千年的民族文化。其結果是：不管中國人也好，日本人也好，不管他們再怎麼西化，或者再怎麼不西化，都取決於其固有的民族的「本位」——「阿斗」老百姓：

> 看啊！這終極的本位永遠會在那裡。它決定了哪些新的成分要被吸收、哪些要被拒絕；它同時更浸染、凸顯出、並強固那些已經被吸收了的。真的！這個終極的本位是不會有被摧毀的危險的！在經過了七十年的控制式的西化以後，日本仍然是日本，日本人仍然是日本人。同樣地，經過了幾十年與西方世界自由的接觸，經過了三十年自動自發的西化，中國仍然基本上是中國，中國人仍然基本上是中國人。[220]

　　胡適最後一次演練他的中日比較現代化的理論，是在1942年3月23日，地點在華盛頓的「瑞德克利芙女子學院俱樂部」（Radcliffe Club）。他這篇演講的篇名叫做〈中國也是在捍衛一種生活方式〉（China Too Is Fighting to Defend a Way of Life）。然而，這篇演講已經純粹是一篇宣傳品，毫無學術價值。當時「珍珠港事變」已經發生，美國已經參戰。美國以及同盟國當時宣傳的重點之一，即是在強調他們是在捍衛民主的生活方式而戰。胡適挪用了這個宣傳的口號，把民主與獨裁作為中日之間的異同點：

220　Hu Shih, "The Exchange of Ideas between the Occident and the Orient: A Case Study in Cultural Diffusion,"《胡適全集》，38.317-318。

你們知道你們為何而戰。你們是為了維護你們民主的生活方式而戰。這民主的生活方式，就我的瞭解，就是自由和平的生活方式。

因此，對西方世界與西方文明而言，問題的癥結在於獨裁與民主的對峙，亦即，自由與壓迫的對峙，和平與武力征服慾之間的對峙。

太平洋地區的問題，也就正是你們在西方世界所面對的問題：極權主義的生活方式與民主的生活方式之間的對抗，亦即，自由和平與壓迫侵略之間的對峙。

就像西方的問題，是納粹德國與西歐以及盎格魯·撒克遜民主國家之間的對峙，那最能夠象徵出太平洋地區的問題的，就是日本與中國之間的對峙。

中國與日本之間的對峙，基本上是自由和平的方式與專制壓迫、軍國帝國主義侵略的方式之間的對峙。

要瞭解這個太平洋地區的基本衝突，最好的方法就是去牢記下述幾個簡單的鮮明對比的歷史事實：

一、中國在二十一個世紀以前成為一個統一的帝國以後，就已經揚棄了封建制度。而日本在十九世紀培理准將（Commodore Perry）敲上門的時候，還停留在其已經軍國主義的封建制度的巔峰。

二、中國在二十一個世紀裡已經發展出一個幾乎沒有階級之分的社會結構，由一個經由公開競爭的科舉制度篩選出來的文官治理。而日本至少在過去的八百年間是由一個無人可挑戰的軍人階級所統治的。

三、中國即使在其最強盛的時候，也從來不鼓勵武力，而且永遠是譴責戰爭以及帝國主義的擴張。而向大陸擴張以及征服世界，一直是日本的國策。

這些鮮明對比的歷史事實，對中日兩國的生活與文明具有絕大的意義；它們形塑了這兩個民族的生活與制度。簡言之，它們使中國成為一個民主與和平的國家，而日本成為一個極權與軍國主義的國家。[221]

221　Hu Shih, "China Too Is Fighting to Defend a Way of Life,"《胡適全集》，38.540-541。

　　胡適對日本歷史的瞭解本來就膚淺，為了宣傳，他更特意簡單化並醜化日本。日本侵略中國是事實。然而，把中日戰爭簡化成為自由和平與獨裁專制之間的對峙，這是不老實，有失自詡為要到西方去說實話的學者的身分。我在第四部第三章會分析當時的胡適，私下形容國民黨是一個想當法西斯不成反類犬的政府。更遺憾的是，胡適對中國歷史的詮釋也跟著簡單化、公式化、糖衣化。有關這些，請看第四章的分析。

　　胡適的不老實，還不只在於簡單化、公式化、糖衣化歷史與國民黨。他在討論中日比較現代化的理論的時候，是以當代中國的摩登女性作為中國西化徹底成功的典型。這完全跟他在中文文章裡的論點相反。比如說，他在〈中國與日本的西化〉裡說：「從鞋子到文藝復興、從唇膏到推翻帝制，所有這些都是自動自發的，都可以說是『深思熟慮』。」[222] 同樣這句話，他在〈中國與日本的現代化：一個文化衝突的比較研究〉又重複了一次[223]。在〈東西觀念的交流：一個文化傳播的個案研究〉裡，胡適更是徹底地歌頌中國的摩登女性：

　　　　所有觀察最近東方文化變遷的人，可能都會同意中國西化最令人激賞的成就就是摩登女性。她的天足、曲線、充分發育典雅的身軀、剪短了的燙髮、摩登但中國式的衣服，在在地顯示了她是中國接受有益的西化影響之下最佳的標本（specimen）。與她的祖母甚至母親相比，她是那麼的自由、奔放、典雅，讓人覺得她簡直是屬於一種新的女性物種（species）。[224]

　　摩登女性當然不是胡適著眼的所在。她只是胡適的譬喻，其目的在於說明中國西化徹底的程度。他在1933年的《中國的文藝復興》，以及1939年的〈中國與日本的現代化：一個文化衝突的比較研究〉裡，都以中國的摩登女性作為例子之一，強調中國人已經完全如魚得水地生活在現代世界裡了。

222　Hu Shih, "The Westernization of China and Japan,"《胡適全集》，37.458-459。

223　Hu Shih, "The Modernization of China and Japan: A Comparative Study in Cultural Conflict,"《胡適全集》，38.58。

224　Hu Shih, "The Exchange of Ideas between the Occident and the Orient: A Case Study in Cultural Diffusion,"《胡適全集》，38.318-319。

我們不難推測胡適這個摩登女性的典型，特別是短髮的特徵，就是他在美國留學的時候讓他在心智上受益最多的韋蓮司。我們記得他在1914年10月20日的日記裡形容韋蓮司：

> 其人極能思想，讀書甚多，高潔幾近狂狷，雖生富家而不事服飾；一日自剪其髮，僅留二三寸，其母與姐腹非之而無如何也，其狂如此。[225]

胡適眼中狂狷的韋蓮司，就是二十世紀初年美國的「新女性」（New Woman）的典型。胡適在1916年11月1日的日記裡，錄下他在紐約所寫的幾首打油詩裡，有一篇就是以〈新女性〉（The "New Woman"；注：原詩只有英文篇名）為名：

> 頭上金絲髮，一根都不留。
> 無非爭口氣，不是出風頭。
> 生育當裁制，家庭要自由。
> 頭銜「新婦女」，別樣也風流。[226]

美國「新女性」剪短髮在1920年代初期，曾經引起過論戰。這個象徵著「新女性」挑戰傳統女性形象的髮型，很快地就流傳到日本及其殖民地韓國和台灣、和中國。胡適在1927年歐遊結束以後經由日本返國，注意到了日本有關「新女性」的辯論。他當年6月在上海有名的貴族女校「中西女塾」（McTyeire School for Girls）的畢業典禮上，就以〈新女性〉為題，作了一個演講。可惜我還沒找到那篇演講的記錄。《申報》上有一篇簡短的記載，雖然太過簡略，但可以讓我們略知胡適以「新女性」來貶抑傳統中國女性的意思：

> 胡適之博士……之演說，亦莊亦諧，備極動聽。題為〈新婦女〉

---

225 《胡適日記全集》，1.517-518。
226 《胡適日記全集》，2.431。

（Modern Woman）。頗能盡量發揮。並云日本反對剪髮，故稱時髦女子
Modern 為「毛斷」〔注：既取其「モダン」之音，又取其剪斷長髮之義；
"Modern Girl"，即モダンガール（毛斷孃）〕以譏之。博士又謂中國女子
不配做母親，「因奶被壓」。前後連作此語凡四五次。聞者為之捧腹。[227]

　　總之，胡適用摩登女性來譬喻中國西化之徹底的時候，他是用韋蓮司作為
典型，把新女性「頭上金絲髮，一根都不留」〔注：跟「毛斷」同樣是誇張話〕
的狂猖之氣，來凸顯出中國的摩登女性，就像她們剪短髮、塗抹唇膏的美國的
「新女性」一樣，「無非爭口氣，不是出風頭。生育當裁制，家庭要自由。」
　　然而，胡適在關起門來跟中國人論理的時候，不但摩登女性的光芒倏然褪
色，而且他大言不慚的所謂「中國人已經完全如魚得水地生活在現代世界裡
了」的話也證明是粉飾的謊言。比如說，他1932年10月25日在天津南開大學
演講〈中國問題的一個診察〉裡說：

　　　現在我們對西方的文化自然是接受的。但是我們所已接受的是什麼呢？
　　只是今日汽車，明日電燈；今天燙髮，明天胭脂。這樣的接受，因為內邪
　　外感的作用，在現在的世界上還是站不穩的。我們即使坐在汽車裡面，也
　　不會舒服，不會覺得這世界是我們的。[228]

　　「今日汽車，明日電燈；今天燙髮，明天胭脂。」在胡適的眼中，原來居
然是「內邪外感的作用」！「內邪外感」是病理的名詞，是中醫用體內外的邪
氣來解釋人生病的原因。汽車、電燈暫且不談。曾幾何時，燙髮、唇膏，那些
在他英文的文章裡造就了「有益的西化影響之下最佳的標本」的中國摩登女性
的那麼正面的西化象徵，居然變成了病理的「內邪外感」！不但如此，胡適還
宣稱在這種「內邪外感」作用之下，就是接受了西洋文化，中國人「在現在的
世界上還是站不穩的。我們即使坐在汽車裡面，也不會舒服，不會覺得這世界

227　林澤蒼，〈中西女塾畢業誌盛〉，《申報》，第19501期，1927年6月27日，第16版。
228　胡適，〈中國問題的一個診察〉，《胡適全集》，21.532。

是我們的。」

　　當然，這篇演講是由當時在南開大學就學、後來留學哈佛成為有名的經濟學家的陳振漢所記錄的。我們不能排除記錄錯誤的可能。然而，即使胡適當時並沒有用「內邪外感」這種病理學式的名詞來形容摩登女性的燙髮與唇膏，它們從來就不是他心目中的西化的典型。對胡適而言，燙髮與唇膏是膚淺、盲目的模仿。他1935年7月21日在《獨立評論》上〈答陳序經先生〉一文就道盡了一切：

　　　我不信「理智」的作用是像陳序經先生說的那麼渺小的。在各種文化接觸的時期，有許多部分的抗拒與接受確然是不合理的。最明顯的例子是今日的新式結婚儀節中的許多盲目的模仿，如新婦披面紗、如新郎穿大禮服、如來賓在行禮之前用色紙片、色紙條、碎米等等擲擊新郎新婦，把他們的盛裝都毀壞了。有時候，我看見新郎進門手拿一個銅盤遮住面部，以防碎米、細沙拋入眼睛裡去！在這些方面，智的作用似乎很少。正如女人剪髮和燙髮的形式、女子袖子的長短、嘴唇上胭脂的深淺，這都不是理智能為力的。

　　　但文化上的大趨勢、大運動，都是理智倡導的結果，這是毫無可疑的……所以我們必須承認，在文化改革的大事業上，理智是最重要的工具，是最重要的動力。

　　　我們不可濫用理智來規定女人袖子的長短或鞋底的高低，但我們必須充分用理智來倡導那幾個根本大方向、大趨勢、大原則……[229]

　　換句話說，在舉行結婚儀式的時候，用「色紙片、色紙條、碎米等等」丟到新郎新娘身上、燙髮、唇膏等等，所有這些，在胡適的眼中，都是「非理智」、甚至「不合理」的行為。只是，他認為沒有必要「濫用」理智來規定它們。理智是用來倡導「根本大方向、大趨勢、大原則」用的。

　　在對中國人行文講演的時候，胡適從來就不認為「中國人已經完全如魚得

229　胡適，〈答陳序經先生〉，《胡適全集》，22.322-323。

水地生活在現代世界裡了。」恰恰相反，他認為中國人在西化的過程裡，還只是剛剛起步而已，遑論已經是如魚得水了！再舉一個例子。他在同樣是在1935年寫的〈試評所謂《中國本位的文化建設》〉裡說：

> 在這個我們還只僅僅接受了這個世界文化的一點皮毛的時候，侈談「創造」固是大言不慚，而妄談折衷也是適足為頑固的勢力添一種時髦的煙幕彈。[230]

胡適在中英文演講或作品裡有言論不一致的地方，我一再地強調：與其說這是因為胡適愛國，所以他在英文裡「為宗國諱」，不如說因為他是一個演講大家，他是因應讀者、觀眾的興趣和需要而行文立論的。等他出任中國駐美大使以後，作為中國政府的代表，身負宣傳的重任，也就更言不由衷、言不由己了。

中國現代化不絕如縷

美國參戰以後，特別是1942年6月美國在南太平洋的「中途島」（Midway）扭轉戰勢開始反攻以後，勝利終於可期。胡適開始思索戰後世界秩序的維持。有關這個問題，我將在第四部第二章分析。在亞洲方面，胡適對日本的態度和美國的立場是一致的，亦即，徹底解除日本的武裝。然而，胡適會採取這樣的立場，還跟他的日本現代化的理論是息息相關的。他1943年7月7日在威斯康辛大學的演講〈遠東地區的和平〉（Peace in the Far East），代表了他從那個理論出發最典型的陳述：

> 解除日本武裝最重要的一步，就是「聯合國」〔注：1942年1月2日，美國政府宣布26個「聯合國」共同宣布用全部的軍事與經濟力量對軸心國戰爭到底，絕不單獨與之訂立和約〕所誓言的，要在接下來的歲月裡徹底、完全地擊敗日本。徹底擊敗日本的軍隊，是使其軍事階層——日本黷

---

230 胡適，〈試評所謂《中國本位的文化建設》〉，《胡適全集》，4.583。

武的政策與黷武的傳統──信用破產的必要條件。在粉碎了日本軍隊戰無
不勝的迷信以後，我們在從心理上解除日本武裝的行動，就等於是邁進了
一大步。[231]

　　胡適要以徹底擊敗日本軍隊的方式，使代表其黷武傳統的軍事階層信用破
產，從而達成在心理上根本地解除日本武裝的目的。這就是他釜底抽薪，瓦解
日本「中央集權式的控制」的現代化模式，使日本人得以像中國人一樣，自由
和自動自發地走向西化的理想的實現。
　　胡適最後一次談他的中日比較現代化，是在日本投降兩個月以後。1945
年雙十節，他在紐約的卡內基劇院（Cargegie Hall）演講〈辛亥革命34週年〉
（The 34th Anniversary of the Chinese Revolution）。但在這個應景的演講裡，胡
適的理論已經像強弩之末一樣，說得有氣無力了。他說辛亥革命三十四年以來
的成就可以分成三個方面來說：思想的革命、社會的革命，以及政治的建設。
思想的革命就是從1933年的《文藝復興》的演講以後所一再演練的質疑與批
判的精神。他說，這個批判的精神就是中國與日本迥異的地方。他徵而不引他
1936、1937年間所發表的一稿三投的文章：〈中國能生存嗎？〉、〈中國生存的
機率〉，以及〈我國的人民和日本人〉中的一段話，強調那看似落後的中國，
有質疑與批判的精神。而那看似現代的日本，其實欠缺自由與開創的精神。然
後作結論說：「聽眾朋友們！這個思想的革命就是最好的證明，證明中國將會
是一個自由民主的國家。」[232]
　　不但中國的思想革命使中國迥異於日本，中國的社會革命也造就了一個非
凡的現代中國：

　　　中國社會革命上最驚人的例子，就是新中國女性的出現。我們試回想四
　　十年前中國婦女的形象──小腳、走起路來怪模怪樣、孱弱、社會經濟上
　　受到壓迫、禁錮在家、沒有社交生活。然後，再看看今天的中國女性。那

231　Hu Shih, "Peace in the Far East,"《胡適全集》，39.27-28。

232　Hu Shih, "The 34th Anniversary of the Chinese Revolution,"《胡適全集》，39.190-193。

鮮明的對比，對我們中國人來說，都是令人震驚的。自從中國女性解除了
小腳的壓迫、得到現代教育以及體育的好處以後，她們就像燦開的花朵一
樣，一躍而成為一種最優美、典雅的新的女性物種。[233]

我們注意到1945年胡適描寫這中國的「新的女性物種」的時候，他已經
不再提她們短髮、塗抹唇膏的特徵了。那時，短髮已經不再流行。唇膏也已經
是女性日常必備之物。瞭解美國如胡適，深悉演講之術乃以抓住聽眾之心為先
的胡適，知道他如果再強調中國女性剪短髮、塗抹唇膏為新女性，只會落得人
家嘲笑他是外星人了。

我們同時也可以注意到，一向喜歡講對稱的胡適，現在只說思想、社會的
革命，而不說政治的革命了。他說的是「政治的建設」。這是因為那時的國民
黨政府在美國已經受到了嚴厲地批評，說它獨裁、反動、不民主。他的對策是
談「政治的建設」而不是「政治的革命」。這樣可以讓他用軍事、教育、經
濟，特別是道路、交通上的建設來凸顯出國民黨的成就。同時還可以讓他把國
民黨在民主建設上的局限歸咎於日本的侵略：

令人嗟嘆的是，所有這些建設和成就，都不是我們的鄰國日本所樂見
的！……所以「大日本」黷武的領袖就決定在新中國蓓蕾初放的時候就把
它辣手摧花了！……中國越努力追求國家的解放，我們的敵人就越想要征
服、奴役它。中國越接近統一的夢想，我們的敵人就越刻意要破壞它！[234]

胡適的用意非常明顯，他是在用日本的侵略來為中國的不民主作辯護。他
1943年7月7日在威斯康辛大學的演講〈遠東地區的和平〉的時候，還振振有
詞地說：

這場戰爭結束以後，中國會成為太平洋地區的一個強國。但它會繼續是

233　Hu Shih, "The 34th Anniversary of the Chinese Revolution,"《胡適全集》，39.194。

234　Hu Shih, "The 34th Anniversary of the Chinese Revolution,"《胡適全集》，39.197-198。

一個維護太平洋地區的和平與穩定的力量。它會收回所有的失地，但其領袖已經鄭重昭告世界，中國對其鄰邦沒有人和領土野心。中華民國的先知、國父孫中山博士遺留給我們一個建設中國的三民主義：民族、民權、與民生主義。中國在經歷了十六年〔注：從1927年國民黨定都南京算起〕的辛勤努力、超人的勇氣與犧牲以後，已經作到了民族主義。在接下去的幾年，它可以戮力完成另外兩個主義：民權與民生。[235]

胡適這段話給人的感覺，可以用他自己在日記裡曾經說過的一個字及其字典的定義來形容。他在1951年9月12日的日記裡，舉例稱讚哈德門太太（Mrs. V. D. Hartman）的英文程度。哈德門太太是胡適得了心臟病以後照顧他無微不至、後來又和他同居的護士兼情人。其中一個例子：

前些時，V. D. H.〔哈德門太太〕聽廣播有人用 fulsome〔過當〕字，作褒詞，她寫信去指出此字總是貶詞。其人回信謝罪。Fulsome= offensive, disgusting, esp., offensive because of insincerity or because of motive, as fulsome praise〔過當＝惡心、作嘔，因為做作、或者別有動機，特別令人嫌惡，例如：溢美之詞〕。[236]

當時的胡適對國民黨作過許多「過當＝惡心、作嘔，因為做作、或者別有動機，特別令人嫌惡」的溢美之詞。有關這點，我會在第四部第四章作進一步的分析。他在〈辛亥革命34週年〉的演講裡，不但繼續他抑日揚中的理論，而且也是他對國民黨濫用溢美之詞的巔峰：

辛亥革命的元老〔注：「興中會」〕在孫中山的領導之下，楬櫫了三個目標：
一、把中國從270年滿清外族的統治之下解放出來〔驅除韃虜〕。

---

235 Hu Shih, "Peace in the Far East,"《胡適全集》，39.34-35。
236 《胡適日記全集》，8.604。

二、推翻千年的帝制〔注：其實是「恢復中華」的種族革命，胡適移花接木〕。

三、建立一個民主、現代、興盛的國家〔創立合眾政府〕。

第一個目標在輕易地推翻滿清以後就達成了。

第二個目標——推翻帝制——也只在受到了些許反抗以後就達成了。中國成為第一個一勞永逸地推翻了帝制的非西方國家。

第三個也是辛亥革命主要的建設性的目標，亦即，建設新中國，就沒有那麼容易達成了。我們過去的三十四年，都在為了這個偉大的目標而奮鬥。我們是有了進步，只是進步緩慢，而且好幾次都是被我們所無法控制的殘暴的外力所阻礙。[237]

然而，從留學時代開始就關切美國輿論脈搏的胡適，是不可能忽視美國輿論界，對國民黨的獨裁與反動所作的嚴厲批評的。在他演講〈辛亥革命34週年〉的一年以前，胡適就已經坦白地承認國民黨在美國輿論界等於是落水狗的身分。他1944年11月17日在紐約所作的〈美國中國藝術學會創社致辭〉（Inaugural Address at the Chinese Art Society of America）裡說：

在組織這個新的學會的時候，我們只不過是要透過研究與欣賞中國的藝術，來為這個中美友誼與瞭解的基礎增添一點心力。促進對中國的瞭解，在今天是特別須要的。我們都知道在最近幾個月裡，美國的新聞界非常嚴厲地批評中國。在所有「聯合國」的成員裡，中國是第一個起來抵抗侵略、而且抵抗最久的國家。然而，它今天大概是最不受歡迎的。

在這種嚴厲批評中國的氣氛之下，我們在這裡開中國藝術學會的第一次會議。我們重新點燃公眾對中國藝術的興趣，就是要把公眾的注意力轉到中國人生與文明裡一些根本的面向。相較之下，戰爭與政治不過是過眼的雲煙而已。

……

237　Hu Shih, "The 34th Anniversary of the Chinese Revolution,"《胡適全集》，39.190-191。

　　一個在藝術的創作上展現出對大自然與自由的熱愛的民族，是不可能被
暴力所征服的⋯⋯238

　　然而，才幾年之間，蔣介石的政權兵敗如山倒。在民心思變的波濤承載之
下，中國共產黨革命成功，取得政權。胡適自己覺得他的中日比較現代化的理
論，從根被拔起，受到徹底的挑戰。他從1933年開始，就一再地描寫中國人
已經在心理上徹底地西化、「如魚得水般地徜徉在現代世界裡」。現在，他如
何解釋中國人不但揚棄了西方的民主制度，而且一面倒地反美、反西方？
　　中國共產黨的勝利，對留美時期就已經反對革命、反對階級鬥爭的胡適而
言，是一個空前的浩劫。那不僅是一個政治革命，而且是一個社會革命。對他
個人以及他所屬的整個階級而言，真可謂是「覆巢之下無完卵」。對自詡為中
國思想界領袖的他而言，中國共產黨的勝利，更致命地意味著他的「中國的文
藝復興」觀念的破產。遺憾地是，晚年的胡適，把他的落日餘暉偏執地浪費在
搜尋中國傳統裡自由、民主，以及理性的成分，以讓他自己抱殘守缺地固執他
那完全名不副實的「中國的文藝復興」的觀念。
　　胡適在1951年11月14日的日記裡說：

　　晚車去 Greensboro, N. C.〔北卡羅來納州的格林博羅市〕的 The
Woman's College of the Univ. of North Carolina〔北卡羅萊納州立大學女子
學院〕的一個 Social Science Forum〔社會科學論壇〕，明早十點可到。239

　　這則日記沒告訴我們他從紐約坐夜車去北卡羅萊納州立大學女子學院作什
麼。次日的日記也隻字不提。這是胡適晚年越來越明顯的習慣。凡是他不願意
讓人知道的，或者他覺得不重要的，他在日記裡或者完全不記，或者記人、記
時、記地點，其他一概不提。原來，他是去參加了一個三天的討論會。11月
15日晚上開始，胡適是第一個講者。當晚他演講的題目是：〈東西文化在中國

238　Hu Shih, "Inaugural Address at the Chinese Art Society of America,"《胡適全集》，39.147-149。
239　《胡適日記全集》，8.616。

的交會〉（Meeting of East and West in China）[240]。

在這個演講裡，胡適又再度地演練他1941年在芝加哥大學〈東西觀念的交流：一個文化傳播的個案研究〉裡所提出來的三大「定律」：一、文化的接受與吸收永遠是選擇性的以及等級性的；二、文化接觸與選擇的自由，是自然與健康的文化採借與交換的必要條件；三、每一個國家的種族和文化的本位，都永遠有其保守性與惰性，可以使它不至於被〔外來的文化〕把它從其文化的根基上拔除而失去了其國家的認同。因此，用民族主義的方法來防止文化的接觸與交換的作法不僅是不必要的，而且是有害於國家與文明正常的成長與發展[241]。

由於題目是〈東西文化在中國的交會〉，再把中日兩國拿來比較未免離題太遠，胡適就用中國的例子來說明他的三大「定律」。最有意味的是，胡適用來說明他的第三大定律——「種族與文化本位」——的例子。他用的是「中國排外的文化長城的崩潰史」（the story of breakdown of China's Great Wall of cultural exclusion）。他說「中國排外的文化長城的崩潰」的歷史有其階段性。鴉片戰爭、五口通商只是一個開始。英法聯軍以後，中國開放了更多的口岸。但「中國排外的文化長城」真正開始崩潰，是在十九世紀最後的二十五年之間。一直到那個時候，中西文化交流的中心與管道才正式建立。胡適強調說：只有在「中國排外的文化長城」真正開始崩潰以後，自由的接觸、自由的討論，以及自由的選擇方才成為可能，改革家與改革運動方才有發展的機會。從那以後，改革運動就勢如破竹。先有戊戌的改革及其不幸的戊戌政變、後來的庚子拳亂。然而，接下來的在辛亥革命，則意味著「中國排外的文化長城的崩潰」的完成。而胡適所領導的中國的文藝復興，就是這個「中國排外的文化長城」崩潰以後的自由環境之下的果實。

胡適接著反問說：這種自由與文化的改變是否摧毀了舊中國及其文明？這種新自由是否使中國與中國人失去其中國的特性？當然沒有。他又以中國的新

---

240 "Meeting of East and West in China—Subject of Social Science Forum," *The Alumnae News*, XXXX.2（November, 1951）, p. 5.

241 Hu Shih, "Meeting of East and West in China,"「胡適紀念館」，HS-NK05-207-002；請注意，《胡適全集》，39.299-314，所收的本文缺最後一頁，而且繫年為1950年代，不精準。

女性作為例子：

　　自從中國女性從小腳的桎梏之下解放出來，而且又得到現代教育以及體育的好處以後，她們就像燦開的花朵一樣，一躍而成為一種最優美、典雅的新的女性物種。她新得到的自由與蛻變，只是使她成為更加自然的中國女性。

語鋒一轉，胡適把矛頭指向共產黨所控制下的中國：

　　〔就像自由使中國的女性，成為更加自然的中國女性一樣〕所有新中國的每一個文化的面向也是如此——至少在中國被日本的侵略破壞，以及被共產黨幾年來的征服與控制所野蠻化（barbarized）以前是如此。
　　我1933年〔在《中國的文藝復興》裡〕對美國的聽眾說：
　　中國的文藝復興緩慢地、默默地，但已經成為一個不爭的事實。這個再生的果實在表面上看起來非常西方。然而，撥開其表層，你就會發現其內涵基本上是那污泥被沖蝕掉了以後反而更加清晰的河床——那被新世界的科學民主文明所吻醒了的人文、理性的中國。
　　今天，我毫不遲疑地站在這裡對各位宣布：這個人文、理性的中國，最後一定還會戰勝眼前這個野蠻的嚴酷的煉獄，在不久的將來會再度浮出——壓迫不了、完好如初（unscathed）、自由無羈（free）。[242]

　　如果「中國排外的文化長城」在辛亥革命以後徹底崩潰，而且，在這個長城崩潰以後，收穫了「中國的文藝復興」這樣徹底西化的碩果，為什麼中國人卻又選擇揚棄西方呢？這點，胡適完全不去措意。晚年的胡適的反共不是一個學術的問題，而是一個不是你死就是我活的生死決戰的問題。既然不是學術的問題，自然就以宣傳、心理戰術為先。
　　胡適晚年對中國傳統的詮釋與看法，是我在第四章要分析的主題。此處的

---

242 Hu Shih, "Meeting of East and West in China,"「胡適紀念館」，HS-NK05-207-002, pp. 15-16。

重點是，胡適晚年對中國的傳統的詮釋已經政治化。他晚年所一再演練的，是他從《中國的文藝復興》開始所作的簡單化、公式化的觀點。他1959年7月6日在夏威夷大學「第三屆東西方哲學會議」所發表的〈中國哲學裡的科學精神和方法〉（The Scientific Spirit and Method in Chinese Philosophy）就是一個典型的例子。在這篇演講裡，他反駁謝爾頓（Wilmon Sheldon）教授以及諾索普（Filmer Northrop）教授說東方沒有科學的說法。他從孔子「廢寢忘食」、「知之為知之，不知為不知，是知也」的傳統開始，歷數漢朝的王充、宋朝的程朱、清朝的漢學家為例，說明中國一直有著科學精神的傳統。他侃侃而言，從古代說到近代。但所有這些都只是注腳，目的是用來支持他在結論裡所要真正說的話：

> 這個傳統成功地留給後代一個公正、謹慎研究、實證、大膽假設小心求證的科學傳統。這個偉大的科學精神與方法的遺產，使得今天的中國兒女，在今天這個現代科學的時代裡，不但不會覺得不知所措，而且反而覺得是如魚得水。[243]

胡適這個學術政治化的傾向已經成形。1960年7月10日，他在華盛頓州立大學的「中美學術合作會議」（Sino-American Conference on Intellectual Cooperation）上演講〈中國的傳統與未來〉（The Chinese Tradition and the Future）。其主旨仍然是他在《中國的文藝復興》裡所提出來的那個公式化了的中國傳統觀。而那個公式化了的中國傳統觀，仍然是用來作為他所要說的學術政治化的話語的注腳：

> 我傾向於相信我所尊崇的「人文、理性的中國」，仍然活生生地存在中國大陸。中國人用來反抗所有那些中古的宗教，以至於推翻它們的那種勇敢的質疑的精神、獨立思考與問難的精神，即使在目前這種令人難以想像的極權控制壓迫之下，仍然能夠流傳與傳播。簡言之，我相信這個「人

---

[243]　Hu Shih, "The Scientific Spirit and Method in Chinese Philosophy,"《胡適全集》，39.617。

文、理性的中國」的傳統還沒有被摧毀，而且很可能是無法被摧毀的。[244]

　　最有意味的是，就在胡適過世前三個月，他卻發表了一篇一反他晚年一貫政治化地稱頌中國「文藝復興」傳統的演講。這注定是一生當中的絕響，而且是聚訟紛紜的絕響。這就是他 1961 年 11 月 6 日在台北的演講：〈科學成長所需要的社會改革〉（Social Changes Necessary for the Growth of Science）。這篇演講是應邀之作。「美國國際開發總署」（U.S. Agency for International Development）從 11 月 6 日到 11 日在台北召開一個亞洲「地區科學教育會議」，參加的代表包括：台灣、南韓、寮國、泰國、越南，和美國，總共 16 名。胡適應邀為這個會議作開幕的演說。這篇演講在他過世以後發表所用的題目是：〈社會變遷與科學〉（Social Changes and Science）。這也是《胡適全集》所收的英文論文最後一篇所用的篇名。

　　胡適在這個演講裡說，他要作一個「魔鬼的辯護士」（Advocatus diaboli; devil's advocate），故意要說大家不喜歡聽的反話。他的主旨就是他在 1928 年所發表的〈東西方文明的比較〉（The Civilizations of the East and the West）的主旨，亦即，那所謂物質的西方文明其實是精神的，而那所謂的精神的東方文明其實才真正是物質的──沒有理想的。他在徵引了他自己在 1928 年那篇文章裡的主旨以後，就鄭重地對聽眾宣布：

　　　　即使我現在回過頭去看，我仍然堅持我三十五年前所持的立場。我仍然相信那是對東西文明一個相當公允的看法。我仍然相信這種對東方古老文明以及近代科技文明的重新評價，是一種必要的思想革命，以便於使我們東方人能夠真心、全心全意地接受近代科學。

　　　　沒有這種打從心裡去作的重新評價，沒有這種思想上的信念，我們對科技的接受都將只會是半推半就的：是一種避免不了的負擔，是一種必要之惡；最多，只有利用的價值，而沒有內在的價值。

　　　　我擔心：在我們真正服膺這種科技文明的哲學以前，科學不會在我們中

244　Hu Shih, "The Chinese Tradition and the Future,"《胡適全集》，39.665-666。

間生根。我們東方人也永遠不會如魚得水地生活在這個新世界裡。[245]

從1933年的《中國的文藝復興》開始，胡適一再宣稱中國人已經是如魚得水般地徜徉在現代世界裡了。現在，在他一生的絕響裡，胡適突然宣稱：「我們東方人」——這當然包括中國人——在真正服膺西方科技文明的哲學以前，「永遠不會如魚得水地生活在這個新世界裡。」這是胡適對中國傳統的定論嗎？

這個問題的答案既是肯定的，也是否定的。胡適在演講當天的日記裡說：

今天有美國外援機構（舊名I.C.A.，本月一日起改稱A.I.D.〔美國國際開發總署〕在遠東各國援助中等學校的科學教育的主持人員在台北集會。在台主持人為Harry Schmid〔許明德〕，曾邀我在他們第一天開會時作二十分鐘或半點鐘的談話。當時他說參加的人不過十六人，所以我答應了。近日我才知道他們不但在報上發表了我「講演」，並且印了請帖。帖上說開幕典禮主要節目是我「講演」"Social Changes Necessary for the Growth of Science"〔〈科學發展所需要的社會改革〉〕。所以我不能不鄭重想想這個場合我應該說什麼話。我昨天決定把我要說的話用英文寫出來。昨天不幸上下午都有幾批客人來看冬秀，所以我到晚上才有工夫寫出一篇可講廿五分鐘的演稿，寫到早上兩點鐘才寫成。

我的話是三十五年前的老話，但在今天似乎還是沒有人肯說的話。[246]

題目是「美國國際開發總署」訂的。可是，有一個重點，胡適日記裡沒有說。那就是，許明德——該總署教育科的科長暨該會議的主席——除了指定了題目以外，還在信上告訴胡適，說為了刺激討論，他希望胡適的演說越有爭議性越好[247]。

---

245 Hu Shih, "Social Changes and Science,"《胡適全集》，39.677-678。

246《胡適日記全集》，9.790-791。

247 Harry Schmid to Hu Shih, October 24, 1961，「胡適檔案」，HS-NK05-167-016。

當時以及後來批評胡適數典忘祖的人有所不知，胡適確實是作了一個爭議性的演說，但那爭議性是應主辦機構之請而發的。胡適在11月17日的日記裡，還黏貼了《英文中國日報》（China News）報導胡適觸怒了立法委員的剪報。口誅筆伐排山倒海而來。11月26日，亦即，演講二十天以後，胡適就因為心臟病問題復發而住進台大醫院。

胡適應許明德之請，作了一個爭議性的演講。然而，即使胡適是故意作了一個「魔鬼的辯護士」，他在日記裡也說：「我的話是三十五年前的老話，但在今天似乎還是沒有人肯說的話。」所以，中國人究竟是已經如魚得水般地徜徉在現代世界裡了？還是「永遠不會如魚得水地生活在這個新世界裡」？

胡適這個問題的答案既是肯定的，也是否定的，端賴我們要聽的是胡適的政治化的學術語言，還是他內心所想的。「中國人已經如魚得水般地徜徉在現代世界裡了。」這是胡適學術政治化的語言，是他從事反共鬥爭所用的語言；反之，中國人在完全西化以前，「永遠不會如魚得水地生活在這個新世界裡。」這是胡適心中真正的想法，只是不足為外人道也。

第三章

天字號學閥，明星級教授

胡適愛北京。我在《日正當中》的〈序幕〉裡，徵引了陳衡哲在1927年的一封信裡調侃胡適的一句話。她笑指北京說：「你的『最文明的北京城』。」[1] 這句話一語中的。然而，胡適更愛的是北大。這不只因為胡適的一生，有十七年多的歲月奉獻給北大，而且，胡適一生所夢寐以求的，是為中國締造一所能躋身世界一流地位的最高學府。

胡適在1926年7月經由西伯利亞到歐洲去的時候，大概從來就沒有想過他會暫時回不了北京。等他1927年5月下旬從美國經由日本回到上海的時候，國民黨的北伐軍已經占領了上海、南京、武漢。雖然國民黨寧漢分裂對奉系所掌握的北京政府而言，已經是到了困獸之鬥的最後局面，但困獸之鬥之下的反動，卻使胡適回不了北京而滯留上海。沒想到這一滯留就是三年半。等胡適一家在1930年11月底搬離上海北返，北京已經不再，而被國民黨改名為北平了。

人在上海、心在北大是胡適在上海三年半生涯最好的寫照。他雖然在「中國公學」擔任了兩年的校長，但他心中所眷戀的還是北大。在國民黨執意改組北大的核心人員的討論過程，胡適雖然明知木已成舟，仍然試圖力挽狂瀾。等到北京的形勢開始明朗化，胡適立即在1929年1月返回他睽違了兩年半的北京，勾留了36天的時間。雖然他在日記、書信、報章上一再宣稱他不回北大搶人飯碗，但他實際上已經開始為他重返北大作籌畫。到了1930年5月「中國

1　江勇振，《舍我其誰：胡適，第二部：日正當中，1917-1927》，頁13。

圖6　1930年12月重返北大任教。（中國社會科學院近代史研究所・中國近代史檔案館館藏，取得授權使用）

公學」校董正式批准他辭校長職以後，他就緊鑼密鼓地安排舉家北返。在半年以後，重返北大開始他中興北大的大業。

胡適1930年代參與中興北大的大業是膾炙人口的一件美譚。只是，就像胡適一生中許多美譚一樣，這也已經進入了「胡適神話」的範疇。塑造這個「胡適神話」的始作俑者是蔣夢麟。他在傅斯年過世以後的一篇回憶文章裡說：「九一八事變後，北平正在多事之秋。我的參謀就是適之和孟真兩位。事無大小，都就商於兩位。他們兩位代北大請了好多位國內著名教授。北大在北伐成功以後之復興，他們兩位的功勞，實在太大了。」[2]

許多景仰胡適的人，就以蔣夢麟的這段話作為基礎，塑造了胡適隻手中興北大的神話。舉凡：運用他作為「中華教育文化基金會」董事的地位，為北大申請到專款補助北大設立「研究教授」；一到北大就出任文學院長，為北大延聘知名教授；以蔣夢麟所說的「辭退舊人，我去做；選聘新人，你們去做」為令牌，改革北大中文系，掃除了章太炎傳統、守舊的餘緒等等。所有這些都有事實的根據，但都不如這個「胡適神話」所說的簡單、整齊、與黑白鮮明。

事實上，就以「中基會」專款補助北大這個案子為例來說，胡適自己就說

2　蔣夢麟，〈憶孟真〉，轉引自歐陽哲生，〈傅斯年與北京大學〉，《新文化的傳統——五四人物與思想研究》（廣州：廣東人民出版社，2004），頁496。

得很清楚：這個補助專案的構思者並不是他，而是「中基會」美國董事、「北京協和醫學院」代理校長顧臨（Roger Greene）。然而，真的是「言者諄諄，聽者藐藐」。這個「胡適神話」真的是「鑽」之彌「堅」，誰都動搖不了。連余英時都認為「那是一種謙詞，其實並不可信。」用我在本章裡會引用的余英時的話來說：「這個案子表面上是由美國董事Roger S. Greene（顧臨）提出，背後的原動力主要是胡適。」

事實上，如果我套用余英時這句話來說，就必須把它修正為：這個案子不但在表面上並不是由顧臨提出的，而且其背後的原動力也不是胡適。其背後的原動力是顧臨；胡適只是顧臨這個案子裡的參謀。

這絕對不是要一筆抹殺胡適在中興北大大業上的貢獻。根據檔案資料，把「中基會」補助北大的專案的「原動力」，回歸給胡適已經早就指出的顧臨，是研究歷史的第一步工作。更重要的是，我們只有在作了這第一步釐清事實的歷史研究工作以後，方才可能進一步地抽絲剝繭。先是去分析胡適如何擬訂計畫，把這個經費資源從構想化為實際。然後，再運用這筆經費聘任知名教授。這些知名教授的聘任所反映的，當然有胡適「知人善任」的一面。然而，它也有其「以鄰為壑」的負面之所在。為了中興北大，胡適不惜從四處挖角。換句話說，北大之得，是建立在其他學校或研究機構之失的基礎之上。

胡適改革北大中文系，固然有新文化派與傳統舊派、文言與白話、考據與詞章、「某籍某系」之間、甚至個人恩怨的糾葛。然而，歷來參與塑造這個「胡適神話」的研究與闡述，都完全沒有意識到胡適所致力的，是現代學術事業的建立。他固然不可能超越個人與派系的成見。然而，他的眼光已經遠遠超越了所有這些傳統地域、派系、學風的狹隘界域。他的遠見，是要以「北京協和醫學院」作為楷模，把北大的文學院締造成為一個「文科的北京協和醫學院」。

胡適所要改革的不只是北大的中文系，而是整個北大的文學院——「文科的北京協和醫學院」——包括中文系、歷史系、哲學系，以及英語系。胡適有他的理念，也有他的成見。在哲學方面，我在《日正當中》裡，已經分析了他在1920年代挪用、曲解杜威所形成的「哲學破產論」或「哲學關門論」。在文學方面，他還有我在本章會提到的「史」可以包「文」、但「文」不能包

「史」的謬論。然而，他的「文科的北京協和醫學院」之夢注定是只是一場夢。就像他在日記裡所惋嘆的：「『九一八』的一炮！」把他、蔣夢麟、傅斯年等人費了九個月的工夫所籌畫的「新北大」之夢給擊碎了。

當然，事實永遠不會是那麼地簡單、整齊、和清楚。「『九一八』的一炮！」絕對不是胡適把北大文學院締造成為「文科的北京協和醫學院」之夢的唯一阻礙。人事、傳統、畏難之心、甚至機構的惰性，都是改革的阻力，更遑論人才與資源了。事實上，「選聘新人，你們去做。」這一點，胡適早在1930年1月一到北大就已經開始進行了。至於「辭退舊人，我去做」這一部分，一直要到1934年5月才發生。其波及的範圍不只中文系，並及於歷史系和英文系。然而，中文系「辭退舊人」造成了軒然大波，造成了滿城風雨。焉知這個軒然大波是否也造成了胡適改革北大文學院的阻礙？

胡適從1920年代開始，就鼓勵北大人不但要努力作學閥，而且要作學閥中最高的學閥。他1930年代在北大的改革，特別是辭退中文系舊人的作為，被譏詆為獨攬北大文科大權的結果。毫無疑問地，1930年代的胡適是學閥中的學閥。北大文學院長以外，他身兼中文系主任、文科研究所主任。甚至還一度擔任過教育系主任以及英語系代系主任。

當然，胡適的「努力作學閥說」是貶詞正用。他要北大人個個努力作頂尖的學者，一齊把北大締造成為一個世界級的大學。他自勵勵人，凡事從自己做起。他不但是天字號的學閥，他也是一個認真盡責的教授。我在《日正當中》裡，分析了胡適1917年到北大任教以後認真備課教學的情形。不但如此，胡適而且充分地體現了「教學」、「著述」、「講演」相長的道理。1930年代回到北大的胡適，依然秉持著這個教育的理想。隨著他的中國哲學史──或者用他從1930年代開始喜歡用的「中國思想史」──的研究從古代延伸到中古，隨著他的教學從哲學史轉到中國文學史，胡適在這個階段裡的「教學相長」也反映在這個研究與教學的轉變。然而，不管其著重之所在如何轉變，胡適作為一個勤學認真的學者教授，是始終如一。

胡適不但是一個認真盡責的教授，他還是一個明星級的學人。他在北大講課，其課堂上大多數的學生，與其說是去上課，不如說是看明星去的。枯燥無味的哲學史課程，聽課學生的人數，往往是真正選課人數的三到五倍之多。在

北大如此，在公眾演講的場合更是如此。不管他講的題目是讀書還是哲學，他的演講是人未到就先轟動。其結果常常是會場被慕名而來的聽眾擠爆。

　　作為一個天字號學閥、明星級教授，胡適1930年代在北平過的是優渥的生活，比他1917年到1925年間的生活，恐怕有過之而無不及。他米糧庫四號的三層洋樓號稱「百松園」，院子裡有近百棵的松樹。他在1920年代擁有私家人力車，1930年代的他，則出入有美國「福特」轎車。他1920年代的收入，一如我在《日正當中》所分析的，高過於美國的教授。版稅不算，光是他北大一個月的收入，就足以養活當時北京五口一家的窮人三年。我們很可惜沒有胡適1930年代版稅收入的資訊。然而，光是他在北大一個月的收入，仍然足以養活當時北平五口一家的窮人二·六年。

人在上海、心在北大

　　胡適一生跟北京大學的關係分成三個階段。第一個階段八年，從他1917年9月到北大任教開始，到他在1925年8月底離開北京南下。胡適與北大第一階段的關係就到此結束。該年10月間，他輾轉到了上海。一住就住了半年，一直到1926年5月才北返。然而，同年7月，他離開北京，經由西伯利亞到英國去開英國退還庚子賠款的會議，然後又到了美國。1927年5月，胡適回到上海以後，就一直住在上海。胡適與北大的第二個階段，是從1930年11月底開始。當時他全家搬回北平。次年2月北大開學，二度開始他在北大的生涯，一直到1937年9月他奉蔣介石之命到美國從事宣傳工作為止。這個階段將近七年。第三個階段為期最短。他在1945年9月被任命為北大校長。然而，他一直要到1946年7月才從美國回到上海。8月2日正式上任。1948年12月，蔣介石派專機接胡適和江冬秀離開已經被解放軍包圍的北平。他就這麼匆匆狼狼地結束了在北大兩年四個月的校長生涯。

　　如果人生是一齣戲的話，胡適在北大的生涯是以大起開始，而以大落（anticlimax）結束。這第三個階段的「大落」是第四部的後話，現在暫且不表。有關胡適在第一個階段裡對北大建樹的貢獻，我在《日正當中》裡已經詳細分析。在那第一個階段裡，胡適一躍而成為中國文化思想界的新星。那是他

一生的日正當中。在第二個階段裡,胡適是以大老的身分回到北大。那是他一展抱負,立意要把北大建設成為中國學術重心的時候。這是本章的主題之一。

胡適在1927年歐遊以後回到中國那一段極其曲折與戲劇性的經歷,我在《日正當中》以及本部的第一章裡,已經詳細分析過了。他即使再想念北京,再想念他在北京的藏書,他也知道北京是暫時回不去的了。胡適回到上海的時候,正是國民黨在上海屠共以及寧漢分裂以後。國民黨的北伐,在北京所造成的反應,是政權奔潰前本能的反動與肅殺。在北洋政府的白色恐怖之下,高仁山在該年9月28日,以「加入政黨」、「散布傳單」、「反對現政府」等罪名被捕。次年1月15日,被綁赴天橋槍決。北洋政府的教育部也反動不落其他部會之後。教育總長劉哲在1927年9月8日發布訓令:

> 查此歲以來,各學校教授國文類多重用語體,弁髦文言。教師相詡為標新,學生藉此而藏拙。坐令俚鄙流傳,斯文將喪。長此不改,恐焉堪憂。合亟令仰該學長,所有國文一課,無論編纂何項講義及課本,均不准再用白話文體,以昭劃一而重國學。其各遵照毋違。此令。[3]

可能由於研究寫作需要參考他留在北京的書,胡適就是按捺不住他那顆急於想回北京的心。丁文江在1928年1月22日,也就是高仁山被槍決一個星期以後給胡適的信裡說:「董顯光有信來說,在上海曾勸你不要北來,你不肯聽……現在既有高仁山一段事故,你更不可冒昧。」[4]顯然胡適是暫時死了心。此後一段時間裡,我們沒有看到朋友勸誡他不要北歸的信。

其實,當時受到政局動盪影響的教授並不只是胡適一個人。1927年8月6日,教育總長劉哲呈請北洋政府將京師國立九校改組歸併,定名為「京師大學校」。北大既已不存,胡適不能北返,許多北京的教授也紛紛南下避禍。據說在奉系軍閥張作霖的白色恐怖政策之下,北大及其他各校教授紛紛南下,留京

---

3 〈教育部訓令第一六九號〉,王學珍、郭建榮編,《北京大學史料》,第二卷,二,1912-1937,頁1184-1185。

4 丁文江致胡適,1928年1月22日,《胡適來往書信選》,1.459。

者不過十分之二、三。白色恐怖所籠罩的不僅是教授，也包括了學生。根據當時一個京師大學校的北大學生的描述，兼任京師大學校校長的劉哲慟嚇一個學生說：「勿搗亂。我有三法令汝死：一、誣你為共黨，送往天橋；二、逮捕後，命獄吏將汝毒斃；三、用汽車運往南口，埋之炭坑。」[5]

　　因此，胡適留在上海，其實是滯留。只是，他沒想到這一滯留，居然就是三年半的時光。胡適滯留住上海這段時光裡，最主要的工作就是出任他少年時期就讀過的中國公學的校長。他在中國公學的所作所為，為之著墨的人已經不少，但多半是歌頌其對中國公學的貢獻。最持平、最能指出胡適在中國公學的建樹及其局限的，是嚴海建。他指出胡適留在上海是一個權宜之計、出長中國公學是盛情難卻、兼及紀念自己成長的里程

圖7　胡適1929年10月12日，在之江大學為第十一次青年會大會演講後攝。（胡適紀念館授權使用）

碑，以及中國公學作為一個私立學校有著連胡適都難以克服的經費短絀的困境。有興趣的讀者可以取來一閱，此處不贅[6]。

　　胡適會出長中國公學是一個因緣際會。可以想見的，滯留上海的他是人人都爭相邀攔的對象。顧頡剛在1927年7月22日的信裡就說：「聞〔馬〕寅初先生說，先生將到浙任大學國文系主任，確否？」[7]該年夏天，當時在廣州的中山

5　艾和薰，〈我們復校的經過〉，《國立北京大學卅一週年紀念刊》，頁43。

6　嚴海建，〈胡適任中國公學校長史事述論〉，《安徽史學》，2012年第5期，頁139-148。

7　顧頡剛致胡適，1927年7月22日，《胡適來往書信選》，1.440。

大學任教的傅斯年到了上海。他在與胡適唔談以後，顯然認為他已經成功地說服了胡適先到中山大學看看，再決定是否留下來任教。他在是年8、9月間給胡適的信上說：「我返後與校中談及先生，都盼望先生到此教書。先生此時恐怕不能就動身，但12月總盼望來此一次，演講二、三禮拜，並指導我們研究所。校中送先生來往川資及一個月的薪（毫洋五百元）。如看的滿意，肯留下，自然更是我們歡喜的了。」[8]

不知道因為是胡適信誓旦旦，還是因為傅斯年自己一廂情願，中山大學以為胡適連南下的日期都已經商定了。中山大學校長戴季陶在1928年4月3日去信催駕：「前聞孟真兄云：先生已允於四月初旬買舟南下。今已即期，尚無登程確信，不勝勞想。謹再託孟真兄以函電促駕，並為專備行館。務懇即時啟程，以慰多士之渴望。」[9]傅斯年接著在4月6日寫的信更是讓人覺得胡適確實是作了「君子一言既出」的承諾：

> 我於去夏返後，即揚言先生將來，然尚未公然宣布。此次回來，竟公然宣於校報。此間學生大喜過望。目前無日無人不來問我，先生究竟何日方能到。上月中，我無奈（當日驅先〔朱家驊〕方走），還貼了一個告白。即用寄來短信為主料，加上些想當然的話。結論是：「諸君於四月十日必能聽到胡先生講了。」如竟不來，使我下不來臺事小，使先生於此間諸生心中失望，事乃大矣。[10]

沒想到戴季陶與傅斯年的去信如石沉大海。原來，胡適在4月4日就帶著祖望與高夢旦、沈昆三遊廬山去了，一直到13日才回來。傅斯年還是看了報紙，才知道胡適是因為出遊去了才一直沒回信。最驚人的是，胡適到了這個時候，仍然跟傅斯年虛與委蛇。根據傅斯年5月15日的信，胡適還甚至在當天打

8　傅斯年致胡適，1927年8、9月，《胡適來往書信選》，1.455。《胡適來往書信選》編者繫此信為1927年底，誤。

9　戴傳賢致胡適，1928年4月3日，《胡適來往書信選》，1.476。

10　傅斯年致胡適，1928年4月6日，《胡適來往書信選》，1.455。

了一封英文電報，說暫時不能來了。只是，他又信誓旦旦地許諾他下一年必定到中山大學。這就讓傅斯年在失望之餘，繼續盼望胡適的到來：

> 奉電。不勝失望之至！前季陶先生及斯年長信所言，皆係實情。迄未得復，甚以為怪。後始知赴廬山。然4月15日上海報已載先生新聞。今奉電，更盼稍以信示其概，以便對學生宣布也。"solemnly promise"〔鄭重許諾〕「皇天后土，實聞此言！」（一笑）惟"next year"〔來年〕是否指下學期？冬學期（即下學期，最好十一月初來）廣州天氣再好不過也。[11]

　　然而，中山大學的事卻雷聲大雨點小地倏然無疾而終。傅斯年後來也沒再寫信催駕。其實，胡適在打電報給傅斯年說他「鄭重許諾」「來年」會來的四天以後，也就是5月19日，就在日記裡透露了他根本就不會去的線索。這個線索雖然指的與傅斯年原先邀請胡適的計畫不同，但其指出的結論則如一：「蔡先生拉我細談，問我肯不肯到廣州中山大學去做副校長。驪先現任浙江民政〔廳〕長，季陶又任廣州政治分會事，故他要我去。我謝絕不能去，說了兩個理由：第一是我現在決計開始做《哲學史》，不能做這樣的事；第二是季陶的思想近來頗有反動的傾向，恐怕不能長久合作。」[12]

　　值得注意的是，就在戴季陶、傅斯年仍然在數日子翹盼著胡適馬上就要南下的時候，胡適卻曾經考慮出長清華大學。他在1928年3月27日的日記裡說：「見著〔湯〕爾和：上回他說鈞任〔羅文幹〕邀我去做清華校長，我不曾答應；今天他又問我，我說：『如校長由董事會產生，我不反對；若由任命，或外部聘任，我不能就。』但後來細想，還作書去辭了。」[13]胡適這封辭卻的信而且寫得很奇怪。他說：「我實在不能做管理學校的事，尤不願服事今日的學生老爺們……將來鬍子白了的時候也許肯出來做幾年校長。現在只想趁精力未

11　王汎森、潘光哲、吳政上主編，《傅斯年遺札》（台北：中央研究院歷史語言研究所，2011），1.139。

12　《胡適日記全集》，5.139。

13　《胡適日記全集》，5.13。

衰的時候，努力多做點有益工作，不應該浪費精神去做性所不近的事業。」[14]

胡適蔑稱當時的學生為「學生老爺」，而且用「不願服事」他們這樣的字眼來形容教育事業。這是愛惜公共形象的胡適，即使在日記、私信中都雅不願透露，在這裡卻不慎洩漏出他內心想法的一次。其實，除卻巫山不是雲。清華雖然讓胡適稍微心動，但它畢竟不是北大。

胡適大概萬萬沒想到他才辭掉清華，卻一腳踏進了中國公學。1928年4月26日，胡適當年在中國公學的老師商務印書館的王雲五請他吃飯，同席者有但懋辛、朱經農、劉秉麟、丁燮音等人。王雲五是他當年就讀中國公學時的老師，其餘諸人是他當時的同學。他們都是中國公學的校董。當時，中國公學為了校長的問題所引起的風潮已經持續了一個月了。他們已經相繼遊說胡適出來收拾局面。或者用胡適自己在日記裡的話來說，「都來逼我」。在宴席上，胡適「一時高興，遂允為維持兩個月。」回家以後，他大為懊惱，在日記裡記說：「今天套上一件鐐銬，答應去做中國公學的校長。」「此事殊不智，事後思之甚懊悔。」[15]

然而，君子一言既出駟馬難追。次日，中國公學校董開會，正式票選胡適為校長。胡適在日記裡仍然一副不情願的口吻：「他們對於母校這樣熱心，叫我無法擺脫。只好把這學期辦了再辭。」[16] 6月25日，舉行就職典禮。胡適在當天的日記裡說：「今日在中國公學行就職禮。套上這一箍，不知何日能解下。我所以不忍一丟就走的緣故有三：一、熊錦帆、但怒剛、丁燮音諸同學真熱心辦此事，我不忍丟了他們就走；二、這個學堂當初確然於我個人的發展曾有大影響；我若不進中公，後來發展的方向當不同；三、此時我行就職禮，可以表示一種態度，表示我不想北去。」[17]

這一則日記裡最奇特的一句話是：「此時我行就職禮，可以表示一種態度，表示我不想北去。」胡適明明「人在上海、心在北京」，又要一再鄭重聲

14　胡適致湯爾和，1928年3月28日，《胡適日記全集》，5.13-14。

15　《胡適日記全集》，5.74。

16　《胡適日記全集》，5.80。

17　《胡適日記全集》，5.200。

明他「不想北去」。這句話就是點出了他這種「此地無銀三百兩」心理的第一個線索。這個線索所指的答案，在一個月前胡適在南京所寫的日記裡。

1928年5月17日，胡適搭夜車到南京去，原因是：「我想一年不到南京，早已招人疑怪。今天去還可以看見一次全國教育會議的大會，遂決計今晚起程。」[18] 次日「上午七點到南京……到平倉巷王雪艇寓處。周鯁生、顏召亭都在此住。」[19] 5月23日的日記是關鍵：

> XXX來談一件事，使我大笑。
>
> 前天南京宣傳北京已攻下了。有一位教育大家信以為真。立刻搭車來上海，準備趁〔乘〕船趕到天津。預備在馮〔玉祥〕大將軍的庇護之下接收京師大學，做八校的總長。他到了上海，才知道那天的消息不確，所以至今還逗留在上海。
>
> 他知道馮是不喜歡蔣夢麟的。但他卻愁蔡先生自兼北大校長，而派代表去辦。他說，「萬不得已，只好搶清華。」
>
> 哈哈，他們在馮大將軍幕下吃每月六元六角的糧，所為何來？為的是「有大欲存焉」。將來打到北京時可以大大的得意一番！果然這種急色相都露出來了。將來搶飯碗打破頭的事還多著呢。我們瞧著罷。
>
> 上回在南京平倉巷時，雪艇、鯁生等都想回北大去。聽說夢麟也想回去。我是不回去的了。北京可以去，北大我是不回去的了。搶人飯碗，罪過非輕！[20]

這「吃每月六元六角的糧」所指是什麼，胡適也在同年4月1日日記裡提供了解釋。只是，原來頗正面的描述，在此處變成了嘲諷：

> 唐〔悅良〕君〔在清華同學會上〕報告馮玉祥方面的狀況，頗能使

---

18 《胡適日記全集》，5.135。
19 《胡適日記全集》，5.135。
20 《胡適日記全集》，5.146。

〔人〕起敬。河南省政府的官，每人每月二十元；總司令部的人員，每月只有六元。他們食宿都是共同的，有點像柏拉圖共和國的「統治者」的生活。宴會是不准的。河南的標語是：「浪費一文便是反革命。」平常的飲食很簡單，米飯每星期有兩頓。蔣介石到鄭州，馮玉祥請他吃飯，兩菜一湯，算是盛饌了。[21]

原來胡適聲明說他「不想北去」、「北大我是不回去的了」，是因為「搶人飯碗，罪過非輕！」然而，這個不搶人飯碗的事，對胡適這種誰都搶著要的人而言，說來容易作來難。

1928年6月初，國民黨的北伐軍進逼北京。6月3日，張作霖離開北京。次日，他所乘坐的火車在皇姑屯被炸。6月6日北京易幟，改掛青天白日旗。6月8日，國民政府議決合併北京各大學為「中華大學」。6月20日，國民黨中央政治會議議決北京改名為北平。我們記得1927年8月，北洋政府把北京的九所大學歸併成為「京師大學校」，以蔡元培兼校長，由李石曾代理。6月3日，張作霖才離開北京。北大學生在5日就召開了復校運動委員會議，發表宣言：「我們的北京大學，在青天白日旗照耀之下，在國民革命軍降臨市民歡聲雷動之日，跟著北伐的成功而復活了。」[22]國民政府6月8日的議決，把北京各大學合併為「中華大學」，等於是把「京師大學校」改名為「中華大學」而已。這個決定對北大的學生而言，不啻是晴空霹靂。

其實，何止是北大的學生，北大隸屬於「中華大學」，對許多此生認定為北大人的人而言，也是晴空霹靂。6月13日，胡適收到蔡元培與楊銓的快信，說15日下午大學院要開會，討論中央大學與中華大學之事，要胡適務必去一趟。胡適在次日晚再搭夜車，15日早上六點半到南京。當天下午的會議是典型的橡皮圖章的會議。決策已定，會議只是把討論引導至既定決策的結論而已。這既定的決策就是北大等大學改隸「中華大學」，由李石曾出任校長。當天的會議之所以高潮迭起，就是因為胡適不知道那根本就是一個橡皮圖章的會

21 《胡適日記全集》，5.23。
22 《大公報》，1928年6月15日，第二版。

議，執意要爭北大的獨立，並以蔡元培為校長。這迭起的高潮，胡適當天的日記記得最為精采。茲摘錄幾段：

蔡先生報告北大問題的經過，有兩點：一、改名中華大學；二、他自己不願兼中華大學校長，請會中決定推李石曾為校長。

我起立說：一、北京大學之名不宜廢掉；二、石曾先生的派別觀念太深，不很適宜，最好仍請蔡先生自兼。風雲大起了。

張乃燕起來說，蔡先生的兼收並蓄，故有敷衍的結果。李先生派別觀念深，故必不敷衍，故李石曾最適宜。

吳稚暉起來說了半點鐘，說明北大之名宜廢，李石曾是「天與之，人歸之」……他說，石曾先生向來是很能容人的；但近幾年來的舉動，他也不滿意。但度量是比較的。譬如有一百個人才，蔡先生能容七十個，石曾先生大概只能容四十個。胡適之先生大概也不能容七十個。但現在北京的情形，除了石曾之外，還有誰人能去做中華大學校長？

易培基於是敘述那回提出石曾長中華大學的經過。他先和稚暉、靜江商定了推石曾為中華大學校長。決定之後，那天早上來尋蔡先生。只見一面，未及交談，見著杏佛。杏佛說：「寅村〔易培基〕先生來的正好。大學院今天預備提出北大的事。蔡先生自己願意兼，不好自己提出，請寅村先生提出。」易就去尋蔡先生，說他不能提蔡先生，因為事前已和吳、張兩位商量定了推石曾先生。若改推蔡先生，豈不成了「賣友」？所以後來國府會議有調停的辦法。請蔡先生為校長，未到任以前，由李石曾先生代理〔注：亦即上述6月9日國民政府的議決〕。

……

我起來說：「我絕對不想回北大去，故我自己絕不成問題。吳先生說，蔡先生能容七十人，石曾先生能容四十人，我自己也至多能容四十五人罷了。但我不想做北大校長，故絕無問題；但石曾做北大校長，卻有問題，故我提議，仍維持國府原案，蔡先生仍為校長，由石曾先生代理，或可救濟一點。」

蔡先生說：「這不好。還是決定請石曾先生。關於寅村先生所說，我還要補充幾句。那天我就沒有想到石曾先生要做校長。後來才知道你們幾位

先有了一次會議，已決定了。但那天匆匆地我一時沒有餘暇回轉過來。現在都明白了，所以決定請石曾先生為中華大學校長。」

孤軍奮戰的胡適說吳稚暉大發其「『破茶壺』的妙論。說：李石曾先生要拿這把茶壺，就讓他拿去罷。我們只希望他不要耍闊少爺脾氣，搶去摔了就完事。只希望他好好地用。」吳稚暉扯出了兩年前《現代評論》派與魯迅派之間的筆墨官司，說「最可怕的是『蜀洛相爭』。」胡適說：

> 我忍不住了，說蜀洛相爭是沒有的事。
> 他直跳起來說，「沒有！怎樣沒有？他們不曾通緝易寅村先生、李石曾先生和我們嗎？」
> 我說，「沒有的事！我們幾個熟人之中，人格上總信得過，不是他們幹的事。」
> 他直跳起來，離開座次，大聲說，「你本來就是反革命！……」

眼看著他自己是孤軍在力排眾議，胡適於是站起來說：「大家的意思既然一致主張石曾先生，我也只希望他的親戚朋友規勸他，不要把這把破茶壺摔了。我說的話是老實的。但只是一種忠告。不是什麼搗亂。」
一直等到開完會了以後，胡適才知道決策老早在會前就已經定好了：

> 會完之後，稚暉摸出幾張電報來，丟在我面前，說：「哪！人家人都派定了，還有什麼說頭呢？」我打開看時，都是石曾給靜江、寅村的電報。一封說：中華大學校長事，須四星期後始可就職。茲派楗章〔李麟玉〕、〔李〕書華、子昇〔蕭瑜〕三人接收中華大學。一封說：加派沈尹默接收。
> 電文中全不提大學院與蔡先生。我說：「吳先生，你若早點給我們看這兩個電報，我們就可以不開口了！」[23]

---

23 《胡適日記全集》，5.181-185。

　　愛護北大的胡適護校心切。眼看著國民黨北伐即將成功以後，揚南抑北。南京的東南大學易名為中央大學，受盡恩寵；北大則任其凋零。胡適老大不忍。5月21日，在胡適前一次到南京的時候，出席了中央大學的邀宴。他在當天的日記裡說：「午刻，中央大學宴會，他們又逼我作答辭，我實在沒有話說，便說了幾句不很客氣的話。」幸好胡適在當天的日記裡黏貼了一份剪報，讓我們得以知道他所謂的「不很客氣的話」，就是為北大抱不平的激憤之言：

> 中央大學校長張乃燕於21日12時，在該校體育館特備佳餚，歡宴全國教育會議各代表……胡適於鼓掌聲中，以許壽裳之請，起立演說云：……想中央大學在九年前為南高。當時我在北大服務。南高以穩健、保守自持，北大以激烈、改革為事。這兩種不同之學風，即為彼時南北兩派學者之代表。然當時北大同人，僅認南高為我們對手。不但不仇視，且引為敬慕。以為可助北大同人，更努力於革新文化。今者北大同人，死者死、殺者殺、逃者逃。北大久不為北大；而南高經過東大時期，而成中央大學。經費較昔日北大多三倍有餘，人才更為濟濟。我希望中央大學同人，擔任北大所負之責，激烈的謀文化革新，為全國文化重心。[24]

　　胡適為北大發激憤不平之言，在大學院的會議上，為維持北大的名稱孤軍跟吳稚暉等人奮鬥。北大的學生也為護校而奮鬥著。國民政府先是把北京的各大學合併為「中華大學」。旋又於9月21日通過了「北平大學區」，將「中華大學」改組為「國立北平大學」，以李石曾為校長、李書華為副校長。北大師生群起反對，發起復校運動。兩次大會請願不果以後，搗毀校牌門窗，並擊碎李石曾、李書華住宅門窗。李石曾於12月1日派軍警赴北大接收，學生則鳴鑼振鈴，邀集三百餘名學生分赴各院把守，拒絕接收。

　　歷來描述北大這段歷史的人，都根據李書華的回憶，說一直到1929年初，北大學生代表到南京請願。吳稚暉「挺身而出，願作調人」，協商議定將

---

24 《胡適日記全集》，5.143-144。

北大舊有的三院稱為「北大學院」，以示獨立[25]。事實上，李書華、吳稚暉都是改組北大的始作俑者。吳稚暉根本就不是調人，他只不過是那「解鈴還須」的「繫鈴人」。

北大學生代表接受了吳稚暉所提出的斡旋辦法。然而，他們把斡旋條件打電報回北大以後，全體學生譁然。北大學生在1月24日召集緊急代表會議，否認到南京代表所接受的斡旋條件，堅持維持北京大學的校名，並要求校長由學生選出，再由中央任命。學生所選出來的校長候選人名單有胡適、陳大齊、蔣夢麟、顧孟餘、蔡元培等人。其中，以胡適的呼聲最高。由於當時胡適已經在北京，住在任鴻雋、陳衡哲夫婦家，北大學生派了代表去詢問胡適的意願[26]。

停課了九個月之久的北大，終於在1929年3月11日開學復課。結果，這整個學制的改革，證明是國民政府的庸人自擾。該年6月，國民政府取消大學區制。北京大學於8月恢復舊名。

所有有關北大的這些，胡適都關注著。他甚至注意到北大學生在罷課期間自費慶祝北大校慶的報導。他在1928年12月17日的日記裡說：「今天見報上記北大學生舉行三十週年紀念，經費由學生自備，不禁為之一嘆。」[27]

1929年1月16日半夜11點，胡適搭夜車啟程前往北平：「此為歸國後第一次遠行。」[28] 19日夜9點多鐘抵北平。這是他1927年歐遊回國以後第一次回北平。胡適在1956年寫《丁文江的傳記》的時候說：「民國十八年（1929）一月十九日，我回到北平──這是我民國十五年出國遠遊以後第一次回到北平。我在任叔永家住了三星期，在在君家住了兩星期。我那時在上海住家，這一次北去是因為北平協和醫學校改組董事會，舉了我做董事，我是赴會去的。」[29]

這個二十七年以後所作的回憶，抵達的時間、勾留北平的時間都正確，惟

---

25 例如，楊翠華，〈蔣夢麟與北京大學，1930-1937〉，《中央研究院近代史研究所集刊》，第17期下冊（1988年12月），頁268。

26 〈胡適抵平後之北大學潮〉，《教育雜誌》，第21卷第2號，1929年2月20日，轉引自《北京大學史料》，第二卷，一，1912-1937，頁59。

27 《胡適日記全集》，5.478。

28 《胡適日記全集》，5.526。

29 胡適，《丁文江的傳記》，《胡適全集》，19.494。

獨去北平的原因是錯的。胡適在1929年1月中到北平去的時候，他還不是協和醫學院的董事，不可能去開其董事會。一直到1929年初，協和醫學院的董事有13名，其中只有一個中國人，亦即施肇基。為了順應國民政府註冊立案規定私立學校——包括教會學校——的董事會必須中國董事占大多數的章程，協和醫學院特別先在1929年4月在紐約召開董事會，安排讓五位美國董事辭職，改選了五位中國董事，後來又在北平所召開的新董事會另外改選了一名中國董事，終於符合了國民政府中國董事占大多數的規定。胡適就是該年4月在紐約被選為董事的五位中國董事之一[30]。協和醫學院新董事會在北平開會是在1929年7月5日。胡適回憶的時候，把他當年7月去北平開協和醫學院董事會，跟他前一年1月去北平的事情混淆在一起了。

　　胡適在《丁文江的傳記》裡還有另外一個把時間混在一起的錯誤的地方。他說：「我記得民國十八年九月我回到北平時，有一天在一個茶會上遇著在君，他的第一句話就是：「適之，你來，你來，我給你介紹趙亞曾。他是北京大學出來的地質學的天才，今年得地質學獎金的！」[31]我認為丁文江介紹趙亞曾的時間也是在1929年1、2月胡適在北平的時候。我們知道趙亞曾很不幸地在該年11月15日在雲南作地質調查的時候被土匪殺害。趙亞曾的調查團是3月2日從北平出發的。9月的時候，這個調查團已經到了四川[32]。胡適是不可能在那個時候在北平的茶會上認得趙亞曾的。

　　總之，胡適1929年1月去北平主要是去提取中國公學的存款。根據他該年1月23日在報端發表的談話：

　　　　余本月十六日自上海動身，由平浦路北上，過南京，並未停留，十九到此。此來任務有二：第一、余係民國十四年九月離平去國。返國後，未得來平。茲趁新年，稍有空閒，特來將從前存留之書籍，運往南方，以便參

30　Mary Ferguson, *China Medical Board and Peking Union Medical College*（New York: China Medical Board of New York, Inc., 1970）, p. 63.

31　胡適，《丁文江的傳記》，《胡適全集》，19.424。

32　黃汲清，《我的回憶——黃汲清回憶錄摘編》（北京：地質出版社，2004），頁44, 50, 55。

考；第二、余受吳淞中國公學委託來平，提取存放興業銀行之公債票四十
萬元⋯⋯日來正忙於辦理，此事，迭與在平前該校校長及校董王敬芳及但
懋辛校董等商洽。二十三日上午十時，即可在興業銀行將手續辦妥。

胡適此行主要的目的確實是為了到北平提取公債票四十萬元，可以從他啟
程前跟當時住在北平的王敬芳的來往信件裡得到佐證[33]。

胡適接著說明他接下來幾年的人生規畫在於著述，特別是他的中國哲學史
的中卷。中國公學，他強調只是客串：

余半年來除在中國公學略為照料外，恆致力於作文章與讀書。中國公
學⋯⋯余不過每週前去一次，並擔任二小時功課。余年來工作，已表現於
各雜誌及已出版之《中國國語文學史》。此番將書籍南運而後，將專力求
中國哲學史中卷之早日完成。美國哈佛大學，邀余前往任中國學術講座，
今夏即需前往。惟余子現患肺病，誠恐春初再發，行期略為展緩。燕大與
哈佛本為一氣，余此來順便與燕大交涉，望能將行期改遲。渡美講學之期
定為一年。將來仍須回國。蓋余之著述工作，不適於久居外國也。

事實上，胡適甚至表示他此後將閉門著述，不再教書。他在這則談話的尾
端說：「余近來及今後惟努力作閉人。年來政治逐漸穩定，書的銷路較好。如
余恃書為生之人，今後可無求於人，專事著述，以為個人報答國家社會之道，
於願斯足。」

這段談話裡，最有意味的，是胡適用來撇清他此行與他要回北大有關的說
法：

今後余或久居南方，恐難來平。以余在北方為感冒傷風，住南方則為較
適宜。至日來報載，余此次來平與解決北大學潮有關，絕對不確。又載北

33　王敬芳致胡適，1928年10月30日；胡適致王敬芳，1928年11月15日，《胡適來往書信選》，
1.495-496, 498。

大學生將請余任院長，余對此說殊覺奇突。余係北大一個逃兵，於民國十四年九月離校，十月辭職，迄今行將四年，對北大不配說話，且事實上余絕不能來北大。余去年六月，即有來平運書之意，只以避免誤會，恐人家疑我來占北大，遲遲未行。余前離滬以前，見京滬報載北大風潮，業經解決，始動身來平，及到鄭州，見十四日《大公報》，得知該校學潮仍然激烈，逆料余又倒楣了。余對北大事件之態度，前在上海向該校代表李辛之、趙子懋二人明白表示，揮淚勸說，請轉達同學愛惜光陰，從速上課。[34]

胡適在上海見到的李辛之、趙子懋，就是在南京跟吳稚暉達成北大復課協議的北大學生代表。然而，最有意味的是胡適所用的「揮淚勸說」、「得知該校學潮仍然激烈，逆料余又倒楣了」等等的用語。這些都在在地說明了胡適對北大的眷戀。

胡適是1月19日到北平的。一個星期不到，1月25日，他就在日記裡錄下了他紀念北大，把它擬人化成為戀人的一首詩：

〈留戀〉

三年不見他，

就自信能把他忘了。

今天又看見他，

這久冷的心又發狂了。

我終夜不成眠，

縈想著他的愁、病、衰老。

剛閉上了一雙倦眼，

又只見他莊嚴曼妙。

我歡喜醒來，

---

34 〈胡適抵平後之北大學潮〉，《教育雜誌》，第21卷第2號，1929年2月20日，轉引自《北京大學史料》，第二卷，一，1912-1937，頁59-60。

眼裡還噙著兩滴歡喜的淚，

我忍不住笑出聲來：

「你總是這樣叫人牽掛！」[35]

　　這麼愛戀北大的人，是不可能坐視北大的凋零的。胡適在2月4日的日記，就記載了他為北大前途的策畫：

　　徐旭生邀我吃便飯，只邀了李潤章〔李書華，是當時改名為北平大學的北大的副校長〕、李聖章〔李麟玉〕二人作陪。旭生幾次要我細談，故我今夜……到他家去談。到他家時，二李尚未來，我們先談了一點多鐘。旭生盼我回來，並說願親到南方去「遊說」北大舊人，請他們回來。我說，北平大學沒有固定的經費，規模又太大，沒有辦法。我們不回來，並無他意，只是不能不避免麻煩而已。若經費有辦法，局面稍定，大家自然想回來。我個人的來往，不是問題……

　　二李來了，我們同飯。飯後潤章再三問我對於北平教育有什麼意見。我推辭再三，最後對他們說：我希望他們把北京大學改作研究院，略依五年前我同 Prof. Graham〔葛瑞姆教授〕和李仲揆〔四光〕擬的「北京大學大學院規程草案」的辦法，分四個分院：一、自然科學院；二、社會科學院；三、國學院；四、外國文學院或文學院。今年北大本不曾招預科新生，以後但招研究生，不招本預科插班生。五年之後，便只有研究院了……至於經費一層。我想，單籌北大研究院的經費，並不很困難。但統籌北平大學區的經費卻不是容易的事。如此計畫，可以吸收全國的學者及各大學的最高畢業生。[36]

　　胡適這次到北平去，整整勾留了三十六天。如果再加上他在旅途所耗去的來回各三天的時間——1月16日半夜從上海啟程，2月25日離開北平，28日

---

35 《胡適日記全集》，5.529。

36 《胡適日記全集》，5.531。

早晨六點到上海──他一共離開了上海42天的時間。胡適在北平勾留那麼長的時間，自然引起他是否會留在北大的猜疑。中國公學的校董但懋辛就在2月間給胡適一封信，催他回校處理公事：「學校事，有許多教員如何選任，雖經商洽，然必待兄決定。且外間風傳兄必接辦北大。久滯殊無謂，急急言旋為妥。」[37] 有趣的是，並不是所有胡適的朋友都鼓勵他回北大。比如說，陳叔通就持反對的意見：「又聞北大有挽公再去之說。弟以為學者不可自陷於個人之派別（今日派別在弟視之，皆以個人為本位），以不再去為是。」[38]

　　然而，胡適一再聲明他不回北大去搶人飯碗之心已經開始軟化。周作人在1929年8月30日給胡適的信加入了勸胡適回北大的行列：「去冬兄來北平，我們有些人都勸兄回北平來。回大學仍做一個教授，當系主任，教書做書。」[39] 胡適在9月4日的回信就透露出他已經軟化的態度：

　　　　我此時不想到北京來，有幾層原因：一是因為怕「搬窮」。我此刻的經濟狀況，真禁不起再搬家了。二是因為二年以來住慣了物質設備較高的上海，回看北京的塵土有點畏懼。三是因為黨部有人攻擊我。我不願連累北大做反革命的逋逃藪。前幾天百年兄〔陳大齊，代北大校長〕來邀我回北京去，正是上海市黨部二次決議要嚴辦我的議案發表的一天。我請他看，說明此時不願回去的理由。他也能諒解。俟將來局面稍稍安定，我大概總還是回來的。[40]

　　我們注意到胡適這三個暫時不搬回北平的理由，已經不包括「不搶人飯碗」了。胡適當時的經濟是否拮据到怕「搬窮」，暫且不論。第三個理由：不要在國民黨上海市黨部決議要嚴辦他的時候，「連累北大做反革命的逋逃

37　但懋辛致胡適，1929年2月，《胡適來往書信選》，2.37-38。《胡適來往書信選》編輯繫為1930年下半年，誤。當時胡適已經從中國公學辭職半年，但懋辛不可能還催促胡適回上海處理選任教員之事。

38　陳叔通致胡適，1929年6月24日，《胡適來往書信選》，1.517。

39　周作人致胡適，1929年8月30日，《胡適來往書信選》，1.540。

40　胡適致周作人，1929年9月4日，《胡適來往書信選》，1.544。

藪」。這個理由說得令人激賞胡適對北大的愛心。然而，就像我在本部第一章所分析的，胡適當時所被迫領銜主演的是一齣典型的「閻王好惹、小鬼難纏」的鬧劇。胡適很清楚閻王不出手，小鬼吠著走。君不見他說：「俟將來局面稍稍安定，我大概總還是回來的。」

胡適所說的第二個理由：「住慣了物質設備較高的上海，回看北京的塵土有點畏懼」，則是觸及到一個不可忽視的考慮了。胡適當時在法租界所住的房子是一幢高級的住宅。我們有幸得以讀到1927年11月16日下午，上海《生活》週刊的編者去極司斐而路（Jessfield Road）49A（今萬航渡路）的寓所訪問胡適的一篇記錄：

> 電話：西，6912……到了靜安寺路頭，走幾分鐘走到「49號A」就到了。不過不是沿馬路的，是要轉彎到一個弄子裡面去的……很不容易的找到一個弄子。兩邊夾著西式的房屋。弄子寬而潔，曲而深。轉了兩三個彎，才走到「49號A」。上海本是一個喧囂的地方。但是「49號A」卻在這個「曲徑」的末端，所以非常靜寂。到了「49號A」，仰頭一望，見是一所靜悄悄的西式小房子。我伸手壓了門上電鈴，有一個身穿藍土布長衫的「老家人」出來。我問胡先生在家嗎？他說：「請你先給我一張片子，讓我進去看一看。」……現有兩位小少爺，一位小姐早殤。大的小少爺九歲，在北京本在孔德學校肄業，讀了一年多法文。到上海後，因鄰近一帶沒有什麼好的小學，就友人家共請一位教讀。除中文算學外，也讀些英文玩玩。胡先生說：「這個小孩子很好。」小的小少爺六歲，就在家裡讀讀，請胡先生的書記教。這位書記每天不過來兩三小時，幫幫抄寫而已……談話之間，上面說的那位「老家人」因事走進書房，胡先生指著他說：「這是我的廚子，也是我的僕人，一切由他包辦。此外沒有用老媽子。」[41]

1930年6月中國公學畢業後在胡適家幫忙抄寫整理胡傳遺稿的羅爾綱，也留下了一段對這幢西式住宅的描述：

---

41 編者，〈訪問胡適之先生記〉，《生活》，第3卷第5期，1927年12月4日，頁43-45。

　　胡家這座小洋樓共三層。樓下是客廳、飯廳、和廚房，二樓前面是涼台。涼台後是一間大房，是胡適寢室。胡師母看書、織毛衣，整天在此。第二間是胡適書房。第三間是個北房，作為我的工作室和臥室。三樓是胡適兩個小兒子胡祖望、胡思杜和姪兒胡思猷、外甥程法正的寢室。思猷、法正都在上海讀中學。[42]

　　胡適在上海居處之優渥，必須跟當時上海一般所謂「中等階級」人家的居處環境相比，才能襯托出來。就在《生活》週刊的記者去訪問胡適幾個月前，《生活》刊出了一篇由胡適歐遊返國以後所提倡的「汽車文明」所引生的慨歎之文：

　　　　上海一般中國人的居住，真是無奇不有。簡單說一句。兩樓兩底的房子，可以住十多家。甚至一樓一底的房子，也可以住六七家……問起此中人的職業，當教員的也有，當編輯的也有……試在反面觀察一下。我們試到靜安寺路、霞飛路等等地方。看看華屋大廈，園亭樓閣。除極少數所謂「資本家」的中國人外，都是碧眼兒享福的地方。我每到法租界金神父路、亞爾培路等處洋房林立的地方走走。看見西人坐在青草如茵的家園裡過舒服的生活，嗅著清風那裡面送出來的花草香味，腦海裡倏然想到前次找房子所見的一般中國人的「窩」、「巢」生活，慨然有「天堂」、「地獄」之感。[43]

　　然而，即使上海洋房再舒適，仍然挽不住心在北大的胡適。事實上，胡適9月4日回周作人的信，根本就不夠老實。他當時已經決心搬離上海了。他在回信給周作人十天以後，也就是9月15日，寫了一封信給楊亮功：「本校的事，此時稍有眉目。但我已決心將搬家一件事辦理停當，即行脫離中公——無

42　羅爾綱，《師門五年記・胡適瑣記》，頁95-96。

43　林謀深，〈我要和胡適之先生嘰哩咕嚕〉，《生活》，第2卷第40期，1927年8月7日，頁281-282。

論校董如何留我，我決不再留了。所以我也不再勉強留你。請你自己決定。」[44]
胡適寫這封信是因為楊亮功要離開中國公學到安徽大學擔任秘書暨文學院長。

胡適在中國公學擔任校長，工作極為輕鬆。「每週前去一次，並擔任二小時功課。」他之所以能夠如此輕鬆，完全是因為他能夠把校事倚任副校長楊亮功的關係。他在1928年4月答應擔任中國公學校長兩個月。兩個月以後，胡適力辭不獲允准。於是，以聘任楊亮功為副校長，替他駐校辦事為條件，而暫時留任[45]。胡適在抄錄了給楊亮功的信後在日記裡說：「亮功任中公副校長事，已一年餘。辛苦之至。他極有責任心，而能力不高，故極覺痛苦。此次我決心不再留他受苦了。」[46]

換句話說，胡適既然自己也決心求去，他已經沒有留下楊亮功的必要。只是，他屢次辭職都沒有成功。1930年1月12日，他以要到美國講學為理由，得到董事會的同意，辭去了中國公學的校長職位。然而，中國公學教職員以及學生一再地挽留，使得胡適一直到5月19日才得以成功脫身。用胡適後來給蔣夢麟的一封信裡的話來說，「我為中國公學校長的事，籌畫下台及繼任，凡一個整年，使得脫身而去！」[47]

胡適從中國公學脫身以後，就積極籌畫回北平。6月，胡適到北平去的時候，就已經託朋友幫他物色住處了。丁文江在7月26日給胡適的信裡說：「叔永說你要到此地來住，託大家給你找房子。但是我不知道你的條件和地點，請你告訴。找房子我是老手，比旁人靠的住點。」[48] 9月9日的信又說：「我知道有兩所可以住的房子，一所在傅孟真的隔壁。你究竟打什麼主意？你如十月初來，自然可以等你來了再說。」[49] 我們從任鴻雋8、9月間給胡適的一封信看來，胡適搬回北平已經箭在弦上了：

44　胡適致楊亮功，1929年9月15日，《胡適日記全集》，5.819。

45　《胡適日記全集》，5.188。

46　《胡適日記全集》，5.820。

47　胡適致蔣夢麟，1932年4月4日，「胡適紀念館」，HS-NK05-125-002。

48　丁文江致胡適，1930年7月26日，《胡適來往書信選》，2.18。

49　丁文江致胡適，1930年7月26日，《胡適來往書信選》，2.20。

圖8　胡適交卸上海中國公學校長職，與該校董事長蔡元培（中）、新任校長馬君武（左二）、社會科學院院長高一涵（左一）、總務長丁燮音（右一）等合影於該校鐘樓前，1930年5月19日。（胡適紀念館授權使用）

關於你移家一層，我以為你如能即行，固不見得有什麼掛礙。否則俟時局稍定後再辦，亦得。總之，若在九月底遷移，決做不到，則等你自己先來查看一番，亦是上好辦法。聽說西城豐盛胡同晏陽初住的房子要騰出了。此房頗合你的用。我現在擬與房東說與你留下，待你來看一看如何？[50]

　　就在胡適請朋友幫忙在北平找房子的時候，傅斯年有兩封具有特別弦外之音的信給他。8月30日的信上說：「在君約我也給先生找房子。我自己也正在做這事，只是不在行。不過我還是盼望先生遲來一兩月。盛名之下，舉足便遭物議。」[51] 9月5日的信更是語帶玄機：

看來先生還是緩來些時罷？過幾天也許更熱鬧，也許就不熱鬧了。不過到下月中旬，無論如何總要少熱鬧了。協和醫學校的年會，或者正不湊巧。能延一個日期嗎？到九月廿二、三，我可以打個電報，曰：「可

50　任鴻雋致胡適，1930年8、9月，《胡適來往書信選》，2.21。

51　王汎森、潘光哲、吳政上主編，《傅斯年遺札》，1.337。

來」，便是不大熱鬧了；曰：「可緩」，便是依然熱鬧，以便退票，等等。

我覺得先生行動，必有人推論的。這時湊趣，最無湊的。一離上海，便有人曰如何如何。再一離北平，則前做某論者，未必不陽就陰射，又以先生為例而發揮其議論。且先生以前的幾個熟人，頗有像是投機者，然否？他們不于言語之間連得先生扯泥帶水嗎？[52]

這些語帶玄機又影射的話，只有胡適和傅斯年能懂。林齊模、顧建娣推測傅斯年的「熱鬧」云云，似乎隱指北大校長人選一事。當時北大代理校長陳大齊從6月份起已經一再請辭。9月，一直沒有到任的北大校長蔡元培正式提出辭去校長一職，並推薦陳大齊繼任。消息見報後，陳大齊又再次致電教育部。表示自己不能勝任，請教育部挽留蔡元培。北大評議會、學生會也紛紛致電教育部和蔡元培，極力挽留蔡元培[53]。他們的推測相當合理。然而，所謂「先生以前的幾個熟人，頗有像是投機者，然否？」這指的就不是陳大齊了。無論如何，這又是胡適不到北大來跟人、甚至跟「以前的熟人」「搶飯碗」的又一明證。

這時候，胡適要搬回北平的消息已經是眾人皆知的了。胡適在9月12日的日記裡說：「十三日《新聞報》登出我要移家北去的消息。十四日《字林西報》譯登此消息。宋子文見了，來信勸我不要北去。」[54]

然而，胡適回北大的心意已定，誰也挽回不了。9月29日，胡適再度北上，去北平開協和醫學院的董事會議。他所搭乘的輪船在青島遇到大風，等了一天以後，仍然不得泊岸。等輪船改行威海衛、轉大沽口、再轉火車到了北平的時候，他已經錯過了協和醫學院的董事會原訂在10月3日下午的會議了。由於胡適未到，不足法定人數，遂改為21日開。

董事會沒開成，給了胡適去看房子的時間。10月5日：「去看米糧庫的房

---

52 傅斯年致胡適，〔1930年〕9月5日，「胡適檔案」，1874-5。

53 林齊模、顧建娣，〈胡適出任北京大學文學院院長的經過〉，《安慶師範學院學報（社會科學版）》，第28卷第1期，2009年1月，頁54。

54 《胡適日記全集》，6.282。

子。」[55] 顯然是丁文江幫他預留下來的房子。胡適很滿意。10月7日：「去看米糧庫四號的房子。頗願居此。」[56] 10月10日：「北大送聘書來。」[57] 房子底定，北大的聘書拿到。胡適於是在開完協和醫學院的董事會以後，在25日下午離開北平，經由天津，搭輪船南下，30日晚回到上海的家裡。

由於舉家北遷並不是臨時起意，而是已經籌畫多時了的舉措，不消一個月的時間，胡適就收束定當了他在上海的一切。幾經友朋送別的酬酢以後，胡適全家在11月28日上午浩浩蕩蕩的到了火車站。到車站送行的朋友多達幾十人。火車在30日上午七點到天津。在天津站換車以後，火車在當日十二點五分抵達北平。出站以後，胡適一家人隨即搭乘在車站巧遇的周貽春所借的汽車，直駛米糧庫四號的新居。

中興北大

有關胡適參與中興他心愛的北大這件事情，到目前為止，最完整的記錄莫過於他自己的夫子自道。他在1956年所寫的《丁文江的傳記》裡有很長的一段，最值得徵引：

> 我是民國十九年（1930）十一月二十八日從上海全家搬回北平的。下午，火車過江，我在浦口車站上遇見劉瑞恆先生，才聽說那天上午蔣夢麟先生辭教育部長之職已照准了。又聽說政府已任命夢麟做北京大學的校長，但他未必肯就，已準備回到杭州去休息了。我回到火車上對我太太說：「糟糕！我搬回北京，本是決計不過問北京大學的事的。剛才聽說夢麟今天被任命做北大校長。他回北大，我怕又逃不了北大的事了。」
>
> 我到了北平，知道夢麟已回杭州去了，並不打算北來。他不肯回北大，是因為那個時候北平的高等教育已差不多到了山窮水盡的時候。他回去也

---

55 《胡適日記全集》，6.289。

56 《胡適日記全集》，6.297。

57 《胡適日記全集》，6.308。

無法整頓北京大學。北京大學本來在北伐剛完成的時期已被貶作了「北平大學」的一個部門，到最近才恢復獨立，校長是陳百年先生（大齊）。那時候，北京改成了北平，已不是向來人才集中的文化中心了。各方面的學人都紛紛南去了。一個大學教授的最高俸給還是每月三百元，還比不上政府各部的一個科長。北平的國立各校無法向外延攬人才，只好請那一班留在北平的教員盡量的兼課。幾位最好的教員兼課也最多。例如〔英語系的〕溫源寧先生當時就有「身兼三主任，五教授」的流言。結果是這班教員到處兼課，往往有一個人每星期兼課到四十小時的！也有排定時間表，有計畫的在各校輪流輟課的！這班教員不但「生意興隆」，並且「飯碗穩固」。不但外面人才不肯來同他們搶飯碗，他們還立了種種法制，保障他們自己的飯碗。例如北京大學的評議會就曾通過一個議決案，規定「辭退教授須經評議會通過」。在這種情形之下，夢麟遲疑不肯北來做北大校長，是我們一班朋友都能諒解的。

那時有兩個朋友最熱心於北大的革新。一個是傅孟真，一個是美國人顧臨（Roger S. Greene）。顧臨是協和醫學院的院長，也是中華教育文化基金董事會的董事。他們找我商量，如何可以幫助夢麟先生改革北大，如何可以從北大的改革影響到整個北平高等教育的革新。最主要的問題是：從那兒捐一筆錢做改革北大的經費？

這篇傳記不是敘述當年蔣夢麟先生改革北大的歷史的適當地方。我只能簡單的說：當日傅孟真、顧臨和我長時間討論的結果，居然擬出了一個具體方案，寄給蔣孟鄰先生。他也很感動，居然答應來北大主持改革的計畫。這個方案即是次年（民國二十年）〔1931〕一月九日中華教育文化基金董事會在上海開第五次常會通過的「中基會與北大每年各提出二十萬元，以五年為期，雙方共提出二百萬元，作為合作特別款項，專作設立研究講座及專任教授及購置圖書儀器之用」的合作辦法（此案大意見一月十二日上海各報）。這個合作辦法的一個主要項目是設立「研究教授」若干名，其人選「以對於所治學術有所貢獻，見於著述，為標準」。其年俸「自四千八百元至九千元不等，此外每一教授應有一千五百元以內之設備費」。「研究教授每周至少授課六小時，並擔任學術研究及指導學生之研

究工作。研究教授不得兼任校外教務或事務。」[58]

　　余英時認為「那是一種謙詞，其實並不可信。」他說：「這個案子表面上是由美國董事 Roger S. Greene（顧臨）提出，背後的原動力主要是胡適。」他說證據是胡適1931年1月7、8日兩日的日記，亦即胡適在這兩天裡，先後跟任鴻雋、蔣夢麟談基金會補助北大的案子[59]。其實這兩則日記，並不能證明這個補助北大的案子「背後的原動力主要是胡適」。即使余英時接著所分析的胡適在改革北大方面所作的建議以及推動的各種措施，頂多也只能說明了胡適對中興北大的貢獻，而不能用來證明補助北大的案子的原動力是來自於胡適。

　　胡適參與中興北大的大業，也是歷來許多學者與作家所塑造的一個「胡適神話」。其中有事實，也更有著「仰之彌高」的臆測與想像。事實上，中基會補助北大的案子，其推動者確實是顧臨。證據有三。由於這三個證據是在超過一年以上的時光裡浮現出來的，必須順序細細、慢慢道來。第一個是旁證。胡適一直到回到北大的前夕，對北大的遠景都是悲觀的。我在前文就已經指出胡適1928年5月21日在中央大學的宴會上，忿忿不平地指出中央大學的「經費較昔日北大多三倍有餘，人才更為濟濟。」胡適所指出來的事實，可以從表3.1的統計數字得到佐證。

表3.1　1929, 1931, 1934年度幾所國立大學經費[60]

校名	1929年度（元）	1931年度（元）	1934年度（元）
國立中央大學	3,060,000	2,030,000	1,720,000
國立中山大學	1,914,502	1,775,782	1,776,000
國立北平大學	1,765,704	1,677,343	1,437,108
國立清華大學	548,730	1,885,470	1,136,264
國立北京大學	900,000	261,886	900,000

58　胡適，《丁文江的傳記》，《胡適全集》，19.499-501。

59　余英時，《重尋胡適的歷程》（桂林：廣西師範大學出版社，2004），頁29。

60　轉引自楊翠華，〈蔣夢麟與北京大學，1930-1937〉，頁277。

　　不只如此，我們從表3.2可以看出來，北大的設備總值以1931年的數字為例，是遠遠落在其他主要的國立大學之後。

表3.2　1931年國立大學設備值[61]

校名	元
國立武漢大學	910,070
國立清華大學	511,096
國立中央大學	436,342
國立中山大學	186,084
國立北平大學	105,350
國立北京大學	30,917

　　由於北大經費拮据，我在上文就已經指出，胡適在1929年初第一次回到北平的時候，在2月4日在徐旭生的家裡，對他和李書華、李麟玉建議把北大改成研究院來辦理。就像胡適當時說的：「單籌北大研究院的經費，並不很困難。但統籌北平大學區的經費卻不是容易的事。如此計畫，可以吸收全國的學者及各大學的最高畢業生。」一直到胡適要回到北大的前夕，這個把北大改成研究院來辦的想法，仍然是胡適對北大前途的看法。他在1930年11月3日的日記說：「北大代表劉復到了，請蔡先生允作北大研究院院長、或名譽校長。蔡先生說他無不可，只不知教育部方面有何妨礙。其實北大此時已無大希望，只有研究院可以有一線希望。我去年即為他畫此策，他不能用。」[62]這個時候離中基會在1931年1月9日開第五次常會通過補助北大的案子只不過兩個月的時間了。這個旁證說明了胡適在重返北大的前夕，仍然矜持於局限性的思考，認為北大只有走小而精的研究院路線，而不是顧臨用中基會的補助把北大建設成為大而精善的大學那種眼光。
　　中基會補助北大的案子的推動者確實是顧臨最確鑿的證據，就在「胡適檔案」裡。「胡適外文檔案」裡有一封顧臨寫給任鴻雋的信，沒有日期。由於收

---

61 《第一次中國教育年鑑》，頁34；轉引自楊翠華，《中基會對科學的贊助》，頁143。
62 《胡適日記全集》，6.357-358。

信地址是「滄州飯店」（Burlington Hotel），亦即中基會第五次常會的所在，我推測是顧臨開會之前面交給任鴻雋的。由於這封信很重要，值得整個徵引：

　　任先生：你也許記得，長久以來，我就希望有一天，中基會能夠提供國立北京大學大量的資助。北大的興衰對中國具有舉足輕重的地位，因為它居於全國思想的領導地位。現在中國是有了一些可以培養教育、研究，以及其他事業人才的學校。然而，沒有任何一間大學有北大光輝的記錄，也沒有任何一間大學在發展的潛力方面能與北大媲美。

　　這一段時間來，由於局面的紊亂，再加上北大校長出缺所造成的群龍無首的現象，讓人愛莫能助。現在，政局穩定，建設的力量終於可以有了用武之地。蔣夢麟博士又新近被任命為北大校長。局面已經大為改觀。因此，我就主動地向此地的一些同事談及我的想法：由中基會撥一筆大量的金額，來幫助蔣夢麟博士從事這個艱難的重建北大的事業。執行委員會（Executive Committee）開會的時候，大家就在一次非正式的討論中提出了一個建議，請蔣夢麟博士告訴我們中基會究竟能為北大作些什麼？蔣博士在仔細地研究了北大的現況，並諮詢了北平的一些學界領袖以後，提出了附在本信之後的一個草案。

　　總括來說，北大現在的主要需要是提供學術的領導。如你所知，北大最好的教授大都已經離開了。留下來的教授，由於飛漲的生活費用，不得不同時在其他學校兼課。其結果是他們根本沒有餘暇備課，更不用說從事研究了。北大編制內的薪資標準，也無法讓校長能爭取到好的教授來把北大辦得更好。

　　因此，我們提議設立一個特別基金。從 1931 年 7 月 1 日起，為期五年，每年撥款三十萬元——中基會出二十萬元，北大出十萬元——由中基會的會計負責管理與支付。

　　這個特別基金的主要目的，在於使北大能以足夠的薪資聘任研究講座以及專任教授，讓他們能夠專心在北大從事教學與研究的工作。

　　為了讓這些教授能盡其所能，我們就必須提供圖書與儀器設備，並改善辦公室與研究室。同時，提供獎學金與助學金給特別優秀的學生，讓他們

接受這些教授的指導。這個特別基金在支付了教授的薪資以後的餘額，就是這些款項的來源。蔣博士的備忘錄之後，附有一份每年預算的草案。

胡適博士建議：如果這個議案通過，協議書裡要加一個條文，亦即，如果時局影響了北大的正常運作，中基會得取消這個協議。在該情況之下，北大所撥的款項，仍未使用的部分將退還北大，但教授的薪資將支付到取消的該學年度截止為止。給教授這樣的保障是必要的。

在這五年之內，等北大完全重整以後，校長也就可以把政府所撥給的經費用在更適合的地方。如果和平的局面持續下去，北大必然可以從政府得到更多的經費來取代中基會所提供的。

我瞭解這個議案所需的款項甚鉅，將大大地削減中基會可資利用的盈餘。然而，除了幫忙把北大建立在一個健全的基礎上以外，我想不出中基會還有什麼更值得去作的事。中基會對北平圖書館以及靜生生物調查所的建築費用的投資到7月1日就可以完結。屆時，我們就有更多的款項來作我們目前所從事的。

我希望你能明白，這個議案並不是蔣夢麟博士的意思，而是中基會其他委員為中國著想而所提出來的一個合作計畫。這個合作項目最艱鉅的部分，還是必須由蔣博士來承擔的。

我希望你會贊成這個議案，而且願意由你向董事會提出。當然，你可以作任何必要以及合理的修正。我完全願意由我來提出這個議案，但我覺得你更適合。蔡元培、胡適博士、司徒雷登博士、和我會附議支持。我已經跟金紹基〔注：會計〕談過這個議案。他贊同資助北大這個想法。[63]

顧臨這封信讓我們知道至少三件事情。第一、顧臨是中基會補助北大特款的推動者；第二、顧臨在開中基會第五次常會以前，已經跟主要的董事，亦即，執行委員會的董事都已經達成共識了。第三、顧臨在開會以前就已經請蔣夢麟擬好了計畫，包括預算。換句話說，顧臨在開會以前就已經布置好了一切。從這個意義來說，開會時的討論與表決，只不過是水到渠成的一個形式過

---

63 Roger Greene to H. C. Zen, n.d.，「胡適外文檔案」，E395-001。

程而已。

　　胡適在1956年所寫的《丁文江的傳記》裡說：「當日傅孟真、顧臨和我長時間討論的結果，居然擬出了一個具體方案，寄給蔣孟鄰先生。他也很感動，居然答應來北大主持改革的計畫。」如果這個說法時正確的，則這整個補助北大計畫的草案，根本就是胡適、傅斯年，和顧臨共同擬定的，蔣夢麟只是具名而已。

　　在我們發現反證以前，我們不妨接受胡適的說法。然而，即使如此，胡適的說法其實是非常大而化之的。這個中基會補助北大的計畫，從醞釀、成形、通過、到定案，其實是經過一個相當複雜的演化過程。北大所提出申請的計畫，與中基會董事會所通過的議案，跟北大最後所提交的計畫是相當不同的。

　　上文所徵引的顧臨給任鴻雋的有四個重點：一、中基會與北大每年一共撥款三十萬元，中基會出二十萬元，北大出十萬元；二、這個專款的主要目的在讓北大聘任研究講座以及專任教授；三、提供圖書與儀器設備；四、提供獎學金與助學金給優秀的學生。

　　在中基會的董事還沒開會以前，顧臨的第一個重點就被修正了。胡適在1月7日晚上住進滄州飯店。第二天：「早起與夢麟談。大家都勸他主張北大也拿二十萬元來，使以後別機關不容易藉口。他答應了，我很高興。」[64]因此，等補助北大的提案提出的時候，這個特款專案的總數就變成了每年四十萬元了。

　　為什麼「大家」都勸蔣夢麟「主張北大也拿二十萬元來，使以後別機關不容易藉口」呢？要回答這個問題，就必須連帶地問：為什麼董事會的一些人不主張在報上發表中基會補助北大的案子呢？1月10日，胡適在開完會第二天的日記裡說：「晚上擬發表北大補助案之談話稿子。寫成已近兩點了。叔永〔任鴻雋〕、〔孫〕洪芬皆不主張發表此案。我主張發表，故擬稿請他們看看。」[65]

　　這兩個問題的答案是相同的。中基會最為當時人所抨擊的地方，就是其為北大的學閥所把持。根據「京平津滬各大學讀書聯合運動會」在1932年7月2日所發表的「揭穿中華教育文化基金委員會黑幕鄭重宣言」，中基會自成立以

64《胡適日記全集》，6.420。

65《胡適日記全集》，6.421。

來，始終把持在幾個野心勃勃的「北大派學閥手裡，如蔡、蔣、李、胡、趙、任者流。當他們征服了全國大部分大學的領域之後，更肆無忌憚，為所欲為。獎勵文化，而文化蕩然；提倡教育，而教育反遭摧殘。」[66]

　　由於顧忌到會招來負面的輿論，胡適、任鴻雋等人必須設計圓通。他們勸蔣夢麟讓北大也出二十萬元，就是要製造出中基會對北大的資助是屬於對等基金的方式的形象。換句話說，他們要營造出中基會所資助的對象，是能自助的機構的一個形象。這也就是說，中基會之所以願意出二十萬元的資助，是北大自己也出二十萬元去爭取來的。胡適所擬的新聞稿也很技巧地強調了兩點：第一、這個議案是由「美國董事顧臨君提議」的。議案討論的時候，蔣夢麟還特地為了避嫌而退席；第二、北大能，其他學校也能，只要仿效就可以：「試辦雖限於北大一校，其影響所及，必將提醒全國各大學急起直追。與北大成為學術上之競爭，可斷言也。」[67]

　　由於北大也出二十萬元的想法是在開會前一天臨時決定的，北大的提案當然來不及修改。因此，中基會檔案裡所存有的北大提案仍然寫著北大要每年撥款十萬元。這點，在胡適所擬的新聞稿裡是改過來了。有趣的是，這不是唯一的修正。顧臨給任鴻雋的信裡提到的第二個重點是：這個補助專款的主要目的在讓北大聘任研究講座以及專任教授。關於這一點，北大的提案以及胡適所擬的新聞稿是一致的，亦即，要設立「九個研究教授講座」，年俸最低6,000元，最高9,000元（月俸500元到750元）；「十五個專任教授」，年俸最低4,800元，最高6,000元（月俸400元到500元）[68]。

　　然而，等胡適在3月中旬擬這個合作特款辦法的時候，這個主要的補助項目也產生了變化。胡適在3月11日的日記裡記：「擬『北大與中基會合作研究特款辦法』，成草稿。」[69]次日：「寫成昨擬『北大與中基會合作計畫』。晚上與

66　轉引自楊翠華，《中基會對科學的贊助》，頁145。

67　〈中華教育文化基金會資助北大革新事業〉（剪報），《胡適日記全集》，6.427-429。

68　"A Proposal to Assist the National University of Peking in Its Reformation and Reorganization,"「胡適外文檔案」，E414-1；〈中華教育文化基金會資助北大革新事業〉（剪報），《胡適日記全集》，6.427-429。

69　《胡適日記全集》，6.524。

叔永、詠霓、孟真看了，又略有修改。」[70] 13日日記：「昨天擬的辦法，今天給夢麟、叔永、洪芬看了，付抄寫。」[71] 14日：「到Roger Greene〔顧臨〕家中吃飯……飯後與Greene談北大計畫。他很滿意。」[72] 胡適在當天的日記裡附了他所擬定的「北京大學與中華教育文化基金董事會合作研究特款辦法」[73]。

根據胡適所擬定的這個「合作研究特款辦法」，原先北大所提、中基會所通過的「研究講座以及專任教授」辦法已經修正。「專任教授」的名稱取消，只剩下「研究教授」。根據這個辦法，北大將設立研究教授，其年俸自4,800元至9,000元不等。名額暫定35人，但不必同時聘足。

4月9日，胡適把他所擬定而且已經跟好幾位關係人士討論過的辦法，提交「北大合作研究特款委員會」討論。結果，是再一度的修正：「在會中開北大合作研究款委員會。我提議增加研究教授得往國外研究一條。辦法全文正式成立。今天孟真等提議減低教授月俸，我最反對。最後只降低了『最高額』為六百元，而最低額（400元）仍不動。」[74]

胡適在這則日記裡，提到傅斯年跟他唱反調，把研究教授的最高薪從750元減成600元。這是他與傅斯年意見不同的一次。當時傅斯年人在北平，因為中央研究院歷史語言研究所從1929年到1934年位於北平（第三組考古人類學組在1933年先行遷往上海）。中基會通過補助北大設立研究特款以後，北大成立了「北大中基會合作研究特款顧問委員會」。其成員是：北大校長蔣夢麟、中基會幹事長任鴻雋、胡適、翁文灝、傅斯年、陶孟和，以及孫洪芬，負責議決教授人選以及各項經費之分配。無怪乎胡適和蔣夢麟都在回憶裡稱道傅斯年在中興北大工程方面的貢獻，因為他是這個「合款委員會」的核心顧問[75]。

不可否認地，傅斯年在胡適開始中興北大的努力上扮演了重要的輔佐角色。然而，主角還是胡適。他除了配合、策畫顧臨倡導中基會資助北大的議案

---

70 《胡適日記全集》，6.524。

71 《胡適日記全集》，6.525。

72 《胡適日記全集》，6.527。

73 《胡適日記全集》，6.528-530。

74 《胡適日記全集》，6.539-540。

75 《胡適日記全集》，6.594；楊翠華，《中基會對科學的贊助》，頁142。

以外，並親手擬定了合作的辦法。經費以外，同樣重要的是人才的聘用。胡適在1931年初的日記裡，留下了他四處為北大挖角的記錄。

　　1月4日，徐志摩突然間從上海到北平去訪胡適：「與志摩談別後事，勸他北來回北大。」[76]

　　1月8日，胡適在南京開中基會的前一天：「汪緝齋〔汪敬熙〕來。他不願在中山大學受氣了。我勸他回北大來，努力造一個好的心理學實驗室。」[77]

　　1月11日：「十點到中央研究院，約了〔丁〕西林、仲揆〔李四光〕談話。後來周鯁生也來了。他們都願意回北大，但事實上都有困難。故這次談話無結果。（我本想勸西林即回北大去辦理科。）」[78]

　　1月25日，胡適從海道北返：「十二時，船到青島。楊金甫〔楊振聲〕、聞一多、梁實秋、杜光壎、唐家珍醫生來接……同在東興樓吃飯……回到金甫寓中大談。談北大事……」[79]

　　1月27日：「晚上先在金甫家，與實秋、一多、金甫談。金甫肯回北京大學，並約聞、梁二君同去。所躊躇者，青島大學不易丟手〔注：楊振聲為青島大學校長〕。我明天到濟南，當與何思源兄一商〔注：山東教育廳長〕。」[80]

　　1月29日：「七點到天津。換車到北平。十二點零到站……孟真來，談甚久。孟真不以金甫回北大為然。」[81]

　　這不但是傅斯年跟胡適的看法不一致的又一次，而且可能因為他不希望楊振聲到北大來跟他搶位子──且看下文。

---

76 《胡適日記全集》，6.418。

77 《胡適日記全集》，6.420。

78 《胡適日記全集》，6.422。

79 《胡適日記全集》，6.473。

80 《胡適日記全集》，6.474。

81 《胡適日記全集》，6.482。

1月30日：「寫信勸丁西林、徐志摩回北大。」[82]

2月9日：「孟真轉交來楊金甫給他的信。他決計不留在青大。北大或可羅致他。」[83]

2月13日：「昨夜李仲揆來電：『教書甚願，院長無緣。』」「今早與夢麟談，他去電再勸他允任理科院長。」[84]

胡適這種掠奪性的挖角攻勢，對被挖角的機構來說，是一個莫大的威脅。最顯著的例子，就是中央研究院。胡適一而再、再而三的遊說丁西林和李四光去北大，迫得蔡元培在2月20日寫了一封信給胡適：

> 北大講座人選由先生各方接洽，必無才難之歎。乃必欲拉及巽甫〔丁西林，物理研究所所長〕、仲揆〔李四光，地質研究所所長〕諸君，不免使研究院為難。務請與夢麟兄從長計議，使各方都過得去為妙。[85]

後來，北大與中央研究院用兩相妥協的方法，讓李四光借調北大一年，蔡元培方才勉強同意。其實，何止中央研究院是胡適這個掠奪性挖角戰略的受害者。兩年前胡適在南京忿忿然抱怨經費比北大多三倍的中央大學也是一個受害者。中央大學校長朱家驊向蔣夢麟抱怨，說北大把中央大學的優秀教授都給挖走了，南方高等教育如何辦得下去。最後，雙方達成協定：中央大學教授，聘期未滿的，暫時不聘；聘期將滿的，屆時再聘[86]。

像李四光這種借調的方式，對被借調的機構來說，完全是一種利他的犧牲，是不可能一再通融的。所以，等胡適在1934年又要跟中央研究院歷史語言研究所借調李方桂的時候，中央研究院就只好拒絕了。胡適在9月5日的日記裡說：「我本已約定了李方桂來北大教授。今天得趙元任一電，說：『方桂

---

82 《胡適日記全集》，6.484。

83 《胡適日記全集》，6.487。

84 《胡適日記全集》，6.490。

85 《胡適日記全集》，6.502。

86 〈蔣夢麟談話〉，王學珍、郭建榮編，《北京大學史料》，第二卷，一，1912-1937，頁71。

我們實在借不起，望原諒。』糟糕！我的半個月的接洽全白費了！」[87] 9月7日
的日記又說：「到北大。蔡先生與在君都來電不放方桂。」[88] 胡適挖角李方桂失
敗，退而求其次，把北大畢業、後來也到了歷史語言研究所的羅常培給挖角回
來。他在次日的日記裡說：「發一電、一函給羅莘田（常培），請他回北大教
授，因李方桂不來了。」[89]

　　胡適挖角梁實秋也同樣是在1934年。當時梁實秋在山東大學（原青島大
學）任教。他在4月底，就以中基會研究教授的名義與待遇爭取梁實秋到北
大。沒想到梁實秋答應了以後，山東大學卻不放人。山東大學校長趙畸不但盡
全力留住梁實秋，而且央請前校長楊振聲出面請求胡適高抬貴手。為了給梁實
秋時間脫離山東大學，以便讓他提名梁實秋為中基會研究教授，胡適甚至把
「北大中基會研究合款顧問委員會」的開會時間延期。他為梁實秋想出了一個
金蟬脫殼之計：

> 你能否向山大告假一年，先來北大？如一年之後山大還非你回去不可，
> 你再回去。如一年以後，山大已得人，可以不需你回去，你就可以繼續留
> 下去。如此辦法能得太侔兄〔校長趙畸〕允許否？[90]

　　我們不知道梁實秋最後是用什麼方法離開山東大學的。但可以確定的是，
梁實秋就在該年秋天以中基會研究教授的名義到北大擔任外文系主任。

　　值得指出的是，胡適要把梁實秋從山東大學挖角來北大，傅斯年並不是真
正支持的。只是，作為「北大中基會合款顧問委員會」的成員，傅斯年寧願以
和為貴。他在1934年5月8日寫給蔣夢麟的信裡說：「梁實秋事，如有斯年贊
成之必要，謹當贊成。若詢斯年自己見解，則斯年疑其學行皆無所底，未能訓
練青年。此時辦學校，似應找新才，不應多注意浮華得名之士。未知適之先生

87　《胡適日記全集》，7.139。

88　《胡適日記全集》，7.140。

89　《胡適日記全集》，7.141。

90　胡適致梁實秋，1934年6月7日，《胡適全集》，24.202-203。

以為何如？（朱〔光潛。注：當時已在北大任教〕之實學恐在梁之上。）」[91] 傅斯年反對梁實秋，很可能就是反映了他對「實學」的褊狹定義。梁實秋以雜文創作聞名，是文人雅士，傅斯年認為沒有「實學」。這跟我在下文會提到他先前反對楊振聲到北大出任文學院長的理由如出一轍。

總之，北大第一批研究教授共有十五位，是由「北大中基會合作研究特款顧問委員會」在1931年8月5日召開第一次會議通過聘請的。其名單如下：

> 理學院：丁文江、李四光、王守競、汪敬熙、曾昭掄、劉樹杞、馮祖
> 　　　　荀、許驤
> 文學院：周作人、湯用彤、陳受頤、劉復、徐志摩
> 法學院：劉志揚、趙迺摶[92]

從原先擬定的「九個研究教授講座」和「十五個專任教授」，北大第一年只聘請了十五位「研究教授」。根據楊翠華所徵引的數據，北大從1931年到1935年度之間，每年約聘請了16至22位研究教授。總計有29名教授在這幾年之間榮膺為北大的研究教授[93]。

膺選為北大中基會研究教授，除了榮譽以外，薪資更為重要。當時北平教授的待遇在1931年的時候是每月300元。即使在傅斯年等人壓低了最高薪資的額度以後，北大這批研究教授的每月薪資仍然在400到600元之間。當然，就像我在後文會說明的，北平的教授的月薪在1932年後會調成400元，而且北大中基會教授的月薪也會一律定為500元。然而，其差距仍然不可忽視。粥少僧多，如何公平地遴選研究教授，讓大家心服，不是一件容易的事情。

胡適在日記裡列出了第一批十五位研究教授名單以後，加了一個按語：「〔陶〕孟和力主張加〔張〕慰慈，但慰慈自己願意本年不受，故夢麟未提出。

91　傅斯年致蔣夢麟，1934年5月8日，《胡適來往書信選》，3.531。請注意，該書信選編者將本札繫為1931年，誤。

92　《胡適日記全集》，6.594。

93　楊翠華，《中基會對科學的贊助》，頁144。

志摩之與選，也頗勉強。但平心論之，文學一門中，志摩當然可與此選。」[94]

胡適這個按語是不打自招。先說徐志摩。徐志摩膺選為第一批北大中基會研究教授，就是胡適自棄其標準，以研究教授餽贈好友一個最好的例子。胡適手擬的「北京大學與中華教育文化基金董事會合作研究特款辦法」，其第三條是：「研究教授之人選，以對所治學術有所貢獻，見於著述為標準。經顧問委員會審定，由北大校長聘任。」徐志摩是詩人，不是教授，更不是學者。他完全不符合「對所治學術有所貢獻，見於著述」的標準。胡適自己承認「志摩之與選，也頗勉強。」其實，連徐志摩自己都覺得心虛。他在8月12日給胡適的信上說：

> 基金講座的消息，轉教我發愁。你是最知道我的。我就不是個學者。教書也只能算是玩票。如今要我正式上台，我有些慌，且不說外面的側目。我確是自視闕然，覺得愧不敢當。我想辭，你以為怎樣，老大哥？講座的全部名單報上有發表否？文科另有哪幾位？[95]

徐志摩入選，而張慰慈不中。胡適的按語說：「孟和力主張加慰慈，但慰慈自己願意本年不受，故夢麟未提出。」其實，胡適說謊。「胡適檔案」裡所藏的徐志摩、張慰慈、王徵等人的來信，充分地說明了這是粥少僧多，到連在幾個朋友之間都擺不平的程度了。張慰慈誠然可能真的說了「自己願意本年不受」的話，但是胡適等人因為處理不當，而把事情弄僵了。張慰慈在給王徵的一封信裡抱怨說：

> 適之在秦皇島時給我一信，告訴我合作研究顧問委員會開會，通過了研究教授十五名。並說「會中人對你的態度是極好的。」我那時候就疑惑到他們把我提出，被反對否決了。我是決計不做基金教授的。前在平時已屢次對他聲明。他亦似乎贊同。就是他們把我通過，我也得要辭職。可是提

---

94 《胡適日記全集》，6.594。

95 徐志摩致胡適，1931年8月12日，「胡適檔案」，1717-9。

出後被否決，卻是很丟臉的事。將來也許要被學生、被同事看不起。所以，我於那時候就很不痛快。

胡適畫蛇添足已經是夠糟糕的了，沒想到他越描越黑。張慰慈在同信中接著抱怨：

> 適之回到北平以後的來信，說及是他勸夢麟覆電勸我北上。又說討論基金講座時，提出我的時候，有一個人反對。這就使我更堅決的不到北平。適之把我提出當然是他的好意。不過被人家反對否決了，我是很不高興的。[96]

胡適的越描越黑，連徐志摩都莞爾：「下午慰慈來。我力勸的結果，他已意動。事實上，只要你那封信上不提到中基開會時情形，他一定可以跟我相偕同走。老大哥，你可是太直爽了。」[97]

張慰慈後來在胡適百般勸解之下，同意回到北大當政治系主任。然而，「九一八」事變以後，學生到南京示威，張慰慈就決定離開學術界了。他在12月14日給胡適的信上說：「北京大學的書恐怕是教不成了。就是學生從南京回來，能夠上課。恐怕教員與學生都不能安心做功課。經費又是一個不能解決的問題。所以我想不再回北平，安心在家譯書。再過幾天給夢麟一封辭職書。」[98]

事實上，張慰慈最根本的問題跟徐志摩一樣，他們都不是有心從事學術研究的人。胡適聘任徐志摩為北大研究教授，跟他百折不回硬是邀張慰慈回北大當政治系主任，都是小圈圈主義的作法。徐志摩就告訴胡適：「慰慈對於教書本來是不大熱心的。他上次答應回北大，是完全礙於朋友情面，不是甘願。所以為了主任的事，他就借題辭職。」[99]張慰慈自己在給王徵抱怨的信上也說：

96　張慰慈致王徵，1931年8月26日，「胡適檔案」，1251-4。

97　徐志摩致胡適，1931年8月25日，「胡適檔案」，1718-15。

98　張慰慈致胡適，1931年12月14日，「胡適檔案」，1250-1。

99　徐志摩致胡適，1931年8月25日，「胡適檔案」，1718-15。

「我自問不是一個做學問的人。像北大那種機會是抓不住的。所以，我拿了一桿大秤，秤了以後，總覺得還是不到北平為是。」[100]這段話固然是氣話，但它也說明了張慰慈的自識。

北大從1931年到1935年度之間，每年約聘請了16至22位研究教授。總計有29名不同的教授在這幾年之間榮膺為北大的研究教授。可以想見的，其競爭有多麼的激烈。湯用彤在1931年膺選為第一批研究教授而由南京的中央大學轉任北大。1935年，他接任北大哲學系主任。可能是在次年，系上的張頤沒得到研究教授的身分，湯用彤特別寫信給胡適，從張頤個人的成就以及哲學系的利害，請胡適重新考慮：

> 　　適之先生：前日聞真如〔張頤〕兄講座事未得通過。弟不但為友朋惋惜，亦且為北大哲學系前途感覺不安。自去歲以來，成都四川大學疊約真如回川。並邀李證剛、賀麟二先生同去。自講座事開會後，真如兄雖未言必去，但四川方面必乘此極力拉攏可知。如真如果去，則哲學系康德、黑智兒〔黑格爾〕二學程，彤意必不能覓得相當之替人。而證剛先生如再同去，則亦至可惜。證剛先生不但所學廣博，且確有見地。弟昨見東北大學本屆畢業論文數篇有甚好者。讀之知其得力於李先生之學。北大哲學系此次聘其所授之學程，頗有重要而新穎可喜者。凡此吾兄當已洞見。昨聞楚青〔劉樹杞〕先生言，講座事尚有法可轉圜。彤特瀆陳請兄續加以援助。此不但因真如之學問人格以及其與北大悠久之關係，並且為哲學系前途計。如能轉圜，則為至幸。前晚弟與真如兄同席，彼並未言去。並言及清華約其講黑智兒，彼已允就。但彤知四川求其往甚力，竟允為籌川資千元。恐其果去，則事確難辦。特據所知者上陳。伏希垂察，並努力援手……弟彤頓首六月十九日。[101]

我們知道張頤的名字不在1931學年度第一批研究教授的名單裡。根據北

100　張慰慈致王徵，1931年8月26日，「胡適檔案」，1251-4。

101　湯用彤致胡適，〔1935年〕6月19日，「胡適檔案」，909-5。

京大學1931年至1934年的薪俸冊的記載，張頤的薪俸是：400、500、500、500元[102]。據此可知，張頤從1932年度到1934年度之間是中基會資助的研究教授。湯用彤這封為張頤想胡適說項的信是否奏了效，必須要核對接下去兩年的薪俸冊才能知道。我推測張頤最後還是沒有拿到研究教授。他先在1935年出國考察，然後，在次年就到已經邀攬他多年的四川大學任教。

中基會教授的位置誰有資格獲得？這可以是相當棘手的問題。朱光潛又是另外一個例子。1934年，胡適用中基會合款研究教授的身分，把梁實秋從山東大學挖角到北大。蔣夢麟顧慮到這是否會得罪前一年到北大任教的朱光潛。他特別寫信提醒胡適：「〔梁〕實秋事如何辦法？請兄酌定。有一事不可不過慮者：梁任基金教授，朱光潛相形之下，是否會不高興？有沒有得梁而失朱的可能？」[103]

俗話說：「人算不如天算。」北大有幸能有顧臨這麼一個中基會的董事，為北大找到了一筆大量的補助津貼。然而，1931學年度還沒開始，這也就是說，中基會與北大合作還沒開始，國民政府就已經拖欠經費了。1930年爆發「中原大戰」，馮玉祥與閻錫山在北平另組國民政府。這場內戰影響了北平、天津的教育經費。1930年一年之內，就積欠了五個月的經費。1931年8月，新學年度還沒開學，又陸續積欠。教育經費累次積欠，導致了1932年1月間平津大學聯合會決議派代表到南京展開索薪運動。一直要到1932年5月，平津教育經費保管委員會成立以後，這個問題方才暫時得以解決[104]。

根據胡適所手擬的「北京大學與中華教育文化基金董事會合作研究特款辦法」：「五、本項合款每年40萬元，由北大與中基會逐年分八期繳清。每期各繳25,000元，由中基會會計部存放保管。隨時由北大校長簽署支付證，支付協定之各項用途。」現在，國民政府既然拖欠經費，北大才繳付了兩期的款項——亦即，50,000元——以後，就沒錢繼續付接下去的款項了。幸好，在胡適

102　轉引自陳育紅，〈民初至抗戰前夕國立北京大學教授薪俸狀況考察〉，《史學月刊》（開封），2013年2期，頁63-73，「中國社會科學網」，http://econ.cssn.cn/jjx/xk/jjx_lljjx/jjs/201312/t20131219_914333.shtml，2015年10月2日上網。

103　蔣夢麟致胡適，1934年〔6？〕月11日，「胡適檔案」，1835-10。

104　楊翠華，〈蔣夢麟與北京大學，1930-1937〉，頁278-279。

所手擬的合作辦法裡，已經未雨綢繆地預想到這個可能性了。辦法的第六項：
「北大經費有困難時，得由顧問委員會之議決，將準備金之一部分借與北大，
為發給教職員薪俸之用。但北大續領到經常費時，應將此種借款盡先清還。」
問題是，這個補救的辦法只能適用於短期的拖欠。如果長期拖欠到必須按照辦
法的第七項來辦理，事態就嚴重了：「本項合款暫定以五年為期。在五年之
中，如有一方拖欠合款至三次以上，則對方可暫時停止付款。俟欠款付足時方
繼續付款。」[105]

　　就在這個危機的當下，顧臨又再度施予北大援手。中基會補助北大的案子
的推動者是顧臨的第三個證據於焉浮出。1931年10月21日，顧臨打了一封電
報並寫了一封長信向拉西曼（Ludwik Rajchman）求援。拉西曼是宋子文最信
賴的洋客卿，當時是「全國經濟委員會」的顧問。顧臨在這封信裡說：

　　茲附上我剛才打給閣下的一封電報的電文。這封電報事關北大。該校的
校長是前任教育部長蔣夢麟博士。

　　昨天晚上我跟蔣博士見面，談到了北大的情況。蔣博士告訴我北大的經
費已經拖欠了三個月了。他看起來非常沮喪。我從來沒有見過他那麼沮喪
過。閣下可能已經風聞蔣博士在接任北大校長以後，已經作了許多改革。
特別是，他成功地聘請了許多全國最傑出的學者到北大來任教，重振了北
大從前的名聲。一直到不久以前，北大成為全國思想的重鎮的前景可以說
是指日可待的。然而，蔣博士現在所處的境地是極為困難的。光是北大教
授的汰舊換新，諸如辭退不適任的，聘用新人，就已經是一件夠頭疼的
了。在中央政府的支持之下，那代價是值得的。我個人認為沒有什麼其他
工作，要比全力支持位於北平與南京的兩所頂尖的國立大學更為重要或迫
切的了。因此，我一直極為關心蔣博士的所作所為。

　　我認為閣下要把中國思想、技術方面的領袖組織起來為政府服務的計畫
在基本上是正確的。我對閣下所成立的「全國經濟委員會」抱有極大的興
趣。可是，我認為如果像北大這樣一個重要的教育機構被忽視的話，閣下

---

105 《胡適日記全集》，附在1931年3月14日日記之後，6.528-530。

希望在全國思想界的領袖當中培養出一個團隊精神（*esprit de corps*）的想法是不可能實現的。北京大學的教授有極大的影響力。如果他們覺得政府對他們的支持不夠，而且對他們所從事的工作不重視，其影響將是無遠弗屆的，甚至會及於政治的層面。事實上，從政治的角度來說，我想不到還有什麼其他事情要比援助北平的國立大學更重要的。

這件事比軍費更為緊急，甚至比救濟水患的災民更為迫切。閣下所希望能延攬到「全國經濟委員會」的人才當中，我相信只有少數會對貴會有信心，除非他們看到他們在教育與科學機構服務的同事是得到足夠的政府的支持。就是因為這個原因，我才會打那封電報給閣下，告知北平教育界這個非常嚴重的情形。儘管我知道宋先生日理萬機、政府經費人人要爭，我希望閣下能找到一個機會把這個情形報告宋先生。我理解他的處境是極為困難的。然而，因為此事極為迫切，須要他的親理。[106]

當時，胡適剛好在上海、杭州兩地開第四屆的「太平洋學會」（Institute of Pacific Relations）的會議。細心周全的顧臨特地把他給拉西曼的電報和信也寄給胡適一份。他特別聲明：「我所打的電報與我信中所寫的內容，都不是蔣夢麟博士說的。然而，他告訴我他不反對我打電報給拉西曼。」他同時請胡適助以一臂之力：「如果您同意我在信裡所寫的內容，可否請當面跟拉西曼博士說明情況，並表示您也支持？」[107]

結果，也許是胡適自己在上海的時候已經也出過力，宋子文在接到顧臨說項的電報與信以前就已經批准了北大的經費。胡適在10月23日向宋子文答謝的英文信，為我們提供了顧臨是中基會補助北大的案子的推動者的第三個證據：

謝謝20日的電報，告知閣下已經批准撥款給北大。
今天中午，我收到了顧臨先生給拉西曼博士──談論新近改革的北大以

106　Roger Greene to Ludwik Rajchman, October 21, 1931，「胡適外文檔案」，E214-51。

107　Roger Greene to Hu Shih, October 21, 1931，「胡適外文檔案」，E214-1。

及政府猶定期撥與經費的必要——的電報與信件的副本。我推測拉西曼博士應該已經把顧臨的電報與信給閣下看過了。他的電報是閣下已經批准撥款後一天打去的。

閣下有顧臨先生的信，我無須再多說什麼。然而，我要指出他是這個中基會資助北大計畫的原始推動者，亦即，中基會在五年之間，每年撥與北大二十萬元以設置35名研究教授，並給予必要的設備的計畫。北大答應從自己常年的經費裡撥出二十萬元的對等基金，來增加其圖書館與實驗室的設備。政府每個月應撥給北大的經費不來，北大就無法履行其應撥款給予這個合款研究基金的規定。這整個計畫就將瓦解。而且，少數中基會研究講座教授因為中基會固定撥款而得以拿到薪資，而其他大多數的北大教授卻餓著肚子教書。這情形是會讓人極其意氣消沉的。

同時，這也牽涉到一個極其重要的原則。閣下一再地強調嚴格遵行預算的重要性。現在，北平的大學的經費是按照政府去年（第十九〔1930〕會計年度）的預算來支付的。財政部可不可能像發放政府公債一樣，把這個預算項目固定在每個月定期發放？教育機構從來就不指望能夠拿到多於預算的經費，卻無法固定拿到每月的經費，嚴格遵行預算云云，豈不等於空談。

這種預算內項目的撥放，每次都須要勞動閣下批准，似乎是浪費了閣下寶貴的精力與時間。貴部所以那麼不得人心，原因就在此。閣下不如在預算裡把所有項目的金額統統刪減，然後嚴格遵行撥放。

我完全體認到閣下的困難。我之所以坦承相告，完全是因為我堅信能做到讓大學教授免於衣食無以為繼之憂，對政府的領袖而言，是一個莫大的精神資產。[108]

結果，沒想到胡適高興得太早了。宋子文所批准的撥款僅只是給予北大半個月的經費。害得胡適又必須去信顧臨求救。於是，顧臨又在11月初連續打

108　Hu Shih to T. V. Soong, October 23, 1931，「胡適外文檔案」，E413-1。

了兩個電報給拉西曼，請他再次向宋子文請求[109]。雖然我們不知道顧臨再度拔刀相助的結果如何，但就像我在上文所指出的，一直要到1932年5月，平津教育經費保管委員會成立以後，這個教育經費拖欠的問題方才暫時得以解決。

總之，胡適10月23日向宋子文答謝的這封信，以及他請求顧臨再度拔刀相助的事實，除了提供了再一個證據，證明了顧臨是中基會資助北大計畫的推動者以外，更反映出了兩個重要的實際情況。第一個就是當時蔣夢麟「巧婦難為無米之炊」的困境。當時的蔣夢麟因為政府經費拖欠，北大付不出薪資，中基會合款計畫所應付的部分也無著。再加上「九一八事變」以後，學生到南京去示威。蔣夢麟夾在兩個矛盾的張力之間。一方面是國民黨要求校方制止學生的政治活動，另一方面是學生愛國的激情。心力交瘁、無所適從的他，選擇出走。1931年12月22日，已經走到了天津的蔣夢麟給胡適、傅斯年寫了一封信：

> 我這回的離校，外面看來，似乎有些「突如其來」，其實不然。枚蓀〔周炳琳，時法學院長〕和我兩人，商量了不知多少回，才決定的。學校的致命傷在經費的積欠，教員的灰心。兩位也知道好多教員，真是窮得沒有飯吃。第一批學生南下的時候，我們兩人已議決了把北大放棄不辦。枚蓀做事是很把細的。我有些粗心，但我能取斷然的手段。我們兩人商定了的不致大謬。當兩位到校長室裡來的時候，我已向兩位暗示枚蓀不回來了。孟真兄說他也是這樣想，或許孟真兄也有點會意了。
>
> 一個學校要辦好，至少要有四、五年的計畫。第一年的計畫〔注：指與中基會的合款計畫〕，不到三個月就破壞。現在簡直今天計畫不了明天，還有什麼希望呢！
>
> 學生的跋扈──背了愛國招牌更利害了──真使人難受。好好的一個人，為什麼要聽群眾無理的命令呢？
>
> 北平的教育，非統盤籌算，是不易辦好的。Bad money drives out good

---

109 胡成，〈胡適與羅氏駐華醫社〉，「胡適與中國新文化國際學術研討會論文集」（2016），頁362。

money〔劣幣驅逐良幣〕。沒有錢是沒法辦。這種學校每月用三十五萬來維持，也覺得不大值得。李先生說，譬如養一師兵。我說辦學如養土匪兵一樣，不如不辦。

枚蓀合我都決計不回到北大來的了。我校長也當厭了。我十數年來沒有休息。現在也應該休息一年半載，才對得自己住。

今日已買到臥票，遲赴上海。離平時未向兩位告別，罪甚。

一年來承兩位繼續不斷的幫忙，感激得很。這回決然棄去北大，亦請原諒。

我去年十二月十九日離南京北上。今年不期然而然的又同月同日離平，事豈先定！[110]

蔣夢麟給胡適這封信，提醒了我上文所徵引的胡適有關中興北大的回憶不見得是可靠的。他說他11月28日「從上海全家搬回北平的。下午，火車過江，我在浦口車站上遇見劉瑞恆先生，才聽說那天上午蔣夢麟先生辭教育部長之職已照准了。又聽說政府已任命夢麟做北京大學的校長，但他未必肯就，已準備回到杭州去休息了。」他說：「我到了北平，知道夢麟已回杭州去了，並不打算北來。」最後，他又說：「當日傅孟真、顧臨和我長時間討論的結果，居然擬出了一個具體方案，寄給蔣孟鄰先生。他也很感動，居然答應來北大主持改革的計畫。」這些話模糊不清，彷彿蔣夢麟是在他和傅斯年、顧臨擬出中基會的補助計畫、寄給蔣夢麟以後，他才答應來北大主持改革的計畫。事實上，蔣夢麟這封信說明了他是1931年12月19日就已經從南京北上到北平接掌北大的了。胡適自己是全家在11月30日抵北平。胡適所謂的「當日傅孟真、顧臨和我長時間討論」，其實指的就是12月。他在1月5日南下，到南京開中基會1月9日的會議。

言歸正傳，胡適給宋子文那封信所反映的第二個當時重要的實際情況，是它提醒我們當時北大的教授分成了兩個階級的事實。中基會研究教授——亦即「合款」教授——的薪資是中基會出的，不同於「一般」教授。根據胡適手擬

的「合作研究特款辦法」，「合款」教授的
月薪是在400元到600元之間。可是，我們
根據上文所徵引的張頤的薪資，是500元。
根據同一份薪俸冊的記錄，同樣是「合款」
教授的湯用彤的薪資也是500元。顯然，
為了不造成「合款」教授之間的不平起
見，最後的作法是乾脆大家一律500元。

圖9　胡適1931年2月贈北大地質系
教授葛利普（A. W. Grabau）玉照。
（中國社會科學院近代史研究所．中
國近代史檔案館館藏，取得授權使用）

　　我這個推測，可以從〈國立北京大學
核發薪金清冊〉得到佐證。根據1935年2
月份〈國立北京大學核發薪金清冊〉的記
錄，當時北大13個系共有教授58人。其
中，「一般」教授39人，月薪從360元到
400元；「合款」教授19人，月薪均為500
元。這本〈薪金清冊〉同時也透露出「遠
來的和尚」待遇就是不同。當年在北大任
教的美國教授奧斯穀（W. F. Osgood）是北大的「合款」洋教授，他的月薪是
700元[111]。奧斯穀教授原來是哈佛大學的數學教授，1933年從哈佛退休。他
1934年到北大任教兩年。胡適在1934年8月27日的日記裡記：「北大今晚宴請
新來的Professor Osgood。我與劉楚青代夢麟做主人。此君七十歲了，精力尚
健旺。」[112]

　　總之，中基會這個資助北大的計畫，從醞釀、成形、通過、定案、到執
行，經過了許多蛻變的歷程。我在上文已經提到了幾個主要的變化：第一、從
中基會每年出二十萬元、北大出十萬元，到各出二十萬元；第二、從原先有
「研究講座教授」和「專任教授」兩級，轉變成為只有「專任教授」一級；第
三、薪資從原來每月400元到750元的幅度，改成一律500元。

111 〈國立北京大學核發薪金清冊（1935年2月份）〉，王學珍、郭建榮編，《北京大學史料》，
　　第二卷，一，1912-1937，頁507。

112 《胡適日記全集》，7.137。

　　這個五年的合作計畫，在執行當中還產生了以下幾個重要的改變。上文已經提到了三點。順序而下的是第四點，亦即，撥款的總數與原先的構想有些許的出入。我們從表3.3，1931至1936年度「中基會與北大合作研究特款收入明細」，就可以看出幾個主要的改變。一、1931學年度，由於國民政府拖欠教育經費的關係，北大僅撥付了五萬元。為了幫助北大度過這個難關，中基會1932年1月8日在上海禮查飯店舉行的第六次常會裡，通過了一個變通原訂的「研究特款」的辦法。根據這個變通辦法，中基會特准北大在該年度只撥付五萬元。同時，也特准北大以250,000元（中基會的200,000元加上北大的50,000元）作為特款的總數，完成其「各項計畫及契約上的義務」[113]。

　　第五個重要的變化，是中基會從1934年度開始，把餘款400,000元分四年撥給北大，也就是從原先每年撥給200,000元改成為撥給100,000元[114]。有趣的是，這次的改變，問題不在北大，而在中基會。從1932年6月起，北平、天津的教育經費，改由中央銀行匯入。1934年年底開始，又改由國庫支給。從那時候開始到1937年，平津教育經費得以按時發放，少有拖欠[115]。反觀中基會，由於國際金價的下跌，落到了美金兌換成銀元以後只有不到一半的金額，以至於經費不足分配的窘境。胡適在1934年6月21日的日記裡記：「晚上中基會董事聚餐，談下年的款項分配。到十一點始散。中基會每年收庚款五十三萬九千金元。金價高時，可得二百五十萬元。今估計金價兩元五，則僅有一百三十五萬元而已，故甚不夠分配。」[116]中基會該年在經費上作了緊急的調整以後，包括對北大的補助順延成四年、每年減低為100,000元，會計部門向中基會董事報告，在1934年度就一共撙節了美金180,000元[117]。

113　〈北大合作特款下年辦法〉，「胡適檔案」，2297-7。

114　"Suggested Budgets for Direct and Joint Enterprises of the China Foundation, 1934-36," 「胡適外文檔案」，E429-1。

115　陳育紅，〈民初至抗戰前夕國立北京大學教授薪俸狀況考察〉，《史學月刊》（開封），2013年2期，頁63-73，「中國社會科學網」。

116　《胡適日記全集》，7.132。

117　"Suggested Budgets for Direct and Joint Enterprises of the China Foundation, 1934-36," 「胡適外文檔案」，E429-1。

表3.3　中基會與北大合作研究特款收入明細，1931至1936年度[118]

年度	北大	中基會	總額
1931	50,000	200,000	250,000
1932	200,000	200,000	400,000
1933	200,000	200,000	400,000
1934	200,000	100,000	300,000
1935	200,000	100,000	300,000
1936	200,000	100,000	300,000
合計	1,050,000	900,000	1,950,000

　　中基會與北大的合作計畫，因為1937年中日戰爭的爆發，等於是到了1936年度截止就結束了。從表3.3的統計，我們可以知道，撥款的總數是1,950,000元，而非原先所擬的2,000,000元。中基會一共撥付了900,000元，而北大則撥付了1,050,000元。換句話說，雖然北大在第一年只撥付了50,000，但由於計畫延長了一年，北大多付了200,000元。結果，最後北大是比原計畫多付了50,000元。相對的，中基會則比定案的金額少付了10,000元。

　　然而，中基會是北大學閥控制的批評不是空穴來風的。中基會雖然因為金價的下跌，而從1934到1936年度之間每年少付了10,000元。然而，控制中基會的北大學閥是不會讓北大吃虧的。中基會在1937年4月30日在上海的年會裡，原則上通過了議案，將中基會與北大的合作計畫再延長五年。根據胡適在當天的日記裡的記載：「下次大會決定細則。原則為五年中每年減二萬元（100,000, 80,000, 60,000, 40,000, 20,000）。」[119]中基會在這延長五年的計畫內所應付的總額為三十萬元，就正是中基會因為金價下跌所少付的三十萬元。只是，人算不如天算。兩個多月以後，隨著中日戰爭的爆發，這個延長計畫也就成為泡影了。

118　楊翠華，《中基會對科學的贊助》，頁97, 142-143。請注意，楊翠華在另一篇文章裡說明了1936年的總收入稍微高於本表的數字。參見其所著楊翠華，〈蔣夢麟與北京大學，1930-1937〉，頁280。

119　《胡適日記全集》，7.408-409。

表3.4　北大1931年申請中基會研究教授專款補助第一年預算[120]

項目	金額	百分比
補助教授部分		
研究教授薪資（9名）	63,000	21%
專任教授薪資（15名）	81,000	27%
教授圖書設備	72,000	24%
小計	216,000	72%
補助學生部分		
助學金（15名）	3,000	1%
獎學金（15名）	9,000	3%
留學獎學金（2名）	20,000	7%
小計	32,000	11%
補助建築部分		
圖書館實驗室辦公室修繕費	52,000	17%
合計	300,000	100%

　　中基會與北大合作計畫第六個重要的變化,是補助項目的比率。表3.4的數字,是根據北大1931年申請中基會研究教授專款補助的第一年預算所作的分類統計。北大申請中基補助分成三個項目:教授、學生,以及建築。既然名為「中基會研究教授專款補助」,顧名思義,這個專款補助的對象是教授。因此,光是薪資,就占了總預算的48%。如果再把教授圖書設備的經費加進去,補助教授的預算就占了總預算的72%。補助學生的數目,把助學金、獎學金,以及留學獎學金加起來,一共占總預算的11%,為數還相當可觀。建築的部分,則占17%。

　　然而,這個中基會專款實際運用的結果,跟第一年預算所預想的還是有很大的距離。表3.5的統計顯示從1931到1936年度,研究教授的薪資占了36.4%,比第一年預算的48%為少。這原因可能是因為北大所實際聘任的研究

120　"Tentative Annual Budget for Proposed Research and Full-Time Professorships in Peking National University,"「胡適外文檔案」,E414-1。

教授人數比原先所設想的為少。只是，如果我們把研究教授的薪資跟「圖書設備儀器印刷費」加起來，其所占比率為77.7%，則是比原先預算的72%為高。建築費占了13.1%，低於原預算所估計的17%。這項建築費讓北大得以在1935年建成了圖書館和地質大樓。最遺憾的，是學生的獎助金，只占了3%。

表3.5　中基會與北大合作款項支出明細，1931至1936年度 [121]

年度	研究教授薪俸	設備儀器圖書印刷	獎助學金	建築費	耗修及普通設備費	其他	準備金	總額
1931	88,300	161,700						250,000
1932	132,000	165,000	9,900	80,000	7,200	5,900		400,000
1933	126,000	168,500	9,900	75,000	7,200	1,000	12,400	400,000
1934	120,600	102,000	9,900	50,000	5,760		11,740	300,000
1935	123,600	102,000	13,900	50,000	5.760		4,740	300,000
1936	120,000	106,650	13,900		5,760	50,000	3,690	300,000
合計	710,500	805,850	57,500	255,000	31,680	56,900	32,570	1,950,000
百分比	36.4%	41.3%	3%	13.1%	1.6%	2.9%	1.7%	100%

　　1930年代北大的中興，除了靠這筆將近兩百萬的中基會與北大合起來的研究特款的助益以外，還有院長制的推行。胡適在1月30日的日記裡說：「夢麟今早來談，下午又來談，皆為北大事。他今天決定用院長制。此是一進步。但他仍要敷衍王烈、何基鴻、馬裕藻〔馬幼漁〕三人，仍是他的弱點。晚上我與孟真談，請他勸夢麟努力振作。寫信勸丁西林、徐志摩回北大。」[122] 3月28日的日記又說：「北大新聘的理學院長劉樹杞博士從南京來。叔永約他和夢麟和我們吃飯。飯後他和夢麟談理院教授人選。不到兩點鐘，整個學院已形成了。院長制之效如此。」[123]

　　這個院長制的重要性，是它給予校長較大的人事任用權，不受教授所組成

121　楊翠華，《中基會對科學的贊助》，頁143。

122　《胡適日記全集》，6.484。

123　《胡適日記全集》，6.537。

的評議會的牽制。我在本節起始徵引胡適有關北大如何中興的一段話。其中有一段說：「不但外面人才不肯來同他們搶飯碗，他們還立了種種法制，保障他們自己的飯碗。例如北京大學的評議會就曾通過一個議決案，規定『辭退教授須經評議會通過』。」這一段話就道出了院長制對舊制的挑戰。

這個院長制對舊制的挑戰，胡適在1931年2月初給楊振聲的一封信就說得最為清楚了。當時，胡適要把楊振聲從青島大學挖角到北大來。他說：

> 夢麟因百年〔陳大齊〕交卸校長後即無位置，故曾約他任文科主任。他未允接受。此次夢麟決計改院長制，不能不先請他做文科院長，他仍未允。但一班舊人物飯碗不牢，故〔一月〕卅一日曾包圍夢麟，反對院長制。及見反對不了，便又要求請百年任文科院長。但此時百年當不允，以後當不可知。124

胡適在3月25日的日記裡，就記錄了這些「舊人物」的最後的反撲：「後來，他們又談起評議會已通過的議案應如何處置。他們舉的例子『辭退教授須經評議會通過』一條。這是他們最關切的！」125

這院長制的厲害，我在下節還有一個牽涉到胡適與北大國文系的例子可以分析。此處，我要處理胡適出任北大文學院的一個曲折的經緯。胡適在2月7日的日記裡說：「作二書與夢麟。一說我在北大教書不支薪；一說文科院長不可無人。下午又作一書，說北大事須是有計畫、有條理的改革；不可聽學生自動驅逐教員主任。」126 2月8日，蔣夢麟寫信給胡適說：「文學院院長問題，我仔細考慮過，承認你的見解是對的。現在一個問題是：三學院同時發表呢？還是先發表理、法兩院，稍緩再發表文學院？因為文學院我已承認自兼了。要轉彎過來，須經過以下的步驟實較穩當：一、發表文學院未覓得妥人以前暫行兼代，理、法兩院為某某；二、兩院長都就任以後一、二月內即發表現在已覓得

---

124 胡適致楊振聲，1931年2月初，「胡適檔案」，581-5。
125 《胡適日記全集》，6.535。
126 《胡適日記全集》，6.486。

某某為文院長。你以為何如？」[127]

　　余英時把胡適的這則日記跟蔣夢麟的信放在一起分析，說胡適在這封信上說：「文科院長不可無人」，是一封自薦書。他認為這說明了胡適一開始就自告奮勇，主動要出任文學院院長一職。可是由於蔣夢麟已經宣布由自己兼任文學院院長了。為了避免校長給人出爾反爾之譏，胡適於是等了一年，「讓蔣夢麟有一整年的時間『轉彎過來』」以後，才在1932年2月15日出任文學院長[128]。

　　林齊模、顧建娣在他們所合寫的〈胡適出任北京大學文學院院長的經過〉一文裡，已經證明了余英時的推斷是錯誤的。他們正確地指出胡適當時想要推薦作為北大文學院長的人選是楊振聲[129]。

　　胡適之所以會屬意楊振聲，是因為楊振聲跟他具有相同的辦理中文系的理念。楊振聲在出掌青島大學以前，在1928年到1930年間擔任清華大學中文系主任。他辦理中文系的宗旨，在「創造我們這個時代的中國新文學。」他認為「欲求超勝，必先會通」。他的教學方針在「注重新舊文學的貫通與中外文學的結合。」中文系學生必修兩年的英文。除了規定必修的課程以外，還須選讀西洋文學、歷史學及其他社會科學課程各一門，以收融會貫通之效[130]。楊振聲在清華辦中文系的理念深得胡適之心。胡適在1931年3月21日給梁實秋的信上就說：「我始終主張中國文學教授應精通外國文學；外國文學教授宜精通中國文學。故我希望〔聞〕一多能來北大國文系。但此事須有金甫來，始有此魄力整頓國文系。」[131]

　　我在前文徵引了胡適1931年2月初寫給楊振聲的信。他在那封信裡說明了

127　蔣夢麟致胡適，1931年2月8日，《胡適日記全集》，6.487。

128　余英時，《重尋胡適的歷程》，頁30-32。

129　林齊模、顧建娣，〈胡適出任北京大學文學院院長的經過〉，《安慶師範學院學報（社會科學版）》，第28卷第1期，2009年1月，頁53-57。

130　史軒，〈「創造中國新文學」的中文系〉，「清華大學檔案信息網」，http://thdag.cic.tsinghua.edu.cn/docinfo_out/board/boarddetail.jsp?columnId=001060204&parentColumnId=0010602&itemSeq=4593，2015年11月30日上網。

131　胡適致梁實秋，1931年3月21日，〈懷念胡適先生〉，陳子善編，《梁實秋文學回憶錄》（長沙：嶽麓書社出版社，1989），頁155。感謝北京大學鄒新明提供出處。

蔣夢麟決定用院長制,可是又不得不敷衍舊人的情形。更重要的是,他明確地說出了他希望楊振聲來北大擔任文學院長的想望:

> 枚蓀已允就法學院長了。但我們都希望他與文理兩院長同時發表。文科院長,我極望你能來幹。孟真則不願你離開青大。夢麟此時尚不願與舊人開火。故此時文科事,夢麟主張暫時擱一擱再說。[132]

結果,楊振聲決定留在青島大學當校長。最石破天驚的是,他在4月9日的信裡透露了當時傅斯年有意當北大文學院長,而胡適阻擋他的秘辛:

> 孟真應肯擔任文科院長。至少能與舊人合作應是一長。若而能容納新人,則便益善。先生何不勸進?孟真脾氣,愈說其不宜,則愈欲一試也。從來作事、作學問,皆以好勝心起。研究所成績極好。且明知蔡先生必不放,而猶流盼於文科者,正以其自信有此能力,欲操刀一試耳。先生奈何阻之?[133]

當然,楊振聲這段話沒有旁證。這段話除了可以拿來作為傅斯年當時有出掌北大文學院長之意的證據以外,也可以拿來作為是他們雙方才情不同、互不賞識的證據。我在前文提到了傅斯年反對胡適要把梁實秋從山東大學挖角到北大的一事。傅斯年說「此時辦學校,似應找新才,不應多注意浮華得名之士。未知適之先生以為何如?」我認為傅斯年反對梁實秋,跟他反對楊振聲,理由相同,因為他們兩人都是舞文弄墨的「浮華得名之士」。傅斯年反對胡適把楊振聲挖角去北大,楊振聲則以君子不掠人之美、大爺自有留人處回敬,反問胡適何不乾脆就請傅斯年?

然而,林齊模、顧建娣接著所作的推論就不正確了。他們說:蔣夢麟在2月8日給胡適的信,承認胡適的見解是對的以後,他們對文學院的人選就已經

---

132 胡適致楊振聲,1931年2月初,「胡適檔案」,581-5。
133 楊振聲致胡適,1931年4月9日,「胡適檔案」,1198-8。

有了共識。只是礙於他自己已經先說好他自己兼任文學院長，不好出爾反爾，於是等到一年以後，才宣布胡適為文學院長。

事實上，蔣夢麟所屬意的文學院長是胡適。就在蔣夢麟寫上封信給胡適五天以後，也就是2月13日，哲學系主任張頤寫信給胡適，勸他輔佐蔣夢麟：

> 夢麟決挽足下幫忙，擔任院務。當此國難期間，欲救危亡，大學教育實為根本，德國往事可借鏡也。北大現值風雨飄搖之中。文學院事，夢麟實難照料周到。此番相挽，足下實義不容辭。務望早日到院視事。北大前途，實利賴之。非僅朋友關係而已。[134]

只是，胡適就是不願意。他可能還是在等楊振聲。一直到9月14日，北大開學，胡適仍然拒絕出任文學院長：「夢麟與梅蓀（周炳琳）皆要我任北大文學院長。今天苦勸我，我不曾答應。」[135]

余英時推定胡適接任文學院長的日子是1932年2月15日。他的根據是胡適在〈記病——二十一年〔1932〕二月十五日至四月〉裡的一段話：「這一天〔2月15日〕是我約定到北大文學院去接受院長辦公室的日子，已約了秘書鄭毅生〔鄭天挺〕去那邊候我，所以我決定去會他。九點半到第一院，鄭君來了，把文學院的圖章交給我。」[136]

這一個證據是扎實的。值得指出的是，「胡適檔案」裡保存了北大校長發給胡適擔任文學院長的聘書，日期是2月29日。但這是可以理解的。我在上文已經提到蔣夢麟與周炳琳因為政府經費的拖欠，以及學生南下示威的原因，在1931年12月下旬離校出走的經過。中基會次年1月8日在上海的常會通過變通「研究特款辦法」，解決了經費的問題。原本，蔣夢麟是可以馬上回北大去的。沒想到「一二八」事變發生，南北交通中斷，蔣夢麟滯留上海。蔣夢麟只好從上海發電給北大校務會議，提議胡適出任文學院院長，以幫助維持北大的校務。

---

134 張頤致胡適，1931年2月13日，《胡適來往書信選》，2.43。
135 《胡適日記全集》，6.605。
136 《胡適日記全集》，6.630。

根據2月13日《北平晨報》的報導：「北大昨接蔣夢麟自滬來電，聘請胡適之為文學院長。該校接電後，函達胡氏，請其十八日到校視事矣。」[137]因此，蔣夢麟一直要回到北大以後才可能正式發給胡適聘書。這可以解釋為什麼胡適是2月15日去拿文學院的關防，18日視事，可是，聘書要到29日才發出的事實。

胡適中興北大有功。他不但為北大爭取中基會的補助，而且為北大網羅人才。甚至不惜以掠奪其他機構人才的方式，挖他人之角以充實北大的教授陣容。更重要的是，他有一套眼光，要把北大締造成中國的文學與史學的重鎮。

締造北大成為「文科的北京協和醫學院」

1934年5月17日，胡適寫信給梁實秋，要把他從山東大學挖角到北大。他在這封信裡對梁實秋說：

> 我感覺近年全國尚無一個第一流的大學文科，殊難怪文藝思想之幼稚零亂。此時似宜集中人才，匯於一處，造成一個文科的 "P. U. M. C." 〔北京協和醫學院〕，四、五年至十年之後，應該可以換點新氣象。[138]

北京協和醫學院，顧名思義，是由英美幾個教會的差會在1906年聯合成立的。1915年，美國洛克斐勒基金會以二十萬美金買下。1917年，洛克斐勒開始斥資一百萬美金，在這「豫王府」上興建協和醫學院的建築群。到了1921年落成典禮時，這群由「豫王府」鳳凰重生而成的「油王府」——取「豫王」與洛克斐勒「油王」的諧音——的總價，已經到了七百五十萬美金的天文數字[139]。洛克斐勒基金會以美國約翰‧霍普金斯大學（The Johns Hopkins University）醫學院作為楷模，締造北京協和醫學院。從1913年到1951年，洛克斐勒基金會投入北京協和醫學院的總資金為17,970,527.31美金，占該基金會

---

137 王學珍、郭建榮編，《北京大學史料》，第二卷，一，1912-1937，頁341。

138 胡適致梁實秋，1934年5月17日，《胡適全集》，24.200。

139 Mary Ferguson, *China Medical Board and Peking Union Medical College*, pp. 30-34.

在中國的總投資的32.41%[140]。在這筆天文數字的投資之下，北京協和醫學院1924年到1943年，只訓練出313名醫科畢業生。

毫無疑問地，北京協和醫學院走的是菁英主義的路線。中國左傾思潮達其巔峰時的批判不論，這也是美國1970、1980年代所出版的著作最批判北京協和醫學院的地方。根據北京協和醫學院生物化學教授吳憲在1936年所作的推算，中國如果要達到每一萬人有一名醫生這個最低標準的比例，以當時所謂的中國有四億六千萬人口的推斷來說，中國需要有四萬六千名醫生。當時，中國所有的醫學院加起來，一年大約有五百名醫學院的畢業生。以那個速率來說，即使中國人口不再增長，也需要八十年的時間，才可能達到這個最低的標準[141]。吳憲所提出的這個最低的標準有多低，只要參照當時美國以及瑞典的醫生與人口的比例，就可以窺見其一斑。當時的美國，每800人有一個醫生；瑞典則是每2,860人有一個醫生[142]。

胡適以菁英主義的北京協和醫學院作為楷模，要把人才集中，匯於北大一處，以「造成一個文科的"P. U. M. C."。」這菁英主義的作法，是抄捷徑、急起直追的理念。只是，胡適的菁英主義與眾不同。胡適從來就不會夢想中國可以「超英趕美」。他的抄捷徑的作法，是從高等教育入手，用專精來取勝。然後，再由專精來向下普及。他1920年9月17日在北大開學典禮所演說的「普及」與「提高」就是在說明這個道理：

一、普及。現在所謂新文化運動，實在說得痛快一點，就是新名詞運動。拿著幾個半生不熟的名詞，什麼解放、改造、犧牲、奮鬥、自由戀

140 轉引自 Mary Bullock, *The Oil Prince's Legacy: Rockefeller Philanthropy in China*（Washington, D.C.: Woodrow Wilson Center Press, 2011），Appendix A.

141 濤鳴〔吳憲〕，〈與友人論醫務書〉，《獨立評論》，第201號1936年5月17日，頁40-41。請注意，Mary Bullock 徵引了吳憲這篇文章。但是，她把每一萬人一個醫生的比例誤寫成每一千人一個醫生。參見其所著 *An American Transplant: The Rockefeller Foundation & Peking Union Medical College*（Berkeley, Cali.: University of California Press, 1980）, p. 102。

142 Mary Bullock, *An American Transplant: The Rockefeller Foundation & Peking Union Medical College*, p. 96.

愛、共產主義、無政府主義……你遞給我，我遞給你，這叫做「普及」。這種事業，外面幹的人很多，盡可讓他們幹去，我自己是賭咒不幹的，我也不希望我們北大同學加入。

二、提高。提高就是──我們沒有文化，要創造文化；沒有學術，要創造學術；沒有思想，要創造思想。要「無中生有」地去創造一切。這一方面，我希望大家一齊加入，同心協力用全力去幹。只有提高才能真普及，愈「提」得「高」，愈「及」得「普」。你看，桌上的燈決不如屋頂的燈照得遠。屋頂的燈更不如高高在上的太陽照得遠，就是這個道理。

胡適總結他的心願：「我希望北大的同人，教職員與學生，以後都從現在這種淺薄的『傳播』事業，回到一種『提高』的研究功夫。我們若想替中國造新文化，非從求高等學問入手不可。」[143] 這句「非從求高等學問入手不可」，就是胡適的抄捷徑的法門。

胡適「非從求高等學問入手不可」的抄捷徑的想法，在在地反映在他的教育理念之上。最明顯的例子就是留學。我們記得胡適在留美初期，亦即1913年，曾經寫過一篇〈非留學篇〉，以派遣留學生為國恥、為浪費公帑。他在那篇文章裡大聲疾呼，說留學只能是「救急之計而非久遠之圖也」。然而，留美中期，或至少留美以後的胡適，就不再作如是的看法。為了抄捷徑，留學轉而成為胡適「救急」的教育救國之計裡的一個重要的環節。目前最早的記錄，是他1922年6月5日寫給蔡元培的信，詢問北大歷史系派送留學生之事是否能夠按照計畫執行：「本校史學系派遣學生留學習史學、地學一案，去年因罷課未能實行。茲本月一日教務會議討論此項考試日期，決定與新生入學實驗同時舉行。惟人數有無變更？旅資已否籌得？祈先生示知，以便發布廣告。」[144]

他在1930年10月14日的日記裡記：

與 Saunders〔Kenneth Saunders，桑德斯教授，美國「太平洋宗教學校」

---

143 胡適，〈提高與普及〉，《胡適全集》，20.68-69。
144 胡適致蔡元培，1922年6月5日，《胡適全集》，23.388。

（Pacific School of Religion）教授，在印度、錫蘭、緬甸住過多年。去過
日本、韓國。當時到中國訪問〕談。他舉甘地、賀川豐彥、晏陽初、和我
四人為東方四個傑出的人物。我幾乎要笑了……今日去看英使館中人，談
英庚款的事。下午去看英公使，也談此事。我以為此次協定中未留有款項
為派遣中國學生留學英國之用，是大失策。英使說，此已包在英國大學中
國委員會基金二十萬鎊之中。此似是掩飾之詞。[145]

　　這則日記有兩個重點：第一、胡適對晏陽初的平民教育運動嗤之以鼻，所
以桑德斯教授把胡適與晏陽初並列為「東方的傑出人物」，讓胡適哭笑不得。
第二、英國退還庚款裡沒有專款派遣學生留英，胡適認為是失策。胡適反對晏
陽初的平民教育運動，因為成人教育不但無益於「提高」，甚至無補於「普
及」。他在1930年7月21日的日記裡說：「前天到了一班美國學生。他們要見
我。青年會中人代為介紹，邀我去談話一點鐘。他們問的問題之中，有一問是
問我對於平民教育的意見。我深信一個民治的國家裡應該人人識字，但我希望
從兒童教育下手。我不贊成今日所謂『平民教育』。成人的習慣已成，不易教
育。給他們念幾本《千字課》，也沒有什麼用處。」[146]
　　然而，留學政策就不同了。它完全符合胡適從「高等學問入手」的抄捷徑
的想法。1933年6月14日，胡適在日記裡說：「雪艇〔王世杰〕把清華大學的
校長、院長都叫來了。開了兩天會，勸他們：一、決定繼續送留學生；二、添
農科。雪艇樂觀的可愛，此人是政府中的一重鎮。」[147]王世杰當時剛出任教育
部長。清華大學在1929年派送了最後一批留美預備生。由於清華當時的設想
是先發展研究所，然後再由研究所的畢業生裡挑選留學生，以提高留美學生的
程度。因此，1929年以後，清華就中止了派送留美學生的作法。胡適在這則
日記裡記載王世杰與清華校長、院長的談話情形，就說明了教育部為什麼會在
該年指令清華恢復招考留美公費生的背景。

145《胡適日記全集》，6.330-331。
146《胡適日記全集》，6.196-197。
147《胡適日記全集》，6.672。

要為中國締造新文明的捷徑，除了留學以外，就是集中人力、財力、與精力去培養菁英的高級學府。這就是胡適在1947年所發表的〈爭取學術獨立的十年計畫〉的核心理論，亦即，「在十年之內，集中國家的最大力量，培植五個到十個成績最好的大學，使他們盡力發展他們的研究工作，使他們成為第一流的學術中心」的理念[148]。胡適這個菁英主義的理念在1930年代就已經形成了。他在1934年5月11日的日記裡說：

> 與 Roger S. Greene〔顧臨〕閒談。我問他，成都華西大學的牙科，我常聽得協和醫生說起，究竟這學堂如何？他說，華西為今日中國最好的牙科。協和派有學生去學。其成績不下於留學美國的牙醫。凡能集中精力專辦一件事，必有好成績，其勢力自然放射出來，不可壓抑。成都的牙科與北平的協和醫校，是其二例。天津之《大公報》亦是一例。[149]

1936年，胡適到美國開第七屆「太平洋學會」的年會。會後，他又去參加了哈佛大學三百週年的校慶，然後輾轉到了紐約。9月29日，胡適到洛克斐勒基金會跟該會的會長、醫學部門主任、洛克斐勒的孫子、北京協和醫學院董事等人午餐。他在當天的日記裡記：「午飯在 Rockefeller Foundation〔洛克斐勒基金會〕……我談兩事：一、華北現狀；二、P. U. M. C.〔北京協和醫學院〕的最大貢獻，在於集中人才與財力專辦一個第一等學校。切不可減低此種最高標準。」[150]

胡適這個「集中精力專辦一件事」，或者「集中人才與財力專辦一個第一等學校」的想法，就是他要把北大締造成為「文科的北京協和醫學院」的理念。然而，值得注意的是，把北大締造成為「文科的北京協和醫學院」，並不是胡適在1931年一回到北大就提出來的理念。歷來談論胡適1930年代在北大所作的改革，都把他中興北大跟改革國文系的兩件事籠統地混淆在一起。當

---

148 胡適，〈爭取學術獨立的十年計畫〉，《胡適全集》，20.235。
149 《胡適日記全集》，7.115。
150 《胡適日記全集》，7.352-353。

然，這個籠統混淆的始作俑者是胡適自己。他在1948年12月紀念北大五十週年的文章裡說：

> 話說民國二十年〔1931〕一月，蔣夢麟先生受了政府的新任命，回到北大來做校長。他有中興北大的決心，又得到了中華教育文化基金董事會的研究合作費國幣一百萬元的援助，所以他能放手做去，向全國去挑選教授與研究的人才。他是一個理想的校長，有魄力，有擔當。他對我們三個院長說：「辭退舊人，我去做；選聘新人，你們去做。」[151]

這短短一段文字就有三處籠統混淆、甚至錯誤的所在。第一，蔣夢麟是在1930年12月19日離開南京。以當時火車的行速，他應該是在21日抵達北平到北大上任的。第二、中基會資助北大的合款計畫是在次年1月的董事會通過，經過了多次的商議修訂以後，從1931學年度開始實施。第三、胡適一直要到1932年2月下旬才成為北大文學院院長。即使蔣夢麟確實說過：「辭退舊人，我去做；選聘新人，你們去做。」那也是有階段性的。換句話說，胡適1930年代在北大的建樹分成兩個階段。第一個階段是參與中興北大的大業，主要集中在從四處為北大挖角，以及參與顧臨用中基會撥款資助北大的獻策與運作。「選聘新人，你們去做」，屬於這第一個階段。所謂的「辭退舊人，我去做」，屬於第二個階段。

胡適在1931年2月初給楊振聲的一封信裡說：「夢麟此時尚不願與舊人開火。故此時文科事，夢麟主張暫時擱一擱再說。」[152]這封信在在地證明了「辭退舊人，我去做」是在中興北大的第二個階段才發生的事。蔣夢麟為什麼在第一個階段還不願意「與舊人開火」呢？這就牽涉到北大「教授治校」的舊制與國民黨南京政府成立以後的「校長治校」新制之間的矛盾了。

有關這個新舊制之間的矛盾最生動的描述，就是胡適在1931年3月底的兩則日記了。25日的日記裡說：

151　胡適，〈北京大學五十週年〉，《胡適全集》，20.271。
152　胡適致楊振聲，1931年2月初，「胡適檔案」，581-5。

　　夢麟為明日召集評議會事，今夜請評議員吃飯。先談談明天提出的實行
政府頒布的「大學組織法」及「大學規程」一案。到者馬幼漁、劉半農、
賀之才、王仁輔、夏元瑮、樊際昌、王烈、何基鴻，及我。

　　幼漁說話最多。他說，現在自然沒有中道可走，只有左或右兩條道：右
是保守舊法，左是採用政府法令。若一部分用政府法令，一部分又顧全舊
制，那是中道，是站不住的。

　　他問夢麟為什麼理由要變制。夢麟說了三個理由，最有力是說：「『大
學組織法』是我做部長時起草提出的。我現在做了校長，不能不行我自己
提出的法令。」

　　我不大說話，最後始說：「我贊成幼漁先生的話，尤其贊成他說第二條
道路，就是採用政府頒布的法令。有些法令原文不夠用之處，可用施行細
則補充。」

　　夢麟今晚的態度很好，說話也很周到。

　　後來，他們又談起評議會已通過的議案應如何處置。他們舉的例子「辭
退教授須經評議會通過」一條。這是他們最關切的！

　　夢麟說，「凡是和『大學組織法』等法規不牴觸的議案，自然都有效。」
這是很聰明而得體的官話。[153]

次日的日記，記了評議會的會議：

　　今天通過「本校各項組織及各項辦法，自本年七月一日起，遵照『大學
組織法』及『大學規程』改定。自四月一日起開始籌備。」一案，甚重要。

　　今天到會者，皆昨晚到的人，但幼漁未到。此外沈兼士與馬叔平皆未
到。事後始知幼漁有信給夢麟，說「適之先生贊成我的第二條路，但第一
條法也更應注意！」[154]

---

153 《胡適日記全集》，6.534-535。
154 《胡適日記全集》，6.535-536。

胡適在當天的日記裡，並且黏貼了兩天以後在《北京日刊》上所刊載的以「校長布告」為題的評議會的決議：

> 議決：一、本校各項組織及各項辦法，自本年7月1日起，遵照〈大學組織法〉及〈大學規程〉改定，自4月1日起開始籌備。二、本校評議會決議案，除與〈大學組織法〉及〈大學規程〉牴觸者外，在校務會議尚未議決變更以前繼續有效。[155]

這兩則日記裡最關鍵的有四句話：第一、「幼漁說話最多。他說，現在自然沒有中道可走，只有左或右兩條道：右是保守舊法，左是採用政府法令。」第二、「『辭退教授須經評議會通過』一條。這是他們最關切的！」第三、「我贊成幼漁先生的話，尤其贊成他說第二條道路，就是採用政府頒布的法令。」第四、「夢麟說，『凡是和「大學組織法」等法規不牴觸的議案，自然都有效。』這是很聰明而得體的官話。」

這四句話，就點出了蔣夢麟在建立「辭退舊人，我去做」的法令基礎。馬幼漁即馬裕藻，中文系主任。他所說的「舊法」就是北京大學舊有的教授聘任制度。1918年5月30日，北京大學評議會通過〈教員延聘施行細則〉。規定聘任教授第一年為初聘，有效期為一學年，具試用性質，至第二年6月致送續聘書，方才長期有效。過期未收到續聘書者，即作為解約[156]。1922年2月11日，蔡元培提出了〈教員保障案〉。其第一條為：

> 凡已得續聘書之各系教授之辭退，應由該系教授會開會討論，經該系教授會五分之四之可決，並得校長之認可，方能辦理。如該系教授不及五人，應經全體教授可決。但開會時，本人不能列席。
>
> 「理由」：
> 聘請教授時，既須經聘任委員會之通過，主任之贊成，校長之函聘，復

155 《胡適日記全集》，6.536。
156 王學珍、郭建榮編，《北京大學史料》，第二卷，二，1912-1937，頁415。

有試教一年之規定手續，可謂鄭重矣。試教期滿，復經續聘，是校中認其能勝任矣。故辭退，特亦應經鄭重之手續，不應憑學生之意見，或主任、或教務長一人之意見，將其貿然辭退。[157]

換句話說，北大的「舊制」給予教授莫大的保障。要辭退教授，必須要「經該系教授會五分之四之可決，並得校長之認可，方能辦理。」怪不得胡適說馬幼漁等「舊人」特別關切「辭退教授須經評議會通過」這一條「舊法」。問題是，這個「舊法」跟「新法」牴觸。根據國民政府在1929年頒布的〈大學組織法〉：

> 第八條：大學設校長一人，綜理校務……
> 第十條：大學各學院各設院長一人，綜理院務，由校長聘任之……
> 第十一條：大學各學系各置主任一人，辦理系務，由院長商請校長聘任之。
> 第十二條：大學教員分教授、副教授、講師、助教四種，由院長系主任商請校長聘任之。[158]

根據這個「新法」，大學的組織是由校長綜理校務、院長綜理院務、系主任辦理系務，分層隸屬統合行政系統。最與北大「舊法」不同的地方，在於教授的聘任權操在院長手裡。無怪乎在馬裕藻說：「現在自然沒有中道可走，只有左或右兩條道：右是保守舊法，左是採用政府法令」以後，胡適就立即打蛇隨棍上說：「我贊成幼漁先生的話，尤其贊成他說第二條道路，就是採用政府頒布的法令。」更無怪乎胡適會讚許蔣夢麟，說：「夢麟說，『凡是和「大學組織法」等法規不牴觸的議案，自然都有效。』這是很聰明而得體的官話。」
蔣夢麟用「很聰明而得體的官話」，四兩撥千斤，以「新法」為名，把馬裕

---

157 蔡元培，「提議〈教員保障案〉」，高平叔編，《蔡元培全集》（北京：中華書局，1984），IV.152-153。

158 《中華民國史檔案資料匯編》，第五輯，第三編，教育（一）（南京：江蘇古籍出版社，2000），頁47-48。

藻等「舊人」挽救「舊法」的希望給擋將掉了。然而，雖然蔣夢麟在1931年就贏得了這第一回合，取得了「辭退舊人，我去做」的法令基礎，但由於「夢麟此時尚不願與舊人開火。故此時文科事，夢麟主張暫時擱一擱再說。」也正因為如此，胡適所參與的北大的中興大業，在第一個階段裡，只作到了「選聘新人，你們去做」的程度。「辭退舊人，我去做」，則一直要到第二個階段才發生。

胡適參與第一個階段，亦即，中興北大的大業的建樹，我已經在上一節分析了。本節所要分析的，是他對北大文學院的改革，包括他親與其役的中文系的改革。歷來談論胡適改革北大中文系的人，上焉者從師門、籍貫、派系的因素，說那是反映了胡適與章太炎浙派的門生爭勝的最後一役[159]。下焉者則從人事傾軋的角度，說那是反映了胡適的「公報私仇」、無情、甚至陰險的一面[160]。這些說法並非沒有根據。然而，就像那諺語裡所說的摸象的故事，都只捕捉到了他們所觸摸到的部分，而不見其全貌。北大中文系的改革，只是這隻「大象」的一部分。換句話說，胡適所要改革的不只是中文系，他是要把整個北大的文學院全面改革，把它締造成為「文科的北京協和醫學院」。

我在本節起始徵引了胡適1934年5月17日寫給梁實秋的信。那封信說明了胡適希望集中人才，在北大建立一個第一流的文科的用意，是在矯正中國當時「文藝思想之幼稚零亂」的現象。胡適所謂「文藝思想之幼稚零亂」，一言以蔽之，就是他所鄙夷的「普羅」文風，以及馬克思主義的經濟史觀。

中國知識階級有一個特點，就是喜歡在洋人跟前吐露他們不會告訴中國人的秘辛或肺腑之言。胡適所謂「文藝思想之幼稚零亂」的現象究竟是什麼樣子，他在1930年7月4日，給美國「外交關係協會」（Council on Foreign Relations）的研究主任郝藍（Charles Howland）的一封信裡就詳細地說明了。中基會7月2日在南京所召開的第六次年會裡，批准了胡適所提出的一個編譯委員會的計畫。胡適在信中對郝藍細數了這個計畫的用意：

159 具有代表性的，如：竹元規人：《1930年前後中國關於「學術自由」、「學術社會」的思想與制度》，《學術研究》，2010年3期，頁14-25；桑兵，《晚清民國的國學研究》（北京：北京師範大學出版社，2014）。

160 例如：程巢父，〈張中行誤度胡適之——關於林損對胡適怨懟的辨證〉，《書屋》，2004年1月29日；唐山，〈胡適因何背上陰險之名？〉，《北京晚報》，2015年10月9日，頁39。

圖10　中基會1930年7月2日在南京教育部會議室舉行第六次董事年
會。前排左起：趙元任、孫科、蔡元培、蔣夢麟、徐謨（外交部代
表）；後排左起：翁文灝、任鴻雋、胡適、孫本文（教育部代表）。
（胡適紀念館授權使用）

　　我現在有了一個新的責任，承擔了一個新的工作。在幾年之間，將無法
置其不顧。不久以前，我向中基會（美國第二次退回庚款的董事會，我是
董事之一）提議成立一個編譯委員會。這個編譯委員會的目標在翻譯：
一、西洋史經典著作（best standard books），包括斷代、國家、〔宗教、
思想〕運動、科學史等等。這些著作由於部頭大，一般商業型的出版社不
會出資翻譯出版；二、西方世界從古希臘到近代對文明史影響深遠的哲
學、科學、文學經典著作。中基會上星期在南京所召開的第六次年會裡，
批准了這個提案，並任命我為主席。第一年的經費是五萬元。我們要想在
中國奠定理解近代西方文明的思想基礎，這項工作是亟需的。當前中國的
書肆裡，充斥著幾百種馬克思的歷史觀以及所謂的「普羅」文學。然而，
一本可讀的西洋史也沒有。西洋文學的佳作，就那麼幾本。亨利・哈葛德
（Rider Haggard〔注：代表作《所羅門王寶藏》〕）的作品翻譯了二十幾
本，而中文世界仍然與莎士比亞無緣。厄普頓・辛克萊（Upton Sinclair）
的作品翻了，而哈代（Thomas Hardy）則無。這種情形，使得我們對西方
文明不可能有一個有鑑別力的（intelligent）瞭解。現在，中基會給予我這

麼一個機會，讓我能夠從事這件一定會深深地影響我國的思想、社會、政治，以及國民文化的工作。我有責任接受這個任務，把我接下來的十年致力於這項工作。[161]

這時候的胡適雖然還沒有回北大，但是，他藉由改革北大的文學院，來「深深地影響我國的思想、社會、政治，以及國民文化」的雛形已經呈現出來了。雖然胡適在這個編譯委員會的工作和北大沒有直接的關係，但由於其反映了他後來致力於改革北大文學院的理念，必須在此略作分析。

「胡適檔案」裡存有一份胡適手擬的編譯計畫草稿。我判斷是他初期構思的草稿，列出了「編譯主旨」、「選書」、「選譯人」、「體例規約」等大項。雖然不完整，但「編譯主旨」已經說明了胡適的理念：

　　無論是一個時代或一個國家，各選譯最好的歷史一種或數種。並選譯可以代表這時代或這國家的思想文藝作品若干種，使我們對這時代或這國家可以有明瞭的瞭解。例如，古希臘，我們擬翻譯一部公認的希臘通史名著、幾部希臘專史（如哲學史、藝術史等）。此外，再選擇五十種希臘人的名著（悲劇、喜劇、歷史、柏拉圖的主客、亞里士多德的哲學，等等）。羅馬時代，亦復如此。中古時代、文藝復興時代，皆如此。到了近世，除時代的通史、專史外，當加上各國通史及專史。又以一國為單位，每一國選譯若干種名著。[162]

這個無比驚人的龐大的翻譯計畫完全是一個空中樓閣！當時的中國絕對沒有從事這個翻譯計畫的條件，胡適不至於沒有自知之明。如此龐大的翻譯計畫，不要說十年，就是五十年也作不了。胡適自己在「選書」項下所列的子目等於是承認了這個事實：「A、書目請專家擇定，由委員會估量先後緩急，委託能手翻譯；B、原書不限定何國文字，但依目前國內學術界狀態，暫以英文

161　Hu Shih to Charles Howland, July 4, 1930，「胡適外文檔案」，E395-1。
162　胡適，無題的編譯委員會計畫草稿，無日期〔1930〕「胡適檔案」，242-1。

為標準。」這彷彿是說，即使人才與語言能力兩相不濟，既然是空中樓閣，不妨把它畫得美輪美奐，能蓋得多少就算多少。

8月7日，胡適從上海搭輪船到青島開編譯委員會的籌備會議。他在13日的日記裡記：「〔梁〕實秋、〔聞〕一多、太侔〔趙畸〕來。我請他們先擬一個歐洲名著一百種的目，略用《哈佛叢書》為標準。」[163]兩天以後，胡適初步擬出了編譯委員會的名單。9月29日，胡適去北平開協和醫學院的董事會議，同時也順便召開了編譯委員會的會議。他在10月18日的日記裡說：「擬翻譯史學名著單子，及世界名著單子，整理出一點頭緒來。」[164]次日的日記記錄了編譯委員會討論了胡適所開出來的史學名著的書單：

> 在歐美同學會邀編譯委員會同人聚餐。到者：張子高、丁在君、趙元任、陳寅恪、傅孟真、姜立夫、胡經甫、胡步曾、叔永、和我……
>
> 我提出歷史選譯問題，計開：
>
> 一、Greece〔希臘〕用 Grote〔注：George Grote，格羅特的《希臘史》〕。
>
> 二、Rome〔羅馬〕用 Mommsen〔注：Theodor Mommsen，蒙森的《羅馬史》〕與 Gibbon〔注：Edward Gibbon，吉本的《羅馬帝國衰亡史》〕。
>
> 三、Middle Ages〔中世紀〕擬用 D. C. Munro〔門羅，注：《中世紀，395-1272》〕。
>
> 四、The Renaissance〔文藝復興〕, Reformation〔宗教改革〕擬用 E. M. Hulme〔休姆〕, *The Renaissance, the Protestant Revolution & the Catholic Reformation*〔《文藝復興、新教革命、與天主教的宗教改革》〕。
>
> 五、Modern Europe〔近代歐洲〕擬用 a）W. C. Abbott〔亞波特〕, *The Expansion of Europe, 1415-1789*〔《歐洲的擴張，1415-1789》〕, b）H. E. Bourne〔波恩〕, *The Revolutionary Period in Europe*（*1763-1815*）〔《歐洲的革命階段（1763-1789）》〕。
>
> 六、England〔英國〕擬用 J. R. Green〔格林，注：《英國人民簡史》〕或 E.

163 《胡適日記全集》，6.227。
164 《胡適日記全集》，6.339。

Wingfield-Stratford〔文費爾德—司查特佛〕（*The History of British Civilization*）〔《英國文明史》〕。

七、France〔法國〕擬從李幼春說，用 Albert Malet〔馬雷〕, *Nouvelle historie de France*〔《新法蘭西史》〕（1924）。

八、U.S.A.〔美國〕擬用 Beard〔Charle Beard, 畢爾德〕, *The Rise of American Civilization*〔《美國文明德興起》〕。

大家對於 Grote, Gibbon, Mommsen, Green 都無異言，但對於其他書則頗懷疑。寅恪謂前四人懸格過高，餘人則降格到教科書了。

我說：此亦是不得已之計。中世與近世尚未有公認之名著，故擬先用此種較大、較佳之教科書作引子，將來續收名著。比如廿四史中雖有《史記》、《漢書》，也不妨收入一些第二三流之作也。

孟真則主張譯 *Cambridge Medieval History*，此意我也不反對。

其次，論譯名著事。我擬了一單子，約有四十多種書……165

可惜胡適在這則日記裡沒有略舉他所開列出來的四十多種名著為何。因此我們無從得知他心目中的西洋名著都是哪些。只是，所有這些既然最終沒有實現，則胡適這整個翻譯計畫何止是空中樓閣。它根本就是海市蜃樓！

不但胡適的史學與西洋名著都成為海市蜃樓，甚至他西洋名著翻譯計畫裡的子目：《莎士比亞全集》的翻譯，也是海市蜃樓。胡適在日記與書信裡，留下了他推動翻譯《莎士比亞全集》的一些鱗爪。1931年1月初，當時胡適已經回到北大，他南下到南京開中基會的會議。中基會就是在這次的會議裡通過資助北大的合款計畫。1月24日，胡適坐船上北。25日：「十二時，船到青島。楊金甫、聞一多、梁實秋、杜光塤、唐家珍醫生來接……〔午飯後〕回到金甫寓中大談。談北大事，談努生事，談翻譯 Shakespeare〔莎士比亞〕的事，暢快得很。」166 次日：「與一多、實秋談翻譯 Shakespeare 的事。他們都很熱心。大致是決定用散文，但不妨用韻文試譯幾種，如 Tempest〔《暴風雨》〕之

165 《胡適日記全集》，6.340-341。這則日記裡英文拼音辨識錯誤之處都改正了。
166 《胡適日記全集》，6.473。

類。」[167]

　　胡適在1月29日回到北平。31日：「到〔中基〕會中，擬了翻譯《莎翁全集》計畫。」[168] 2月16日：「與葉公超談翻譯事。實秋來信談譯莎翁集事。」[169] 21日：「擬翻譯《莎翁全集》計畫。」[170] 25日：「寫信給一多、實秋，談翻譯《莎翁》計畫。」[171] 其實，在這以前，胡適對推動翻譯《莎翁全集》這個計畫已經有了腹稿。他在1930年12月23日寫給梁實秋的信上已經說了：

> 　　最要的是決定用何種文體翻譯莎翁。我主張先由一多、志摩試譯韻文體，另由你和伯通〔陳源，或陳西瀅〕試譯散文體。試驗之後，我們才可以決定。或決定全用散文，或決定用兩種文體。[172]

　　他在2月25日的日記裡所提到的給聞一多和梁實秋的信很重要，是他所擬的翻譯《莎翁全集》的辦法。他在信上註明說，他所擬的辦法，大致與梁實秋所擬全同。這個辦法共有十條。其重要的條目如下：

一、擬請聞一多、梁實秋、陳通伯、葉公超、徐志摩五君組織翻譯莎翁全集委員會，並擬請聞一多為主任。

二、暫定五年全部完成（約計每人每半年可譯成一部。校閱需時略相等）。

五、關於翻譯之文體，不便詳加規定，但大體宜採用有節奏之散文。所注意者則翻譯不可成為paraphrase〔注：意譯〕。文中難譯之處，須有詳細注釋。

　　（附記）全集應如何分配，可於第一次年會決定。現為進行便利計，先每人認定一種。現假定每人認譯一種如下：

---

167 《胡適日記全集》，6.473。

168 《胡適日記全集》，6.485。

169 《胡適日記全集》，6.492。

170 《胡適日記全集》，6.498。

171 《胡適日記全集》，6.503。

172 胡適致梁實秋，1930年12月23日，《胡適全集》，24.70。

徐志摩 *Romeo and Juliet*〔《羅密歐與茱麗葉》〕
葉公超 *Merchant of Venice*〔《威尼斯商人》〕
陳通伯 *As you like It*〔《如願》〕
聞一多 *Hamlet*〔《哈姆雷特》〕
梁實秋 *Macbeth*〔《馬克白》〕[173]

　　胡適這個「莎翁全集」的翻譯何止是雷聲大、雨點小。我們幾乎可以說是無疾而終。梁實秋說，連計畫裡的第一次年會都沒開。而且，他是這個翻譯計畫裡唯一堅持的人。他終於在1967年獨立完成《莎士比亞全集》的翻譯。

　　然而，即使胡適由中基會資助的翻譯計畫，是空中樓閣、海市蜃樓，其所懸諸的理念，也就是他立意改革北大文學院，把它締造成為「文科的北京協和醫學院」的理念。當然，用翻譯西洋史學、文學名著來「深深地影響我國的思想、社會、政治，以及國民文化」，自然有別於把北大文學院締造成為「文科的北京協和醫學院」的作法。

　　我們記得胡適是在1932年2月29日正式出任北大文學院長的。不知道什麼原因，他卻又在中途下了台。他在1934年2月22日的日記裡說：「昨日與今日，夢麟勸我回任北大文學院長事。我不肯。我若不決心走開，此職終不能得人來做。古人所謂『避』賢路，正我今日之謂也。」[174]然而，從他1934年5月2日的日記，我們知道他在當天又復任院長：「第一天到北大文學院復任院長。」[175]

　　事實上，即使胡適在北大出任文學院長曾經中斷過，即使蔣夢麟在初期「尚不願與舊人開火」，這並不表示胡適在一開始的時候是完全偃兵息甲的。錢穆在1931年秋天到北大任教。他在回憶裡說：

　　在余初到之年，北大歷史系第一次開會。適之為文學院長，曾言辦文學

173 胡適致梁實秋，1931年2月25日，《胡適全集》，24.85-87。
174 《胡適日記全集》，7.68。
175 《胡適日記全集》，7.111。

院其實則只是辦歷史系。因其時適之已主張哲學關門，則哲學系宜非所重。又文學系仍多治舊文學者掌教，一時未能排除。[176]

錢穆的回憶在時間上有不正確的地方。比如說，他剛去去北大的時候，胡適還不是北大文學的院長。同時，他回憶胡適所說的話，可能並不是歷史系第一次開會的時候。然而，此處的重點是胡適說：「辦文學院其實則只是辦歷史系。」這句話有兩個旁證。第一個旁證是1934年3月中旬，胡適在北大師生座談會上發表的〈北大文學院前途的危機〉的演說。他說：

> 學歷史的效用是很大的，而歷史的範圍亦最廣。將來文學院亦可改為史學院，因為現在研究哲學的，亦不過是研究哲學史；研究文學的，亦不過是研究文學史。其他學科，也是一樣。史學系將來大可以實行其政策，吞併其他各系，而將文學院改為「史學院」。[177]

第二個旁證是他1935年5月初寫給教育部長王世杰的一封信：

> 鄙意大部不宜過事干涉。大部職在教育行政。於各國立大學內部之學術的設施，不宜遙相牽掣。例如北大文科研究所本只設文史部。只因牽就部定章程，改為文科研究所。既謂之文科，則範圍加廣了。今又有只許辦中國文學系之說。夫「史」可以包「文」，「文」不能包「史」，就與我們原來注重「史的研究」的意思相背馳了。[178]

胡適這個史學可以吞併其他各系的帝國主義論，以及他的「『史』可以包

176　錢穆，《八十憶雙親‧師友雜憶》（北京：三聯，2005），頁161。

177　〈北大文學院前途的危機〉，《世界日報》，1934年3月17日。轉引自季劍青，〈文學史的反思與重建〉，《讀書》，2012年第4期，http://book.douban.com/review/5402102/，2015年11月15日上網。

178　胡適致王世杰，1935年5月初，《胡適全集》，24.177。請注意，《胡適全集》編者繫此信為1933年。我的判斷是根據胡適1935年5月4日談論此事的日記。

『文』，『文』不能包『史』」之論當然都是謬論。然而，他說哲學研究的是哲學史、文學研究的是文學史，乃至於所有文科研究的都是歷史的謬論，則不但相當真確地反映了他自己的研究，而且也在相當程度的範圍內影響了他對北大文學院的改革方向。錢穆在回憶裡所說的胡適的哲學關門論是正確的。我在《日正當中》裡，分析了那是胡適斷章取義挪用杜威的謬論。然而，錢穆接著說因為胡適的哲學關門論，因此「哲學系宜非所重」，則並不是正確的。胡適所意欲改革的是整個文學院。哲學系他要改革，中文系他也要改革，只是時間未到而已。就像錢穆說的：「文學系仍多治舊文學者掌教，一時未能排除。」

　　錢穆這段回憶最大的用處，在於它說明了胡適在北大的改革不只限於歷來許多人所以為的中文系。他提起了他與胡適在學術見解上的分歧、北大歷史系在傅斯年的掌控之下強調斷代史而排斥通史，以及胡適不續聘蒙文通的不愉快經驗[179]。可惜的是，回憶的局限在於見樹不見林。錢穆告訴我們他所親身經歷的人事糾葛以及學術分歧，可是他沒告訴我們胡適、傅斯年在北大歷史系所從事改革的取向。

　　如果說傅斯年在北大的中興大業上扮演了一個僅次於胡適的重要角色，他在北大歷史系的改革方面，則扮演了軍師和幕後操手的角色。1931 年 1 月，原歷史系主任朱希祖辭職以後，校長兼文學院長的蔣夢麟也同時暫代為系主任。1931 年秋天開始，胡適和傅斯年從嶺南大學所挖角過來的陳受頤開始擔任系主任。然而，其幕後的操手其實是傅斯年。錢穆在回憶裡說：「受頤人素謙和……實際並不任系務，乃由孟真幕後主持。」[180] 由於傅斯年是把陳受頤引介到北大當中基會研究教授的恩人，陳受頤對傅斯年執弟子禮。比如說，他在1931 年 3 月 29 日向傅斯年致謝的信裡，就恭敬地稱傅斯年給他的信為「手示」、說他到北大任教是「忽得先生懇懃獎掖招使共學……可以多些侍教的機會。」[181]

---

179 錢穆，《八十憶雙親·師友雜憶》，頁157-171。

180 錢穆，《八十憶雙親·師友雜憶》，頁162。

181 陳受頤致傅斯年，1931年3月29日，「胡適檔案」，1296-7。

　　北大歷史系的教學目標在胡適和傅斯年入主以前和以後有極大的轉變[182]。在朱希祖擔任系主任的階段，北大歷史系的教學目標在於授予學生「史學應有之常識」。其所反映的大學歷史系教育的理念是一個匯通的歷史基礎教育，專門研究則有待於研究所。其課程的設計，包括了歷史的輔助學科，例如：經濟學、社會學、政治學、人類學，等等。在1924學年度以前，這些歷史的輔助學科是一、二年級的選修課。此後，許多社會科學就改為必修。1929年，朱希祖在離開北大兩年以後重回北大擔任歷史系主任。這時，他對歷史教育的目標作了一個修正，在歷史知識傳授的基礎上，引導學生從事專題研究。反映在課程設計方面，就是「一、二兩年偏重講授，三、四兩年兼重研究。」

　　1931年，胡適與傅斯年入主北大歷史系以後，朱希祖的歷史教育目標及其課程設計，就被徹底改變了。根據北大所公布的1931學年度《國立北京大學史學系課程指導書》，大學歷史教育的目標不再是在課堂或書齋裡的歷史知識的汲取，而是要學生「脫去享受現成的架子，離開心思、手足都不轉動的穩椅，拋棄浮動淺陋的態度，而向史學的正軌『步步登天』。」史學教育有兩個要求：第一、「嚴整的訓練」，亦即，「腳踏實地、不取轉手的訓練」；第二、「充分的工具」，亦即，目錄學、各種語言等等。因此，研究歷史的次第是：第一步、親切地研習史籍；第二步、精勤的聚比史料；第三步、嚴整的辨析史實。

　　由於歷史系的教學目標已經從汲取「史學應有之常識」，轉變成為史學──或者更精確地說，史料學──研究的訓練，朱希祖時代的史學輔助學科取消。政治學、經濟學、社會學、人類學等等學科，被貶抑為「氾濫漫汗的知識」、「不能充實的知識」、「不相干的知識」。歷史系的學生「應是借教員的指導取得一種應付史料的嚴整方法，不應是借教員的販賣聚集一些不相干的雜貨。」

　　歷史系的課程設計，分為甲、乙兩類。甲類為一般史，包括：中國上古史、漢魏史、宋史、滿洲開國史、明清史料擇題研究、歐洲中古史、西洋近代史、戰後國際現勢、中國社會政治史、中國近三百年學術史、中國史料目錄學、金石學、考古學等。乙類為專題研究，包括：歷史研究法、中國近代外交

182　此處有關北大歷史系從朱希祖到胡適、傅斯年入主以後的轉變的描述，是根據尚小明，〈抗戰前北大史學系的課程變革〉，《近代史研究》，2006年第1期，頁122, 124, 127-128。

史、中國古代文籍文辭史、清代史學書錄、尚書研究、中國哲學史、中國佛教史、中國政治思想史、中國歷史地理、西藏史、南洋史地、近代中歐文化接觸研究、法國大革命史、日本近世史、東洋史、科學發達史、中國雕版史、東洋建築史、西洋建築史等。

歷史系學程的設計，除第一年級課程較為固定外，其他年級均採用選習制。一年級學生除了文學院共同必修科以外，有三門必修科目：「史學研究法」、「中國史料目錄學」，以及「清代史學書錄」。此外，可自由選習甲類課程。同時，也可以在徵得系主任同意以後，選習乙類課程。二、三年級學生所選的課，甲類課程須占五分之三，其餘為乙類課程。如欲選修他系課程以替代乙類課程，則須先得系主任的同意。四年級學生選課沒有甲類、乙類的限制。但應根據個人的興趣，與歷史系教授商定題目，並由其指導，撰寫畢業論文一篇。

這篇《國立北京大學史學系課程指導書》落款署名是：「暫代史學系主任蔣夢麟」。尚小明認為是傅斯年捉刀之作。這個推測是非常合理的。但我要加一句話：捉刀的是傅斯年，其所反映的理念則是胡適和傅斯年所共有的。有關這點，我在下文會分析胡適改革中文系的理念。其用詞和立論完全與此處歷史系的改革如出一轍。回到我在上文說傅斯年是北大歷史系幕後的操手，這篇《國立北京大學史學系課程指導書》，就是最好的證據。它說明了北大歷史系的改革計畫在陳受頤上任以前就已經擬定好了。

胡適與傅斯年入主北大歷史系，也反映在他們的圈選、罷黜教授的權力上。蒙文通就是一個最典型的例子。1933年，蒙文通在湯用彤的引介之下，到北大歷史系任教[183]。兩年之間，蒙文通在北大歷史系開了「魏晉南北朝史」、「隋唐史」、「宋史」、「周秦民族與史學」、與「中國史學史」等課程。然而，蒙文通的史學觀點與胡適、傅斯年的格格不入。北大歷史系在胡適、傅斯年入主以後，強調斷代史，蒙文通則主張必須縱觀通史方能斷一代之特點；

183　以下分析蒙文通與北大歷史系的合離，是根據張凱，〈經史嬗遞與重建中華文明體系之路徑──以傅斯年與蒙文通學術分合為中心〉，《浙江大學學報（人文社會科學版）》，第44卷第2期，2014年3月，頁26-40。

428 舍我其誰：胡適──第三部：為學論政（1927-1932）

傅斯年強調歷史教育是史料學的訓練，蒙文通則主張史料對於史學而言，就像藥物之於醫學，是讓史學家所駕馭、用來解釋歷史之用的；傅斯年反對史觀、史論，鄙夷為泛言、空論，蒙文通則認為史學的目的是在通古今之變、明興衰成敗之理。無怪乎兩年以後，胡適就把蒙文通辭退了。胡適辭退蒙文通，錢穆的回憶裡有生動的記載：

> 某日〔注：1935年5月13日，據胡適日記〕，適之來訪余。余在北平
> 七、八年中，適之來訪僅此一次。適之門庭若市，而向不答訪，蓋不獨於
> 余為然。適之來，已在午前十一時許。坐余書齋中，直至午後一時始去。
> 余亦未留其午膳。適之來，乃為蒙文通事。適之告余，秋後文通將不續
> 聘。余答：君乃北大文學院長，此事與歷史系主任商之即得。余絕無權過
> 問。且文通來北大，乃由錫予〔湯用彤〕推薦。若欲轉告文通，宜以告之
> 錫予為是。而適之語終不已。謂文通上堂，學生有不懂其所語者。余曰：
> 文通所授為必修課，學生多，宜有此事。班中學生有優劣。優者如某某幾
> 人，余知彼等決不向君有此語。若班中劣等生，果有此語，亦不當據為選
> 擇教師之標準。在北大尤然。在君為文學院長時更應然。適之語終不已。
> 余曰：文通所任，乃魏晉南北朝及隋唐兩時期之斷代史。余敢言，以余所
> 知，果文通離職，至少在三年內，當物色不到一繼任人選。其他余無可
> 言。兩人終不歡而散。[184]

不管胡適改革北大文學院，是否真的要把它辦成一個「史學院」，毫無疑問地，他的改革是整個文學院。可惜，在這方面，胡適與他的同志所留下來的資料非常有限。然而，即使是蛛絲馬跡，我們可以確知他改革的對象是整個文學院。比如說，他在1934年1月18日的日記裡記：「改訂北大的中國文學系及哲學系課程。此事頗不易。有很好的課程表而無相當的人去施教，也是枉然……夜陳受頤來談，商談北大改課程事。他改訂的是外國語文學系。」[185]

---

184 錢穆，《八十憶雙親‧師友雜憶》，頁171。
185 《胡適日記全集》，7.33。

1月28日的日記：「七點到樊際昌家中吃飯。陳受頤、鄭天挺與夢麟都在。談北大文科改革事。」[186] 2月25日：「與孟真談北大文學院事。」[187] 胡適在〈1934年的回憶〉告訴我們他的勢力範圍甚至擴充到了外文系：「這一年北大方面的改革有一點足記：我兼領中國文學系主任，又兼代外國語文系主任（名義上是夢麟先生）。」[188]

　　不只胡適的日記，他來往的書信裡也留下了一些鱗爪。例如葉公超大約是在1932年給胡適的一封信首被裁去的信：

　　　　合併北大英、法、德等系主張及辦法，擬當面陳各節。此事不但在事實上有種種便利，即在學理上亦有充分之立場。如西方之數重大文學運動，皆係歐洲具〔整〕體者，非一國之單純現象。Romantic Movement, for instance〔比如，浪漫主義運動〕。此外作品互相影響之處正多。又今日中國譚西洋文學者，皆以一國之文學為背景。如「新月」之偏重英美，左翼作家之偏重於俄國，而東亞病夫等，則高唱南歐文學。此皆足以誤青年，且於吾等所欲促進之中國文藝復興頗有不正之影響。[189]

　　從這些零星的記載，我們可以知道除了歷史系以外，胡適也同時策畫著哲學系、外文系、與中文系的改革。值得注意的是，即使胡適慨歎改革不易，說：「有很好的課程表而無相當的人去施教，也是枉然。」他在歷史、外文、哲學系的改革，似乎沒有遭遇到阻力，卻只有在中文系造成火星四濺，鬧得滿城風雨。不但要被辭退的教授先自行張貼布告自行辭職，而且學生推派代表屢次向學校陳情。這箇中原因除了因為中文系在北大是一個大系，保守的國學傳統根深柢固以外，也因為不像歷史系、外文系、與哲學系的改革是胡適的代理人的戰爭，中文系的改革則是胡適親與其役的肉搏戰。

---

186 《胡適日記全集》，7.45。
187 《胡適日記全集》，7.70。
188 《胡適日記全集》，7.160。
189 崇智〔葉公超〕致胡適，〔1932？月份亦不明〕13日，「胡適檔案」，875-80。

　　我在本節起始徵引了1934年5月17日要把梁實秋從山東大學挖角到北大以締造「文科的北京協和醫學院」的信。在那以前的三個星期以前，也就是4月26日，他有另外一封給梁實秋的信，把他的理念說得更為清楚：

　　　北大文學院現在又要我回去。我也想費一年工夫來整頓一番。最苦的是一時不容易尋得相當的幫忙的人。我常想到你，但我不願拆山大的台，不願叫太侔為難。現在山大已入安定狀態了。你能不能離開山大，來北大做一個外國文學系的研究教授？研究教授月薪五百元，教課六點鐘，待遇方面總算過得去。但我所希望者，是希望你和朱光潛君一班兼通中西文學的人能在北大養成一個健全的文學中心。最好是你們都要在中國文學系擔任一點功課。

　　　北大舊人中，如周豈明先生和我，這幾年都有點放棄文學運動的事業了。若能有你來做一個生力軍的中心，逐漸為中國計畫文學的改進，逐漸吸收一些人才。我想我們這幾個老朽也許還有可以返老還童的希望，也許還可以跟著你們做一點搖旗吶喊的「新生活」。[190]

　　這封信裡的重點在於胡適希望梁實秋「和朱光潛君一班兼通中西文學的人能在北大養成一個健全的文學中心。最好是你們都要在中國文學系擔任一點功課。」所謂「健全」也者，當然是要滌除「普羅」的文風。不但如此，這個「健全的文學中心」還必須是要由「兼通中西文學的人」來幫忙養成的。因此，胡適希望梁實秋和朱光潛都要在中文系兼課。胡適這個讓「兼通中西文學的人」在中文系擔任功課的理念，可以在朱光潛的回憶裡得到佐證：

　　　1933年秋返國。不久後任教北大。那時胡適之先生長文學院。他對於中國文學教育抱有一個頗不為時人所贊同的見解，以為中國文學系應請外國文學系教授專任一部分課。他看過我的《詩論》的初稿，就邀我在中文

---

190 胡適致梁實秋，1934年4月26日，《胡適全集》，24.194-195。

系講了一年。[191]

　　換句話說，在胡適的理念裡，文學創作是中文系一個重要的發展方向。其實，胡適在1931年就已經北大中文系增設了「新文藝試作」一科的課程。《北京大學日刊》在該年9月下旬刊登了這則布告：

　　新文藝試作一科暫分散文、詩歌、小說、戲劇四組。每組功課暫定為一單位（每一單位一小時或兩小時）。諸生願選習此科者，可各擇定一組（多至兩組）。將平日作品一篇繳至國文系教授會，俟擔任指導教員作評閱後加以甄別。合格者由本學系布告（其一時未能合格者可至下學期再以作品請求甄別）。學年終了時，以試作之平均分作為成績（但中途對於試作不努力者，如作輟無恆或草率從事之類，得令其停止試作）。本學年擔任指導教員：散文（胡適、周作人、俞平伯），詩歌（徐志摩、孫大雨），小說（馮文炳），戲曲（余上沅）。以後增聘教員，隨時由本學系布告。[192]

同年12月30日，胡適在北大演講〈中國文學過去與來路〉裡又說：

　　近四十年來，在事實上，中國的文學，多半偏於考據，對於新文學殊少研究……我覺得文學有三方面：一是歷史的，二是創造的，三是鑒賞的。歷史的研究固甚重要，但創造方面更其要緊，而鑒賞與批評也是不可偏廢的。[193]

這文學的三方面：歷史的、創造的、鑒賞的，就是胡適認為中文系所應該

191　朱光潛，〈《詩論》：抗戰版序〉，《朱光潛全集》（安徽：安徽教育出版社，1987），第三卷，頁4。

192　《北京大學日刊》，1931年9月24日，第二版；25日，第二版；26日，第三版。

193　胡適，〈中國文學過去與來路〉，《胡適全集》，12.221。

發展的三個方向。這個中文系發展的理念，他在1934年2月14日的日記裡又進一步地強調：

> 北大國文系偏重考古。我在南方見侃如夫婦〔陸侃如、馮沅君〕，皆不看重學生試作文藝，始覺此風氣之偏。〔沈〕從文在中公最受學生愛戴，久而不衰。大學之中國文學系當兼顧到三方面：歷史的、欣賞與批評的、創作的。194

事實上，胡適改革中文系，是在他復任文學院長一年以前就已經開始了。他在1933年4月13日給馬裕藻的信裡說：

> 前日與夢麟兄談文學院各系預算事。我們都感覺國文系的課程似宜盡力減少，教員亦宜減少。其所以有此需要，蓋有三原因：一、講授課程太多，實不能收訓練上的好效果。二、一系占預算太多，而總預算又不能擴張，則他系受其影響。三、教員名額都被占滿，無從隨時吸收新人，則不易有新血脈的輸入。
>
> 鄙意國文系課程改組，似可試作下列的減縮：一、第三組〔文籍校訂組〕決定刪去；二、語言文字學一組作有系統的安排。其關於中國文字學、聲韻學的一部，似可設法裁併（例如「文字學概要」與「聲韻學概要」似可合為一科。又如「說文」，可併入「中國文字與訓詁」一科，因為這兩科均用《說文》為主要材料也。三、文學組似須分文學史為數期，隔年講授二三段。其「詞」、「曲」等，皆列入各段。其太專門之科目，如「鮑參軍詩」之類，似可刪除。
>
> 鄙意以為如此改組，講師或可去三分之二以上，教授亦可減少二、三人，至少可減少一、二人。鄙見定多外行的話，乞先生斟酌裁奪。總之，現在之一百多點鐘實在太多，似可減到六十點左右。195

---

194 《胡適日記全集》，7.61。
195 胡適致馬裕藻，1933年4月13日，「胡適檔案」，555-7。

馬裕藻在兩個星期以後回信，亦即4月26日：

先生與夢麟先生處校長院長之地位，因預算關係主張盡力減少國文系課程及教員，其理由實有值得注意之點……

國文學系在北大之責任，以圖謀貢獻世界者為多。凡關於文字、文學、及校訂文籍諸事，一方取他人之長，補我不足；一方尤當自動努力，以其發明為外人之先導。故本系之內容隨時須增設者甚多，非其他諸系（史學系半與國文學系相等）有成規可法者可比。所以國文學系歷來預算較寬，即此意也。

今因預算關係，勢須緊縮，則國文系應為比例的削減，無有疑義。查本年度本系功課每週一百零七小時，前次院務會議，計畫下學年課程時減去二十小時，每月省去經費十分之一。比之他系實已超過平均之比例。此種情形久邀洞鑒，無待贅述。又尊意主張本系功課減至六十小時，似嫌過苛。前訂之八十小時或可為一折衷數。尚乞先生設法維持為幸。

本系第三組之設，原為藻歷年（自十四年以來）籌畫之一端。本學年方始試行。將來成效雖不敢斷，若能許藻嘗試數年，尤所希冀。第三組之設關於周秦文籍，尤與古音韻學極有關係。藻頗欲利用第一組〔語言文字學組〕之研究所得，以為此組之助。然此特舉例之一而已。

第一組之有系統的安排，當不難實現。臨時略加布置即得。可裁併者，再議裁併。文學組之文學史，本分數期教授。至先生所謂太專門之科目，如「鮑參軍詩」之類，擬加刪除。查此類科目為「漢魏六朝詩」之一部，逐年更換，並非一種為限。

前次院務會議對下學年功課減去二十小時，講師已去三分之一。至於教授名額，在夢麟先生兼院長時規定七人（較他系多二人）。目下並未踰額。[196]

胡適這個在1933年春裁併、縮減中文系編制與預算的計畫，顯然因為他

196 馬裕藻致胡適，1933年4月26日，「胡適檔案」，740-4。

辭了文學院長而沒有執行。我在上文指出他在次年2月22日的日記裡，說蔣夢麟勸他回任文學院長，而他以「避賢」為由拒絕。雖然他一直要到5月2日才復任文學院院長，但他改革中文系的計畫已經在復任以前開始執行。他的第一槍是由蔣夢麟具名辭退林損、許之衡，同時任命胡適兼任中文系系主任，取代馬裕藻。

劉半農在1934年4月16日的日記：

> 下午到一院上課。忽於壁間見林公鐸〔林損〕揭一帖，自言已停職，學生不必上課云云。殊不可解。電詢幼漁，乃知夢麟囑鄭介石〔鄭奠〕示言公鐸，下學年不復續聘。你先為之備，公鐸遂一怒而出此也。以私交言，公鐸是余來平後最老同事之一。今如此去職，心實不安。然公鐸恃才傲物，十數年來不求長進，專以發瘋罵世為業。上堂教書，直是信口胡說。咎由自取，不能盡責夢麟也。[197]

4月20日的日記又記：

> 到馬幼漁處小談，夢麟已決定辭退林公鐸、許守白〔許之衡〕二人，並以適之代幼漁為中國文學系主任，幼漁甚憤憤也。[198]

林損不但在被正式辭退之前，就乾脆自己張貼布告自行引退，而且公布了〈別學生詩〉一首，以及致蔣夢麟與胡適的公開信。這戲劇性的辭職罷教，立時引來滿城風雨。4月19日的《申報》報導：

> 國立北京大學中國文學系教授林損，突然提出辭職。教育界非常注意。其內幕複雜，為北大多年積成之結果。林氏致函北大校長蔣夢麟、文學院院長胡適，並布告學生，自動辭職，同時留別學生詩一首，痛述苦衷。蔣

197　轉引自方韶毅，《民國文化隱者錄》（台北：秀威出版社，2011），頁33。
198　轉引自方韶毅，《民國文化隱者錄》，頁33。

氏昨發表談話，否認裁併學系。林氏亦表示意見。茲分誌各方情形如次。[199]

林損致蔣夢麟的信：

自公來長斯校，為日久矣。學者交相責難，喑不敢聲。而校政隱加操切，以無恥之心，而行機變之巧，損甚傷之。忝從執御，詭遇未能。請以此別，祝汝萬春。[200]

林損致胡適的信：

損與足下，猶石勒之於李陽也。鐵馬金戈，尊拳毒手，其寓於文字者微矣。頃聞足下又有所媒孽。人生世上，奄忽如塵，損寧計議於區區乎？比觀佛書，頗識因果，佛具九惱，損盡罹之。教授難肋，棄之何惜！敬避賢路，以質高明。[201]

林損的〈別學生詩〉：

終讓魔欺佛，難求鐵鑄心。沉憂多異夢，結習發狂吟。敦勉披襟受，餘情抵深洋。吁嗟人跡下，非獸復非禽。[202]

林損對記者訪問所發表的談話，顧盼自若，展現其名士之風：

本人辭職，因學說上意見，與適之（文學院院長胡適）不同，並非政見之差異。本人係教授。教授教書，各有各之學說。合則留，不合則去。其實本人與適之非同道久矣。此次辭職，完全為鬧脾氣。至於裁併學系說，係學校行政，非教授所顧問云。[203]

---

199 〈北大教授糾紛：林損與胡適意見衝突而辭職〉，《申報》，1934年4月19日。轉引自王學珍、郭建榮編，《北京大學史料》，第二卷，二，1912-1937，頁1867。

200 〈蔣夢麟否認北大裁併學系〉，王學珍、郭建榮編，《北京大學史料》，第二卷，二，1912-1937，頁1867。

201 〈蔣夢麟否認北大裁併學系〉，王學珍、郭建榮編，《北京大學史料》，第二卷，二，1912-1937，頁1867。

202 〈蔣夢麟否認北大裁併學系〉，王學珍、郭建榮編，《北京大學史料》，第二卷，二，1912-1937，頁1867。

203 〈北大教授糾紛：林損與胡適意見衝突而辭職〉，《申報》，1934年4月19日，第四張（十五）。

4月22日的《京報》報導蔣夢麟的談話。他以「國家之寶」來形容胡適，駁斥反對胡適兼任中文系主任的聲浪：

> 北京大學將國文系教授林損、許之衡二人，自下學期起解聘，並聘請文學院長胡適，兼任國文系主任，胡已允就。該系主任馬裕藻，因此遂提出辭職……
>
> 蔣夢麟談解除國文系兩教授聘約，係自下學年起，本學期內並不更動。故除林損先生未到校上課外，許之衡先生仍每日照常上課。學校下學年起，各系課程均擬從新計畫……至國文系主任，此亦涉及學校行政範圍，學校自有權衡為之。設有人竟反對胡適兼國文系主任，余絕對不答應。胡適「學貫中西，國家之寶」，胡兼國文系主任乃北大之光榮，求之不得，豈可反對云云。[204]

林損是一個恃才傲物、酗酒成瘋的怪傑。有關他的軼事，上引方韶毅在《民國文化隱者錄》著墨甚多，有興趣的讀者可以參考。他的狂妄，只須舉一個例子就可以見其一斑。嚴薇青說有一次學生問林損：「現在寫文章最好的人是誰？」林損的回答是：「第一，沒有；第二，就是我了。」[205]他酗酒的程度，已經到了帶著酒氣上講堂的地步。張中行說：「他照例是喝完半瓶葡萄酒，紅著面孔走上講台。」[206]黃侃有一則日記描寫林損在1934年中秋節酒醉跌傷的狼狽情況：

> 夜月明甚，正與諸生談。忽公鐸自溫州來。下火車時以過醉墜於地。傷胸，狀至狼跋。急令田引往醫坊叩門求診。紛紜至夜半，又送之至石橋。[207]

---

204 〈北大國文系教授林、許去後主任馬裕藻辭職，蔣夢麟推崇胡適〉，《京報》，1934年4月22日。轉引自王學珍、郭建榮編，《北京大學史料》，第二卷，二，1912-1937，頁1712。

205 方韶毅，《民國文化隱者錄》，頁36。

206 張中行，〈紅樓點滴二〉，《負喧瑣話》（北京：中華書局，2006），頁86。

207 方韶毅，《民國文化隱者錄》，頁42。

　　林損那次酒醉跌傷的狼狽情況，當然可能是一個特例，因為那正是在他被胡適辭退以後的事。他從溫州老家坐火車回北平。原來沒事就已經酗酒的他，這次回北平卻不是回北大的他，鬱抑傷感之餘，不喝得爛醉才奇怪。胡適晚年對林損有一個蓋棺論定。他1961年9月23日對胡頌平說：「公鐸的天分很高。整天喝酒、罵人。不用功，怎麼能跟人家競爭呢？天分高的不用功，也是不行的。」[208]

　　言歸正傳。蔣夢麟逼走林損，引起了學生的憤慨。而胡適在中文系的改革，也使得人心惶惶。中文系學生於是推派四位代表向蔣夢麟請願。值得指出的是，這四位學生代表裡，有一位是我在《星星‧月亮‧太陽──胡適的情感世界》裡所描述、兩年後成為胡適情人的徐芳。4月23日，這四位學生代表和蔣夢麟見面，提出了八點要求，主要在請求蔣夢麟收回成命。然而，蔣夢麟全部一一駁回。次日的《北平晨報》有一篇詳盡的報導：

　　　國文系學生代表孫震奇、石蘊華、徐芳、李耀宗等四人，昨日（二十三）上午九時，謁校長蔣夢麟。代表將改革國文系事意見八項，以書面向蔣遞呈。內容：一、反對將國文系併入史學系；二、請勿將國文系經費減削；三、請勿變更該系現行分組組織法；四、此後學生方面，對增進系務向校方提出意見時，請校方予以接受；五、對變更系主任人選無成見，亦不表示迎拒態度。但繼任者須真能改善並發展該系，否則決反對；六、請挽留林損教授；七、請挽留許之衡教授；八、請勿准現系主任教授馬裕藻辭職。蔣批閱該意見書後，即逐件答覆如下：一、國文系絕對不併入史學系；二、國文系經費減削，確有其事。本校經費，虧欠已達五萬餘之。如不整頓，勢將破產。故擇重複而不需要之課程，酌予減少。決不阻礙國文系之發展；三、變更國文系組織與否，係新主任之職權，本人無法答覆；四、學生有所建議，本人極為歡迎。如學生意見與教授衝突時，則採納教授之意見。因教授為當然指導者，其意見當較學生為真確；五、胡適之先生下學期擔任主任一席，本人認為最適當。胡先生決不因學生之迎拒而定

208 胡頌平，《胡適之先生晚年談話錄》（台北：聯經出版公司，1984），頁236。

就職與否；六、挽留林、許二教授問題，此刻不必談論；七、馬先生辭主
任職，因其任事二十餘年，工作過勞，不妨略為休息。但教授職務，決不
該告辭。

新定計畫。國文系改革後，關於該系課程之計畫，昨（二十三日）據記
者探詢所得，約為：一、注重新舊文學、文學理論、文藝思潮，以及世界
民眾文學之介紹；二、文學院一、二年課程打通，注重者共三個目的：
甲、凡文學院求知工具，均須特別提倡；乙、使文學院一、二年級學生，
均得到世界近代一般文化之薰陶，以便明瞭中外文化歷史變遷，及其相互
之關係；丙、並使各系主科，得有研究方法。擇一重要問題研究，以便得
有相當途徑。209

我們可以從《北平晨報》這篇報導清楚地看出，胡適在中文系的改革，跟
他與傅斯年在歷史系的改革有相同之處，亦即，用西洋的新方法、歷史的眼
光，來批判地研究中國的傳統。這種教學研究方法當然引起舊派的反對。中文
系原系主任馬裕藻就祭出蔡元培新舊包容的辦學理念，來阻擋胡適咄咄逼人的
攻勢。同時，他更試圖用急進與緩進，雖然殊途，但可以同歸的說法，來化解
他與胡適之間的不同。4月25日的《京報》報導了馬裕藻的訪問稿：

北京大學國文系糾紛，校長蔣夢麟主張急進改革，學生及系主任馬裕藻
主張緩進。因意見不同，暫難解決。記者昨日特訪馬氏，比承接見。茲誌
談話如下：此次國文系改革問題。一方固屬思想問題，他方面又為主張問
題。本人以為研究學問，應新舊思想並用。既不反對新，亦不擁護舊。新
者更有新，舊者亦有其研究之價值。新派講方法。方法固需要，但對於文
學，不可僅講方法，而不研究。胡適之先生出版《中國哲學史大綱》，學
生專講方法。以為閱讀哲學史大綱，即可了事，而不讀子書。此不可謂研
究。研究學問，不論新舊。辜鴻銘亦可請到北大講課。大學與中學不同。

中學須有統一思想，以免腦筋紊亂。大學則不應思想統一。必須新舊並用，始能獲得研究之結果。林損先生與胡適之先生意見不合，業已四年。本人則在兩者之間。蔣先生（夢麟）曾向余談改革國文系。余亦贊成改革。惟改革之方法不同。余自民國十年〔1921〕迄今，查閱課程指導書。每年均有改革。余對於改革國文系，應採用緩進方式。另有人採用急進方式。急進固稱改革，緩進亦不可謂非改革。譬如有人由北平赴廣州。急進者坐飛機，直接抵廣州。緩進者搭平滬通車赴滬，由滬乘輪船赴廣州。旅行工具雖異，而目的地仍同。故此次國文系問題，係急進緩進主張之不同，並非大改革。縮減經費一層，本人亦贊成。但國文系已由四千四百元減至四千元，此刻不能再減。中國人自辦之大學，似乎不可以外國人之方法辦理中國文學系。至於本人辭職，毫無問題。學校行政，自有校長負責云。[210]

4月26日，中文系四位學生代表再度向蔣夢麟請願，並提出中文系學生自己所訂出的課程標準。可惜，我們不知道這份學生自訂的課程標準內容如何。蔣夢麟施以緩兵之計。他先表示：「此次馬、許、林三君之變動，本非余所願為。但為發展北大國文系計，為同學學業計，不得已而出此。」接著，他說：「同學之國文系課程改善計畫書，本人當於學校經費及課程標準及不阻礙國文系發展原則之下，決竭力採納。」[211]

5月2日，胡適復任文學院長。當天，四位學生代表先在上午到馬裕藻家裡。然後，在下午四點半到文學院長辦公室拜見胡適。胡適在當天的日記裡說：

第一天到北大文學院復任院長。國文系的學生代表四人來看我。我告訴他們：一、如果我認為必要，我願意兼作國文系主任。二、我改革國文系

---

210 〈北大主任馬裕藻談國文系糾紛內幕情形係急進與緩進改革主張不同〉，《京報》，1934年4月25日。轉引自王學珍、郭建榮編，《北京大學史料》，第二卷，二，1912-1937，頁1713。

211 〈北大國文系派代表昨再謁蔣夢麟〉，《北平晨報》，1934年4月27日。轉引自王學珍、郭建榮編，《北京大學史料》，第二卷，二，1912-1937，頁1714。

的原則是：「降低課程，提高訓練。」方法有三：一、加重「技術」的訓練；二、整理「歷史」的工課；三、加添「比較」的工課。[212]

胡適的這則日記記載得過於簡略。《北平晨報》在次日的報導較為詳細：

孫震奇、石蘊華、徐芳、李樹〔耀〕宗等四人，上午謁馬裕藻後，於下午四時半，赴第一院文學院辦公室謁院長胡適，探詢一切。胡適下課，在院長室接見。各代表首先向胡（適）謂：「國文系馬主任（裕藻）即去職，院長對主任一職是否允就。」胡表示謂：「蔣校長過去曾對余（胡自稱）談，北大國文系向負聲望。外間對國文系，亦有相當之認識。為更求發揚光大計，故有此次之改革。馬主任如認此種改革困難，學校當另請新的主任主持云云。」故本人對國文系主任就職與否，須俟將來事實需要而定。各代表繼謂：「胡院長如將來就系主任時，對國文系將如何改革，俾便發展。」胡謂：「就本人之意見，改革將分三項原則：（一）注重學生技術。吾人以為學生研究學術，如國文系之文籍、校訂、語言、文字等學科，無論任何一種，均應注意技術上之研究，始有充分之發展；（二）歷史之系統。現在國文系定有唐宋詩、元朝文等課程。吾人不應僅就一二人加以研究，有應研究其歷史之變遷；（三）增加比較參考材料。研究學術，須與他科為比較之研究。如研究外國文者，須與中國文互相比較參考，始能獲得新的結果云云。」各代表與胡談話約近二時，遂於六時許辭去。[213]

中文系學生代表的陳情、請願到此已經是強弩之末。胡適在5月30日的日記記：「商定北大文學院舊教員續聘人數。不續聘者：梁宗岱、Henri Frei、林損、楊震文、陳同燮、許之衡。請假者：蕭恩承、鍾作猷。」[214]這則日記重要

---

212 《胡適日記全集》，7.111。

213 〈改革北大國文系〉，《北平晨報》，1934年5月3日。轉引自王學珍、郭建榮編，《北京大學史料》，第二卷，二，1912-1937，頁1715。

214 《胡適日記全集》，7.121。

的地方，就在於它再次證明了我的說法，亦即，胡適在北大的改革是針對著整個文學院。這則日記裡所不續聘的教授，請假的有兩位：英文系的鍾作猷是赴英留學，教育系的蕭恩承作官去了。其餘不續聘的遍及中文、歷史，以及英文系。中文系：教諸子、唐宋詩的林損、教戲曲的許之衡；歷史系：教西洋史的陳同燮；英文系：教法文的梁宗岱、Henri Frei（斐安理，瑞士人），以及教德文的楊震文。

胡適在「1934年的回憶」裡，為他在北大文學院的改革作了一個回顧：

> 這一年北大方面的改革有一點足記：我兼領中國文學系主任，又兼代外國語文系主任（名義上是夢麟先生），把這學年的文學院預算每月節省了近三千元。外國語文系減去四個教授，添了梁實秋先生，是一進步；中國文學系減去三個教授〔注：可能是把從系主任位置上摘下來的馬裕藻算在內〕，添的是我、傅斯年（半年）和羅常培，也是一進步。我今年開始擔任「中國文學史概要」，是我第一次「改行」。雖然吃力，頗感覺興趣，有許多問題，向來不注意的。此時經過一番研究，都呈現新的意義，大概我的文學史是可以寫的了。中國文學系的大改革在於淘汰掉一些最無用的舊人和一些最不相干的課程。此事還不很徹底，但再過一年，大概可以有較好的成績。215

這個簡短的北大文學院改革一年的回顧，反映了胡適說話不一致，以及用人以喝過洋墨水的為先的一面。他可以像上引他給梁實秋的信所說的，希望從美、英留學回來的梁實秋和朱光潛到中文系授課，因為他改革中文系的理念，是要加強「方法」、「比較」的訓練。他跟傅斯年可以「改行」在中文系任教。用他對王世杰大言不慚的話來說：「『史』可以包『文』，『文』不能包『史』。」然而，他和傅斯年把陳受頤從嶺南大學挖角到北大擔任歷史系主任，就完全違背了他「『文』不能包『史』」的說法。陳受頤1928年在美國芝加哥大學所拿到的博士學位是英語系的。用今天的話來說，可以說是比較文學的學

215《胡適日記全集》，7.160。

位。他的博士論文題目是：《中國對十八世紀英國文化的影響》（Influence of China on English Culture during the Eighteenth Century）。事實上，陳受頤有自謙與自知之明。他在1931年3月29日接到北大的聘書以後，就很坦誠地對傅斯年說他不是學歷史出身的，更遑論是出任歷史系主任了：

> 至於擔任功課一層，先生的意見，是弟所覺到而未敢言的。因弟在研究院時，雖曾進修史學，究竟不是主修歷史的。北大如能以西歐近代文化史見委，弟當樂意從命。一則藉此可以多些侍教的機會。二則弟之研究文學，原用文化史的立場。誠如先生所言，與弟「研究更無相反」也。216

除了說話不一致以及用人以喝過洋墨水的為先以外，胡適改革北大文學院的作為也引起了許多的物議。即使他有把北大文學院締造成「文科的北京協和醫學院」的理想，他還是犯了他自己一再喜歡說的「搶人飯碗，罪過非輕」的大忌。北大中文系教授馮文炳，筆名廢名，就在1934年5月14日寫信勸胡適：

> 又有好些日子未來聽清談。竊嘗以為晤談而能與人以樂，是特為老博士座上之風也。近日外面流傳北大文學院將要多事。而先生又聽說已到文學院視事，於是私心欲進一言。對於天下一切之事，我似向不覺得有話可說。今番這件事對於我又好像是別人之家事，不該歸我談的。而我欲談，且樂於談，是敬重先生之故也。未開言又得分辨一句。若林損之徒應該開除，無須要別的證據。只看他胡亂寫的信便不像是讀書人，何能教書？故今之所言不指此。外面說北大又要開除某人某人。如真有此醞釀，在普通人為之，是一件小事。若先生也稍稍與其職責，真可謂之大事。割雞用牛刀，惹人注意也。說一句衷心之言，先生不應該擔任文學院長之職。天下人之事讓天下人去做。若大人者自己來做事，則一怒應該天下懼。哪怕是一件小事，也要關係十年的大計也。再說一句衷心之言。今日各方面都缺乏人才，凡事都等於老爺換聽差而已。我自知，對於世事不無不恭之嫌。

216　陳受頤致傅斯年，〔1931〕年3月29日，「胡適檔案」，1296-7。

然而從此可以見我的一個最恭之意，即尊重先生個人地位之莊嚴是也。究竟此事的真相如何我一點也不知道，卻無原無故的動了向先生進言之誠。言又不足以達意，又自覺好笑了。總之今日之中國，一個學校的事情同國家外交內亂一樣的沒有辦法，區區之意願先生為道珍重而已。[217]

搶人飯碗的結果是「幾家歡樂、幾家愁」。被改革掉的馬敘倫認為林損去職是因為他「時時薄胡適之，卒為適之所排而去也。」在胡適、傅斯年入主北大文學院之前就被學生的風潮逼離職的歷史系主任朱希祖，則慨言：「公鐸又新被排斥至中央大學。獨適之則握北京大學文科全權矣。」[218] 反之，胡適改革中文系則大快傅斯年之心。他在1934年4月28日致胡適的信裡說：

在上海見北大國文系之記載為之興奮。今日看到林損小醜之文，為之憤怒，恨不得立刻返北平參加惡戰。事已如此，想夢麟先生不得不快刀斬亂麻矣。此等敗類竟容許其在北大如此久，亦吾等一切人之恥也。

今日上夢麟先生一書，痛言此事。此輩之最可惡者，非林而實馬。彼乃借新舊不同之論以欺人，試問林、馬諸醜於舊有何貢獻？此小人戀棧之惡計，下流撒謊之恥態耳。越想越氣，皆希努力到底！[219]

傅斯年在這封信上說他當天給蔣夢麟的信，似已不存。然而，我們有他5月8日給蔣夢麟的信：

書電均悉。國文系事根本解決，至慰。惟手示未提及馬幼漁，深為憂慮不釋。據報上所載情形論，罪魁馬幼漁也。數年來國文系之不進步，及為北大進步之障礙者，又馬幼漁也。林妄人耳，其言誠不足深論。馬乃以新

217 廢人〔馮文炳〕致胡適，〔1934年5月〕14日夜，《胡適來往書信選》，2.43-44。《胡適來往書信選》編者繫此信為1931年，誤。

218 《林損集》，頁1857，《朱希祖日記》，頁270-271，轉引自朱洪濤，〈林損與胡適──林損辭職事件評述〉，《胡適研究通訊》，2014年第1期，頁30。

219 傅斯年致胡適，1934年4月28日，「胡適檔案」，1873-9。

舊為號，顛倒是非。若不一齊掃除，後來必為患害。此在先生之當機立斷，似不宜留一禍根，且為秉公之處置作一曲也。馬醜惡貫滿盈久矣。乘此除之，斯年敢保其無事。如有事，斯年自任與之惡鬥之工作。似乎一年乾薪，名譽教授，皆不必適於此人，未知先生高明以為何如？[220]

我們記得胡適在「1934年的回憶」裡，說他在北大文學院的改革「還不很徹底，但再過一年，大概可以有較好的成績。」事實上，在大剌剌地辭退了林損等六名教授以後，「再過一年」的1935年，北大文學院相當平靜。唯一沒有續聘的教授，是我在上文已經提到的歷史系的蒙文通。錢穆在回憶裡，不記得胡適上門告訴他不續聘蒙文通是哪一天。他說他在北平七、八年中，胡適去探訪他就僅只那麼一次。碰巧胡適在1935年5月13日的日記記：「訪陳受頤、訪錢賓四、訪陳援庵，談史學系事。」[221]我們幾乎可以確定胡適告知錢穆不續聘蒙文通就在當天。

在辭舊人、用新人、開新課造成了軒然大波以後，胡適在相對地風平浪靜的1935年，仍然為「較好的成績」努力著。他在1935年5月4日的日記裡記：「晚上孟真來談北大研究所事。他主張三點：一、組織一個研究所委員會；二、注意三、四年級學生的參加研究所工作；三、與中央研究院的史言〔語〕所合作。孟真是個很好的領袖。他有眼光，又有氣力，所以他辦理史言所成績很好。」[222]

胡適這則日記不夠詳細。幸運的是，傅斯年在與胡適交談以後，寫了一封信給胡適。這就讓我們能夠比較詳細地瞭解他們當晚所談的內容：

Confidential〔密件〕〔注：寫於信紙上端〕
適之先生：頃談甚快！茲又感覺數事：

---

220 傅斯年致蔣夢麟，1934年5月8日，《傅斯年遺札》，2.621-622；《胡適來往書信選》，3.531。請注意，該書信選編者將本札繫為1931年，誤。

221 《胡適日記全集》，7.203。

222 《胡適日記全集》，7.195-196。

一、委員會之Secretary〔秘書〕，最好改作兩人。即由〔姚〕從吾與我任之。俾我在時可以分工；不在時，從吾不必用代理名義（辦事可以便當）。

二、所談與研究所合作之說，其實若宣揚出來，懷疑者當在研究所不在北大，因「吞北大」並不像。而以研究所為北大促進事業之用，則甚顯然。其具體辦法：

1，史語研究所充分收容北大國文、史學畢業生（亦因清華、燕京等之最好者，我們每收不到）。

2，凡北大研究所學生，須有特殊訓練。此方便史語所有之者，史語所供給之。

其實亦非專為北大謀。史語所想收納北大之最好學生，培植好了，公之於世也。[223]

胡適立意要把北大文學院締造成一個「文科的北京協和醫學院」的理想注定是無法實現的。1937年，中日戰爭爆發以後，胡適受蔣介石之命赴美宣傳。他想戮力建設北大的夢想成為泡影。「七年之病，當求三年之艾。」這是胡適從留美時期就常喜歡說的一句話。不管是締造一個大學、或者是締造一個國家，是沒有捷徑可循的。然而，胡適也常常喜歡說：那看似最迂遠的道路，往往才是捷徑。這就是1931年9月7日，在「九一八」發生前十一天，他對他的美國朋友索克思說他為什麼要沉潛締造北大的原因：

我正盡力在北平建造一個小小的中心，讓從事教育與科學工作的人能有一個安穩的工作環境。到目前為止，還算順利。蔣夢麟是改革之下的北大一個稱職的校長。北大的改革已經對整個中國的教育界產生了影響。北大的新血包括了二十位左右目前中國最傑出的教授。我們希望在兩年之間，北大會恢復其原有的全國思想龍頭的地位。我願意用二十年的時間致力於

---

223 傅斯年致胡適，1935年5月4日，「胡適檔案」，1877-11。請注意：《傅斯年遺札》編者將此信暫繫為1934年6月，誤。今據胡適日記，繫為此日。

這個教育的工作。自從我這次來北平以後，我就沒寫過任何政論。那最迂遠的路，也許就正是救國（salvation）的捷徑。[224]

努力作學閥：作得大、教得棒、活得好

胡適要「用二十年的時間致力於這個教育的工作」的心願，注定是無法達成的。1931年9月14日北大舉行開學典禮。胡適在當天的演說裡說：「北大前此只有虛名，以後全看我們能否做到一點實際。以前『大』，只是矮人國裡出頭，以後須十分努力。」[225]胡適這幾句話有自勵勵人的意味。中基會資助北大聘任「合款研究教授」的計畫就在該學年度正式啟動。他才雄心勃勃地要中興北大，特別是要把北大文學院締造成為「文科的北京協和醫學院」。當然，胡適深切地體認到要把北大文學院締造成「文科的北京協和醫學院」，並不是一蹴可幾的。他在記北大開學典禮的同一則日記裡就說得很清楚：

因會上有人曾說我們要做到學術上的獨立。我說，此事談何容易？別說理科法科，即文科中的中國學，我們此時還落人後。陳援庵〔陳垣〕先生曾對我說：「漢學正統此時在西京〔即：日本京都〕呢？還是在巴黎？」我們相對欷歔，盼望十年之後也許可以在北京了！今日必須承認我不「大」，方可有救。

可惜天不從人願。就像胡適在同一則日記所加的眉注所說的：「我們費了九個月的工夫，造成一個新『北大』。九月十四日開學，五日之後就是『九一八』的一炮！日本人真是罪大惡極！」雖然北平在「九一八」事變以後，還苟延殘喘地拖了六年。等1937年中日戰爭全面爆發以後，胡適就在9月奉蔣介石之命赴美宣傳。他在北大的第二個階段於焉中止。

朱希祖慨歎胡適在1930年代獨攬北大文學院的全權。朱希祖的話說得更為

---

224 Hu Shih to George Sokolsky, September 7, 1931, George Sokolsky Papers, Box 64, Folder 10.
225 《胡適日記全集》，6.604。

負面些，就是學閥。然而，胡適一向就不認為當學閥有什麼不好。這是因為剔除了學閥負面的詞義，它與菁英主義的理念是若合符節的。我在《日正當中》裡徵引了胡適在1921年北大的開學典禮裡告訴北大人不要以作學閥為恥的話：

圖11　美國雕塑家絲宛（Lucile Swan）在其北京宅邸幫胡適塑像，1931年4月（根據胡適1931年4月9日日記）。（中國社會科學院近代史研究所‧中國近代史檔案館館藏，取得授權使用）

> 外界人又說我們是學閥。我想要做學閥，必須造成像軍閥、財閥一樣的可怕的有用的勢力，能在人民的思想上發生重大的影響。如其僅僅是做門限是無用的。所以一方面要做蔡校長所說有為知識而求知識的精神，一方面又要成有實力的為中國造歷史、為文化開新紀元的學閥。這才是我們理想的目的。[226]

上引這段話是演講記錄。胡適自己在當天的日記裡記得更為傳神；他鼓勵北大人要努力作學閥：

> 人家罵我們是學閥。其實「學閥」有何妨？人家稱我們為「最高學府」，我們便得意；稱「學閥」，我們便不高興。這真是「名實未虧而喜怒為用」了！我們應該努力做學閥！……學閥之中還要有一個最高的學閥！[227]

---

226 請注意：我在《日正當中》裡引注錯誤。這段話，我注為引自《胡適日記全集》，3.374。其實，正確的出處應該是胡適，〈在北大開學典禮會上的講話〉，《胡適全集》，20.72-73。

227《胡適日記全集》，3.374-375。

胡適自勵勵人地說「我們應該努力做學閥」！甚至說：「學閥之中還要有一個最高的學閥！」在1930年代，他確實是學閥之中最高的學閥。在北大，他簡直是十項全能。一如我在表3.6裡所列出來的，文學院長以外，他在不同的階段還兼任中文、外文、教育系主任，以及文科研究所主任。朱希祖會在日記裡作胡適「握北京大學文科全權矣」的慨歎不是無的放矢。

表3.6　胡適在北大擔任的行政職務（1932-1937）[228]

1932	1933	1934	1935	1936	1937
文學院長 （2月29日 上任）	文學院長 （卸任時間 未明）	文學院長 （5月2日復 任）	文學院長	文學院長	文學院長
教育系主任		中文系主任 （4月上任）	中文系主任	中文系主任	中文系主任
		代外文系 主任	文科研究所 主任	文科研究所 主任	文科研究所 主任

然而，表3.6所縷列出來的胡適1930年代在北大所擔任的行政職務，固然顯赫驚人，但這並沒有真正顯示出胡適在北大所握有的權力的萬一。胡適不是一般的文學院長與系主任，即使是一身兼任幾個系的主任。他是一個可以呼風喚雨的人物。校長是蔣夢麟，但胡適是軍師兼領軍。北大申請中基會的合款計畫，他是關鍵人物。他是文學院長，擁有人事任用權。此外，他身兼中文系主任，並定奪外文系、歷史系、哲學系的課程規畫。

由於胡適在北大的生涯有階段之別，其各個階段的異同點自然是必須分析的重點。第一個階段，我在《日正當中》裡已經分析了。他在北大的第二個階段，前後一共有六年半的時間，從1930年12月他從上海搬回北平，到1937年6月學期結束，啟程南下赴蔣介石之廬山所召開的「廬山談話會」。胡適在北

228　本表資料根據歐陽哲生，〈胡適與北京大學〉，耿雲志編，《胡適評傳》（上海：上海古籍出版社，1999），頁227。

大的第二個階段，在時間的長度上跟第一個階段相仿，只比第一個階段短少了一年半的時間。兩個階段相比，第一個階段既是胡適啼聲初試的階段，而且也是他平步青雲、一躍而成為新文化運動的第一領袖的階段。然而，在第一個階段裡，即使他是北大年輕教授裡最閃亮的一顆新星，備受蔡元培的器重，他畢竟資淺歷薄，屬於參謀而非決策者。這跟他在第二個階段能呼風喚雨的地位是不可同日而語的。

　　胡適在北大的第一和第二個階段最有連續性的地方，就在於他的教授身分。以表3.7所羅列的課程來看，胡適1930年代在北大所開的課程是文史各半。這其實是承繼了胡適在北大第一個階段開課的模式。然而，即使有連續、承繼的模式，第一、第二個階段之間，仍然有其不同的所在。我在《日正當中》表5.2裡羅列了胡適從1917到1925學年度在北大所開課程。我們比較《日正當中》的表5.2與本章的表3.7，就可以發現以下四個特點。第一、胡適在北大的第一年所授的課程就是哲學與文學各半。往後的幾年，哲學占了他所開課程的四分之三。唯一的例外是1922年度第一學期，亦即他1920年代在北大所教的最後一個學期。該學期他開的課程剛好又是哲學與文學各半。唯一不同的所在，是第一個階段的文學課程是在英文系，而1930年代的文學則是在中文系。

　　第二、一直到1925年他離開北大為止，胡適一直是北大的英語系主任。反之，哲學是專業的他，就從來沒當上哲學系的主任。有趣的是，胡適不但在1930年代也沒當過哲學系主任，他一輩子都沒當過北大哲學系主任。他在1930年代還當文學系的主任。唯一不同的地方，是這個文學系主任已經不是英語系主任，而是中文系主任。

　　第三、我在《日正當中》裡，已經分析了胡適從1920年代末期開始，扭曲挪用杜威在《哲學的改造》裡的觀點，高唱他所謂的「哲學破產」的謬論。胡適既然認為哲學已經破產，哲學系可以關門，對哲學系這塊雞肋他自然不會有什麼興趣。後來他更會開始強調他所研究的不是「哲學史」，而是「思想史」。值得注意的是，他1930年代在北大所開的課，除了他成名的招牌、不得不開的「中國哲學史」以外，全是以「思想史」為名。從1934學年度開始，他乾脆連「中國哲學史」也不開了。

表3.7　胡適在北大所授課程（1931-1937）[229]

1930學年度（第二學期）	1931學年度	1932學年度	1933學年度	1934學年度	1935學年度	1936學年度
中古思想史	中國哲學史	中國哲學史	中國哲學史	中國近世思想史	中國文學史概要	漢代思想史
			中國近世思想史	中國文學史概要	中國文學史（與傅斯年、羅庸合開）	唐代思想史
					中國文學史專題研究	中國文學史專題研究（與馬裕藻、羅庸、鄭奠合開）
					傳記專題實習	傳記專題實習
						中國文學史概要

　　第四、胡適在北大第一個階段在哲學系所授的課程已經縮小範圍，以至於變成了專授中國哲學史的教授。胡適最後一次教「西洋哲學史」是在1920學年度。因此，胡適一輩子在北大只教了四年的「西洋哲學史」。從1921學年度開始，胡適在北大哲學系教授的課程就集中在「中國哲學史」與「中國近世哲學」。從1923學年度的第三學期開始，胡適加授「清代思想史」。這門「清代思想史」，他在1924學年度的第三學期，也就是他在北大的最後一學期，他又教授了一次。我在《日正當中》裡說，無論是從北大哲學系或者從胡適自己的角度來看，這種課程安排是兩全其美的。對北大而言，那是在「術業有專攻」的原則之下，善用胡適的專長；對胡適而言，那是讓他能藉教學相長之利，來準備寫他的《中國哲學史》中、下篇。到了他1930年代回到北大以後，他所開的「漢代思想史」、「唐代思想史」，以及「中國近世思想史問題研究」，就

229　本表資料根據胡適日記以及歐陽哲生，〈胡適與北京大學〉，《胡適評傳》，頁228-230。

是在為他寫《中國哲學史》中、下篇作準備。只是，在這第二個階段裡，他除了《中國哲學史》中、下篇以外，又多了需要準備寫他注定也是沒有完成的《中國白話文學史》下篇。因此，他開了「中國文學史概要」、「中國文學史」，以及「中國文學史專題研究」等課程。

胡適在北大文史通包是不難理解的。我在上文徵引了他「1934年的回憶」裡的話。他從該年起開始擔任中文系「中國文學史概要」的課。雖然他說那是他第一次「改行」、感覺「吃力」，但那是言不由衷的。對喜歡夸言「史」可以包「文」的偏見的他而言，文學史只不過是他繼《紅樓夢》研究以後，再度「赫胥黎、杜威思想方法的實際應用」的又一例而已。君不見他緊接著洋洋自得地說：「有許多問題，向來不注意的。此時經過一番研究，都呈現新的意義，大概我的文學史是可以寫的了。」

作為一個教授，胡適最讓人欽敬的地方，在於他能身體力行教學相長的理想。他之所以敢自詡：「大概我的文學史是可以寫的了。」這不但是因為他確實有他人所不見的見解，而且是因為他能孜孜不倦，秉持著我在《日正當中》裡就已經分析過的「教學」、「著述」、「講演」相長的哲學。可惜他1930年代的日記在教學方面的省思，不如他1921、1922年間的日記詳盡。儘管如此，他還是留下了一些零星的記錄，讓我們知道他1930年代在「教」、「學」、「講」、「著」各方面相長的情形。

與他在1921、1922年間的日記相比較，胡適1930年代記載他為「中國哲學史」備課的日記則數不多。這其實是不足為奇的。一方面，他對中國哲學史的課程已經駕輕就熟了。根據我在《日正當中》第五章表5.2的統計，他在北大的第一個階段裡，教過了十八個學期的「中國哲學史」、七個學期的「中國近世哲學」，以及兩個學期的「清代思想史」。同時，他在1929年到1930年間，完成了七章、十四萬字的《中國中古思想史長編》的初稿。換句話說，有關「中國哲學史」的課程，不論是什麼階段或朝代，他已經大體上不需要備課。即使如此，他在這個階段裡，仍然有三十幾則備課、寫作，以及準備演講的日記。由此可見他教學敬業的一斑。

比如說，1930學年度第二學期，胡適在北大只開了「中古思想史」一門課。他一面開課，一面修改、並思索他的《中國中古思想史長編》。他在這一

學期的日記裡就有三則與此有關：

　　1931 年 3 月 10 日：「改作《哲學史》稿第五章（《淮南書》）第二、三
節。頗勝原稿。」[230]

　　1931 年 3 月 17 日：「續寫《哲學史》第八章〔注：即董仲舒一章。由於
他始終不滿意，後來終於放棄〕。」[231]

　　1931 年 3 月 31 日：「上課。今天講西漢經學。預備了兩整日，才夠一
講。我現在漸漸脫離今文家的主張。認西漢經學無今古文之分派，只有先
出後出，只有新的舊的，而無今古文分家。廖平之《今古學考》（1886）
實『創為今古二派』。但他的主張實甚平允，說『漢初古文行於民間，其
授受不傳』、說『今古諸經，漢初皆有傳本傳授』、『古學之微，非舊無
傳，蓋以非當時所貴爾』。康有為的《新學偽經考》（1891）始走極端。
實不能自圓其說，故不能不說《史記》也經劉歆改竄了。」[232]

　　胡適能充分發揮教學相長的精神，來繼續思索、修訂他的《中國中古思想
史長編》。還有兩則日記可以作為例證：

　　1934 年 1 月 12 日，上課。講秦漢間的思想〔注：「中國哲學史」課〕……
　　改定《中古思想史》第一期目次如後：
　　一、齊學
　　二、秦學（商君與李斯）
　　三、秦漢之間的思想狀況
　　四、淮南王書
　　五、統一帝國的宗教
　　六、儒生的有為主義

---

230 《胡適日記全集》，6.523。
231 《胡適日記全集》，6.531。
232 《胡適日記全集》，6.538。

七、董仲舒與儒教

八、王莽時代的儒教

九、王充

十、批評精神的尾聲

　　1，清議與黨錮

　　2，曹魏與孫吳的校事（政治特務）

　　3，清談（玄談）

十一、佛教的輸入與道教的興起。[233]

　　1937年3月9日：「上課〔注：「漢代思想史」課〕。讀《春秋繁露》及《尚書大傳》（崇文書局本）。大概伏生所傳之《洪範五行傳》仍是鄒衍嫡傳。尚未有方法，系統組織尚未密。至董生『始推陰陽為儒者宗』者。他始提出『天下有物，視春秋所舉與同比者』的比例方法，才有儒教的災異系統。因此得一暗示：我的〈齊學〉一章應放大重寫。應詳述陰陽家的學說，以《呂覽》、《淮南》、伏生、董生的陰陽學說為內容。」[234]

　　跟他在北大的第一個階段一樣，胡適在日記裡會記下他備課與上課之餘的心得。比如說：1934年3月2日的日記，顯然是上「中國哲學史」課的心得：

　　上課。講西漢儒教起於兩種需要：用古經典作那新宗教的依據，用古經典作教育運動的教材。這個儒教雖然陋的可笑，但也有歷史上的重大意義：

　　一、它用古經典來範圍那烏煙瘴氣的民間宗教，實有去泰去甚之功。（至匡衡、韋玄成諸人，而宗教大肅清。）

　　二、含有「屈民而伸君，屈君而伸天」的政治意義，有稍稍制裁那無限君權之功。

　　三、含有一個社會改革的大運動，從賈誼、晁錯以至董仲舒、王莽，代表一個不斷的社會運動。

---

233 《胡適日記全集》，7.22。

234 《胡適日記全集》，7.393。

　　四、代表一個有為主義的思想。從賈生的攻擊「無動」、「無為」，至董生的主張「強勉」，主張「變政」，以至王莽的「不能無為」，都是孔子、荀子、李斯的有為精神。[235]

1934年1月25日的日記記的可能是「中國近世思想史」備課的心得：

　　翻看《安徽叢書》中的明正德間程瞳所編的《新安學系錄》。此書所收材料多用原有的墓誌傳狀，翻看甚便。此書以二程子開宗，程瞳注《明道行狀》云：據歐陽公所作翼國公墓誌，中山博野之程氏出於新安程靈洗。《歐陽修集》（21）〈贈冀國公程公神道碑〉。銘云：「……中山之程，出自靈洗，實昱裔孫，仕於陳季。陳滅散亡，播而北遷。此是程琳（文簡公）之父。名元白。二程之先也是中山程。高祖為程羽，贈太子太師。太宗時賜第於京師，遂為河南人。」[236]

1934年3月23日的日記則應該是「中國近世思想史」講課的心得：

　　上課。講魏晉思潮。我雖為阮、嵇諸人辯護，但也承認古人說何晏、王弼「罪浮於桀紂」之說。亦非無理由。中國士大夫整齊嚴肅之風氣至魏晉而大崩壞。後來理學時代雖欲中興之而終不能也。[237]

1937年6月15日的日記記的是「唐代思想史」課總結的心得：

　　最後一次上課。講唐代之中國哲學思想。辨韓愈、李翱為兩條不同的道路。退之平實，而習之玄妙；退之主張「正心誠意，將以有為」，而習之要「寂然不動，弗思弗慮」；退之向外，以恢復一個「正德利用厚生」的

---

235 《胡適日記全集》，7.73。

236 《胡適日記全集》，7.37-38。

237 《胡適日記全集》，7.85。

文化為主旨，而習之要昌明「性命之道」，結果還是掉在印度網裡，爬不出來。《原道》與《復性書》是兩部開路的書。以後李德裕、范仲淹、李覯、王安石走的都是《原道》的路；理學走的是《復性書》的路。[238]

胡適覺得上課講得特別精采的時候，也會在日記裡為自己「在戲台裡喝采」。例如，1934年5月18日的日記，記的可能也是「中國近世思想史」的一堂課：「下午上課。講伊川與程門，為近日最得意的講演。」[239]

除了上課以外，就像他在北大的第一個階段一樣，胡適也四處講演。他1933年12月底的日記裡，記他準備〈中國的傳記文學〉的演講：

> 1933年12月25日：「預備作『傳記文學』講演……重讀汪輝祖的《病榻夢痕錄》，到三點多鐘，還不肯釋手，直到冬秀來催，我才去睡。此為中國傳記文學中第一部自傳，毫無可疑。」[240]
>
> 1933年12月26日：「下午在北大史學會講演中國的傳記文學。第二院大禮堂擁擠得很。」[241]

在這個演講裡，胡適把中國的傳記文學分成「他人做的傳記」，以及「自己做的傳記」兩大類。他說中國傳記文學不發達有五個原因：一、沒有崇拜大人物的風氣；二、多忌諱；三、文字上的障礙；四、材料的散亂缺失；五、不看重傳記文學，故無傳記專家。他的結論是：「二千五百年中，只有兩部傳記可算是第一流的：一、汪輝祖的《病榻夢痕錄》及《夢痕餘錄》（初錄自1730-1796；《餘錄》自1796-1806，補至1807）；二、王懋竑的《朱子年譜》，附《考異》及《附錄》。」[242]

胡適的優點在於他能精益求精。同樣講一個題目，他不會一成不變。一個

238 《胡適日記全集》，7.418。
239 《胡適日記全集》，7.116。
240 《胡適日記全集》，6.734。
241 《胡適日記全集》，6.734。
242 《胡適日記全集》，6.734-737。

多月以後，胡適去燕京大學講傳記文學。雖然主旨不變，但他在內容上顯然作了頗大的修訂。他在1934年2月20日的日記裡說：「上午到燕京大學講演，題為中國的傳記文學。頗改動前次講稿。」[243] 不到兩個月，胡適又再次講傳記文學，但完全不炒冷飯。1934年4月10日：「到稅務學校講演「傳記文學」。此題我講過三次。這一次為最成功。第一次太著重那十幾類的中國傳記。第二次尚不能撇開這一部分。今回全撇開那些，專說傳記文學的重要，所以聽者瞭解最多。」[244]

兩個星期以後，胡適又在日記裡記他為去輔仁大學的演講所作的準備：

> 1934年1月7日：「下午讀劉源淥編的《近思續錄》。其實只是《朱子文集》、《語類》、《或問》三書的分類編。分類全依《近思錄》，故有此名。甚方便，今日讀其〈異端〉一卷。」[245]（為準備〈考證學方法的來歷〉演講）
> 1934年1月9日：「讀《近思續錄》中的〈為學〉一卷。」[246]
> 1934年1月11日：「今天下午到輔仁大學講演〈考證學方法的來歷〉。」[247]

胡適在這個演講有記錄，以〈考證學方法之來歷〉為題，收在《胡適全集》裡[248]。他的主旨在反駁清朝考證學是受到耶穌會教士影響的說法。只是，這篇記錄裡的口氣，遠比胡適自己在日記裡的口氣要溫和多了。用胡適在日記裡的話來說：「近年學者往往誤信清朝漢學考證之方法是受了耶穌會教士帶來西洋科學的影響。此說毫無根據，故作此講演，證明樸學方法確是道地國貨，並非舶來貨品。」他的結論是「中國考證之學出於刑名之學。」有趣的是，胡適對這個問題的看法後來作了根本的修正。他1957年在這一則日記裡加入了一段注語：

---

243 《胡適日記全集》，7.66。
244 《胡適日記全集》，7.96。
245 《胡適日記全集》，7.10。
246 《胡適日記全集》，7.11。
247 《胡適日記全集》，7.11-16。
248 胡適，〈考證學方法之來歷〉，《胡適全集》，13.160-167。

　　這是我二十多年前的一個講演綱要。許多年來，我很相信我的「中國考證之學出於刑名之學」的說法。但我現在的看法根本不同了。我近來覺得兩千多年的文史之學——經學，校勘本子異同之學，文字訓話之學，史事比勘之學——本身就是一種訓練，就是一種方法上的學習與訓練。王充、張衡、鄭玄、劉熙、杜預、郭璞，都是經生，都是考證學的遠祖。試看杜預《春秋釋例自序》，「優而柔之，使自求之，饜而飫之，使自趨之，若江海之浸，膏澤之潤，渙然冰釋，怡然理順，然後為得也。」——這已是考證學的方法與精神了。　適之　1957，7，16 [249]

　　胡適在1935年5月到燕京大學作了三場關於顏李學派的系列演講。他注意顏李學派可能已經有一段的時間。比如說，他在1934年1月16日的日記裡說：「晚上讀程廷祚《青溪文集》。我訪求《青溪文集》，為了要知道幾件事：一、他與《儒林外史》的關係；二、他與顏李學派的關係；三、他與江寧織造曹家的關係；四、他與戴東原的關係。匆匆讀過，這三項都有點材料。」[250]同月的日記，相關的還有另外的三則：

　　1934年1月17日：「上課，為本學期最後一課。讀完程廷祚《青溪文集》八冊，孫人和先生（蜀丞）借給我的。用紙條記出有用的史料。」[251]
　　1934年1月22日：「寫讀青溪文集後記，未完。」[252]
　　1934年1月23日：「讀徐世昌《顏李師承記》，此書組織甚混亂，但用顏李《年譜》及《文集》等材料，以人為主，較便檢閱。」[253]

　　到了去燕京大學演講的前夕，胡適仍然在準備著：

249 《胡適日記全集》，7.16。
250 《胡適日記全集》，7.30-31。
251 《胡適日記全集》，7.31。
252 《胡適日記全集》，7.35。
253 《胡適日記全集》，7.36。

　　1935年5月8日:「讀戴望《顏氏學記》三卷。很佩服他的選擇不錯。從前我頗輕視此書;但戴氏在那時候能作如此謹嚴的編纂,真不容易!」[254]

　　往後幾天的日記裡,胡適記下了演講的題目,以及繼續準備,甚至於開夜車準備的情形:

　　1935年5月9日:「下午到燕京大學講『顏李學派』的第一講。擬分三講:一、理學與反理學;二、顏元;三、李塨與顏李學派的轉變。今天第一講成績不壞。」[255]

　　1935年5月16日:「下午到燕京講顏元。習齋生於1735[1635],今年正是他的三百年祭。」[256]

　　1935年5月22日:「晚上預備明天的兩個講演,到三點才睡。」[257]

　　1935年5月23日:「上午在北大講考證學方法。下午到燕大講〈顏李學派〉,為三講的最後一講。」[258]

　　我在上文說到胡適精益求精的優點。他在燕京大學的「顏李學派」的系列演講雖然已經結束,但他仍然鍥而不捨地訪求顏李學派的新資料。1937年4月11日的日記記:「前托顏駿人〔注:顏惠慶〕代問徐世昌先生有無關顏李學派的新材料。駿人來信約我今天去訪徐。信上說:『有幾部書奉贈。』我大喜。即覆電約今日去。今天到天津。下午三點見徐總統,談了半點鐘。他是八十多歲的人了,記憶還很清楚。但他實無新材料。他要送我的書是他的《顏李師承記》及《語要》,都是我久已看見的。今天費了一天,花了二十多元錢,毫無所得。」[259]

---

254 《胡適日記全集》,7.197。
255 《胡適日記全集》,7.198。
256 《胡適日記全集》,7.205。
257 《胡適日記全集》,7.208。
258 《胡適日記全集》,7.208。
259 《胡適日記全集》,7.402。

　　胡適還有一天講演三次的記錄。他在1934年6月6日的日記裡記他當天演講的題目與內容：

　　預備下午的三個講演。二時至四時，講《科學概論》的最後一講。四時至五時，講「王學」。晚上到北平美國學校作畢業講演，講〈擇業〉。我以為王陽明以後，王門都無新貢獻。只有泰州王良一派講「安身」，是一種個人主義。令人回憶古代「貴生」、「重己」的思想，還可說是開一個生面。王學已是禪。末流當然直截了當的做和尚去。王畿、聶豹、羅洪先諸人是帶髮的和尚；李卓吾以至明末四大和尚（袾宏等）是沒有頭髮的王門弟子也！[260]

　　講授中國哲學史、演講以外，胡適也同時「教」、「著」相長。其中，最重要的就是〈說儒〉。這篇胡適在1934年年終總結裡自詡為「在學問方面，今年的最大成績」的文章[261]：

　　1934年3月14日：「上課。講道家。擬作〈原儒〉一文。未動手。」[262]
　　1934年3月15日：「動手做一文──〈說儒〉。」[263]
　　1934年3月17日：「下午續作〈說儒〉一文，未完。」[264]
　　1934年3月20日：「孟真來談。他昨晚送來他的舊稿〈周東封與殷遺民〉諸文。於我作說儒之文甚有益。已充分採用。今天我們仍談此題。」[265]
　　1934年4月12日：「續寫〈說儒〉。」[266]

---

[260] 《胡適日記全集》，7.127-128。
[261] 《胡適日記全集》，7.155。
[262] 《胡適日記全集》，7.83。
[263] 《胡適日記全集》，7.83。
[264] 《胡適日記全集》，7.84。
[265] 《胡適日記全集》，7.84。
[266] 《胡適日記全集》，7.99-100。

．

1934年4月15日：「晚上作〈說儒〉。仍未完。」[267]

1934年4月28日：「寫〈說儒〉，未完。」[268]

1934年4月29日：「在家續做〈說儒〉一文……續寫〈說儒〉。」[269]

1934年5月7日：「今天可以不為《獨立》作文，所以偷閒續作〈說儒〉文。寫了幾千字。」[270]

1934年5月19日：「晚歸。寫完〈說儒〉。約有四萬六千字，為近年最長的文字。檢日記。此稿開始在三月十五日。中間稍有間斷。共費時兩個月。今晚寫完時，已三點鐘了。」[271]

胡適1930年代「教學相長」最佳的例證，就是中國文學史的教學。他在1934年年終反省記裡，說他該年開始教授文學史是「第一次『改行』、感覺『吃力』。」這句話有自謙的成分，但也是事實。因此，雖然他1930年代日記記得不勤，而且教學方面記得不多，但他1935年到1937年間的日記，提到文學史教學的也還有三十則。例如：

1935年5月1日：「上課，講詞。」[272]

1935年5月2日：「上課，談校勘學在小說史研究上的用處。」[273]

1935年5月3日：「上課，講『宋詩。』」[274]

可惜胡適這個階段的教學日記過於簡略，很少提到他教學的內容。然而，從他「談校勘學在小說史研究上的用處」這句話來判斷，他講文學史顯然是偏

---

267 《胡適日記全集》，7.102。

268 《胡適日記全集》，7.109。

269 《胡適日記全集》，7.110。

270 《胡適日記全集》，7.114。

271 《胡適日記全集》，7.117。

272 《胡適日記全集》，7.193。

273 《胡適日記全集》，7.193。

274 《胡適日記全集》，7.194。

重於考據，而略於文學的藝術。當然，這並不意味著說他講課完全不及於文學的藝術。他1935年5月8日的日記就是一個最好的例證：

> 上課，續講「宋詩」。連日太忙，疲倦得不得了，但無法休息。每天總是奔波。晚上預備工課總是到很晚才能上床……今天講宋詩。引王若虛《詩話》云：朱少章論江西詩律，以為「用崑體功夫而造老杜渾全之地」。此論甚有暗示意味。宋詩之佳處在於打破唐詩的格律聲調，用說話作文的方法來作詩。其最高境界如王荊公之擬「寒山拾得」二十首，如荊公的絕句，如東坡的《泗州僧伽塔》，如山谷的《題蓮華寺》，如放翁的絕句，如楊誠齋的晚年詩。但宋詩人終不曾完全拋棄晚唐以來李義山、楊大年的西崑體。荊公已不免如此，山谷更甚，故成為江西詩派。江西詩派其實是打破唐律的西崑體。其惡劣者只是用僻典，押險韻，做拗句。如山谷的多數詩，真是王若虛所謂「俗子謎耳」！
>
> 昨夜讀楊億的《武夷新集》（浦城宋元明儒遺書本）。大年的集子三百六十卷，今只存此集二十卷，與《西崑酬唱集》二卷了。楊大年的文學在當年有絕大的勢力，故石介作《怪說》。指佛老與楊億為三怪，可見其勢力之大。宋詩所以不能完全脫離西崑謬種，也是因為這一派的勢力實在太大了。[275]

除此之外，還有兩個小的例子。1935年5月10日的日記：「上課，講『曲子』。晚夜翻讀任中敏所編各書。很佩服他的《散曲叢刊》十五種。其中以校補《陽春白雪》為最好。他的《元曲三百首》也不壞。」[276] 5月18日的日記：「讀吳昌齡的《西遊記》。甚不喜之。此書的見解凡庸，詞筆甚陋。開明人的傳奇風氣，已失掉元人的白話文學的好處。」[277]

文學的藝術以外，胡適也注意到歷史的趨勢以及文學——特別是小說——

---

275 《胡適日記全集》，7.197-198。

276 《胡適日記全集》，7.199。

277 《胡適日記全集》，7.207。

的類型。比如說：

　　1935年5月24日的日記：「下午講『白話散文的發展』。」[278]
　　1935年6月5日：「下午上課，講演變的長篇小說。」[279]
　　6月6日：「上課。講第二流小說。第二流小說之中，我甚喜邗上蒙人的
《青樓夢》，又名《風月夢》。此書寫揚州在太平天國亂前的都市生活。甚
有寫實意味，可作史料看。其中小曲多支，也往往很可誦。」[280]
　　1935年6月7日：上課。講創作的小說。中國長篇小說，只可分兩類，
各得六部。
一、逐漸演變的：《三國》、《水滸》、《西游》、《封神》、《隋唐演義》、
　　《三俠五義》。
二、創作的：
　　1，《金瓶梅》（約1580-1600年）。
　　2，《醒世姻緣》（約1705年）。
　　3，《儒林外史》（約1750年）。
　　4，《紅樓夢》（約1760年）。
　　5，《鏡花緣》（約1820年）。
　　6，《海上花》（約1890年）。[281]

　　胡適這則日記促使我必須修正我在《日正當中》第六章裡一個錯誤的說
法。我說胡適晚年對《紅樓夢》有一個奇論，亦即，「《紅樓夢》的大不幸，
是它沒有在民間流傳幾百年，讓民間的說書人長期的自由改削。更不幸的是，
它不曾得到像金聖歎那樣的天才把它『點石成金』。」[282]這個觀點不是胡適晚年
才有的觀點，而是他在1935年6月7日這則日記裡就已經提出來了的。我在

---

278 《胡適日記全集》，7.209。
279 《胡適日記全集》，7.215。
280 《胡適日記全集》，7.215。
281 《胡適日記全集》，7.217-218。
282 江勇振，《舍我其誰：胡適，第二部：日正當中，1917-1927》，頁688。

《日正當中》裡提到他 1941 年 2 月 15 日在美國華盛頓的「文學會」（Literary Society）上作了一個演講：〈中國小說〉（The Chinese Novel）。他在那篇演講裡把傳統中國的小說歸為兩類：歷史演進發展出來的小說和個人創造的小說。歷史演進發展出來的小說勝過個人創造的小說，因為「許多歷史小說都在好幾個世紀裡，經過無數的無名的說書家的創意、增補、潤飾以後，最後才讓文人大師改寫成為今天的傑作。」

我在寫《日正當中》的時候，以為胡適這種文學的奇論是在 1941 年以後形成的。現在看來，那只是胡適這個 1930 年代觀點的演申。同樣地，我在《日正當中》裡，也提到他晚年在紐約跟唐德剛所作的《口述史》裡又重複了這個觀點。事實上，無論是他 1941 年在美國所作的〈中國小說〉的演講，或者是他在《口述史》裡所說的論點，其論述的原始點就是他 1935 年 6 月 7 日的這則日記。

言歸正傳。毫無疑問地，胡適講文學史的重點是在考據。他在 1935 年 6 月 7 日把中國的長篇小說分成兩類的同一則日記裡，就列出了以下幾乎完全是考據的六點：

1，沈德符《野穫篇》說《金瓶梅》「原本實少五十三回至五十七回」。試就今日所見傳本，證實此說。

2，試就已見之《三國演義》本子，述此書的演變。

3，試作《隋唐演義》考證。

4，試作《封神演義》考證。

5，《儒林外史》的作者似是顏李學派的信徒。試就《外史》中的思想看他與顏李學派的關係。

6，紀昀《閱微草堂筆記》裡頗多譏彈宋儒理學的議論。試輯合在一塊，作「紀昀的思想。」[283]

事實上，胡適在這個階段所記的文學史授課日記，泰半與考證有關：

---

283 《胡適日記全集》，7.219-220。

1935 年 5 月 9 日：「上午講小說考證。」[284]

1935 年 5 月 16 日：「上課。講小說考證。」[285]

1935 年 5 月 21 日：「下午預備明天的二課，到晚上四點才睡。看鄭振鐸的《中國文學史》三、四冊。此書材料頗好，但他寫得太糟。判斷既平庸錯誤，而文字太不修飾，使人不愉快。周豈明說他受著作之累，是不錯的。」[286]

1935 年 5 月 30 日：「上課。講考證方法。」[287]

1935 年 7 月 19 日：「下午讀楊億《武夷新集》……《武夷新集》頗多傳記材料。」[288]

1937 年 1 月 27 日：「看趙景深《小說獻花》、《讀曲隨筆》二書。均不佳。但其中元曲時代先後考一篇頗好。又此中提及《好逑傳》作者是清初慈溪陳存梅，似可靠。」[289]

1937 年 3 月 7 日：「看王惲《秋澗大全集》，記出其中於曲家有關諸事。有一點是偶然發現的。諸書記羅貫中的籍貫不一致。或稱為太原人，或稱為杭州人。百十五回本《水滸》稱為『東原』人。今夜讀《秋澗集》，見其中兩次提及『東原』，其一次顯指東平。因查得『東原』即宋之鄆州。後又偶翻《元遺山集》，稱『東原王君璋』，玉汝是鄆人。羅貫中是鄆人，故宋江、晁蓋起於鄆城。」[290]

即使胡適在備課所讀的書，也都是和考據有關。例如：

1937 年 3 月 8 日：「讀《元明雜劇》（丁氏藏書，國學圖書館印）中的

---

284 《胡適日記全集》，7.198。

285 《胡適日記全集》，7.205。

286 《胡適日記全集》，7.207-208。

287 《胡適日記全集》，7.211。

288 《胡適日記全集》，7.264。

289 《胡適日記全集》，7.378。

290 《胡適日記全集》，7.392。

《藍采和》。」[291]

　　1937 年 3 月 11 日：「看《皇元風雅》，其中有不少曲家的詩。」[292]

　　1937 年 3 月 12 日：「寫〈讀曲小記〉一節。翻看元人集子幾種。多無所得。」[293]

　　1937 年 3 月 13 日：「翻看元人集子幾種。」[294]

　　我們之所以知道胡適的重點是在考據，是因為他備課讀書所作的札記全都與元曲作者生平事略的考據有關。這些札記當時就發表了的有：〈讀曲小記（一）〉[295]、〈讀曲小記（二）〉[296]，以及〈讀曲小記（三）〉[297]。此外，「胡適檔案」裡還有 16 則胡適讀曲的札記手稿。《胡適全集》以〈讀曲小記（四）〉為題，收了 9 則[298]。

　　胡適不只是一個認真盡責、能夠充分發揮教學相長精神的教授，他而且是一個明星級的學人。胡適初回北大受到學生歡迎的程度是很少人能望其項背的。比如說，他在 1931 年 2 月 10 日的日記裡說：「下午，第一次在北大上課，講中古思想史。在第二院大禮堂，聽講者約三百人。有許多人站了兩點鐘。」[299]一個星期以後，2 月 17 日的日記：「舊曆元旦。我仍有課，故未出門。下午到第二院上課。課堂仍是滿的。有許多人飯後便來占座位了。」[300]到了 3 月 8 日：「上課。仍是三百多人。註冊的只有二百人。」[301]當然，那麼多的學生來上課，大部分的人是慕名而來，而並不是真正選課。如果 1931 年春季學期來聽胡適

---

291 《胡適日記全集》，7.392。

292 《胡適日記全集》，7.393。

293 《胡適日記全集》，7.394。

294 《胡適日記全集》，7.394。

295 胡適，〈讀曲小記（一）〉，《胡適全集》，12.306-312。

296 胡適，〈讀曲小記（二）〉，《胡適全集》，12.313-315。

297 胡適，〈讀曲小記（三）〉，《胡適全集》，12.316-319。

298 胡適，〈讀曲小記（四）〉，《胡適全集》，12.320-329。

299 《胡適日記全集》，6.488。

300 《胡適日記全集》，6.494。

301 《胡適日記全集》，6.523。

「中古思想史」的學生有三百多人，註冊的只有兩百人，過了一個學期以後，選課學生的數目就銳減了。根據胡適1931年8月28日的日記：「看完『中古思想史』試卷。上年下學期，我講此科。聽者每日約四百人。冊子上只有二百人，而要『學分』者只有七十五人。」[302]

　　胡適在1930年底回到北大，可以說是到了人未到就已經先轟動的地步。比如說，他1930年6月初為了準備搬回北平而去看房子的時候，曾經在12日到北大演講。其轟動的程度，他作過描述：

　　　〔1930年〕夏間（六月十二）在北大第三院開講。時間定在下午四點，而一點鐘已坐滿。後來者皆只能站在兩旁窗外空地上。那一次天太熱，聽眾受擠受暑，至四個鐘頭以上，故後來很有許多人病倒的。[303]

　　1930年10月17日在北京協和醫學院的演講更為離譜。原來胡適在9月底從上海坐船北上，到北平開北京協和醫學院的董事會。他先在10月5日、7日去看了米糧庫四號的房子，非常滿意。10日，北大的聘書送到。胡適17日晚上在北京協和醫學院禮堂所作的演講，題目為〈哲學是什麼？〉（What Is Philosophy?），是用英文講的，而且對象是北京協和醫學院的師生。沒想到報紙登載了這個消息以後，整個禮堂在演講一個半鐘頭以前就已經被聽不懂英文的中國學生擠爆，而且後繼者絡繹不絕。主辦者不知如何處理，急電還在餐館吃晚飯的胡適。其高潮迭起的情節，且看胡適神來之筆的描述：

　　　今夜協和醫學校的講演本在八點半，故我約了朱友漁君八點五分送車子來東興樓接我。我七點到東興樓赴陳百年〔陳大齊〕諸君之約，小談便入席。剛吃了幾個菜，即得協和醫學校朱君來電話，說：今早有一家報紙登出我講演的消息，故今晚來了無數中國學生。在七點以前，把大講堂坐滿了。現在來者仍不絕，擁擠不堪。而本校的人反不能進來了。朱君問如何

302　《胡適日記全集》，6.602。

303　《胡適日記全集》，6.332。

應付。我說：「告訴他們，今天的講演是用英文的。」他說：已說過了，但他們說：「既來了便不走了。必要聽胡先生對我們講一次。」我看表，已七點半，便說：「你送車來，我便來先用中文講一次。」

我匆匆吃了半碗飯，便往講堂去。車到門外，勉強擠進口，朱君引我從門外上台。我上台後，見室中聽眾擠緊挨坐。四周隙地皆已站滿。兩旁窗外皆站了人。講堂只可容三百人，而今天已不止千人了。我使用中文開講「哲學是什麼？」聽眾雖擠，而頗肅靜。我講了三刻鐘，叫聽眾退去。

其時門外仍擁擠不堪，聽眾無法可退出。我指示他們由講台上兩廂門退出。但前面人退出了，後面人擠進來，講堂仍是滿的。

朱君又同我商量。我只好又在台上請不懂英文的人退讓，並許他們改日在北大另講一次。但他們不動，我等了一會，只好用英文開講了。聽眾居然很肅靜。我講了三刻鐘。又用中文作一簡單的提要，才下台。

這轟動的程度，連胡適自己都覺得不可思議。他說：「今夜的事出於意外，因講題為〈哲學是什麼？〉，無論在哪一國都不會引出多人來聽的。」[304]

其實，當時的胡適是輿論界的驕子，青年的偶像。在胡適一生的日正當中，不管他講的題目是什麼，哲學也好，中古思想史也好，會場一定擠爆。北平如此，上海也如此。1930年3月9日，胡適在上海青年會演講〈從新文藝觀察今日中國的思潮〉，根據《申報》的報導，是日聽講人數達八百餘人[305]。

11月9日在上海青年會的演講更為誇張。當時，上海青年會提倡讀書運動。11月9日當天是這個運動開始的第一天。青年會特地請胡適以〈為甚麼要讀書〉為題演講。演講的時間是下午五點。沒想到會場外面在三點鐘已經擠滿了沒拿到入場券的群眾。人群越來越多，乃至於演成了一齣群眾衝鋒陷陣，強行入場聽講的大戲。《自由談》的作者描繪其景象如下：

作者去時為下午三點鐘。見辦事處櫃前圍滿一大群人。因即上前探問。

---

304 《胡適日記全集》，6.332-333。

305 靜溪，〈聽胡先生演講〉，《申報》，第20458期，1930年3月13日，第17版。

始知入場券已發送一空。眾方在要求通融也。其時距開始演講時刻尚有兩
點鐘，而來者均已抱向隅之嘆。亦可見其事之轟動社會，與夫胡先生之號
召力矣。後我至者，至四點三刻尚絡繹不絕。因此會中職員屢屢被向隅者
包圍。迺卒以「待持券者坐滿後，再行開放以納向隅諸君」一語解圍焉。
然向隅者多不願久待，遂欲奪門而入。守門者亦力拒不放。於是向隅之群
眾，臨時團結，相約衝鋒。一時「用力啊！」「衝啊！」之聲不絕於耳。
最後竟獲勝利，一闋入場。作者借前進後推者之力，亦趁勢而入。

胡適演講〈為甚麼要讀書〉，會場居然可以擠爆，以至於拿不到入場券的
人以衝鋒陷陣的方式，硬是擠進了會場。到底他那天說了些什麼驚人之語呢？
根據記者的報導：

　　胡適演說的要點有三：一、書本是學問、智識、經驗之記錄，人類之遺
產。讀書就是要接受這部遺產，來作基礎，再去發揮而光大之；二、是為
讀書而讀書。因為人類有讀書的必要，所以才讀書。讀書多，則所能讀的
書愈多；三、是為解決困難而讀書。困難當前，就得去思想。思想才能發
生主意。有了主意，才好選擇一個適合的主意去解決困難。
　　最後……要貢獻一點意見，就是我們怎樣來讀書呢？我讀了三十五年的
書了。但這三十五年的經驗告訴我，中國所有汗牛充棟的書，很少是有系
統有結構的，都是漫無計畫隨便集成功的。所謂經史子集，「集」是雜貨
店是很明顯的。然而，「子」又何嘗不是雜貨店。「經」與「史」又何嘗不
是雜貨店呢！因為是雜貨店，所以真正有系統、有結構的很少。至多只不
過半打是夠得上前面的條件的。因此，我們單讀中國書，就覺得不夠。所
以，至少要學一種外國文字，才可以收博覽群集、觸類旁通之效。如果學
者能下一年的苦功。不怕麻煩、查生字、辨句讀，一字字、一句句，都弄
得非常清除，就會有很好的成績。再繼續不斷的用功，必有一天給你在睡
榻上也好看外國書。不費氣力地看外國書，那才是讀書之樂樂無窮咧。[306]

306　妍千，〈胡先生與讀書運動〉，《申報》，第20697期，1930年11月10日，第13版。

這是典型的胡適以杜威的思維術破題，然後棒打國故之不足，要大家好好讀西洋書的論調。然而，胡適可以還沒演講就先轟動。原因無它，因為他是胡適。

作為明星級的學人，胡適深知而且也自豪他自己的魔力。然而，即使如此，1930年在上海青年會演講，會造成向隅的聽眾衝鋒破門而入的景象，是他終身難忘的。一直到1954年他在台灣大學演講的時候，由於他又再次處於一個聽眾擠爆演講場地的情景，他用他那「胡適體」，看似自謙、其實是自豪的話緬懷著：

> 在大陸上的時候，我也常常替找我演講的機構、團體增加許多麻煩；不是打碎玻璃窗，便是擠破桌椅。所以後來差不多二三十年當中，我總避免演講。像在北平，我從來沒有公開演講過；只有過一次，也損壞了人家的椅窗。在上海有一次在八仙橋青年會大禮堂公開講演，結果也增加他們不少損害。所以以後我只要能夠避免公開演講，就盡量避免。[307]

作為天字號學閥、明星級教授，胡適1930年代在北平的生活起居，自然不比尋常。他在1931年9月7日給他的美國好友索克思的一封信裡，躊躇滿志地描寫他米糧庫四號的住處是如何的美而廉：

> 我一家人都喜歡北平。我家的花園有六畝大。花園裡有95棵松樹以及許多花樹。一個窮書生一個月只要花80銀元，外加5.50銀元的警捐〔注：其實1927年以後已經改稱「房捐」〕，就得以享有如此奢華的環境，全世界只有北平有。請把它換算成美金，通告我們所有的朋友。[308]

1930年代初期的銀價勁揚。銀元對美金的兌率價在1934年因為美國「購銀法案」的影響升值了54%。我們用胡適在1934年4月11日日記所記的1931

---

307 胡適，〈中國古代政治思想史的一個新看法〉，《胡適全集》，8.447。
308 Hu Shih to George Sokolsky, September 7, 1931, George Sokolsky Papers, Box 64, Folder 10.

年的匯率───一美金可兌4.42銀元───來計算[309]，胡適米糧庫的房租在換算成美金以後，只需美金18.1元；警捐則只需美金1.24元。

　　胡適認為他米糧庫的房租，會讓他的美國朋友感覺匪夷所思的便宜。這並不是因為當時美國教授的薪資要遠遠超過中國教授的薪資。美國教授從來就不屬於高所得階級。十九世紀時就已經如此，二十世紀以後依然如此[310]。1930年代美國大學教授的平均年薪為3,111美金[311]。以位於維吉尼亞州瑞德福（Radford）市的「維吉尼亞州立師範學院」（State Teachers College）───現名「瑞德福大學」───為例。「維吉尼亞州立師範學院」教授在1930年代初期的年薪平均大約是美金3,000元，亦即，一個月250美元。以一美金兌4.64銀元的匯率換算，合1,160銀元。然而，由於美國1929年的「經濟大恐慌」的影響，該校教授的薪資先在1932學年度扣減去20%。然後，又在1933年再扣減去5%。換句話說，只剩下每個月187.5美元。該學院教授的薪資，一直要到1939學年度才回升到1930年的幅度[312]。如果我們以銀元在1934年對美金升值到1比2.5的兌率來換算，則「維吉尼亞州立師範學院」教授的每月平均薪資相當於468.75銀元。這個薪資數目相當於同期北平教授的薪資。

　　胡適生活在北平。除非他到美國去，銀元與美金的兌率為何？是升或降？這一點都不影響他在北平的生活水準。重點是，由於當時中國經濟的落後，通貨膨脹的壓力不大。因此，教授的薪資多年都沒多大的調整。比如說，胡適在1917年留美回國到北大教書的時候，他的月薪是280元。到了1931年，北平教授的月薪只增加到300元。徐志摩在該年2月26日給陸小曼的信裡說他在北大的月薪是300元[313]。北師大教授當時的月薪也是300元。

309　《胡適日記全集》，7.99。

310　James C. Hearn, "Faculty Salary Structures in Research Universities: Implications for Productivity," http://www.usc.edu/dept/chepa/pdf/Hearn.pdf，2015年12月5日上網。

311　"Dirty 30s!" http://www.paper-dragon.com/1939/priceguide.html，2015年12月5日上網。

312　Gene Hyde, "RU responses to Great Depression," http://senate.asp.radford.edu/QandA/files/081102_RU_responses_to_Great_Depression.pdf，2015年12月5日上網。

313　徐志摩致陸小曼，1931年2月26日，虞坤林編，《志摩的信》（上海：學林出版社，2004），頁99。

　　歷來談到南京政府時期教授收入的文章裡，都會徵引國民政府在1927年9月所頒布的《大學教員薪俸表》。其中，規定教授薪俸為400到600元，副教授為260到400元。然而，就像陳育紅所指出的，這個薪俸的標準只是一個理想。他根據李向群對北大教授月薪的統計，指出1931年到1934年間，北大教授平均月薪超過400元。最高為500元，最低為360元；副教授平均月薪在285到302元間。最高為360元，最低為240元。我們從本章的分析，知道北大當時領有500元月薪的教授，是得到中基會補助的「合款研究教授」[314]。

　　胡適在給索克思的信裡，以「窮書生」自況。這是傳統中國讀書人喜歡用的套語，沒有太大的意義。當然，相對於在中國的洋人的收入，「窮書生」有比較的意義。胡適在1934年8月28日的日記裡「哭窮」，他說：「孟真來，商譯書還債事。我們相對說窮，都盼望窮困能逼我們多做一些事出來。」[315]

　　其實，胡適在1930年代的收入，光是薪資，每月就是北大「合款研究教授」的層級，也就是500元。此外，他在1930年代出版的書，重要的就有數種：《胡適文存》第三集、《胡適文選》、《中國中古思想史長編》、《四十自述》、《胡適論學近著》。這些都有他一貫的15%的版稅。再加上他在報章、雜誌上所發表的文章的稿費。不只如此，他1920年代所出版的著作，只要繼續再版，就可以繼續領取他的版稅。可惜，雖然我在《日正當中》裡列出了亞東圖書館1928年底給他的版稅明細單，但我還沒有找到1930年代的版稅明細單。然而，我們可以推測胡適在1930年代的收入，應該每月是在千元以上。

　　毫無疑問地，胡適與傅斯年所謂的「窮」，是一個相對的概念。1930年代北大教授的薪資仍然是傲視所有薪資階級。根據1937年年初北平市社會局的一個調查表，當時北平11所中學校長的薪俸每個月都在120元以上，亦即，北大一般教授的三分之一。教師的薪俸，則以30到90元居多，占總數的40%，亦即，北大一般教授的四分之一到十二分之一。小學教師的薪資更是比例懸殊。根據1930年代初一個蘇、浙、閩、粵、冀、皖、魯、豫、蜀等省小學教

314　陳育紅，〈民初至抗戰前夕國立北京大學教授薪俸狀況考察〉，《史學月刊》（開封），2013年2期，頁63-73，「中國社會科學網」。

315　《胡適日記全集》，7.138。

師的年薪的調查，年薪最高560元，最低40元，亦即月薪最高不足50元，最低僅3元多，平均月薪16.25元。據說，當時人曾推算出這樣兩個公式：一個大學教授的待遇等於6到30個小學教師待遇」；一個中學教師的待遇等於3到16個小學教師的待遇[316]。

　　同時期北平的勞工階層的收入，比較確切翔實的資料，可惜我沒有。根據張忠民有關上海工人階層的研究，1928年7月至12月的工人實際收入調查，在30個工業行業中，男工平均每人每月實際收入為20.65元；女工平均每人每月實際收入為13.92元；童工平均每人每月實際收入則為9.30元。這樣低的收入自然無法讓他們獨立養家。這些家庭每月平均支出的生活費為37.86元。因此，他們每家平均的就業人口為2.06人。然而，即使如此，每家的平均支出都要大於平均收入。收支相抵，平均每家全年的赤字為37.87元[317]。

　　上海的生活費用高於北平。我雖然沒有比較詳確的1930年代的統計數字，但有陶孟和在1926年到1927年間六十個家庭生活費用的調查可供參考。這六十個家庭裡，十二家小學教師，是陶孟和「中戶」──中產階級──的代表。當時北平小學教師的收入平均大約每月40元。這個收入，與秘書、警官、銀行公司的小職員的收入相仿，但略低於司機、機械工人和電氣工人。他們都屬於這個中產階級。根據陶孟和的調查，這十二家小學教師的平均收入是每個月56.39元。以四口人家的小學教師的家庭為例，每月平均生活費為36.97元。陶孟和所調查的「下戶」──貧戶──共有48戶。在這些貧戶裡，一個負有養家之責的工人每個月的平均收入只有11元。其個人每個月的支出費用是5元。如果他有家庭的話，其家庭支出費用的計算，是以這個成人每個月的支出費用作為計算的單位，來推算孩子的費用。舉個例來說，一個五口人家，夫妻等於是兩個成人單位。一個六到十歲的孩子計為半個成人、一個兩到六歲的孩子計為0.4個成人、一個兩歲以下的孩子計為0.3個成人。這個五口之家每

316　陳育紅，〈民初至抗戰前夕國立北京大學教授薪俸狀況考察〉，《史學月刊》（開封），2013年2期，頁63-73，「中國社會科學網」。

317　張忠民，〈近代上海工人階層的工資與生活──以20世紀30年代調查為中心的分析〉，「中國經濟史論壇」，http://economy.guoxue.com/?p=2741，2015年12月5日上網。

個月的家庭支出費為 5+5+2.5+2+1.5=16 元[318]。

我在《日正當中》裡把胡適在 1917 年到北大任教時的收入，放在當時北京的薪資結構之下來分析。我說：當時胡適一個月 280 元的薪資，足夠養活當時北京五口一家的窮人三年。這種情況到了 1930 年代並沒有改變。胡適 1930 年代薪資的收入，在開始的時候並不是北大給的。從 1930 年 8 月到 1934 年 6 月，他的薪資的來源是他所主持的中基會的編譯委員會。我們不知道他這個職位的薪資有多少。他在「1934 年的回憶」裡說明了他轉拿北大薪資的原委：

> 中基會近年受金價的影響，經費稍拮据，所以我把編譯委員會的預算縮減到四萬六千元。我自己的月俸停止，改為公費二百。我從七月起，在北大支一個中國文學系教授的薪俸，每月四百元。文學院長每月公費一百元。[319]

換句話說，雖然胡適是主導中基會補助北大的要角，他從來就沒有把自己選為「合款研究教授」。當然，他雖然不是「合款研究教授」，但是他 500 元月薪的等同於北大薪俸最高的「合款研究教授」。我們知道胡適的收入來源不只他在北大的薪俸。他每個月的版稅以及稿費收入恐怕還高於他北大的薪俸。然而，即使我們只用胡適在北大的月薪作為標準來衡量，則胡適在 1930 年代一個月的薪資收入，還是足夠養活北平五口一家的窮人二‧六年。

如果當時北平的中產階級的平均收入每個月只有 56.39 元，而負有養家之責的貧戶每個月只有 11 元的收入，則北大教授——不管是 400 元一個月的普通教授，還是 500 元一個月的「合款研究教授」——生活的優渥就可不言而喻了。況且北平的生活費用又比上海低。根據 1934 年 6 月《申報‧自由談》所登載的一篇文章，在北平租一個大院子，每月也不過 20 元到 30 元，比起在上海花 7、8 元住亭子間來，真有天壤之別了[320]。像徐志摩、陸小曼在上海所住的石

---

318 陶孟和，《北平生活費之分析》（北平：社會調查所，1930），頁 11, 20, 85, 86。

319 《胡適日記全集》，7.159-160。

320 林熙，〈北平與駱駝〉，《申報》，「自由談」副刊，1934 年 6 月 25 日。轉引自李開周，〈民

庫門洋房每個月的房租要150元[321]。無怪乎北平教授住的房子大，每個月花房租費6、70元者不少見。一個大學教授的薪俸除了撫養五口之家外，還能請得起五個傭人[322]。

胡適住三層樓洋房的「百松園」、出入有汽車。這跟他的收入，以及他北大文學院長的地位是相稱的。他不只是文學院長。胡適在米糧庫80元一個月房租的「百松園」，比起那些每個月房租6、70元的教授，還要更上一層樓。根據當時住在胡適家的羅爾綱的描述：

> 米糧庫四號是一座寬綽的大洋樓。洋樓前是一個很大的庭院，有樹木，有花圃，有散步的廣場。庭院的左邊是汽車間。從大門到洋樓前是一條長長的路。從洋樓向右轉入後院，是廚房和鍋爐間。還有一帶空地。空地後面是土丘，土丘外是圍牆。走上土丘可以瞭望。洋樓共三層。一樓入門處作客人掛衣帽間。進入屋內，左邊是客廳，右邊是餐廳。客廳背後很大，作為進入大廳的過道。亞東圖書館來編胡適著作的人，住和工作都在這裡。汪原放來也住這裡。從那裡向東就進入大廳。這個大廳高廣寬闊。原來大約是一個大跳舞廳，胡適用來作藏書室。大廳的南面，是一間長方形的房，是胡適的書房。書房東頭開一小門。過一小過道，又開一小門出庭院，以便胡適散步。大廳北面有一間房，作為我的工作室和寢室……二樓向南最大的一間房，是胡適、胡師母的寢室。另有幾間房是胡祖望、胡思杜的寢室……樓上有兩間浴室、衛生間。胡適、胡師母用一間，我和胡祖望、胡思杜用一間。三樓我沒有上過，女傭楊媽住在上面。家中用門房一人、廚子一人、打掃雜役兩人、女傭一人、司機一人。[323]

國房租有多高〉，《中國經營報》，2013年1月21日，http://dianzibao.cb.com.cn/html/2013-01/21/content_24068.htm?div=-1，2015年12月3日上網。

321 根據徐志摩致陸小曼，1931年6月14日信，《志摩的信》，頁113。

322 陳育紅，〈民初至抗戰前夕國立北京大學教授薪俸狀況考察〉，《史學月刊》（開封），2013年2期，頁63-73，「中國社會科學網」。

323 羅爾綱，《師門五年記・胡適瑣記》（北京：三聯，1995），頁123-124。

圖12　胡適攝於北平米糧庫4號寓所前，大約在1931年。（胡適
紀念館授權使用）

此外，我們還有民國時期記者徐凌霄的描述：

　　紫城之北，景山之右，風物清妍，境地幽僻，有山林之佳淑，無車馬之
傾喧。博士之居在焉，名園清曠，大可十餘畝，彌望皆奇石短松，饒蒼古
之趣，遙望紅樓一角。

　　徐凌霄更進一步地描述了胡適的「書城」：「層樓廣廈，多用以庋藏典
籍。約百餘架，周密嚴整，或如墉垣，或如畫屏。古所謂『坐擁書城』，今乃
親見之。」[324]
　　有關當時胡適在北平的生活起居，羅爾綱有進一步的描述：

324　殷新宇，〈京華煙雲何處適之（京華名人故居新探17）——尋訪胡適舊居〉，《人民日報海
　　外版》，2006年10月13日，第15版，http://paper.people.com.cn/rmrbhwb/html/2006-10/13/
　　content_11476581.htm，2017年4月11日上網。

　　胡師母與在上海蝸居時不同了。每天上午都在管理家務。下午2時去親朋家打麻將，晚10時汽車接她回家，才去接胡適……

　　胡適到北平住進這個家後，與蝸伏上海時完全不同了。可以說，他過的是社會活動家的生活。他每天的生活如下安排：上午7時起床，7時40分去北京大學上班。中午回家吃午餐。下午1時40分去中華教育文化基金會上班。晚餐在外面吃。晚11時回家。到家後即入書房，至次晨2時才睡覺。每晚睡5小時，午餐後睡1小時……

　　星期天不同，上午8時到12時在家中客廳做禮拜。他的禮拜不是向耶穌祈禱，而是接見那些要見他的不認識的人……禮拜天下午在家做工作，不接見人……禮拜天晚餐同樣是在外面吃。也是到了夜11時才回家。

　　胡適每天下午是6時下班，到11時共5個小時。他在什麼地方晚餐，晚上和什麼人聚會，我沒有打聽過。但有一點是清楚的，這5個小時，是胡適一天最快樂的時候。他交際在此、娛樂在此。[325]

　　羅爾綱所提到的胡適的汽車，已經進入了「胡適傳說」的範疇。在台灣，這個傳說是由梁實秋所塑造出來的。他在〈關於胡適的汽車〉裡說：

　　胡先生之有自用汽車，大概是在民國十九年左右做北大文學院長的時候。他住在米糧庫四號。那一輛車還頗不尋常，是福特牌。可是不知道屬於哪一年型的了。看形狀就知道很古老的。開動的時候需要司機用一根曲尺，在前面狠命的搖晃好多下子。車廂特別高，走起來好像有一點頭重腳輕搖搖欲墜。徐志摩曾戲稱之為「我們胡大哥的『高軒』」。我下課步出紅樓的時候，有時候遇到胡先生，他總是客氣的招呼我搭他的高軒。我們覺得以胡先生的地位，坐這樣的一部破車，是在儉德可風，不失書生本色。[326]

　　梁實秋所塑造的這個「胡適傳說」有其歷史背景。1960年初，中國開始

325　羅爾綱，《師門五年記‧胡適瑣記》，頁124-126。
326　梁實秋，〈關於胡適的汽車〉，《秋室雜文》（台北：文星書店，1963），頁112。

籌拍《魯迅傳》。為了凸顯出胡適的買辦行徑以及魯迅嫉買辦如仇的本色，劇本裡特別安排了描寫《新青年》後期魯迅拒搭胡適便車的一幕。梁實秋當然知道五四時期的胡適還只是擁有私家黃包車的階級。因此，他在這篇文章裡嘲諷了中國共產黨編劇之不符史實。同時，為了凸顯出胡適「儉德可風」，為了強調「大學教授是清苦的職業」這個違反歷史事實的「事實」，梁實秋特別強調了胡適的「高軒」的破舊與搖搖欲墜。

事實上，就像我在《日正當中》裡所描寫的，胡適在1933年2月19日就已經付了定金，由美豐洋行（American Chinese Company）代理進口一部福特牌的轎車。胡適這部1,090美金，「豪華級都鐸型轎車」（Deluxe Tudor Sedan），一直要到12月29日才在飄洋過海以後送到了米糧庫[327]。梁實秋是1934年秋天才被胡適從山東大學挖角到北大外文系的。他到北大任教的時候，胡適出入所乘坐的已經是這部轎車了。當然，由於梁實秋的父母住在北平，他從青島回北平探親的時候，自然見過、而且也可能坐過「高軒」。然而，為了作反共宣傳，為了替胡適的「清苦」、「儉德」辯護，他就只談「高軒」，而把胡適的「豪華級都鐸型轎車」給曲筆隱去了。

有趣的是，《魯迅傳》在中國廣泛地徵詢眾議的時候，出現了不要扭曲歷史的呼聲。1919年入北大哲學系就讀的章廷謙（筆名：川島），在1961年3月6日在北京召開的座談會上就指出胡適有汽車是在1930年代的事：

> 五四時候，北京的汽車很少，胡適也沒有汽車，只有包車。胡適的包車後面有塊銅牌，上面鑴有他寫的一個「適」字，而且用的是他的簽名式。一直到了193X年，胡適才有了汽車。是個舊式的福特，樣子很老。車篷四方四正，很高。汽車牌號記得是八十八號。我們稱胡適的汽車名曰「高軒」。[328]

梁實秋形容胡適的高軒古老、破舊，可能是事實。胡適在1934年1月20

327　江勇振，《舍我其誰：胡適，第二部，日正當中，1917-1927》，頁498。

328　葛濤，〈章廷謙（川島）的一則佚文〉，「光明新聞」，http://www.gmw.cn/02blqs/2010-05/07/content_1206165.htm，2015年12月7日上網。

日的日記裡，錄下的周作人寫給胡適的一段打油詩可以作為佐證：

> 雙圈大眼鏡，高軒破汽車。
> 從頭說人話（劉大白說），煞手揍王巴（謬種與妖孽）。
> 文丐連天叫，詩翁滿地爬。
> 至今新八股，不敢過胡家。[329]

　　我們知道胡適「豪華級都鐸型轎車」的到來，是在1933年12月29日。那麼，「高軒」是什麼時候買的呢？幸運的是，我們在徐志摩寫給胡適的信裡找到了比較確切的時間。胡適在1931年1月4日裡說：「忽然志摩到了。」[330]胡適自己在第二天就南下去南京開中基會第五次常會，一直要到24日才北返。徐志摩則在北平勾留到26日，一直要到28日才回到上海。他在當天給胡適的信裡說：「在平時承太太一再以高軒惠假，至為榮感，特此道謝。」[331]我們知道胡適一家搬離上海，是在1930年11月30日抵北平的。如果徐志摩在次年1月在北平勾留三個星期期間，江冬秀「一再以高軒惠假」，則胡適顯然是一搬到北平不久就買了二手車的「高軒」。換句話說，胡適一家人乘坐「高軒」大概三年的時間，從1930年底到1933年底。

　　無論是「高軒」還是後來那輛「豪華級都鐸型轎車」，胡適的汽車在當時有一百五十萬人口的北平是頂稀奇、奢侈的洋玩意兒。英國名小說家尼古拉斯·莎士比亞（Nicholas Shakespeare）的祖父在1936年到1937年間是北平英國領事館所屬的英國軍醫院的醫生。他說，他祖父母的汽車是1937年北平2,000輛領有牌照的汽車之一[332]。胡適的汽車──不管是先前的「高軒」，還是後來那輛「豪華級都鐸型轎車」──就是這兩千輛裡的一輛。

---

329 《胡適日記全集》，7.34。

330 《胡適日記全集》，6.418。

331 徐志摩致胡適，1931年1月28日，《志摩的信》，頁287。

332 Nicholas Shakespeare, "Once Upon A Time in Peking," *Intelligent Life Magazine*, March/April 2014, http://www.intelligentlifemagazine.com/content/features/nicholas-shakespeare/beijing，2015年12月8日上網。

第四章

中國思想史，一部寒傖史

　　胡適一輩子最耿耿於懷，也最常被拿來作為笑柄的，就是他沒有完成他的整部《中國哲學史》的宿願。胡適為什麼畢生無法繼他的「開山之作」、寫出能「藏諸名山」的續集？我在《璞玉成璧》裡提出了一個他的才性所造成的原因。我說那是他的「狐狸才、刺蝟心」之間的矛盾。這也就是說，他的「狐狸才」阻礙了他寫中國思想通史的「刺蝟心」。這個詮釋的優點，是它觸及了因為才性的因素，而使得胡適恣縱自己，讓他的才情四溢，以至於不能集中表現。同時，這也是一個最能「同情的瞭解」胡適的一個詮釋。

　　然而，「狐狸才、刺蝟心」之間的矛盾，並不能完全地解釋胡適為什麼畢生不能完成他的《中國思想史》。讀者會注意到我把胡適的書名從《中國哲學史》，轉而稱之為《中國思想史》。這個轉折是胡適自己的，雖然他一生從來不曾解釋過為什麼他從《中國哲學史》開始，後來卻一直以「中國思想史」來稱呼他的未竟之作。胡適不說，歷來研究胡適的人也都懵懂。這個轉折的由來，就是胡適在中國哲學史的詮釋上發生了一個斷層。而這個思想上的斷層，也就是胡適所以無法在他寫完《中國哲學史大綱》（上卷）以後，打鐵趁熱，繼續寫他的中卷與下卷的第二個原因。這個思想的斷層發生的時間，就在他剛回到中國的幾年之間，亦即，就在他才剛完成了《先秦名學史》以及《中國哲學史大綱》（上卷）之後。這個斷層的產生有幾個重要的原因。第一、胡適對哲學失去了興趣。第二、胡適揚棄了他在《先秦名學史》的立論基礎。第三、胡適改變了他對中國哲學史上幾個重要議題的詮釋。這個斷層的出現，使得胡

適必須重新定位他對中國思想史的詮釋。我們可以從「胡適檔案」裡所留下來的一些殘稿，配合他在1920年代發表的一些文章和演講，來重建他這個思想斷層，以及他嘗試從這個思想的斷層之下掙脫出來的歷程。

1927年胡適從歐遊歸來是一個轉捩點。這是他一生當中思想經歷大起大落的一個階段。一方面，歐遊──特別是美國之行──讓他見識到科技文明的進步，使他原先對中國的信心，如同吹飽的氣球被戳破了一般，直落谷底。另一方面，他對國民黨的期望，也從歐遊期間的巔峰落到了失望的邊緣。這種對中國現狀的失望，反映在他這個階段所形成的中國思想史的詮釋：中國思想史，是一部寒傖史。

在這個寒傖史觀之下，中國上古史迥異於他在《先秦名學史》以及《中國哲學史》（上卷）裡所勾畫出來的形象。在那兩本中、英文著作裡，胡適的上古是把三皇五帝砍掉，從先秦的「哲人時代」談起。現在，開始「信古」的他，上古則是從殷商甲骨文所反映出來的迷信的「中國教」開始談起。於是，上古的中國變成了一個迷信瀰漫的時代。先秦的諸子也就儼如思想上的「孤島」，在秦漢之際被「中國教」反撲以後，就完全被淹沒了。從這個角度來看，中國中古史，只不過是從「中國教」這個「小巫」的迷信，過渡到佛教那個「大巫」的迷信的歷史而已。然而，不管是「小巫」還是「大巫」，迷信則一。

胡適在1930年底重返北大任教。在胡適一生當中，如果他真想要完成他的《中國思想史》，最好的時機就是這個時候。這時的他，不但思想成熟，而且有的是時間作研究寫書──如果他不旁騖、又不太熱衷社交的話。胡適一定萬萬也沒想到，要完成他寒傖史觀下的一部中國思想史，這最好的時機也注定會是他一生當中最後一次的機會。等他錯過了他這一生當中最後一次的機會以後，他的《中國思想史》就永遠難產了。

1937年，中日戰爭正式爆發。胡適先是被蔣介石派去美國從事宣傳。然後又在次年被任命為駐美大使。胡適一生的學術生涯於焉結束。從1937年到1942年他從大使下任，為了宣傳，胡適在美國闡揚的是抗日愛國史觀。這是胡適曲筆詮釋中國思想史的開始。

在這個抗日愛國史觀之下，中國的思想傳統，除了「人文主義」、「理性主義」以外，又加入了「自由與民主」的傳統。這是胡適在宣傳上最為戮力的

主旨，特別是在歐戰爆發以後。從胡適的角度來看，這種宣傳最有力的地方，在於把中國的對日抗戰跟歐洲戰場結合在一起。如果中國自古以來就有著一個自由民主的傳統，現在又是一個號稱為「中華民國」的共和國，則中國的對日抗戰，就無異於英國、法國對德國的抗戰，都是為了捍衛民主而戰。因為如此，中國值得美國全力的支持。

諷刺的是，這注定不是胡適唯一一次的曲筆。第二次世界大戰結束以後，國共陷入內戰。1949年，胡適再度赴美。他這次赴美是否負有特殊任務，由於沒有證據，我們不得而知。但是，一輩子反共的胡適又再度曲筆，用反共史觀在美國詮釋中國思想史。「人文主義」、「理性主義」仍然是他宣傳的主軸。「民主」的傳統，他不再侈言。取代的是「理性主義」下的「批判」與「懷疑」，以及道家「自然主義」下的「自由」與「無為」。

從大使卸任到他1962年2月過世，胡適有將近二十年的時間去從事他信誓旦旦要完成的《中國思想史》。在他大使一下任，美國洛克斐勒基金會甚至主動提供他兩年豐厚的「禮金」，讓他能夠專心完成他的《中國思想史》。可惜，胡適卻開始作起戴震是否剽竊《水經注》的考據工作。而且，一開始作，就作到他過世為止。《中國思想史》反而是束之高閣。

胡適為什麼一輩子無法完成他的《中國思想史》？除了他在1920年代初期所遭遇到的思想的斷層以外，還有他後來的抗日愛國史觀以及他晚年的反共史觀所造成的曲筆。這些因素都是他在完成《中國思想史》這個崎嶇道路上的障礙。然而，為什麼他沒有辦法——或者更正確地說——不願意用他一生當中最後的二十年去完成他的《中國思想史》？因為對他而言，「中國思想史」這個工作已經味同嚼蠟，他已經早已失去興趣，已經無心完成。

不管是抗日愛國史觀也好，反共史觀也好，都是曲筆，而且是胡適所自知的曲筆。他是「予不得已也！」然而，最有意味的是，胡適卻又在他人生最後的一刻，返回到他年輕世代的看法。就在胡適過世前三個月，他在他一生最後一次的英文演講裡，重新拾起他三十五年前所一再揭櫫的觀點：中國人必須要徹徹底底地覺悟，徹徹底底地向西方學習。中國沒有什麼精神文明，而只有苟延殘喘的「精神」——其實是物質——的文明。中國思想史，畢竟還是一部寒傖史。胡適繞了一大圈。最後，又回到了原點。

　　我在本部第二章分析胡適中日比較現代化的理論的時候，由於有一氣呵成、首尾連貫的必要，在時間上就不得不跨越了本部1932年的時限。我說這是為了分析的方便，也是為了讀者閱讀的方便而不得不然的作法。同樣地，本章分析胡適一生對中國思想史的詮釋，也必須在首尾連貫的脈絡下來檢視其變化的軌跡。因為如此，本章的分析也跨越了本部1932年的時限。不但上溯到胡適在哥倫比亞大學所作的博士論文《先秦名學史》，而且也下迄於胡適的抗日愛國史觀以及其後的反共史觀。

中國哲學史詮釋的斷層

　　中國留學生用中國題材撰寫博士論文，而後成為西方漢學體制下的漢學家的現象不是現在才有的。這是一個從中國留學運動開始就已經有，只不過是於今為烈的潮流而已。從這個意義來說，胡適是這個中國留學生從研究漢學以至於成為漢學家的第一代。

　　我在《璞玉成璧》裡，提到胡適一篇1915年10月寫的英文稿，名為〈用歷史研究法來撰寫古代中國哲學史〉（The Application of the Methods of Historical Research to the Writing of a History of Ancient Chinese Philosophy）。我現在認為那是胡適向哥倫比亞大學所提出來的博士論文計畫。在這篇計畫裡，胡適提議要研究先秦哲學史。他說他所面對的問題是，古代中國哲學史的史料散失得非常嚴重。這散失的原因有二：一、秦朝的焚書；二、獨尊儒家的結果，導致學者漠視、不措意諸子之書。不但如此，他說中國學者一向就不講求考訂文獻的作者、生平，以及撰著的時間。因此，要用科學方法來研究古代中國哲學史，就必須運用西方的「高等考據學」（Higher Criticism）的方法。從考訂文字開始，然後去研究先秦諸子的一生行事、思想淵源沿革、及其學說的真面目。更重要的是，胡適認為研究古代中國哲學的不二法門，是「比較的方法」。而他所謂的「比較的方法」，就是用西方的方法來研究中國哲學：

　　　　除了去考訂古文獻的作者並重建那些哲人的生平以外，歷史評論者（Historical Critic）還要肩負起一個更重要的任務。他必須要扮演把古人詮

釋給現代讀者的角色。他必須要讓我們理解這些哲學家所要說的究竟是什麼。他必須透過文字學及其他研究方法，去作訓詁的工作。他而且必須努力用西方哲學的研究法，使中國早期的哲學更能讓人理解、意思更加清楚。

筆者相信這種「比較的方法」，對研究該時期有關邏輯、認識論、與科學方面的哲學會特別有幫助。這是因為古代中國哲學遭受了跟古希臘原子論者（Atomists）一樣的厄運。孔孟那種基本上屬於倫理哲學範疇的思想，就彷彿像「分量較輕、材質較疏的木板得以倖存於時光的浪濤之上」，而墨子、公孫龍、惠施等人的哲學，就彷彿像德謨克利特斯（Democritus）以及留基伯（Leucippus）等人「太堅實了」的作品一樣，不是完全被人類混沌黑暗的洪流所摧毀，就是彷如海難後摧毀殆盡的殘餘。[1]

胡適在這個博士論文計畫裡，把孔孟倫理哲學形容成像「分量較輕、材質較疏的木板得以倖存於時光的浪濤之上」。與之對比，墨子、公孫龍、惠施的哲學因為「太堅實了」而沉到海底。這個比喻來自於培根（Francis Bacon）。韋卜（Clement Webb）在他的袖珍本《哲學史》（A History of Philosophy）裡徵引了這個比喻[2]。韋卜這本書，胡適藏書裡有一本。現藏於北京大學圖書館的「北大文庫」。扉頁題有 "Wang Cheng, Oct. 3, 1915"（王徵購於1915年10月3日）字樣。顯然是胡適在哥倫比亞大學的好友王徵買的。王徵才買，胡適就拿來讀了。真是神速。

言歸正傳。胡適提議要用西方哲學的研究法、要用「比較的方法」來研究先秦哲學。這是完全正確的研究態度。世界上任何國家的文化都有其特殊性。但是，這些特殊性並不會使一個國家的文化特殊到必須用其特有的方法來研究的程度。事實上，一個文化的特殊性，只有在透過比較的研究，才可能凸顯而出。不但如此，二十世紀初年的中國學術界面臨著一個曠世未有的難局，亦即，傳統學術的體系在西方的衝擊之下已經完全瓦解。近代中國學術體系的重

1　胡適，"The Application of the Methods of Historical Research to the Writing of a History of Ancient Chinese Philosophy,"《胡適全集》，35.164-175。

2　Clement Webb, A History of Philosophy（New York: Henry Holt and Company, 1915），p. 63.

建，就是一個全盤援引西方學術體系的過程。蔡元培在為胡適的《中國哲學史
大綱》所寫的〈序〉裡，就一針點中了中國學術的重建，必須以西方的學術為
他山之石的必要：

> 中國古代學術從沒有編成系統的記載。《莊子》的〈天下篇〉、《漢書‧
> 藝文志》的〈六藝略〉、〈諸子略〉，均是平行的記述。我們要編成系統，
> 古人的著作沒有可依傍的，不能不依傍西洋人的哲學史。所以非研究過西
> 洋哲學史的人不能構成適當的形式。[3]

作為漢學第一代研究的成果，胡適在哥倫比亞大學的博士論文《先秦名學
史》，及其修訂、擴大的中文版《中國哲學史大綱》的貢獻在於開山、啟後，
而不在於恆久的學術價值。蔡元培在〈序〉裡說得好。他說這本著作有四大
「特長」：用證明的方法，考定了先秦諸子的生平與思想來源；用扼要的手段
部勒中國古代思想的系統；用平等的眼光評判諸子的學說；用系統的研究勾勒
出道、儒、墨、名、法諸家思想演進的脈絡[4]。
　　胡適自己也早在1927年就為他的《中國哲學史大綱》作了一個新典範的
開山者的蓋棺論定：

> 我自信，中國治哲學史，我是開山的人。這一件事要算是中國一件大幸
> 事。這一部書的功用能使中國哲學史變色。以後無論國內國外研究這一門
> 學問的人，都躲不了這一部書的影響。凡不能用這種方法和態度的，我可
> 以斷言，休想站得住。[5]

胡適所謂的「凡不能用這種方法和態度的，我可以斷言，休想站得住。」
一言以蔽之，就是西方漢學的研究方法和態度。然而，胡適開山的貢獻，卻沒

3　蔡元培，〈胡適《中國古代哲學史》序〉，《胡適全集》，5.191。

4　蔡元培，〈胡適《中國古代哲學史》序〉，《胡適全集》，5.192-193。

5　胡適，〈整理國故與「打鬼」〉，《胡適全集》，3.147。

有長久的學術價值，特別是那本一般中國讀者不會去讀的《先秦名學史》（*The Development of the Logical Method in Ancient China*）。中國讀者會選擇去讀《中國哲學史大綱》，而不是《先秦名學史》。這樣的選擇是完全可以理解的。這不但因為《中國哲學史大綱》是用中文寫的，而且它還是《先秦名學史》的增訂版。然而，一般讀者可以如此，自詡為研究胡適的人就不可以。最簡單的原因就是：胡適這兩本書是為不同的讀者所寫的。作為一個深得演講與寫作之三昧的方家，胡適理解演講寫作成功的第一步在於攻心為上，亦即，要先摸清聽眾與讀者要聽的是什麼以及他們所知為何。換句話說，《先秦名學史》是寫給西方人讀的，而《中國哲學史大綱》則是寫給中國人讀的。讀者既不相同，論述的主旨也自然迥異。

　　《先秦名學史》，顧名思義，其主旨是先秦諸子的名學，亦即，邏輯。因此，墨子、惠施、公孫龍的邏輯思想會成為全書的精華是理所當然的。即使胡適明明說孔孟思想基本上是倫理哲學，他還是不得不絞盡腦汁以邏輯作為其論述的主軸。於是，胡適說《易經》雖然是一本卜卦的書，但它為古代中國人立下了行為的準則，其作用「完全就像我們這個時代一本科學定律的書一樣。」6「正名主義」的邏輯在於：「用字嚴謹、論斷審慎，務必作到每一個褒貶，都能完全與國家的律法所應作的褒貶合轍的程度。」7《春秋》的邏輯，則在於它體現了孔子「正名主義」的方法——正名字、定名份、寓褒貶——以至於其每一個命辭的「書法」都可以達到「鼓天下之動」、「禁民為非」的效果8。

　　這種硬要用邏輯、科學的概念來詮釋孔子的思想的作法，當然是穿鑿附會。胡適以《先秦名學史》為題，等於是把自己逼到不得不全書以邏輯「一以貫之」的窘境。相對地，《中國哲學史大綱》就沒有這個問題了。由於他不再被邏輯這個題目綁住，胡適可以在分析墨子、惠施、公孫龍的時候侃侃談其名學。同時，他又可以擺脫名學的框架，老老實實地從倫理哲學的面向說：《易經》談的是「逝者如斯夫」、萬物由簡趨繁、教人趨吉避凶的道理；「正名主

6　胡適，"The Development of the Logical Method in Ancient China,"《胡適全集》，35.387。

7　胡適，"The Development of the Logical Method in Ancient China,"《胡適全集》，35.391。

8　胡適，"The Development of the Logical Method in Ancient China,"《胡適全集》，35.399。

義」說的是正名字、定名份、寓褒貶；《春秋》則以「正名主義」的「書法」使得「亂臣賊子懼」。他甚至可以進一步地批評孔門弟子不能發揚光大老夫子的人生哲學，反而把它縮小到變成「孝的宗教」[9]。

　　作為胡適提交給哥倫比亞大學的博士論文，《先秦名學史》寫作的對象是完全不懂中國哲學的美國教授，特別是杜威。因此，胡適在這本博士論文裡，以西方哲學家作為類比，來詮釋先秦諸子的作法是完全可以理解的。然而，援引西方哲學的研究法、用「比較的方法」，並不意味著要讓先秦諸子個個看起來都像是西方的哲學家。援引、比較是正確的研究方法。甚至後現代主義意義下的「挪用」也是正確的研究方法，因為後現代主義意義下的「挪用」是一種顛覆性的挪用。重點是，援引、比較、「挪用」都有別於穿鑿附會。胡適在1923年寫〈《鏡花緣》的引論〉裡說：「我是最痛恨穿鑿附會的人。」[10]諷刺的是，胡適不但在《先秦名學史》裡已經處處穿鑿附會，而且他附會成性，一直到晚年都改不了。

　　我在《璞玉成璧》和《日正當中》裡，已經詳細地分析了胡適如何在《先秦名學史》和《中國哲學史大綱》裡附會杜威的「實驗主義」的名詞。我分析了他濫用實驗主義這個名詞，已經是到了先秦的諸子各個看起來都像是實驗主義者的程度。不但孔子在《易經‧系辭》裡有杜威實驗主義的「實踐的判斷」的意味，墨子也是實驗主義者，而且連法家的韓非也是一個實驗主義者。

　　事實上，胡適不只用實驗主義來附會孔子。在他的筆下，孔子彷彿是一隻他想像裡的花蝴蝶。他想像到哪個西方哲學家，孔子就像那個哲學家。除了實驗主義以外，他甚至用孔德的實證主義觀點，來與孔子的「正名主義」相輝映。他說孔子和孔德一樣，都試圖要「用理性的方法來建立一個可以讓我們可以理解人類、社會、與世界的普世皆準的真理系統。」——渾然忘卻了這個說法與杜威否定普世皆準的籠統理論的實驗主義完全相牴觸[11]。

9　胡適，〈中國古代哲學史〉，《胡適全集》，5.259-314。

10　胡適，〈《鏡花緣》的引論〉，《胡適全集》，2.712。

11　胡適引的是萊維—布律爾（Lucien Lévy-Brühl）分析孔德的實證主義的觀點。參見胡適，"The Development of the Logic Method in Ancient China," 《胡適全集》，35.361註。

孔子不但像實驗主義的杜威、實證主義的孔德，胡適說孔子也像亞理斯多德。「易也者，象也。」胡適說這句話道出了孔子《易經》學說的關鍵。所謂「象」者，胡適說套用亞理斯多德的名詞來說，就是「形式因」（formal causes）。所以《易經》說：「見乃謂之象，形乃謂之器。制而用之謂之法，利用出入民咸用之謂之神。」[12]

不只亞理斯多德，胡適說其實孔子也很像培根（Francis Bacon）。為了把孔子和近代科學連在一起，胡適說「象」在儒家哲學裡，有實用主義與人文主義的理想。而這個理想與培根用訪求大自然的秘密以增進人類進步的理想是合轍的。他說儒家探索「象」、或「意象」，就猶如培根探索「自然衍生自然」（nature-engendering-nature; natura naturans）的道理一樣。唯一不同的地方，是儒家所探索的是人世間的器物和制度，而不是自然界。

然而，究竟孔子比較像亞理斯多德還是比較像培根，胡適還是來回著依違於兩者之間。他說儒家的「象」還是較近於亞理斯多德，因為其「形式因」就是亞理斯多德所說的「目的因」（final cause）與「動力因」（efficient cause）。但轉念一想，他又覺得孔子還是最近於培根與物理科學，因為孔子把萬物變化——「易」——都歸諸於「動」的原力而產生的。遺憾的是，孔子過於注重社會制度與人際關係，而沒有充分地發展於科學的方面[13]。

孔子如何最近於物理科學呢？胡適在《先秦名學史》裡還有所顧忌，不敢放肆。他在用中文寫的〈先秦諸子之進化論〉裡就完全肆無忌憚了：

> 《易經》說：「是故剛柔相摩，八卦相盪。鼓之以雷霆，潤之以風雨。日月運行，一寒一暑。乾道成男，坤道成女。乾知大始，坤作成物。」又說：「剛柔相推而生變化。」又說：「吉凶悔吝生乎動。」大概孔子以為一切變化都是由於兩種能力：一種剛而動，一種柔而靜，這兩種能力相摩相推，於是生出種種變化來。這剛而動的便是乾，柔而靜的便是坤。諸君讀過西方科學史，知道「動」、「力」這些觀念於科學的進化極有關係。近

12　胡適，"The Development of the Logic Method in Ancient China,"《胡適全集》，35.374-375。

13　胡適，"The Development of the Logic Method in Ancient China,"《胡適全集》，35.378-379。

代的物理學起於力學(mechanics),而力學所研究的大都是關於動(dynamics)、靜(statics)等現象。孔子把「動靜」作變化的原因,可算得為中國古代科學打下一基礎。~~後來戰國時代的科學大家如公輸般、墨翟都出在魯國。或是孔子的學說的影響,也未可知呢。~~〔改訂稿刪除〕[14]

〈先秦諸子之進化論〉寫在《先秦名學史》完稿以前,幾經胡適的思索與修訂。胡適先在1916年「中國科學會」的年會上宣讀,然後發表在「中國科學會」所辦的《科學》雜誌上。《胡適全集》所收的就是這篇初稿。1916年初秋,他又改寫該文,全盤改寫了篇中的「荀卿的進化論」。1917年5月,他在寫完論文以後,把這篇修訂過後的〈先秦諸子進化論〉交給《留美學生季報》發表。換句話說,〈先秦諸子之進化論〉的撰寫是與《先秦名學史》同時進行的。事實上,《先秦名學史》的最後一部分:〈進化與邏輯〉(Evolution and Logic),就是〈先秦諸子之進化論〉的英文版。

《先秦名學史》裡,固然沒有出現孔子具有現代「力學」的觀念這樣荒謬的說法。然而,它跟〈先秦諸子之進化論〉的主旨一致,就是把老子、孔子、列子、莊子、荀子、韓非全都說成是進化論者[15]。值得注意的是,胡適全盤改寫了〈先秦諸子之進化論〉篇中的「荀卿的進化論」。他在〈先秦諸子之進化論〉的改訂稿裡說荀子「竟不承認進化論了」[16];在《先秦名學史》裡,他就坦白地說:「荀子的哲學是否認進化論與進步論。」而且,荀子的「古今一度也,類不悖,雖久同理」的理論,就是反對「物種起源」,以及變異的理論[17]。

荀子既然反對進化論,為什麼胡適仍然把荀子放在〈先秦諸子之進化論〉以及《先秦名學史》裡呢?這個例子就在在顯示出胡適穿鑿附會的功力。他把荀子的「反進化論」的論點,反其道而行,說荀子其實也是中國「進化論」的老祖宗,只是他不自知而已。理由有二:一、荀子有任人而不任天,胡適稱之為「勘天」主義(conquest of nature)的思想,亦即,教人征服天行以增進人

---

14 胡適,〈先秦諸子之進化論〉,歐陽哲生編,《胡適文集》,9.755-756。

15 胡適,〈先秦諸子之進化論〉,歐陽哲生編,《胡適文集》,9.751-770。

16 胡適,〈先秦諸子之進化論〉,歐陽哲生編,《胡適文集》,9.766。

17 胡適,"The Development of the Logic Method in Ancient China,"《胡適全集》,35.551, 555。

類的幸福的思想；二、荀子不接受孔門相傳的「法先王」，而主張「法後王」。
胡適說：

> 荀卿口雖不承認歷史進化之說，卻不知道他這個「法後王」的學說，已
> 含有歷史進化的性質。在孔門中，已算是革命的思想了。荀卿的「勘天主
> 義」更含有進化的性質。物類的相變遷，他雖然不承認，他卻承認每種類
> 之中卻有進化退化。但是這種進退都由人力，不靠天工。這種進化全由一
> 點一滴的積聚起來。他說：「積土而為山，積水而為海〔……〕」這種
> 「積」豈不是一種進化嗎？[18]

胡適如何濫用「進化論」詮釋先秦諸子，我在《璞玉成璧》和《日正當中》
裡，已經分析過，可以不再贅述。此處的重點是：作為第一代漢學的著作，
《先秦名學史》是一本相當不成熟的成品。穿鑿附會以外，胡適等於是墮入了另
一種他思想成熟後會最痛恨的謬論而不自知，亦即，現代科學中國古已有之，
只是子孫不肖不能發揚光大而已。他在〈先秦諸子之進化論〉的結論裡說：

> 先有老子的自然進化論，打破了「天地好生」、上帝「作之君作之師」
> 種種迷信。從此以後，神話的時代去，而哲學的時代來。孔子的「易」便
> 從這個自然進化上著想。不過老子以為若要太平至治之世，須毀壞一切文
> 明制度，「損之又損，以至於無為，無為而無不為」。孔子卻不然。孔子以
> 為變易的痕跡，乃從極簡單的漸漸變成極繁賾的。只可溫故而知新，卻不
> 可由今而返古。這個就比老子進一層了。後來列子、莊子、荀子承認這個
> 「由簡而繁」的進化公式。列子、莊子時代的科學理想比孔子時代更進化
> 了。墨子時代的科學家，很曉得形學、力學、光學的道理，並且能用凸面
> 四面鏡子實驗。所以列子、莊子的進化論，較之孔子更近科學性質。列
> 子、莊子要研究這萬物原始的「簡易」是個什麼樣的東西。列子說這就是
> 一種「不生不化」，卻又能「生之化之」的種子。莊子也說「萬物皆種也，

18　胡適，〈先秦諸子之進化論〉，歐陽哲生編，《胡適文集》，9.766-768。

以不同形相禪」。莊子、列子卻終不能跳出老子的自然無為的學說。所以
他兩人都把進化當作無神的天命，因此生出一種靠天、安命、守舊、厭世
的思想。所以荀子、韓非出來極力主張「人定勝天」，以救靠天的迷信。
又主張「法後王」、「不期存古」，以救守舊的弊端。卻不料這第二個學說，
被李斯推到極端。遂惹出焚書坑儒的黑暗手段。後來儒家得志，也學李斯
的手段，「別黑白而定一尊」。從此以後，人人「以古非今」、人人「不師
今而事古」。這也是朱子說的「教學者如扶醉人，扶得東來西又倒。」[19]

　　胡適附會，當時明眼的學人可能都很清楚，只是沒有說破而已。唯一的例
外是金岳霖。他在1930年6月26日所寫的審查馮友蘭的《中國哲學史》的報
告裡說：

　　胡適之先生的《中國哲學史大綱》就是根據於一種哲學的主張而寫出來
　　的。我們看那本書的時候，難免一種奇怪的印象。有的時候簡直覺得那本
　　書的作者是一個研究中國思想的美國人……胡先生既有此成見，所以注重
　　效果。既注重效果，則經他的眼光看來，樂天安命的人，難免變成一種達
　　觀的廢物。對於他所最得意的思想，讓他們保存古色，他總覺得不行。一
　　定要把他們安插到近代學說裡面，他才覺得舒服。同時，西洋哲學與名學
　　又非胡先生之所長，所以在他兼論中西學說的時候，就不免牽強附會。[20]

　　連羅素（Bertrand Russell）在他為《先秦名學史》所寫的書評裡，也將信
將疑，懷疑胡適是用現代西方的觀點來附會「別墨」的「科學方法」。他說：

　　這些哲學家對歸納法的定義如下：「以已經檢證過（already examined）
　　的事例作為基準，來斷定（affirmation）相似但仍未經檢驗的事例。」這
　　聽起來似乎太像現代人說的話了（curiously modern），但胡適博士保證這

19　胡適，〈先秦諸子之進化論〉，歐陽哲生編，《胡適文集》，9.770。
20〔金岳霖〕，「審查報告二」，馮友蘭，《中國哲學史》（香港：成元書局，1966），頁6-7。

現代性並不是他透過翻譯捏造出來的（manufactured）。[21]

　　羅素將信將疑，說明了他能不輕信。胡適所翻譯的所謂歸納法的一段取自於《墨子》〈小取篇〉：「推也者，以其所不取之同於其所取者予之也。是猶謂『也〔他〕者同也』，吾豈謂『也者，異也』。」胡適說「取」是舉例，「予」是斷定。胡適在此處的訓詁並不是定論。重點是，他先把這段話詮釋成為歸納法，然後在英譯裡賦予它現代的意涵。羅素所引的《先秦名學史》裡的英譯，和胡適自己在《中國哲學史大綱》裡的中譯之間有著細微、但關鍵性的差別。《中國哲學史大綱》裡的中譯說：「觀察了一些個體的事物，知道他們是如此，遂以為凡和這些已觀察了的例同樣的事物，也必是如此。」[22]這「已觀察了」（observed），胡適在《先秦名學史》所用的字是"examined"（已檢證過）。「已觀察了」與「已檢證過」，是兩個不同層次的科學程序，所謂「失之毫釐，謬以千里」。「已觀察了」的事例在還沒經過檢證以前，有可能是錯誤的觀察的結果。羅素說：「但胡適博士保證這現代性並不是他透過翻譯捏造出來的。」羅素這個「但書」說得恰到好處。他不信胡適的說法，但又不懂中文。只好存疑，讓胡適譯責自負。

　　事實上，胡適一生當中用翻譯作為「偷關漏稅」的方法，把現代西方的觀念移植到古人身上的例子不勝枚舉，多到可以作為專題研究的地步。我在此處就舉一個相仿的例子。胡適1924年用英文所寫的〈戴震的哲學〉（The Philosophy of Tai Chen），是一篇他在北京的外國人所組成的「文友會」所作的報告。其中附會的例子，最讓人能一看就起羅素式的疑竇的一段翻譯如下。戴震說：

　　聞見不可不廣，而務在能明於心。一事豁然使無餘蘊，更一事而亦如是；久之心知之明進於聖智。雖未學之事，豈足以窮其智哉？……致其心之明，自能權度事情，無幾微差失。又焉用知一求一哉？[23]

21　《胡適日記全集》，4.140-146黏貼的羅素書評。
22　胡適，〈中國古代哲學史〉，《胡適全集》，5.376。
23　引自胡適，〈戴東原的哲學〉，《胡適全集》，6.393。

胡適在翻譯戴震這段話以前，就先加了一句非常「現代」的按語，把讀者引導向他所設定的詮釋方向：「知識的重要，不在於為求知而求知，而在於求知能給予心智（intelligence）的訓練。」他把上述戴震那段引文翻成：

It is necessary to extend one's knowledge and experience, but the essential point is the enlightening of the mind. Study one thing exhaustively; then another thing equally exhaustively; go on in this way until the intelligence has arrived at the point of sagacity and wisdom when novel situations and unlearned things will no longer baffle the trained intelligence. When you have thoroughly trained the intellect, it will be able to weigh and judge things and events without fail. What need is there for seeking to know the One Reason? [24]

且讓我把這段胡適的英譯還原成中文如下：

推廣知識和經驗是必要的，但重點在於啟迪我們的心智。我們要徹底地研究一事，然後再徹底地研究另一事，一直到我們受過訓練的心智臻於聖智的境地，就不會再為任何新或未學的事情所惑。在我們徹底地訓練了我們的心智以後，我們就能夠權度萬事而無所失。我們何須去求那「渾然一理」（the One Reason）呢？[25]

不管戴震的思想多麼的前進、多麼的開新風氣，他畢竟是傳統中國學術思想的產物。戴震的論述必須在傳統「尊德性」與「道問學」的論述架構之下來分析。胡適這段英譯的問題在於他完全不顧及這個傳統中國學術思想的脈絡。胡適說戴震為求知而求知，已經是完全超越了這個傳統學術思想的界域。然而，胡適仍然不滿足。他一定要再進一步作那羅素所懷疑的「透過翻譯捏造出來的現代性」賦予戴震，說戴震對求知的強調，是「聽起來似乎太像現代人說

24　Hu Shih, "The Philosophy of Tai Chen,"《胡適全集》，36.22。
25　胡適，"The Philosophy of Tai Chen,"《胡適全集》，36.22。

的話」的「在於求知能給予心智的訓練。」

胡適這種用翻譯作為「偷關漏稅」的方法，把現代西方的觀念移植到古人身上的習性，終其一生不改。要解釋他這種附會成性的作法，絕對不能落入歷來比較胡適中、英文著作的人的窠臼。他們愛說胡適因為恨中國人不成器，於是在中國人面前批評中國人的不適；反之，因為他要「為宗國諱」，所以常在西方人面前稱道中國。其實，胡適不但是一個深諳演講術的人，他而且是一個寫作的方家。他知道演講、寫作要引人入勝，其先決條件就是要投聽眾、讀者的喜好，以及用他們所能聽懂的語言。「胡適檔案」裡存有一片可能是他在1930年代初所寫的翻譯的原則：「翻譯的原則，只有一條：細心體會作者的意思，而委屈傳達它。換言之，假使著者是中國人，他要說這句話應該怎樣說法？」[26]胡適一生，不管是英翻中還是中翻英，都一直有這種把現代西方的觀念移植到古人身上的附會的習性。說得好聽一點，就是想要「委屈傳達」它的意思。當然，不管再怎麼「委屈傳達它」，不管再怎麼想要揣摩假使著者是中國人還是美國人，把穿鑿附會當成翻譯，就是褻瀆翻譯。

回到羅素的書評。羅素不但不輕信胡適說「別墨」有現代歸納法的說法，他也不接受胡適把先秦諸子幾乎個個都看成是演化論者的說法。他說：「胡適博士認為這個時代的一些哲學家誤打誤撞地悟出了（hit upon）生物演化論的觀點。然而，他所引的文本似乎並不能證明這點（inconclusive）。」[27]

胡適1917年沒拿到哥倫比亞大學的博士學位，其實並不意外。除了我在《璞玉成璧》裡已經分析過的理由，亦即他《先秦名學史》的立論不符合杜威的實驗主義以外，他穿鑿附會，以至於先秦諸子幾乎個個都是實驗主義者、進化論者。這不可能是他在哥倫比亞大學的哲學老師所可能接受的。然而，胡適十年遲的博士不是重點。《先秦名學史》都已經出版了將近一個世紀了，除了在出版以後有學者作出了一些點到為止的批評以外，後來就再也沒有人好好去分析過了。這才是真正值得令人省思的問題。

《先秦名學史》以及《中國哲學史大綱》，是胡適一生思想軌跡裡一個重

26　胡適，〈翻譯的原則〉，「胡適檔案」，242-2。

27　《胡適日記全集》，4.145黏貼的羅素書評。

要的里程碑。胡適一生幾次立下宏願，要完成他的哲學史。他的失敗使他被諷喻為「下面沒有了」的「半部先生」，甚至被譏為是江郎才盡。我的看法不一樣。我在《璞玉成璧》裡提出了一個由於他的才性所造成的原因。我說那是他的「狐狸才、刺蝟心」之間的矛盾。他的「狐狸才」阻礙了他寫中國思想通史的「刺蝟心」。

現在，除了這個由才性所造成的原因以外，我要提出一個更重要的原因，亦即，胡適終其一生無法續成《中國哲學史》中、下篇的一個最根本的原因，就是因為在他個人學術思想發展的軌跡裡發生了一個斷層。更確切來說，在完成了《先秦名學史》以及《中國哲學史大綱》的幾年之間，胡適對中國哲學史的詮釋產生了一個斷層。造成這個斷層有三個大的原因。第一、胡適對哲學最核心的論題──認識論、本體論、邏輯──完全失去了興趣；第二、《先秦名學史》的立論基礎的崩盤；第三、胡適揚棄了他對中國哲學史的一些基本看法。

為了論述的方便，同時也避免重複，我在本節就以點出這個斷層的所在告一段落。有關這個斷層的細節及其來龍去脈，且留待下一節的分析。

重新定位中國哲學史的詮釋：1920年代

當今所謂的胡適熱存在著一個莫大矛盾，那就是在熱的表象之下，掩蓋著研究者原地踏步的冷實際。就以本章所處理的論題為例，既然《先秦名學史》、《中國哲學史大綱》沒人去研究，胡適在中國哲學史詮釋方面的斷層自然是無人知曉。同樣地，胡適1920年代在重新定位中國哲學史的詮釋方面的努力，也完全是沒有人意識到的。

事實上，胡適1920年代在中國哲學史上的耕耘，可能是歷來最少人去措意的論題。舉個最簡單的例子來說，胡適在這個階段所寫的幾篇手稿和殘稿，《胡適全集》的編者，連寫作日期的考訂工作都省略了，就毫無章法地把它們散置於第七、八卷「哲學‧論集」裡。其實，如果稍微用點心思，去考訂其寫作的時間，這幾篇手稿和殘稿──配合上其他一些殘存、但寫作時間確定的稿子，以及出版了的文章──可以幫助我們重建胡適1920年代努力重新定位他對中國哲學史詮釋的軌跡。

胡適在1920年代初期對哲學最核心的論題——認識論、本體論、邏輯——完全失去了興趣。這軌跡是有跡可循的。胡適對哲學最核心的問題失去了興趣，是因為他回國以後誤讀了杜威的結果。我在《日正當中》裡，分析了胡適自從讀了杜威的〈哲學亟需復蘇〉（The Need for A Recovery of Philosophy）一文以後，他挪用杜威的觀點，提出了哲學可以把「知識論」——即「認識論」——這種核心的問題拋出九霄雲外去了。他在1919年介紹杜威的〈實驗主義〉裡說：

> 杜威在哲學史上是一個大革命家。為什麼呢？因為他把歐洲近世哲學從休謨（Hume）和康德（Kant）以來的哲學根本問題一齊抹殺，一齊認為沒有討論價值。一切理性派與經驗派的爭論，一切唯心論和唯物論的爭論，一切從康德以來的知識論，在杜威的眼裡，都是不成問題的爭論，都可「以不了了之」。[28]

事實上，杜威的意思完全不是如此。杜威說得很清楚。他雖然強調哲學必須要從傳統「哲學家的問題」的窠臼裡掙脫出來，去處理「人的問題」，他也同時強調傳統哲學系統有其不可抹殺的貢獻：

> 在推演假（unreal）命題、在討論假（artificial）問題的過程中，有可能會產生對文化有貢獻的觀點：擴展我們的視野、鑄造出有繁衍力的觀念、激發出想像力、為事物賦予意義……那些只因為斯賓諾沙、康德、黑格爾的系統邏輯不夠充分，就想把他們所發展出來的豐富、寬廣的觀念，都一古腦子給扔出去的人是剛愎自用（illiberal）的人。反之，那些把哲學在文化上的貢獻，拿來證明哲學的命題正確——這兩者之間沒有一定的關聯——的人，則是思想缺乏訓練（undisciplined）。[29]

---

28 胡適，〈實驗主義〉，《胡適全集》，1.300-301。

29 John Dewey, "The Need for A Recovery of Philosophy," MW10.5.

　　胡適「濫用」杜威的觀點，說所有從康德以降的知識論、本體論、邏輯等等「都是不成問題的爭論，都可『以不了了之』」了。換句話說，這些傳統哲學的核心問題都可以揚棄了。無怪乎胡適從1920年代末期開始，提出了他的「哲學破產」、「哲學關門」、「哲學是科學出現以前的『偽』科學」的謬論。無怪乎從1930年代開始，胡適不再用「中國哲學史」的名稱，而以「中國思想史」來指稱他的研究。

　　雖然我們無法確切地指出胡適是在什麼時候開始對哲學的核心問題失去興趣，但我認為其軌跡的形成大約在1919年前後。杜威的〈哲學亟需復蘇〉（The Need for A Recovery of Philosophy）一文是收在其《創造的智力》（*Creative Intelligence*）一書裡。這本書胡適在扉頁上寫他是1917年2月在紐約買的。人買了書不一定馬上讀，而且也不見得一讀就馬上開竅。我認為胡適讀杜威這篇文章，是在他為準備即將到中國訪問的杜威所寫的〈實驗主義〉的時候。〈實驗主義〉是胡適1919年春天的演講稿，該年7月1日改定。一個才在兩年以前，以《先秦名學史》為名寫成博士論文的人，會在兩年以後說出：所有從康德以降的知識論、本體論、邏輯等等「都是不成問題的爭論，都可『以不了了之』了。」這個轉變不可謂不速。

　　當然，即使胡適已經對哲學的核心問題失去了興趣，他在北大的哲學史課程還是要繼續教下去的。「西洋哲學史」不論，「中國哲學史」，他從1917學年度一直教到1924學年度。1921學年度開始，他加授了「中國近世哲學史」。同時，胡適個人在學問上的興趣可以改變，那並不必然會影響他授課的內容。在1920年代初期，不管是因為那是哲學系的課，或是因為方便，胡適的「中國哲學史」上古篇的講義，仍然稱為《中國哲學史大綱》。現在收在《胡適全集》裡的講義雖然不全，但目次跟《中國哲學史大綱》幾乎完全雷同。我們可以假定他在北大講授「中國哲學史」的時候，至少上古篇，是跟《中國哲學史大綱》一樣，講的是傳統哲學的內容，亦即，以名學為主。

　　然而，即使在課程名稱上，轉變的跡象已經產生。從1923學年度開始，胡適加開了「清代思想史」。從胡適後來以思想史──而不是哲學史──來指稱他的研究的作法來看，這門課以「清代思想史」而不是「清代哲學史」為名，絕對不是偶然的。換句話說，胡適這個與「哲學史」漸行漸遠的傾向從

1923年已經開始了。到了他在1930年代回到北大以後，我們看我在本部第三章表3.7所列出來的他所教授的課程，就可以發現除了他成名的招牌課程「中國哲學史」以外，所有其他斷代哲學史——「漢代」、「唐代」、「中古」、「近世」——的課程，都是以「思想史」為名。

　　胡適哲學史課的論文考試題目也可以當成另外一個指標。1924年第三學期，也就是胡適1920年代在北大授課的最後一個學期，他教了三門課：「中國哲學史」、「中國近世哲學」，以及「清代思想史」。「中國哲學史」班上所指定的論文題目一共有十三個。其中，只有「董仲舒的名學」一題可以算是傳統哲學的核心問題，其他都屬於思想史的範疇；「中國近世哲學」班上的論文題目亦然，十九題裡，沒有一題屬於傳統哲學的核心問題；「清代思想史」，既然已經明言是思想史的課，這個班上的論文題目有十一題，自然也沒有一題屬於哲學的範疇[30]。

　　另外一個別有意味的線索，來自於胡適的《中國哲學史大綱》（卷中），亦即，《中古哲學史》的講義。這本講義的殘稿收在《胡適全集》第五卷，編者並沒有註明確切的出版時間。幸運的是，蕭伊緋整理出版了在杭州發現的胡適1919年在北大所出版的鉛印的《中古哲學史》講義的全本，確定了這本講義是在1919年出版的[31]。我們如果把這本1919年講義本裡的第三章〈《淮南子》〉一篇，跟胡適1930年所寫成的《中國中古思想史長編》裡的第五章〈《淮南王書》〉一篇相對比，就會發現其間的差別。1919年講義本裡的《淮南子》一篇有六節：一、淮南王劉安；二、道；三、自然；四、無為；五、天與人；六、進化觀念與是非；七、知識；八、結論[32]。《中國中古思想史長編》裡的《淮南王書》一篇有六節：一、淮南王和他的著書；二、論「道」；三、無為與有為；四、政治思想；五、出世的思想；六、陰陽感應的宗教[33]。前者有「天與人」、「進化觀念與是非」、「知識」等屬於哲學課題的討論。這些在《中

30　胡適，〈哲學史各班論文題目〉，《胡適全集》，7.496-499。

31　胡適，蕭伊緋整理，《中國哲學史大綱》（桂林：廣西師範大學出版社，2013），頁249。

32　胡適，〈中國哲學史大綱（卷中）〉，《胡適全集》，5.726-742。

33　胡適，〈中國中古思想史長編〉，《胡適全集》，6.117-182。

國中古思想史長編》都被胡適去除了。取代的是「政治思想」、「出世的思想」，以及「陰陽感應的宗教」這些屬於思想史的課題。

　　然而，最確鑿的軌跡變化莫過於胡適自己公諸於世的言論。1921年夏天，他接受商務印書館的邀約，到上海去為商務印書館作評鑑的工作。7月23日，他到「國語講習所」作〈中國哲學的線索〉的演講。他在當天的日記裡說：「大旨說哲學的內部線索就是哲學方法的變遷。」[34]所謂「哲學的內部線索就是哲學方法的變遷」也者，就意味著胡適到這個時候仍然秉持著他在《先秦名學史》裡的哲學信念。胡適指出，哲學的線索可分兩個方面來說：

　　　　一時代政治社會狀態變遷之後，發生了種種弊端，則哲學思想也就自然發生，自然變遷，以求改良社會上、政治上種種弊端。所謂時勢生思潮，這是外的線索。外的線索是很不容易找出來的。內的線索，是一種方法──哲學方法，外國名叫邏輯（Logic）（吾國原把邏輯翻作論理學或名學。邏輯原意不是名學和論理學所能包含的，故不如直譯原字的音為邏輯）。外的線索只管變，而內的線索變來變去，終是逃不出一定的徑路的。今天要講的，就專在這內的方法。[35]

　　這個「內部線索」的重要性，可以用老子、孔子，以及墨家的哲學系統來說明。胡適說：「中國哲學的起點，有了這兩個系統出來之後，內的線索──就是方法──繼續變遷，卻逃不出這兩種。」[36]哲學方法的重要性，用胡適在《先秦名學史》開宗明義的說法：「東西哲學史在在地證明了下述兩個事實：哲學取決於其方法、哲學的發展端賴於邏輯方法的發展。」[37]用胡適在《中國哲學史大綱》裡的說法：「儒墨兩家根本上不同之處，在於兩家哲學的方法不同。」[38]老子的方法為何呢？胡適說：

34　《胡適日記全集》，3.223。

35　胡適，〈中國哲學的線索〉，《胡適全集》，7.466。

36　胡適，〈中國哲學的線索〉，《胡適全集》，7.467。

37　胡適，"The Development of the Logic Method in Ancient China,"《胡適全集》，35.303。

38　胡適，〈中國古代哲學史〉，《胡適全集》，5.322。

老子的方法是無名的方法。《老子》第一句話就說：「名可名，非常名；道可道，非常道。」他知道「名」的重要，亦知道「名」的壞處，所以主張「無名」。名實二字在東西各國哲學史上都很重要。「名」是共相（Universal），亦就是普通性。「實」是「自相」，亦就是個性。名實兩觀念代表兩大問題。從思想上研究社會的人，一定研究先從社會下手呢，還從個人下手？換句話講，是先決個性，還是先決普遍之問題？……「名」是知識上的問題，沒有「名」便沒有「共相」。而老子反對知識，便反對「名」，反對言語文字，都要一個個的毀滅他。毀滅之後，一切人都無知無識，沒有思想。沒有思想，則沒有慾望。沒慾望，則不「為非作惡」，返於太古時代渾樸狀態了。

胡適說孔子也認為「名」很重要。不過他以為與其「無名」，不如「正名」：

孔子以為「名」──語言文字──是不可少的，只要把一切文字、制度，都回復到他本來的理想標準，例如：「政者，正也。」「仁者，人也。」他的理想的社會，便是「君君、臣臣、父父、子子」……怎樣說「名不正，則言不順」呢？「言」是「名」組成的，名字的意義，沒有正當的標準，便連話都說不通了……語言文字（名）是代表思想的符號。語言文字沒有正確的意義，便沒有公認的是非真假的標準。要建設一種公認的是非真假的標準，所以他主張「正名」。

墨子認為孔子和老子都各趨於極端了。一個注重「名」，一個不注重「名」，都在「名」上面用功夫。其實，「名」是實用的，不是空的。胡適說：

墨子不主張空虛的「名」，而注重實際的應用。墨子這一派，不久就滅了。而他的思想和主義則影響及於各家。遺存下來的，卻算孔子一派是正宗。老子一派亦是繼續不斷。如楊朱有「名無實，實無名。名者偽而已」等話，亦很重要。到了三國魏晉時代，便有嵇康那一般人，提倡個人，推

翻禮法，宋明陸象山和王陽明那班人，無形中都要取消「名」。就是清朝
的譚嗣同等思想，亦是這樣，亦都有無名的趨向。正統派的孔子重
「名」，重禮制，所以後來的孟子、荀子和董仲舒這一班人，亦是要講禮
法、制度。內部的線索有這兩大系統。[39]

胡適談中國哲學的內在線索，強調的是老子、孔子、墨子的名學。這證明
了到1921年的時候，他仍然秉持著他寫《先秦名學史》和《中國哲學史大綱》
時候的「方法決定思想」的理路。以孔子為例，他在1919年北大所出版的
《中古哲學史》的講義第四章〈董仲舒〉一篇裡說：「我講孔子的哲學，最注
重《易經》和《春秋》，以為這兩部書是孔子哲學的根本所在。」又說：「我常
說一部《春秋》是孔門的應用名學。孔子的名學只在一個正名主義。一部《春
秋》只是這個正名主義的應用。」[40]

胡適對孔子的哲學、對《春秋》的看法幾年之間丕變。可惜，他在1930
年所寫成的《中國中古思想史長編》裡沒有董仲舒一章。他在1961年開始
寫、但一直未完稿的《淮南王書序》裡解釋說：「第八章是董仲舒，我改寫了
幾次，始終不能滿意，後來就擱下了。」[41]幸運的是，「胡適檔案」裡存有一篇
〈董仲舒的哲學〉的手稿。《胡適全集》的編者沒有辨識其寫作的日期，就把
它置於第八卷。事實上，這篇〈董仲舒的哲學〉寫作時間，可以用胡適所有的
稿紙大約判斷出來。這篇手稿共有47頁，前35頁用的是普通印好的稿紙，最
後12頁用的是「新月稿紙」。《新月月刊》是1928年3月開始發行的。我們可
以判斷胡適這篇〈董仲舒的哲學〉是在他1927年歐遊回國一兩年之間寫的。
他在這篇文章裡石破天驚地說：「《春秋》本來沒有什麼哲學可說，至多不過
是『寓褒貶、別善惡』的正名主義的應用而已。」[42]

從1919年說孔子的哲學最重要的部分在《易經》和《春秋》，到1927、28

---

39 胡適，〈中國哲學的線索〉，《胡適全集》，7.467-470。

40 胡適，〈中國哲學史大綱（卷中）〉，《胡適全集》，5.744。

41 胡適，〈中國中古思想史長編，附，《淮南王書》手稿影印本序〉，《胡適全集》，6.184。

42 胡適，〈董仲舒的哲學〉，《胡適全集》，8.288。

年間說「《春秋》本來沒有什麼哲學可說」，這個改變不可謂不大。無論如何，胡適從留學歸國到1921年夏天作〈中國哲學的線索〉的演講時候，仍然相信方法決定思想。根據這個邏輯，「內部線索」之所以重要，在於它是我們賴以瞭解一個思想系統的鎖鑰：「找出方法的變遷，則可得思想的線索。思想是承前啟後，有一定線索，不是東奔西走，全無紀律的。」[43]

然而，一年之後，胡適對哲學的看法就完全改變了。他在1922年9月初寫完的〈五十年來之世界哲學〉裡說：

> 　　許多哲學史家都不提起赫胥黎，這是大錯的。他們只認得那些奧妙的「哲學家的問題」，不認得那驚天動地的「人的問題」！如果他們稍有一點歷史眼光，他們應該知道二千五百年的思想史上，沒有一次的思想革命比1860到1890年的思想革命更激烈的。一部哲學史裡，康德占四十頁，而達爾文只有一個名字，而赫胥黎連名字都沒有，那是決不能使我心服的。[44]

所謂「他們只認得那些奧妙的『哲學家的問題』，不認得那驚天動地的『人的問題』」也者，其實這句話的是胡適從杜威的〈哲學亟需復蘇〉一文裡挪用過來的。只是，他又曲解了杜威。杜威的原文是：「等哲學不再是處理哲學家的問題的法術（device），而是成為一種由哲學家**所發展出來**（cultivated by philosopher）解決人類問題的方法的時候，就是哲學復蘇之時。」[45]杜威並沒有把「哲學家的問題」與「人的問題」對立起來。杜威從來沒有要哲學關門或破產。胡適所謂的「人的問題」，杜威強調是要「由哲學家所發展出來」的方法去解決的。

西洋哲學史的著作不提達爾文、赫胥黎是理所當然的事，因為雖然達爾文的理論影響到哲學，但他和赫胥黎並不是哲學家。然而，胡適在寫〈五十年來之世界哲學〉時候，很得意地在該年8月10日的日記裡說：「今此文他們兩人

43　胡適，〈中國哲學的線索〉，《胡適全集》，7.466-471。

44　胡適，〈五十年來之世界哲學〉，《胡適全集》，2.381。

45　John Dewey, "The Need for A Recovery of Philosophy," MW10.46.

占三千多字，也可算是為他們伸冤了。」[46]

胡適不但坐而言，他馬上起而行。「胡適檔案」裡有一篇〈哲學小史：引論〉的殘稿，《胡適全集》的編者把它與另一篇殘稿──〈中國哲學小史〉──匯成一篇。其實，這兩篇雖然題名相近，根本是不同時期的產物。〈中國哲學小史〉是寫在普通印好的稿紙上，而〈哲學小史：引論〉是寫在旁邊印有「北京大學講義稿　　科　　門　　用」字樣的稿紙上的。由於北大是在1919年以後改「門」為「系」，胡適用當時已廢棄不用的「北京大學講義稿　　科門　　用」稿紙寫成的〈哲學小史：引論〉，一定要早於他寫在普通印好的稿紙上的〈中國哲學小史〉。幸運的是，寫在普通印好的稿紙上的〈中國哲學小史〉的日期，有胡適的日記為憑。1930年10月2日，他搭乘的輪船因風大進不了青島。船上無事，他說：「下午一時高興，寫了一紙〈中國哲學小史〉的綱目，並且寫了第一章的一半。」[47]

胡適用「北京大學講義稿　　科　　門　　用」的稿紙所寫的〈哲學小史：引論〉，已經點出了他在〈五十年來之世界哲學〉裡為達爾文、赫胥黎「伸冤」的論點。我推測是1922年到1923年之間用北大已經報廢了的舊稿紙寫的。胡適在這篇〈哲學小史：引論〉裡說：

　　我這部《哲學小史》是一種嘗試。我且先說我所以要做這種嘗試的理由：

　　第一、我覺得現在所有哲學概論一類的書有許多缺點：不能引起讀者的興味，不能發揮哲學的真意味。至多不過能使讀者記得許多哲學的術語，如「多元論」、「一元論」、「唯心」、「唯物」之類，實在沒有什麼用處。這一類的書的最大缺點，就是缺乏歷史的系統。因為沒有歷史的系統，所以讀者須要死記這種學說和那種學說，卻不能知道某甲為什麼要倡那種學說，某乙又為什麼要倡這種學說。我因為不滿意於這種沒有歷史系統的哲學概論，所以想做一部含有歷史性質的哲學概論。所以我這部書的第一個目的，就是要試驗哲學概論是否可以用歷史的眼光來做。

---

46 《胡適日記全集》，3.705-706。

47 《胡適日記全集》，6.287。

第二、通行的哲學概論還有一個大毛病：它們太偏重什麼「形而上學」、什麼「本體論」。因此把哲學弄成一種神秘玄妙與人生問題沒有關係的東西。他們說哲學是「研究真正知識的學問」、是「研究萬物之本體的學問」。試問哲學史上有幾個人能當得起「真正知識」的尊號？試問有幾家哲學是「求萬物之本體」的？這都是因為〔注：下闕〕[48]

在他對哲學核心的問題失去了興趣的開始，胡適還只能很彆扭地挪用杜威的話，說他要用「人的問題」來取代「哲學家的問題」。然而，很快地，他就想出了用優雅的「思想史」的名稱來取代「哲學史」。這「思想史」名詞第一次出現，是1926年7月1日，在他啟程赴歐漫遊的兩個星期以前對「求真學社」的演講：

現在我快到歐洲去了。此時我所得的經驗，當然要比以前「初出茅廬」時要多，而向之只能景仰不可攀望的大人物，此時也有機會和他們接觸。所以我來到歐洲時，也許我的做學問的欲望勃興，從事學業的工作也未可知。因為我看西洋人作哲學史太偏於哲學的（philosophical）了，往往是把那些不切緊要的問題談得太多，而驚天動地改變社會的思想家，在他們的哲學史上反沒有位置。例如，一部哲學史翻開一看，康德（Immanuel Kant）和黑格爾（Hegel）的東西，已占了差不多一半。而達爾文、馬克思、赫胥黎和托爾斯泰，反沒有他們的位置。不是太冤枉了嗎？照我的意見，作哲學史當以其人的思想影響於社會的大小為主體，而把那些討論空洞的判斷（judgment）、命題（proposition）……等不關緊要、引不起人家的興趣的問題，極力刪去。我將來打算用英文作一本西方的思想史（A History of Western Thought），就本著這種意思做去。[49]

人的興趣可以轉變，這一點都不奇怪。而且「思想史」還是歷史學科裡重

48　胡適，〈哲學小史：引論〉，《胡適全集》，7.270-271。
49　胡適，〈給「求真學社」同學的臨別贈言〉，《胡適全集》，20.139。

要的一支。只是，這就意味著胡適的學術興趣從哲學轉向歷史了。胡適可以對所有從康德以降的知識論、本體論、邏輯等等哲學問題失去興趣；也可以說所有這些哲學問題「都是不成問題的爭論，都可『以不了了之』」。問題是，邏輯是胡適《先秦名學史》的立論基礎。他在《先秦名學史》開宗明義說：「東西哲學史在在地證明了下述兩個事實：哲學取決於其方法、哲學的發展端賴於邏輯方法的發展。」[50]他在《中國哲學史大綱》裡也說：「儒墨兩家根本上不同之處，在於兩家哲學的方法不同。」[51]

　　這個驟變非同小可。曾幾何時，胡適才信誓旦旦地宣稱：「哲學取決於其方法、哲學的發展端賴於邏輯方法的發展。」幾年之間，他轉而宣告所有從康德以降的知識論、本體論、邏輯等等，「都是不成問題的爭論，都可『以不了了之』」。這意味著說《先秦名學史》、《中國哲學史大綱》都頓然失去了其立論的基礎，徹底崩盤。不但如此，整部《先秦名學史》分析的就是先秦諸子的邏輯思想，從孔子、墨子、惠施、公孫龍、莊子、到荀子。現在，既然知識論、邏輯等等「都是不成問題的爭論」，這豈不等於否定了《先秦名學史》的意義與價值。更嚴重的是，即使胡適可以達觀地把《先秦名學史》束之高閣，他要如何面對蔡元培在〈序〉裡所說的：「我只盼望適之先生努力進行，由上古而中古、而近世，編成一部完全的《中國哲學史大綱》」呢？往者已矣，馹馬難追。未來才是挑戰。他既然已經對哲學的核心問題失去了興趣，他就必須為《中國哲學史》的中、下篇尋求新的立論基礎以及論題。

　　這一百年來，胡適大名滿天下。雖然在大起之後復有大落，然而，在大落之後，卻又能再起。這在近代中國知名的人物──且不提學者──裡，他是第一人。奇特的是，這麼一個不知道有多少學者、公共知識分子、寫家、私淑艾者爭相研究、祖述、頂禮的人，卻沒有一個人去問過：為什麼一個以研究先秦名學史起家的學者，卻在往後一輩子的時光裡再也不談名學了？

　　在說明了胡適對哲學的核心問題失去興趣（第一個大原因），以及他《先秦名學史》、《中國哲學史大綱》的立論基礎崩潰（第二個大原因）以後，我

50　胡適，"The Development of the Logic Method in Ancient China,"《胡適全集》，35.303。

51　胡適，〈中國古代哲學史〉，《胡適全集》，5.322。

現在要接著分析胡適在中國哲學史詮釋上產生了斷層的第三個大原因：他揚棄了他對中國哲學史的一些基本看法。胡適在寫完了《先秦名學史》與《中國哲學史大綱》以後，他對中國哲學史的一些基本的重要看法發生了根本的改變。這又要分成幾點來說。第一、年輕的胡適認為中國是一個擁有光輝燦爛的歷史的國家。如果中西文化的交會，是意味著中國文明的消失，那將會是人類的損失。因此，他主張中國吸收西方文化最好的方法，不是全盤的移植，而是有機的吸收：

> 在中國開始跟世界上的其他思想體系交會以後，有些人以為近代中國哲學欠缺方法學的問題，可以用引進西方世界從亞理斯多德以降所發展出來的哲學與科學方法來解決。如果中國人對方法學的要求不高，認為它只是學校裡的一種「思想訓練」（mental discipline），或甚至只要學會如何在實驗室裡作實驗，就於願已足，那當然就足夠了。然而，我認為問題不是那麼簡單。我認為這個問題只是新中國必須去面對的一個更大、更根本的問題的一個環節而已。
>
> 　這個更大的問題就是：我們中國人如何能怡然自得地活在這個乍看起來跟我們自己的文明迥異的新世界裡？一個擁有光輝燦爛的（glorious）歷史、締造了具有特色的（distinctive）文明的國家，是永遠無法怡然自得活在一個新的文明裡，如果那個新文明是從外國引進、而且是為了國家的生存而被強加上身的。同時，如果這個新文明的接受，是截斷式的取代，而不是有機的吸收，從而造成一個古文明的消失，那對人類來說，會是一個莫大的損失。因此，真正的問題是：我們如何能用跟我們固有的文明投合（congenial）、和諧（congruous）、無縫（continuous）的方法去吸收近代的文明？[52]

　年輕的胡適對中國文明的信心，也反映在他在《中國哲學史大綱》裡，把中國哲學與西方哲學並駕齊驅的分類法：

52　胡適，"The Development of the Logic Method in Ancient China,"《胡適全集》，35.313-314。

世界上的哲學大概可分為東西兩支。東支又分印度、中國兩系。西支也分希臘、猶太兩系。初起的時候，這四系都可算作獨立發生的。到了漢以後，猶太系加入希臘系，成了歐洲中古的哲學。印度系加入中國系，成了中國中古的哲學。到了近代印度系的勢力漸衰，儒家復起，遂產生了中國近世的哲學，歷宋元明清直到於今。歐洲的思想，漸漸脫離了猶太系的勢力，遂產生歐洲的近世哲學。到了今日，這兩大支的哲學互相接觸，互相影響。五十年後，一百年後，或竟能發生一種世界的哲學，也未可知。[53]

年輕的胡適對中國傳統光輝燦爛文明的信心，以及中國哲學可以與西洋近世哲學交互影響從而產生一種世界哲學的信心，很快地就徹底地瓦解了。他對中國傳統文明的信心瓦解到什麼樣的程度，本章的章名就道盡了一切。至於其細節，且待本章的分析。

《先秦名學史》的立論後來被胡適揚棄的第二點：儒家以外的先秦諸子的邏輯思想，特別是墨子以及別墨的邏輯思想，是可以提供中國有機的吸收西方文化的沃壤。胡適寫《先秦名學史》的目的，是要從先秦諸子的方法學裡，去找那可以與近代西方哲學契合的沃壤，以便讓近代西方哲學的思辨、研究方法，和工具得以在中國生根。他說：要有機的吸收，最好的方法，是「去尋找可以用來有機地與近代歐美的思想系統連結起來的傳統思想。」如果能這樣作，「我們就可以在新、舊內在溶合的新基礎上去建立我們的新科學與新哲學。」

中國固有的哲學思潮裡，有哪一家可以作為沃壤來「有機的吸收」西方的文化呢？胡適認為儒家無法扮演這個角色：

儒家早已雖生猶死了……儒家早已僵死了。我深信中國哲學的未來在於掙脫儒家道德、唯理主義的枷鎖。這個解放不是用全盤去接受西方哲學就可以作得到的，而必須是把儒家擺回到它應有的地位才能達成。這就是說，把它放回到它原來在歷史上的位置。儒家本來就只是中國古代百家爭鳴裡的一家而已。因此，等那一天到來，等我們不再把儒家視為獨一無二

的精神、道德、哲學權威的來源，而只不過是哲學星河裡的一顆星的時候，就是儒家被摘冠（dethronement）大功告成的一天。

儒家不行，幸好中國還有其他先秦的諸子可用：

　　我相信非儒家諸子學說的再興是絕對必要的，因為只有在這些學派裡，我們才能找得到適合的土壤來移植西方哲學與科學的精華，特別是方法學。他們所強調的是經驗，而不是教條、不是唯理主義；他們所面面顧到的圓熟的方法學；他們用歷史與演化的眼光來檢視真理與道德的作法，所有這些我認為是近代西方哲學最重要的貢獻，都可以在公元前第五到第三世紀那些偉大的非儒家諸子當中找到遙遠但圓熟的先聲。因此，我認為新中國有責任借助近代西方哲學，來研究那些久被遺忘了的傳統學說。等那一天到來，等我們能用近代哲學的方法來重新詮釋古代的中國哲學，等我們能用中國本土的傳統來詮釋近代哲學的時候，中國的哲學家、哲學工作者，才可能真正地優游於那些用來從事思辨與研究的新方法與新工具。[54]

　　胡適對墨家，特別是「別墨」的邏輯思想的推崇是不言而喻的。他說《墨子》裡的〈經上下〉、〈經說上下〉、〈大取〉、〈小取〉，是「別墨」所作，代表了「科學的墨學」。用他在《先秦名學史》裡的話來說，這六篇是「整部中國思想史上最有系統發展出來的邏輯理論。」[55]用他在《中國哲學史大綱》裡的話來說，是「中國古代名學最重要的書。」[56]他甚至說：「中國古代的哲學莫盛於『別墨』時代。看《墨辨》諸篇所載的界說，可想見當時科學方法和科學問題的範圍。無論當時所造詣的深淺如何，只看那些人所用的方法和所研究的範圍，便可推想這一支學派，若繼續研究下去，有人繼長增高，應該可以發生很高深的科學和一種『科學的哲學』。」[57]換句話說，墨家的邏輯思想，就是胡適

54　胡適，"The Development of the Logic Method in Ancient China,"《胡適全集》，35.314。

55　胡適，"The Development of the Logic Method in Ancient China,"《胡適全集》，35.516。

56　胡適，〈中國古代哲學史〉，《胡適全集》，5.352。

57　胡適，〈中國古代哲學史〉，《胡適全集》，5.524。

要用來「有機的吸收」近代西方科學文明的沃壤。

　　胡適推崇墨家的邏輯思想，因為他以為：「哲學取決於其方法、哲學的發展端賴於邏輯方法的發展。」根據胡適這種邏輯，由於墨家的邏輯方法最為科學，墨家的哲學就應該是先秦諸子裡最高深的哲學。然而，胡適這些說法完全不符合杜威的實驗主義。我在《璞玉成璧》裡已經詳細分析，胡適對墨家邏輯的分析、哲學起源論，以及研究哲學史的目的，都完全不符合杜威的實驗主義。他在《中國哲學史大綱》說哲學的起源，在於為混亂的政治、社會秩序找出改善、補救之道。哲學史的目的有三：明變、求因、評判。所有這些說法的立論基礎，是新康德派的溫德爾班（Wilhelm Windelband）所著的《哲學史》（*A History of Philosophy*）。

　　回到中國幾年不到，胡適對墨家的看法完全改觀。事實上，胡適在中國哲學史詮釋上的斷層，最劇烈也最戲劇性的，就是他對墨家的看法。觀點的改變，在他撰寫《中國哲學史大綱》的時候就已經發生了。比如說，胡適在《中國哲學史大綱》裡開始分析「別墨」的時候，就在小注裡說：「我對於『別墨』、『墨經』、『墨辨』三個問題的主張，一年以來，已變了幾次。此為最近研究所得，頗可更正此書油印本及墨家哲學講演錄所說的錯誤。」[58]

　　然而，這還只是枝節的改變。更劇烈、更根本的改變還在未來。這更劇烈、更根本的改變的原因，一部分跟他領悟了我在上文所提到的杜威的哲學改造論有關。我在《日正當中》裡說：胡適一輩子一直秉持著這個違反杜威實驗主義的哲學起源論，只有一次例外。我現在要糾正自己的錯誤，這例外不只一次。「胡適檔案」裡的殘稿以及他公開發表的言論，說明了胡適一直到1930年代初期，曾經有好幾次是師承了杜威的哲學起源論。

　　我在《日正當中》已經詳細地分析了第一次的例外。這裡不贅，就只點出與此處相關的重點。那就是他1925年5月17日對北大哲學研究會所作的〈從歷史上看哲學是什麼？〉的演講。在這個演講裡，胡適第一次沒有用溫德爾班的說法，說哲學的起源是要為政治社會秩序與組織的瓦解尋求補救的方法。他改用杜威在《哲學的改造》裡的話，說：「哲學的來源，是人類最初的歷史傳

58　胡適，〈中國古代哲學史〉，《胡適全集》，5.351。

說、跳舞、詩歌、迷信等等幻想的材料，經過兩個時期才成為哲學。」這兩個時期指的是傳統的形成及其與知識之間的衝突與調和。而這調和的工具，就是辯證的方法與論理的系統，其目的在護法衛道。

胡適用這個杜威的哲學起源論來解釋先秦哲學，墨家的名學就不再是「科學的方法」、不再是「中國思想史上最有系統發展出來的邏輯理論」，而被貶為衛道的工具：「在那已經懷疑的時代，那尊天明鬼的宗教是不容易辯護的。所以墨家不能不發達一種辯證的方法。墨家的名學是衛道的工具。」胡適在《先秦名學史》以及《中國哲學史大綱》裡把老子、墨子都歸類為激進派。現在，他用杜威哲學起源論的說法來看先秦諸子，墨子就不再是激進派了，而變成了衛道派。所以他在〈從歷史上看哲學是什麼？〉一文裡才會說：「墨家在古代不是偏鋒的學派，其實是一個很大的正統學派。所以韓非在前三世紀說儒墨兩派都是當時的『顯學』。這兩派『顯學』都是起於一種調和的動機的。儒家是折衷於新舊之間，而稍傾向於自然主義。墨家是老實不客氣地替傳統的宗教作辯護，而用辯證的方法來作衛道的武器。」[59]

胡適用杜威的哲學起源論來講中國哲學的第二次例外，是在第一次例外以後將近半年之間。1925年8月底，胡適從北京啟程南下。9月底，到武漢等地演講。10月到了上海。隨即浙奉戰爭爆發。孫傳芳大獲全勝，控制了蘇、浙、皖、贛、閩五省，自稱五省聯軍總司令。由於戰事既影響交通，又造成危險，胡適乾脆就在上海留了下來。這一住就住了半年，一直到1926年5月才北返。這是胡適跟北大的第一個階段的關係中斷的開始。他在1926年7月離開北京，經由西伯利亞到英國去開英國退還庚子賠款的會議。會後，他到美國訪問了四個月。等胡適回到上海的時候，已經是1927年5月了。此後，胡適就一直住在上海，一直要到1931年才回到北大任教。

根據英文《大陸報》（*The China Press*）的報導，胡適是在1925年10月16日從武昌抵達上海的[60]。27日，他在上海中國公學做了一個〈談二千五百年之

---

59 胡適，〈從歷史上看哲學是什麼？〉，《胡適全集》，7.500-504；江勇振，《舍我其誰：胡適，第二部，日正當中，1917-1927》，頁606-616。

60 "Dr. Hu Shih Here; Asserts Victory of His Movement Despite Chang's Opposition," *The China*

中國哲學〉的演講，由張師竹記錄，發表在該校12月出版的《中國季刊》上。我在此處用的是「胡適檔案」裡的記錄稿。根據這個記錄稿，胡適說：「欲明中國哲學之源流，當先一述西洋哲學之觀點。按西洋哲學之觀點，以杜威博士之說最能涵蓋一切。以其不僅可以說明西方哲學，即東方哲學之來源與變遷，亦可依其所說加以解釋。」胡適在簡略地敘述了杜威的哲學起源論以後，就接著說：

吾人既略窺杜威博士哲學之觀點，可即持此以衡中國哲學之源流。
一、中國哲學之原料。其原料不外乎幾種經典，如，詩書易禮春秋者是也。此種經典乃根於先民之歌謠、先民之歷史、與先民之迷信，而遠在孔子之前。
二、整齊統一之階段。上述之傳統的思想，其所以能成為經典，當然亦非一蹴可幾。其間實經有若干時之整齊與統一。例如古時臨陣、婚嫁之必待於卜，則足證已成為經典矣。
三、對於經典之懷疑與破壞。例如先民之信仰謂天有意志與喜怒哀樂，並信有鬼。此種信仰，相傳至某時期便有人起而懷疑、起而破壞，老子實為革命之健將。渠力反前人之說，不主敬天明鬼，而謂天地以萬物為芻狗。鄧析亦曰天之於人無厚也。之二人者皆為極端之破壞者。若以今名稱之，則老子或可稱為思想上過激派之過激派，以其惟僅有破壞，反對一切傳統思想。於是有孔子出而調和以造成正統哲學。
四、中國之正統哲學
　　甲、孔子。孔子雖亦不信鬼神，然其主張不若老子之過激，故曰祭神如神在。所為「如」者，即德文中之 "als ob" 或英文中之 "as if" 也。又如禮記中之「齋戒」，亦足以代表其調和式之思想。
　　乙、墨子。孔子雖以調和自處，然而時人猶有目之為激烈派者。於是有反動派之墨子。墨子之說實最守舊（此層乃胡先生治墨學而新

Press（1925-1938）; Oct. 21, 1925, ProQuest Historical Newspapers: Chinese Newspapers Collection, p. 14.

有所得者）。渠嘗指斥孔子有不能敬天明鬼等四大罪。故以今名稱之，則正統哲學中，孔子為左派，而墨子為右派。[61]

　　值得注意的是，墨子在半年前還只是一個衛道派。在這個演講裡，胡適已經更進一步地稱他為守舊的反動派。連作記錄的張師竹也注意到了胡適對墨子詮釋的改變，所以他特別在括弧裡註明了：「此層乃胡先生治墨學而新有所得者。」

　　墨子的邏輯方法是其保守的意識形態的辯護工具，胡適這個看法於焉定型。他在1931年的一篇英文論文裡，以「保守的右派」（Conservative Right）來稱呼墨子。與之相對，胡適說老子是「極左派」（extreme Left），孔子則是「中間極偏左」[62]。這篇文章名為〈中國歷史上的宗教與哲學〉（Religion and Philosophy in Chinese History），是胡適提交給第四屆「太平洋學會」（Institute of Pacific Relations）在上海、杭州舉行的會議的論文。該文收在陳衡哲為該次會議所編的英文論文集《中國文化論文集》（Symposium on Chinese Culture）。值得注意的是，在這篇論文裡，胡適繼續用杜威的哲學起源論來分析墨家的邏輯。他說：

　　為了與這個時代的激進者〔注：老子〕以及不可知論者〔注：孔子〕相抗衡以便於捍衛有神論，墨子訴諸論戰的藝術（art of polemics）。他發明了「三表法」的邏輯，用三個標準來判定事物：一、本之於古者聖王之事；二、原察百姓耳目之實；三、發以為刑政，觀其中國家百姓人民之利。他利用這種邏輯公式來證明鬼神的存在、來非命。這是中國邏輯思想的開始。杜威說得好，歷史上所產生的邏輯，都是作為岌岌可危的信仰的辯護工具。[63]

61　胡適，〈談二千五百年之中國哲學〉，「胡適檔案」，79-1。

62　胡適，"Religion and Philosophy in Chinese History,"《胡適全集》，36.567。

63　胡適，"Religion and Philosophy in Chinese History,"《胡適全集》，36.573-574。

到了胡適的晚年，雖然───一如我在《日正當中》裡所指出的──他老早揚棄了杜威的哲學起源論，而回到新康德派的溫德爾班的哲學起源論。然而，他對墨子的意識形態的標籤不變。他甚至稱呼墨子為「極右的右派──反動派」。他1954年3月12日在台灣大學的演講〈中國古代政治思想史中的一個看法〉說：

> 我在《中國哲學史》上卷，提倡百家平等；認為他們受了委屈，為被壓迫了幾千年的學派打抱不平。現在想想，未免矯枉過正。當時認為墨家是反儒家的；儒家是守舊的右派，而墨家是革新的左派。但這幾十年來──三十五年來的時間很長，頭髮也白了幾根，當然思想也有點進步──我看墨子的運動是替民間的宗教辯護，認為鬼是有的，神是有的。這種替民間宗教辯護的思想，在當時我認為頗傾向於左〔注：胡適記錯了，他在該書裡只說墨子激進，並沒有給他左右的標籤〕；但現在看他，可以算是一個極右的右派──反動派。[64]

墨家的方法論，原來被胡適捧為先秦諸子裡最「完密」、最具有「科學精神」的一家。現在，倏然直降地被降格成為反動右派衛道的工具。這落差不可謂不大。

《先秦名學史》以及《中國哲學史大綱》的立論後來被胡適揚棄的第三點：中國古代哲學倏然中道消滅。「胡適檔案」裡有一篇他在1930年3月所寫的〈第七章儒教〉的殘稿。他在該篇裡說：

> 我在十二年前（1918）曾相信中國古代哲學到了秦以後忽然中道消滅了，所以我那時曾費了多大力氣去研究「古代哲學消滅的真原因」。（看《古代哲學史》的末章）我後來漸漸明白了。古代的思想並沒有中道消滅的事，只是被混合了、攪和了；色彩稍稍改變了、招牌換了。其實都一一

存在，都在那些大規模的混合物裡。[65]

　　我在《日正當中》裡，已經分析了胡適如何漸漸明白了「古代的思想並沒有中道消滅的事，只是被混合了、攙和了」的過程[66]。此處的重點，在凸顯出這個觀點的轉變，在胡適的中國哲學史詮釋上造成斷層的意義。

　　《中國哲學史大綱》終結篇的終結章名為〈古代哲學之中絕〉。顧名思義，就是中國古代哲學的中絕。胡適說歷來人們——包括寫《先秦名學史》時候的胡適——都把傳統哲學的中絕，歸罪於秦始皇的焚書坑儒。他說那是只見其表的淺見。中國古代哲學的中道斷絕真正的原因何在呢？胡適說：「依我的愚見看來，約有四種真原因：一、是懷疑主義的名學；二、是狹義的功用主義；三、是專制的一尊主義；四、是方士派的迷信。」[67]

　　對當時的他所最推崇的墨家，胡適還特別在《先秦名學史》以及《中國哲學史大綱》「別墨」一篇的結論裡，分析了墨學滅亡的原因。《中國哲學史大綱》裡的分析較為詳細。他說，墨學的滅亡和所以滅亡的原因有三：第一、由於儒家的反對。「漢興以後，儒家當道。到漢武帝初年竟罷黜百家，獨尊孔氏。儒家這樣盛行，墨學自然沒有興盛的希望了。」第二、墨家學說遭政客猜忌。「那時墨學不但不見容於儒家，並且遭受法家政客的疾忌。」第三、墨家後進的「詭辯」太微妙了，不能應用。「墨學的始祖墨翟立說的根本在於實際的應用。如今別家也用『功用』為標準，來攻擊墨學的後輩，可謂『以其人之道還治其人之』了。這不但可見墨學滅亡的一大原因，又可見狹義的功用主義的流弊了。」[68]

　　在這些造成古代中國哲學滅亡的原因裡，胡適顯然認為方士的迷信是最重要的。一直到他在1922年5月7、8日開始寫的〈新儒教之成立〉的手稿裡，他還是認為當時迷信的風氣是罪魁禍首。他說：

65　胡適，〈第七章儒教〉（殘稿），「胡適檔案」，92-5。

66　江勇振，《舍我其誰：胡適，第二部，日正當中，1917-1927》，頁619-627。

67　胡適，〈中國古代哲學史〉，《胡適全集》，5.523-4。

68　胡適，〈中國古代哲學史〉，《胡適全集》，5.404-406。

到了秦漢統一中國之後，各方的種族都打成了一片，各民族的幼稚迷信都聚在一個國家裡。有了比較，就容易惹起學者的注意。《史記》的〈封禪書〉、《漢書》的〈郊祀志〉，這兩卷書供給我們許多極有趣的社會學的史料，使我們知道戰國晚年到西漢初年的種種「民族的迷信」。[69]

換句話說，胡適在寫《先秦名學史》以及《中國哲學史大綱》的時候，相信中國古代哲學的滅亡，就彷彿像是西方世界在「蠻族」入侵以後進入「黑暗時代」一樣。唯一的不同是，那些「蠻族」是外來的，而中國在秦以後的「黑暗時代」是內部造成的，是被中國四境的迷信所淹沒的。一直要到幾年以後，胡適才終於漸漸領悟出他當時的想法是錯誤的：「古代的思想並沒有中道消滅的事，只是被混合了、攪和了；色彩稍稍改變了、招牌換了。其實都一一存在，都在那些大規模的混合物裡。」

在這個中國古代思想被種種中國的迷信所淹沒、「被混合了、攪和了」的過程中，最令人觸目心驚的，是胡適寫《先秦名學史》以及《中國哲學史大綱》時候說已經滅亡了的墨家居然在漢朝又復活了。他在1922年3月30日的日記裡說：「讀康有為的《春秋董氏學》。這書乃是把《春秋繁露》分類編纂的，條理頗好……我以為董仲舒受墨家影響，有兩個證據：一、天志（天人感應之說）論：二、兼愛兼利之說。」[70]

兩個月以後，他就在〈新儒教之成立〉的手稿裡說：

董仲舒（約當西曆前175-100）是一個儒墨的混合體。他受了墨教的影響，是無可疑的。我們且舉幾個證據。第一、墨家「兼愛」之說，與儒家的「慈善」的愛，是很不同的。孟子痛罵墨家的兼愛，說他是「無父」的禽獸。然而董仲舒卻公然提倡兼愛的主義……第二、墨家的兼愛，本於「天志」，因為「天兼而愛之，兼而利之」，故我們也應該兼愛、兼利……以上說中國古代民間的宗教觀念，暫時被哲學家打倒，中間幸有墨家的擁

69 胡適，〈新儒教之成立〉，《胡適全集》，8.316。
70 《胡適日記全集》，3.485-486。

護。後來墨家消滅了，而這種宗教觀念又從民間回到儒家來，經董仲舒的正式擁戴，遂成為新儒教的重要部分。[71]

三年以後，他在1925年10月27日在上海中國公學所作的〈談二千五百年之中國哲學〉的演講裡，把墨家說得更為不堪：

> 丙、漢代陰陽儒墨之哲學。墨學實能傳後而最盛於漢。漢之董仲舒陽雖稱為儒家，而陰實為墨學張目。當時之基本觀念，即人做事能感動有意志及有智識之天。《春秋繁露》及《漢書》即具有此基本觀念者也。「天人相與」實成為中古時代之哲學。迨王充起而大倡革命。渠以「疾虛妄」相標榜，力求打破一切迷信，而主恢復昔日之自然哲學。
>
> 丁、道教之起。墨家至此，知儒家之名已不必冒襲，於是一變而為道教。[72]

墨家在《先秦名學史》裡，是胡適所頌揚的中國古代唯一的科學的邏輯方法，是能讓西方科學移植到中國的沃壤。這個科學的邏輯方法，先是搖身一變成為反動右派的衛道工具。現在又淪落成為陽儒陰墨的「新儒教」、然後再淪落到託身於道教。這個轉變石破天驚。

《先秦名學史》以及《中國哲學史大綱》的立論後來被胡適揚棄的最後一點，亦即，第四點，是胡適對印度，特別是佛教，從正面的評價轉成為全盤的否定。在《中國哲學史大綱》裡，胡適把中國哲學史分成三個時代：一、古代哲學。自老子至韓非，為古代哲學。這個時代，又名「諸子哲學」；二、中世哲學。自漢至北宋，為中世哲學；三、近世哲學。從唐開始。這第三個時代到什麼時候結束，胡適語焉不詳，因為在他的下限裡，他提到了孫詒讓和章太炎。這點可以暫時不表。此處的重點是他在說明第二個時代，以及第三個時代時對印度與佛教正面的評價。胡適說中世哲學的時代又可分為兩個時期。第一個時期與此處的討論無關，可以暫時不表。有關第二個時期，請特別注意我用

71　胡適，〈新儒教之成立〉，《胡適全集》，8.214-315。

72　胡適，〈談二千五百年之中國哲學〉，「胡適檔案」，79-1。

黑體字所標示出來的胡適所說的話：

　　中世第二時期。自東晉以後，直到北宋。這幾百年中間，是印度哲學在中國最盛的時代。印度的經典，次第輸入中國。**印度的宇宙論、人生觀、知識論、名學、宗教哲學，都能於諸子哲學之外，別開生面，別放光彩。此時凡是第一流的中國思想家，如智顗、玄奘、宗密、窺基，多用全副精力，發揮印度哲學。那時的中國系的學者，如王通、韓愈、李翱諸人，全是第二流以下的人物。他們所有的學說，浮泛淺陋，全無精闢獨到的見解。故這個時期的哲學，完全以印度系為主體。**

　　到了第三個時代，亦即，近世哲學的第一個階段，胡適對佛教的態度仍然是正面的：

　　唐以後，印度哲學已漸漸成為中國思想文明的一部分。譬如吃美味，中古第二時期是仔細咀嚼的時候，唐以後便是胃裡消化的時候了。吃的東西消化時，與人身本有的種種質料結合，別成一些新質料。印度哲學在中國，到了消化的時代，與中國固有的思想結合，所發生的新質料，便是中國近世的哲學。[73]

　　說印度哲學讓中國哲學「別開生面，別放光彩」、「譬如吃美味」、「與中國固有的思想結合」，「別成一些新質料」。用如此正面的文字來評價印度哲學和宗教對中國文化的貢獻，這在胡適一生的著作裡，絕無僅有。一直到1921年7月6日的日記，胡適仍然肯定歷史上佛教在移風易俗、教化社會人心方面的貢獻：

　　讀宋人穆脩的《河南穆公集》……又有〈蔡州開元寺佛塔記〉，為全集最有條理之作，思想也有可取處。他的大旨說佛法之行，是因為它能「本

73　胡適，〈中國古代哲學史〉，《胡適全集》，5.199-200。

生民甚惡欲之情而導之」，所以「能鼓動群俗之心如趨號令之齊一」。這是很平允的見解。他說：

如死生禍福之說，使禹湯文武周公孔子亦嘗言之，則人亦必從此六聖人而求之。如其聖人所不及，惟佛氏明言之，則人焉得不從佛氏而求之也？

這是韓愈所諱言的。他又說：

予謂世有佛氏以來，人不待禮義而然後入於善者，亦多矣（然字當衍）。佛氏其亦善導人者矣。嗚呼，禮義則不競。宜吾民皆奉於佛也，宜其佛之獨盛於時也。

這是很忠恕的估價。又說：

就其實而言之，則隆塔廟誠佛事之末。苟以時觀之，能恢赫顯灼，使人見之起恭生敬，則無如塔廟助佛之大。故雖窮遠僻阻，川塗所出，必有佛之塔廟以瞻向於俗也。

這也是有歷史眼光的話。[74]

然而，這時的胡適已經到了他即將翻轉為激烈地批判佛教在中國歷史上的禍害的前夕。胡適在這方面如何丕變，且待本章下節的分析。他對韓愈的評價會越老越正面。相對地，他對佛教的批判也會愈演愈烈。比如說，他在 1937 年 1 月 18 日的日記裡，記他跟湯用彤當天在北大一個帶有玩笑性質的對話。湯用彤說他自己：

「頗有一個私見，就是不願意說什麼好東西都是從外國來的。」我也笑對他說：「我也有一個私見，就是說什麼壞東西都是從印度來的！」我們都大笑。

其實，這都不是歷史家正當態度。史家紀實而已。如果有些好東西是從海外來的，又何妨去老實承認呢？[75]

74 《胡適日記全集》，3.163-165。

75 《胡適日記全集》，7.373。

　　胡適對印度哲學以及佛教的看法，從它們讓中國哲學「別開生面，別放光彩」、「譬如吃美味」，到「什麼壞東西都是從印度來的」，這個轉變是極端的。我在《日正當中》裡分析了胡適在1918、1919年間開始，特別是在1920年間，潛心研讀學習梵文。1921學年度第一學期，鋼和泰男爵（Baron Stäel von Holstein）在北大開了一門「古印度宗教史」的課。胡適甚至幫他在課堂上作翻譯。

　　胡適在這個階段裡鑽研佛教所留下來的資料不多。《胡適全集》所輯入的殘稿並不完全。最意外的遺珠是胡適寫在小紙片上的〈在中國之印度哲學略史〉的殘稿。現在還可以在「胡適檔案」裡看到。我推測這個殘稿是在1921、1922年間寫的，用的是大綱的格式。雖然是殘稿，我們可以看得出來到這個時候為止，胡適仍然花許多的心思去理解佛教的哲學，例如，「九緣」、「八識」、「三境」、「因明」、「一切法」，等等。跟我在此處的分析最相關的是胡適所理解的佛教的人生哲學。我在上文徵引了胡適1921年7月6日的日記，說胡適當時肯定歷史上佛教在移風易俗、教化社會人心方面的貢獻。〈在中國之印度哲學略史〉這篇殘稿在「人生哲學」一節，也仍然在在地顯示出當時的胡適對佛教正面的看法。這時候，最讓胡適心儀的，一個是佛教的「積極的人生觀」：

> 人人皆有超渡成佛之資格。樊綱經曰：「汝是當成佛，我是已成佛。常作如是念，戒品已具足。」人人皆有佛性，皆有佛的可能性。此含有性善的意味。故經了一千年的佛家教育，中國近世哲學無論宋明，皆以性善為起點。陸王一派尤近於此。

　　胡適把「人人皆有佛性，皆有佛的可能性」詮釋成為「性善」又是附會的一例。然而，這是枝葉。更重要的是他心儀佛教的「利他主義」。他說：「佛教人生哲學的第二個重要觀念及是一個『眾生觀念』。（『四弘誓願』中之第一誓願：『眾生無邊誓願度。』）」胡適徵引了《華嚴》〈十回向品〉（25）：

> 我所修行。欲令眾生皆悉得成無上智王。不為自身，而求解脫。但為救

濟一切眾生，令其咸得一切智心。度生死流，解脫眾苦。復作是念。我當
普為一切眾生，備受眾苦。令其得出無量生死。眾苦大壑。我當普為一切
眾生。於一切世界，一切惡趣中，盡未來劫，受一切苦。然常為眾生，勤
修善根。何以故？我寧獨受如是眾苦，不令眾生墮於地獄。我當於彼地獄
畜生。閻羅王等，險難之處，以身為質，救贖一切惡道眾生，令得解脫。

然後，他加了一個按語：「此真是教主精神。」[76]

胡適心儀《華嚴》〈十回向品〉裡的「利他主義」，他甚至在1922年10月
19日坐津浦鐵路回北京的火車上特別寫了一首〈回向〉的新詩來歌頌它。他
在當天的日記裡說：「我久想做一首〈回向〉詩，至今未成。車上無事，寫成
此詩。」他說「回向」是《華嚴經》的一個要義。他寫這首詩是「用世間法
——回轉自己所修之功德於眾生——的話來述這一種超世間法的宏願。」[77]

〈回向〉

他從大風雨裡過來，
向最高峰上去了。
山上只有和平，只有美；
沒有壓迫人的風和雨了。

他回頭望著山腳下，
想著他風雨中的同伴。
在那密雲遮著的村子裡，
忍受那風雨中的沉暗。

他捨不得離開他們，
他又討厭那山下的風和雨。

76　胡適，〈在中國之印度哲學略史〉，「胡適檔案」，0104-4。

77　《胡適日記全集》，3.882-883。

「也許還下雹哩，」
他在山上自言自語。
瞧啊，他下山來了，
向那密雲遮處走。
「管它下雨下雹！
他們受得，我也能受！」[78]

　　1924年5月8日，剛好是當時在中國訪問的印度詩人泰戈爾的六十四歲的生日。胡適把這首詩寫在一個橫軸上作為贈送泰戈爾的生日禮物。泰戈爾請胡適把它翻成英文。這就是現在收在《胡適全集》第36卷的 "Parinamana" 一詩[79]。值得注意的是，《胡適全集》所收的這首詩，是胡適晚年的修訂版。字句略異於他1922年日記裡所記下來的，因為他後來把他英譯裡用的幾個字加了進去：「壓迫人的」（oppressive）以及「瞧啊」（Lo!）。
　　然而，胡適對佛教的看法已經轉變。1922年5月9日的日記：「鋼〔和泰〕先生來談。他說，北京飯店到了一批書，需二百六十元左右。他無錢購買，很可惜的。我看了他的單子，答應替他設法。下午一時，到公園會見〔丁〕在君與文伯〔王徵〕，向文伯借了一百塊錢，到北京飯店，付了一百元的現款，把這些書都買下來了。」[80]胡適在買到這批書以後，馬上就讀了其中的法誇爾（J. N. Farquhar）所著的《印度宗教文獻綱要》（*An Outline of the Religious Literature of India*）。他在次日的日記裡說：「此書極簡要，附的書目尤有用。」[81] 6月15日的日記最為重要：

　　讀Farquhar's *Outine of Rel. Lit. in India*，仍未完。此書甚好，其中論《法華經》一節甚有理。我前年認〈五百弟子受記品〉以下為後人增入

78　胡適，〈回向〉，《胡適全集》，10.203-204。
79　胡適，"Parinamana,"《胡適全集》，36.38-39。
80　《胡適日記全集》，3.562。
81　《胡適日記全集》，3.563。

的，遂不大注意他們。Farquhar指出21至26為第三世紀增入的。但他又指此諸篇可見：一、陀羅尼（咒）之信仰。二、觀世音之信仰。三、極端的修行，如焚指焚身（〈藥王品〉）之信仰。此皆我所不曾看出的。[82]

胡適在這則日記裡所引的這一段，在法誇爾書中的頁157到158[83]。胡適現買現用。兩天以後，就在「中國哲學史」的課堂上講述起來了。6月17日日記：「上課講大乘的墮落方面。」[84]他在1925年用英文所寫的〈佛教對中國宗教生活的影響〉（Buddhistic Influence on Chinese Religious Life），是他第一次抨擊焚身的可怖：

在這種突如其來的宗教狂熱之下，大乘佛教裡最惡劣的面向也跟著產生了。極端的修行與自殘，廣為人所頌讚。大家也許記得《妙法蓮華經》23章說最有效的獻祭，就是自己的身體。於是藥王菩薩就用香油塗遍全身，用油浸潤其所著的衣裳，然後自燃其身來禮佛。《妙法蓮華經》極為流行，焚身的作法很快地就為狂熱的僧侶所奉行了。儒家的胡寅在他闢佛的〈崇正辨〉裡就記錄了好幾個案例。惠紹和尚傚做藥王菩薩而焚身。僧瑜把收集來的乾柴放在祠堂裡，自己端坐好以後，就引火在烈焰中朗誦《妙法蓮華經》的藥王菩薩一章。再另外一個和尚寶崖用油布裹住他的手指，引火燃燒。有問：「燒指可不痛耶？」寶崖答曰：「痛由心起，心既無痛，指何所痛？」在作了這個試驗以後，他在樓宇積柴，以油塗抹四壁。然後，用他已經沒有手指的手臂夾起火炬引燃乾柴，在烈焰中頂禮。在二拜以後，他的身面已經著火。然而，他依然繼續禮拜著，一直到他撲倒在炭火之上。[85]

---

82 《胡適日記全集》，3.623-624。

83 J. N. Farquhar, *An Outline of the Religious Literature of India*（Oxford University Press, 1920），pp. 157-158.

84 《胡適日記全集》，3.638。

85 胡適，"Buddhistic Influence on Chinese Religious Life,"《胡適全集》，36.48-49。

值得注意的是，胡適雖然在這篇文章裡抨擊了焚身禮佛的惡習，但是他仍然殘存著他對佛教的好感，認為佛教的樂觀主義把中國人從傳統的宿命論裡解救出來：

> 儒家和道家都是宿命論者，相信命定。很自然地，這兩個學派的思想是悲觀的，特別是《莊子》和《列子》。甚至孔子常常會說是命也。然而，說因果的佛教也說造新因。信仰和善行可以讓人超渡。這種新的樂觀主義就化解了儒家和道家的宿命論，為老百姓的宗教經驗賦予了新的生命。[86]

〈佛教對中國宗教生活的影響〉是胡適1924年11月在北京外國人所組成的「歷史學會」所作的報告的第一個部分，後來發表在1925年1月號的英文《中國社會政治學評論》（*The Chinese Social and Political Science Review*）。其他的兩個部分分別是佛教對中國文學、哲學的影響，但一直沒寫成。

三年以後，一切改觀。1927年，他在上海作了一個英文演講：〈佛教對中國文化的影響〉（Influence of Buddhism on Chinese Culture）。在這篇演講裡，他劈頭就用全稱的語氣，毫無保留地指斥佛教對中國的文明造成了無可彌補的傷害：

> 在沒有好好地去估量這個印度的宗教和信仰的傳入與吸收，在中國人的生命和社會所造成的巨大的改變以前，我們不可能真正瞭解中國的文明。過去一千五百年的中國歷史，就是一部中國人奮力要從佛教的征服與宰制的桎梏之下掙脫出來的漫長歷史。然而，由於這個征服太徹底了而且又太久了，每一個階段掙扎的結果，所得到的勝利都是微不足道的，而且中國從來就沒有完全地從佛教裡解脫出來。[87]

胡適從兩大方面痛心地譴責佛教對中國文化所造成的傷害。第一、焚指焚

---

86 胡適，"Buddhistic Influence on Chinese Religious Life,"《胡適全集》，36.43-44。

87 胡適，"Influence of Buddhism on Chinese Culture,"《胡適全集》，36.275-276。

身的惡習，取代了傳統儒家「身體髮膚受之父母，不敢毀傷，孝之始也」的古訓。第二、出家為僧尼的作法，在家庭的層面，摧毀了儒家「父子有親，夫婦有別，長幼有序」的倫常；在政治、社會的層面，他們逃避賦稅、徭役、對國家不盡義務，違背了「君臣有義」的綱常[88]。

　　胡適說在佛教征服中國的過程中，誠然中國人曾經起而抗之。最明顯的例子，是以道教為代表的民族主義運動。他說道教師法佛教，模仿其組織與教義，以其道反制其教，主導了中國歷史上的「三武滅佛」運動。然而，胡適說佛教對中國所造成的禍害既深且遠，杯葛或迫害已經無法扭轉乾坤：

> 佛教已經徹底地改變了中國人的人生觀與家庭社會觀念。其影響已經滲透到中國的宗教、藝術、文學、與哲學。一千年的佛教征服與宰制，已經把中國和中國的文明印度化。即使在佛教早已不再是一個生氣盎然的宗教以後，這個印度化的過程仍然持續著。[89]

　　胡適說，要證明印度化持續宰制著中國的事實，最好的例證莫過於宋朝的理學。他說：「當佛教的各個宗派逐漸式微，當中國的哲學家以為他們已經勝利地以新復甦的理學取代了佛教的時候，就正是中國思想人生達到印度化的巔峰的時候。」他說吳稚暉說得好：宋朝的朱熹等哲學家「不自知地把佛教的觀念引進了他們對孔孟思想的新詮釋裡，改造了原有的道德與政治教條。」[90]其實，胡適的英譯，把吳稚暉在《科學與人生觀》論戰裡的〈一個新信仰的宇宙觀及人生觀〉的原文大大地文雅化了。原文是：「晉唐以來，唐僧同孫悟空帶來了紅頭阿三〔注：印度人〕的空氣。徽州朱朝奉〔注：朱熹〕就暗採他們的空話，改造了局董〔注：鄉紳〕的規條。」[91]最後，胡適以吳稚暉同一篇文章裡的話作為總結：「當一個避世的（other-worldly）宗教教條變成為活人世界

88　胡適，"Influence of Buddhism on Chinese Culture,"《胡適全集》，36.277-278。

89　胡適，"Influence of Buddhism on Chinese Culture,"《胡適全集》，36.281。

90　胡適，"Influence of Buddhism on Chinese Culture,"《胡適全集》，36.281-282。

91　吳稚暉，〈一個新信仰的宇宙觀及人生觀〉，《科學與人生觀》（香港：中文大學近代史料出版組；台北盜印版，無出版年月），頁619。

（this real world）的道德政治理念的時候，其所帶來的就是恐怖，其所造成的就是中國人生的悲劇。」[92]吳稚暉的原文：「惟把朝奉先生等語錄學案一看，便頓時入了黑洞洞的教堂大屋，毛骨竦然，左又不是，右又不是。」[93]

　　胡適會用民族主義的語言，以及儒家三綱五常的觀念來排斥佛教，乍看之下似乎跟一般所瞭解的胡適連不起來。然而，1926、1927年間是胡適一生思想巨幅擺盪的一年。他當年法西斯主義衝腦的本末，我在《日正當中》裡已經分析過了。他回國以後法西斯主義急速退燒的經過，是本部的第一章的主題。我在《日正當中》裡，分析了1920年代初期歐遊以前，是胡適一生當中對中國最有信心的階段。當時的他認為白話文是世界上最合乎邏輯、最理性、最民主的語言。1923年「科學與人生觀」的論戰，「科學派」大獲全勝。他認為「科學派」不但已經在中國複製完勝了赫胥黎十九世紀在英國相同的戰績，而且在「給我證據，我才相信」的口號之下，連來自西方的基督教也都隨之望風披靡。然而，1926年的歐美之遊徹底地戳破了他在井底所吹出來的氣泡。在美國，他驚豔美國的汽車文明。道經日本，他又目睹了日本現代化的成就。回到上海的他，對中國的文明徹底失去了信心。

寒傖中國思想史觀的成形：1930年代

　　胡適對中國思想史作過一個鳥瞰。時間是在1930年代初期。這個中國思想的鳥瞰，是胡適一生中對中國思想史最為否定、最為負面的一個。1932年11月底，胡適到武漢去見蔣介石。30日，他在武漢大學作了一個〈中國歷史的一個看法〉的演講。他對這個演講顯然相當滿意。他在當天的日記裡說：「這個講演是我第一次講這個題目，當寫出來。」[94]這篇演講雖已不存，但很幸運地，《胡適全集》裡，收有一篇以此為題的劇本，以五幕劇的形式勾勒出「中國」這個老英雄的寒傖史：

92　胡適，"Influence of Buddhism on Chinese Culture,"《胡適全集》，36.282。

93　吳稚暉，〈一個新信仰的宇宙觀及人生觀〉，《科學與人生觀》，頁619。

94　《胡適日記全集》，6.633-634。

圖13　胡適1932年11月27日至1932年12月7日訪問武漢大學時合影。前排左四胡適、左三劉秉麟、右一劉博平、右二袁昌英、右三凌叔華、右四蘇雪林、胡適左後陳登恪（陳寅恪之弟）、胡適右後李儒勉、劉秉麟後王世杰（雪艇）、王世杰後陳源（通伯）；第四排右二李四光夫人；最後一排（正中間）李劍農、李劍農左邊吳其昌、吳其昌左邊譚戒甫。（胡適紀念館授權使用）

　　歷史可有種種的看法，有唯心的、唯物的、唯人的、唯英雄的、等等各種看法。我現在對於中國歷史的看法，是從文學方法的、文學的名詞方面的，是要把它當作英雄傳、英雄詩、英雄歌、一幕英雄劇，而且是一幕英雄悲劇來看。

　　民族主義是愛國的思想。英國有名的先哲曾說過：「一個國家要覺得它可愛時，是要看這個國家在歷史上是否有可愛之點。」中國立國五千年，時時有西北的蠻族──匈奴、鮮卑、等等──不斷的侵入，可說是無時能夠自主的。鴉片戰爭又經過百年，而更有最近空前的危急。在此不斷的不光榮的失敗歷史中，有無光榮之點？它的失敗是否可以原諒？在此失敗當中，是否可得一教訓？

　　這一齣五千年的英雄悲劇。我們看見我們的老祖宗繼續和環境奮鬥，經

過了種種失敗與成功。在此連台戲中，有時叫我們高興，有時叫我們著急；有時叫我們傷心嘆氣，有時叫我們掉淚悲泣；有時又叫我們看見一線光明、一線希望、一點安慰；有時又失敗了，有時又小成功了，有時竟大失敗了。這戲中的主人翁，是一位老英雄──中華。他的一生是長期的奮鬥，吃盡了種種辛苦，經了種種磨難。好像姜子牙的三十六路伐西岐。剛剛平了一路，又來了一路；又好像唐三藏上西天取經，經過了八十一大難。剛脫離了一難，又遭一難似的。這樣繼續不斷奮鬥，所以是一篇英雄劇；磨難太多，失敗太慘，所以是一篇悲劇。

本來在中國的文字中──戲劇中、小說中──悲劇作品很少。即如紅樓夢一書，原是一個悲劇。而好事者偏要作些圓夢、續夢、復夢等出來。硬要將林黛玉從棺材裡拿起來和賈寶玉團圓，而認為以前的不滿意。這真不知何故？或者他們覺得人類生活本來是悲劇的，歷史是悲劇的，因此卻在理想的文學中，故意來作一段團圓的喜劇。

在這老英雄悲劇中，我們把他分作幾個劇目。先說到劇中的主人。主人是姓中名華──老中華──已如上述。舞台是「中國」，是一座破碎的舞台──窮中國。老天給我們祖宗的，實在不是地大物博，而是一塊很窮的地方。金銀礦是沒有的。除東北黑龍江和西南的雲貴一部分外，都是要用絲茶到外國去換的。煤鐵古代是不需要的。土地雖稱廣闊，然可耕之地不過百分之二十。而絲毫無用的地卻有三分之一。所以我們的祖宗生下來，就是在困難中。

這劇的開始，要算商周，以前的不講。據安陽發掘出來的成績，商代民族活動區域，只有河南、山東、安徽的北部、河北、山西南部的一塊，也許到遼寧一部。他們在此建設文化時，北狄、南蠻不斷的混入，民族成了複雜的民族。在此環境之下，他們居然能唱一齣大戲。這是一件很了不得的事情。我們現在撇開了「跳加官」一類開台戲，專看後面的幾幕大戲。

第一幕、老英雄建立大帝國；第二幕、老英雄受困兩魔王；第三幕、老英雄死裡逃生；第四幕、老英雄裹創奮鬥；第五幕、老英雄病中困鬥。

第一幕、老英雄建立大帝國

中國有歷史的時期自商、周始，疆域限於魯豫，已如上述。在商代社會

中，迷信很發達，什麼事情都問鬼，都要卜，如打獵、戰爭、祭祀、出門，等等。事無大小，都要把龜甲或牛骨燒灰，用他的龜紋以定吉凶。在此結果，而發明了龜甲、牛骨原始象形的文字。這文字是很笨的圖畫，全不能表達抽象的意思，只能勉強記幾個物事名詞而已。在這正在建設文化的時候，西方的蠻族——周——侵犯過來了。他具強悍的天性，有農業的發明。不久把那很愛喝酒的、敬鬼的、文化較高的殷民族征服了。這一來，上面的——政治方面——是屬於周民族；下面的就是屬於殷民族。二民族不斷的奮鬥。在上面的周民族很難征服下面的殷民族。孔子雖是殷人（魯國），至此很想建設一個現代文化，故曰：「吾從周。」而周時，也有人見到兩文化接觸，致有民族之衝突。所以東方（淮水流域）派了周公去治理，南方（漢水流域）派了召公去治理。封建的基礎，即於此時建設。但是北狄、南蠻在此政治之下經過了長期的鬥爭，才將他們無數的小國家征服，把他們的文化同化。以後才成七個大國家，不久遂成一個大帝國。

至於文字方面，也是從龜甲上的、牛骨上的不達意的文字，經過充分的奮鬥，而變為後代的文字。文學方面、哲學方面、歷史方面，都得著可以達意的記載。這是一件很不容易的事情。

在周朝的時候，許多南蠻要想侵到北方來，北邊的犬戎也要侵到南部去。醞釀幾百年，犬戎居然占據了周地。再經幾百年，南方也成了舞台的一部分。

此時的建設期中，產生了一個「儒」的階級。儒本是亡國的俘虜——遺老。他本是貴族階級，是文化的保存者。亡國以後，他只和人家打打官司、寫寫字、看看地、記記賬，靠這類小本領混碗飯吃而已（根據《荀子》的〈非十二子〉篇）。這班人——「儒」——一出來，世界為之大變，因為他們是不抵抗者、是儒夫。我們從字義看，凡是和儒字同旁的字眼，都是弱的意思。如需字加車旁是軟弱的輭（軟）字；加心旁是懦字；加子旁是孺字，是小孩子。他們是唱文戲的，但是力量很大，因為他們是文化傳播者，是思想界。老子後世稱他為道家，但他正是「儒」的階級中之代表。他的哲學是儒的哲學。他的書中常把水打譬喻，因為水是最柔弱的，最不抵抗的。這就是儒的本身。他們一出，凡是唱武戲的，至此跟著

唱起文戲來了。幸而在此當中，出來一個新派，這就是孔子。他的確不能
謂之儒者。就是儒者也是「外江」派。他的主張是「殺身成仁」。他說：
「志士成仁。有殺身以成仁，無求生以害仁。」又說：「士不可以不弘毅，
任重而道遠。仁以為己任，死而後已。」這完全和老子相反。老子是信天
的，主自然的。而新派孔子，是講要作人的，且要智、仁、勇三者都發
達。他是奮鬥的，「知其不可而為之」。這就是他的精神。新派唱的雖也
是文戲，但他們以「有教無類」打破一切階級。所以後來產生孟子、荀
子、弟子李斯、韓非。韓非雖然在政治上失敗，而李斯卻成了大功，造成
了一個大帝國。（第一幕完）

第二幕、老英雄受困兩魔王

不久，漢朝興起來了。一班殺豬的、屠狗的、當衙役的，等等起來，建
設了一個四百年的帝國。他們可說得上是有為者。如果沒有他們的奮鬥，
則決不會有這四百年的帝國。但是基礎究未穩固，而兩個魔王就告來臨！

第一個魔王——野蠻民族侵入。在漢朝崩潰的時候，夷狄——羌、匈
奴、鮮卑——都起來，將中國北部完全占領（300-600），造成江左偏安之
局。

第二個魔王——印度文化輸入。前一個魔王來臨，使我們的生活野蠻
化；後一個魔王來臨，就是使我們宗教非人化。這印度文化侵略過來。在
北面是自中央亞細亞而進，在南方是由海道而入。兩路夾攻，整個的將中
國文化征服。

原來中國儒家的學說是要宗親——「孝」——要不虧其體，因為「身體
髮膚，受之父母，不敢毀傷」，將個人看得很重。而印度文化一來呢？他
是「一切皆空」，根本不要作人，要作和尚，作羅漢。要「跳出三界」，
將身體作犧牲！如燒手、燒臂、燒全身——人蠟燭——以獻貢於藥王師。
這風氣當時轟動了全國，自王公以至於庶人。同時迎佛骨。假造的骨頭，
也照樣的轟動。這簡直是將中國的文化完全野蠻化！非人化！（第二幕
完）

第三幕、老英雄死裡逃生

這三百年中——隋、唐時代——是很艱難的奮鬥。先把北方的野蠻民族

來同化他，恢復了人的生活；在思想方面，將先前的知識解放出來；在文化方面，充滿了人間的樂趣，人的可愛、肉的可愛，極主張享樂主義。這於杜甫和白居易的詩中都可以看得出。故這次的文化可說是人的文化。再在宗教方面，發生了革命，出來了一個「禪」！禪就是站在佛的立場上以打倒佛的，主張無法無佛，「佛法在我」，而打倒一切的宗教障、儀式障、文字障，這都成功了。所以建設第二次帝國，建設人的文化和宗教革命，是老英雄死裡逃生中三件大事實。（第三幕完）

第四幕、老英雄裏創奮鬥

老英雄正在建設第三次文化的時候，北方的契丹、女真、金、元繼續的侵過來了。這時老英雄已經是受了傷——精神上受了傷（可說是中了精神上的鴉片毒，因為印度有兩種鴉片輸到中國：一是精神上的鴉片煙——佛；一是真鴉片）。受了千年的佛化，所以此時是裏創奮鬥。然而竟也建立第三次大帝國——宋帝國。全國雖是已告統一，但身體究未復元，而仍然繼續人的文化，推翻非人的文化（這段歷史自漢至明，中國和歐洲人相同，宗教革命也是一樣）。范文正公〔范仲淹〕的「先天下之憂而憂，後天下之樂而樂」，和王荊公〔王安石〕的變法，正與前「任重而道遠」的學說相符合。

在唐代以前，北魏曾經鬧過佛，反對過外國的文化。禁止胡服、胡語即其例，但未見成功。而在唐代鬧佛的，如韓愈，他曾說過：「人其人，火其書，廬其居」三個大標語。這風氣雖也行過幾十年，但不久又恢復原狀。然在這一次，卻用了一種軟功夫來抵制這非人的文化。本來是要以「人的政治」、「人的法律」、「人的財政」來抗住它的。但還怕藥性過猛，病人受納不起。所以司馬光、二程〔程灝、程頤〕等，主張無為，創設「新的哲學」、「新的人生觀」。在破書堆中找到一本一千七百幾十個字的《大學》來打倒十二部《大佛經》。將此書中的「格物」、「致知」、「正心」、「誠意」、「修身」、「齊家」、「治國」、「平天下」這一套，來創造新的人的教育、新的哲學、新的人生觀。這實在是老英雄裏創奮鬥中的一個壯舉。但到了蒙古一興起，老英雄已筋疲力竭，實在不能抵抗了！（第四幕完）

第五幕、老英雄病中困鬥

這位老英雄到明朝已經是由受創而得病了。他的病狀呢？一是纏足。我們曉得在唐朝被稱的小腳是六寸，到這時是三寸了，實在是可驚人！二是八股文章。三是鴉片由印度輸入。這三種東西，使老英雄內外都得病症。

再有一宗，就是從前王荊公的祕訣已被人摒棄了。本來他的祕訣一是「有為」，一是「向外」。但一班的習靜者，他們要將喜、怒、哀、樂等，於靜中思之。結果是無為、是無生氣，而不能不使這老英雄在病中困鬥。

清代的天下居然有二百餘年。這實是程朱學說──君臣觀念──所致，因為此時的民族觀念抵不住君臣的名分觀念。不過老英雄在此當中，而仍有其成績在，就是東北和西南的開闢，推廣他的老文化。湖南在幾十年前，在政治上占有極大勢力。廣東、廣西於此時有學術上的大貢獻。這都是老英雄在病中的功績。他雖然在政治上失地位，然而在學術上卻發生一種「實事求是」的精神──科學的精神──而成就了一種所謂的「漢學」。這種新的學術，是不主靜而主動的。它的哲學是排除思想而求考據。考據學一發生，金石、歷史、音韻，各方面都發達。顧亭林以一百六十二個證據，來證明「服」字讀「備」字音。這實在具有科學之精神。不過在建設這「人的學術」當中，老英雄已經是老了，病了！

尾聲

這老英雄的悲劇，一直到現在，仍是在奮鬥中。他是從奮鬥中滾爬出來，建設了人的文化、同化了許多蠻族、平了許多外患、同化了非人的文化。從一千餘年奮鬥到如今，實在是不易呀！這種的失敗，可說是光榮的失敗！在歐洲曾經和我們一樣。歐洲過去的光榮，我們都具備著，但是歐洲畢竟是成功。這種原因，我認為我們是比他少了兩樣東西。就是少了一個大的和附帶一個小的。大的是科學，小的是工業。我們素來是缺乏科學。文治教育看得太重。我們現在把孔子和其同時的亞里士多德、柏拉圖來比一比。柏拉圖是懂得數學的：「不懂數學的不要到他門下來」；亞里士多德同時是研究植物的。孔子較之，卻未必然吧？與孟子同時的歐幾里得，他的幾何至今沿用，孟子未嘗能如此吧？在清代講漢學的時候，雖說是有科學的精神，卻非加利萊用望遠鏡看天文、用顯微鏡看微菌，以及牛

頓發明地心吸力可比。所以中西的不同，不自今日始。我們既明白了這個
教訓。比歐洲所缺乏的是什麼？我們知道了，我們的努力就有了目標。我
們這老英雄是奮鬥的。希望我們以後給他一種奮鬥的工具。那麼，或者這
齣悲壯的英雄悲劇，能夠成為一純粹的英雄劇。[95]

　　胡適這篇〈中國歷史的一個看法〉，對中國思想遺產的看法雖然幾乎是否
定的，但語氣是婉轉的。雖然他說中國地大、物卻不博，困頓的老英雄又內外
受創，但他說中國仍然是有希望的。只要老英雄能以西方的科學、工業為目
標，急起直追。然而，1927年歐遊回來的胡適，是處於他一生中對中國文化
最為否定的階段。比如說，他在這個時期所寫的一篇英文手稿，其對中國文化
的口氣就完全是負面的了。這篇手稿標題為〈中國文明的優劣點〉（Chinese
Civilization: Its Strengths and Weaknesses）。他在〈中國文明的優劣點〉這篇手
稿裡說：「我的論點是：中國的文明充滿著缺點，只有極少的優點，亦即，缺
點遠超過其優點。」[96]雖然我們不能確定〈中國文明的優劣點〉這篇英文手稿的
寫作日期，但他1932年12月5日在長沙湖南大學所作的演講大綱可以佐證這
篇英文手稿是這一個時期的產物。他當天在湖南大學所作的講演題名為〈我們
必應認清文化的趨勢〉，其相干的大綱根據日記的記錄如下：

II.　中國固有文化，可用「正德、利用、厚生」三個目標為最有意義的目
　　　標。（此語雖出於偽書，然偽作此語正可表示古人心中有此目標。）
III.　後來此目標漸漸忘了，因為吸上了一種精神上的鴉片煙（印度化），
　　　振作不起來了，不能「厚生」而輕生了；不能「利用」而求無用了。
IV.　佛教的千年麻醉最能使我們喪失固有之人生觀。
V.　理學雖努力要建設一個「人的文化」，而中含麻醉成分太多，終歸於
　　　靜坐主敬，而不能「利用厚生」。不能利用厚生，也必不能「正德」。
VI.　中西文化之區別於科學之有無。

95　胡適，〈中國歷史的一個看法〉，《胡適全集》，13.140-148。
96　Hu Shih, "Chinese Civilization: Its Strengths and Weaknesses," 《胡適全集》，36.472。

VII. 科學的文化是我們的路。[97]

寒傖史觀：上古篇

胡適在1930年代所形成的寒傖史觀，是他從「疑古」轉向「信古」的一個里程碑。在這以前，他是「疑古派」的領袖；在這以後，他轉向「信古派」。胡適在此之前的「疑古」的態度，最痛快淋漓地表現在他1926年稱讚顧頡剛《古史辨》的幾句話：

> 崔述在十八世紀的晚年，用了「考而後信」的一把大斧頭，一劈就削去了幾百萬年的上古史（他的《補上古考信錄》是很可佩服的）。但崔述還留下了不少的古帝王。凡是《經》裡有名的，他都不敢推翻。顧頡剛現在拿了一把更大的斧頭，膽子更大了，一劈直劈到禹，把與以前的古帝王（連堯帶舜）都送上封神臺上去！連禹和後稷都不免發生問題了。故在中國古史學上，崔述是第一次革命，顧頡剛是第二次革命。[98]

胡適的《中國哲學史大綱》不同凡響的地方，就在於它「疑古派」出現以前的產物。胡適在該書的〈導言〉裡，用了一把小斧頭，揮手一劈，就削去了千年的中國上古史：

> 以現在中國考古學的程度看來，我們對於東周以前的中國古史，只可存一個懷疑的態度。至於「邃古」的哲學，更難憑信了。唐、虞、夏、商的事實，今所根據，止有一部《尚書》。但《尚書》是否可作史料，正難決定……我以為《尚書》或是儒家造出的「托古改制」的書，或是古代歌功頌德的官書。無論如何，沒有史料的價值。
> 古代的書，只有一部《詩經》可算得是中國最古的史料。《詩經·小雅》說：

---

97 《胡適日記全集》，6.642-643。
98 胡適，〈介紹幾部新出的史學書〉，《胡適全集》，13.64-65。

「十月之交，朔日辛卯，日有食之。」後來的曆學家，如梁虞家，隋張
胄元，唐傅仁均、僧一行，元郭守敬，都推定此次日食在周幽王六年，十
月，辛卯朔，日入食限。清朝閻若璩、阮元推算此日食也在幽王六年。近
來西洋學者，也說《詩經》所記月日（西曆紀元前776年8月29日），中
國北部可見日蝕。這不是偶然相合的事，乃是科學上的鐵證。《詩經》有
此一種鐵證，便使《詩經》中所說的國政、民情、風俗、思想，一一都有
史料的價值了。

　　故我以為我們現在作哲學史，只可從老子、孔子說起。用《詩經》作當
日時勢的參考資料。其餘一切「無徵則不信」的材料，一概闕疑。這個辦
法，雖比不上別的史家的淹博，或可免「非愚即誣」的譏評了。[99]

　　在這種「疑古」史觀之下，胡適在《中國哲學史大綱》上卷裡，把先秦思
想史建劃分成兩個階段。第一個階段是「詩人時代」，從公元前第八世紀到第
七世紀。該時代的思想分為四派：憂時派、厭世派、樂天安命派，以及縱慾自
恣派。第二個階段是「哲人時代」，從公元前六世紀下半葉開始，亦即老子、
孔子等等先秦諸子的時代。這個「哲人時代」，隨著秦漢帝國的成立，倏然消
滅。

　　用他1921年在上海商務印書館的國語講習所的講演〈中國哲學的線索〉
的話來引申：

　　中國哲學到了老子和孔子時候，才可當得「哲學」兩個字。老子以前，
不是沒有思想，〔就是〕沒有系統的思想；大概多是對於社會上不安寧的
情形，發些牢騷語罷了。如《詩經》上說：「苕之華，其葉青青。知我如
此，不如無生。」這種語〔氣〕是表示對於時勢不滿意的意思。到了西曆
前第六世紀時，思想家才對於社會上和政治上，求根本弊端所在。而他們
的學說議論終是帶有破壞的、批評的、革命的性質。[100]

99　胡適，〈中國古代哲學史〉，《胡適全集》，5.212-213。
100　胡適，〈中國哲學的線索〉，《胡適全集》，7.466-471。

　　這時候的胡適，認為先秦諸子的哲學在秦漢帝國成立以後卻倏然消滅。我在上文提到胡適在1930年3月所寫的〈第七章儒教〉的殘稿，說他從前曾經相信中國古代哲學到了秦以後忽然中道消滅了了，所以他那時曾費了多大力氣去研究「古代哲學消滅的真原因」。他說他後來領悟到「古代的思想並沒有中道消滅的事，只是被混合了、攪和了。」這些把先秦哲學「混合了、攪和了」的東西是什麼呢？胡適逐漸地領悟到這些把先秦哲學攪和了的東西無它，就是下層階級的「迷信」。他在1922年5月開始寫的〈新儒教之成立〉一文裡說：

　　我們對於戰國時代的文化，往往有一種謬誤的見解，往往容易把它看得太高了。我們現在所有關於這幾百年的史料，大都是哲學文學的作品，大都是當時的「智識階級」傳下來的史料。至於當時的民間的生活，當時各種民族的信仰、風俗、習慣、生活，我們幾乎完全不知道。因此，我們往往容易推想戰國時代的文化是很高的，那時代的民族是很有思想的，是很少幼稚的迷信的。這個見解是大錯的（西洋人對於希臘，也有同樣的錯覺）。要曉得老子、莊子、荀子等人只能代表當日社會的極小部分。他們不能代表當日的社會，正如章炳麟、蔡元培、陳獨秀不能代表今日的「同善社」、「悟善社」、喇嘛教徒、佛教徒、道士教徒。101

　　胡適一輩子都信守的「菁英主義」在此展現無遺。先秦的「哲人」畢竟是少數的菁英，而廣大的老百姓是迷信的。問題是，這些老百姓的迷信究竟是從哪兒來的？這時候的胡適仍然語焉不詳。他在上文所提到的1925年用英文發表的〈佛教對中國宗教生活的影響〉一文裡說：

　　佛教進入中國以前，中國從未受到任何強大宗教的影響。古代中國人有一個崇拜天、日、月、山、水等等大自然力量的素樸（crude）的多神教。他們崇拜祖先和占卜。他們對鬼神祭祀主要是為了祈福或者是避凶。公元前六世紀哲人時代開始的時候，老百姓的宗教漸漸失勢，被老子的自然主

義和孔子的不可知主義顛覆了。墨子具有宗教的情懷，他挺身而出捍衛老
百姓的宗教，但也同時試圖把那個宗教合理化和淨化。他提倡天志、明鬼、
兼愛。作為一個哲學的宗派，墨家很快地就滅亡了。可是作為一個淨化了
的老百姓的宗教，墨家在後世一直有影響。當儒家在公元前二世紀成為國
教的時候，那並不是不可知主義的（agnostic）儒家，而是化名為儒家的有
神論的墨家。而當道教在公元二世紀興起的時候，它已經不是老子、莊子
的自然主義、無神論，而是有神論的墨家外加上千百種老百姓的迷信。[102]

胡適雖然開始用「多神教」、「祖先崇拜」、「占卜」等等字眼來描述古代
中國人的迷信，但一直到1929、1930年為止，他對這個迷信的描述仍然極為
籠統、含混。比如說，1929年6月16日，當時住在上海的胡適在他所組織的
「平社」裡，作了一個〈從思想上看中國問題〉的報告[103]。他在這個報告裡引用
了吳稚暉在〈一個新信仰的宇宙觀及人生觀〉裡的話，來描述古代中國農民的
宗教信仰：

吳稚暉先生曾說：

　　中國在古代，最特色處，實是一老實農民……〔注：刪掉的字句為：
「沒有多大空想，能建宗教。只祈禱疾病等，向最古傳下來的木石蛇鼠，
獻些虔誠，至今如此。」〕安分守己，茹苦耐勞。惟出了幾個孔丘、孟軻
等，始放大了膽，像要做都邑人，所以強成功一個邦國局面。若照他們多
數〔鄉下〕〔注：此「鄉下」兩字為胡適所加〕大老官的意思，還是要剖
鬥折衡，相與目逆，把他們的多收十斛麥，含鼓腹，算為最好，於是孔二
官人也不敢蔑視父老昆季，也用樂天知命等委蛇。晉唐以前，乃是一個鄉

102　胡適，"Buddhistic Influence on Chinese Religious Life,"《胡適全集》，36.41-42。

103　我推斷胡適這個報告的日期，是根據他在日記裡的記錄。他在1929年5月14日的日記裡附
　　了一張「平社中國問題研究日期」表。根據5月19日、26日，以及6月2日的日記看來，這
　　個原先安排在週六聚餐演講，後來改在週日舉行。舉行的地點是上海的「范園」餐廳。胡
　　適的專題報告，原先安排在6月15日，但實際上在16日星期天舉行。奇特的是，他在當天
　　的日記裡完全沒提起他當天是否作了報告。見《胡適日記全集》，5.639。

老（老莊等）局董（堯舜周孔）配合成功的社會。晉唐以來，唐僧同孫悟空帶來了紅頭阿三的空氣，徽州朱朝奉就暗採他們的空話，改造了局董的規條。

稚暉先生這個見解大致不錯。中國古來的思想只有兩大系，我姑且叫他們做：

積極的，有為的一系（局董系）；

消極的，無為的一系（鄉老系）。

後來又加上了印度的和尚思想，鄉下老的無為思想便得了一個有力的大同盟。鄉下老、道士、和尚成了大同盟，其勢力便無敵於天下；局董受了他們的包圍與熏染，便也漸漸地變懶了、同化了。他們雖擺起了局董面孔，其實都不肯積極有為。故中國思想的「正宗」實在已完全到了「無為派」的手裡。[104]

甚至到了1930年，胡適還是仍然只能籠統地描述這個「老實農民」的宗教。他在該年8月2日的日記裡說：「《字林西報》〔North China Sunday News〕將出紀念號，要我寫一篇文字。我不願用他們給我的題目（〈中國文化〉），改作了一篇 "Historical Interpretation of Chinese Civilization"〔中國文明的歷史詮釋〕。」[105]次日，胡適寫完這篇文章。8月10日發表在《字林西報》上，題目是：〈中國貧瘠的歷史遺產：中國文明的一個歷史詮釋〉（China's Sterile Inheritance: An historical Interpretation of this Country's Civilization）。在這篇英文作品裡，胡適仍然重複著吳稚暉那「老實農民」的宗教的說法。

事實上，胡適對這個「老實農民」的宗教已經開始有了一個明確的定義。不但如此，他對中國上古史的觀點也作了一個重大的修正。顧頡剛回憶說，胡適在1929年3月14日對他說：「現在我的思想變了，我不疑古了，要信古了！」[106]歷來的學者對胡適這個轉變都覺得突兀。有的解釋說他思想趨向保

---

104 胡適，〈從思想上看中國問題〉，《胡適全集》，8.265。

105 《胡適日記全集》，6.218。

106 顧潮，《顧頡剛年譜》（北京：中國社會科學出版社，1993），頁171。

守，有的說他向南京政府靠攏，有的說他捨顧頡剛而趨向傅斯年。羅志田則作了一個迂迴的解釋：

> 　　顧氏「想不出他〔注：胡適〕的思想為什麼會突然改變的原因」，但認為其稍後所做的〈說儒〉便是新取向的代表。胡適前此的考證多是偏向於「漢學」傾向的。〈說儒〉一文則可見明顯的義理領先於史事（或材料）的「宋學」傾向，的確表現出一種與前不同的治學取向，卻並不像其「懺悔」〔注：指胡適1926年6月在北大國學門懇親會上說他「深深懺悔關於研究國故」的話〕中所說的那樣更重視「材料」；而其所說的「信古」態度也與其公開表述的「打鬼」主張有相當的距離。關於胡適在北伐後學術取向的轉變擬另文專論，這裡出現的表裡不一似乎提示著他或因不得不作「傳教士」而無意識中在具體治學方面做出「補償」，以取得心態的平衡。[107]

　　事實上，胡適從來就沒有過「宋學」的學術取向。他一輩子都排斥「宋學」。他的「信古」也絲毫無所謂在治學方法上的「補償」、或心態上的「平衡」。胡適之所以在1929年「要信古了」，無須如此迂迴彆扭地去推測。胡適從「疑古」轉而「信古」的原因非常簡單，那就是因為河南安陽殷墟的考古發現改變了他對古史的看法。由傅斯年所主持的中央研究院歷史語言研究所從1928年開始從事殷墟的考古挖掘。挖掘的結果在該年開始發表。套用胡適在《中國哲學史大綱》〈導言〉裡的話來說，他之所以會轉而「信古」，就是「中國考古學的程度」提升的結果。

　　考古挖掘的成果不但使胡適從「疑古」轉而「信古」，而且因為「信而有徵」，可以讓胡適依據最新的考古挖掘發現，而修正他開始「信古」之初對古史所作的錯誤的判斷。有關這點，胡適在1930年12月6日的日記裡說得最清楚：

107　羅志田，〈從治病到打鬼：整理國故運動的一條內在理路〉，《中國學術》，2001年第2期，http://www.china-review.com/LiShiPinDaoA.asp?id=27262，2016年5月19日上網。

　　下午到歷史語言研究所茶會。孟真致詞歡迎我，我也答了幾句話。大致說：我一生「提倡有心，實行無力」。生平抱三個志願：一是提倡新文學，二是提倡思想改革，三提倡整理國故。此三事皆可以「提倡有心，實行無力」八個字作我的定論。在整理國故的方面，我看見近年研究所的成績，我真十分高興。如我在六、七年前根據澠池發掘的報告，認商代為在銅器之前。今安陽發掘的成績，足以糾正我的錯誤。[108]

　　胡適「信古」的第一篇作品，就是他1931年在上海、杭州所舉辦的第四屆「太平洋學會」（Institute of Pacific Relations）上所發表的〈中國歷史上的宗教與哲學〉（Religion and Philosophy in Chinese History）一文。在這篇文章裡，胡適強調了宗教在中國歷史上所扮演的負面的角色：

　　很多人說中國人是文明人裡最不具有宗教信仰的人群，又說中國哲學最不受到宗教的影響。從歷史的角度來看，這兩種說法都不正確。我們研究歷史，就可以發現中國人可以有非常強烈的宗教情懷；在中國歷史上的某些階段裡，中國人可以為宗教而瘋狂到許多僧尼心甘情願地焚身禮佛的地步。中國哲學也一直在不同的階段裡，受到宗教的影響。因此，我們不可能正確地瞭解中國哲學史，如果我們不把它與中國宗教史合在一起研究的話。如果今天的中國人看起來不像世界上其他的人種那麼具有宗教性，那是因為中國歷史上出現了許多像伏爾泰、赫胥黎那樣與宗教勢力搏鬥的思想家。如果中國到今天還沒有完全成功地創造出一個真正人文主義的文明，那完全是因為中國思想裡的理性主義以及人文主義的思潮，不只一次地受挫於鋪天蓋地的宗教勢力。[109]

　　什麼宗教在中國歷史上扮演了這麼鋪天蓋地、阻撓了中國的理性主義與人文主義呢？胡適說：

108　《胡適日記全集》，6.411-412。

109　胡適，"Religion and Philosophy in Chinese History,"《胡適全集》，36.559。

　　兩大宗教在中國歷史上扮演了極大的角色。其中一個是可能在公元前就已經傳入中國，可是在公元第三世紀以後才具有全國性影響的佛教。另外一個大宗教沒有一個通稱，我建議稱之為「中國教」（Siniticism）。那是中國人的本土宗教：上可遠溯邃古，下可包涵後來的墨教、儒教，以及各個階段的道教。「中國教」對中國而言，就像印度教對印度一樣。其後來的發展吸收了許多佛教的成分，但基本的觀念和信仰可以追溯到邃古中國的原始信念。[110]

　　胡適接著提出了一個不能言之成理、而且他後來也不會再提的中國思想史的分期說：

　　我們可以便捷地把中國思想史分成三個主要的階段。第一個階段是「『中國教』的時代」（Sinitic Age）〔注：我在《日正當中》裡把它譯為「本土思想時期」，現改從胡適自己的譯名〕，從邃古一直到公元第四世紀佛教的興起。第二個階段是「佛教時代」，從公元三百年到1100年，長達八個世紀。第三個階段是「中國文藝復興時代」，從十一世紀理學興起到今天。[111]

　　這個分期說不能言之成理的原因很簡單，因為如果此說成立，胡適自己後來在該文所說的「哲人時代」就沒有立足之處了。我推測胡適在此處用詞不當。他在此處所說的三期說，指的不應該是「中國思想史」，而應該是「中國宗教史」。

　　言歸正傳。對「信古」以後的胡適而言，「邃古」究竟可以追溯到什麼時候呢？值得指出的是，胡適的「信古」，是以考古學研究的成果作為依據的。他在描述「中國教」的時候，就把其時代作了一個明確的界定：

110　胡適, "Religion and Philosophy in Chinese History,"《胡適全集》，36.560。

111　胡適，"Religion and Philosophy in Chinese History,"《胡適全集》，36.560-561。

我們所稱的「中國教」就是商周文明的混合體。從河南安陽所挖掘出來的大量的甲骨上所刻的象形文字，我們可以推斷出殷商民族是虔誠的祖先崇拜者；他們顯然沒有崇拜「上帝」的信仰；他們相信占卜。所有國家大事，從狩獵到戰爭，都要經由甲骨的占卜來決定。殷商民族的祖先崇拜以及他們對占卜的信仰，就是「中國教」核心的成分。

隨著周民族的東征，一個幾乎屬於一神教的新宗教於焉產生。從周民族所留下來的詩歌，我們可以發現他們崇拜一個全能、祐善懲惡的「上帝」或「昊天」。等周民族征服了位於東方的朝代〔注：商朝〕以後，這個征服者的宗教就席捲覆蓋了東方被征服者的宗教。這兩個宗教逐漸融匯成一個崇拜上帝、崇拜祖先的國教。在上帝與祖先之間，存在著代表了大自然的神力的各種次要的神祇——日、月、山、川——以及死後被封為神的偉人。其他部落的神祇後來也被吸納進這個商周民族宗教的萬神廟裡。[112]

對這個「中國教」，胡適作了一個總結：

這個古代中國的宗教包涵了下列幾個成分：一、崇拜上帝；二、祭拜已逝者的靈魂；三、祭拜大自然的神力（對「天」的祭拜，很可能就是由之產生，而終於形成「上帝」的觀念；四、善有善報、惡有惡報的信念；五、相信各種形式的占卜的效力。[113]

〈中國歷史上的宗教與哲學〉這篇文章的意義，除了說明了胡適即使轉向「信古」，他的「信古」是以考古學的新發現作為依據以外，它也說明了他對先秦歷史的詮釋已經產生了一個關鍵性的轉變。他在《中國哲學史大綱》裡對先秦歷史所持的觀點是二期說，亦即，從「詩人時代」到「哲人時代」，然後哲學倏然消滅於秦漢帝國的興起之時。到了他寫〈中國歷史上的宗教與哲學〉的時候，他對中國古代史的詮釋已經變成了一個四期說：「『中國教』時代」、

112　胡適，"Religion and Philosophy in Chinese History,"《胡適全集》，36.561-562。

113　胡適，"Religion and Philosophy in Chinese History,"《胡適全集》，36.564。

「詩人時代」、「哲人時代」、「『中國教』反撲時代」。

　　根據胡適在〈中國歷史上的宗教與哲學〉一文裡的分期法，「『中國教』時代」在公元前770年西周滅亡以後結束；「詩人時代」從公元前八世紀下半葉到六世紀前半葉；「哲人時代」從公元前570年到420年：

　　　　「詩人時代」是公元前六世紀下半葉開始的「哲人時代」的先驅。事實
　　　　上，我們甚至可以說詩人培養出哲人。這是因為到了公元六世紀的時候，
　　　　《詩經》已經成為最受歡迎的一本書。它已經成為文學教育以及禮儀的教
　　　　科書。《詩經》裡的詩歌，是王公貴族宴遊必唱的。孔子有一天問他的兒
　　　　子說：「學詩乎？……不學詩，無以言。」[114]

　　胡適雖然轉向「信古」，但他對「詩人時代」和「哲人時代」的分析，仍然秉持著他在《中國哲學史大綱》裡的說法。唯一的不同是，那與「哲人」相對的「老百姓的宗教」，現在有了一個新的名詞：「中國教」。同時這個「中國教」在「詩人時代」以及「哲人時代」之前已經存在了。更值得我們注意的是，這個作為「老百姓的宗教」的「中國教」，已經不是吳稚暉筆下的簡單素樸的「老實農民」的宗教：「只祈禱疾病等，向最古傳下來的木石蛇鼠，獻些虔誠。」這個「中國教」——詳見以下的分析——是漆黑一團的迷信的大結合。

　　胡適說，老子、孔子、墨子思想的不同，最清楚地表現在他們對「中國教」的態度以及他們對其所處的時代的批判與懷疑的風氣的反應上：

　　　　總體來說，老子對這個古老宗教的態度極左；孔子居中偏左；墨家的教
　　　　主墨子則是保守的右派。老子在宗教上是一個叛逆、在哲學上是一個革命
　　　　家；孔子是一個人文主義者及存疑主義者；墨子則是一個教主，試圖用淨
　　　　化以及賦予新意義的方法來護衛這個古老的「中國教」。[115]

114　胡適，"Religion and Philosophy in Chinese History,"《胡適全集》，36.566。

115　胡適，"Religion and Philosophy in Chinese History,"《胡適全集》，36.567。

　　這三大哲人——老子、孔子、墨子——及其所創的學派，奠定了中國哲學的基調。用胡適自己的話來說：「從老子到韓非這四百年間，是中國心靈的成熟期。哲學自由奔放地發展，奠定了中國文明的基礎。」[116]

　　問題是，這歷經四百年成熟了的「中國心靈」，這奠定了中國文明的基礎的哲學，為什麼會像他在寫《中國哲學史大綱》的時候的想法，以為是「中道消滅了」？或者用他在寫〈中國歷史上的宗教與哲學〉時候的分期法來說，進入「『中國教』反撲時代」，而被「中國教」給「混合了、攪和了」呢？

　　由於題旨與篇幅的限制，〈中國歷史上的宗教與哲學〉並沒有回答這個問題。然而，胡適在《中國中古思想史長編》裡說明了「『中國教』反撲時代」的背景。首先，胡適勾畫出先秦思想從分化到混合的趨勢：

> 　　從老子、孔子到荀卿、韓非，從前六世紀到前三世紀，是中國古代思想的分化時期……在這個自由創造的風氣裡，在這個戰國對峙的時勢裡，中國的思想界確然放了三百多年的異彩，建立了許多獨立的學派，遂使中國古代思想成為世界思想史的一個重要時代。
>
> 　　但我們細看這三百多年的古代思想史，已覺得在這極盛的時代便有了一點由分而合的趨勢。這三百多年的思想，大致可以分作兩個時期。前期趨於分化，而後期便漸漸傾向折衷與混合。前期的三大明星，老子站在極左，孔子代表中派而微傾向左派，墨子代表右派，色彩都很鮮明。

　　戰國時代的思想從分化走向折衷混合的理由之一，根據胡適的說法，是戰國時期慘烈的競爭，特別是秦國興起併吞六國的威脅：

> 　　但前四世紀以後，思想便有趨向混合的形勢了。這時代的國際局勢也漸漸趨向統一。西方的秦國已到了最強國的地位。關外的各國都感覺有被吞併的危險。國際上的競爭一天一天更激烈了，人才的需要也就一天一天更迫切了。這時代需要的人才不外三種：軍事家、內政人才、外交人才。這

116　胡適，"Religion and Philosophy in Chinese History,"《胡適全集》，36.574。

是廉頗、李牧、申不害、范睢、張儀、蘇秦的時代。國家的需要在實用的人才，思想界的傾向自然也走上功利的一條路上去。

在這種追求實用、功利的時代氛圍之下，法家的變法哲學就成為應時濟世的顯學了：

> 這時代不但是遊說辯士的時代，又是各國提倡變法的時代。商鞅的變法（前395年—338年），使秦國成為第一強國。趙武靈王的胡服騎射（前307年—295年）也收了很大的效果。在變法已有功效的時代，便有一種變法的哲學起來……
>
> 這種〔變法〕思想含有兩個意義：一是承認歷史演變的見解（「三代不同服，五帝不同教」）；一是用實際上需要和利便來做選擇的標準（「苟可以利其民，不一其用；苟可以便其事，不同其禮」）。這兩個意義都可以打破門戶的成見和拘守的習慣。歷史既是變遷的，那麼，一切思想也沒有拘守的必要了，我們只須看時勢的需要和實際的利便充分採來應時濟用便是了。所以前三世紀的變法的思想也是造成古代思想的折衷調和的一個大勢力。
>
> 當時的法治學說便是這個折衷調合的趨勢的一種表示。前四世紀與前三世紀之間的「法家」便是三百年哲學思想的混合產物……故我們可以說，當時所謂「法家」其實只是古代思想的第一次折衷混合。[117]

戰國時期思想的混合，並不只是菁英哲人思想的這種調和。它還包含了胡適認為是把中國推向中古時代的迷信與菁英知識階級思想的大混合。集這些迷信於大成的，便是胡適所稱的「齊學」及其支流：

> 在那個時代，東方海上起來了一個更偉大的思想大混合，一面總集合古代民間和智識階級的思想信仰，一面打開後來二千年中國思想的變局。這

117　胡適，〈中國中古思想史長編〉，《胡適全集》，6.3-7。

個大混合的思想集團，向來叫「陰陽家」，我們也可以叫它做「齊學」。

這個成為「中國中古思想的一個中心思想」的「齊學」，並不是突如其來的。胡適說：

其實齊學的五德終始論在秦未稱帝之前，早已傳到西方，早已被呂不韋的賓客收在《呂氏春秋》裡了（《呂氏春秋》成於前239年）。到秦始皇稱帝（前221年）以後，也許又有齊人重提此議，得始皇的採用，於是鄒衍的怪迂之論遂成為中國國教的一部分了。

「齊學」不但是知識階級與民間迷信的大結合，而且更是政教合一的產物：

這裡所說的陰陽家，是齊學的正統。還是以政治為主體，用陰陽消息與五德轉移為根據，教人依著「四時之大順」設施政教。他們主張「治各有宜」，本是一種變法哲學。不幸他們入了迷，發了狂，把四時十二月的政制教令都規定作刻板文章。又造出種種禁忌，便成了「使人拘而多所畏」、「捨人事而任鬼神」的中古宗教了。

換句話說，迷信的橫行，有賴於學者的妝點。胡適說：

陰陽五行之說都來自民間。陰陽出於民間迷信，五行出於民間常識……陰陽五行說漸漸影響到上層社會的思想學術。這種思想到了學者的手裡，經過他們的思索修改，妝點起來，貫串起來，遂成了一種時髦的學說了。

根據胡適的說法，「齊學」是一個龐大的雜流：「齊學還有一個很大的支流，就是神仙家，原來叫做『方仙道』。」他進一步地引申說：

大概早期的方仙道不過是一些神話與方術。後來齊學盛行，陰陽五行之說應用到方仙道上去。於是神話與方術之上便蒙上了一種有系統的理論，

便更可以欺騙世人，更可怕了。

更可怕的是：「經過秦始皇、漢武帝的提倡，這一部分的齊學遂也成為中國國教的一部分。」

在這個古代思想迷信大融合的局面之下，「齊學」、「黃老」、「道家」渾然成為一個混沌的一體：

> 古代無「道家」之名，秦以前的古書沒有提及「道家」一個名詞的。「道家」一個名詞專指那戰國末年以至秦漢之間新起來的「黃老之學」，而黃老之學起於齊學。齊學成了道家，然後能征服全中國的思想信仰至二千多年而勢力還不曾消滅。

> 戰國的末年，黃帝忽然成了一個最時髦的人物。什麼緣故呢？因為齊學的範圍一天一天的擴大，把醫卜星相都包括進去了，把道德、政治、宗教、科學，都包括進去了。這一個絕大的思想迷信集團，不能不有一個大教主。

老子、黃帝，就這麼層累式的、像滾雪球一般，越滾越深邃，越滾越龐雜，締造了那「黃老之學」：

> 這時候，各家學派都不嫌托古改制。儒墨皆稱道堯舜。堯舜成了濫調，招牌便不響了。於是燕齊的學者和方士們便抬出一位更渺茫無稽的黃帝出來……從此以後，老子之上便出了一位黃帝。醫卜星相，陰陽五行，都可以依託於黃帝。於是黃帝便成了一個無所不知、無所不能的大發明家、大科學家、大哲學家。於是齊學便成了「黃老之學」。

於是，胡適對中國上古思想史的終結，作出了一個極為負面、極為不堪的總結：

> 前三世紀的晚期，秦始皇征服了六國，而齊學征服了秦始皇。五德終始

之說做了帝國新度制的基礎理論。求神仙、求奇藥、封禪祠祀、候星氣，都成了新帝國的重大事業。118

寒傖史觀：中古篇

按照胡適在《中國中古思想史長編》裡的說法，中國上古思想史的終結，是在秦始皇征服了六國一統中國的時候。換句話說，中國中古思想史的起點就是秦始皇。然而，我們不能忘了這是胡適在1930年代初期寫完了《中國中古思想史長編》以後的想法。這並不是胡適一直持有的看法。中國中古時代的起點為何，胡適的看法在1930、1931年間產生了一個人所不知的細微、但非常重要的變化。

這個變化一直不為人所知的原因，是因為胡適這個階段的資料到現在為止還沒人好好梳理過。比如說，《胡適全集》在第5冊收有胡適《中國哲學史大綱（卷中）》，即《中國中古哲學史》的殘稿，但沒考證出版日期。幸好蕭伊緋在杭州發現了北大1919年鉛印的《中國哲學史大綱（卷中）》講義稿。這不但把這個講義本的時間確定了，而且也提供了其全本。只是，蕭伊緋在湊集胡適《中國中古哲學史》的殘本的時候，犯了一個小錯誤。他把〈中國中古哲學史提要〉以及〈中古哲學史泛論〉兩篇殘稿也定為1919年的手稿。事實上，〈中國中古哲學史提要〉是用印好的「新月稿紙」寫的，我判斷是1930、甚至是1931或1932年寫119。而〈中古哲學史泛論〉是寫在跟〈《紅樓夢》考證初稿〉一樣的印好的每頁有324格的稿紙上的120。我們知道〈《紅樓夢》考證初稿〉是1921年3月27日寫成的。因此，我判斷〈中古哲學史泛論〉是1921年前後的手稿。換句話說，《中國哲學史大綱（卷中）》的講義稿是1919年印成的。〈中古哲學史泛論〉大約是在兩年以後寫的。而〈中國中古哲學史提要〉則幾乎是在十年以後才寫的。

這樣用比對胡適這幾篇手稿所用的稿紙以判定寫作的時間，可能會有讀者

118　胡適，〈中國中古思想史長編〉，《胡適全集》，6.8-32。

119　胡適，〈中國中古哲學史提要〉，「胡適檔案」，90-3。

120　胡適，〈中古哲學史泛論〉，「胡適檔案」，85-4。

覺得是小題大作。事實上，我們如果要精確地分析胡適詮釋中國思想史變化的軌跡，這是一個基礎的工作。「胡適檔案」裡還另有一篇〈中國中古思想史的提要：第一講，中古時代〉，是胡適1931年到1932年在北大所寫的〈中國中古哲學的史提要〉的講義的第一篇，是1932年5月由北大出版部出版的。後來胡適覺得「提要體」文字太過簡單。於是他就「放手寫下去，改用《中古思想小史》的題名。」[121]值得注意的是，這篇〈中國中古思想史的提要：第一講，中古時代〉的手稿，也是用「新月稿紙」寫的。可以確定的是，〈中國中古哲學史的提要〉寫在前，〈中國中古思想史的提要：第一講，中古時代〉寫在後。這是因為胡適後來改以「思想史」來稱呼他的「哲學史」。

這一個階段胡適思想的演變為什麼會這麼混沌的另外一個原因，始作俑者就是胡適自己。胡適後來用「思想史」來取代他原先用「哲學史」為題名所寫的文章。其結果是模糊、甚至是湮沒了他思想變化的痕跡。現在《胡適全集》裡所收集的《中國中古思想史長編》，用的是胡適後來改用的名稱。事實上，這部手稿在1930年8月寫成的時候，是題名為《中國中古哲學史長編》。當時胡適用蠟紙油印裝訂了幾十部，分送朋友請他們批評。胡適跟他的朋友在討論他這部手稿的時候，用的都是「哲學史」的名稱。

可惜我目前還無法確切的判明胡適是在什麼時候開始用「思想史」取代「哲學史」。我們知道他1931年回到北大以後所開的第一門課的名稱是「中古思想史」。可是，他1931學年度所開的課名是「中國哲學史」。值得注意的是，他該年上課所寫的講義，用的題名還是〈中國中古哲學史的提要〉。我認為一直到1932年胡適寫完這個講義之後，「哲學史」、「思想史」這兩個名詞他仍然是混用者。

在釐清了胡適後來用「思想史」取代先前「哲學史」的名稱，特別是在釐清了〈中國中古哲學史的提要〉以及〈中國中古思想史的提要：第一講，中古時代〉這兩篇手稿先後的寫作時間以後，我現在可以回過頭來說明中國中古時代的起點在何時，以及胡適對這個問題的看法在1930、1931年間產生了什麼細微、但非常重要的變化了。

---

121 胡適，〈中國中古思想史小史〉，《胡適全集》，6.281。

中國哲學的分期，我們記得胡適在《中國哲學史大綱》裡的說法：「一、古代哲學：自老子至韓非，為古代哲學。這個時代，又名『諸子哲學』。」中世哲學的時期，自漢至北宋。胡適說中世哲學大略又可分作兩個時期：

甲、中世第一時期：自漢至晉，為中世第一時期。這一時期的學派，無論如何不同，都還是以古代諸子的哲學作起點的。例如，《淮南子》是折衷古代各家的；董仲舒是儒家的一支；王充的天論得力於道家；魏晉的老莊之學，更不用說了。

乙、中世第二時期：自東晉以後，直到北宋。這幾百年中間，是印度哲學在中國最盛的時代……故這個時期的哲學，完全以印度系為主體。[122]

中古哲學從漢代開始，胡適一直到《中國中古哲學史長編》初稿完成的時候都是這樣認為的。他在1921年前後寫的〈中古哲學史泛論〉說：「中古哲學的領域，自漢興到北宋初年。約自西曆紀元前200年……至紀元後1000年。」[123]甚至在他1931年在北大寫〈中國中古哲學史提要〉的時候，他還說：「中古哲學史起於漢初，終於北宋初期。約自西曆前200年到紀元1000年。」[124]然而，在〈中國中古思想史的提要：第一講，中古時代〉裡，他就作了一個細微、但極其重要的修正：「中古時代：暫定從秦始皇到宋真宗，約計一千二百年（紀元前220-紀元1020），為中國的中古時代。」[125]

胡適這個細微卻又極其重要的修正，其來由為何呢？原來，胡適是一個以西方為準繩來衡量中國思想與歷史的人。我在上文提到他在《中國哲學史大綱》的〈導言〉裡，把世界上的哲學分為東西兩支。他說：西支也分希臘、猶太兩系。初起的時候，這四系都可算作獨立發生的。到了漢以後，猶太系加入希臘系，成了歐洲中古的哲學……歐洲的思想，漸漸脫離了猶太系的勢力，遂

122　胡適，〈中國古代哲學史〉，《胡適全集》，5.199。

123　胡適，〈中古哲學史泛論〉，「胡適檔案」，85-4。

124　胡適，〈中國中古哲學史提要〉，「胡適檔案」，90-3。

125　胡適，〈中國古代哲學史〉，《胡適全集》，6.282。

產生歐洲的近世哲學。」胡適在此處所謂的「猶太系加入希臘系，成了歐洲中古的哲學」，也就是基督教籠罩之下的歐洲中古時代。這個歐洲的中古時代，用胡適1931年3月17日跟錢穆討論《老子》成書時代的信裡的話來說：「希臘思想已發達到很『深遠』的境界了，而歐洲中古時代忽然陷入很粗淺的神學，至近千年之久。」[126]

胡適認為中國的中古時代跟歐洲的中古時代一樣漫長，也歷經了千年之久。有趣的是，如果歐洲的中古時代是從所謂的「蠻族」入侵開始，中國的中古時代則是從什麼時候開始的呢？一言以蔽之，從中國人開始被宗教思想籠罩開始。胡適對所有宗教持否定的態度。「胡適檔案」裡有一篇胡適所寫的無題的英文手稿，寫作的時間不明，應該是在1930年代。我根據其內容，把它定名為〈普世皆有的中古思想〉（Universal Medievalism）。在這篇手稿裡，胡適說：

> 如果世界文明史上有任何一個普世皆有的階段（movement），那就是整個文明世界被中古思想的洪流所淹沒。就在人類才剛剛在藝術、科學、哲學方面進入第一個成熟期的時候，漆黑的烏雲突然間籠罩了整個世界，人類墮入了主靜、無欲、追求來世的深淵；人類突然間變得老態龍鍾。古代中國人文主義的文明被極其乏味（ultramundane）的大乘佛教所征服。西方的希臘羅馬的人文主義的文明被中古基督教所取代。其結果是，在一千年間，中古思想，叱吒風雲，從中國海橫行到英倫三島。

胡適說：「中古思想」的特徵，就是對人生以及所有人類賴以維生的活動持負面的態度。用這個定義來衡量二十世紀的世界文明，印度文明根本就是中古思想的活現；中國文明只片面成功地從中古思想裡解脫出來；現代西方文明在這方面的解脫則勝於任何其他文明[127]。

胡適在1931年到1932年間在北大授課所寫的〈中國中古哲學小史〉第三

126　胡適，〈與錢穆先生論老子問題書〉，《胡適全集》，4.140。

127　胡適，"Universal Medievalism,"「胡適外文檔案」，E056-144。

講裡也說：

> 講思想史必不可離開宗教史，因為古來的哲學思想大都是和各時代的宗
> 教信仰有密切的關係的。這個關係在中古時代更明顯、更密切。所以我們
> 要時刻留心中古宗教。[128]

胡適現在既然以宗教思想的籠罩作為指標，來界定「中古時代」，則中國
思想上的中古時代，自然就是從那雖然征服了六國、可是自己又被那知識階級
與民間迷信的大結合的烏煙瘴氣的「齊學」所征服的秦始皇開始了。於是，他
在〈中國中古思想小史：第一講：中古時代〉裡，就作了如下新的斷代劃分：

一、中古時代
暫定從秦始皇到宋真宗，約計一千二百年（紀元前220～紀元1020），
為中國的中古時代。
二、中古時代的特別色彩
　　1）統一國家的造成。
　　2）新民族的侵入與同化。
　　3）宗教化的普遍。
三、中古思想的兩大分段
第一段，古代思想的混合與演變（紀元前200～紀元300）；第二段，印
度宗教與思想的侵入與演變（紀元300～1000）。
四、中古思想的特別色彩
　　1）思想的宗教化。
　　　　甲、黃老之學
　　　　乙、漢及以後的儒教
　　　　丙、道教
　　　　丁、佛教

---

128 胡適，〈中國中古思想小史，第三講：統一帝國之下的宗教〉，《胡適全集》，6.286。

2）人生觀的印度化。

由貴生重己變到佛教徒的焚臂遺身；由忠孝變到「出家」「出世」；由樸實的「皆務為治」變到冥想靜觀。

3）中國思想與印度思想的暗鬥。

甲、印度思想的勝利。

乙、中國思想的反抗。

丙、中國思想從中古佛教下逐漸抬起頭來，但帶著極大的傷痕。

五、中古思想的重要

文化史是一串不斷的演變。古代文化都先經過這一千多年的「中古化」，然後傳到近世。不懂得「中古化」的歷程與方向，我們決不能瞭解近世七八百年的中國文化，也決不能瞭解漢以前的文化。宋明的理學固然不是孔孟的思想，清朝的經學也不能脫離中古思想的氣味。漢學家無論回到東漢，或回到西漢，都只是在中古世界裡兜圈子。所以我們必須研究中古思想，方才可望瞭解古代思想的本來面目，又可望瞭解近世思想的重要來歷。129

首先，我們分析胡適為什麼把中古思想的起點定在秦始皇，同時又強調「中古時代的特別色彩」有三：一、統一國家的造成；二、新民族的侵入與同化；三、宗教化的普遍。這是因為他要強調國家的力量在促成各民族迷信的融合，以及宗教迷信的普及上所扮演的關鍵角色。就像他在1922年寫的〈新儒教之成立〉裡所說的：

故研究這時代的宗教思想和習慣的人，第一、要丟開老子、孔子、莊子、荀子等等哲學家的高尚思想；第二、要丟開儒教、墨教的比較地經過一番「理性化」的宗教；第三、要知道秦漢的統一帝國把東南西北各民族的幼稚迷信都混合起來，給與國家的承認與保障，各成為「國教」的一部分；第四、要知道漢朝的天子、外戚、功臣都來自民間──酒徒的天子、

129　胡適，〈中國中古思想小史：第一講：中古時代〉，《胡適全集》，6.281-282。

狗屠的功臣，還有許多賣唱賣藝的婦女做皇后、皇太后的。他們的幼稚迷
信也有影響「國教」的勢力。漢朝的新儒教的產生決不能逃避這種幼稚的
環境的渲染。130

　　胡適說：「秦帝國的宗教的主體究竟還是秦民族從西方帶來的遺風。」秦
的國教，是一種拜物、拜自然、拜人鬼的宗教。統一以後，秦帝國的宗教充分
保留並吸收四方民族的祠祀，其結果是一個「規模更大的帝國宗教」131。
　　漢朝的問題，從胡適的角度來看，就因為從天子、外戚、功臣、到皇后、
皇太后都來自民間：「酒徒的天子、狗屠的功臣，還有許多賣唱賣藝的婦女做
皇后、皇太后的。」從菁英主義的胡適的角度看來，無知迷信的下層階級當權
的結果，其所造成的就是一個無知迷信的社會。用胡適在《中國中古思想史長
編》話來說：

　　幼稚的民族迷忌，一一的受皇帝的提倡，國家的尊崇，遂都成了帝國宗
教的部分。這個迷忌的宗教，因為有帝者的崇敬，不但風靡了全國的無識
人民，並且腐化了古代留遺下來的一切學術思想。古代中國並非沒有幼稚
的迷信和禁忌，但因為統治階級的知識比較高一點，幼稚的民間迷忌不容
易得國家的敬禮提倡；又因為列國對峙，思想比較自由一點，一國君主所
提倡的禮教不容易風靡別的國家，獨立思想的人們還有個去而之他的機會。
　　到了統一帝國時代，君主的暗示力之大，遂沒有限制了。賣繒屠狗的人
成了帝國統治者，看相術士的女兒、歌伎舞女、也做了皇后、皇太后。他
們的迷忌都可以成為國家的祠祀。而在統一專制的帝國之下，人民無所逃
死，思想也很難自由獨立。田老太太的外孫做了皇帝，金奶奶做了皇太
后，她們貧賤時崇信的宗教當然成為漢帝國的宗教了。全國的思想家誰敢
反對嗎？132

130　胡適，〈新儒教之成立〉，《胡適全集》，8.324。
131　胡適，〈中國中古思想史長編〉，《胡適全集》，6.205, 207。
132　胡適，〈中國中古思想史長編〉，《胡適全集》，6.232。

在天子、皇戚帶頭示範之下，迷信之風瀰漫京師。胡適在1929年發表的英文論文〈漢朝定儒教為國教始末〉（The Establishment of Confucianism as a State Religion during the Han Dynasty）一文裡說：

> 祠祀的數量倍增，規模也日益宏偉。根據丞相〔注：其實是丞相匡衡以及御史大夫張譚〕在公元前31年的條奏，長安各種設有祠官主祀的所在有683處。其中，475處在該年廢除。然而，它們似乎一一復出。到了公元20年，光是長安一處，就有1,700所官祠。朝廷一次的祭祀，這些祠祀就要用去三千多種三牲鳥獸。後來，因為備辦不了那麼多的三牲鳥獸，於是只好把「雞當鶩鴈，犬當麋鹿」。[133]

胡適這段引自《漢書・郊祀志》的文字描述的已經是西漢末年到王莽年間的事。他的目的在於用祠祀的數目來凸顯出當時迷信瀰漫的程度。然而，他所更要強調的，還是領導階層的示範作用。在這點上，漢武帝及其「巫蠱之禍」就是他最具典型的案例。用他在《中國中古思想小史》第三講裡的話來說：

> 到了漢武帝（紀元前140-87），這個帝國宗教的範圍更擴大了。一切民間迷信、一切方士爭奇鬥勝的方術，都受他的崇信敬禮。他抱著無限的信心，希冀「黃金可成、河決可塞、不死之藥可得、仙人可致。」他受齊學的影響最大。當他東巡海上時，「齊人之上疏言神怪奇方者以萬數」；他所尊顯的方士，如李少君、少翁、公孫卿、欒大，都是齊人。武帝的母親出身微賤。他自己正是民間迷信的產兒。而四方的宗教迷信得了他的提倡，都成了帝國祠祀的一部分。武帝在位五十多年，遂造成了一個幼稚迷信的宮廷和幼稚迷信的社會……
>
> 漢武帝晚年的「巫蠱」事件，最可以表現這個迷忌空氣之下的黑暗與恐怖。巫蠱的大獄斷送了兩個丞相、兩個皇后、一個太子、兩個公主、兩個

皇孫。族滅了許多人家。京師流血，殭屍數萬！我們細讀這個案子，可以
知道中國這時候真已深入中古時代了。[134]

胡適這句「中國這時候真已深入中古時代了」很重要。這句關鍵話說明了
早在佛教進入中國以前，中國已經進入了中古時期了。用上文已經徵引的胡適
1931年在「太平洋學會」上所發表的〈中國歷史上的宗教與哲學〉裡的話來說：

還有什麼其他證據更能證明中國早在佛教入侵以前就已經進入「黑暗時
代」了呢！皇朝欽定的「中國教」（Imperial Siniticism）早就把它帶進去
了。[135]

在這個迷信瀰漫的氛圍之下，儒生所扮演的角色分為兩種：一種是推波助
瀾；另一種則是欲挽狂瀾。就整個大的政治環境而言，胡適說大部分的儒生扮
演的角色是推波助瀾：

這個時期是方士最得意的時代，儒生都不免受了方士的大影響。武帝封
禪祠祀，都用儒生博士定儀禮、襄祭事。武帝建立的帝國宗教實在是儒生
與方士合作的結果。試舉郊祭上帝一事為例。漢承秦制，郊見五個上帝。
方士謬忌等提議五帝之上還有個太一，被武帝採用了。又有人提議作「明
堂」，《孝經》本有「宗祀文王於明堂以配上帝」之說，所以儒生也贊成
此事。方士公玉帶奏上明堂圖樣，武帝也採用了。[136]

在這些儒生裡，注定在歷史上要扮演最重要角色的是董仲舒：

儒教的大師董仲舒便是富於宗教心的方士。他的思想很像一個墨教信

---

134 胡適，〈中國中古思想小史〉，《胡適全集》，6.287。
135 胡適，"Religion and Philosophy in Chinese History,"《胡適全集》，36.581。
136 胡適，〈中國中古思想小史〉，《胡適全集》，6.294。

徒，尊信上帝，主張兼愛非攻。他深信天人感應的道理。他說：「人之所
為，其美惡之極，皆與天地流通而往來相應。」這是天人感應的儒教的根
本教義。他在這個根本教義上建立起他的陰陽災異學：「國家將有失道之
敗，天乃先出災害以譴告之。不知自省，又出怪異以警懼之。尚不知變，
而傷敗乃至。」他自己是個自信能求雨止雨的方士，著有求雨止雨的書
（看《繁露》七四、七五）。他用陰陽五行的理論來推求災難之故。他又
是個治《公羊春秋》的學者，所以又用歷史比例法（analogy）來推論災
異。他的方法是：「天下有物視《春秋》所舉與同比者，精微眇以存其
意，通倫類以貫其理。」……

胡適總結說：

　　董仲舒的陰陽五行之學，本是陰陽家的思想。自從他「始推陰陽，為儒
者宗」，便成了儒教的正統思想了。他用《尚書》裡的一篇〈洪範〉作底
子，把五行分配「洪範」的「五事」（貌木、言金、視火、聽水、心
土）。每一件事的失德各有災異感應。這個架子後來在夏侯始昌和夏侯勝
的手裡便成為《洪範五行傳》。夏侯勝之學在漢朝成為顯學。一傳而有夏
侯建、周堪、孔霸，再傳而有許商、孔光等。許商與劉向各有《洪範五行
傳記》。這是災異的「尚書學」，和上節說的災異的「春秋學」相輔，合
組成一個絕大規模的陰陽五行的儒教系統，籠罩了兩千年的儒教思想。

值得注意的是，胡適對這些儒生具有相當的「同情的瞭解」：

　　漢朝的儒教固然是迷信的、淺陋的、幼稚的。但這背後似乎含有深長的
意義。漢帝國的創業者從民間來，知識不高，而專制的淫威卻不減於秦始
皇、二世。夷三族、具五刑，不但行於高帝、呂后之時，並且見於寬仁的
文帝時代。儒家學者對於這獨裁政體，竟沒有抵抗的辦法。只有抬有一個
天來壓住皇帝，希望在那迷信的帝國宗教底下得著一點點制裁皇帝的神
權。董仲舒屢說「以人隨君，以君隨天」；「屈民而伸君，屈君而伸天」。

這正是墨教「上同於天」的意旨，後世儒者都依此說。其實孔孟都無「屈民伸君」之說，漢家建立的儒教乃是墨教的化身。[137]

更值得令人玩味的是，對董仲舒，胡適在開始的時候只是「存疑」，後來就完全是「同情的瞭解」了。他在1919年所寫的《中國哲學史大綱（卷中）》講義稿〈第五章，道士派的儒學〉裡說——請注意我用黑體字所標明的：

> 我以為董仲舒所以造出這種學說的理由，只因為他有一個「屈君而伸天」的觀念（說詳上章），要想用災異的話來做一種裁制君權的利器。那是有深意的主張。**再不然，便是因為他本是有道士氣的人，心中迷信天變陰陽之事，故附會《春秋》以成此說。這是無深意的主張。**[138]

然而，他在前一章，亦即〈第四章，董仲舒〉裡又說：

> 所以董仲舒一方面要「屈民而伸君」，一方面又要「屈君而伸天」。這是一種不得已的苦心。我們雖不能說那些人先存一個限制君權的觀念，但是那些人生在那時代，看著那時勢的情形，有意無意之中，遂不能不有這種雙方的主張。我們生在二千年後，先懷了二十世紀的成見，對於這種尊君信天的主張，自然不能滿意。但是讀史的人，須要有歷史的觀念，須要能替古人設心處地，方才可以懂得古人學說的真意義。例如讀董仲舒的《對策》，須先看漢武帝策問的題目是什麼。武帝問的是「三代受命，其符安在？災異之變，何緣而起？……何修何飾，而膏露降，百谷登，……受天之祐，享鬼神之靈？」董仲舒借著這個機會便發揮他的《春秋》之學，說：「視前世已行之事，以觀天人相與之際，甚可畏也」的道理。一個「畏」字，很寫得出他捧出「天」來嚇倒那迷信的皇帝的心理。所以我說這種學說的發生，依歷史的眼光來看，是很可原諒的。至於這種學說內

---

137 胡適，〈中國中古思想小史〉，《胡適全集》，6.294-297。

138 胡適，〈中國哲學史大綱卷中，第五章，道士派的儒學〉，《胡適全集》，5.759-760。

容的價值，那另是一個問題，又當別論了。[139]

　　董仲舒是否有心用「災異」的觀念來抑制君權，胡適原先所保持的「存疑」的態度是正確的。所謂「存疑」者也，就意味著說，既然沒有正反的證據，就只能存疑。胡適不老實的地方，就在於他對董仲舒在這方面的用心，只在《中國哲學史大綱（卷中）》講義稿〈第五章，道士派的儒學〉裡「存疑」了剎那。之後，從該講義稿〈第四章，董仲舒〉開始，到他1929年用英文所發表的〈漢朝定儒教為國教始末〉，到1930年所完成的《中國中古思想史長編》，到1932年完成的《中國中古思想小史》，甚至到了他的晚年，就都以沒有證據為基礎的「同情的瞭解」來取代「存疑」了。

　　胡適在缺乏證據應該「存疑」，卻又逕行立下「同情的瞭解」的結論的作法，在在地表現在他《中國通史》，第十六講，〈兩漢魏晉的思想趨勢〉的講義裡。這篇講義的寫作時間不明。稿紙眉上寫：「下星期日〔注：字跡不清〕（廿七日）上午十點前必須印出。」稿紙右側寫：「十二月廿四日上午十一點三刻收。」我判斷是1931年12月的講義稿。胡適在這篇講義稿裡說：

　　　　漢朝儒教實在是古中國教的中興，不是孔孟的儒學。其迷信之跡都由於民間勢力及政治背景。其中似「隱涵」有借天帝來制裁當時的無限君權之意義，如董仲舒所謂「屈民而伸君，屈君而伸天。」[140]

　　「似『隱涵』」這句話是關鍵。董仲舒「所謂的『屈民而伸君，屈君而伸天』」或許真「『隱涵』有借天帝來制裁當時的無限君權之意義。」然而，這是胡適的推測。在沒有證據支持的情況之下，胡適必須嚴守「似『隱涵』」這個詞所限定的意義，而不能像他後來的作法，乾脆把它「偷關漏稅」地略去，而斷定董仲舒是藉「屈民而伸君，屈君而伸天」的觀念，「來制裁當時的無限君權」。

139　胡適，〈中國哲學史大綱卷中，第四章，董仲舒〉，《胡適全集》，5.751-752。

140　胡適，〈兩漢魏晉的思想趨勢〉，《胡適全集》，8.235。

胡適會對董仲舒作「同情的瞭解」，可能因為董仲舒也代表了在漢帝國迷信、無為的時代氛圍裡少數具有積極的有為思想的儒生。胡適在《中國中古思想史長編》裡，特別闢出了第七章來歌頌「儒家的有為主義」。他說：

> 儒家的特別色彩就是想得君行道，想治理國家。孔子的栖栖皇皇，「知其不可而為之」，便是這種積極精神。孟子引舊記載，說「孔子三月無君則吊，出疆必載質（贄）」。
> 曾子說：「士不可以不弘毅，任重而道遠。」這是何等氣象！孟子說大丈夫應該「居天下之廣居，立天下之正位，行天下之大道，得志，與民由之；不得志，獨行其道。富貴不能淫，貧賤不能移，威武不能屈。」這都是儒家的積極人生觀。[141]

胡適所禮讚的漢朝具有積極人生觀的儒生，包括賈誼、晁錯、和董仲舒。這些儒生不是要力挽無為、敷衍苟安的狂瀾，就是要救濟政治、經濟、社會的問題。例如賈誼、晁錯的「削藩」之策，解決了諸王割據的局面，鞏固了中央的權力。他們重農抑商的政策，雖然胡適以現代資本主義的角度去看不能苟同，但他也承認他們的政策代表了「西漢儒生的社會政策，在政治上發生了很重大的影響。」重點是，胡適要強調政治講求有為，必須要有通盤的計畫。無為等於是姑息偷安：

> 在那個無為政治之下，這些儒生在那裡大聲疾呼的指出社會國家的病態，要求作積極的改革。我們也應該知道，那七十年的無為政治之下，所有一點點有為的政治都是幾個儒生的計畫。如叔孫通的定儀法，如賈誼、晁錯的減削諸侯，如晁錯的積貯政策，如賈誼的興學計畫。這都是國家的根本大計。他們的功罪和是非，也許都還有討論的餘地，但他們的積極有為的精神，不肯苟且偷安，不肯跟著一般人說「天下已安已治」，總想應付問題，總想尋求辦法。這種精神是值得史家注意的。

---

141 胡適，〈中國中古思想史長編〉，《胡適全集》，6.234。

秦始皇、李斯都有點開國氣象，魄力很大，想造成一個新局面。但中國第一次有這個統一大帝國，他們初次得了這一份絕大家私，實在有點手忙腳亂，應付不過來。秦始皇妄想長生不死，好讓他從容整理那大帝國。不料他驟然死倒。一個偌大帝國落在兩個小人之手，李斯的血還不曾乾，秦皇的天下已瓦解了。漢高帝也有點魄力，有點氣度，但太沒有學識了。單靠一點無賴的聰明，造成了第二個統一帝國。統一的事業剛成功，他就死了。這個偌大帝國又落在一個凶頑無識的婦人手裡。幾十年之中，大家都只是苟且敷衍過日子，從沒有一個通盤的計畫，也從沒有一個長治久安的規模，名為無為而治，其實只是姑息偷安而已。[142]

我在本部第一章裡分析了胡適從 1926 年歐遊以後對「計畫政治」的憧憬與狂熱。歐遊回國以後，由於對國民黨的失望，胡適的「計畫熱」急速退燒。這也是為什麼胡適到了 1933 年以後，自己也開始大談無為政治的理由。但這是後話。胡適在上海撰寫《中國中古思想史長編》的時候，就正是他的「計畫熱」雖然退燒、卻猶不死心的時候。因此他在《中國中古思想史長編》裡，特別闢出一節讚揚了他晚年寫〈容忍比自由更重要〉的時候，批判含有中國專制政體箝制新思想、新學術、新信仰、新藝術的「四誅」思想的《王制》那本書：

> 這個時代有一部《王制》出現，是文帝令博士諸生做的，是一部雛形的《周禮》，很可以代表這時代的儒生想做點通盤打算的建國方略的野心，所以很值得我們的注意。
>
> 《王制》是一個理想的帝國計畫。這班儒生都是從封建時代晚期的經典裡訓練出來的，又都有鑒於秦以孤立而亡，故他們的理想國家還是一個新式的封建國家，還是一個「等級分明」的社會。[143]

雖然《王制》所揭櫫的是一個「等級分明」的「新式的封建國家」，但是

142　胡適，〈中國中古思想史長編〉，《胡適全集》，6.255-256。

143　胡適，〈中國中古思想史長編〉，《胡適全集》，6.257。

胡適仍然對它讚口不絕。這是因為《王制》有一個「理想的帝國計畫」。它有官制、財政預算制度、教育選舉制度、的司法制度，以及均田制度。胡適在這一節的結論裡說：「《王制》是博士諸生所作，其中制度受孟子的影響最大，往往迂闊難以實行。文帝與竇后都是無為主義的信徒，他們雖令博士先生們做此書，也不過當他作一件假骨董看而已。」那麼，為什麼他仍然闢出專節討論這本書呢？原因無它，就是因為《王制》是一個「理想的帝國計畫」。

胡適不但讚揚「迂闊」的《王制》，他甚至頌揚專制、壓迫學術思想的李斯。他在「李斯」一節長篇地徵引了李斯的焚書議以後，加按語說：

> 這一篇大文章受了兩千多年的咒罵，到了今日應該可以得著比較公平冷靜的估價了。我們研究中國古代思想史的人，看了這篇宣言，並不覺得有什麼可以驚異的論點。古來的思想家，無論是哪一派，都有壓迫異己思想的傾向……古代思想派雖多，在壓迫異己的思想和言論一點上，他們是一致的。他們不幸「無勢以臨之，無刑以禁之」，故只能說罷了，都不曾做出秦始皇、李斯的奇蹟。李斯是有勢、有刑的帝國大丞相，故能實行當日儒、墨、名、法所公同主張的壓迫政策。這叫做「一朝權在手，便把令來行。」孔丘、墨翟、荀卿、李斯，易地則皆然，有什麼奇怪？後世儒者對於孔丘殺少正卯的傳說都不曾有貶詞，獨要極力醜詆李斯的焚書政策，真是知二五而不知一十了。

李斯大膽反對「不師今而學古」、「道古以害今，飾虛言以亂實」、相信進化、主張變法。胡適讚揚說：「這種思想可算是中國古代思想中最大膽、最徹底的部分。」他為李斯伸冤，呼籲大家要敬仰李斯，說他是中國歷史上極偉大的政治家：

> 李斯的焚書政策只是要掃除一切「非愚即誣」的書籍，叫人回頭研究現代的法律制度，上「以法為教」，下「以吏為師」。他不是有意要「愚黔首」，只是如始皇說的：「收天下書中不用者盡去之」。翻成了今日的語言，這種政策不過等於廢除四書五經，禁止人做八股，教人多研究一點現

代的法律、經濟、政治的知識。這有什麼希奇呢？我們至多不過嫌李斯當日稍稍動了一點火氣，遂成了一種恐怖政策。不僅是取締那應該取締的「以古非今」，竟取消一切「私學」的權利，摧殘一切批評政治的自由了。但政治的專制固然可怕，崇古思想的專制其實更可怕。秦帝國的專制權威，不久便被陳涉、項羽推翻了。但崇古思想的專制權威復活之後，便沒有第二個韓非、李斯敢起來造反了。我們在二千多年之後，看飽了二千年「道古以害今，飾虛言以亂實」的無窮毒害，我們不能不承認韓非、李斯是中國歷史上極偉大的政治家。他們採取的手段雖然不能完全叫我們贊同，然而他們大膽的反對「不師今而學古」的精神是永永不可埋沒的，是應該受我們的敬仰的。[144]

一個自詡、同時一直被譽為民主導師的人，會說出「政治的專制固然可怕，崇古思想的專制其實更可怕。」這樣千古的奇論，這是匪夷所思！一個在晚年反共至上論之下批評「一朝權在手，便把令來行」的恐怖的容忍論者，會在寫《中國中古思想史長編》的時候吹鬍子瞪眼反問說：孔丘、墨翟、荀卿、李斯在一朝得勢的時候，不都是這麼作嗎、這「有什麼奇怪？」胡適會在他即將開始楬櫫他的無為政治理念的前夕，對李斯作出這樣驚人的禮讚是不難理解的。他留學時代就說過：「打個壞主意，勝於沒主意。」1922年在「好政府主義」興頭上的他說：「計畫是效率的源頭，一個平庸的計畫勝於無計畫的摸索。」一直到1928年，還有我在本部第一章裡所徵引的他該年4月28日的日記裡記他呼籲國民黨：「為國家大政立一根本計畫，以代替近年來七拼八湊的方法與組織。」

事實上，胡適在寫《中國中古思想史長編》的時候，他的思路分成好幾線，並不是完全兼容並蓄的。一方面，他震懾於秦漢一統的新氣象。他欽佩李斯輔佐秦始皇：「廢除封建制度、分中國為郡縣、統一法度、劃一度量衡、同一文字。」他說這些「都是中國有歷史以來的絕大改革。」[145]他盛讚漢朝「不但

144　胡適，〈中國中古思想史長編〉，《胡適全集》，6.79-80。

145　胡適，〈中國中古思想史長編〉，《胡適全集》，6.64。

造成了四百年的一統局面，並且建立了兩千年統一帝國的基礎。」[146]但在另一方面，他也慨嘆「在秦始皇、李斯的鐵手腕之下，學術思想都遭到很嚴厲的壓迫。」[147]他說「儒者在那列國對峙的時代，可以自由往來各國。合則留，不合則去。故他們還可以保存他們的獨立精神和高尚人格。」[148]然而，「秦漢一統之後，政治的大權集中了，思想的中心也就跟著政府的趨向改換。李斯很明白地提倡『別黑白而定一尊』的政策。焚燒詩書百家語、禁止私學、禁止以古非今、禁止批評政治。這時候雖然也有私藏的書，但在這統一的專制帝政之下，人人都有『無所逃於天地之間』的感覺。」[149]

　　然而，「無所逃於天地之間」，並不意味著說就要遁世、不問世事。胡適之所以會禮讚漢朝具有積極人生觀的賈誼、晁錯、和董仲舒，就正是因為他們體現了孔子「知其不可而為之」，以及曾子「士不可以不弘毅，任重而道遠」的精神。這些儒生力挽迷信的狂瀾而不得，因為這是大勢所趨。胡適以漢武帝晚年的「巫蠱」事件作為中國已經深入中古時代的徵兆。他認為中國在秦漢之間已經逐漸走入中古時代，證據就是無為、消極的政治哲學。他說：「無為而治本是先秦思想家公認的一個政治理想。」[150]他又說：「無為的政治思想是弱者的哲學，是無力的主張。根本的缺陷只在於沒有辦法，沒有制裁的能力。」[151]他批判地說：

　　　古代思想裡本不少消極的思想，本不少出世的人生觀。左派的思想家，
　　如老子、楊朱，思想雖然透闢，而生活的態度卻趨向消極。故左派的思想
　　末流容易走向頹廢出世的路上去。不過當時國際的競爭激烈，志行堅強的
　　人還不甘頹廢。故孔子栖栖皇皇，知其不可而為之；故墨子摩頂放踵以利
　　天下。遺風所被，還能維持一個積極有為的人世界。但戰國晚期，頹廢的

146　胡適，〈中國中古思想史長編〉，《胡適全集》，6.67。
147　胡適，〈中國中古思想史長編〉，《胡適全集》，6.74。
148　胡適，〈中國中古思想史長編〉，《胡適全集》，6.234。
149　胡適，〈中國中古思想史長編〉，《胡適全集》，6.68。
150　胡適，〈中國中古思想史長編〉，《胡適全集》，6.88。
151　胡適，〈中國中古思想史長編〉，《胡適全集》，6.108。

人生觀和出世求神仙的生活都成了時髦的風尚了。燕昭王和齊威、宣王都曾獎勵求神仙的事。（見《史記》二八）《呂氏春秋》說：

　　當今之世，求有道之士，則於四海之內，山谷之中，僻遠幽閒之所。（〈謹聽篇〉）

又說：

　　單豹好術，離俗棄塵，不食谷實，不衣芮（絮）溫，身居山林岩堀，以全其身。（〈必己篇〉）
　　這都是中國思想逐漸走入中古時期的徵象。[152]

　　也許由於胡適認為中國早在被佛教征服以前就已經進入中古時代了，他這時候所撰寫的中國中古史，對佛教的傳入與發展平鋪直敘，出奇地溫和。當然，這也可能因為是《中國中古思想史長編》只寫到西漢「儒家的有為主義」，他還沒有機會談到佛教。他在1931、1932年間寫的《中國中古思想小史》講義也是未完稿。據他自己在手稿封面上的批語，他原擬寫十四講，結果只寫成了十二講。然而，在《中國中古思想小史》裡，他不但談到了佛教的發生、到傳入中國，而且也談到了印度佛教如何變為中國禪學。值得注意的是，雖然他在第一講為中古時期斷代的時候，用了一些相當批判性的字眼，例如：「佛教徒的焚臂遺身」；又如：「中國思想從中古佛教下逐漸抬起頭來，但帶著極大的傷痕。」但是，在《中國中古思想小史》裡，「焚臂遺身」、「傷痕」云云，完全不見蹤影。當然，這也可能跟《中國中古思想小史》的體例有關。那是上課講義的提要，自然不能像他寫《長編》一樣，「放開手去整理原料，放開手去試寫專題研究。不受字數的限制，不問篇幅的短長。」

　　更重要的是，既然中國在佛教傳入以前就已經進入了中古時代，則佛教的禍害，只不過是使得中國更加中古化而已。用胡適的話來說，只不過是從「小巫」變成「大巫」而已。因此，我推測胡適在寫《中國中古思想小史》的時

152　胡適，〈中國中古思想史長編〉，《胡適全集》，6.90-91。

候，他的重點在於強調中國士人與佛教搏鬥，進而解脫佛教思想的桎梏的過程。君不見他在第一講中古時代大綱第四節「中古思想的特別色彩」、第三段：「中國思想與印度思想的暗鬥」的綱目為：「甲、印度思想的勝利。乙、中國思想的反抗。丙、中國思想從中古佛教下逐漸抬起頭來，但帶著極大的傷痕。」

佛教進入中國的背景，就像胡適在第一講斷代的時候所說的，是中國思想的宗教化。「黃老無為出世的思想」以及「儒教」他已經說過了。剩下來的就是道教了。胡適說：「東漢時，道家思想漸漸得士大夫的信仰。恰巧那時佛教已進來了，漸漸行於民間，那時已有人用黃老之說來解釋佛教，使人容易瞭解領受。」他說佛教的推行，也相對地把道家思想也漸漸行到民間去了。張陵的五斗米道教、太平道張角兄弟所領導的黃巾之亂就是極端的例子。

這種從民間直到皇宮，都崇奉黃老的風氣，連知識階級也受其傳染：「漢魏晉三朝禪代之際，有骨氣的人做事也不易，說話也不易，於是多逃到談玄說妙的一路上去。」這就是「清談」時代：「論宇宙則主張自然，崇拜虛無；談政治則主張放任，反對干涉；論人生則主張適性自由，曠達恣意。」換句話說，這時的中國思想界已經為佛教敞開大門了：「曠達的人生觀和神仙出世的理想是一條路的。清談的風氣是佛教思想的絕好預備。從虛無到空假，從神仙到羅漢菩薩，那是很容易過渡的了。」[153]

胡適說佛教傳入中國，大約是在西漢時代，正確年代已不可考了。他說一、二世紀中，佛書譯出的都是小品，文字也不高明。《四十二章經》是一個例外。到三世紀時，吳有支謙等，晉有竺法護等，譯經很多，文字也因中國助手的潤色，大致都可讀。他說：「這時代正是中國士大夫愛談《老子》、《莊子》的時代。佛教的思想說空破有，以寂滅為歸宿，正合當時士大夫的風尚。所以在三、四兩世紀之中，佛教思想漸漸成為上流社會最時髦的思想。」

四、五世紀之間，佛教出了三個很偉大的人物：道安（385年卒）、鳩摩羅什（409年卒）、慧遠（416年卒）。他們的譯經事業，為佛教在中國建立下了深厚的基礎。胡適說：中國的佛教到鳩摩羅什、慧遠的時代，根基已立，地

---

153 胡適，〈中國中古思想小史〉，《胡適全集》，6.305-307。

位已高，人才已多，經典也已略完備，「輸入時期」至此可算完成了[154]。

　　胡適講佛教的輸入非常簡略，因為他的重點是要強調佛教在中國的演變。他說道安、鳩摩羅什、與慧遠都注重禪法。他認為：「當時佛教徒中的知識分子所以熱心提倡禪法，正是因為印度的瑜伽禪法從靜坐調息以至於四禪定六神通，最合那個魏晉時代清談虛無而夢想神仙的心理。」道安倡之，鳩摩羅什、慧遠繼之。於是五世紀初期以後，中國佛教發展的方向遂傾向於禪學的方面。

　　胡適強調禪學的重點在哪裡呢？他說：「戒、定、慧，為佛法三門。戒是守律，定是禪定，慧是智慧。倘使在那個曠達頹廢的風氣之中，忽然產出了嚴守戒律的佛教，豈不成了世間奇蹟？」如果「戒」不合當時中國人的心態，那「慧」如何呢？胡適說：「智慧即是六波羅蜜中的「般若波羅蜜」。那個時代（四世紀五世紀之間），印度佛教正盛行龍樹一派的空宗，又稱「中道」。他們說一切法都是空的，都是假名。這一派的思想含有絕大的破壞性，有解放的功能。」換句話說，「慧」與「定」是相輔相成的：

　　　從二世紀之末以來，他們的經論（《般若》一系的經，《大智度論》《中論》《十二門論》等）陸續輸入中國。這種極端的假名論（nominalism），和中國魏晉時代反對名教，崇尚虛無的風氣也最相投。所以這一派的思想不久便風靡了全中國的思想界。當時所謂「禪智」，所謂「定慧雙修」，其所謂「慧」與「智」，大致只是這一派的思想。

　　到了五世紀前半，出了一個革命和尚，名叫道生（434年卒）。他是慧遠的弟子，又曾從羅什受業。他說：「夫象以盡意，得意則象忘。言以詮理，入理則言息。自經典東流，譯人重阻，多守滯文，鮮見圓義。若忘筌取魚，始可與言道矣。」胡適說這是很重要的宣言。意思是說：「時候到了，我們中國人可以跳過這些拘滯的文字，可以自己創造了。經論文字不過是一些達意的符號（象），意義已得著了，那些符號可以丟掉了。」道生創造的是「頓悟成佛論」。胡適說這個頓悟論是中國思想對印度宗教的第一聲抗議，後來遂開南方

154 胡適，〈中國中古思想小史〉，《胡適全集》，6.313-314。

「頓宗」的革命宗派。只是，胡適說那個時代究竟還是迷信印度的時代。道生的頓悟論的革命成功還得等候三百年[155]。

按照胡適的說法，印度佛教要變為中國禪學還得經過一個轉折的歷程。他說：「七世紀中，中國佛教中起了兩個大運動，一個可說是古典主義的，一個可說是浪漫主義的。」古典主義的代表是玄奘（664年卒）。由於他的宗旨是回到印度去尋求最後的權威，來做中國佛教的標準，所以胡適稱他為古典主義的代表。他出遊印度十七年。回國之後，在十九年當中（645-663），譯出經論凡一千三百三十卷。連唐太宗高宗都為他作序。問題是，玄奘從印度帶回來的，是唯識的心理學與因明的論理學。這種心理學把心的官能和心的對象等分析作六百六十法，可算是繁瑣的極致了。胡適說：「中國人的思想習慣吃不下這一帖藥，中國的語言文字也不夠表現這種牛毛尖上的分析。雖有玄奘一派的提倡，雖有帝王的庇護，這個古典運動終歸失敗了。」

玄奘的唯識宗以外，還有密宗，在日本叫做真言宗。真言即是咒語，即是陀羅尼（dhāraṇī）。密宗「相信文字聲音都有不可思議的神力，一個字或一個字母各有宗教的意義。他們的宗教完全成了咒誦、祈禱、軌儀的宗教。」胡適最排斥密宗，他用「最下流的宗教」這個名詞來稱呼它。他甚至說：唯識與密教「其實只是一個運動，密教即是唯識玄學的產兒，唯識只是密教的門面幌子。古典主義的運動要直接回到印度，而印度給了我們這兩件最新又最下流的法寶。幸而這個中華民族血管裡還有一點抵抗力，這兩件法寶都沒有發生多大效力。」

古典主義是當時佛教的兩個運動之一。另外一個就是浪漫主義的運動。這個浪漫主義的運動，是中國佛教一個內部大革命，亦即，禪宗運動。其首領是廣東一個不識字的慧能（713年卒）。慧能說：不用求淨土，淨土只在你心中。不用坐禪，見你本性即是禪。不用修功德，見性是功，平等是德。胡適說，「在那個玄奘提倡唯識的繁瑣玄學的時代，此種頓悟教義自是一大革命勢力。」

就在慧能在南方獨唱頓悟教義之時，荊州玉泉寺有個備受朝野的尊崇神秀老禪師。他被武則天迎請到長安（約700年）。他自稱是菩提達摩建立的楞伽

---

155 胡適，〈中國中古思想小史〉，《胡適全集》，6.316-317。

宗的嫡派。在他死後，他傳法的世系被定為如下：達摩→惠可→僧璨→道信→
弘忍→神秀。然而，就在神秀的弟子普寂、義福氣勢最盛的時候，忽然開元二
十二年（734）滑台大雲寺有一個神會和尚，在大會上宣言：弘忍並不曾傳法
與神秀，真正傳法人乃是嶺南的慧能。

　　天寶四年（745），神會到了東京，在荷澤寺又繼續「定南宗宗旨」，他攻
擊神秀、普寂一系為「北宗」的偽法統，他稱慧能一系為「菩提達摩南宗」的
正統。他提倡「頓悟」的教義，指斥北宗為「漸教」。普寂一系的人反擊神
會，由御史盧奕奏劾神會「聚徒疑萌不利」，遂把他趕出東京。後來，安祿山
造反，兩京陷落，皇帝出逃。等郭子儀收復兩京以後，神會又跑回東京來了。
那時大亂之後，軍餉困難，神會以九十高年，挺身出來幫助國家籌募軍餉，建
立大功。肅宗回京，很敬重他。他死（762）後三十四年，朝廷下敕立神會為
第七祖。於是神會的北伐成功，慧能的南宗遂成為禪宗的正統了。

　　胡適說，神會北伐成功以後，全國的禪師也都自稱出於菩提達摩一派。牛
頭山一派自稱出於第四代道信。兩蜀資州智詵派下的淨眾寺一派，和保唐寺一
派，也都自稱得著慧能的傳法袈裟。於是人人都依草附木，自稱正統了。凡有
高超見解的和尚，名為「長老」，自居一室；其餘僧眾同居僧堂。禪居的特點
是不立佛殿，唯立法堂。佛教寺院到此為一大革命。後世所謂「禪其律居」，
只是這種禪院的傳播。於是，胡適說，八世紀以下，「禪學」替代了佛教，禪
院替代了律居，詩文中的「禪」字即是「佛教」的代名詞。佛教已完全變成禪
學了[156]。

　　九世紀中唐武宗的滅佛舉動，雖然暫時打擊了佛教。然而，胡適說當時佛
教已深入人心，不是短期的摧殘所能毀滅的。更重要的是，這並不影響到禪
宗。胡適說，禪宗不靠寺院，不靠佛像，不靠經典，不靠一切表面的形式儀
節。毀法拆寺，全不能妨害這一宗的存在和發展，只可以使他們更感覺這些外
物的不必要。九世紀的後期，成為禪學最發達的時代。並且因為毀法的暗示，
這時代的禪學很明顯的表示一種破壞偶像的傾向，成為「呵佛罵祖」的禪學。

　　「呵佛罵祖」，宣鑒是一個典型。胡適舉出的例子包括：「佛是老胡屎

156　胡適，〈中國中古思想小史〉，《胡適全集》，6.320-327。

橛」、「佛是大殺人賊，賺多少人入淫魔坑！」、「文殊、普賢是田庫奴」、「達摩是老臊胡，十地菩薩是擔屎漢，等妙二覺是破戒凡夫，菩提涅槃是系驢橛，十二分教是鬼神簿，拭瘡疣紙，四果三賢初心十地是守古冢鬼！」

禪宗為什麼「呵佛罵祖」？胡適說：「向來的笨漢都以為不是真呵罵，只是一種禪機！但我們研究禪學思想的演進，可以斷言德山和尚真是苦口婆心的呵佛罵祖，要人知道『佛是老胡屎橛，聖是空名』，好替人『解卻繩索，脫卻籠頭，卸卻角馱，作個好人去』。」換句話說，「呵佛罵祖」只是要教人莫向外馳求成佛作祖；教人要人信仰自己與佛祖無別，不受人惑。禪宗裡的你喝一聲，我打一棒；賓主對喝，或賓主對棒。胡適指斥是極端主觀的方法，最容易自欺欺人。

胡適說：「中國禪學起於七世紀，發達於八世紀，極盛於九世紀。九世紀以下，臨濟宗最盛，諸家皆漸衰微。」胡適總結他的禪宗歷史，說：

> 禪學教人知道佛性本自具足，莫向外馳求；教人知道無佛可作，無法可求，無涅槃菩提可證。這種意思，一經說破，好像太淺近，不能叫人心服。
>
> 所以禪宗大師不肯輕易替學人解說講演，只讓學者自己去體會領悟。香嚴和尚上堂請溈山和尚說明，溈山說：「我說的是我的，終不干汝事。」香嚴辭去，行腳四方，有一天他正在除草，因瓦礫敲竹作呼響，忽然省悟，就焚香沐浴，遙禮山，祝云：「和尚大悲，恩逾父母。當時若為我說，哪有今日？」這是禪學的第一個方法：不說破。

因為要不說破，所以禪宗有種種奇怪的教學方法，亦即，「禪機」：拍手、把鼻、掀翻禪床、豎起拂子、蹺腳、舉拳、大笑、吐舌、一棒、一喝等等都是。此外，又有所答非所問，驢頭不對馬嘴，而實含深意，這也是方法的一種。學徒如果不懂，就只有再問。問了還是不懂，有時挨一頓棒，有時挨一個嘴巴。這是禪學的第二個方法。

禪學第三個方法是：行腳，亦即，師父打發學徒下山去遊方行腳，往別個叢林去碰碰機緣：

於是他行腳四方，遍參諸方大師，飽嘗風塵行旅之苦，識見日廣，經驗日深，忽然有一天他聽見樹上鳥啼，或聞著瓶中花香，或聽人念一句情詩，或看見蘋果落地——他忽然大徹大悟了。「桶底脫了！」到此時候，他才相信，拳頭原來不過是拳頭，三寶原來真是禾麥豆！這叫做踏破鐵鞋無覓處，得來全不費工夫。

又如：

有個五台山和尚在廬山歸宗寺有一夜巡堂，忽然大叫：「我大悟也！」次日老師父問他見到了什麼道理，他說：「尼姑天然是女人做的！」說破了真不值半文錢。

胡適嘲笑禪宗的方法。他說：

這種方法實在是太偏向主觀的瞭解。你喝一聲，我打一棒；你豎起拂子，我掀倒繩床，彼此呵呵大笑。你也不敢說我不懂，我也不敢笑你不會。《傳燈錄》諸書所記種種禪機，大部分是以訛傳訛的，隨心捏造的，自欺欺人的。其中自然有幾個大師，確然是有自己的見地，有自覺的教育方法。但大多數的和尚不過是做模做樣，捕風捉影；他們的禪不過是野狐禪、口頭禪而已。

禪學的衰歇，最大原因只是自身的腐化，禪太多了，逃不了去，終於死在禪下！後來理學起來，指斥禪學為「心學」，這就是說，禪學太主觀了，缺乏客觀的是非真偽的標準。[157]

胡適在寫《中國中古思想小史》的時候，由於講義的體例，和他要凸顯出禪宗不是印度佛教，而是中國對佛教所從事的獨立戰爭的結果，他並沒有申論佛教對中國的禍害。然而，這一直是他所最為痛心疾首的所在。從他的角度來

---

[157] 胡適，〈中國中古思想小史〉，《胡適全集》，6.328-335。

看，中國的不幸，就在於中國古已有之的「中國教」太過簡單素樸。而到了漢
魏晉之際，「清談」、老莊思想又剛好盛行。這就為佛教的入侵敞開了大門。
他在《白話文學史》（上卷）裡有兩段話，就是他典型的說法。《白話文學史》
（上卷）是他1928年在上海所寫的。這也就是說，在《中國中古哲學史長編》
之前寫的。他說：

> 中國古代的一點點樸素簡陋的宗教見了這個偉大富麗的宗教，真正是
> 「小巫見大巫」了。幾百年之中，上自帝王公卿，學士文人，下至愚夫愚
> 婦，都受這新來宗教的震盪與蠱惑；風氣之趨，佛教遂征服了全中國。

而且：

> 那些印度聖人絞起腦筋來，既不受空間的限制，又不受時間的限制，談
> 世界則何止三千大千，談天則何止三十三天，談地獄則何止十層十八層，
> 一切都是無邊無盡。[158]

胡適一輩子一再地慨歎佛教蠱惑中國人的魔力。他1931年在「太平洋學
會」上所發表的〈中國歷史上的宗教與哲學〉，就是一個典型的代表。他說：

> 除卻了其與道家哲學具有虛無的共通性以外，佛教違背了所有中國最好
> 的傳統。出家，從根本上就違背了中國社會認為傳宗接代是每一個男人的
> 無上責任的觀念。托缽乞食，是中國政治社會思想家所厭惡的，因為他們
> 擔心會為社會造成大批的寄生人口。苦修苦行，也違反了儒家視個人的身
> 體為「父母之遺體」、必須「全受全歸」的人文主義傳統。其虛無縹緲的
> 玄思，糾結纏繞無已（hair-splitting）、美輪美奐的架構（architectonic
> structure），與中國素樸、率直的思考方式格格不入。

---

158 胡適，〈白話文學史（上卷）〉，《胡適全集》，11.344-345。

　　不幸的是，中國人就是被佛教的宗教思想和法式給蠱惑、震懾住了。胡適說中國人就像俗語說「小巫見大巫」一樣，完全被佛教這個「大巫」所收服了。最讓胡適瞠目結舌的是焚指焚身的作為。他說：

　　　在公元519年所編纂的《高僧傳》與654年所編纂的《續高僧傳》，記載了二十幾個和尚焚身的事蹟。《高僧傳》裡所記載的，有七件發生在短短的四十年間（451-491）。其中一件，地點在建業〔注：今南京，焚身者慧益〕，發生在463年。觀禮者，為南朝的孝武帝、諸王，以及滿朝的文武大臣，以及成千上萬哀嚎的民眾。

胡適以此為例，痛心疾首地作總結說：

　　　人文主義的中國，在這個印度宗教的催眠之下，真的是已經為宗教而瘋狂了！當我們回想《孝經》裡有「身體髮膚受之父母，不敢毀傷」這段話的時候，我們就可以體認到中國被佛教征服，確實是徹徹底底了。[159]

　　然而，胡適並不是完全悲觀的。中國雖然歷經一千多年的黑暗的中古化歷程。這一千多年的中古黑暗時代，包括了「中國教」的反撲以及其與漢朝「儒教」的結合，也包括了將近千年的佛教征服中國的歷程。在胡適所詮釋的中國中古思想史裡，中國對佛教的解放戰爭是他不言而喻的重點。他說，中國對印度佛教的解放戰爭有三條路可走：一、迫害與杯葛；二、模仿與取代；三、改變與吸收。他說中國這三條路都走了。最終贏得了這場獨立戰爭[160]。

　　胡適所謂的「迫害與杯葛」，指的當然是歷史上的滅佛運動。胡適一再強調歷史上的滅佛運動，背後的一大力量就是道教。「模仿與取代」指的是道教由模仿而取代佛教的經過。由於胡適在寫〈中國歷史上的宗教與哲學〉的時候，還沒有對道教作過研究，所以，他在該文裡談到道教的時候，只說它是

159　胡適，"Religion and Philosophy in Chinese History," 《胡適全集》，36.592-594。

160　胡適，"Religion and Philosophy in Chinese History," 《胡適全集》，36.595。

「中國教」的新瓶舊酒，完全沒有提到佛教。然而，他1936年在哈佛大學三百週年校慶所講的〈中國的印度化：一個文化假借的案例〉（The Indianization of China: A Case Study in Cultural Borrowing），就有一段說明了道教這個模仿與取代的情形：

> 道教作為一個老百姓的宗教（有別於作為哲學的道家），是在佛教逐漸傳播到中國幾個世紀以後的事情。「道」就是「路」。公元二世紀末，「路」有好幾條。在公元三世紀以後，道教的一支，有慈善機構、齋醮與認罪懺悔的法式，以及眾神祭拜的儀式，逐漸在老百姓以及上層社會擁有大量的信徒。
>
> 道教是早期中國人的「中國教」的強化版（consolidated form）。它受到了外來的佛教宗教體系強烈的刺激。道教似乎具有強烈的動機，要用全盤模仿的方法，來取代並消滅這個外來的競爭者。它接受了這個印度宗教裡的天堂與地獄的觀念，給予它們中國的名字，並派任中國的神祇去管轄。《道藏》抄襲佛經。佛教的法式，道教毫不客氣地拿來挪用。道士、道姑的體制取法於佛教和尚、尼姑的體制。道家的打坐，毫無疑問地是來自於印度禪定。佛教的「業障」與「輪迴」的觀念，也被道教挪用來作為其善惡報應的中心觀念。道教對「輪迴」觀念的修訂，是讓個人可以藉著修煉、內丹，以及功德而成仙，不再為輪迴所困。161

一輩子都痛恨制度化的宗教的胡適，當然不會以道教的模仿與取代佛教作為滿足，因為這只是用迷信取代迷信。用他在〈中國歷史上的宗教與哲學〉裡的話來說：道教是「把佛教裡最糟的成分和新舊『中國教』裡最糟的成分結合在一起，所成的一個雜種的宗教（a bastard religion）。」162

胡適所謂的「改變與吸收」的道路，就是他在《中國中古思想小史》裡所

161　胡適，"The Indianization of China: A Case Study in Cultural Borrowing,"《胡適全集》，37.354-355。

162　胡適，"Religion and Philosophy in Chinese History,"《胡適全集》，36.597。

描述的禪學轉化了印度佛教的故事。再引他在〈中國歷史上的宗教與哲學〉裡
的話來說：

> 禪學完全不是佛教。它是佛教經過了好幾個世紀內部演化的結果。那是
> 由於中國民族理性主義的心態逐漸抬頭所造成的一個特殊的蛻變。「禪」
> 即「禪定」。然而，中國的「禪」，等於是一個別除了哈姆雷特這個角色
> 的《哈姆雷特》（注：用莎士比亞的《哈姆雷特》作隱喻）。它只是一個
> 方法，一個非常成熟的思想訓練的方法。如果它教了人們什麼，那就是教
> 人要從「佛性」、「涅槃」、「淨土」這些毫無用處的觀念裡解放出來。世
> 界上根本就沒有「救贖」、「佛性」，以及魔法這些東西。[163]

　　然而，禪學也不是胡適所謂的中國對抗佛教的「獨立戰爭」的最後戰將。
這些肩負著對抗佛教的「獨立戰爭」使命的最後戰將是宋儒。胡適解釋說：

> 宋學是一個由學者、政治家所領導的入世的運動。其理想是格物、致
> 知、與修身。修身並不是目的。它只不過是齊家、治國、平天下的第一步
> 而已。其目的是社會與政治。同時，這些儒者譴責「禪宗」是一種拒絕承
> 認客觀理性存在的「主觀的哲學」。他們認為「理」具有普世的正確性，
> 是可以由人去追求並驗證的。因此，他們的學說叫做「理學」（Rational
> Philosophy）。[164]

　　在胡適的中國中古思想詮釋史裡，理學終究贏得了中古中國對抗佛教的
「獨立戰爭」。他因此作出了一個石破天驚的結論：

> 從公元955年（注：中國歷史上第四次，也是最後一次的滅佛運動）以
> 後，完全不需要透過迫害，佛教與禪宗就逐漸從中國的歷史舞台上退卻，

---

163 胡適，"Religion and Philosophy in Chinese History,"《胡適全集》，36.600。
164 胡適，"Religion and Philosophy in Chinese History,"《胡適全集》，36.601。

以至於壽終正寢。165

石破天驚，因為胡適有什麼證據說佛教和禪宗在中國社會上壽終正寢了呢？我在《日正當中》第一次提到胡適這個石破天驚的結論的時候，百思不解。完全不能理解他怎麼能夠作出這麼一個不符合歷史與社會實際的結論。現在，我終於在胡適為1931年紐約出版的《社會科學百科全書》（*Encyclopaedia of the Social Sciences*）所寫的〈儒家〉（Confucianism）一條裡找到答案。胡適在這條裡分析理學的興起的時候說：

> 雖然理學在開始的時候，因為反對當時在朝的領袖，而受到迫害。可是它傳播極快，而且廣受尊崇。佛教與道教不再能吸引知識分子的興趣，以至於壽終正寢。到今天，它們只殘存在愚夫愚婦的迷信裡（superstitions of the ignorant）。166

原來胡適說佛、道兩教在中國已經壽終正寢的說法，指的是在他所謂的知識分子當中。好個菁英主義！且不論是否所有中國的知識分子都不信佛、道兩教，包括禪宗，他一輩子一再說佛、道、禪宗，已經在中國壽終正寢，原來是不包括中國的「愚夫愚婦」。這等於是說這些「愚夫愚婦」不是中國人，或者至少不是他定義下的中國人！

那麼，中國的中古史是否在理學興起以後就結束了呢？胡適的答案是否定的。他在〈中國歷史上的宗教與哲學〉的結論裡宣稱：「理學家從來就沒有體認到中古的陰魂（ghost），在他們的哲學系統裡借屍還魂，而且注定要使其思想貧瘠與無用。」胡適在此處，是回到他在《先秦名學史》裡批判理學的觀點，說由於理學家欠缺現代科學家所具有的儀器與嚴謹的方法，他們的格物窮理的理想只流於一個空想。他下結論說：

165　胡適，"Religion and Philosophy in Chinese History,"《胡適全集》，36.602。

166　胡適，"Confucianism,"《胡適全集》，36.556。

我想我在本文裡所勾畫出來的故事，充分地顯示出，在中國歷史文化的發展歷程裡，宗教與哲學是一直糾結在一起的。在中國漫長歷史的每一個階段，中國哲學裡的理性與人文主義，都是一而再、再而三地被國家以及老百姓的宗教所具有的龐大勢力所阻撓（frustrated）與擠壓（minimized）。當老百姓素樸的「中國教」得到大乘佛教這個巨碩的宗教的增援以後，這種勢力就如虎添翼一般地變得更加可怕（formidable）、更加堅不可摧（impregnable）。

然而，這個民族的人文主義與理性主義的心態是不屈不撓的。它一再地奮戰，終於成功地把中國從中古宗教的利爪之下掙脫出來，並迂緩地建立一個入世的哲學與人文主義的文明。這個工程浩大，成果雖然不能讓人滿意，但已經可以說是一個了不起的成就了。然而，這是一個未竟之業。讓我們希望這個民族的理性主義與人文主義，在配備了現代科學與技術所提供的新武器以後，能以煥新的活力，重新拾起其祖先的未竟之業，而取得最後的勝利。[167]

「中國哲學裡的理性與人文主義，都是一而再、再而三地被國家以及老百姓的宗教所具有的龐大勢力所阻撓與擠壓。」這又是另外一個奇論！如果胡適說佛道兩教在中國已經壽終正寢的奇論，彷彿意指「愚夫愚婦」不是中國人，則胡適這第二個奇論則反向而行，彷彿意指知識分子不是中國人。

胡適渾然忘卻了他在《中國中古思想小史》裡，分析了儒生在「儒教」的創建上所扮演的雙重角色：一種是推波助瀾；另一種則是欲挽狂瀾。就整個大的政治環境而言，胡適說大部分的儒生扮演的角色是推波助瀾。所以胡適才會說：「武帝建立的帝國宗教實在是儒生與方士合作的結果。」

我們與其說胡適矛盾，不如說這又是胡適的菁英主義作怪的結果。釐清了胡適這個菁英主義，可以幫助我們精確地瞭解胡適為什麼在他年輕的時候，會把先秦諸子的時代命名為「哲人時代」的理由。他這個「哲人時代」的命意，是相對於那「愚夫愚婦」所迷信的「中國教」而言的。胡適說先秦的三家主要

167　胡適，"Religion and Philosophy in Chinese History,"《胡適全集》，36.605-606。

哲學，老子意識形態居左，孔子中間偏左，墨子居右。然而，不管他們的意識形態的偏向如何，不管他們對「中國教」是採取批判（老子）、同情的瞭解（孔子），或者辯護（墨子）的態度，他們都有別於「愚夫愚婦」；他們不只是出污泥而不染，而根本就是要化污泥為淳土。如其不可得，則退而求其次，污泥不清、我自清：

> 如果我們這個民族今天跟世界上其他的民族比起來，似乎比較不受到宗教的影響，那只不過是因為我們歷史上的思想家──我們中國的伏爾泰、赫胥黎──在很久以前就已經跟宗教的勢力打過殊死戰。如果中國到今天還未能建立一個真正的人文主義的文明，那只不過是因為中國思想裡所具有的理性主義與人文主義的傾向，一而再、再而三地被那無比碩大的宗教勢力所阻撓的結果。[168]

寒傖史觀：文藝復興篇

胡適在寫成《中國哲學史大綱》（上卷）的時候，對中國哲學史已經理出了一個完整的骨架，從上古、中古、到近世。如果不是因為他當時在思想上產生的斷層，如果他當時能按照他的理念寫下去，他是大有可能完成他的《中國哲學史》的中卷與下卷的。他在《中國哲學史大綱》（上卷）裡對近世哲學的概述如下：

> 近世哲學。唐以後，印度哲學已漸漸成為中國思想文明的一部分。好比吃美味，中古第二時期是仔細咀嚼的時候，唐以後便是胃裡消化的時候了。吃的東西消化時，與人身體的種種物質相結合，變成一些新物質。印度哲學在中國，到了消化的時代，與中國固有的思想結合，所產生的新物質，便是中國近世的哲學。
>
> 我這話初聽了好像近於武斷。平心而論，宋明的哲學，或是程朱，或是

陸王。表面上雖都不承認和佛家禪宗有何關係，其實沒有一派不曾受印度學說的影響的。這種影響，約有兩個方面：一面是直接的。如由佛家的觀心，回到孔子的「操心」，到孟子的「盡心」、「養心」，到《大學》的「正心」，是直接的影響。一面是反動的。佛家見解儘管玄妙，終究是出世的，是「非倫理的」。宋明的儒家，攻擊佛家的出世主義，故極力提倡「倫理的」入世主義。明心見性，以成佛果，終是自私自利；正心誠意，以至於齊家、治國、平天下，便是倫理的人生哲學了。這是反動的影響。

　　明代以後，中國近世哲學完全確立。佛家已衰，儒家成為一尊。於是又生反動力，遂有漢學、宋學之分。清初的漢學家，嫌宋儒用主觀的見解，來解古代經典，有「望文生義」、「增字解經」種種流弊。故漢學的方法，只是用古訓、古音、古本等等客觀的根據，來求經典的原意。故嘉慶以前的漢學、宋學之爭，還只是儒家的內訌。但是漢學家既重古訓古義，不得不研究與古代儒家同時的子書，用來作參考互證的材料。故清初的諸子學，不過是經學的一種附屬品，一種參考書。不料後來的學者，越研究子書，越覺得子書有價值。故孫星衍、王念孫、王引之、顧廣圻、俞樾諸人，對於經書與子書，簡直沒有上下輕重和正道異端的區別了。到了最近世，如孫詒讓、章炳麟諸君，竟都用全部精力，研究諸子學。於是從前作經學附屬品的諸子學，到此時代，竟成專門學問。一般普通學者，崇拜子書，都往往多於儒書。豈但是「附庸蔚為大國」，簡直是「婢作夫人」了。

　　綜觀清代學術變遷的大勢，可稱為古學昌明的時代。自從有了那些漢學家考據、校勘、訓詁的功夫，那些經書子書，方才勉強可以讀了。這個時代，有點像歐洲的「再生時代」（再生時代，西名"Renaissance"，舊譯「文藝復興時代」）。歐洲到了「再生時代」，昌明古希臘的文學哲學，故能推翻中古「經院哲學」（舊譯煩瑣哲學，極不通。原文為"Scholasticism"，今譯原義）的勢力，產生了近世的歐洲文化。[169]

169　胡適，〈中國古代哲學史〉，《胡適全集》，5.200-201。

　　從這一段引文，我們可以看得出來胡適對近世哲學的基本輪廓已經形成了。從宋朝理學的發展一方面是受到佛教與禪宗的影響，一方面是對佛教的反動，到清朝的漢學是對宋明理學的反動，到清朝考據學的蔚為大觀。所有這些，都是胡適對中國近世哲學的定論。他在1921年完成的〈清代學者的治學方法〉、1924年寫的〈費經虞與費密──清學的兩個先驅者〉，以及1925年完稿的〈戴東原的哲學〉，一方面是他在北大教授「清代思想史」教學相長的副產品；在另一方面也是他依循《中國哲學史大綱》的理路，對近世思想史繼續深耕的成果。等到他在1928年寫〈幾個反理學的思想家〉的時候，他從「哲學史」轉向「思想史」已經定型，他對中國歷史以及現狀的評價已經落到谷底。然而，他詮釋的基本理路仍然是《中國哲學史大綱》裡的。

　　唯一後來胡適不再依循的，是中國的文藝復興──《中國哲學史大綱》裡所說的「再生時代」──是那些用「考據、校勘、訓詁的功夫」，讓「古學昌明」的清朝的漢學家的時代。用我在《日正當中》裡的話來說，《中國哲學史大綱》裡所楬櫫的，是中國文藝復興「一期說」。那與梁啟超在《清代學術概論》裡把中國的文藝復興界定在清朝的漢學的作法是相同的。

　　我在《日正當中》裡說，胡適一輩子對中國歷史上究竟有幾次的文藝復興的說法不一：從一期說、三期說、四期說、五期說、到一期多面說。基本上，等胡適的中國思想史的寒傖史觀在1930年左右成立以後，三期說等於是他的定論，雖然他仍然偶爾搖擺著。我們可以用他1931年為在上海召開的第四屆「太平洋學會」（Institute of Pacific Relations）的兩年一度的年會所提出的論文作為例子。在〈中國歷史上的宗教與哲學〉（Religion and Philosophy in Chinese History）這篇論文裡，胡適把中國的思想史劃分成為三期：第一期是「中國教」（Sinitic）時期，從遠古到公元第四世紀；第二期是佛教時期，從公元300年到1100年；第三期是中國文藝復興時期，從西元第十一世紀理學的興起，到胡適寫該篇論文的「今天」，亦即1931年[170]。

　　除了把「中國的文藝復興時期」從清朝的漢學提前到宋朝的理學以外，所有從宋明理學到清朝漢學發展的內容都無異於胡適在《中國哲學史大綱》裡的

170　胡適，"Religion and Philosophy in Chinese History,"《胡適全集》，36.561。

說法。比如說，胡適在《中國哲學史大綱》裡說：「宋明的哲學，或是程朱，或是陸王」，「沒有一派不曾受印度學說的影響的。」在〈中國歷史上的宗教與哲學〉一文裡，胡適仍然持此一說：

理學雖然極為成功地取代了中古的宗教，它本身就是中古中國的產物，而且實際上從來就沒有完全地擺脫那些宗教的影響。理學的創始人程頤訂立的為學的方法是：「涵養須用敬，進學在致知。」朱熹把這兩個層面比擬為「如車兩輪，如鳥兩翼。」整個理學後來的發展就是環繞在「主敬」與「窮理」這兩個問題之上。

程頤與朱熹都認為窮理之道在於致知：「蓋人心之靈莫不有知，而天下之物莫不有理。惟於理有未窮，故其知有不盡也。是以《大學》始教，必使學者即凡天下之物，莫不因其已知之理而益窮之，以求至乎其極。至於用力之久，而一旦豁然貫通焉，則眾物之表裡精粗無不到，而吾心之全體大用無不明矣。」朱熹所揭櫫的這個為學之道，幾乎就像是我們今天的科學方法——從發現疑難到尋求解決的方法。比起禪宗用呵責、讓人如丈二金剛摸不著頭腦的公案的方法相比，這是邁進了一大步。[171]

儘管如此，胡適認為理學並沒有真正衝破中古宗教的藩籬：

我們難道沒有理由指出：程頤與朱熹所制定出來的這兩個相輔相成的理學方法，無異於佛教的「定」與「慧」的觀念？連禪宗都已經揚棄了禪定的觀念。然而理學家從來就沒有領會到中古思想的幽靈在他們的哲學系統裡復活，而且注定要使他們的哲學系統貧瘠、一無價值。

為什麼理學注定是要失敗的呢？胡適說，因為它缺乏現代科學所有的實驗室的儀器以及嚴格的方法。這是他在《先秦名學史》的導論裡就已經指出的。如果像程頤與朱熹那樣的理學宗師都注定要失敗，更何況是一般的理學家：

171　胡適，"Religion and Philosophy in Chinese History,"《胡適全集》，36:602-603。

　　大多數的理學家，很自然地選擇了主敬的道路，而把致知窮理拋諸腦後。因此，到了十六世紀，理學已經墮落到了回復中古中國主觀冥想的地步。十七、八世紀有一些偉大的思想家起而反對這種徒勞無功的方法。然而，傳統的包袱（dead weight）如此沉重，顏元與戴震的思想當時沒有人能夠瞭解。一直要到最近才被重新發現。172

　　胡適在〈中國歷史上的宗教與哲學〉的引論與結論裡，反覆地強調「中國思想裡所具有的理性主義與人文主義的傾向，不只一次地被那無比碩大的宗教勢力所阻撓。」宋明理學以及清朝漢學所代表的「中國文藝復興」，是傳統中國士人力圖把中國從中古宗教的利爪之下掙脫出來，並迂緩地建立一個入世的哲學與人文主義文明的努力。然而，他們革命尚未成功。胡適在該文的結論裡，以企盼的語氣說：「讓我們希望這個民族的理性主義與人文主義，在配備了現代科學與技術所提供的新武器以後，能以煥新的活力，重新拾起其祖先的未竟之業，而取得最後的勝利。」

　　這段企盼用西方現代的科學技術，來幫助中國的理性主義與人文主義去的最後的勝利的話，雷同於我在上文所徵引的胡適在〈中國歷史的一個看法〉以五幕劇勾勒出來的「中國」這個老英雄的寒傖史。他在那個五幕劇的尾聲裡也說：

　　　　所以中西的不同，不自今日始。我們既明白了這個教訓。比歐洲所缺乏的是什麼？我們知道了，我們的努力就有了目標。我們這老英雄是奮鬥的。希望我們以後給他一種奮鬥的工具。那麼，或者這齣悲壯的英雄悲劇，能夠成為一純粹的英雄劇。173

　　無怪乎胡適在《中國中古思想小史》第一講裡要說：「中國思想從中古佛教下逐漸抬起頭來，但帶著極大的傷痕。」原來，「中國」這個老英雄先天稟

172　胡適，"Religion and Philosophy in Chinese History,"《胡適全集》，36:604-605。
173　胡適，〈中國歷史的一個看法〉，《胡適全集》，13.140-148。

賦就不足，在歷史上又備受內、外傷的夾攻。一直到二十世紀，仍然還在等待西方的科學技術來幫忙他完成建設一個人文主義、理性主義的文明的大業。

釐清了胡適這個「中國文藝復興」的革命尚未成功的理念以後，幫忙我豁然開朗地理解了我在《日正當中》裡所一直百思不解的一個問題，亦即，胡適的「中國的文藝復興」論。我在《日正當中》裡，分析了胡適一生當中好幾個不同的「中國的文藝復興」的分期論：從一期、三期、四期、五期、到他過世一年半前所提出的一期多重論。中國歷史上的文藝復興究竟發生了幾次，胡適在一生當中有那麼多不同的說法，這已經是相當奇特的了。然而，更奇特的是，這個「文藝復興」的最後一期的截止期，總是隨著胡適年齡的增長而往後推遲。比如說，他在寫〈中國歷史上的宗教與哲學〉的時候，中國歷史上的文藝復興分為三期，第三期從公元第十一世紀理學的興起，到胡適寫該篇論文的「今天」，亦即1931年。到了他1958年跟唐德剛在紐約的哥倫比亞大學作口述史的時候，他的「中國文藝復興」已經回到了三期說。他那時的第三期是從西元1000年開始，但同樣也是延續到胡適當時所說的「今天」，亦即1958年。

現在，在釐清了「中國」這個老英雄的寒傖奮鬥史以後，我才恍然大悟了。原來，「中國」這個老英雄一直到胡適過世以前，都還沒有徹底地從「中古時代」裡掙脫出來。因此，中國最後一期的「文藝復興」也就一次又一次地繼續拉長了。換句話說，一直到中國人完全心甘情願地擁抱西方的科學技術以前，那真正理性主義、人文主義的中國文明，就還會是一個未竟之業。這也就是說，從胡適的角度看來，即使到了二十世紀中葉，中國仍然還沒有脫離「中古時代」。

抗日愛國史觀

我在本章第一節裡提出了一個新的解釋，解釋為什麼胡適一生無法續成《中國哲學史》中、下篇的原因。除了我在《璞玉成璧》裡所分析的他的「狐狸才」與「刺蝟心」之間的矛盾，亦即，他的「狐狸才」阻礙了他寫中國思想通史的「刺蝟心」以外，最根本的原因，在於他在完成了《先秦名學史》以及《中國哲學史大綱》的幾年之間，他對中國哲學史的詮釋產生了一個我在上節

所分析的斷層。事實上，如果胡適對中國哲學史的詮釋只有一個斷層的話，他的問題就簡單得多了。這是因為他當時還年輕，他還有大半輩子的時間去作調整，去用新的觀點來重新詮釋他不再稱為「哲學史」、而毋寧是「思想史」的中國思想史。他1930年前後所寫的《中國中古思想史長編》以及《中國中古思想小史》就是他開始從事這個工作最好的例證。只是，就在他完成了中國中古思想史的初稿以後，他詮釋的角度又產生了轉變。這個轉變就是他在出任中國駐美大使以後所宣揚的抗日愛國史觀。

值得注意的是，這次轉變的性質跟1920年代初期的轉變有一個根本上的差異。如果胡適在完成了《先秦名學史》以及《中國哲學史大綱》的幾年之間，對中國哲學史的詮釋產生了的轉變是一個斷層。那個斷層是因為個人思想與思路的轉變而形成的，不是外鑠的。可是，他的抗日愛國史觀就不同了。顧名思義，那動機是為了愛國宣傳，是外鑠的。從這個角度來看，他用抗日愛國史觀來詮釋中國的思想，是一種曲筆，而不是思想上的斷層。

這就引生出了一個「要是……結果會怎樣」那種只能供人在酒後、茶餘談笑、論辯的假設歷史的問題。如果中日戰爭沒有爆發，如果胡適沒有出任中國駐美大使，從而肩任起抗日的宣傳工作，也許他對中國思想史的詮釋就不會產生這個曲筆的插曲。當然，胡適即使沒有出任駐美大使，在中日戰爭那種巨變之下，他的思想還是可能產生變化的。無論如何，我們必須感謝正因為他出任駐美大使為國宣傳。因此，他留下了一些英文的資料，讓我們得以從他的抗日愛國史觀，來管窺他在中國思想史詮釋上有一段曲筆的歷程。

一般來說，曲筆如果是一時性的，它應該不會有長遠的影響。問題是，胡適在抗日愛國史觀之下的曲筆，其歷程長達八年之久。雖然他大使卸任是在1942年，但他大使卸任以後，就滯留在美國，一直要到1946年才回到中國就任北京大學的校長。沒想到，中國共產黨打贏了內戰。對堅決反共、其後又流亡於美國和台灣的胡適而言，共產黨統治中國以及冷戰的延伸，就是第二次世界大戰還沒打完的明證。從這個角度來說，胡適抗日愛國史觀之下的曲筆，也就順理成章地延伸到他反共未成身先死為止。

要分析胡適如何在抗日愛國史觀之下曲筆他對中國思想史的詮釋，最有意味的開始，莫過於去看他諱言「中國教」的事實。從1938年到1945年，胡適

在他的英文論文裡真正提到那會讓他覺得家醜不可外揚的「中國教」的次數，僅只一次。我在上節的討論裡，已經分析了胡適在安陽殷墟的考古挖掘以後，已經修正了他先前承襲吳稚暉，稱呼中國古代的宗教為「老實農民」的素樸的宗教的看法。比如說，他在1931年的〈中國歷史上的宗教與哲學〉裡，已經根據了殷墟考古的報告，而說明了「中國教」包含了下列五個成分：「一、崇拜上帝；二、祭拜已逝者的靈魂；三、祭拜大自然的神力（對『天』的祭拜，很可能就是由之產生，而終於形成『上帝』的觀念）；四、善有善報、惡有惡報的信念；五、相信各種形式的占卜的效力。」[174]

胡適一直關注殷墟的考古發現。1938年3月16日，他在康乃爾大學演講〈新的中國歷史資料的發現〉（Recent Discoveries of New Materials for Chinese History）。這篇文稿可惜現在已經不存。五個月以後，他代表中國到瑞士的蘇黎世（Zurich）參加「第八屆歷史科學大會」（the 8th Congress for the Historical Science）。他在這個大會上所發表的論文題目，幾乎跟他在康乃爾大學演講題目雷同：〈新發現的中國歷史資料〉（Newly Discovered Materials for Chinese History）。8月29日，胡適在他發表論文的前一天的日記裡記：「下午把我自己的論文的後半部寫出。」[175]由於胡適在瑞士這篇論文共分為六段。前三段談的是安陽殷墟的考古發現；安陽、河南新城、安徽壽春出土的銅器銘文；以及敦煌的寫本。我們可以確定殷墟的考古發現，胡適在康乃爾大學已經講過一遍了。

在1931年的〈中國歷史上的宗教與哲學〉的文章裡，胡適只談到1928年第一次的挖掘。在1938年瑞士的論文裡，胡適就提到了1931年以後的挖掘成果。他說，當時所發現的最大的陵墓有43英尺深，面積65平方英尺。除了龜甲與獸骨以外，發現了超過了一千多具人的骨骸，一些作工精美的大型銅器，以及精美的石雕[176]。

胡適這篇在瑞士發表的論文是提綱挈領的寫法。只有簡單的陳述，沒有任

174　胡適，"Religion and Philosophy in Chinese History,"《胡適全集》，36.564。

175　《胡適日記全集》，7.597。

176　胡適，"Newly Discovered Materials for Chinese History,"《胡適全集》，36.634。

何的引申。然而，明眼的人一看到胡適說殷墟的考古挖掘裡，「發現了超過了一千多具人的骨骸」這句話，一定就會想到那是用人作為犧牲的結果。

　　然而，從1938年在瑞士這篇論文以後，胡適在美國就一直沒提起過這個殷商時代以人為祭禮的「中國教」。事實上，我們幾乎可以推測他特意要避開這個問題。比如說，他1941年11月10日在紐約市的「美國猶太神學院」（Jewish Theological Seminary of America）演講〈孔子〉（Confucius）的時候，就完全沒有提到「中國教」。更有意味的是，講到遠古中國的宗教，他又回到了他寫《中國中古思想史長編》以前所用的吳稚暉的「老實農民」的宗教觀了：

> 古代中國人樸實耐勞。他們在貧瘠、旱澇不斷的北方溫帶區建立了一個文明。對天、對神，他們作不出感謝祂們賜予宏恩的禮讚；他們也沒有時間去奢想如何逃離這個苦海、尋求極樂世界。在佛教的影響到來以前，中國古代只有一個非常簡單的宗教，既沒有死後可以去的天堂，也沒有懲罰惡人的地獄。這個簡單的宗教有下列幾個成分：祖先崇拜、相信一個法力無邊的天或上帝、信仰鬼神、占卜，以及一些模糊的善有善報、惡有惡報的觀念。那是一個安分守己、茹苦耐勞農民的宗教。[177]

　　事實上，中國古代的宗教真的只是一個簡單的「老實農民」的宗教嗎？光是殷墟的考古挖掘「發現了超過了一千多具人的骨骸」的事實，其反證就已經呼之欲出了。胡適終於在1945年4月10日在哈佛大學神學院所作的「英格索人之不朽講座」（Ingesoll Lectures on Human Immortality）上講出了實話。「英格索人之不朽講座」是從1896年開始的。胡適是1945年的講者，題目是〈中國思想裡不朽的觀念〉（The Concept of Immortality in Chinese Thought）。

　　我們知道胡適的「不朽」論——把傳統「立功」、「立言」、「立德」的三不朽提升到「大我」不朽的論點——是他從1919年就已經開始論述了的。這個社會不朽論，胡適從1920年代初期開始講到1940年代，樂此不疲。根據胡適以往的論述方式，「中國教」是不會出現在這篇演講裡的。有趣的是，就在

177　胡適，"Confucius,"《胡適全集》，38.390-391。

演講前一個月，哈佛大學神學院長史伯利（W. L. Sperry），建議胡適在演講裡談談「祖先在中國倫理宗教思想裡的位置」[178]。胡適回信答應，但強調他的演講會集中在中國不朽觀念的演進[179]。

因此，胡適在這篇演講裡，闢出了專節討論了殷商的「中國教」。胡適說，甲骨文上所卜問的，泰半是對皇室祖先的祭祀。他解釋說，從1928年就從事安陽殷墟挖掘工作的董作賓

> 制訂出三個商王在位期間——公元1273年到1241年，1209年到1175年，以及1174年到1123年，總共120年——的祭日表。其結果是一年裡，360天都有固定的祭祀！無怪乎商人以「祀」來稱「年」。

胡適在1938年在瑞士所發表的論文裡，只提到「發現了超過了一千多具人的骨骸。」他這篇哈佛的演講裡，就指明了這一千多具在1934、1935年間挖掘出來的骨骸是沒有頭的。換句話說，他們是祭祀的犧牲品。胡適說：

> 我們第一次體會到商朝皇室官方的祖先崇拜所反映出來的這種宗教驚人與浪費的特質。從前的歷史書說商人是從事祖先崇拜的。可是我們是一直要到最近為止，才體會出這種祭祀頻繁到令人不能想像的地步，以及陪葬所使用的大量的財寶的浪費，特別是那驚人的數目的人祭。

胡適解釋說：

> 「中國教」以人作為祭禮的「人」分兩類。一種為「祭」，顯然只用俘虜。另一種為「殉」，可以譯為「殉死」或「陪葬」……這就是說，死者要他的侍衛來保護他，也要他所喜愛的妻妾與孌童陪伴他。陪葬的人如果不是死者特意指定要「追隨」他的，就是他一定會想要陪伴他的人。

178　W. L. Sperry to Hu Shih, March 10, 1945，「胡適外文檔案」，E347-5。

179　Hu Shih to W. L. Sperry, March 12, 1945，《胡適全集》，41.464。

胡適慨歎說：

　　這種根據固定的圖式、數目把人作為祭禮埋葬的作法，顯示出這種儀式已經建立已久而且廣為人所接受。因此，人心都已經鈍到視這種極其殘忍的行為為平常的程度。當皇室和政府天天都只想到祭祀祖先，當受教育的「貞人」階級天天都忙著祭祀、卜問，以及詮釋以及記錄卜問的結果的時候，我們不可能期待他們在思想或宗教上會開竅，以至於變更與改革這個宗教體制的。[180]

　　這種以皇室的福祉為對象、有專門的「貞人」階級主持、以大量的珠寶、俘虜、妻妾來殉葬或陪葬的宗教，當然絕對不是「一個安分守己、茹苦耐勞農民的宗教。」那麼，為什麼胡適在美國當大使的時候略過不談，還要曲筆用「老實農民」的宗教來搪塞呢？原因無它，因為中國在對日抗戰，胡適要作愛國的宣傳。

　　在胡適的抗日愛國史觀形成以前，他對中國思想史的詮釋是集中在兩個層面：人文主義與理性主義。一部中國思想史，一言以蔽之，就是中國先秦哲人的人文與理性主義思想雖然淨化了商周時代的「中國教」，卻先是被秦漢帝國時期興起的「中國教」反撲，然後又被佛教以及佛教化了的「中國教」摧殘的歷史。人文與理性主義的思想，雖然歷經了一千年再接再厲地奮鬥，但一直到二十世紀為止，還未能完全從中古宗教的陰魂之下掙脫出來。中國要建立一個真正的人文主義和理性主義的文明，其唯一的法門就是擁抱西方的科學技術。

　　在出任大使從事宣傳工作以後，胡適所楬櫫的抗日愛國史觀，就是在人文主義與理性主義之外，加入民主與自由的精神。明眼的讀者一下子就會注意到這是典型的胡適體的「偷關漏稅」的作法。「人文」與「理性」，他可以大大方方地冠以「主義」，「民主」與「自由」他卻只能偷關漏稅地冠以「精神」。原因無它，胡適自己心知肚明，中國根本就沒有自由主義或民主主義的傳統。

　　胡適是如何用偷關漏稅的方法，把自由或民主的精神拉進來，與人文主

180　胡適，"The Concept of Immortality in Chinese Thought,"《胡適全集》，39.158-162。

義、理性主義，三位一體的成為中國的歷史傳統呢？他1942年在《亞洲雜誌》（*Asia Magazine*）上所發表的〈中國思想〉（Chinese Thought）一文就是最好的例證。他在這篇文章裡開宗明義地說：「簡言之，古典中國的思想遺產有三：人文主義、理性主義、自由的精神。」胡適所謂的人文主義與理性主義是大家耳熟能詳的。「自由的精神」是從何而來的呢？胡適說：

> 人文主義的關切，與理性主義以及致知（intellectualistic）〔注：這是用胡適晚年所用的譯名〕的方法學，這兩者結合起來，就賦予古代中國的思想自由的精神。求真的態度讓中國思想自由了。孔子說：「君子不憂不懼。內省不疚，何憂何懼？」孔子自況曰：「飯疏食飲水，曲肱而枕之，樂意在其中矣。不義而富且貴，與我如浮雲。」對中國道德思想的影響僅次於孔子的孟子，把這種自由的精神發揮得更為有力：「富貴不能淫，貧賤不能移，威武不能屈，此之謂大丈夫。」[181]

這幾句孔子、孟子說的話，謂之為君子的楷模、道德的典範，可也；稱之為「自由的精神」，可謂牛頭不對馬嘴，是魚目混珠。

事實上，連胡適自己都知道他所謂的「自由」不是一般定義下的自由。他在1941年所發表的〈中國歷史上的自由鬥爭〉（The Fight for Freedom in Chinese History）一文裡，就對他所謂的中國歷史上的「自由」下了一個定義：「公開地說出有關生命、社會、道德、政府或宗教的真理的權利。」[182] 然而，胡適在這篇文章裡的論述，與其說是闡述中國歷史上的「自由精神」，毋寧說是在說明專制勢力的無所不在。他說中國在春秋戰國時代，列國對峙。人人可以自由往來各國。合則留，不合則去。儒者還可以保存他們的獨立精神。這個自由的空間在秦漢統一以後就消失了。在統一的專制帝政之下，每一個人都「無所逃於天地之間」了。

這些話是他在《中國中古思想史長編》裡所說的話。問題是，他現在的立

181　胡適，"Chinese Thought,"《胡適全集》，38.665。

182　胡適，"The Fight for Freedom in Chinese History,"《胡適全集》，38.354。

論有許多都剛好跟他在《中國中古思想史長編》裡的立論相反。胡適並沒有矛盾，他的看法也沒有改變。改變的是他在抗日愛國史觀之下曲筆了。我們且看他如何用他胡適體的「偷關漏稅」方式來曲筆。在〈中國歷史上的自由鬥爭〉裡，他同樣地徵引了他在《中國中古思想史長編》裡所徵引的李斯的焚書議。只是，他刪去了一段關鍵話：「五帝不相復，三代不相襲。各以治，非其相反，時變異也。今陛下創大業，建萬世之功，固非愚儒所知。且越言乃三代之事，何足法也？」

　　這句胡適現在刪去的關鍵話，是他在《中國中古思想史長編》裡為李斯伸冤的立論基礎。他說李斯反對「不師今而學古」的精神「是永永不可埋沒的，是應該受我們的敬仰的。」他禮讚李斯是中國歷史上極偉大的政治家。在刪掉了這段關鍵話以後，李斯的焚書議在〈中國歷史上的自由鬥爭〉裡，就是一篇「有敢偶語詩書者棄市；以古非今者族；吏見知不舉者與同罪」的專制冷血宣言。胡適在徵引了這篇焚書議，再附上秦始皇所批示的：「可」以後，就加了一句跟《中國中古思想史長編》裡完全相反的按語：「這件事不是發生在『1984』〔注：胡適用喬治‧奧威爾（George Orwell）嘲諷極權主義社會的名著《1984》為隱喻〕，而是公元前213年──2164年以前！」[183]

　　然而，跟胡適其他更不老實、更曲筆的所在相比，李斯這個例子只是「小巫」。「大巫」在於他舉佛教、禪宗作為中國歷史上爭取宗教自由的例子。中國歷史上四次的滅佛運動是胡適一生所津津樂道的。我在《日正當中》裡，已經分析了人人禮讚為「溫和」、「容忍」的胡適，從1926年就開始樂此不疲地說民族主義在中國歷史上成就了四次迫害佛教的運動。滅佛運動的立論基礎，他也一再樂此不疲地──特別是在他駐美大使期間──徵引韓愈「人其人，火其書，廬其居」的口號。韓愈諫唐憲宗迎佛骨被貶謫。唐武宗在845年滅佛，詔文命「隸僧尼屬主客司，顯明外國之教」胡適在《中國中古思想小史》裡說：「主客司是管外國人的，信外國教就應該算作外國人了。這可以明顯當時的態度含有民族自覺的成分。」唐武宗滅佛，等於是為韓愈平反。胡適說韓愈

183　胡適，"The Fight for Freedom in Chinese History,"《胡適全集》，38.362。

被貶謫「是在819年。二十五年後，這三句口號都實行了。」[184]對胡適而言，韓愈是抗佛的民族英雄。他在〈中國的印度化：一個文化假借的案例〉一文裡，尊奉韓愈是「公元845年大迫害的思想祖師（intellectual father）。」[185]

同樣的這四次滅佛運動，在〈中國歷史上的自由鬥爭〉一文裡，卻搖身一變，成為秦漢專制帝政形成以後被迫害的事例之一：漢朝的「黨錮之禍」、四次滅佛運動、宋朝的「元祐」、「慶元」黨禁、明朝的東林黨獄，以及清朝的「文字獄」。胡適用如下的文字描述這四次滅佛運動：

> 佛教興起成為國教的一千年間，遭遇了四次鉅大的迫害（公元446、574、845、945年）。其中，以845年的迫害最為慘重。4,600所大寺廟，40,000小寺廟被拆〔注：胡適或者記錯，或者誇大其詞，《舊唐書·武宗本紀》記載：「所拆寺四千六百餘所」〕，260,000僧尼被迫還俗。[186]

中國歷史上四次滅佛運動，從《中國中古思想小史》時代的「民族自覺的成分」，變成爭取「宗教自由」或者遭受「宗教迫害」的例證之一。這不是胡適矛盾，也不是他思想轉變。綜觀胡適一輩子所寫的文章，這是唯一的一次。這是胡適抗日愛國史觀走火入魔的一次。

當然，這並不表示胡適在這篇文章裡沒有矛盾的地方。最驚人的矛盾的例子還是跟滅佛運動有關。胡適才在文章的前半段以滅佛運動作為爭宗教自由的例證。到了後段說到韓愈的時候，卻又回到了他一向的立場而不自知：

> 就像我上文所說到的，在這幾個漫長的世紀裡，曾經有過幾次迫害佛教的大運動。然而，那些迫害都只執行了幾年。佛教很快地就又恢復了。
>
> 九世紀初，大學者韓愈發表了一篇文章〔注：即〈原道〉〕，指出佛教與孔孟思想所代表的中國人生觀之間根本的差異。佛家的人生理想之下的

184　胡適，〈中國中古思想小史〉，《胡適全集》，6.328。

185　胡適，"The Indianization of China: A Case Study in Cultural Borrowing," 《胡適全集》，37.343。

186　胡適，"The Fight for Freedom in Chinese History," 《胡適全集》，38.366。

修練，是要棄生出世。而中國的人生觀，以1,700字長的《大學》這本小書所教導的來說，修身有其社會的目的，亦即在於齊家、治國、平天下。佛教的理想是反社會的，因此，也是「反中國的」（un-Chinese）。

韓愈擺明了他贊成嚴厲地迫害佛教。他的口號是：「人其人，火其書，廬其居。」由於他在公元819年反佛諫諍皇帝，他被貶謫了。[187]

胡適在這裡用「反中國」的字眼來形容佛教。這是胡適從1940年代開始樂此不疲使用的名詞。其所反映的，是胡適東施效顰地挪用了美國極端右派——特別是後來以揭發所謂共諜起家的參議員麥卡錫（Joseph McCarthy）——慣用的「反美」（un-American）一詞。有關胡適向極端右派靠攏的來龍去脈，且待我在第四部第三、四章的分析。此處的重點是，胡適忘了他在前文是用滅佛運動，來作為中國士人在歷史上爭自由的運動常被專制政權所扼殺的例證之一。現在他說韓愈「贊成嚴厲地迫害佛教」。這不但是說明了作為士人的韓愈，是唆使專制政府迫害佛教的思想導師，而且更說明了由於佛教「反中國」，滅佛運動根本就跟爭宗教自由一點關係都沒有。

更必須指出的是，胡適在臚列中國歷史上政治、宗教迫害的事例以後，總結說：

> 我舉出這些暴政、專制統治、宗教、政治、哲學上的迫害、禁書焚書等等事例，目的在說明在一統天下成立以後，中國士人要維護他們的自由與獨立是一件多麼困難的事情。因此，中國人在統一帝制之下，能夠在思想、信仰、和學術上維護一個相對來說自由與獨立的傳統，實在是非常榮耀的。[188]

這是胡適體的用「偷關漏稅」的方式轉移問題。胡適在文章的起始，開宗明義，說他寫〈中國歷史上的自由鬥爭〉，是要描述「中國人，特別是士人，

187　胡適，"The Fight for Freedom in Chinese History,"《胡適全集》，38.372-373。

188　胡適，"The Fight for Freedom in Chinese History,"《胡適全集》，38.367。

在爭取下列自由的鬥爭史：思想及其表達的自由；批判諫諍政府的作為與政策的自由；質疑、批判思想定論、傳統信仰、甚至固有制度的權利。簡言之，這些鬥爭，有時是要爭取思想自由，有時是爭取宗教自由，有時則是爭取批評政治的自由。」[189] 結果，他所描述的並不是中國士人爭自由的故事，而是中國士人被迫害的故事。他們被迫害是事實。但是，他們被迫害是不是為了爭自由？如果他們所爭的是自由，他們如何為自由立論？這些問題都被胡適避開了。他這種論述的方式，等於是說我們可以從中國士人在歷史上受到迫害的事實，就推論說他們是為了爭自由而遭受迫害。

中國歷史上的滅佛運動，從民族主義的排外運動，搖身一變成為中國歷史上爭取宗教自由的運動的例證。這是一個相當荒謬的轉折。無獨有偶，這不是胡適這篇文章裡唯一的荒謬。胡適在文章的結尾說：「剩下的時間只夠我再舉一兩個例子，來描述中國歷史上爭自由的事蹟。」結果，這一兩個爭自由的鬥爭的例子，一個居然是董仲舒用災異之學所建立起來的「儒教」、另一個則是神會的故事。用胡適的話來說：

> 漢帝國以及所有其後的朝代裡，用那古怪的災異之學所建立起來的國教，可以被視為是其發明者用上帝或天作為最高的權威，來爭取自由以及直言不諱的政治批判的自由的例子。
>
> 現在，我要簡略地描述中國禪宗爭取作為佛門正宗的鬥爭史。

接著，他就簡述了大家都耳熟能詳的神會如何成功地挑戰「北宗」，最後終於被唐肅宗詔請入宮奉養，並在死後被推為禪宗第七祖的故事[190]。神會爭南宗為禪宗正統的始末，居然變成了中國歷史上爭自由運動的故事。

如果中國歷史上的滅佛運動，只有一次被胡適挪用來作為中國人爭宗教自由的例證，神會爭宗教自由的故事，在一年以後，胡適把它擴充成為中國向印度爭取宗教自由的故事。1942年，在華盛頓，他又用類似的題目再說了一

---

189 胡適，"The Fight for Freedom in Chinese History,"《胡適全集》，38.354-355。
190 胡適，"The Fight for Freedom in Chinese History,"《胡適全集》，38.370-372。

次：〈中國歷史上思想自由的鬥爭〉（The Struggle for Intellectual Freedom in Historic China）。他在這次的演講裡的說法是：

> 中國歷史上爭取思想自由的鬥爭的第二期在中古階段，亦即，中古的佛教與道教遭受到嚴厲的批評與勇敢的懷疑的時候。這種批判的精神，教內與教外都有。比如說，佛教徒裡敢思想的人，建立了自由、甚至激進的新派別，例如禪宗各派。在另一方面，儒家對中古宗教的嚴厲批判，促成了好幾次對佛教的批判，終於使古典中國的思想在公元第十世紀以後復甦。[191]

禪宗發展的故事，被詮釋成為神會爭宗教自由的運動已經是夠荒謬的了。再把整個禪宗的發展詮釋成為中國佛教徒爭取宗教自由的鬥爭，可以說是荒謬至極。胡適為什麼會荒謬如此？抗日愛國史觀使然也。

我們可以瞭解為什麼胡適要強調中國有自由與民主的傳統，因為他要把中國的抗戰定位為「捍衛民主的戰爭」。這「捍衛民主」的口號，不是胡適想出來的。那是胡適所景仰的美國總統威爾遜1917年4月2日向國會要求對德宣戰的演說裡所說的話，亦即，「讓全世界得以安享民主」（making the world safe for democracy）。胡適1940年10月24日在美國的廣播演講〈中國在捍衛民主的戰爭裡所扮演的角色〉（China's Part in the Struggle for the Saving of Democracy）裡說：「二十三年前，美國為『讓全世界得以安享民主』而參戰。」他所指的就是威爾遜那句名言。

如果中國抗日是為了「捍衛民主」，如果中國跟1939年歐戰爆發以後的英國、法國一樣，是在「捍衛民主」，則從胡適的角度來看，他就必須先證明中國是一個民主國家。更進一步，他不但要證明中國當時已經是一個民主國家，他還要證明中國具有自由民主的傳統。胡適要作這樣的宣傳是有他的苦心的，因為當時的國民黨已經開始被美國的輿論撻伐為一個法西斯的政黨。作為中國駐美大使，胡適是國民黨政府的代言人。

---

191 胡適，"The Struggle for Intellectual Freedom in Historic China,"《胡適全集》，38.606-607。

　　1941年3月12日，胡適在美國伊利諾大學發表「詹姆斯政治講座」
（Edmund J. James Lectures on Government）的演講，題目為：〈民主中國的歷
史基礎〉（Historical Foundations for a Democratic China）。他在這篇演講裡，開
宗明義就說：

> 在中國被視為是民主陣營裡的夥伴與盟國的今天，許多研究比較政府的
> 學者很自然地會去問這個問題：中國是一個民主國家嗎？中國的共和制度
> 或民主有其歷史基礎嗎？
>
> 　　有些人對這幾個問題已經有了答案。有的人說，中國連一丁點的民主也
> 沒有。有的人說，中國唯一的民主的希望在共產黨控制下的陝北，共產黨
> 勝利會帶給中國民主。[192]

　　「中國連一丁點的民主也沒有」，這句話是1937年11月7日《紐約時報》
一篇文章裡所說的話，篇名是〈中國所聽命的一對夫婦〉（The Man and
Woman Whom China Obeys）。這篇文章說：「美國人稱太平洋彼岸的中國為
『偉大的民主友邦』（great sister Republic），渾然不知這整個國家連一丁點（an
iota）的民主也沒有。」這篇文章稱蔣介石為「超級獨裁者」（super-
dictator）[193]。當時，胡適已經奉蔣介石的命到了美國從事宣傳工作。《紐約時
報》這篇文章及其論點，胡適一直銘記在心。

　　事實勝於雄辯。胡適深知蔣介石是一個沒有民主素養與認識的人，中國也
不是一個民主國家。他於是決定在伊利諾大學這篇演講裡另闢蹊徑，從歷史上
為中國找尋民主的辯護。換句話說，即使今天的中國還不夠民主，傳統已經為
它做好了準備。他說：

> 我這篇演講要描述若干歷史的因素。它們不但使中國必然成為亞洲第一

192　胡適，"Historical Foundations for a Democratic China,"《胡適全集》，38.182。

193　Anthony Billingham, "The Man and Woman Whom China Obeys," *The New York Times*,
　　　November 7, 1937, p. 143.

個揚棄帝制、戮力締造民主政體的國家，而且依我的看法，也為民主中國的建立奠定了堅實的基礎。這些歷史因素已經運作了幾千年了。它們給予了中國人建立現代民主制度的傳統與準備。

這些歷史因素是什麼呢？胡適說他就指出三個：

　　一、一個徹底民主的社會結構；二、歷時兩千年的完全客觀、公平競爭的文官考試制度；三、政府自己成立監督自己的「反對黨」（opposition）和諫諍機制。

這個在伊利諾大學的演講，是胡適第一次在學術的場合演申他的抗日愛國史觀。因此，他還相當謹慎，不敢大放厥詞。他解釋他為什麼要只要談歷史因素：

　　各位一定注意到了我只指出了民主中國在制度上的基礎，而不包括其理論或哲學基礎。我相信要顯示出哲學傳統的影響力，最好的方法就是用歷史上的制度來說明。這是因為歷史上的制度，既是這些思想力量的產物，也是其思想的體現。[194]

這段話可以說是處處設防（defensive），其所反映的就是胡適自己心虛，因為中國根本就沒有民主的傳統。他自己知道不管他要怎麼擠，都不可能從中國的傳統思想裡擠出民主的成分。有趣的是，他才說完他只要談制度不談思想以後，卻又馬上接著說在分析歷史上的制度以前，他要先用幾句話談談「幾個形塑了中國民族的社會與政治發展的重要哲學觀念。」這些重要的哲學觀念，第一是性善論。由於相信性善，所以孔子說「有教無類。」

我們看胡適是如何引介第二個哲學觀念：「第二個重要的民主學說（democratic doctrine），是儒家經典認可反暴政的起義是正當的。」請注意，胡

194　胡適，"Historical Foundations for a Democratic China,"《胡適全集》，38.182。

適是用「第二個重要的民主學說」來指稱「起義有理」論。這就是典型的胡適體的「偷關漏稅」。這也就是說，如果「起義有理」論是「第二個重要的民主學說」，那麼性善論就順理成章地成為了「第一個重要的民主學說」了。

這「起義有理」論的儒家經典根據，胡適先引孔子「苛政猛於虎」的故事。其次，是孟子說的：「君之視臣如土芥，則臣視君如寇讎。」唯一的曲筆的所在，是胡適把「臣」譯為「子民」（the subject）。更有力的是孟子所說的：「聞誅一夫紂矣，未聞弒君也。」胡適加一句按語說：「這個反暴政的起義是正當的理論，可以很容易、很自然地在西方世界的革命與民主觀念傳入中國以後就復活了。」

事實上，胡適在此處的曲筆是雙重的。我們看他在《中國中古思想史長編》裡是怎麼說的：

> 儒家的孟、荀都主張君主。孟子雖有民為貴之論，但也不曾主張民權，至多不過說人民可以反抗獨夫而已。古代東方思想只有「民為邦本」、「民為貴」之說，其實並沒有什麼民主、民權的制度。極端左派的思想確有「無君」、「無所事聖王」之說。但無政府是一件事，民主制度另是一件事。
>
> 東方古代似乎沒有民主的社會背景，即如古傳說中的堯、舜禪讓，也仍是一種君主制。因為沒有那種歷史背景，故民權的學說無從產生。西洋的政治史上是先有民權制度的背景，然後有民權主義的政治學說。[195]

胡適在《中國中古思想史長編》裡的這兩段話等於是兩隻矛，可以用來攻他現在在〈民主中國的歷史基礎〉裡的兩個盾。第一隻矛：中國古代頂多只有「可以反抗獨夫」的思想，並沒有民權的制度；第一個盾：「起義有理」論是中國古代的民主學說。

更重要的是第二組矛與盾。第二隻矛：中國古代因為沒有民主與民權的社會背景，所以民主與民權的思想無從產生。君不見他說：「西洋的政治史上是

---

195 胡適，〈中國中古思想史長編〉，《胡適全集》，6.52。

先有民權制度的背景，然後有民權主義的政治學說。」第二個盾是前文胡適說他只要談制度而不談思想那段話：「這是因為歷史上的制度，既是這些思想力量的產物，也是其思想的體現。」換句話說，胡適的「矛」說：制度是思想的產物，可是他現在的「盾」說：制度形成以後，思想方才產生。

第三個重要的哲學觀念是臣屬有神聖的義務去批評和反對上司。胡適舉《孝經·諫諍章》：「昔者天子有爭臣七人，雖無道，不失其天下；諸侯有爭臣五人，雖無道，不失其國；大夫有爭臣三人，雖無道，不失其家……故當不義，則子不可以不爭於父，臣不可以不爭於君。」胡適的按語說：「這種鼓勵臣屬批評甚至反對上司的觀念，是一個最重要的政治傳統。它不但促使政府設立諫官的制度，而且讓歷史上出現了數百個敢於批評皇帝與重臣的崇高人士。」[196]

在扼要地舉出了中國傳統裡的三個民主觀念以後，胡適說中國歷史上有三個民主制度。第一、是漢武帝推廣削藩政策、廢除了長子繼承制以後，由於財產由諸子平分，從此「富不過三代」。中國的社會結構就不再有階級的分化、甚至沒有永遠的貧富的懸殊的問題了。換句話說，中國的社會結構從漢武帝以後，就是一個民主的社會結構。

漢朝不但促成了一個民主的社會結構，它而且是一個平民階級創建的政權，因此具有民主的意義。胡適解釋說：

> 漢朝的創建者來自於社會的底層，包括屠夫、賣狗肉的、殯葬業者、小販，以及農民。他們的婦人也多半貧窮、出身低下。它是世界上第一個、也可能是最偉大的由平民建立的朝代與帝國。光從這一點來說，這就已經是民主中國一個重要的資產。漢帝國四百年的政治社會發展，基本上形塑、決定了後來中國的人民生活與制度的發展。[197]

由平民建立的漢朝，是中國建立民主的資產。胡適說得出口這個奇論，曲筆如此，令人擲筆一歎。說胡適曲筆，因為這不是菁英主義的他一向的看法。

196　胡適，"Historical Foundations for a Democratic China,"《胡適全集》，38.182-185。

197　胡適，"Historical Foundations for a Democratic China,"《胡適全集》，38.188。

比如說，他在《中國中古思想史長編》裡雖然有類似的描述，但其口氣與結論完全相反：

> 漢帝國的創立者都是平民。劉邦是個不事生產的無賴、蕭何是個刀筆吏、樊噲是個屠狗的、夏侯嬰是個馬夫、灌嬰是個賣繒的、周勃是為人吹簫送喪的、彭越是打魚的、黥布是個黥了面的囚徒、韓信是個「貧無行」的流氓。其中只有極少數的人，如張良、陳平，是受過教育的；這一群人起來參加革命，這一群人起來參加革命。在幾年之中，統一中國，建立了第二次的統一帝國。劉邦做了皇帝，這一群人都做了新朝的王侯將相。他們的妻妾也都成了新朝的貴婦人。劉邦的兄弟子姪也都封王建國。這一班鄉下人統治下的政治，確實有點可怕。[198]

在《中國中古思想史長編》另一處，胡適把漢初這一批平民出身的創建者說得更為難聽：

> 賣繒屠狗的人成了帝國統治者，看相術士的女兒、歌伎舞女、也做了皇后、皇太后。他們的迷忌都可以成為國家的祠祀。而在統一專制的帝國之下，人民無所逃死，思想也很難自由獨立。田老太太的外孫做了皇帝，金奶奶做了皇太后，她們貧賤時崇信的宗教當然成為漢帝國的宗教了。全國的思想家誰敢反對嗎？[199]

胡適說中國歷史上的第二個具有民主精神的制度是選士任官的傳統。胡適渾然不管理論與實際之間符不符合的問題，一口氣，從漢朝的太學、魏晉的「九品中正」、歷數到隋唐時期制度化，以及明代定「八股」為程式的科舉制度。胡適說科舉制度不但客觀、公平，而且即使出身最為貧賤的人，只要一朝中第，便得享富貴榮華：

198　胡適，〈中國中古思想史長編〉，《胡適全集》，6.108-109。
199　胡適，〈中國中古思想史長編〉，《胡適全集》，6.232。

由於考題的出處就是那幾個儒家經典，鄉試的考題後來就完全出於《四
書》，因此，即使是最貧窮的家庭，也能夠給予其有才華的子弟以準備科
舉所需的教育──其書籍費與學費等於零。在傳統戲曲小說裡，出名的幾
齣就常描寫窮書生或丐幫的女婿成狀元的故事。這是一個公正（just）的
制度。它讓最貧賤家庭的子弟，也能透過公平的競爭，一躍而成為全國最
榮華富貴的人。[200]

中國歷史上具有民主精神的第三個制度是諫諍的制度。胡適歷數諫諍這個
制度，從御史之官出於古之「史」、春秋時齊之太史兄弟相繼被殺而仍直書崔
杼弒君、到唐太宗時的魏徵的故事。然後，他又作了一個奇論：

從某個意義來說，諫諍制度相當於西方的「國會」（parliament）。御史
又稱「言官」。「言」就讓人聯想到現代民主議會的詞源〔注：請看我在
下段的解釋〕。「御史臺」──法庭──不是一個立法的機構，但它幾乎
扮演了所有其他現代國會所扮演的政治以及半司法（semi-judicial）功
能，包括審問、彈劾政府官員、交付政府部門的報告、受理人民的抱怨與
冤屈案例。[201]

這段話即是奇論，也是胡適體的「偷關漏稅」，把現代西方的觀念附會到
中國制度上的另一個例子。他不只「偷關漏稅」，還是一個三重的「偷關漏
稅」。先說第一重。我們記得胡適在這篇演講開始的時候，說中國民主傳統的
第三個歷史因素是「政府自己成立監督自己的「反對黨」（opposition）和諫諍
機制。」這個所謂政府自己所成立的「反對黨」，現在卻被他「偷關漏稅」地
換成了「國會」！

第二重「偷關漏稅」，是把「言官」的「言」說文解字成為相當於「西方
的議會」。胡適所謂的「『言』就讓人聯想到現代民主議會的詞源」，其實是從

200　胡適，"Historical Foundations for a Democratic China,"《胡適全集》，38.199。

201　胡適，"Historical Foundations for a Democratic China,"《胡適全集》，38.203。

杜威那兒儻來的。杜威在1919年到1921年訪問中國的時候，作了一百多次的演講。其中最重要的演講是〈社會與政治哲學〉（Social and Political Philosophy），共十六講，胡適任翻譯的工作。在第十五、六講裡，杜威兩次提到英國文豪卡萊爾（Thomas Carlyle）嘲笑民主政治的話。卡萊爾嘲笑說所謂的「國會」，只不過是一個「空談院」而已。杜威說卡萊爾不懂民主。杜威說，民主或者「國會」的重點不在「談」，而是在透過自由、充分的討論來發現問題，從而制定解決的方法。菁英主義者的卡萊爾用他的幽默來嘲諷「國會」。「國會」的英文是"parliament"，是從法文"parlement"來的。其詞源"parler"是「談話」的意思。因此，卡萊爾嘲笑"parliament"不過是一個「空談會」而已。胡適的第二重「偷關漏稅」，就是把卡萊爾嘲笑民主的話，反義正用。胡適的第三重「偷關漏稅」，就是把「言官」的「言」，附會"parler"，彷彿兩者的意義相同一樣。這就是我所說的，胡適用翻譯「偷關漏稅」地把現代西方的觀念移植到古人身上的一個典型的例子。

胡適一旦開始闡揚他的抗日愛國史觀，它就像滾雪球一樣，越滾越大；傳統中國，也就越滾越民主。他1942年3月23日在華盛頓的演講〈中國也是為捍衛一種生活方式而戰〉（China Too Is Fighting to Defend A Way of Life）就是一個例子。如果他在一年以前的〈民主中國的歷史基礎〉裡，說中國傳統有三個民主的哲學觀念：性善論、「起義有理」論，以及臣屬有批評與反對上司的義務，在〈中國也是為捍衛一種生活方式而戰〉裡，這民主的哲學觀念的雪球就滾而成為六個。一、無為而治的觀念；二、墨翟的兼愛非攻說；三、沒有階級之分的社會理想；四、言論自由與公開從事政治批評的傳統；五、民為貴、起義有理；六、財富公平分配的理想[202]。讀者可以注意到原先的「性善論」不見了。

同樣像滾雪球一樣，中國傳統裡具有民主的制度，也從三個變成了五個。第一個具有民主精神的傳統制度是無為而治。胡適說漢朝的無為而治是經過設計的，是有意要與民休息。我們記得他在《中國中古思想史長編》裡，批判「無為的政治思想是弱者的哲學，是無力的主張」、是姑息偷安、是中國已經

202　胡適，"China Too Is Fighting to Defend A Way of Life,"《胡適全集》，38.542-543。

逐漸走入中古時代的證據。現在他說：「漢朝在其長期的統治期間所發展出來的文治以及無為的政策，為後來所有的朝代所因襲。」他說和平與無為的政策有益於助長個人自由、地方獨立，以及地方自治的發展。「日出而作，日入而息」、「天高皇帝遠，鑿井而飲，耕田而食，帝力於我何有哉？」他說：「這種自由民主的理想，只有在無為而治之下才可能產生的。」[203]

第二個具有民主精神的傳統制度是他在〈民主中國的歷史基礎〉裡已經提出來過的，亦即，長子繼承制的廢除。由於財產由諸子平分，從此「富不過三代」。「兩千一百年沒有封建制度、沒有長子繼承制的結果，就造成了一財富土地平分、逐漸民主的社會結構。」[204]第三、第四個具有民主精神的傳統制度也是他在〈民主中國的歷史基礎〉裡已經提出來過的：科舉制度和諫諍制度。

第五個具有民主精神的傳統制度是他新加的，亦即，獨立思考與批判的精神。用胡適自己的話來說：「在中國爭取自由的鬥爭裡，最重要也是最正面的層面，就在其思想的傳統。獨立思考以及勇敢的懷疑精神，一直是中國思想的黃金時代（best periods）的特徵。」他先舉孔子所說的：「學而不思則罔，思而不學則殆」、「知之為知之，不知為不知」。然後，又歷數從王充、宋儒、清朝的考證學、一直到二十世紀中國知識分子的懷疑精神。他特別指出他父親胡傳在上海龍門書院讀書時所用的筆記本，上面有紅字印好的格言，引述張載的話說：「讀書先要會疑，於不疑處有疑方是進矣。」胡適下結論說：「就是這種自由批評、懷疑的精神，推翻了帝制、揚棄了文言文、引領了新時代的政治社會革命，以及現代中國的文藝復興。」[205]

胡適的抗日愛國史觀不只使他曲筆，改變他對中國思想史的詮釋，而且使他曲筆，改寫現代史。他在出任駐美大使期間對辛亥革命的詮釋就是一個最好的例子。我在《日正當中》的〈幕間小結〉裡徵引了胡適1926年10月9日對「大不列顛中國學生總聯盟」（Central Union of Chinese Students in Great Britain）年宴的演講。在那篇演講裡，胡適說：

---

203 胡適，"China Too Is Fighting to Defend A Way of Life,"《胡適全集》，38.545-546。

204 胡適，"China Too Is Fighting to Defend A Way of Life,"《胡適全集》，38.546。

205 胡適，"China Too Is Fighting to Defend A Way of Life,"《胡適全集》，38.548-550。

辛亥革命失敗了，因為它根本就不是一個真正的革命。一個朝代滅亡了，表面上政體改變了，僅此而已。人們的觀念和想法沒有任何根本的改變，而那才是必須革命的所在。

他說，中國所需要的是一個新的革命，一個徹底革命過的人生觀。他說中國人必須重新體認現代文明的精神價值及其潛力。中國要進步，唯一能奏效之道就是物質的進步。中國人必須要有一個新的政府的概念，用政府的力量去謀最大多數的最大幸福。中國人必須真正體認到科學是獲得真理的唯一法門。最重要的是，中國人必須要用一個新的哲學、新的文學來宣導這個新的信念。他用很沉重的語氣說：「沒有這種根本的改革，辛亥革命就永遠是失敗的。而且，永遠就不會有真正的新中國出現。」

在抗日愛國史觀的驅使之下，胡適對辛亥革命的詮釋作了一個一百八十度的轉變。1941年雙十節，胡適在哥倫比亞廣播公司作了一個廣播演講〈辛亥革命的靈魂〉（Soul of the Chinese Revolution）。他說，辛亥革命的偉大歷史意義在三個層面。第一、「辛亥革命是中國民族主義的結果與體現。那是中國人二百七十年反對異族統治的結果。」不但如此，他更進一步地說：辛亥革命所體現的，「是一種要把中國締造成為現代國家的新式民族主義。」[206]

辛亥革命的第二層歷史意義，在於它是一個民主革命。其結果使中國成為亞洲第一個廢除帝制的國家。中國的社會結構歷經兩千一百年持續的民主化過程，早就成為一個沒有階級之分、基本上已經民主的社會。因此，胡適說：「辛亥革命最重要的歷史意義，在於它結合了中國的民主傳統和現代西方的民主觀念，因而締造了亞洲第一個共和國。」[207]

辛亥革命的第三層歷史意義，在於它開啟了一個偉大的社會、文化解放運動。從這個角度來說，胡適說：「辛亥革命是中國現代化的先決條件。」這個社會、文化的解放運動，包括白話文取代了已死的文言文、新教育的逐漸普及、婦女的解放等等。沒有辛亥革命，所有這些解放運動都不可能發生。胡適

206　胡適，"Soul of the Chinese Revolution,"《胡適全集》，38.325。

207　胡適，"Soul of the Chinese Revolution,"《胡適全集》，38.326-327。

的結論說：辛亥革命「使得中國人的文化生活得以快速地現代化。這種文化生活上的現代化，是締造現代中國的基石，讓中國得以躋身於國際社會裡。」[208]

反共史觀

胡適因為出任駐美大使、肩負抗日宣傳的工作而曲筆，這是作為學者最大的犧牲。作為一個學者，再也沒有比因為曲筆，而喪失學者對知識應有的真誠更為嚴重的缺失。對胡適個人而言，從1937年9月到美國從事宣傳工作，到1942年9月卸任駐美大使，他整整犧牲了五年的光陰。

從某個角度來說，胡適自己深知出任駐美大使是一個犧牲。他1938年7月下旬在巴黎收到蔣介石要他出任駐美大使以後，到處向人顯示猶疑、抗拒。到他人都已經到了華盛頓，就要呈遞國書上任的前夕，他還要跟他在美國國務院的好友洪貝克（Stanley Hornbeck）形容說：「我就像一個一生都沒過結婚的單身漢，突然間要面對他將失去的二十一年之久的獨立生活方式。」[209]這的確可以讓人有矯情之譏。然而，下意識裡，他知道他的學者生涯已經結束。所以，他才會在9月13日的日記裡說：「今天得外部電，說政府今天發表我駐美大使。二十一年的獨立自由的生活，今日起，為國家犧牲了。」[210]

胡適幸運的地方，在於他有一個第二次重返學者生涯的機會。大使下任才一個月，「洛克斐勒基金會」（Rockefeller Foundation）人文組的組長以及「美國全國學會聯合會」（National Council of Learned Societies）的會長就主動要資助他完成《中國思想史》；他在10月20日的日記裡記：

> 與Rockefeller Foundation〔洛克斐勒基金會〕的Dr. David Stevens〔史蒂芬博士〕及National Council of Learned Societies〔美國全國學會聯合會〕的Dr. Waldo Leland〔李藍博士〕同飯。他們要我談談將來的計畫。我告

208　胡適，"Soul of the Chinese Revolution,"《胡適全集》，38.327-329。

209　Hu Shih to Stanley Hornbeck, October 1, 1938，「胡適外文檔案」，E96-24。

210　《胡適日記全集》，7.606。

圖14　胡適在美國紐約寓所所拍照片，牆上所掛為胡適油畫像。畫像上面註記："To my distinguished friend Dr. Hu Shih, Albert Smith 1943."（胡適紀念館授權使用）

訴他們：我想不教書，只想動手寫我的《中國思想史》。Dr. S. & Dr. L. 都贊成我的決定，S. 說，Rockefeller Foundation 願意供給我費用，專做此工作。Dr. L. 說，他們盼望我不時指導美國方面想做的文化溝通工作。[211]

　　李藍劍及屨及，馬上就在10月26日寫信給胡適，主動地提出了資助胡適的計畫。這封信今天「胡適檔案」裡已經不存。胡適在11月25日回信接受了李藍的計畫。這個計畫由洛克斐勒基金會出錢、「美國全國學會聯合會」出名。從1943年1月開始，為期一年，資助金額為美金六千元。更好的是，這筆經費不算薪水，也不算是稿酬，不用報稅。用李藍一再強調的話說，純粹是一筆禮金[212]。

---

211 《胡適日記全集》，8.128。

212 Waldo Leland to Hu Shih, December 4, 1942，「胡適外文檔案」，E265-1; Waldo Leland to Hu Shih, January 11, 1944, E266-1。

胡適在這封回信裡，接受了李藍為他擬好的計畫的細節：

我現在已經準備好要開始進行撰寫《中國思想史》（*History of Chinese Thought*）——或者用你似乎比較喜歡的英文名稱"Intellectual History of China"。用的是中文。計畫的內容如下：修訂我1919年出版的第一部；完成中古思想史的第二部；撰寫處理從公元11世紀到19世紀的近代部分的第三部。此外，我同意用英文寫一部完整的中國思想史。我同時也同意用英文整理出一或兩冊包含有傳記以及附註的史料選集。

這時的胡適信心十足。他說不到兩年，他就可以完成用中文寫的《中國思想史》[213]。胡適自己信心十足，大家也都引頸翹望。胡適要專心從事《中國思想史》的寫作。消息出來，好幾個出版社就爭相要稿。其中，最為鍥而不捨的，就是胡適母校的哥倫比亞大學出版社。我們可以在「胡適檔案」裡看到他們寫給胡適的信。他們不但一再詢問，而且連出版合約都已經在1944年底就準備好了[214]。

洛克斐勒基金會以及「美國全國學會聯合會」資助胡適這個計畫持續了兩年。作為國際公認的中國第一學者的胡適，不用申請，計畫主動送上門。不但如此，第一年的計畫才進行8個月，李藍就已經提醒他該考慮下一年了。李藍在8月28日的信裡說：「我可否趁我寫這封信之便，請問閣下明年（1944）的計畫？在我們即將進入1943年的最後一季的時候，不妨開始為1944年綢繆。」[215] 10月8日，李藍再寫信告訴胡適，說洛克斐勒基金會願意繼續資助胡適一年，但形式上的手續還是要的。他因此請胡適寫一個簡短的進度報告。不需要長，一頁就行。而且只要籠統說明就可以了[216]。

胡適第一年的進度報告，可惜今天「胡適檔案」已不存。要看這篇報告，

---

213 Hu Shih to Waldo Leland, November 25, 1942，「胡適外文檔案」，E100-10。

214 Charles Proffitt to Hu Shih, February 9, 1945，「胡適外文檔案」，E322-1。

215 Waldo Leland to Hu Shih, August 28, 1943，「胡適外文檔案」，E266-1。

216 Waldo Leland to Hu Shih, October 8, 1943，「胡適外文檔案」，E266-1。

必須去「美國全國學會聯合會」或者「洛克斐勒基金會」的檔案裡去找。所幸的是，洛克斐勒基金會1944年度的報告裡做了摘述：

> 在披閱史料的同時，胡博士完成了幾篇論文，討論了他在《思想史》第一部〔注：應該是第二部，亦即，《中古思想史》〕所涵蓋的中古階段（公元前200到公元300年）的一些歷史問題。他同時也寫成了幾篇小論文，包括漢代的薦舉制度以及公元第三世紀的秘密警察制度。[217]

這個摘述是根據胡適自己的報告。如果不信實，責任在胡適。胡適說他「完成了」（has produced）幾篇論文，「也寫成了」（has also written）幾篇小論文。所謂「完成了」與「寫成了」語焉不詳，並不一定包含發表了的意思。我們從他當時跟在國會圖書館工作的王重民的來往信件裡，知道他寫了幾篇考證的文章。比如說：他在3月30日的信裡說：「最近寫一文修訂王靜安先生的〈漢魏博士考〉，也長到七八千字……〈易林考證〉是一時練習之作……我此文竟長到萬三千字。」[218] 7月24日的信又說：「近日偶作〈兩漢諱考〉，奉上乞兄詳切指正。此文與〈易林考〉有關。本是為〈易林考〉添一條註文，不料竟成了八千字的長文。」[219]〈易林考〉，後來在1948年修改以後以《〈易林〉斷歸崔篆的判決書——考證學方法論舉例》為名出版[220]。

至於「漢代的薦舉制度以及公元第三世紀的秘密警察制度」，則日記或信件中均了無痕跡。唯一比較接近的，是他在1943年4月8夜給王重民的信裡所提到的〈兩漢的太學〉：「我現在寫一篇〈兩漢的太學〉。寫的動機是讀王靜安先生的〈博士考〉。現擬先寫英文稿，為4月27日Oriental Society〔「東方學會」〕宴會的演說辭。此文大致如下：一、五經博士；二、博士弟子；三、東漢末年太學的發展——王莽的太學；四、洛陽的太學；五、太學博士的政治地

---

217 *The Rockefeller Foundation Aunnual Report, 1944* (New York, New York), pp. 226-227.

218 胡適致王重民，在1943年3月30日，《胡適全集》，24.599。

219 胡適致王重民，在1943年7月24日，《胡適全集》，24.632。

220 胡適，〈《易林》斷歸崔篆的判決書——考證學方法論舉例〉，《胡適全集》，13.389-423。

位；六、太學生的生活與政治地位黨錮之禍；七、太學以外的私人講學的發
達。」[221] 這篇英文論文，今天「胡適檔案」也不存。

我有證據說胡適不老實。他當時其實連一篇文章也沒寫出來。他7月18日
給當時在加州波莫納學院（Pomona College）教書的陳受頤的信裡就坦承說：
「離美京〔注：大使下任〕整整十個月了。雖曾溫習兩漢三國史料，作了一些
筆記，而《中古思想史》至今無一篇寫定的。甚感慚愧。」[222]

重點是，胡適彷彿是以考證作為藉口，就是不想寫他的《思想史》。我們
從他的日記和他寫給王重民的信，可以略知他工作的情形。胡適是在1942年
11月25日回信接受資助計畫的。他打鐵趁熱，在11月29日給王重民的信上
說：「我現在開始寫漢代思想……想在短時期中重讀《道藏》一遍。預備把我
的〈道教史〉寫出來。先作長編，次摘要，作為我的『思想史』的一部
分。」[223]

他在12月7日寫給翁文灝、王世杰、傅斯年等人的信寫得更為意氣風發：

> 三個月來，各地大學紛紛邀我明春講學，凡有二十處之多。但我細細考
> 慮之後，決計不教書。決計利用這比較清閒生活，來繼續寫完我的「中國
> 思想史」全部。所以如此決定，有三原因：一、內人冬秀於廿六年
> 〔1937〕七月北平淪陷時，把我的稿子、筆記，全帶出來了。廿八年
> 〔1939〕兒子祖望來美時，帶了這箱稿件給我。凡我的《哲學史》舊稿
> （北大鉛印兩漢部分）；（北大鉛印）《中古思想史提要》；民十八年
> 〔1929〕我在上海放大寫的《兩漢思想史》長編〔注：《中國中古哲學史
> 長編》〕原稿，及《禪宗小史》稿，《近三百年思史》雜稿……等等）都
> 保存未失。有此基本，不難繼續。
>
> 二、此邦有幾個中國藏書的中心，一為國會圖書館，一為哈佛，一為

221　胡適致王重民，在1943年4月8夜，《胡適全集》，24.608-609。

222　胡適致陳受頤，1943年7月18日，"The Ch'en Shou-yi Papers," the Special Collection, the
　　　Asian Library, the Claremont Colleges Library.

223　胡適致王重民，在1942年11月29日，《胡適全集》，24.588-589。

Columbia〔哥倫比亞〕，一為 Princeton〔普林斯頓〕收買的 Gest Collection〔葛斯德文庫〕。皆允借書給我。其地皆相去不遠，其書很可夠我借用。恐怕此時國內學者借書、看書無此絕大方便。故我想充分利用此機會。

三、當我四年前此日（十二月四夜，為我四年前心臟病〔coronary occlusion〕的第一天）臥病醫院時，明知未脫危險。心裡毫無懼怕，只有一點惋惜。所惋惜的就是我的《中國思想史》有了三十年的經營，未能寫定。眼裡尚無人可作此事。倘我死了，未免有點點可惜！現在可謂「天假」以年，豈可不趁此精力未衰、有書可借之時，用一兩年的全功，把我的書寫出來，以完此一件大事！

主計已定，故決定不教書。決定靠薄俸所餘，及部發川資作一年半的生活費，努力寫此書。但最近 American Council of Learned Societies 知道此事，願意給我一種的 Grant-in-aid-of-research（研究補助金）。每年六千元，供我生活及助手之費。我因這數目比各大學年俸較低（各校年俸以 University of Chicago〔芝加哥大學〕提出的一萬元為最高），故決定接受。

在這封信裡，胡適甚至詳細地開列出他的寫作計畫：

此時我正準備開始重寫我的兩漢三國部分，已重讀《後漢書集解》，並已借得《全兩漢三國文》、《龍溪精舍叢書》等等。此五百年文獻大致具備，可以開始做工了。

我的《中古思想史》分兩大部分：一、漢魏（古代思想在統一帝國的演變）；二、印度化時期（A.D.〔公元〕300-1000）。我預備一年內寫成這中古部分。次寫《近代思想史》，也分兩期：一、理學時代；二、反理學時代（1600-1900）。我想兩年的專功可以寫成全書。包含《古代思想史》〔注：《中國哲學史大綱（上卷）》〕的重寫。

我常說，我一生走好運。最幸運有四：一、辛亥革命，我不在國內，得七年的讀書；二、國民革命，我又不在國內。後來回上海住了三年，得一機會寫我的《文學史》第一冊及《兩漢思想史》的長編；三、抗戰最初五年，我得一機會為國家服務，大病而不死；、四、今得脫離政治生活，使

我得一正當的名義，安心回到學問的工作。[224]

　　1943年1月30日，胡適新印的稿紙到了：「我新印的『稿紙』（每頁200字）。今天送到五千張，可寫一百萬字。」[225] 2月16日，他告訴王重民的進度極為樂觀：「這幾個月之中，重讀《漢書》。用王氏補註作底子，頗有所得。這個月想開始寫定我的《中古思想史》的第一期（兩漢、三國）了。」[226]

　　然而，才說著要開始寫定《中古思想史》的第一期，他的考據癖就來了。這注定要讓他寫思想史的火車脫軌了。他從3月到7月動手寫了我在上文所提到的〈博士考〉、〈易林考〉，以及〈兩漢諱考〉。這個考據癖到了11月進入了高峰，一頭就栽進了要為戴震伸冤的《水經注》研究。這一栽進去，就注定是二十年，一直到他過世為止，都脫身不得。

　　按照李藍的設想，他用「禮金」的方式資助胡適，就是要讓胡適能夠不愁生計，專心寫作。用胡適在接受李藍資助時候的話來說，就是「讓我可以完全不需要去教書或演講。」胡適說他已經謝絕了所有教書以及演講的邀請。但是，就像他在跟李藍以及洛克斐勒基金會的史蒂芬吃飯時所提起的，他說，「我也許在將來會教一點書、給一個系列的演講，以便逼我自己開始寫我的英文稿。」[227]

　　李藍景仰而且也完全信任胡適。我們知道胡適五分鐘熱度以後，就開始弄起考據來。不管胡適第一年的報告有多信實，李藍在1943年11月1日的回信裡說：「非常感謝閣下的報告。閣下能在一年裡作出那麼多的成果，可喜可賀。」[228]一直到1944年8月，胡適該年秋天開始要去哈佛講學兩個學期的消息公布。李藍知道胡適11月就要去哈佛講學，屆時他的研究資助就會終止。李藍才在8月30日的信裡請胡適寫一個結案報告給洛克斐勒基金會[229]。

224　胡適致翁文灝等，1942年12月7日，《胡適全集》，24.590-592。

225　《胡適日記全集》，8.146。

226　胡適致王重民，在1943年2月16日，《胡適全集》，24.595。

227　Hu Shih to Waldo Leland, November 25, 1942，「胡適外文檔案」，E100-10。

228　Waldo Leland to Hu Shih, November 1, 1943，「胡適外文檔案」，E266-1。

229　Waldo Leland to Hu Shih, August 30, 1944，「胡適外文檔案」，E266-1。

很幸運的，「胡適檔案」裡保存了胡適這個結案報告。這篇報告沒有註明日期。幸好胡適在一開頭就說：「二十二個月已經過去了。」這句話是一個線索。由於他這個資助他寫作的計畫是從1943年1月開始的，我們可以判定這個報告最晚應該是他11月去哈佛講學之前寫的。

胡適在這篇報告裡，開門見山，先自我謝罪。他說：「我很遺憾地說，這是一篇描寫我正事不辦（frustrated objectives）、卻不務正業的（dissipated time）報告。」他臚列出他原先所答應要完成的工作：一、完成一部《中國思想史》──包括修訂第一部；完成中古思想史，分兩冊；撰寫近代思想史的第三部，也分兩冊。二、撰寫一本一冊版的英文本，以及一本英譯的史料選集。

胡適說：

> 二十二個月已經過去了，我必須坦承這些目標，我沒有一項是完全達成的。中文部分，只有中古思想史第一冊基本上是完成了的。第二冊還只是摘記，需要擴充與修訂。
>
> 上古思想史那一部的修訂有些進展。然而，由於該書出版25年以來，有關中國遠古歷史的新資料浩瀚，說是修訂，但幾乎等於要完全重寫我1919年所出版的那一部。去年，我翻譯了大量上古史的史料，將來可以放在英譯的史料選集裡。
>
> 第三部近代思想史，才剛到準備的階段。史料已經整理了，若干具有爭議性的問題研究了，有些甚至已經被我圓滿地解決了。只是，我還沒開始寫。

洋洋五頁的報告，只有第一頁加第二頁第二段是談到他得到資助的部分。其餘全部是在解釋他如何花了至少整整八個月的時間，去重審戴震被控剽竊趙一清的《水經注》的來龍去脈。胡適說他瞭解「美國全國學會聯合會」給他的資助，是該會全年預算中最大的一宗。他既沒有作出成果，就不該再尸位素餐。然而，他還是為自己辯解：

> 只要我繼續使用中文的史料，我必須招認我有一個無法克制的強烈的智

性上的嗜欲（temptation）：為了稽核一個事實或釐清一個疑慮，我可以用上幾個星期、甚至是幾個月的時間去作打破沙鍋問到底的工作。於是，這就妨礙了我寫中國思想通史的正務。

然而，胡適保證他在不久的將來，就會將功贖罪：

　　我因此接受了哈佛大學的邀請，從1944年11月到1945年6月，講授一門「中國思想史」的課。這門課將涵蓋整個2500年的歷史。
　　我準備要完整地寫出我的講稿。這樣，在我講完這門課以後，我就會有了中國思想史英文版的初稿。我將會把那個初稿修訂出版。我希望我在哈佛講課的結果，可以讓我以出版《中國思想史》英文版的方式，來履行我對「美國全國學會聯合會」的部分責任。[230]

　　這篇報告有多信實呢？胡適說：「中古思想史第一冊基本上是完成了的。」除非胡適當時所寫的稿子今天在「胡適檔案」裡已經不存，難不成他說他已經完成了的，其實就是他早在1930年8月寫成、油印裝訂了幾十部、分送朋友請他們批評的《中國中古哲學史長編》？
　　即使胡適是把他十四年前的舊稿拿來權充，他深知李藍跟洛克斐勒基金會不可能會要他繳交為憑的。根據他在報告裡的描述，他所送繳的是他為恆慕義（Arthur Hummel）所主編的《清代名人傳記》（*Eminent Chinese of the Ch'ing Period*）第二冊所寫的〈戴震〉一條，以及〈全祖望、趙一清、戴震：以《水經注》為例說明學者獨立研究結果不謀而合的案例〉（A Note on Ch'üan Tsu-wang, Chao I-ch'ing and Tai Chen: A Study of Independent Convergence in Research as Illustrated in Their Works on the *Sui-ching Chu*）一文。由於這第二冊當時還在校對的階段，所以胡適所送繳的是校樣。換句話說，胡適送繳為憑的，用他自己的話來說，是「不務正業」的成果。「正事」的成果，不管有沒有，他完全沒送繳。

230　Hu Shih, "Second Report on My Work,"「胡適外文檔案」，E52-130。

　　不管胡適是否用舊稿來權充，他說他要用在哈佛講學的機會，把每一講都完整地寫出來，以便他講學完畢以後，《中國思想史》就可以寫成出版的諾言也沒有實現。1945年2月9日，哥倫比亞大學出版社的副主任普洛斐特（Charles Proffitt）寫信問胡適，是否可以把他在1944年底就已經擬好的出版合約寄給胡適[231]。胡適只好坦白地告訴他說：

　　我一直還沒有認真地跟朋友談到出版的事情，因為這本書的英文版根本就連影子都還沒有。我目前所有的，只是用鉛筆寫在黃色、棕色的便條紙上，是講課用的摘記。因此，每當我的朋友提起我那「即將」出版的書的時候，我都覺得難為情的……不過，既然你所擬的合約已經在你桌上放了那麼久了，不妨就請你寄給我好了。[232]

　　最驚人的是，胡適在哈佛講課的時間長達八個月。根據他自己在日記裡的記載，他1944年秋季班的「中國思想史」的課，是每星期一、三、五，上午十一點上課[233]。然而，八個月的時間，加上備課、講課的思想刺激，顯然不足以激勵他完整地把他的講稿寫出來，又一次錯失了寫出他的《中國思想史》的機會。

　　胡適在哈佛並沒有把講稿完整地寫出來的事實，還可以從他還在哈佛的時候寫給王重民的信裡找到佐證。他在1945年5月21日的信裡說：

　　哈佛教課，六月初可完，考試在六月下旬。大概六月底可搬回紐約了。此間教課，每講都有草稿，用「拍紙」〔注：可能是英文筆記紙（pads）的音譯〕寫。夏間想整理成一部英文《中國思想史》。[234]

231　Charles Proffitt to Hu Shih, February 9, 1945，「胡適外文檔案」，E322-1。
232　Hu Shih to Charles Proffitt, March 15, 1945，《胡適全集》，41.467-468。
233　《胡適日記全集》，8.198, 199。
234　胡適致王重民，1945年5月21日，《胡適全集》，25.135。

　　胡適一輩子無法完成他的《中國思想史》，其原因現在一一浮現出來了。除了我在本章所分析的他對中國思想史詮釋的斷層那個最根本、最致命的原因以外，還有他的抗日愛國史觀的曲筆。在本節，我有要再加入兩個原因：一個是他在美國講學講的都是通史，聽眾都是外行人，無補於他的《中國思想史》的研究與寫作；另外一個，就是他的反共史觀。

　　先說第一個。胡適在 1943 年到 1944 年兩年之間得到資助，卻沒有完成他的《中國思想史》。那注定是他一生最後一次的機會。這一年 6,000 美金的數目不是一筆小數目，換算成 2016 年的幣值，相當於 84,000 美金。雖然因為他從 1944 年 11 月開始去哈佛講學，11 月與 12 月的「禮金」停付，他實拿了一萬一千元的「禮金」。胡適沒有抓住那個他一生最後一次的機會，而讓他的考據癖妨礙了他的思想史寫作。

　　當然，就像我在《璞玉成璧》裡所已經指出的，胡適的考據癖有他「予不得已也！」的一面。我說胡適有「狐狸才」與「刺蝟心」之間的矛盾。有那種從事實出發、到建立假設的刺蝟心的胡適，是不可能放心地責成「第二、三流學者」去作基礎研究工作的。試想：連王國維的〈漢魏博士考〉他都不滿意，還要自己重寫一篇〈兩漢博士制度考〉。「為了稽核一個事實或釐清一個疑慮」、「打破沙鍋問到底」的狐狸才，注定終究「妨礙」了胡適想要寫中國思想通史的刺蝟心的「正務」。

　　無論如何，在錯過了這兩年的黃金時刻以後，胡適就時不我予了。他想要利用在哈佛大學講學的機會，把每個演講寫出，然後在講學結束以後整理出版。那其實是一個不切實際的想法。問題的關鍵不在於時間，而在於講學的對象，以及針對聽眾而設計的內容。胡適在哈佛大學，包括他在美國各地的演講，聽眾都是外行人，講來講去都是「通史」、「通識」的內容與水準，如何能有助於他《中國思想史》的寫作呢！

　　有關這點，美國國會圖書館東方部主任恆慕義就一語道破。1945 年 1 月 3 日，恆慕義給當時在哈佛講學的胡適的信上說：「我希望你會按照計畫，把你今年在哈佛的演講出版。我將會很樂意拜讀你的第一批稿子。遺憾的是你演講的對象。你應該演講的對象是像我這樣對中國有點背景的人，而不是茅塞初開

（elementary）的學生。」[235]

　　其實，胡適不是不知道這點。他1943年10月的時候，已經去過哈佛大學一趟，為受訓的陸軍兵官作了六次的演講。他在1943年9月18日給趙元任的信上說：

　　我今天胡亂擬了一個「六講題」，請你指正……

　　　1, Outline of Chinese History（1100 B.C.-1600 A.D.）〔中國史概論〕

　　　2, The Classical Heritage〔古典的遺產〕

　　　3, Political Organization and Social Structure〔政治組織與社會結構〕

　　　4, Religious History〔宗教史〕

　　　5, Philosophy & Intellectual Life〔哲學與思想生活〕

　　　6, Classical & "Vulgar" Literature〔古典與白話文學〕

　　都是小題大作，怎麼辦呢？[236]

　　結果，哈佛的陸軍兵官訓練班主任回信告訴胡適，說他們已經在開學的前兩週裡作了中國通史的鳥瞰。因此，他們請胡適從第二講開始講。同時，請胡適把他所擬的第三講裡的政治組織與社會結構拆開，分成兩講[237]。胡適說這種演講是「小題大作」。其實，更正確地說，是「大題小作」。因為「大題小作」，所以只能作浮光掠影的泛論，完全無補於他想以之作為一本學術性的《中國思想史》的初稿的想法。

　　其實，胡適利用講課，把《中國思想史》寫出來的機會並不是只有一次。他1945年6月在哈佛大學講課結束以後，緊接著又在當年秋天在紐約的哥倫比亞大學講授「中國思想史」一個學期。證據是他與哥倫比亞大學中文系的博路特（Carrington Goodrich）教授的來往信件，以及哥大在《遠東季刊》（*The Far Eastern Quarterly*）記事欄上刊載胡適在哥大講授「中國思想史」（History

---

235　Arthur Hummel to Hu Shih, January 3, 1945，「胡適外文檔案」，E237-2。

236　胡適致趙元任，1943年9月18日，《胡適全集》，24.638。

237　C. J. Friedrich to Hu Shih, September 21, 1943，「胡適外文檔案」，E203-7。

of Chinese Thought）的報告[238]。

　　最令人驚訝的是，胡適似乎沒有留下多少他當年授課的資料。今天在北京的「胡適檔案」裡沒有胡適當年在美國授課的講義稿的蹤影。台北的「胡適紀念館」有一批編者定名為「中國思想史」的英文手稿，共有643張。這批手稿上沒有任何註記，「胡適紀念館」檔案的編者判斷那批手稿是胡適1944年到1945年在哈佛大學的講稿。

　　我同意這個判斷。而且，我認為由於胡適緊接著又在哥倫比亞大學講授一樣的課程，這批講稿胡適可能在哥大再用了一次。我同意這個判斷，還根據了一個內證。這個內證就是胡適在講到宋朝王安石的改革以及反王安石的理學家的時候，一再套用 "New Deal"，亦即美國總統羅斯福的「新政」這個名詞來稱呼王安石的改革。"New Deal" 這個名詞，是胡適一直到1940年代為止，很喜歡在英文的文章裡跟「社會主義政策」混用的。比如說，他喜歡用 "New Deal" 和「社會主義政策」來描寫王莽的政策。我在第四部第三章會提到羅斯福的經濟顧問克里（Lauchlin Currie）告訴他說，"New Deal" 在美國已經被污名化得夠了，請他不要把篡位的王莽拉進來把這個名詞一刀斃命了[239]。1950年代以後，胡適就不再用 "New Deal" 這個名詞了。比如說他1956年秋天在加州大學所作的十次公開演講裡，也幾次講到了王安石以及宋朝的改革運動。然而，"New Deal" 這個詞一次都沒出現過[240]。這個內證有助於證明這批講稿是胡適在1940年代寫的。

　　這批643張的講稿。看似乎龐大，其實不多。這個系列的演講題目共有47個。最長的一個講題的講稿有73頁，60頁以上的有3講，50頁以上的有7講，40頁以上的有8講，30頁以上的有7講，20頁以上的有5講，10頁以上有10講，10頁以下的有6講。除了每講的頁數不多以外，講稿所用的紙張很小，不到一般紙張的一半。根據「胡適紀念館」所提供的資訊，長只有10公分，寬

238　Hu Shih to Carrington Goodrich, May 28, 1945 and June 13, 1945，《胡適全集》，41.510, 524-525；Carrington Goodrich to Hu Shih, May 24, 1945，「胡適外文檔案」，E210-6; June 8, E210-6; "Notes and News," *The Far Eastern Quarterly*, 5.2（February 1946), p. 246。

239　Lauchlin Currie to Hu Shih, January 12, 1943，「胡適外文檔案」，E169-7。

240　胡適，"The Great Reformers of the 11th Century,"「胡適紀念館」，HS-NK05-203-007。

15.2公分。換句話來說，就是胡適把美國常用的4×6英寸大小的便條紙橫向使用。不但紙張小，而且為了他自己講課時閱讀方便，胡適手寫的英文草書字體很大，一頁只有20到40個字之多。

這麼草率、信筆寫來就上台、絲毫沒有組織結構的講稿，胡適居然好意思在1946年4月26日回國不到一個半月前給陳受頤的信裡說：「我的《中國思想史》英文稿大部分有哈佛講稿，但未能寫定。擬回去把殷商至東周一個時代的新材料補充好，然後寫定英文小書。一年內付印。」[241]

總之，我閱讀了這批講稿以及「胡適紀念館」所藏的其他現存的英文手稿，感覺非常遺憾。由於胡適晚年所留下來的《中國思想史》存稿質量非常粗糙，不值得我原擬在本傳闢出專章來分析的構想。因此，我在本節討論他的反共史觀以前，以下列三個結論來總結胡適晚年在《中國思想史》方面的成績。

第一、胡適晚年所作的「中國思想史」的演講粗糙、散漫、草率，彷彿只在應付交差。這迥異於他以往全力以赴準備演說的習慣。比如說，他在1939年12月29日的日記裡，描寫他如何費心地準備他當天在「美國歷史學會」年會的演講：「今天中午，我的演說 "The Modernization of China and Japan: A Comparative Study of Cultural Conflict"〔中國與日本的現代化：一個文化衝突的比較研究〕。有許多人說好。這題目是我說過、寫過多少次的。但這一次費了我四整天的工夫才寫得成（兩個晚上到4點才睡）！」[242]又如，他1940年11月28日跟寫《世界史綱》的英國文豪威爾斯（H. G. Wells），以及跟史丹佛大學校長威爾伯（Ray Lyman Wilbur），在紐約一同作廣播，講〈我們要什麼樣的世界秩序？〉（What Kind of World Order Do We Want?）。胡適在當天的日記裡說：「這兩人都不曾好好的預備，故成績很不好。我這九分鐘廣播，共費了七天工夫準備。刪了又刪，改了又改，故當然最受歡迎。」[243]

一直到胡適作為駐美大使為止，他所有的英文演講都是完整寫出來的，而

241　胡適致陳受頤，1946年4月26日，"The Ch'en Shou-yi Papers," the Special Collection, the Asian Library, the Claremont Colleges Library.

242　《胡適日記全集》，7.737。

243　《胡適日記全集》，8.79。

且都有打字稿。大使卸任以後，胡適的習慣丕變。唯一的例外，是他1945年在哈佛大學神學院所演講的〈中國思想裡不朽的觀念〉。他1944年到1945年在哈佛與哥倫比亞大學講授「中國思想史」所留下來的講稿，就是這個丕變的習慣最顯著的例子。這批講稿有些是胡適講課的提綱，但更多的是引文。比如說，他孟子那一講，雖然洋洋44頁，但泰半都是《孟子》的引文[244]。很明顯地，那是胡適用來在課堂上即席發揮的依據。由於這批講稿連提綱都說不上，因此結構散漫。內容經常重複，甚至前後矛盾。

　　不只是他在哈佛、哥倫比亞大學的演講如此，他1946年2月底到3月初在康乃爾大學所作的六次的「梅生杰講座」（Messenger Lectures）也是如此。由於席雲舒已經開始作了一點梳理胡適這個講座的工作[245]，我要在此處幫他作一點補充與修正。胡適這個「梅生杰講座」的總題是〈近代中國的文藝復興〉（Intellectual Renaissance in Modern China）。然而，他這個講座的六個子題就有好幾個說法。席雲舒花了時間梳理以後，以胡適日記裡所記作為定論。其實，造成這個混淆的人就是胡適自己。在演講前十天，胡適去信康乃爾說他在題目上作了一些修訂。他說原來的題目太冗長，新題目較簡潔。他說如果演講題目已經印好了來不及改變，他會在演講時候宣布[246]。席雲舒在「胡適檔案」裡所找到的演講子題，就是胡適在1945年9月30日寄給康乃爾大學的信裡所提到的附件。附件的背面可以清晰地看到「中國大使館」的信箋[247]。

　　胡適在9月30日在附件上所擬的六個子題，就是康乃爾大學在海報上所印好的。根據胡適自己在日記上的記載，他所講的六個子題如下：一、〈一千年印度化了的中國思想和人生〉（A Thousand Years of Indianization of Chinese Thought and Life）；二、〈一千年的印度化以後中國入世思想與學術的復甦〉（Revival of Secular Chinese Learning and Philosophy after a Thousand Years of

---

244　胡適，"Beginings of Chinese Thought: Mencius,"「胡適紀念館」，HS-NK05-209-011。

245　以下徵引席雲舒的研究的地方，是根據席雲舒，〈胡適「中國的文藝復興」論著考（中篇）〉，http://qk.laicar.com/M/Content/2258142，2016年8月24日上網。

246　Hu Shih to Edward Graham, January 25, 1946,《胡適全集》，41.537。

247　Hu Shih to Edward Graham, September 30, 1945,《胡適全集》，41.531；附件見「胡適外文檔案」，E17-55。

Indianization）；三、〈十七世紀對理學的反動〉（The Philosophical Rebels of the 17th Century）；四、〈客觀學術與小心求證研究的時代〉（The Age of Objective Scholarship and Patient Research）；五、〈中國面對新世界而被打敗〉（The Age of Conflict: China Faces a New World and Is Defeated）；六、〈當代中國思潮〉（Contemporary Chinese Thought）。這六個子題跟胡適原擬的大同小異。最大的不同是，海報上所印的第五講〈新時代最初的詮釋者〉（First Interpreters of the New Age），被用筆刪除了。

　　值得指出的是，胡適日記裡的記載並不一定就是最正確的，因為他有可能是把他原擬的子題跟他演講時所改用的子題混合在一起使用。根據1946年3月1日《康乃爾大學校友通訊》（Cornell Alumni News）的記載，胡適所講的只有五個子題。換句話說，因為他刪去了原擬的第五講，所以把原擬的第一講分成上、下，分兩次講完。請注意《康乃爾大學校友通訊》所報導的第四講的題目也略有不同。一、〈中國思想與學術的復甦〉（上）；二、〈中國思想與學術的復甦〉（下）；三、〈十七世紀對理學的反動〉；四、〈學術研究的時代〉（The Age of Learning and Research）；五、〈中國面對新世界而被打敗〉；六、〈當代中國思潮〉[248]。

　　《胡適全集》38卷裡所收的〈近代中國的文藝復興〉（The Intellectual Renaissance in Modern China）一文，編者定為1926年左右的文章是錯誤的。席雲舒正確地判斷那是胡適「梅生杰講座」的第一講的內容。當然，那個題目是胡適的總題，而不是他第一講的子題。然而，席雲舒所接著所作的推論就是錯的了。他在煩請康乃爾大學東亞圖書館館長及其助理「查遍了康大圖書館和檔案館的資料，都沒有找到胡適這次演講的手稿和錄音資料」以後，作了結論說，胡適「這次演講的完整講稿恐已不存。」

　　事實上，胡適「梅生杰講座」的手稿的所在，不在遠在天邊的康乃爾大學，而是近在席雲舒眼前的北京的社會科學院「近代史研究所」。這個「胡適檔案」裡不但有席雲舒所正確地判斷出來的第一講的講稿，而且也有其他五個子題的講稿。

248　*Cornell Alumni News*, 3/1/46, "The Hu Shih Papers at Cornell, 1910-1963," p. 273.

現在收在《胡適全集》第38卷的「梅生杰講座」第一講的殘稿，在「胡適外文檔案」裡是放在E002-009卷宗裡。至於其他講的殘稿，第二講〈中國思想與學術的復甦〉，是放在「胡適外文檔案」E56-144：「胡適手稿雜燴」（Hu Shih Miscellaneous Manuscripts）一袋裡。只有兩頁的要點摘記。其餘四講是放在「胡適外文檔案」E20-65：「十七世紀對理學的反動」一袋裡，共有114頁。雖然第一頁有胡適手寫的「十七世紀對理學的反動」的字樣，其實包含了最後四講的手稿。第三講〈十七世紀對理學的反動〉最長，有23頁。其中，9頁是手稿，14頁是從他1940年4月10日在波士頓的「美國文理學院」（American Academy of Arts and Sciences）的演講〈十七世紀中國的哲學造反派〉（Some Philosophical Rebels of Seventh Century China）一文的打字稿剪貼過來的。第四講〈客觀學術與小心求證研究的時代〉，有35頁，其中34頁是手稿，1頁是從〈十七世紀中國的哲學造反派〉一文的打字稿剪貼過來的。第五講〈中國面對新世界而被打敗〉，有15頁的手稿。第六講〈當代中國思潮〉，有44頁的手稿，是以吳稚暉的生平與思想為代表來描述現代中國的自由批判思想。

席雲舒在尋覓胡適在康乃爾大學所作的「梅生杰講座」的講稿而不得的時候，惋嘆地說：「令人遺憾的是，胡適的這個系列演講並未留下完整文稿，否則這將成為他的又一部英文專著。」席雲舒這個扼腕之嘆，其實是典型的「胡適不急，急死胡迷」的寫照。如果胡適在哈佛以及哥倫比亞大學的講稿連提綱都說不上，他的「梅生杰講座」的講稿雖然比較詳細，但還是粗糙、信筆寫出的草稿，完全不可能成為席雲舒所想望的「又一部英文專著」。

事實上，甚至連胡適一生最後一次的系列演講，亦即1956年秋天在加州大學柏克萊校區的十個演講也是如此。這十個演講，只有第一講〈公元1000年之際的中古中國〉（Medieval China in A.D. 1000）是打字稿，其他都是信筆草成的手稿。第三講〈古典的復甦與印刷術〉（Classical Revival and Book-printing），甚至不是一篇完整的講稿。51頁的講稿，從19頁開始，居然變成泰半是中文的摘要。然後，再從30頁開始，又變回去與前文不能銜接的講稿。

一個在大使卸任以後在美國先後住了十年、演講「中國思想史」不下十次、而且都是一再反覆講同樣題目的人，居然不肯花點心思寫成論述完整、文字洗練的文稿！每次講，每次都是信筆一揮，重彈他的老調。從來就沒有意願

把它好好寫下來，打字成稿。胡適不是不會打字，而且不是不曾打過字。我們且看他1955年1月24日在紐約市東81街104號公寓所寫的日記：

> 寫完馮友蘭《中國哲學史》書評。*The American Historical Review*〔《美國歷史評論》〕要我寫此書英譯本（by Derk Bodde〔譯者卜德〕）的書評。我擔誤了半年，今天扶病打完。[249]

「胡適紀念館」的檔案裡，有混雜在其間的兩篇李濟在西雅圖華盛頓大學所作的「沃克—安姆斯講座」（Walker-Ames Lectures）三個演講裡的第二、第三講：〈遠古中國文明的起源和發展〉（Origin and Development of Early Chinese Civilization）和〈中國的銅器時代〉（The Bronze Age of China）。李濟這三個演講，後來以《中國文明的起源》（*The Beginnings of Chinese Civilization*）為名，由華盛頓大學在1957年出版[250]。不知情的人，很容易誤以為是胡適的講稿。同樣是中國人用英文作演講。李濟的演講，其態度的嚴肅、論文結構的完整、文字的精審、論述的嚴謹，新說、新證的引用，與胡適應付交差的態度、粗糙、散漫、毫無章法的手稿，兩相比較，彷如晝夜。無怪乎與胡適「論學談詩二十年」、深知胡適的楊聯陞，在1986年10月20日給當時中央研究院院長吳大猷的信裡，就敦勸中研院不要倉促地出版胡適英文的《中國思想史》稿，「恐於胡先生聲名有損。」[251]

我從胡適晚年所遺留下來的英文手稿所得到的第二個結論是：胡適為什麼晚年一再作《中國思想史》的演講，卻又一再地用應付交差的態度，寫出粗糙、散漫、毫無章法的講稿呢？這是因為他早已無心完成《中國思想史》了。從他大使卸任開始，胡適就一再信誓旦旦地表示他要完成他的《中國思想史》。特別是在他受到刺激的時候更是如此。比如說，馮友蘭的英文《中國哲學簡

---

249 《胡適日記全集》，9.107。

250 Li Chi, *The Beginnings of Chinese Civilization* (Seattle: The University of Washington Press, 1957).

251 楊聯陞致吳大猷，1986年10月20日，「中央研究院近代史研究所檔案館」，「吳大猷檔案」，304-01-11-01-017。在此特別感謝中研院近史所張哲嘉教授幫忙提供此件。

史》（*A Short History of Chinese Philosophy*）出版以後，胡適在1950年1月5日
的日記裡說：「前些時曾見馮友蘭的"*A Short History of Chinese Philosophy*"，
實在太糟了。我應該趕快把《中國思想史》寫完。」[252]

　　就在1956年底，胡適要慶祝他六十五歲生日的以前，他用英文寫了一篇
類似生日誓詞的〈我擬完成的著作〉（My Planned Works），回顧了他一輩子研
究中國思想史的梗概：

　　　　四十多年來，我一直在從事著中國思想史的研究，涵蓋了大約二十七個
　　世紀中國思想的發展。1919年，我出版了我的中國哲學史的第一冊。在
　　過去三十年間，我一直努力要用「中國思想史」這個概括的題目，把我的
　　研究的範圍擴大到涵蓋了中國思想與信仰的各個層面。

　　　　從1919年到1937年，我發表了大量的論文，研究了中國思想史的三個
　　主要階段：到公元200年為止的上古階段；到公元1000年的中古階段；以
　　及從十一世紀到現在的中國復興期。這些論文多半都已經收在我四冊的
　　《胡適文存》裡。幾篇比較長的論文則成了書。

　　　　八年的中日戰爭（1937-45）、五年──先非正式、然後正式──被政府
　　徵調為外交官（1937-42）、十年的流離失所（unsettled life）（1946-56）、
　　使我無法把所有這些已經完成了的論文綜合起來成為我計畫裡的三冊本的
　　中國思想史。同時，也讓我無法認真地去寫我計畫已久的一冊本的英文中
　　國思想史。

　　　　眼看著我65歲的生日即將到來，我覺得這是我該定下來完成我「中國
　　思想史」這個一生的志業的時候了。為了完成這個志業，我計畫在明年初
　　回台灣台北去。使用中央研究院以及中央圖書館新近度藏好、開放研究的
　　善本和古籍（我自己的藏書留在北平）。

　　　　作為一個思想興趣廣泛的人，除了上述的研究計畫以外，我還有許多其
　　他的計畫。其中之一就是「中國白話文學史」。我在1928年出版了第一
　　冊。在1920年到1937年間，我發表了二十篇有關中國小說的重要論文。

252《胡適日記全集》，8.463。

然而，這個研究計畫跟所有其他研究計畫，都必須先束之高閣，等我把「中國思想史」這個志業完成以後再說。[253]

甚至到了1958年4月9日，他從美國回到台北就任中央研究院院長的時候，他還對記者說：「我希望能有兩三年的安靜生活，當可將未完成的《中國思想史》寫完。然後再寫一部英文本的《中國思想史》。」[254]然而，胡適再怎麼信誓旦旦，結果總是只見樓梯響，不見人下來。

只見樓梯響，不見人下來。這句話用在這裡，完全沒有褒貶的意涵。我的重點是：胡適已經沒有想寫《中國思想史》的狂熱了。洛克斐勒基金會用重金支持他兩年寫《中國思想史》。他明知重審戴震是否竊據《水經注》的考證，是「不務正業」，與他受資助的理由不合。然而，他可以明知故犯。這除了是因為他名高望重，任何人都要對他禮讓三分以外，更是因為「狂熱」二字使然的結果。他作《水經注》的考證，不是兩年，五年，而是二十年。當然，我們可以推測他作《水經注》是一種轉移，是一個讓他可以冠冕堂皇不寫《中國思想史》的藉口。然而，能夠讓一個人投入一生裡的二十年，能夠廢寢忘食、樂在其中。這只有「狂熱」能夠解釋。1945年，在蔣介石任命他為北大校長以後，他在9月6日給王重民的信裡傷感地說：「閉戶做考據，廢寢忘餐的審判古人疑獄。此等樂事，恐須不能由我久享了！」[255]這種狂熱之心，他回到中國以後，仍然不減。比如說，從1947年5月底開始，除了過於忙碌或者出城以外，他每天都要過錄十幾頁從天津圖書館借來的全祖望的《水經注》。一直到了次年5月16日，費了將近一年的時間，終於過錄完畢[256]。

相對於他對《水經注》的狂熱，《中國思想史》已經味同嚼蠟。最能夠流露出他這個嚼蠟之感的，是他1944年7月17日的一封信：「這兩年之中，本意是想把我的《中國思想史》寫成。但寫到一個時期，往往被一些小問題牽引去

253　Hu Shih, "My Planned Works,"周法高編，《近代學人手跡》，第二冊（台北：文星書店，1962），頁91-92。

254　胡頌平，《胡適之先生年譜長編初稿》，7.2658。

255　胡適致王重民，1945年9月6日，《胡適全集》，25.164。

256　《胡適日記全集》，8.358。

做點小考證。這些小考證往往比寫通史有趣味的多。於是我就往往入魔了，把寫通史的工作忘在腦後，全心去做考證。」[257]無怪乎人家請他演講《中國思想史》，他只好應付了之。

我從胡適晚年所遺留下來的英文手稿所得到的第三個結論是：胡適晚年在美國演講《中國思想史》，純然是在炒冷飯。由於胡適已經無心完成他的《中國思想史》，更重要的是，由於胡適已經五年沒有作過研究了，要他講「中國思想史」，他除了炒冷飯以外，還能如何呢？最尷尬的是，他講中國思想史，就必須從春秋戰國開始。這時，他所炒的就不只炒冷飯而已，而且還是陳年的冷飯。比如說，他講孔子[258]，特別是講講墨子[259]，用的是他在1917年完成的《先秦名學史》。

他講戰國末期的陰陽五行觀念[260]、《呂氏春秋》[261]、《淮南王書》[262]、秦漢之際的迷信[263]、漢朝儒教的形成、公孫弘、董仲舒[264]、以至於王充[265]，用的就是他在1930年完成的《中國中古思想史長編》。他講佛教與禪宗，用的就是下列這幾篇他在1930年代寫的文章：《中國中古思想小史》、1932年發表的〈禪宗在中國的發展〉（Development of Zen Buddhism in China）[266]，以及1936年

257　胡適致某某，1944年7月17日，《胡適全集》，25.105。

258　胡適，"Beginnings of Chinese Thought: Confucius," 「胡適紀念館」，HS-NK05-209-007。

259　胡適，"Beginnings of Chinese Thought: Mo Ti," 「胡適紀念館」，HS-NK05-209-008以及 "Beginnings of Chinese Thought: Intellectual Developments in the 4th and 3rd centuries B.C.," 「胡適紀念館」，HS-NK05-209-009。

260　胡適，"Beginings of Chinese Thought: The Yin-Yang School," 「胡適紀念館」，HS-NK05-209-015。

261　胡適，"Beginings of Chinese Thought: Development of Individualism," 「胡適紀念館」，HS-NK05-209-010。

262　胡適，"Beginings of Chinese Thought: Development of Naturalism," 「胡適紀念館」，HS-NK05-209-014。

263　胡適，"The Medieval Age III: Han Thought II," 「胡適紀念館」，HS-NK05-209-019。

264　胡適，"The Medieval Age IV: Han Thought III, The Establishment of Confucianism as the Official System of Teaching," 「胡適紀念館」，HS-NK05-209-020。

265　胡適，"The Medieval Age VII, Wang Ch'ung," 「胡適紀念館」，HS-NK05-209-023。

266　胡適，"Development of Zen Buddhism in China," 《胡適全集》，36.641-681。

在哈佛大學三百週年校慶發表的〈中國的印度化：一個文化假借的案例〉。

再往下延伸下去。他講反理學的時代、講顏元、講費密[267]，用的就是他1924年寫的〈費經虞與費密——清學的兩個先驅者〉[268]、1927年的演講〈幾個反理學的思想家〉[269]，以及上文所提到的他1940年4月在波士頓的「美國文理學院」所講的〈十七世紀中國的哲學造反派〉。至於戴震[270]，他所根據的，就是他1925年寫的〈戴東原的哲學〉[271]，以及他在同一年用英文寫的〈戴震的哲學〉（The Philosophy of Tai Chen）[272]。

甚至胡適在這批哈佛與哥倫比亞大學的講稿裡所談到其他重要的政治家或理學家，即使那些他未曾發表過專文分析的，例如，司馬光、王安石、邵雍、周敦頤、程頤、程灝，也都是根據他以前閱讀以及研究的成果。我們今天可以在「胡適檔案」裡，可以看到他用1920、1930年代所用的稿紙寫這些人物的札記[273]。

使用自己過去研究的成果或閱讀的收穫，這本身都不是問題。學術研究有的是積累、傳承的成分。這對社會而言如是，對個人而言亦如是。重點是，胡適一生的學術生涯，已經在1937年蔣介石派他去美國作宣傳工作之時正式告終。1946年他回中國出任北大校長，他已經變成一個教育行政首長。1949年以後，在紐約流亡的生涯裡，學術已經是玩票的性質。等他1958年到台灣擔任中央研究院院長，他還是一個行政首長。

學術對晚年的胡適而言已經是玩票的性質，這在在地反映在他1956年秋天在加州大學所作的十次演講——從公元1000年開始的中國思想史的鳥瞰。

267　胡適，"The Age of Revolt against Rational Philosophy I（1645-1945),"「胡適紀念館」，HS-NK05-209-046。

268　胡適，〈費經虞與費密——清學的兩個先驅者〉，《胡適全集》，2.50-93。

269　胡適，〈幾個反理學的思想家〉，《胡適全集》，3.73-130。

270　胡適，"The Age of Revolt against Rational Philosophy II: Tai Chen,"「胡適紀念館」，HS-NK05-209-047。

271　胡適，〈戴東原的哲學〉，《胡適全集》，6.339-475。

272　胡適，"The Philosophy of Tai Chen,"《胡適全集》，36.6-23。

273　參見《胡適遺稿及密藏書信》第5、8冊裡的札記。

圖15　加州大學柏克萊分校講學留影（1956年秋至1957年
1月）。（胡適紀念館授權使用）

遺憾的是，這首胡適的天鵝頌，不是令人繞梁三日，而是「不過爾爾」的嗟
嘆。比如說，根據楊聯陞的記載，當時在史丹佛大學任教的美國漢學家芮沃壽
（Arthur Wright）對胡適的演講，就以「無甚高明」四字下了評斷[274]。

　　除了「無甚高明」以外，芮沃壽又因為「看見先生有一次看所帶紙片，找
一直未得，即認為『準備不足』。」楊聯陞認為芮沃壽的批評「實在太苛」。值
得注意的是，楊聯陞只說批評「太苛」，並沒有說批評錯了。胡適這十篇演講
的問題主要還在老調重彈，毫無新意。胡適1942年大使下任以後在美國作過
了多次「中國思想史」的演講。十四年過後，他沒有任何新的研究成果可以提
出。他作這一系列十次的演講，仍然毫無新意地重彈老調。我們能強求他嗎？
他的心早已不在此。

274　楊聯陞致吳大猷，1986年10月20日，「中央研究院近代史研究所檔案館」，「吳大猷檔案」，
　　304-01-11-01-017。在此特別感謝中研院近史所張哲嘉教授幫忙提供此件。

到現在為止，唯一分析過胡適這一系列十次演講的學者是伊愛蓮（Irene Eber）。只是，伊愛蓮的主旨不在演講的內容本身，而是在於胡適在該系列演講裡所透露出來的「流亡」（exile）意識[275]。根據伊愛蓮的說法，胡適還作了一個第十一次的演講，在「漢學講壇」（the Colloquium Orientologicum），講的是他的《水經注》研究[276]。可惜，她沒說演講的時間。「漢學講壇」的檔案存在加州大學柏克萊校區的檔案館裡。有興趣進一步挖掘的人，可以去找找看，說不定可以找到胡適這個有關《水經注》的演講稿。伊愛蓮的文章有一個小錯誤。她說胡適花了四個月的時間準備這一系列的演講。她的出處是胡頌平的《胡適之先生年譜長編初稿》的第七冊，第2549頁。其實，胡頌平所說的「四個月」，不是胡適準備了四個月，而是指胡適「在四個月內，共講了十次。」

言歸正傳，胡適這一系列的十個演講的第一講，是上文所提到的唯一一篇的打字稿，亦即〈公元1000年之際的中古中國〉。這一篇說明為什麼他把公元1000年作為「中古」與「文藝復興期」的分水嶺。他從宋真宗在1008年編造天降「天書」，說宋朝得天命，國祚會永續；回溯到唐朝李氏奉老子為始祖；隋文帝供奉佛舍利塔；到佛教徒焚身的事例，來凸顯出中國中古的迷信氛圍。

值得指出的是，胡適對中國中古思想史的斷代，現在又作了一個調整。我們記得他在〈中國中古思想小史〉裡對中國中古思想史所定的起迄點是：從秦始皇到宋真宗，亦即，從公元前220年到公元1020年。而且我們知道他是根據宗教迷信的瀰漫來訂定這個起迄點。現在，在1956年這第一講裡，他把中國思想史分成各有約1000年的三段：古典時代，從公元前800年到公元200年；中古時代，從公元200年到1000年；「文藝復興」時代，從公元1000年到演講當時。胡適在頁側有手寫的註記：「1，1000年；2，1000年；3，1000年」。胡適這個新的分期我認為沒有任何立論的根據，純粹是取其整齊畫一。另外一個理由，就是自從他轉向抗日愛國史觀以後，為了凸顯出中國歷史上的人文主義與理性主義，「中國教」的迷信已經成了家醜不可外揚的一面。

275　Irene Eber, "The Many Faces of Exile: Hu Shi and the 1956 Lectures," *OE* 52 (2013), pp. 19-35.

276　Irene Eber, "The Many Faces of Exile: Hu Shi and the 1956 Lectures," p. 20n.

　　如果胡適的第一講的主旨，像伊愛蓮所說的，是他二十年前的老調，第二講〈古典文化復興的運動〉（The Movement of Classical Cultural Revival）亦是如此。他徵引韓愈的《原道》，重複韓愈「人其人，火其書，廬其居」的口號，以及唐武宗的滅佛運動。這都是他從1930年代說到哈佛、哥大的講稿的老調。他所說的古文已經半死、古文運動、韓愈的文起八代之衰等等，也泰半都是他從1928年所寫的《白話文學史》（上卷）以及哈佛、哥大演講裡所說過的。他說古典散文復興的成功，使中國語言與文字問題真正的解決延遲了1000年[277]。

　　第三講〈古典文化的復興與印刷〉（Classical Cultural Revival and Book Printing）是十講裡最凌亂不全的一章。儘管胡適一再告誡學者寫文章要為後人著想，一定要註明寫作日期，他的英文手稿幾乎完全不寫頁碼。這是更不好的習性，因為一旦脫落，徒增整理檔案的人莫大的困擾。我推測這一講的手稿是跟其他不同時期的手稿摻雜在一起了。最明顯的證據是紙張大小不一，字體、墨跡也不一。比如說，第8到第18頁講蘇軾批評禪宗那11頁。從我所能看到的掃描版看來，其紙張大小、字體、墨跡，與他在哈佛、哥大的講稿雷同，應該是從那批講稿裡脫落的手稿。從第19頁到29頁是詮釋「道」的各種不同意涵的中文摘記。從掃描版無從判斷其紙張的大小與紙質，但似乎與本講的題旨不符。

　　無論如何，由於這一講的手稿只有51頁，扣除了可能是摻雜進來的手稿，再扣掉標題頁，只剩下28頁。也許因為脫落的關係，描寫印刷的部分只有7頁。其中有5頁是剪貼過來的。3頁剪貼是有關造紙與印刷術的發展，是從他1952年跟童世綱為普林斯頓大學「葛斯特東方圖書館」（Gest Oriental Library）《十一個世紀的中國印刷》（*Eleven Centuries of Chinese Printing*）展覽所寫的展覽手冊裡剪貼過來的。其他兩頁剪貼，是從他1931年所寫的〈中國歷史上婦女的地位〉（Woman's Place in Chinese History）剪貼過來的[278]，描寫李清照與她先生趙明誠收集金石善本、品茗賭出處的閨房之樂。剩下的21

277　胡適，"The Movement of Classical Cultural Revival,"「胡適紀念館」，HS-NK05-203-005。

278　胡適，"Woman's Place in Chinese History,"《胡適全集》，36.537-540。

頁，胡適浮光掠影地描述了佛教傳入中國的經過；「戒」、「定」、「慧」的觀念；佛經的翻譯；中國人的無法消受；簡化成淨土宗；楞伽宗；神秀；神會的挑戰[279]。無論是因為手稿遺失了，還是因為這一講胡適本來就沒有寫全，其內容都是來自於他二、三十年前的研究。

第四講〈十一世紀的大改革家〉（The Great Reformers of the 11th Century），在內容上仍然是老調重彈。唯一有新意的地方是胡適擺脫了他抗日愛國史觀，以及本節所要分析的反共史觀。首先，他承認在中國傳統政治結構之下，改革的成敗完全仰賴於皇帝的宏恩。其次，他不再曲筆把「無為」當成中國自由民主思想傳統的思想淵源，而回到他先前所服膺的積極「有為」論。胡適說宋朝的變法代表了中國文藝復興的政治層面。胡適說這些改革家要恢復古典人文主義，要讓中國「現代化」——這是一個犯了「時代謬誤」的名詞。胡適描述了歷史的背景，藉以說明變法的必要。這變法的典範就是范仲淹與王安石。范仲淹的「先天下而憂」的精神迥異於中古中國宗教只求自己解救的自私。那是以天下為己任的社會責任。「寧鳴而死，不默而生」，是追求自由與個人尊嚴的新精神。王安石把佛家的精神由負轉正。范仲淹與王安石所反對的是老子的哲學。這是「有為」對「無為」；「人力勝天」對「垂手向壁」；「有計畫的干預與控制」對「放任無為」[280]。細心的讀者會注意到胡適不再用「新政」、「社會主義」這兩個名詞來附會「有為」以及「有計畫的干預與控制」了。

第五講〈理學〉（Neo-Confucianism），承續了第四講擺脫抗日、反共史觀的新意。胡適進一步地承認，政治改革的失敗，是由於一統帝國世襲的皇權是絕對的。政府的政策完全有賴於皇帝的支持。所有彌補的方法，例如，科舉、諫諍，等等，都無法觸碰到以下這個根本的事實：就是最偉大的政治家或改革家，他們任期的久長、他們的政策是否得到支持，都取決於那具有無限的權力的絕對皇權變化多端的好惡。這些話都是胡適在抗日愛國、反共史觀之下所特意曲筆掩蓋的。

279　胡適，"Classical Cultural Revival and Book Printing,"「胡適紀念館」，HS-NK05-203-006。

280　胡適，"The Great Reformers of the 11th Century,"「胡適紀念館」，HS-NK05-203-007。

　　這第五講也是胡適異於往常，用比較多的內容來分析的一講。他先說理學興起的兩個理由：一、政治改革的失敗，使得保守派的理學家認識到復興古典中國的入世與人文主義的文明沒有捷徑；二、四個世紀的禪宗運動在最後的階段，特別是十到十一世紀，給中國士人帶來了刺激。禪宗那些奇怪但又致知的方法為中國士人提供了一個思想上的方法。胡適說在禪宗看似瘋癲的方法之下，其實隱含了一種有意識的、致知的方法，亦即，由學者自己去摸索出解答：不說破、公案、行腳。理學家找到了《大學》、《中庸》。修齊治平的重要性有二：強調修身的社會與人文目的。其次，強調致知格物。朱熹更進一步地發揮了「疑」的精神。胡適說朱熹的「疑」近於我們所說的「假設」。陸象山，特別是王陽明的「致良知」，具有反抗明朝專政的自由獨立的精神。這種強調人的尊嚴與獨立的精神，把人們的心靈從奴性的接受正統理學之下解放出來[281]。胡適對陸象山、王陽明這種分析開了先河。十多年以後，哥倫比亞大學的狄百瑞（William de Bary）等人談論明末自由、獨立的思想，雖然沒有人提到胡適，但與胡適的想法異曲同工[282]。

　　第六講〈白話文學的興起，1000-1900〉（The Rise of a New Literature in the Living Tongue, 1000-1900），是一個胡適晚年講演準備不周、潦草上陣、炒冷飯的典型的例證。53頁的講稿，到第39頁就只列出小說類型的分類大綱，而倏然終止，連結論都沒有。從40到53頁只是中文的摘記。他老調重彈地說古文早已死亡，端賴大一統的政治結構與科舉選士的制度存在了兩千年。他說老百姓把所有不規則、不必要的文法限制磨去（leveling down），使白話文成為全世界最進步的語言的老調，用的是他1921年的一篇演講稿[283]，我在《日正當中》裡已經分析過。他對白話文學的描述，不出他的《白話文學史》。禪宗與理學家的「語錄」、小說、話本等等，也來自於他1930年代研究的成果[284]。

281　胡適，"Neo-Confucianism,"「胡適紀念館」，HS-NK05-203-008。

282　William de Bary, ed., *Self and Society in Ming Thought*（New York: Columbia University Press, 1970）.

283　胡適，"The Evolution of the Chinese Grammar,"《胡適全集》，36.143-144。

284　胡適，"The Rise of a New Literature in the Living Tongue（1000-1900),"「胡適紀念館」，HS-NK05-203-009。

第七講〈古典研究新方法的發展，1600-1900〉（The Development of a New Methodology in Classical Studies, 1600-1900），完全是老調。他說由於第一流的人才投入理學，佛教、道教在中國壽終正寢。然而，理學取代中古的宗教以後，卻轉身成為中古以後的中國「國教」。它什麼都有，從格物致知到宇宙論。漢學是反理學的。其考證學有四個方面：一、尋求字意與字音在歷史上的變化；二、認識學術工具的重要性（考據、音韻學）；三、歸納法的運用；四、認識假設與證明的角色[285]。

第八講〈一個自覺地把中國帶進現代世界的中國文藝復興運動〉（A Conscious Movement for a Chinese

圖16　胡適與唐德剛，攝於哥倫比亞大學東亞研究所前，1958年。（胡適紀念館授權使用）

Renaissance in the Modern World），除了老調重彈以外，有一個新的個人因素進入。用伊愛蓮分析胡適這整個十講的整體意義的話來說，就是胡適要為他個人在現代中國的文藝復興運動裡定出他個人的歷史地位[286]。

伊愛蓮這句評語是有道理的。這個演講一共有53頁。扣掉43到53頁的中英文摘記，只剩42頁。而這42頁裡，從18到38頁，整整21頁，剛好一半，說的都是他在《四十自述》〈逼上梁山〉裡所說的自己如何倡導白話文運動的故事。這時候離胡適在紐約和唐德剛作口述史還有兩年。可是，胡適已經開始在思考他的歷史定位了。

285　胡適，"The Development of a New Methodology in Classical Studies（1600-1900),"「胡適紀念館」，HS-NK05-203-010。

286　Irene Eber, "The Many Faces of Exile: Hu Shi and the 1956 Lectures," p. 30.

　　這第八講的另外一半，說的是歷史上不自覺的力圖掙脫中古傳統的桎梏的文藝復興運動。分為六期：一、禪宗；二、古文運動；三、宋朝的改革：恢復固有入世、人文、社會、甚至社會主義的制度與理想；四、理學從格物致知到宇宙觀，賦予了中國人中古宗教所能給予中國人的東西；五、考據學；六、民間白話文學的自動形成，成為範本，讓文字標準化、普及普通話。缺點：所有這六期，都不是有意識的運動。胡適自己所領導的現代的中國文藝復興則不同：一、使用新的國語來從事教育與文學創作；二、新的文學；三、新的人生觀與社會觀，擺脫了傳統的桎梏，讓中國人如魚得水地生活在新的世界與文明裡；四、新的學術，不但瞭解國故，進而研究現代科學[287]。

　　第九講〈整理國故運動〉（Re-examination and Re-appraisal of China's Cultural Past），也是胡適為自己作歷史定位的一講。胡適說北大從事國故研究的教授與學生都是清朝漢學的傳承者，只有他自己不是。他戲稱自己是一個「外夷」（barbarian），從美國回來，帶來新方法與新的觀點。他說自己是把西方的批判與科學方法「化為中國所用」（domesticated）的人。胡適在這一講裡所要凸顯出來的，是他自己在整理國故運動上的地位。因此，他完全沒有提到這個運動的成績為何。他提到顧頡剛為《古史辨》所寫的〈序〉。但他的目的是在用顧頡剛的話，來說明胡適如何震懾了北大的學生，以及他的新方法與新觀點對顧頡剛的啟發。他提到自己在1919年所寫的〈清代學者的治學方法〉，也提到他的《水滸傳》、《紅樓夢》、《醒世姻緣》的研究。在表彰了自己在整理國故的成就以後，他為整理國故運動指出了的未來的展望：利用甲骨文、竹簡，以及考古挖掘的成果來重新詮釋古史；利用敦煌的文獻來重新詮釋中古。接著，他提到了語言學。用中文在頁底寫了「趙〔元任〕、李〔方桂〕、方言調查」，然後就以下缺頁了[288]。

　　第十講〈中國的文藝復興〉（The Chinese Renaissance），與其說是一篇學

287　胡適，"A Conscious Movement for a Chinese Renaissance in the Modern World,"「胡適紀念館」，HS-NK05-203-011。

288　胡適，"Re-examination and Re-appraisal of China's Cultural Past,"「胡適紀念館」，HS-NK05-203-012。

術的演講，不如說是一篇反共的佈道。胡適說中國的文藝復興已經有一千年的
歷史。在共產黨的統治之下，語言的文藝復興層面不但沒受到影響，而且共產
黨比國民黨作得更多：漢字的簡化，將來更要把中文拉丁化。說到這點，胡適
又表彰了自己的貢獻。舉出了他在1917年所寫的〈文學改良芻議〉，以及陳獨
秀的文章。在思想層面的文藝復興，整理國故，在表面上看來似乎是被共產黨
消滅了。但是，胡適說他在研究了1954年到1956年間的思想鬥爭的文獻以
後，他所得的結論是：中國文藝復興沒死。「胡適批判」，他因為自謙，帶過
不提，而以「胡風事件」為例。這第十講總共有51頁。第47到51頁是結論。
從第16到46頁，整整31頁，講的都是「胡風事件」。胡適的結論是一個反共
佈道。在佈道的結尾，他用牧師的口氣說：

> 各位先生女士，我們並沒有完全被擊敗。懷疑批判的精神、考證的思
> 想、揚棄偏見與枷鎖般的教條、跟著證據走——最最重要的，自由與獨立
> 的精神，以及自由與人類尊嚴的精神。所有這些精神都沒有失去。所有這
> 些都已經在土壤的深處生根。而且，就在當下，已經在那畸形已極
> （strange, strange）的土壤上，在鮮血的灌溉之下，在苦難的滋養之下，已
> 經綻開起花朵來了。[289]

　　胡適的反共史觀是他的抗戰愛國史觀的延伸。他在哈佛、哥倫比亞大學的
「中國思想史」的講稿，是他的抗日史觀演化成反共史觀的一個文獻。其中，
最曲筆的所在，就是他說儒家的「仁」與「孝」是個人主義思想的說法。他在
〈中國思想的起源：個人主義思想的發展〉（Beginings of Chinese Thought:
Development of Individualism）一講裡說：

> 儒家的「仁」的觀念有個人主義的意涵，因為它強調修身，並要充分發
> 展個人的能力。雖然孔子總是強調個人對社會的責任，但他的學說很容易
> 可以拿來作為個人主義的詮釋。例如：「飯疏食飲水，曲肱而枕之，樂亦

289　胡適，"The Chinese Renaissance,"「胡適紀念館」，HS-NK05-203-013。

在其中矣。不義而富且貴，於我如浮雲。」孔子的自況：「其為人也，發憤忘食，樂以忘憂，不知老之將至。」又：「賢哉回也！一簞食，一瓢飲，在陋巷。人不堪其憂，回也不改其樂。賢哉回也！」

所有這些論點，都可以很容易地成為一個健全的個人主義的基礎。孔子說：「志士仁人無求生以害仁，有殺生以成仁。」這是「仁」積極、進取（aggressive）的一面，可以很容易地成為儒家的個人主義哲學的基礎。這種個人主義可以界定如下：堅信個人的發展，是一個美好社會、美好人生唯一健全的基礎。個人的價值在於其自足與快樂，完全不靠外在的財富與虛名。至善的意義，在於仁的實現，即使犧牲一己的生命都在所不惜。

把貧而無憂、富貴於我如浮雲，詮釋成為個人主義的思想，已經是匪夷所思的了。胡適所引的《論語》裡的那幾段話，根本就跟個人主義的思想風馬牛不相及。但他還要更進一步，把「孝」也詮釋成為個人主義的思想：

外國人常常忽略或誤解了「孝」的哲學正面的意義。曾子說：「身者，親之遺體也。行親之遺體，敢不敬乎？故居處不莊，非孝也；事君不忠，非孝也；蒞官不敬，非孝也；朋友不信，非孝也；戰陳無勇，非孝也。五者不遂，災及乎身，敢不敬乎？」

曾子這段話的重點，胡適說：

是在於個人，在於「己身」是「親之遺體」，是神聖的，是不可玷污的。這是一種「孝」的宗教。其道德基礎是一種個人主義：世界上沒有什麼比人更偉大。《孝經》、《大學》、《中庸》、《禮記儒行》是儒家個人主義的代表作。其主旨可以用《大學》裡的一句話來顯示：「自天子以至於庶人，壹是皆以修身為本。」[290]

---

[290] 胡適，"Beginings of Chinese Thought: Development of Individualism,"「胡適紀念館」，HS-NK05-209-010。

這是曲筆。當然，這也可能是胡適晚年的定論，迥異於他年輕時候的想法。且看他在《中國哲學史大綱》裡的詮釋。請注意我用黑體字表示出來的字句：

> 孔門論仁，最重「親親之殺」，最重「推恩」，故說孝悌是為仁之本。後來更進一步，便把一切倫理都包括在「孝」字之內。**不說你要做人，便該怎樣，便不該怎樣；卻說你要做孝子，便該怎樣，便不該怎樣。**例如上文所引曾子說的「戰陳無勇」，「朋友不信」，**他不說你要做人，要盡人道，故戰陳不可無勇，故交友不可不信；只說你要做一個孝子，故不可如此如此。**

這個「仁」與「孝」的區別，胡適特別提醒我們：「在人生哲學史上，非常重要。」這根本的原因是因為「仁」是「要人盡人道，做一個『成人』。故『居處恭、執事敬、與人忠』，只是仁，只是盡做人的道理。這是『仁』的人生哲學。」換句話說，在《中國哲學史大綱》裡，胡適還能接受儒家「仁」的哲學，因為「仁」講的至少還是「個人」做人的道理。「孝」就是他完全所不能接受的了。請注意我用黑體字表明的字句：

> 那「孝」的人生哲學便不同了。細看《祭義》和《孝經》的學說，**簡直可算得上是不承認個人的存在。我並不是我，不過是我的父母的兒子。**故說：「身也者，父母之遺體也。」又說：「身體髮膚，受之父母。」**我的身並不是我，只是父母的遺體。**故居處不莊、事君不忠、戰陳無勇，都只是對不住父母，都只是不孝……
>
> 《孝經》說天子應該如何，諸侯應該如何，卿大夫應該如何，士庶人應該如何。他並不說你做了天子諸侯或是做了卿大夫士庶人，若不如此做，便不能盡你做人之道。他只說你若要做孝子，非得如此做去，不能盡孝道，不能對得住你的父母。**總而言之，你無論在什麼地位，無論做什麼事，你須要記得這並不是「你」做了天子諸侯等等，乃是「你父母的兒子」做了天子諸侯等等。**291

---

291 胡適，〈中國古代哲學史〉，《胡適全集》，5.302-303。

到了胡適寫《中國中古思想史長編》的時候，胡適的口氣雖然比較緩和，但他依然認為「孝的宗教」跟個人主義的思想是連不起來的：

> 儒家的「孝的宗教」雖不是個人主義的思想，但其中也帶有一點貴生重己的色彩。孝的宗教，教人尊重父母的遺體，要人全受全歸，要人不敢毀傷身體髮膚，要人不敢以父母之遺體行殆，這裡也有一種全生貴己的意思。「大孝尊親，其次弗辱」，這更有貴生的精神。[292]

胡適的反共史觀是他抗日愛國史觀的延伸。然而，其中有一個關鍵性的不同。胡適的抗日愛國史觀是以人文主義、理性主義、與自由民主三位一體來呈現的。在他的反共史觀裡，「自由」仍然存在，但「民主」就默默地下架了。比如說，他在1946年發表的〈中國思想〉（Chinese Thought）一文裡，仍然說：中國古典時代的思想遺產有三：人文主義、理性主義、自由與民主的精神[293]。然而，等他1955年在紐約市演講〈中國哲學〉（Chinese Philosophy）的時候，「民主」已經不見了。

在〈中國哲學〉一文裡，中國哲學的三期說依舊，斷代也大致與他一年以後在加州大學的十次演講相符：一、古典時期，從公元前600年到公元200年；二、印度化了的時期，從公元200年到1000年；三、中國文藝復興時期，公元1000年到1900年。三個中國哲學的創始者也依舊：老子、孔子、墨子。他們所各自代表的思想也沒多大的改變：老子代表自然主義；孔子代表人文主義；墨子代表神權主義。對這時的胡適而言，墨子已經沒有多少申論的價值了。於是，他又回到他寫《先秦名學史》的觀點，認為倡導「兼愛」、「非攻」的墨家及其「鉅子」，在中國統一帝國形成以後就消失了[294]。

跟他先前的抗日愛國史觀相比，胡適的反共史觀收斂了許多，不再侈言中

292　胡適，〈中國中古思想史長編〉，《胡適全集》，6.42。

293　胡適，"Chinese Thought,"《胡適全集》，39.221。

294　以下關於胡適〈中國哲學〉的分析是根據：胡適，"Chinese Philosophy,"《胡適全集》，39.509-521。

國傳統具有多重的現代性。他在抗日史觀裡強調中國傳統的積極性；在反共史觀裡，他則側重其消極面。因此，他在這篇文章裡談到哲學的功用的時候只說：哲學曾經是中國人反抗高壓政策或暴政的武器，也曾經是思想上的「抗毒素」，幫助他們與中國中古皇朝欽定的宗教迷信搏鬥。

　　哲學如何在中國歷史上扮演了這些角色呢？說穿了實在不值一文錢。還是那幾個戲法，改個名目而已。哲學幫忙中國人抗了什麼壓、抗了什麼暴政呢？第一個例證原來是漢初的無為政策。胡適說：「在漢朝開始的七十年間，老子的無為政治哲學，成為在長期的戰亂與專制統治以後所亟需的『解毒劑』。」胡適全然不顧這無為政策是漢初諸皇太后、皇帝的政策，並沒有小老百姓的參與，而且是在戰亂與秦朝的暴政結束以後的事。

　　第二個例證是漢武帝定儒教為國教的故事。他說儒家為了制約專制皇權，可能是不自覺地把墨子的神權觀念帶進來，用災異反映天命的觀念來嚇阻他們。這個儒家利用墨家哲學來「反抗高壓」的邏輯，我們當然知曉，因為胡適一直認為董仲舒用是墨家的信徒。然而，不瞭解胡適想法背景的美國聽眾只可能聽得一頭霧水。更會使他們愕然的是胡適的按語：「這當然公然地違背了孔子的懷疑與不可知主義，但顯然沒有人在乎。」

　　第三個例證有意味的地方是它可以被拿來作胡適立論的反證。胡適說佛教剛傳入中國的時候，其教義中國人無法理解。結果是靠老莊哲學的詮釋，使佛教讓中國士人接受，從而讓老百姓接受。胡適有所不知，這個例證證明了哲學不但不是中國人反抗迷信的「抗毒素」，而且還是讓他們去接受迷信的「迷魂湯」。

　　第四個例證是胡適三十年如一日所津津樂道的，亦即，中國歷史上「三武一宗」四次的滅佛運動。胡適說這滅佛運動所代表的，是由道教所領導的抵抗佛教入侵的民族主義運動。套用胡適一輩子最喜歡用《聖經》的句子來描述的習慣，胡適一輩子看得見別人眼中有民族主義的針，卻看不見自己眼中一根碩大的民族主義的梁木。

　　第五個例證是禪宗的革命。胡適說現代有些學者——暗指鈴木大拙——把禪宗神秘化。他說禪宗只不過是佛教的「宗教改革」或內部革命。八世紀的馬祖、宣鑑、與義玄毫無疑問地，都受到了道家自然主義哲學的影響。

　　第六個例證是理學。胡適說宋朝的理學家透過自覺地重新詮釋儒家的經典，以及不自覺地吸收了道家的自然主義哲學以後，終於成功地建立了一套完整的人文主義的哲學系統與道德哲學。在程頤與朱熹的領導之下，終於無需用迫害的方法而讓中古的宗教──佛道兩教──壽終正寢。

　　從抗日愛國史觀所呈現的中國人積極爭取自由獨立的鬥爭，到反共史觀所呈現的消極性的「抗毒素」、「解毒劑」，這反映出來的，是形勢比人強的事實。中國共產黨不但贏得了內戰，其所建立的中國人民共和國已經得到越來越多國家的承認。而所謂在台灣的「自由中國」（Free China），既不「自由」，也不代表「中國」。胡適深知那個謊言是一搓就破的，最好少碰為宜。民主、自由既然已經成為碰不得的論題，胡適只有退而求其次，消極地強調中國傳統的「抗毒素」、「解毒劑」作用。

　　同樣的，胡適1954年在紐約的演講〈懷疑精神在中國思想裡所扮演的重要角色〉（The Important Role of Doubt in Chinese Thought），也是以守為攻，強調懷疑精神在中國歷史上的抗毒、解毒作用。可惜的是，晚年的胡適已經變不出新的戲法。他已經是到了換湯不換藥的地步。他的中國思想史，已經像是一個「一道菜專賣店」。甜酸苦辣任君選，所有其他都一樣。

　　於是，胡適在這篇文章裡也就不再重複他一向老子、孔子、墨子，自然主義、人文主義、與神權主義的三分法。所有先秦諸子，包括他一向所鄙夷的莊子，現在都是中國古典時代「敢於懷疑與非難他們所處時代的宗教、道德、思想、與政治傳統的思想領袖。」不但如此，整個兩千年的中國歷史，就是一部懷疑與非難的歷史。公元一、二世紀，是中國思想家對成為漢朝國教的儒教的鬥爭；五到十二世紀，是與佛教的鬥爭；十五世紀以後，理學的正宗朱熹轉而變成被王陽明學派，以及後來清朝的漢學鬥爭的對象；到了二十世紀，在中國跟西方的科學文明接觸以後，整個中國的文化傳統就變成了被鬥爭的對象。

　　在作了這個簡明的鳥瞰以後，胡適接著在這篇長文裡，以四個階段的鬥爭作為案例，來分析這個長達兩千年的鬥爭史：第一個階段是王充。胡適說王充最大的鬥爭對象是漢朝的儒教。這個時候的胡適已經忘卻了、或者根本已經不在乎他在先前抗日愛國史觀裡，說儒教是知識份子向皇權爭取自由以及直言不

諱的政治批評批判自由的鬥爭了。第二個階段，對佛教的鬥爭，是胡適花最多篇幅描述的一段。有趣的是，胡適從他在《四十自述》裡最膾炙人口、但也老掉了牙的范縝的故事談起。然後，在接著談他從1920年代開始就一再重彈的禪宗的故事，最後，再談到同樣是老調的理學的興起。別有意味的是，也許由於第一、二段的描述用了太多的篇幅，胡適把演講的時間用完了。於是，他就匆匆地以一個段落的長度說他第三個階段要談的是清代的漢學。然後，再用一個段落的長度說：在二十世紀第四個階段裡，勇敢無情地批判中國傳統的缺點與邪惡的思想家有康有為、梁啟超、蔡元培、吳敬恆、陳獨秀，以及錢玄同。

胡適為什麼要用這篇洋洋的長文——雖然虎頭蛇尾——來談「懷疑」的精神在中國歷史上的鬥爭史呢？他的重點在結論：

在中國處於被世界共產主義（World Communism）武力征服的今天，在我國人民已經不再擁有傳統懷疑、表達懷疑意見的自由——甚至連沉默的自由都沒有——的今天，中國哲學能扮演什麼角色呢？哲學在這種情況之下能作什麼呢？

我的答案是：不管在中國還是在其他地方，哲學對具體的形上學、邏輯、宇宙論、或社會政治的理論不能作些什麼。可是，不管在中國還是在其他地方，哲學仍然能夠扮演一個重要、有力的角色，亦即，懷疑與非難。這是哲學在黑暗的時代、暴政之下所一直扮演的角色。在中國更是如此。「懷疑」是我國人民兩千五百年來固有的最神聖的傳統。我有信心我國無時無刻不被奴役的人民，至少會繼續涵養（cultivate）他們作為中國人的懷疑的權利，以致於終究讓他們得救與解放。[295]

在所有胡適晚年用反共史觀所寫的文章裡，最有創意、最能夠脫出其「一道菜專門店」窠臼的，是他1956年在耶魯大學所講的〈一個歷史家看中國畫〉（A Historian Looks at Chinese Painting）。胡適說他研究的方法，是把中國的繪

295　以上的討論是根據：胡適，"The Important Role of Doubt in Chinese Thought,"《胡適全集》，
　　　39.315-344。

畫看成是中國文化史的一部分，是中國思想與信仰的表現，以及作為研究宗教與思想對中國人生活的影響的素材。換一個簡單的說法，就是說繪畫是時代思潮的反映。因此，顧愷之和吳道子的佛道畫所反映的，就是佛教在中國的全盛期。八、九世紀以後，中國歷史上四次的滅佛運動以及禪宗的興起，反映了道家自然主義的哲學。山水畫所反映的，就是這個自然主義的思潮。他說顧愷之和吳道子的山水畫本來就有名。現在又可以把王維、宋徽宗等人加入。道家的自然主義哲學不但產生了山水畫家，也產生了像陶淵明、謝靈運、王維等山水詩人。

　　胡適說十一、二世紀是中國文學興盛的一個階段，那是李公麟、文同、米芾、蘇軾所代表的水墨畫的時代。水墨畫所代表的是自由與寫意，其所講求的是意境。胡適說董其昌大概是第一個用「文人畫」來稱呼這種畫風的畫家。等明朝滅亡，中國亡於滿清外族以後，幽憤愛國的畫家又開始使用新的山水、花竹、山石、動物、靜物等等畫風來表達他們心聲。

　　胡適說，如果我們從這個繪畫反映了時代思潮的歷史鳥瞰能得到什麼教訓的話，這個教訓就是：

> 　　中國一千六百到一千七百年的繪畫史，是一個繼續不斷演化的歷史——從來就不曾停滯過、或食古不化（slavish adherence to tradition），而是一直允許並鼓勵批評、懷疑、創造、自由、實驗、革新、改革、甚至激進的改革。

> 　　這個歷史教訓對我們中國人具有極端重要的意義，對我們所有的〔外國〕朋友則具有安慰的意義。今天中國的處境是被一個外來的意識形態所征服，而且被迫在國家人生的各個層面都被史無前例的野蠻化（barbarization）。在藝術的領域，中國這七年來所受的遭遇，就一如莎士比亞在他第66首十四行詩裡所描述的：

> 　　　　藝術〔Art；注：泛指知識〕被權威所箝制，

> 　　　　愚蠢、庸醫、學霸當道。

> 　　在當前的情況之下，我在這裡所指出的歷史教訓對我們大家是具有深刻的意義的。一個在藝術上表現出這麼熱愛大自然與自由的民族——一個在

其藝術史上展現出創造性的懷疑與批評、勇敢的創新與反傳統的民族——
這樣的民族是永遠不會被野蠻化或征服的。[296]

這是胡適晚年演講所一貫使用的牧師佈道的口氣。不管場合，不管觀眾，
這就是他反共史觀演講所必有的鼓舞士氣的誓詞與預言。1960年7月10日，
他在華盛頓州立大學的「中美學術合作會議」（Sino-American Conference on
Intellectual Cooperation）上演講〈中國的傳統與未來〉（The Chinese Tradition
and the Future）。這時，離他過世已經只有不到一年半的時間。他仍然不改他
牧師佈道的方式與口氣：

　　我傾向於相信我所尊崇的「人文、理性的中國」，仍然活生生地存在中
國大陸。中國人用來反抗所有那些中古的宗教，以致於推翻它們的那種勇
敢的質疑的精神、獨立思考與問難的精神，即使在目前這種令人難以想像
的極權控制壓迫之下，仍然能夠流傳與傳播。簡言之，我相信這個「人
文、理性的中國」的傳統還沒有被摧毀，而且很可能是無法被摧毀的。[297]

然而，胡適自己知道，不管抗日愛國史觀也好，反共史觀也好，都是曲
筆。就在他過世前三個月，他終於回到原點，老老實實地承認中國思想史實在
是一部寒傖史。1961年11月6日，他在台北演講〈科學成長所需要的社會改
革〉（Social Changes Necessary for the Growth of Science）。這篇演講後來以
〈社會變遷與科學〉（Social Changes and Science）出版。這也是《胡適全集》
所收的英文論文最後一篇所用的篇名。
　　胡適在這個演講裡說：

　　我要提出幾個在思想與教育變遷方面的看法。我認為這些變遷是所有社
會變遷的先決條件。

---

296 以上的討論是根據：胡適，"A Historian Looks at Chinese Painting,"《胡適全集》，39.537-557。
297 胡適，"The Chinese Tradition and the Future,"《胡適全集》，39.665-666。

我認為：為了要為科學的發展鋪路，為了要讓我們準備好去接受並歡迎現代的科學與技術文明，我們東方人必須先要經過一個思想上的改變或革命。

這個思想上的革命有兩個方面。消極來說，我們必須先擺脫一個根深柢固的偏見，亦即，雖然西方在物質以及物質文明方面領先，我們東方人可以以我們的精神文明為傲。我們可能必須先要擺脫這個毫無根據的妄自尊大，承認東方的文明實在是沒有什麼精神的成分。積極上來說，我們應該理解並體會到科學與技術並不是物質的，而是具有高度的理想與精神價值。事實上，它們所代表的真正的理想與精神，是我們東方文明所極度欠缺的。

胡適在這篇演講的主旨，就是他從1920年代中期就已經開始一再闡揚的觀點。用他在1928年所發表的〈東西方文明的比較〉（The Civilizations of the East and the West）一文裡所說的話來說，就是：那所謂物質的西方文明其實是精神的，而那所謂的精神的東方文明其實才真正是物質的──沒有理想的。他在徵引了他自己在1928年那篇文章裡的主旨以後，就鄭重地對聽眾宣布：

即使我現在回過頭去看，我仍然堅持我35年前所持的立場。我仍然相信那是對東西文明一個相當公允的看法。我仍然相信這種對東方古老文明以及近代科技文明的重新評價，是一種必要的思想革命，以便於使我們東方人能夠真心、全心全意地接受近代科學。

沒有這種打從心裡去作的重新評價，沒有這種思想上的信念，我們對科技的接受都將只會是半推半就的：是一種避免不了的負擔，是一種必要之惡；最多，只有利用的價值，而沒有內在的價值。

我擔心：在我們真正服膺這種科技文明的哲學以前，科學不會在我們中間生根。我們東方人也永遠不會如魚得水地生活在這個新世界裡。[298]

---

298 胡適，"Social Changes and Science," 《胡適全集》，39.671-678。

　　胡適回到了原點。中國思想史徹頭徹尾是一部寒傖史。儘管中國先秦時代有著「人文主義」與「理性主義」的思想的胚芽，它們已經被一千年中古宗教摧殘殆盡。在他的抗日愛國史觀以及反共史觀之下，他要執意曲筆地申說這些「人文主義」、「理性主義」、甚至「自由民主」的傳統，是讓中國人得以「如魚得水地生活在這個新世界裡」的歷史資產。然而，他自己知道他在曲筆，因為在他的演講裡，那長達一千年的「中國文藝復興」期，一直往後推延，從1900年推延到他在加州大學作十次演講時的1956年，然後再推延到他跟唐德剛在紐約作口述史時的1958年。為什麼中國的文藝復興一直還是一個未竟之業呢？因為中國人還是一直不肯老老實實、匍匐謙卑地接受現代西方的文明，讓現代西方文明把中國人徹底地從中古宗教的幽靈的魔爪之下拯救出來。

幕間小結

　　胡適是一個自視極高的人。他在晚年所作的《口述自傳》裡，把他自己一生在中國學術上的貢獻，定位為帶動了一個「哥白尼」式的革命[1]。他說，哥白尼（Nicolaus Copernicus, 1473-1543）在西方思想世界裡，催生了一個以太陽取代地球成為宇宙的中心的革命，他則是在中國思想界催生了一個「小哥白尼」革命。在他推動了中國思想界的「小哥白尼」革命以後，整個中國思想界的關注及其研究的中心，就不再只是儒家經典，而是及於所有形式不拘只要有價值的著作。他說擴充漢學研究的範圍，就是他一生野心裡重要的一環。回顧他留美回國之後四十年所作的國故研究，他說有兩個大方向：一個是中國文學史；另外一個是中國哲學史。他特別強調這個中國哲學史的第二階段的研究，他後來比較喜歡稱之為「中國思想的研究」（study of Chinese thought）。

　　在中國思想史的研究上，胡適說他改寫了中國佛教史。儘管佛教仍然是日本、韓國以及其他亞洲國家的宗教，胡適只願意說，有些人仍然把中國視為半佛教的國家。要了解胡適這個不把中國與其他亞洲國家共列為佛教國家的論點，就必須回到我在本部裡所分析的胡適說佛教已經在中國歷史上滅亡了的奇論。總之，胡適說他對佛教史的研究是破壞多於建設。他再度不厭其煩地強調佛教傳入中國，是中國歷史上一個無與倫比的悲劇。他說，他對禪宗的結論亦是如此。禪宗裡的成分，百分之九十，甚至可以說百分之九十五，都是「胡說」（humbug）、「贗品」（forgery）、「冒牌貨」（sham），以及「裝腔作勢」

---

[1]　以下有關胡適在《口述自傳》裡的敘述，是根據 Hu Shih, "The Reminiscences of Dr. Hu Shih," pp. 259-271。

（pretense）。他說，他所發現、還其本來的面目的神會和尚就是一個大騙子、贗品製造者。胡適說他知道他對禪宗的詮釋，大多數中國、日本，以及英語世界裡的人都不能認同。他嘲笑那些人是把贗品、裝腔作勢的東西當成寶貝。對這種自甘為不知所云的東西傾倒的逐臭之夫，他說他是看不起的。即使人人皆曰非，胡適說他還是要以扒糞（muckraking）為己任，說百分九十五的所謂的中國禪宗文獻都是謊言、贗品。他說這種扒糞的工作是「破」的工作，是破壞的角色。胡適說他一點都不後悔他批評佛教的態度，以及說出百分九十五的所謂的中國禪宗文獻都是謊言、贗品這種相當殘忍（barbaric）的話。他說有時候，他就是必須扮演負面或者破壞的批評家的角色。

胡適自詡他在中國思想界催生了「哥白尼」式的革命。這是「胡適體」的名詞濫用的又一例，因為他並沒有像哥白尼以太陽來取代地球作為宇宙的中心一樣，以非儒家的經典來取代儒家經典作為中國學術研究的中心。他所催生的，最多只不過是把儒家經典從獨尊的位置，降格到與所有其他著作都在學術研究價值上享有平等、無分軒輊的地位。胡適用「哥白尼」式的革命這個華而不實的名詞所要形容的，用今天一個更貼切的話來說，是他在中國學術界所引領的典範的轉移。他所引領的學術典範的轉移，一個是在白話文學史的研究；另外一個則是中國思想史的研究。

胡適在白話文學研究上所引領的典範轉移，因為與本部〈幕間小結〉的要旨關係不大，我就略過不提。在中國思想史研究上所引領的典範的轉移方面，胡適在《口述自傳》裡特別提出來表述的，就是他在1934年春天以兩個月的時間寫成初稿的〈說儒〉。〈說儒〉的貢獻用胡適自己的話來說，不在於資料，而是在於其理論。胡適說他的理論是受到傅斯年〈周東封與殷遺民〉一文裡的觀點的啟發。他承認他在〈說儒〉裡並沒有提出任何新的證據。他所提出的證據，都是所有研究先秦經典的學者所熟悉的。然而，他相信他在〈說儒〉裡所提出來的理論，將會全面改寫整個公元前一千年間的中國思想史。這個理論就是說：在周初幾百年之間，在征服者的周民族與被征服的殷民族之間的鬥爭裡，殷民族透過了其「教士」的階級———一如羅馬帝國裡的猶太人透過其「祭司」（rabbis）———保存了他們在思想、宗教、文化上的傳統。由於他們在思想上的優勢，殷民族逐漸征服了，或至少是，同化了那征服了他們的周民族。

〈說儒〉的主旨有四：一、儒是殷民族的教士；他們的衣服是殷服，他們的宗教是殷禮，他們的人生觀是亡國遺民的柔遜的人生觀。二、儒的職業是治喪相禮。三、殷商民族亡國後有一個「五百年必有王者興」的預言；孔子在當時被人認為是應運而生的聖者。四、孔子的大貢獻在於：甲，把殷商民族的部落性的儒擴大到「仁以為己任」的儒；乙，柔儒的儒改變到剛毅進取的儒[2]。

胡適這個「將會全面改寫整個公元前一千年間的中國思想史」的理論，說穿了是「胡適體」的穿鑿附會的又一例。他在〈說儒〉裡的穿鑿附會，就是用殷民族來附會猶太人，用孔子來附會猶太人的「彌賽亞」。我們看胡適如何穿鑿附會：

> 柔遜為殷人在亡國狀態下養成一種遺風，與基督教不抵抗的訓條出於亡國的猶太民族的哲人耶穌，似有同樣的歷史原因。[3]

這是假定「亡國狀態」會養成亡國之民的柔遜之風。胡適不管這個前提是否成立，就逕自作出結論說：在殷民族，這反映在其柔儒的氣象；在猶太民族，則反映在耶穌不抵抗的訓條。其實，何止胡適的前提是待證的，他說殷民族是柔儒的結論也是待證的。然而，這並不妨礙胡適接著附會這兩個民族所共有的民族復興的夢想：

> 但在那殷商民族亡國後的幾百年中，他們好像始終保存著民族復興的夢想，漸漸養成了一個「救世聖人」的預言。這種預言是亡國民族裡常有的。最有名的一個例子就是希伯來（猶太）民族的「彌賽亞」（Messiah）降生救世的懸記，後來引起了耶穌領導的大運動。這種懸記（佛書中所謂「懸記」，即預言）本來只是懸想一個未來的民族英雄起來領導那久受亡國苦痛的民眾，做到那復興民族的大事業。但年代久了，政治復興的夢想終沒有影子，於是這種預言漸漸變換了內容。政治復興的色彩漸漸變淡

2　胡適，〈說儒〉，《胡適全集》，4.1。

3　胡適，〈說儒〉，《胡適全集》，4.19。

了，宗教或文化復興的意味漸漸加濃了。猶太民族的「彌賽亞」原來是一個復興英雄，後來卻變成了一個救世的教主。這是一變。一個狹義的、民族的中興領袖，後來卻變成了一個救渡全人類的大聖人。這一變更遠大了。我們現在觀察殷民族亡國後的歷史，似乎他們也曾有過一個民族英雄復興殷商的懸記，也曾有過一個聖人復起的預言。4

猶太民族復興的夢想，體現在耶穌作為猶太人的「彌賽亞」的認定：

　猶太民族亡國後的預言，也曾期望一個民族英雄出來，「做萬民的君王和司令」（〈以賽亞書〉55章4節）「使雅各眾復興，使以色列之中得保全的人民能歸回──這還是小事──還要作外邦人的光，推行我（耶和華）的救恩，直到地的盡頭」（同書，49章6節）。但到了後來，大衛的子孫裡出了一個耶穌。他的聰明、仁愛得了民眾的推戴。民眾認他是古代先知預言的「彌賽亞」，稱他為「猶太人的王」。5

如果耶穌是猶太人的「彌賽亞」，殷民族的「彌賽亞」就是「素王」孔子：

　孔子的故事也很像這樣的。殷商民族亡國以後，也曾期望「武丁孫子」裡有一個無所不勝的「武王」起來「大糦是承」，「肇域彼四海」。後來這個希望漸漸形成了一個「五百年必有王者興」的懸記，引起了宋襄公復興殷商的野心。這一次民族復興的運動失敗之後，那個偉大的民族仍舊把他們的希望繼續寄託在一個將興的聖王身上。果然，亡國後的第六世紀裡，起來了一個偉大的「學而不厭，誨人不倦」的聖人。這一個偉大的人不久就得著了許多人的崇敬。他們認他是他們所期待的聖人。就是和他不同族的魯國統治階級裡，也有人承認那個聖人將興的預言要應在這個人身上。和他接近的人，仰望他如同仰望日月一樣。相信他若得著機會，他一定能

4　胡適，〈說儒〉，《胡適全集》，4.42。

5　胡適，〈說儒〉，《胡適全集》，4.55。

「立之斯立，道之斯行，綏之斯來，動之斯和。」他自己也明白人們對他的期望，也以泰山梁木自待。自信「天生德於予」，自許要作文王、周公的功業。[6]

作為「彌賽亞」的耶穌，與作為「素王」的孔子，自然有其看似雷同的地方。然而，兩者之間在根本上的差異才是癥結的所在。同樣是「救世主」，「彌賽亞」是宗教上的「救世主」。用《聖經·約翰福音》第三章16至18節裡的話來說：「神愛世人，甚至將他的獨生子賜給他們，叫一切信他的不致滅亡，反得永生。因為神差他的兒子降世，不是要定世人的罪，乃是要叫世人因他得救。信他的人不被定罪，不信的人罪已經定了，因為他不信神獨生子的名。」

相對地，孔子不是「上帝的兒子」。他到世界上來的目的也不是要「叫一切信他的不致滅亡、反得永生」；不是要叫已經定罪了的、不信的人下地獄。孔子的使命完全是入世的。用胡適自己徵引《論語》裡的話來說，孔子所嗟嘆的是「天喪斯文」，「天下無道」。用胡適自己所徵引的《孟子·公孫丑》篇裡的話來說：「五百年必有王者興，其間必有名世者。由周而來，七百有餘歲矣；以其數，則過矣；以其時考之，則可矣。夫天未欲平治天下也；如欲平治天下，當今之世，舍我其誰也？」換句話說，孔子的使命不是要叫信他的人得永生，不信他的人下地獄，而是要「平治天下」。用胡適自己最喜歡借基督教的話來反基督教的話來說，孔子的使命，是要把「天國」建立在當今、當下的世界裡。

「彌賽亞」的耶穌是出世的，「素王」的孔子是入世的。然而，胡適完全不顧這個根本的迥異的所在。他謳歌兩者都是「死而復生」、然後「光被四表」的典範。有關耶穌：

> 後來他被拘捕了。羅馬帝國的兵「給他脫了衣服，穿上一件朱紅色袍子。用荊棘編作冠冕，戴在他頭上，拿一根葦子放在他右手裡」。他們跪

6　胡適，〈說儒〉，《胡適全集》，4.56。

在他面前，戲弄他說：「恭喜猶太人的王啊！」戲弄過了，他們帶他出去，把他釘死在十字架上。猶太人的王「使雅各眾復興，使以色列歸回」的夢想，就這樣吹散了。但那個釘死在十字架上的殉道者，死了又「復活」了：「好像一粒芥菜子。這原是種子裡最小的。等到長起來，卻比各樣菜都大，且成了一株樹，天上的飛鳥來宿在他的枝上。」他真成了「外邦人的光，直到地的盡頭。」[7]

孔子則是：

到他臨死時，他還做夢「坐奠於兩楹之間」。他抱著「天下其孰能宗予」的遺憾死了，但他死了也「復活」了：「人能弘道，非道弘人」。他打破了殷、周文化的藩籬，打通了殷、周民族的畛域。把那含有部落性的「儒」抬高了，放大了，重新建立在六百年殷、周民族共同生活的新基礎之上：他做了那中興的「儒」的不祧的宗主；他也成了「外邦人的光」，「聲名洋溢乎中國，施及蠻貊。舟車所至，人力所通……凡有血氣者莫不尊親。」[8]

十字架的意義，是耶穌背負世人的罪，犧牲自己獻祭給神，用他的血來洗淨世人的罪。《聖經·羅馬書》第六章6至7節說：「因為知道我們的舊人、和他同釘十字架、使罪身滅絕、叫我們不再作罪的奴僕，因為已死的人、是脫離了罪。」這種宗教救贖的意義，迥異於孔子打破了殷、周文化的藩籬、民族的畛域；把部落性的「儒」抬高、放大；中興了「儒」以至於「人能弘道，非道弘人」的入世的意義。

值得注意的是，胡適在〈說儒〉的結尾卻開始點出猶太教與儒家有其不同的所在。而其最重要的不同，就在於儒家畢竟不是一個宗教：

7　胡適，〈說儒〉，《胡適全集》，4.55-56。

8　胡適，〈說儒〉，《胡適全集》，4.56。

　　所以我們讀孔門的禮書，總覺得這一班知禮的聖賢很像基督教《福音書》裡耶穌所攻擊的猶太「文士」（Scribes）和「法利賽人」（Pharisees）。（「文士」與「法利賽人」都是歷史上的派別名稱，本來沒有貶義。因為耶穌攻擊過這些人，歐洲文字裡就留下了不能磨滅的成見。這兩個名詞就永遠帶著一種貶義。我用這些名詞，只用他們原來的歷史意義，不含貶義。）猶太的「文士」和「法利賽人」都是精通古禮的，都是「習於禮」的大師，都是猶太人的「儒」。耶穌所以不滿意於他們，只是因為他們熟於典禮條文，而沒有真摯的宗教情感。中國古代的儒，在知識方面已超過了那民眾的宗教，而在職業方面又不能不為民眾做治喪助葬的事，所以他們對於喪葬之禮實在不能有多大的宗教情緒。老子已明白承認「禮者忠信之薄而亂之首」了。然而他還是一個喪禮大師，還不能不做相喪助葬的職業。孔子也能看透「喪與其易也寧戚」了。然而他也還是一個喪禮大師，也還是「喪事不敢不勉」。他的弟子如「堂堂乎」的子張也已宣言「祭思敬，喪思哀，其可已矣」了。然而他也不能不替貴族人家做相喪助葬的事。苦哉！苦哉！這種知識與職業的衝突，這種理智生活與傳統習俗的矛盾，就使這一班聖賢顯露出一種很像不忠實的俳優意味。

　　我說這番議論，不是責備老、孔諸人，只是要指出一件最重要的歷史事實。「五百年必有聖者興」。民間期望久了。誰料那應運而生的聖者卻不是民眾的真正領袖：他的使命是民眾的「彌賽亞」，而他的理智的發達卻接近那些「文士」與「法利賽人」。他對他的弟子說：

　　未能事人，焉能事鬼？

　　未知生，焉知死？

　　他的民族遺傳下來的職業使他不能不替人家治喪相禮，正如老子不能不替人家治喪相禮一樣。但他的理智生活使他不能不維持一種嚴格的存疑態度：

　　知之為知之，不知為不知，是知也。[9]

9　胡適，〈說儒〉，《胡適全集》，4.87-88。

胡適說耶穌之所以會攻擊猶太的「文士」和「法利賽人」──猶太人的「儒」──「是因為他們熟於典禮條文，而沒有真摯的宗教情感。」這完全推翻了胡適拿儒來附會猶太人、拿孔子來附會耶穌的前提！到頭來，胡適筆下的中國古代的儒卻搖身一變成為中國古代的──耶穌所攻擊的──「文士」和「法利賽人」！

曾幾何時，胡適筆下那些以殷民族的「耶穌」孔子為代表的儒──猶太人裡的「祭司」──卻轉身一變成為耶穌所攻擊的「文士」和「法利賽人」！胡適在結論裡解釋說：「中國古代的儒，在知識方面已超過了那民眾的宗教，而在職業方面又不能不為民眾做治喪助葬的事，所以他們對於喪葬之禮實在不能有多大的宗教情緒。」連孔子都「不能不替貴族人家做相喪助葬的事。」害得胡適還要為老子、孔子抱不平的連說兩次「苦哉！苦哉！」說：「這種知識與職業的衝突，這種理智生活與傳統習俗的矛盾，就使這一班聖賢顯露出一種很像不忠實的俳優意味。」

「這種知識與職業的衝突，這種理智生活與傳統習俗的矛盾。」其起因，一言以蔽之，就是即使孔子是中國的「彌賽亞」，即使儒家是中國的「文士」、「法利賽人」，他們的「宗教」──一個廣義到根本已經是非宗教的定義下的「宗教」──並不是庶民的宗教。頂多，它只是中國的「文士」階級的宗教：

這種基本的理智的態度就決定了這一個儒家運動的歷史的使命了。這個五百年應運而興的中國「彌賽亞」的使命是要做中國的「文士」階級的領導者，而不能直接做那多數民眾的宗教領袖。他的宗教只是「文士」的宗教，正如他的老師老聃的宗教也只是「文士」的宗教一樣。他不是一般民眾所能瞭解的宗教家。他說：

君子不憂不懼。內省不疚，夫何憂何懼！

他雖然在那「吾從周」的口號之下，不知不覺的把他的祖先的三年喪服和許多宗教儀節帶過來，變成那殷、周共同文化的一部分了。然而那不過是殷、周民族文化結婚的一份陪嫁妝奩而已。他的重大貢獻並不在此，他的心也不在此，他的歷史使命也不在此。他們替這些禮文的辯護只是社會的與實用的，而不是宗教的：「慎終追遠，民德歸厚矣。」所以他和他的

門徒雖然做了那些喪祭典禮的傳人，他們始終不能做民間的宗教領袖。[10]

胡適用了五萬字的篇幅來附會耶穌與孔子。結果，〈說儒〉的結論卻是宣判孔子終究不是耶穌定義之下的中國的「彌賽亞」。胡適說他其實是一個存疑主義者！

到頭來，胡適推翻了整篇〈說儒〉的論旨。他在結論裡宣稱中國古代庶民的偉大的宗教領袖其實是墨子。墨子跟耶穌才是同道。耶穌攻擊猶太人的「儒」——猶太的「文士」和「法利賽人」；墨子則攻擊中國的「文士」和「法利賽人」——儒家：

民眾還得等候幾十年，方才有個偉大的宗教領袖出現。那就是墨子。

墨子最不滿意的，就是那些儒者終生治喪相禮，而沒有一點真摯的尊天信鬼的宗教態度。上文所引墨者攻擊儒者的四大罪狀，最可以表現儒、墨的根本不同。《墨子·公孟》篇說：

公孟子曰：「無鬼神。」又曰：「君子必學祭祀。」

這個人正是儒家的絕好代表：他一面維持他的嚴格的理智態度，一面還不能拋棄那傳統的祭祀職業。這是墨子的宗教熱誠所最不能容忍的。所以他駁他說：

執無鬼而學祭祀，是猶無客而學客禮也，是猶無魚而為魚罟也。

懂得這種思想和「祭如在」的態度的根本不同，就可以明白墨家所以興起和所以和儒家不相容的歷史的背景了。[11]

孔子從正名主義的邏輯家演化成為存疑主義者，墨子從科學的邏輯家演化成為庶民的宗教領袖。所有這些穿鑿附會的痕跡，我在本部第四章都已經詳細分析過了。〈說儒〉所反映的，仍然是胡適這個穿鑿附會成性的習慣。

〈說儒〉是在1934年5月寫成的。該年11月底或12月初，胡適接受北平

10　胡適，〈說儒〉，《胡適全集》，4.88-89。

11　胡適，〈說儒〉，《胡適全集》，4.89。

美國「費・倍塔・卡帕榮譽學生會」（Phi Beta Kappa，希臘字母ΦBK）的邀請，在該會用英文演講〈說儒〉的要點。這篇英文的〈說儒〉的題目是：〈儒的源起及其與孔子的關係〉（Origin of the *Ju* and Their Relation to Confucius）。這「費・倍塔・卡帕榮譽學生會」是美國績優學生的榮譽學會。胡適是1913年在康乃爾大學被選為會員的。

演講過後，胡適把他的英文演講稿給了邀請他去演講的福開森（John Ferguson）。福開森是美國傳教士、教育家、中國政府顧問、中國藝術品收藏家。他1887年到中國，1943年被日軍釋放返回美國，一共在中國住了五十六年。福開森建議胡適把該論文交給《皇家亞洲文會北華支會會刊》（*The Journal of the North China Branch of the Royal Asiatic Society*）出版。如果胡適不喜歡該刊物，他可以把它交給「費・倍塔・卡帕榮譽學生會」的刊物《美國學者》（*The American Scholar*）。這個刊物今天仍然存在。只是，福開森提醒胡適，如果他送給《美國學者》，他心裡必須要有準備，因為那個刊物可能沒有幾個讀者會懂得胡適到底在說什麼。

福開森這封信最重要的地方，是在建議胡適不要牽強附會。他說如果胡適不介意的話，他建議論文裡有三處最好刪除：

　　頁2：我建議用「精神的故鄉」（the spiritual home）來取代許多猶太人所憎恨的「錫安國」（Zionist State）
　　頁4：我會刪除「這是羅馬被猶太人征服了的另外一例。」一來，這句話在閣下的中文稿裡沒有；二來，這可能反而會把讀者給搞糊塗了。
　　頁10：我建議刪除「在這個意義下，孔子是集耶穌與保羅的使命於一身。」一來，這也是閣下中文稿裡所沒有的；二來，這只會讓讀者偏離閣下的主旨，亦即，彌賽亞預言與殷民族預言之間相似的所在。12

值得令人回味的是，「胡適外文檔案」裡的這篇論文仍然保持原貌。然而，《胡適全集》所收錄的版本，保留了福開森所建議刪除的第一、第二處，

12　John Ferguson to Hu Shih, December 10, 1934，「胡適外文檔案」，E9-32。

但第三處是刪除了[13]。

　　福開森的建議，在在地指出胡適在〈說儒〉的英文版裡穿鑿附會的程度超過了他的中文版。這是完全可以理解的。〈說儒〉的論旨完全是建立在以「彌賽亞」的耶穌來穿鑿附會「素王」的孔子，以及以猶太「文士」、「法利賽人」來穿鑿附會中國古代的儒的基礎之上。如果胡適在英文版裡在穿鑿附會上更上一層樓，這是因為他的聽眾是西洋人。他覺得他更需要用西洋人所能理解的名詞與觀念來論述。這是深諳演講術的胡適的看家本領。

　　胡適在中國學術界催生了「哥白尼」式的革命、引領了典範的轉移。然而，他自己也承認他虎頭蛇尾：

　　　　所有這些在新觀點的基礎上重寫中國思想史、宗教史的想法，都只停留在相當泛泛（vague）的階段。原因是因為我一直沒有時間，按照我原先的設想，好好地坐下來持續地重寫中國哲學、宗教、與思想的歷史。

　　胡適一生有太多未竟之業。他自己很清楚他有開山的才力，但不是一個能竟功的人。我說胡適在學術研究上是狐狸才、刺蝟心。然而，除了這個才行以外，胡適還是一個多方面的公眾人物。他在《口述自傳》裡說他一直沒有時間好好地坐下來全面改寫中國的哲學、宗教、與思想史。這是實話。他在1937年中日戰爭爆發以後，肩負蔣介石所給予的秘密任務去美國。一年以後，他出任中國駐美大使。1942年，蔣介石免除他的大使職位以後，他滯留美國，一直到1946年才回中國出任北京大學校長。1949年共產黨勝利以後，他很可能又肩負了蔣介石秘密的任務到了美國。他在美國流亡的歲月一直持續到1958年他到台灣擔任中央研究院院長為止。然而，更重要的原因是不足為外人道也的，胡適在《口述自傳》裡當然不會說出來。那就是我在本部第四章裡所指出的：對晚年的胡適而言，中國思想史已經味同嚼蠟。他對中國思想史已經完全失去了興趣。

13　Hu Shih, "Origin of the *Ju* and Their Relation to Confucius," 「胡適外文檔案」，E9-32；《胡適全集》，37.223-234。

　　從 1937 年就離開學術崗位的他，當然是不可能好好地坐下來寫他的思想史。然而，從 1930 年代開始，胡適就已經不可能靜下心來作學術研究了。除了擔任北大文學院院長、校長、教授、在一段時間裡甚至兼任好幾個系的系主任以外，他還是《獨立評論》的主編及其主要的撰稿人。

　　當時的胡適不但是中國第一學閥，他還是中國第一公共知識分子。更重要的，他與蔣介石漸行漸近。蔣介石接見他、聽取他的意見、以至於借重他為大使與顧問。從中日戰爭、內戰、一直到他過世為止，胡適所扮演的角色，一言以蔽之，是蔣介石的國師策士。

【舍我其誰：胡適】第三部

為學論政 1927-1932

2018年2月初版　　　　　　　　　　　　　　　　　　定價：新臺幣800元
2020年12月初版第二刷
有著作權·翻印必究
Printed in Taiwan.

著　　　者	江	勇	振
叢書主編	沙	淑	芬
校　　　對	吳	淑	芳
封面設計	沈	佳	德

出　版　者	聯經出版事業股份有限公司	副總編輯	陳	逸	華
地　　　址	新北市汐止區大同路一段369號1樓	總編輯	涂	豐	恩
叢書主編電話	(02)86925588轉5310	總經理	陳	芝	宇
台北聯經書房	台北市新生南路三段94號	社　　長	羅	國	俊
電　　　話	(02)23620308	發行人	林	載	爵
台中分公司	台中市北區崇德路一段198號
暨門市電話	(04)22312023
台中電子信箱	e-mail：linking2@ms42.hinet.net
郵政劃撥帳戶	第0100559-3號
郵撥電話	(02)23620308
印　刷　者	世和印製企業有限公司
總　經　銷	聯合發行股份有限公司
發　行　所	新北市新店區寶橋路235巷6弄6號2樓
電　　　話	(02)29178022

行政院新聞局出版事業登記證局版臺業字第0130號

家圖書館出版品預行編目資料

【舍我其誰:胡適】第三部 **為學論政** 1927-1932/
江勇振著 . 初版 . 新北市 . 聯經 . 2018年2月(民107年) .
656面 . 17×21公分
ISBN　978-957-08-5071-0(精裝)
[2020年12月初版第二刷]

　1.胡適　2.台灣傳記

783.3886　　　　　　　　　　　　　　　106024946